日本民法典改正案 I 第一編 総則
── 立法提案・改正理由 ──

日本民法典改正案 I
第一編 総則
── 立法提案・改正理由 ──

民法改正研究会
（代表 加藤雅信）

総合叢書 18

信山社

序　　文

　本書は、民法典のあるべき姿を追求し、わが国が、次世代のための新たな『日本民法典』を準備できるよう、長い歳月をかけて作成してきた日本民法典改正案（以下、「本民法改正案」という）の条文とその解説を、一書のかたちで示すものである。本書は、改正案のうちの第一編の総則を取り扱う。
　本民法改正案策定の基本方針は、「国民の、国民による、国民のための民法改正」を実現することである。この「国民の、国民による、国民のための民法改正」の内容を具体的に説明しておこう。
　まず、「国民の民法改正」とは何か。民法典は、国民の共有財産でなければならない。内容的に、それが適用される国民が理解しやすいもので、また、手続としても、国民各層の意見が反映されて作成される必要がある。現在の民法典は、3つの段階をへて制定された。まず、第1段階として、明治初期にフランス民法の翻訳路線が採用され、第2段階として、お雇い外国人であったフランス人法学者のボワソナードによって旧民法典が策定され、そして、それが公布された後の「法典論争」をへて、第3段階として3人の日本人の民法起草者を中心とする法典編纂によって策定されたのである。そして、この民法典は、1世紀以上にわたってわれわれ国民に適用されてきており、すでに日本社会に深く根付いている。このような観点から、本民法改正案を起草するにあたっては、現行民法との連続性、またこれまでの判例等によって形成された規範内容との連続性を維持しながら、かつ、それを現代的なわかりやすいものに書き換えていくという姿勢を堅持することにつとめた。すなわち、伝統との連続性を維持しながら、かつ、現代化をはかり、現在の、そして将来の国民の生活と日本社会に調和する法典とする。これが本書の基調をなす民法改正への姿勢なのである。
　次に、「国民のための民法改正」とは何か。民法にかぎらず、法は、国民に適用される。法の内容が、適用される国民にわからないようなものであってはならない。「わかりやすい民法典」、これが達成されているか否かは、現在の民法典さらには、現在、国会上程中の「民法の一部を改正する法律案」（以下、本書においては「債権法改正法案」という）と、本民法改正案を読み比べていただければおわかりいただけるのではないかと考えている。
　さらに、「国民による民法改正」とは何か。この改正案の起草にあたっては、これまでの日本の法律のほとんどが官僚による作成であり、省益あって国益なし

序　文

とも評されがちな姿勢ゆえに、その内容がときによっては国民のためのものではないことも少なくなかったという経験にかんがみ、ひろく一般の声に耳を傾けた国民目線の民法改正をめざしている。

　本民法改正案の起草にあたって、中心的な役割を果たしたのは「民法改正研究会」である。この民法改正研究会は、総則編改正作業開始の段階では20名を超える学者からなる研究グループであり、現在ではそれが30名を超える会員数となっているが、本民法改正案は、そのメンバーばかりでなく、かなり幅広い国民各層の意見を反映する手続をへたうえで作成された。その間の経緯を次に簡単に記しておこう。

　民法改正研究会が正式に発足したのは、平成17(2005)年10月のことであった。それは、その数年前から、岡孝が民法改正のあるべき姿を民法研究者が提示する必要を説いていたことに加藤が応え、他の研究者たちがそれに呼応した結果であった。

　民法改正研究会は、民法改正条文案を準備しつつ、その内容を、平成20(2008)年以降、各国の民法改正担当者らを招聘した国際シンポジウム、日本私法学会シンポジウム、各種研究会で披露し、そこでの意見、批判をとりいれて修正を繰り返した。このようにして作成された改正条文案を、市民法を中心とする弁護士グループと企業法務を中心とする弁護士グループ（「市民法研究会」、「企業法務研究会」）のメンバーに逐条的に検討していただくとともに、そこで検討した案について、後述するような各界からのご意見をうかがい、それらをとりいれた改正案を「民法改正国民シンポジウム」において公表した。今回、それを基礎に、民法改正研究会が逐条的に第4回目の全面検討を施し、必要な改訂を加えたものが、本書で公にされる「本民法改正案」である。この間の手続の詳細については、本書第3部第3章に譲ることとする。

　今回の理由書付きの『日本民法典改正案』の公刊にいたるまでに、われわれはいくつかの先行試案を公表しているが、それを時系列的に示せば、以下のようである。

第1次案：平成20(2008)年日本私法学会提出案
　　　　　『日本民法改正試案』（有斐閣、日本私法学会会場限定配布品）
　　　　　（民法改正研究会編『民法改正と世界の民法典』〔信山社、平成21年〕403頁以下所収）。
第2次案：平成21(2009)年法曹提示案

序　文

『日本民法典財産法改正試案』
判例タイムズ1281号（平成21年新年号）39頁以下。
（前掲・民法改正研究会編『民法改正と世界の民法典』545頁以下所収）。
第3次案：平成21(2009)年国民・法曹・学界有志案
『民法改正　国民・法曹・学界有志案』（法律時報増刊平成21年）。
なお、この案それ自体は、平成21(2009)年10月25日に開催された「民法改正　国民シンポジウム」において公表された。

　以上の経緯からすれば、今回公表する「本民法改正案」は、第4次案にあたるが、物権編と債権編を含めた財産法全体の最終改正案の提示のための今後の検討も含めれば、全体では10数年の検討期間をへた成果であるといえるであろう。上記の第3次案までに国民の多様な層からのご意見を伺っているが、それから最終案となる第4次案までの間に、6年以上の歳月をかけて、すべての条文にあたって細部にわたる検討を繰り返している。この長期間にわたる改正案の変遷の経緯については、「第4部　改正理由」の各条文ないし各法制度ごとの【議論の経緯】に詳しい。
　ここで、現在、国会で継続審議となっている債権法改正法案と本民法改正案との関係について一言しておこう。
　両方の案の検討が開始された当初の段階について述べると、前述したように、本民法改正案を起草した本民法改正研究会が発足したのは平成17(2005)年秋であった。これに対し、債権法改正法案の非公式ながら実質的な検討は、その翌年の平成18(2006)年秋に発足した民法（債権法）改正検討委員会（以下、「債権法改正検討委員会」という）によって開始された。
　中間段階をみると、前述したように本民法改正案は第4次案であるが、その前の第3次案となる『民法改正　国民・法曹・学界有志案』は平成21(2009)年10月下旬の民法改正国民シンポジウムにおいて公表された。債権法改正法案の公式の検討を行う法制審議会・民法（債権関係）部会（以下、「民法部会」という）を立ち上げるための法務大臣の諮問が発せられたのは、その3日後のことであった。
　検討の最終段階について述べると、本書の草稿が民法改正研究会の全体会議で最終承認されたのは平成26(2014)年7月であった。この最終承認から本書の校正が終了するまでの間に、法務省からは債権法改正要綱仮案、要綱案が公表され、平成27(2015)年3月31日には債権法改正法案が国会に上程され、その後、継続審議となり、現在、国会での実質審議待ちの状況となっている。

序　文

　以上のように、本民法改正案は、債権法改正の検討とは関係なく、独立して検討されてきたものである。しかしながら、債権法改正が国会審議の対象となっている現在の状況を考えると、債権法改正法案と本民法改正案との内容的な対比にも読者は関心をもつのではないかと思われる。また、この対比は、債権法改正法案と本民法改正案をそれぞれ評価するうえでも重要であろう。

　しかしながら、現在のような債権法改正法案の内容が確定したのは、民法改正研究会の最終案が承認された後の、本書校正中のことであった。そこで、本民法改正案と債権法改正法案の条文自体の対比は、別の本に譲ることとした（加藤雅信『迫りつつある債権法改正　第１版』〔信山社、平成27年〕307頁以下では、総則編・物権編・債権編を通じて、双方の改正案と現行民法の条文案の対照表が掲載されている）。それを超える、両案の規範内容の比較を行うために必要となる債権法改正法案に対する民法改正研究会の公式見解は、定まっていない（なお、個別の意見としては、研究会のメンバーの一部は、要綱仮案・要綱案・改正法案に対するそれぞれの見解を公表しているので、適宜以下の論稿を参照されたい。磯村保「解除と危険負担」別冊ＮＢＬ147号、同「錯誤取消し」法律時報1079号、大塚直「不法行為との関係──中間利息の控除を中心として」法律時報1079号、加藤・前掲『迫りつつある債権法改正』、河上正二「約款による取引」法律時報1079号、同「『定型約款』規定の問題点」法学セミナー726号、松岡久和「経済教室　民法改正　商取引に変化も」日本経済新聞2015年2月20日朝刊、山野目章夫「新連載　民法改正のビューポイント」ＮＢＬ1038号〜1053号、横山美夏「契約の解除」法律時報1079号、渡辺達徳「債務不履行」法律時報1079号等）。

　以上のように、債権法改正法案に対する民法改正研究会の公式見解は定まっていないものの、現段階での読者の便宜と、また、両案の比較の社会的な意義とを考えると、両案の比較をまったくしないのも無責任なのではないかと思われる。ただ、債権法改正の国会の実質審議が迫っていることを考えると、時間的制約もあり、民法改正研究会で本格的な検討を行うだけの余裕もない。そこで、事務局の文責において、「債権法改正法案の総合的検討」という論文を別途公表して（『債権法改正史・私論　上巻』（加藤雅信著作集9巻）（信山社、平成28年公刊予定）第２章）、本民法改正案との客観的な比較を行うことにした。

　以下で、本理由書の構成を述べておくこととしよう。

　本書は、『第一編　総則』、『第二編　物権』、『第三編　債権』とからなる３部作の第一巻として公刊される。この『第一編　総則』の公刊にできるだけ接着した時期に、『第三編　債権』を、また、『第二編　物権』は担保物権法を含めたかたちで、

序　文

　近い将来に公刊する予定である（これらの三部作のうち、物権編と債権編は、基本的に、「第1部　日本民法典改正条文案一覧」、「第2部　日本民法典改正条文案対照表」、「第3部　改正理由」という構成となっているが、第一編総則を対象とする本書は、第2部の次に、「第3部　民法典改正の基本方針」をおき、民法財産編全体の改正方針を記すこととする。なお、物権編と債権編の現段階の改正条文案については、viii頁参照）。

　本書公刊にさいしては、実に数多くの方々にご意見を伺っている。その数があまりにも多く、すべての方々を紹介することはできないが、2008（平成20）年の「民法改正国際シンポジウム ── 日本・ヨーロッパ・アジアの改正動向比較研究」でご意見を伺った多くのヨーロッパ、アジア各国の立法担当者・関係者の方、「第72回日本私法学会シンポジウム」でご意見を伺った日本私法学会会員の方、翌年の法曹提示案についてご意見を伺った、故星野英一先生をはじめとする「民法改正フォーラム」にご出席の関東の先生方、奥田昌道先生をはじめとする「民法改正フォーラム」にご出席の関西の先生方、「民法改正フォーラム　全国、民法研究者の集い」（発起人：椿寿夫先生、伊藤進先生、円谷峻先生）にご出席いただいた多くの全国の民法を専門とする先生方、「民法改正学際シンポジウム：民法と他法との対話 ── 学際的民法改正のために」にパネリストとしてご参加いただいた商法の江頭憲治郎先生と洲崎博史先生、民事訴訟法の笠井正俊先生と山本和彦先生、行政法の小早川光郎先生と、そのシンポジウムで種々のご教示をいただいた先生方には、深甚なる感謝の意を表したい。

　また、研究者以外にあっても、前述した「市民法研究会」、「企業法務研究会」で継続的にご意見を伺ったほか、いくつもの弁護士会、日本司法書士会連合会、経済界、企業法務、労働界、消費者団体、また若干の裁判官から貴重なご意見を伺っている。これらの活動の具体的内容は、本書216頁以下に譲るが、このような機会に、ご高見を賜った多くの方々に、心から御礼申し上げる次第である。

　さらに、さきの国際シンポジウムに加えて、近隣諸国の民法改正担当者との意見交換を行っている。具体的には、2009（平成21）年に、韓国法務部（法務省）後援のもとで、民法改正研究会と韓国民事法学会が共催した「民法改正日韓共同シンポジウム」を開催したほか、中国の法学者や全人代常務委員会法制工作民法室の立法担当者との何度かの意見交換、台湾の中華民国民法改正の中心人物であった王澤鑑先生らとの意見交換も行っている。これらの機会に、貴重なご意見を賜った諸外国の先生方にも、深い感謝の意を捧げたい。

　最後になってしまったが、まずは、条文案立案から改正理由まで本書の公刊のために多くの貴重なご提案・ご意見をいただいた総則編分科会の責任者の磯村保、さらに立法技術的観点から条文案のすべてを入念に精査してくださり、改正条文

序　文

　案の完成度を高めていただいた川﨑政司、本書全体にわたり多くの提案をいただくとともに、私とともに原案および理由書（案）の作成にあたっていただいた中野邦保のいずれかの存在がなければ、本書がこのようなかたちで世にでることはなかったであろう。本書は、民法改正研究会、市民法研究会、企業法務研究会の多くのメンバーの熱心な討論の成果であり、このような長年にわたる討論に参加していただいた多くの研究会メンバー、とりわけ、本研究会立ち上げのために力をつくしてくださった事務局長の岡孝、遠距離をいとわずご参加し続けていただいた五十川直行、研究会事務局の中心的な役割を担ってくださった宮下修一、各研究会の組織運営のために力をお借りした北澤正明、杉山真一、橋本陽介、大槻健介、平林美紀、伊藤栄寿、谷江陽介、大原寛史、大塚哲也、さらには、本書の最終稿に徹底的な推敲を加えて下さった平林美紀、丁寧に校正をしていただいた谷江陽介には、この場を借りて、厚く御礼申し上げる次第である。

　本書177頁以下に紹介するように、現在、中国では民法編纂が最終局面に入っており、民法総則編の制定が進行中である。そのようななか、台湾の民法の第一人者で大陸中国にも大きな影響力をおもちの王澤鑑教授が本書の出版を耳になさり、中国での法制定に多少なりとも資するべく、中国と台湾とでの本書の翻訳出版を取りはからってくださり、本年秋に公刊されることになっている。王澤鑑教授と翻訳にあたっていただいている朱曄教授、張挺講師に、心から感謝の意を表したい。また、研究会のメンバーではないが、アンダーソン・毛利・友常法律事務所の木本真理子弁護士には、本書の初校原稿をご一読のうえ、多くの貴重なご指摘をいただいた。同氏の御助力に対しても、また最終段階で校正にあたっていただいた今村ちえみさんにも、心から御礼申し上げたい。

　なお、本研究については、その前提となる比較法的研究のための2008（平成20）年3月の国際シンポジウムから本書出版内容の研究をも含め、科学研究費補助金のほか、学習院国際交流基金、学術振興野村基金、社会科学国際交流江草基金、村田学術振興財団より研究助成を受けた（五十音順）。本書の公刊は、これらの諸団体からの助成に負うところが大きい。

　本書の出版にかんしては、出版事情が悪いなか、信山社に本書の公刊をご快諾いただき、袖山貴社長、編集の稲葉文子氏、今井守氏らから多大なご助力をえた。以上の本書の公刊にさいしてご意見やご助力をいただいた方々に対し、記して、深甚なる謝意を表したい。

　　　2016（平成28）年2月1日

　　　　　　　　　　　　　　　　　　　　　　　　　民法改正研究会代表
　　　　　　　　　　　　　　　　　　　　　　　　　　加　藤　雅　信

【研究会紹介】

【民法改正研究会会員】（アイウエオ順）

　　青木則幸（早稲田大学）☆　　　秋山靖浩（早稲田大学）
　　荒木新五（学習院大学）☆　　　池田真朗（慶應義塾大学）
　　池田雅則（名古屋大学）☆　　　石田剛（大阪大学）☆
　　五十川直行（九州大学）　　　　磯村保（早稲田大学）
　　伊藤栄寿（上智大学）　　　　　大塚直（早稲田大学）
　　大塚哲也（流通経済大学）☆　　大原寛史（名古屋学院大学）☆
　　岡孝（学習院大学）　　　　　　沖野眞已（東京大学）
　　加藤雅信（名古屋学院大学）　　鹿野菜穂子（慶應義塾大学）
　　河上正二（東京大学）　　　　　川﨑政司（慶應義塾大学）
　　北居功（慶應義塾大学）　　　　古積健三郎（中央大学）☆
　　水津太郎（慶應義塾大学）☆　　田髙寛貴（慶應義塾大学）☆
　　谷江陽介（東海大学）☆　　　　中野邦保（桐蔭横浜大学）
　　野澤正充（立教大学）　　　　　平林美紀（南山大学）
　　廣瀬久和（青山学院大学）　　　堀龍兒（早稲田大学）☆
　　松岡久和（京都大学）　　　　　宮下修一（静岡大学）
　　武川幸嗣（慶應義塾大学）☆　　山野目章夫（早稲田大学）
　　横山美夏（京都大学）　　　　　渡辺達徳（東北大学）

☆は、担保法改正へ向けた作業も視野に入れて、2013（平成25）年に研究会の体制を改めたさいに加入したメンバーである。なお、肩書きは、2015（平成27）年1月現在のものである。

【市民のための民法改正研究会】

代　　表　　杉山真一
顧　　問　　庭山正一郎（自由人権協会元代表理事、元第二東京弁護士会会長）、
　　　　　　高須順一（日弁連司法制度調査会債権法改正主査会議主査）、加藤雅信
副会長　　　彦坂浩一、岩田拓朗、小町谷育子
会　　員　　加戸茂樹、市川充、内田昌彦、山本晋平、大田純、高澤文俊、
　　　　　　杉村亜紀子、青木耕一、牧野友香子、岩田修一、西山温、横山佳枝、
　　　　　　秋山淳、岩崎泰一、嶋村那生、西村啓聡、井桁大介、片岡邦弘、
　　　　　　橋本陽介（事務局）、中北裕士

【企業法務に役立つ民法改正研究会】
代　　表　　北澤正明
顧　　問　　阪田雅裕（元内閣法制局長官）、加藤雅信
副 会 長　　片山達、伊藤哲哉、森脇章、仲田信平、大久保圭、塚本宏達、
　　　　　　山中淳二、十市崇、戸塚貴晴
会　　員　　小林英治、沢崎淳一、出張智己、原悦子、渡邉雅之、有吉尚哉、
　　　　　　赤沼洋、足立格、宇野伸太郎、久山亜耶子、桑原秀介、上林英彦、
　　　　　　大橋さやか、大西一成、佐々木慶、荻原宏美、山田将之、中村俊弘、
　　　　　　小杉綾、副田達也、山田純、小泉宏文、殿村桂司、宇田川法也、
　　　　　　大槻健介（事務局）、久保賢太郎、前田和孝、臼杵善治、岩崎大、
　　　　　　坂井瑛美、飛岡和明、藤原利樹、高宮雄介、永井亮、村澤恵子、
　　　　　　今井裕貴、江本康能、池田彩穂里、諏訪公一

【凡　例】

・民法典の呼称および条文案の記載について

　本書では、民法改正研究会による民法典の改正提案については、「本民法改正案」あるいは「改正案」の語を適宜用いている。また、現在施行されている民法典については、文脈に応じ、「民法典」、「民法」、「現行民法典」、「現行民法」の語を適宜用いた（なお、当初、呼称を統一したが、文章が生硬になりすぎるきらいがあるので、あえて文脈により、呼称を変えることとした）。

　本民法改正案は、民法改正研究会による第 4 次案となるが、以下のような条文引用・略記を用いることとした。

・私法学会提出案＝民法改正研究会起草『日本民法改正試案　第一分冊　総則・物
　（第 1 次案）　　権』、同『日本民法改正試案　第二分冊　債権法』（ともに第 72
　　　　　　　　　回日本私法学会シンポジウム資料）いずれも後掲『民法改正と世
　　　　　　　　　界の民法典』に所収。
・法曹提示案＝民法改正研究会責任起草「日本民法典財産法改正試案」判タ
　（第 2 次案）　 1281 号（平成 21 年）後掲『民法改正と世界の民法典』に所収。
・国民有志案＝民法改正研究会責任起草『民法改正　国民・法曹・学界有志案』
　（第 3 次案）　（仮案の提示）（法律時報増刊）（日本評論社、平成 21 年）
・本民法改正案＝本書第 1 部の「日本民法典改正条文案　総則編」
　（第 4 次案）
・国民有志案修正案原案または修正案原案＝上記の本民法改正案は、民法改正研究会で承認を受けた最終案であるのに対し、物権編および債権編の条文案は、一部については国民有志案を修正した条文案が民法改正研究会で承認されているものの、それは少数である。ただ、総則編の検討その他の機会に、事務局が先々の民法改正研究会の審議に付すための物権編および債権編の条文案の修正原案を作成してきている。その内容が国民有志案と異なるときは、本書でもその内容を「国民有志案修正案原案」ないし単に「修正案原案」として紹介した。第 4 次案のたたき台として理解していただければ幸いである（なお、現段階における、「日本民法典改正条文案　総則編」および物権編と債権編の「修正案原案」を含めた改正案の全体像については、加藤雅信『迫りつつある債権法改正　第 1 版』〔信山社、平成 27 年〕309 頁以下の「第 13 章　国民有志案・現行民法・要綱・改正法案」参照）。

条文引用については、今回の「本民法改正案」の条文を引用するときには、［新］を条数の冒頭に付した。また、本書では、本民法改正案の総則編の条文数は、本書第1部記載の条文数をそのまま用いたが、他の2編については、上記の4案の条数で引用するか、あるいは先々の条数変更の可能性を顧慮し、数字で条数を示すことを避け、N条とした。

なお、本書第1部の本民法改正案の「改正条文案一覧」に記した民法典の条文との異同を示すための略記は、次のとおりである。

現行法に（または、民法N条に）同じ＝現行民法の条文をそのまま承継したことを示している。
修正＝現行民法の条文の文言を修正したことを示している。
　　　なお、「第3部　日本民法典改正条文案対照表」においては、「修正」と付された条文案中に、下線を引いているものは、その条項の修正が当該下線箇所のみの微修正条文案であることを示している（これは、「移修」と付された条文案についても同様である。なお、下線を引く微修正か否かの判断は、条文が本文・ただし書、前段・後段に分かれている場合には、各部分ごとに行っている）。
移動＝現行法の条文の文言はそのままで、現行法の複数条文や項を1つに統合した場合、条文や項を分割した場合、号の配列を変更した場合、所属の章や節等を変更した場合のいずれかであることを示している。また、民法の条文を他法に規定する場合、他法の条文を民法に規定する場合も、文言が同じであれば、移動と表記する。
移修＝上記の「移動」と、文言の「修正」を同時にしたことを示している。
　　　その他、本文とただし書ないし前段と後段を一文に統合した場合、2つの項を本文とただし書に規定した場合、条文の文言を柱書と号に分記した場合、1つの項を2つの項ないし2か条に分離した場合も、「移修」とした。
新設＝現行民法には存在していない条文を、新たに規定したことを示している。
　　　なお、趣旨が似た条文がある場合、「（○○条参照）」と付記する場合がある。
削除：現行民法の規定を削除したことを示している。なお、現行民法総則編の削除条文のうち、他の法律に規定したもの、あるいは本改正民法典の他の編に規定したものについては、本書の末尾に、その具体的改正条文案を記載した。

＊　条文が、①前段・後段にわかれている場合、②本文・ただし書にわかれている場合、③柱書・各号にわかれている場合に、それぞれの文言が、それぞれ引用する現行条文を異にするときには、各別に、引用条文を記載した。

・［カナ等変更］について
　本書の本文または脚注に、［カナ等変更］とあるものは、引用文の原文を、カタカナからひらがなに改め、句読点を付した等の修正を施されていることを示すものである。

【略語・表記一覧】

・理由書 第一編 総則＝民法改正研究会『日本民法改正案・理由書　第一編 総則』

・理由書 第二編 物権＝民法改正研究会『日本民法改正案・理由書　第二編 物権』

・理由書 第三編 債権＝民法改正研究会『日本民法改正案・理由書　第三編 債権』

・民法改正国民有志案＝民法改正研究会編『民法改正 国民・法曹・学界有志案』（仮案の提示）（法律時報増刊）（日本評論社、平成21年）

・民法改正と世界の民法典＝民法改正研究会編『民法改正と世界の民法典』（信山社、平成21年）

・基本方針＝民法（債権法）改正検討委員会編『債権法改正の基本方針』（別冊ＮＢＬ126号）（商事法務、平成21年）

・詳解・基本方針Ⅰ〜Ⅴ＝『詳解　債権法改正の基本方針Ⅰ〜Ⅴ』（商事法務、平成21年〜22年）

・中間的な論点整理＝商事法務編『民法（債権関係）の改正に関する中間的な論点整理の補足説明』（商事法務、平成23年）

・パブコメ意見の概要［中間的な論点整理］＝金融財政事情研究会『「民法（債権関係）の改正に関する中間的な論点整理」に対して寄せられた意見の概要』（金融財政事情研究会、平成24年）

・中間試案（概要付き）＝商事法務編『民法（債権関係）の改正に関する中間試案（概要付き）』（別冊ＮＢＬ143号）（商事法務、平成25年）

・中間試案＝商事法務編『民法（債権関係）の改正に関する中間試案の補足説明』（商事法務、平成25年）

日本民法典改正案　第一編 総則　目次

序文
第1部　日本民法典改正条文案一覧　総則編
　第一編　総則……………………………………………………………… 6
　　第一章　通則…………………………………………………………… 6
　　第二章　権利の主体…………………………………………………… 7
　　第三章　権利の客体………………………………………………… 25
　　第四章　権利の変動………………………………………………… 26
　　第五章　権利の実現………………………………………………… 55
　　付表　定義用語一覧　(56)

付論【総則編以外】
「第三編 債権：第三章 事務管理等：第二節 法定財産管理」の新設および
「法令の通則に関する法律」の制定の提案………………………………… 60

第2部　日本民法典改正条文案対照表　総則編
　第一編　総則…………………………………………………………… 72
　　第一章　通則………………………………………………………… 72
　　第二章　権利の主体………………………………………………… 73
　　第三章　権利の客体………………………………………………… 105
　　第四章　権利の変動………………………………………………… 107
　　第五章　権利の実現………………………………………………… 146

付論【総則編以外】
「第三編 債権：第三章 事務管理等：第二節 法定財産管理」の新設………… 147
「法令の通則に関する法律」の制定の提案………………………………… 152

第3部　日本民法典改正案作成の基本方針
　第1章　民法改正の基本精神………………………………………… 160
　第2章　日本民法典改正案の基本枠組……………………………… 186
　第3章　日本民法典改正案公表にいたるまでの経緯………………… 216

第 4 部　日本民法典改正条文案　改正理由　【総則編】
第 1 編　総則··228
　序章　総則編の構成···228
　第 1 章　通則··235
　第 2 章　権利の主体··254
　第 3 章　権利の客体··372
　第 4 章　権利の変動··384
　第 5 章　権利の実現··634
　第 6 章　「付表 定義用語一覧」の新設······································643

付論　日本民法典改正条文案　改正理由　【総則編以外】
　第 1 章　序論：民法総則編の改正にともなう法改正
　　　　　　―債権編の改正、および「法令の通則に関する法律」の制定····648
　第 2 章　債権編「第三章 事務管理等：第二節 法定財産管理」の新設·······652
　第 3 章　「法令の通則に関する法律」の制定の提案·····························674

　　　　　　　　日本民法典改正案　第一編 総則　　細目次

序文
第 1 部　日本民法典改正条文案一覧　総則編
第一編　総則···6
　第一章　通則··6
　第二章　権利の主体··7
　　第一節　人··7
　　　第一款　権利能力　（7）
　　　第二款　意思能力　（9）
　　　第三款　行為能力　（10）
　　　　第一目　未成年　（10）
　　　　第二目　後見　（12）
　　　　第三目　保佐　（13）
　　　　第四目　補助　（16）
　　　　第五目　審判保護制度相互の関係　（18）

　　　　第六目　制限行為能力者の相手方の保護（19）
　　　第四款　意思表示の受領能力（20）
　第二節　法人…………………………………………………………20
第三章　権利の客体……………………………………………………25
　第一節　総則…………………………………………………………25
　第二節　物の分類……………………………………………………25
第四章　権利の変動……………………………………………………26
　第一節　総則…………………………………………………………26
　第二節　法律行為……………………………………………………27
　　第一款　総則（27）
　　第二款　意思表示（27）
　　第三款　代理（32）
　　　第一目　有権代理（32）
　　　第二目　無権代理（37）
　　　第三目　表見代理等（39）
　　第四款　無効及び取消し（41）
　　　第一目　無効（41）
　　　第二目　取消し（42）
　　第五款　条件及び期限（45）
　　　第一目　条件（45）
　　　第二目　期限（47）
　第三節　時効…………………………………………………………48
第五章　権利の実現……………………………………………………55
　付表　定義用語一覧（56）

付論【総則編以外】
「第三編　債権：第三章　事務管理等：第二節　法定財産管理」の新設および
「法令の通則に関する法律」の制定の提案
第三編　債権……………………………………………………………60
　第三章　事務管理等…………………………………………………60
　　第一節　事務管理…………………………………………………60
　　第二節　法定財産管理……………………………………………60
法令の通則に関する法律………………………………………………64
　第一章　総則…………………………………………………………64

xix

第二章　法令の公布及び施行……………………………64
　　第三章　慣習法……………………………………………65
　　第四章　住所………………………………………………65
　　第五章　期間の計算………………………………………66
　　第六章　公示による伝達…………………………………67
　　　第一節　行政手続における公示送達…………………67
　　　第二節　公示による意思表示…………………………68

第2部　日本民法典改正条文案対照表　総則編
第一編　総則…………………………………………………72
　第一章　通則………………………………………………72
　第二章　権利の主体………………………………………73
　　第一節　人………………………………………………73
　　　第一款　権利能力　（73）
　　　第二款　意思能力　（75）
　　　第三款　行為能力　（77）
　　　　第一目　未成年　（77）
　　　　第二目　後見　（80）
　　　　第三目　保佐　（82）
　　　　第四目　補助　（87）
　　　　第五目　審判保護制度相互の関係　（90）
　　　　第六目　制限行為能力者の相手方の保護　（91）
　　　第四款　意思表示の受領能力　（93）
　　第二節　法人…………………………………………94
　第三章　権利の客体……………………………………105
　　第一節　総則…………………………………………105
　　第二節　物の分類……………………………………105
　第四章　権利の変動……………………………………107
　　第一節　総則…………………………………………107
　　第二節　法律行為……………………………………107
　　　第一款　総則　（107）
　　　第二款　意思表示　（108）
　　　第三款　代理　（115）
　　　　第一目　有権代理　（115）

         第二目　無権代理　(122)
         第三目　表見代理等　(125)
      第四款　無効及び取消し　(127)
         第一目　無効　(127)
         第二目　取消し　(127)
      第五款　条件及び期限　(132)
         第一目　条件　(132)
         第二目　期限　(135)
   第三節　時効……………………………………………………………136
   第五章　権利の実現………………………………………………………146

付論【総則編以外】
「第三編　債権：第三章　事務管理等：第二節　法定財産管理」の新設…………147
第三編　債権……………………………………………………………………147
   第三章　事務管理等……………………………………………………147
      第一節　事務管理………………………………………………147
      第二節　法定財産管理…………………………………………147
「法令の通則に関する法律」の制定の提案………………………………………152
法令の通則に関する法律……………………………………………………………152
   第一章　総則………………………………………………………………152
   第二章　法令の公布及び施行……………………………………………152
   第三章　慣習法……………………………………………………………153
   第四章　住所………………………………………………………………153
   第五章　期間の計算………………………………………………………154
   第六章　公示による伝達…………………………………………………155
      第一節　行政手続における公示送達……………………………155
      第二節　公示による意思表示……………………………………156

第3部　日本民法典改正案作成の基本方針
   第1章　民法改正の基本精神……………………………………………160
      1　はじめに　(160)
      2　民法改正にさいしての基本精神
            ——「民法改正は、国民のために行われる」　(161)
      3　民法典の現代化——判例法の可視化　(163)

xxi

第一編　総則

　　4　民法典の私法総合法典としての性格の回復
　　　　——レファレンス規定の導入　(163)
　　5　民法典の構成　(166)
　　6　強行法規の改正と任意法規の改正　(172)
　　7　世界にみる民法の改正　(174)
第2章　日本民法典改正案の基本枠組……………………………………186
　　1　国民のための民法典をめざして　(186)
　　2　法典の構成のありかた　(186)
　　3　規範内容の整序と条文の規定のしかた　(193)
　　4　民法・商法・消費者法の関係　(207)
　　5　現在の立法技術的ルールの見直し　(210)
第3章　日本民法典改正案公表にいたるまでの経緯…………………216
　　1　民法改正作業の胎動　(216)
　　2　日本私法学会提出案の提示　(217)
　　3　法曹提示案の公表　(218)
　　4　『国民有志案』の公表に向けて　(220)
　　5　本民法改正案の公表へ　(223)

第4部　日本民法典改正条文案　改正理由　【総則編】
第1編　総則……………………………………………………………………228
　序章　総則編の構成…………………………………………………………228
　　1　本民法改正案と現行民法典の体系比較　(228)
　　2　本民法改正案における大きな変更点　(232)

　第1章　通則…………………………………………………………………235
　【前注】
　　[Ⅰ]　条文案　(236)
　　[Ⅱ]　改正理由　(237)
　　　1　冒頭規定としての[新]1条と[新]2条　(237)
　　　2　人格権の不可侵の規定　(240)
　　　3　[新]3条　信義誠実と権利濫用の禁止の原則　(246)
　　　4　本民法改正案に規定しなかった一般原則
　　　　　——「事情変更の原則」と「権利失効の原則」　(250)

第 2 章　権利の主体……………………………………………254
　【前注】
　　1　「第二章　権利の主体」の基本構造　(254)
　　2　「権利能力」の規定の集約・整序　(254)
　　3　商人・消費者・事業者等の概念について
　　　　　　――「人の属性」は規定せず　(255)
第 1 節　人……………………………………………………257
　【前注】
　　1　「第一節　人」の基本構造　(257)
　　2　条文の内容の規則性と整序について
　　　　　　――「国民にわかりやすい民法典」への途　(259)
第 1 款　権利能力　(260)
［Ⅰ］条文案　(260)
［Ⅱ］改正理由　(262)
　　1　権利能力平等の原則　(262)
　　2　権利能力の「始期」と「終期」　(262)
　　3　胎児の取扱い　(263)
　　4　「外国人の権利能力」規定の削除
　　　　　　――明治期日本の排外主義をめぐる対立の結果としての、民法3条2項　(267)
　　5　「同時死亡の推定」の規定　(268)
　　6　失踪宣告の審判　(270)
　　7　失踪宣告の取消しの審判　(272)
　　8　「善意」等の定義規定　(281)
第 2 款　意思能力　(282)
　【前注】
　　1　「意思能力」の規定の新設――悪しき省略主義からの脱却　(282)
　　2　「意思能力」の法体系的位置付け　(283)
　　3　意思能力の欠如の効果――「無効」から「取消し」へ　(286)
［Ⅰ］条文案　(288)
［Ⅱ］改正理由　(289)
　　1　取消権者　(289)
　　2　取消権者の限定と、「取消し」を対抗できる範囲
　　　　　　――「原因において自由な行為」類似の考え方の導入　(289)

第一編　総則

　　3　「意思表示」の取消しと、「法律行為」の取消し　(290)
　　4　意思能力の欠如した者の相手方の催告権等　(291)
第3款　行為能力　(293)
【前注】
　1　行為能力の体系的位置　(293)
　2　行為能力制度の体系化　(293)
　3　要件・効果の一体的規定　(295)
　4　「同意権」と「代理権」との並置　(297)
　5　取消権者の明示　(298)
　6　審判の非裁量性の明示
　　　── 「審判をすることができる」から、「審判をしなければならない」・「審判をするものとする」へ　(299)
　7　ノーマライゼーションの拡張と差異化　(302)
　8　用語法の整序　(302)
　9　将来の課題 ── 障害者権利条約を民法にいかに反映するか　(305)
第1目　未成年　(306)
［Ⅰ］条文案　(306)
［Ⅱ］改正理由　(308)
　1　はじめに ── 基本方針　(308)
　2　成年年齢　(309)
　3　取消権と代理権　(313)
　4　未成年者が単独でなしうる法律行為にかんする規定の整備　(314)
　5　成年擬制　(316)
　6　「未成年」をめぐる諸提案　(320)
第2目　後見　(325)
［Ⅰ］条文案　(325)
［Ⅱ］改正理由　(327)
　1　はじめに　(327)
　2　後見の規定の改正点　(327)
　3　散在する規定の合理化と簡明化　(331)
第3目　保佐　(331)
［Ⅰ］条文案　(331)
［Ⅱ］改正理由　(334)
　1　はじめに　(334)

2　保佐の規定の改正点　(334)
第4目　補助　(340)
[Ⅰ] 条文案　(340)
[Ⅱ] 改正理由　(343)
　　1　はじめに　(343)
　　2　補助の規定の改正点　(344)
第5目　審判保護制度相互の関係　(345)
[Ⅰ] 条文案　(345)
[Ⅱ] 改正理由　(346)
第6目　制限行為能力者の相手方の保護　(346)
[Ⅰ] 条文案　(346)
[Ⅱ] 改正理由　(347)
　　1　制限行為能力者の相手方の催告権　(347)
　　2　制限行為能力者の詐術　(348)
第4款　意思表示の受領能力　(349)
[Ⅰ] 条文案　(349)
[Ⅱ] 改正理由　(349)
　　1　意思表示の受領能力の法体系的位置づけ
　　　　──能力の規定の一覧性　(349)
　　2　「意思表示」関連規定の純化　(350)
第2節　法人……………………………………………………………351
【前注】
　　1　法人制度をめぐる、民法典の「私法一般法典」としての性格の回復
　　　　(351)
　　2　法人制度の基本枠組　(353)
　　3　民法の法人規定と、一般法人法、会社法との関係　(354)
　　4　章から節へ──「法人制度」の位置づけ　(354)
　　5　法人の目的の範囲と取引の安全　(355)
[Ⅰ] 条文案　(357)
[Ⅱ] 改正理由　(362)
　　1　法人とは何か　(362)
　　2　公益法人・営利法人二分論の残滓の削除　(362)
　　3　法人の設立　(363)
　　4　法人の組織と「法人の能力」　(363)

第一編　総則

　　5　法人の消滅　（365）
　　6　法人登記　（365）
　　7　外国法人　（366）

第3章　権利の客体………………………………………………372
【前注】
　1　「物」——この規定が現行民法総則編におかれた経緯　（372）
　2　「第四章　物」から［新］「第三章　権利の客体」へ　（373）
　3　無体物と権利の客体　（374）
　4　包括財産・金銭的価値の規定について　（375）
　5　フランス民法の動向　（375）
第1節　総則………………………………………………………376
［Ⅰ］条文案　（376）
［Ⅱ］改正理由　（376）
　1　総則規定としての「権利の客体」の条文の導入　（376）
　2　「物」概念　（378）
第2節　物の分類　（379）
［Ⅰ］条文案　（379）
［Ⅱ］改正理由　（380）
　1　動産・不動産　（380）
　2　主物・従物　（381）
　3　天然果実・法定果実　（382）
　4　非有体物への準用　（383）

第4章　権利の変動………………………………………………384
【前注】
第1節　総則………………………………………………………384
［Ⅰ］条文案　（384）
［Ⅱ］改正理由　（384）
第2節　法律行為…………………………………………………385
第1款　総則　（385）
［Ⅰ］条文案　（385）
［Ⅱ］改正理由　（386）
　1　法律行為の冒頭規定　（386）

2　公序良俗・強行規定・任意規定　(387)
      3　任意規定と異なる慣習　(390)
      4　本民法改正案に規定されなかった法律行為をめぐる改正提案　(392)
   第2款　意思表示　(400)
   【前注】
      1　「第二款　意思表示」の構成　(400)
      2　意思表示の体系論
         ——「無効・取消の『原因』の認識基準」論の提示　(401)
      3　取消権者の明示　(402)
   ［Ⅰ］条文案　(402)
   ［Ⅱ］改正理由　(406)
      1　意思表示の効力発生時期 ——「第二款　意思表示」の冒頭規定　(406)
      2　真意留保　(411)
      3　虚偽表示　(413)
      4　錯誤　(415)
      5　不実表示と情報の不提供　(423)
      6　詐欺　(426)
      7　強迫　(427)
      8　意思表示の基礎理論 ——「無効・取消し」の理論　(428)
      9　善意の第三者、善意・無過失の第三者保護の規定の統合　(431)
      10　二重効等について　(437)
      11　外観法理　(437)
      12　本民法改正案に規定されなかった「複合的取消権」
         ——複合的瑕疵による意思表示の取消し　(444)
   第3款　代理　(447)
   【前注】
      1　代理制度の基本構造　(447)
      2　無権代理・表見代理の順序　(449)
      3　用語法の統一　(449)
   第1目　有権代理　(450)
   ［Ⅰ］条文案　(450)
   ［Ⅱ］改正理由　(455)
      1　有権代理の全体構造　(455)
      2　代理権の発生原因　(456)

xxvii

第一編　総則

　　　3　代理権の範囲 (460)
　　　4　代理行為の要件および効果 (461)
　　　5　本人のためにすることを示さない意思表示 (464)
　　　6　自己契約・双方代理および利益相反行為 (465)
　　　7　代理人の行為能力等 (468)
　　　8　代理人に係る事由の効力 (474)
　　　9　復代理 (478)
　　　10　代理権の消滅 (486)
　　　11　商行為の代理 (487)
第2目　無権代理 (487)
【前注】
　　　1　はじめに —— 無権代理の位置づけ (487)
　　　2　「契約」の無権代理か、「意思表示」一般の無権代理か (487)
　　　3　契約の無権代理をめぐって
　　　　　　 —— 民法の無秩序な規定のしかたの整序 (488)
　　　4　単独行為の無権代理をめぐって
　　　　　　 —— 民法の無秩序な規定のしかたの整序 (489)
[Ⅰ]　条文案 (489)
[Ⅱ]　改正理由 (492)
　　　1　無権代理による法律効果の不発生 (492)
　　　2　本人の立場からみた契約の無権代理 (496)
　　　3　相手方の立場からみた契約の無権代理 (497)
　　　4　無権代理人の責任 (499)
　　　5　単独行為の無権代理 (504)
第3目　表見代理等 (510)
【前注】
　　　1　表見代理の目の創設 (510)
　　　2　3種の表見代理における要保護性の相違 (512)
　　　3　「第三者」から「無権代理行為の相手方」へ (516)
[Ⅰ]　条文案 (516)
[Ⅱ]　改正理由 (518)
　　　1　越権行為による表見代理 (518)
　　　2　代理権消滅後の表見代理 (520)
　　　3　代理権授与表示による表見代理等 (522)

4　表見代理規定の重畳適用　(533)
　　　5　名義貸与者の責任　(536)
　第4款　無効及び取消し　(537)
【前注】
　　　1　規定の分節化　(537)
　　　2　無効の基本構造　(537)
　　　3　取消しの基本構造　(538)
　第1目　無効　(538)
　[Ⅰ]　条文案　(538)
　[Ⅱ]　改正理由　(539)
　　　1　法律行為の無効　(539)
　　　2　無効な法律行為の転換　(542)
　　　3　無効な法律行為の追認　(544)
　第2目　取消し　(546)
　[Ⅰ]　条文案　(546)
　[Ⅱ]　改正理由　(549)
　　　1　取消しの冒頭規定　(549)
　　　2　追認による取消権の消滅　(554)
　　　3　取消権の消滅事由　(555)
　　　4　取消権の行使期間　(559)
　第5款　条件及び期限　(562)
【前注】
　第1目　条件　(563)
　[Ⅰ]　条文案　(563)
　[Ⅱ]　改正理由　(565)
　　　1　条件の冒頭規定　(565)
　　　2　条件付権利の取扱い　(568)
　　　3　条件の「みなし成就・不成就」
　　　　　　——「みなし条件不成就」条項の新設　(569)
　　　4　特殊な条件が付された法律行為の効力　(572)
　第2目　期限　(575)
　[Ⅰ]　条文案　(575)
　[Ⅱ]　改正理由　(576)
　　　1　期限の冒頭規定　(576)

第一編　総則

　　　2　期限の利益とその放棄およびその喪失　(577)
　第3節　時効　(579)
　【前注】
　　　1　本民法改正案の時効制度の特色　(579)
　　　2　時効制度の再構成——その全体像　(583)
　［Ⅰ］条文案　(585)
　［Ⅱ］改正理由　(591)
　　　1　時効の一般原則　(591)
　　　2　取得時効　(594)
　　　3　消滅時効　(600)
　　　4　時効の完成にかんする法律行為の効力　(610)
　　　5　「時効の停止」から「時効の完成の猶予」へ　(612)
　　　6　「時効の中断」の再構成
　　　　　——「時効の援用の制限」と「時効の新たな進行と権利の承認」へ
　　　　　(614)
　　　7　採用されなかった時効に関する改正提案　(629)

第5章　権利の実現……………………………………………634
　【前注】
　［Ⅰ］条文案　(635)
　［Ⅱ］改正理由　(635)
　　　1　規定の全体的構造と現行民法典との関連　(635)
　　　2　任意の履行による権利と請求権の消滅　(636)
　　　3　履行の強制　(638)
　　　4　自力救済の禁止の規定の新設　(639)
　　　5　形成権の規定　(642)

第6章　「付表　定義用語一覧」の新設…………………………643
　【前注】
　　付表　定義用語一覧　(645)

付論　日本民法典改正条文案　改正理由　【総則編以外】
　第1章　序論：民法総則編の改正にともなう法改正
　　　　　　——債権編の改正、および「法令の通則に関する法律」の制定 ‥‥648

1　はじめに（648）
　2　「不在者の財産の管理」の改正提案（648）
　3　「法令の通則に関する法律」の制定の提案（649）

第2章　債権編「第三章　事務管理等：第二節　法定財産管理」の新設……652
【前注】
　1　現行民法の「不在者の財産の管理」制度の問題点と、その事務管理的性格（652）
　2　不在者の財産管理制度と事務管理との連続性と異質性
　　　　――1つの章の2つの節という構成の背景（653）
　3　不在者の財産管理の中核となる規範をどこに規定するか
　　　　――民法典か、家事手続法か（658）
　4　不在者の財産の管理の3段階構造――法定管理人と受任管理人（658）
　5　「審判」性の明示（660）
　［Ⅰ］条文案（661）
　［Ⅱ］改正理由（664）
　1　はじめに（664）
　2　受任管理人と家庭裁判所の関与（665）
　3　法定管理人の選任とその権限（668）
　4　受任管理人と法定管理人による財産管理（670）
　5　財産目録の作成義務（671）
　6　受任管理人と法定管理人の担保提供と報酬（672）

第3章　「法令の通則に関する法律」の制定の提案……………………………674
【前注】
　1　「法令の通則に関する法律」を制定する目的（674）
　2　「法令」の公布と施行（674）
　3　「法の適用に関する通則法」と、国際私法の純化（679）
　4　現行民法の規定の一部の民法典からの削除
　　　　――「住所」、「公示のよる意思表示」、「期間の計算」――（682）
　［Ⅰ］条文案（685）
　法令の通則に関する法律（685）
　　第一章　総則……………………………………………………………685
　　第二章　法令の公布及び施行…………………………………………685

xxxi

第一編　総則

　　第三章　慣習法…………………………………………………………686
　　第四章　住所……………………………………………………………686
　　第五章　期間の計算……………………………………………………687
　　第六章　公示による伝達………………………………………………688
　　　第一節　行政手続における公示送達………………………………688
　　　第二節　公示による意思表示………………………………………689
［Ⅱ］　改正理由　(690)
1　「第一章　総則」について　(690)
2　「第二章　法令の公布及び施行」について　(690)
3　「第三章　慣習法」について　(696)
4　「第四章　住所」について　(698)
5　「第五章　期間の計算」について　(699)
6　「第六章　公示による伝達」について　(702)

第1部

日本民法典改正条文案一覧
総則編

法令目次 I
日本民法典・改正条文案

第一編　総則
　第一章　通則
　第二章　権利の主体
　　第一節　人
　　　第一款　権利能力
　　　第二款　意思能力
　　　第三款　行為能力
　　　　第一目　未成年
　　　　第二目　後見
　　　　第三目　保佐
　　　　第四目　補助
　　　　第五目　審判保護制度相互の関係
　　　　第六目　制限行為能力者の相手方の保護
　　　第四款　意思表示の受領能力
　　第二節　法人
　第三章　権利の客体
　　第一節　総則
　　第二節　物の分類
　第四章　権利の変動
　　第一節　総則
　　第二節　法律行為
　　　第一款　総則
　　　第二款　意思表示
　　　第三款　代理
　　　　第一目　有権代理
　　　　第二目　無権代理

　　　　　第三目　表見代理等
　　　　第四款　無効及び取消し
　　　　　第一目　無効
　　　　　第二目　取消し
　　　　第五款　条件及び期限
　　　　　第一目　条件
　　　　　第二目　期限
　　　第三節　時効

　　第五章　権利の実現

第二編　物権

第三編　債権

第四編　親族

第五編　相続

付表　定義用語一覧

付論【総則編以外】

「第三編 債権：第三章 事務管理等：第二節 法定財産管理」
及び
「法令の通則に関する法律」制定提案

　民法「第一編 総則」の規定のうち、「不在者」は、本民法改正案の「第三編 債権」の事務管理の章に「第二節 法定財産管理」として規定することにし、「住所」、「公示による意思表示」の規定の一部、「期間の計算」は、民法改正研究会が新法として提案する「法令の通則に関する法律」に ── 現行条文内容を改正しつつ ── 移動することとした。

　これらの具体的条文案は、第1部の末尾に示すとともに、その改正理由を本書の末尾に、「付論【総則編以外】」として示した。その内容は、「第三編 債権：第三章 事務管理等：第二節 法定財産管理」の新設と「法令の通則に関する法律」の制定の提案の2部に分かれている。その目次を示せば、以下のとおりである。

法令目次Ⅱ
「第三編　債権」
　　第三章　事務管理等
　　　第一節　事務管理
　　　第二節　法定財産管理

法令目次Ⅲ
「法令の通則に関する法律」
　　第一章　総則
　　第二章　法令の公布及び施行
　　第三章　慣習法
　　第四章　住所
　　第五章　期間の計算
　　第六章　公示による伝達

第一節　行政手続における公示送達
　第二節　公示による意思表示

第一編　総　則

第一章　通則

（趣旨）
第一条　この法律は、個人の尊厳、自由及び平等を基本として、私人間の法律関係について定めるものとする。

本条：民法2条（解釈の基準）修正

（基本原則）
第二条　財産権、人格権その他の私権は、これを侵してはならない。
2　私人が自律的に形成した法律関係は、私人の権利及び自由の基礎となるものとして、尊重されなければならない。
3　家族は、両性の本質的平等を基本とし、また、社会の基礎をなすものとして、尊重されなければならない。
4　私権及び私人間の法律関係は、公共の福祉と調和しなければならない。

本条1項：新設
　　2項：新設
　　3項：新設
　　4項：民法1条（基本原則）1項移修

（信義誠実と権利濫用の禁止の原則）
第三条　権利義務の発生並びに権利の行使及び義務の履行は、信義誠実の原則に従うものとし、次に掲げる行為は、これを許さない。
　一　先行する自己の行為に反する背信的な主張を行うこと。
　二　著しく不正な行為をした者が、その行為に関して法律上の救済を求めること。
2　権利の濫用は、これを許さない。

本条1項柱書：民法1条（基本原則）2項移修
　　　1号：新設

2号：新設
2項：民法1条（基本原則）3項移動

第二章　権利の主体

第一節　人

第一款　権利能力

> （人の権利能力）
> 第四条　人の権利能力（権利義務の主体となり得る地位をいう。第三十一条（外国法人）第一項から第三項までにおいて同じ。）は、出生によって始まり、死亡によって終わる。
> 2　前項の規定にかかわらず、胎児については、既に生まれたものとみなす。ただし、出生しなかったときは、遡ってその地位を失う。

本条1項：民法3条（第1節の標題（権利能力）承継）1項移修
　2項本文：新設
　　　ただし書：新設

> （同時死亡の推定）
> 第五条　数人の者が死亡した場合において、これらの者の死亡の先後を確定できないときは、これらの者は、同時に死亡したものと推定する。

本条：民法32条の2（第5節の標題（同時死亡の推定）承継）移修

> （失踪宣告の審判による死亡の擬制）
> 第六条　従来の住所又は居所を去った者の生死が七年間明らかでないときは、家庭裁判所は、利害関係人の請求により、普通失踪の宣告の審判をすることができる。
> 2　航空機の墜落、船舶の沈没、天災、戦争その他死亡の原因となるべき危難に遭遇した者の生死が、それぞれ、その危難が去った後一年間明らかでないときは、家庭裁判所は、利害関係人の請求により、特別失踪の宣告の

審判をすることができる。
3　普通失踪の宣告の審判を受けた者は第一項の期間が満了した時に、特別失踪の宣告の審判を受けた者はその危難が去った時に、死亡したものとみなす。

本条1項：民法30条（失踪の宣告）1項移修
　　2項：民法30条（失踪の宣告）2項移修
　　3項：民法31条（失踪の宣告の効力）移修

（失踪宣告の取消しの審判とその効果）
第七条　前条第一項又は第二項の規定による失踪宣告の審判を受けた者（第三項において「被失踪宣告者」という。）が生存すること又は前条第三項に規定する時には死亡していないことの証明があったときは、家庭裁判所は、本人、利害関係人又は検察官の請求により、失踪宣告の取消しの審判をしなければならない。
2　前項の規定により失踪宣告の取消しの審判がなされたときは、取り消された失踪宣告の審判によって開始された相続又は遺贈は生じなかったものとみなす。この場合において、失踪宣告の審判によって財産その他の利益（以下この項及び次項において「財産等」という。）を得た者は、第N条（所有権に基づく物権的請求権）又は第N条（不当利得）の規定に従い、その財産等を返還する義務を負う。
3　失踪宣告の審判の後に法律行為によって被失踪宣告者の財産等に法律上の利害関係を有するに至った者が、被失踪宣告者が生存すること又は前条第三項に規定する時には死亡していなかったことにつき善意（一定の事実を知らないことをいう。以下同じ。）であったときは、前項前段の規定による失踪宣告の取消しの審判の効果をもってその者に対抗することができない。
4　第一項の失踪宣告の取消しの審判は、その審判の前に成立した婚姻及び養親子関係に影響を及ぼさない。この場合において、失踪宣告の取消しの審判の前に成立した身分関係のうち当該婚姻又は当該養親子関係に抵触するものは、復活しない。

本条1項：民法32条（失踪の宣告の取消し）1項前段移修
　　2項前段：新設（民法32条（失踪の宣告の取消し）2項本文参照）
　　　後段：新設（民法32条（失踪の宣告の取消し）2項ただし書参照）

第二章　権利の主体

3項：民法32条（失踪の宣告の取消し）1項後段移修
4項前段：新設
　　後段：新設

第二款　意思能力

> （意思能力の欠如）
> 第八条　事理を弁識する能力（以下「意思能力」という。）を欠く状態の下で意思表示をした者は、意思能力を回復した後は、その意思表示に基づく法律行為（意思表示を含む。以下この款及び次款において同じ。）を取り消すことができる。
> 2　前項に規定する法律行為については、意思表示をした者（以下「表意者」という。）に法定代理人があるとき（その意思表示をした後に法定代理人が付された場合を含む。次項及び次条第二項において同じ。）は、当該法定代理人も、取り消すことができる。
> 3　表意者及びその法定代理人は、表意者が故意又は重大な過失により意思能力を欠いていたときは、その意思表示に基づく法律行為を取り消すことができない。ただし、法律行為の相手方が、表意者が意思能力を欠いていたことを知り、又は重大な過失によって知らなかったときは、この限りでない。
> 4　前項ただし書の場合においては、第一項又は第二項の規定による取消しをもって善意の第三者に対抗することができない。

本条1項：新設
　　2項：新設
　　3項本文：新設
　　　　ただし書：新設
　　4項：新設

> （意思能力を欠く者の相手方等の催告権）
> 第九条　前条の規定により取り消すことができる法律行為の相手方又はその取消しに対抗することができる第三者は、表意者が意思能力を回復したときは、当該表意者に対し、相当な期間を定めて、その期間内に取り消すことができる法律行為を追認するかどうかを確答すべき旨の催告をすることができる。ただし、意思能力を欠いていた表意者が、その法律行為の内容

を了知していないときは、この限りでない。
2　意思能力を欠く状態の下で意思表示をした者に法定代理人があるときは、その相手方は、法定代理人に対し、一か月以上の期間を定めて、その期間内に取り消すことができる法律行為を追認するかどうかを確答すべき旨の催告をすることができる。
3　前二項の場合において、催告を受けた者がその期間内に確答を発しないときは、その法律行為を追認したものとみなす。

本条1項本文：新設
　　　ただし書：新設
　　2項：新設
　　3項：新設

第三款　行為能力

第一目　未成年

（未成年者）
第十条　年齢二十歳をもって、成年とする。
2　未成年者が法律行為をするには、その法定代理人（未成年者の親権者又は未成年後見人をいう。以下この目において同じ。）の同意を得なければならない。
3　未成年者又はその法定代理人は、未成年者が前項の同意を得ないでした法律行為を取り消すことができる。
4　法定代理人は、第四編（親族）の規定に従い、未成年者の法律行為について未成年者を代理する権限を有する。ただし、未成年者自らが決定すべきであると認められる性質の法律行為については、この限りでない。
5　法定代理人は、前項の規定による代理権の行使として、未成年者の行為を目的とする債務が生ずる法律行為をするときは、本人の同意を得なければならない。

本条1項：民法4条（成年）移動
　　2項：民法5条（未成年者の法律行為）1項本文移修
　　3項：民法5条（未成年者の法律行為）2項、120条（取消権者）1項移修
　　4項本文：民法824条（財産の管理及び代表）本文、859条（財産の管理及び代表）1項移修

第二章　権利の主体

　　ただし書：新設
　　5項：民法824条（財産の管理及び代表）ただし書、859条（財産の管理及び代表）2項移修

> **（単独でなし得る法律行為）**
> 第十一条　前条第二項の規定にかかわらず、未成年者は、その法定代理人の同意を得ることなく、次に掲げる法律行為をすることができる。
> 　一　単に権利を得、又は義務を免れる法律行為
> 　二　法定代理人から処分を許された財産の範囲内（目的を定めて処分が許されたときは、その目的の範囲内に限る。）において行う法律行為
> 　三　日常の生活必需品の購入その他日常生活上必要な法律行為
> 2　法定代理人から一種又は数種の営業を許された未成年者は、その営業に関しては、成年者と同一の行為能力（単独で確定的に有効な法律行為をする能力をいう。以下同じ。）を有する。この場合において、未成年者がその営業に堪えることができない事由があるときは、その法定代理人は、第八百二十三条（職業の許可）第二項及び第八百五十七条（未成年被後見人の身上の監護に関する権利義務）の規定に従い、その許可を撤回し、又はこれを制限することができる。

本条1項柱書：新設
　　　1号：民法5条（未成年者の法律行為）1項ただし書移修
　　　2号：民法5条（未成年者の法律行為）3項前段、後段移修
　　　3号：新設
　　2項前段：民法6条（未成年者の営業の許可）1項移修
　　　後段：民法6条（未成年者の営業の許可）2項移修

> **（成年擬制）**
> 第十二条　未成年者が婚姻をしたときは、その未成年者は成年者と同一の行為能力を有する。
> 2　前項の規定による成年擬制の効果は、離婚によって失われない。
> 3　家庭裁判所は、満十八歳に達した未成年者について、その法定代理人の請求に基づき、その未成年者が成年者と同等の行為能力を有し、かつ、法定代理人による財産管理の必要がないと認めるときは、成年擬制の宣告の審判（成年者と同一の行為能力を有することを認める審判をいう。以下この条において同じ。）をすることができる。この場合において、家庭裁判

所は、成年擬制の宣告の審判をする前に、当該未成年者の意見を聴取しなければならない。
4　前項の場合において、未成年者に法定代理人がいないときは、当該未成年者は、三親等内の成年親族（第二十三条（制限行為能力者の相手方の催告権）第一項に規定する制限行為能力者を除く。）のうちいずれか一人の同意を得て、成年擬制の宣告の審判の請求をすることができる。
5　家庭裁判所は、成年擬制の宣告の審判を受けた者について、行為能力の制限を受ける未成年者と同一の取扱いをする必要が顕著であると認めるときは、本人又は成年擬制の宣告の審判を請求した法定代理人の請求により、成年擬制の終了の審判をすることができる。

本条1項：民法753条（婚姻による成年擬制）移修
　　2項：新設
　　3項前段：新設
　　　　後段：新設
　　4項：新設
　　5項：新設

第二目　後見

（後見開始の審判）
第十三条　精神上の障害により意思能力を通常欠く状況にある者については、家庭裁判所は、本人、配偶者、四親等内の親族、未成年後見人、未成年後見監督人、保佐人、保佐監督人、補助人、補助監督人又は検察官の請求により、後見開始の審判をしなければならない。
2　家庭裁判所は、後見開始の審判を受けた者（以下「被後見人」という。）のために後見人を選任する審判をしなければならない。

本条1項：民法7条（後見開始の審判）、838条（第1節の標題（後見の開始）承継）2号移修
　　2項：民法8条（成年被後見人及び成年後見人）、843条（成年後見人の選任）1項移修

（被後見人の法律行為等）
第十四条　被後見人又はその後見人は、被後見人の法律行為を取り消すこと

第二章　権利の主体

ができる。ただし、日常の生活必需品の購入その他日常生活上必要な法律行為については、この限りでない。
2　後見人は、第四編（親族）の規定に従い、被後見人の法律行為について被後見人を代理する権限を有する。ただし、被後見人自らが決定すべきである法律行為については、この限りでない。
3　後見人は、前項の規定による代理権の行使として、被後見人の行為を目的とする債務が生ずる法律行為をするときは、本人の同意を得なければならない。

本条1項本文：民法9条（成年被後見人の法律行為）本文、120条（取消権者）1
　　　　　項移修
　　　ただし書：民法9条（成年被後見人の法律行為）ただし書移修
　　2項本文：民法859条（財産の管理及び代表）1項移修
　　　ただし書：新設
　　3項：民法859条（財産の管理及び代表）2項移修

（後見終了の審判）
第十五条　第十三条（後見開始の審判）第一項に規定する原因が消滅したときは、家庭裁判所は、本人、配偶者、四親等内の親族、後見人、後見監督人、未成年後見人、未成年後見監督人又は検察官の請求により、後見終了の審判をしなければならない。

本条：民法10条（後見開始の審判の取消し）修正

第三目　保佐

（保佐開始の審判）
第十六条　精神上の障害により意思能力の程度が著しく不十分である者については、家庭裁判所は、本人、配偶者、四親等内の親族、後見人、後見監督人、未成年後見人、未成年後見監督人、補助人、補助監督人又は検察官の請求により、保佐開始の審判をするものとする。ただし、第十三条（後見開始の審判）第一項に規定する原因がある者については、この限りでない。
2　家庭裁判所は、保佐開始の審判を受けた者（以下「被保佐人」という。）のために保佐人を選任する審判をしなければならない。

第一編　総　則

本条1項本文：民法11条（保佐開始の審判）本文、876条（保佐の開始）移修
　　　ただし書：民法11条（保佐開始の審判）ただし書移修
　　2項：民法12条（被保佐人及び保佐人）、876条の2（保佐人及び臨時保佐人の選任等）1項移修

（被保佐人の法律行為等）
第十七条　被保佐人が次に掲げる行為をするには、その保佐人の同意を得なければならない。ただし、日常生活に関する行為については、この限りでない。
　一　不動産その他重要な財産の売買、賃貸借（（新）第N条（短期賃貸借）に定める期間を超えない賃貸借を除く。）その他重要な権利の変動を目的とする法律行為をすること。
　二　贈与をし、贈与の申込みを拒絶し、又は負担付贈与の申込みを承諾すること。
　三　新築、改築、増築又は大修繕を目的とする法律行為をすること。
　四　金銭消費貸借契約又はこれに類する契約の締結その他元本の利用若しくは領収をし、又は保証をすること。
　五　和解又は仲裁合意（仲裁法（平成十五年法律第百三十八号）第二条（定義）第一項に規定する仲裁合意をいう。）をすること。
　六　相続の承認若しくは放棄をし、遺贈の放棄若しくは負担付遺贈の承認をし、又は遺産の分割をすること。
　七　前各号に掲げるもののほか、無償で相手方又は第三者に利益を与える法律行為をすること。
2　家庭裁判所は、前条第一項本文に規定する者又は保佐人若しくは保佐監督人の請求により、被保佐人が前項各号に掲げる行為以外の法律行為（同項ただし書の日常生活に関する行為を除く。）をする場合であってもその保佐人の同意を得なければならない旨の審判をすることができる。
3　保佐人の同意を得なければならない行為について、被保佐人の利益を害するおそれがないにもかかわらず保佐人が同意をしないときは、家庭裁判所は、被保佐人の請求により、保佐人の同意に代わる許可を与える審判をすることができる。
4　被保佐人又はその保佐人は、第一項若しくは第二項の保佐人の同意又は前項の家庭裁判所の許可を得ないで被保佐人がした法律行為の取消し又は行為の撤回をすることができる。

第二章　権利の主体

5　家庭裁判所は、前条第一項本文に規定する者又は保佐人若しくは保佐監督人の請求により、被保佐人のために特定の法律行為について保佐人に代理権を付与する旨の審判をすることができる。ただし、本人以外の者の請求により当該審判をするには、本人の同意がなければならない。
6　前項の規定による審判がなされたときは、保佐人は、第四編（親族）の規定に従い、当該法律行為について被保佐人を代理する権限を有する。この場合においては、第十四条（被後見人の法律行為等）第三項の規定を準用する。
7　保佐人が第四項の規定による被保佐人の法律行為の取消し又は行為の撤回をしたときは、第五項ただし書の規定にかかわらず、家庭裁判所は、本人の同意を得ることなく、原状に復させるための代理権を保佐人に付与する旨の審判をすることができる。

本条1項本文：民法13条（保佐人の同意を要する行為等）1項本文移動
　　　　ただし書：民法13条（保佐人の同意を要する行為等）1項ただし書移修
　　　　1号：民法13条（保佐人の同意を要する行為等）1項3号、9号移修
　　　　2号：民法13条（保佐人の同意を要する行為等）1項5号、7号移修
　　　　3号：民法13条（保佐人の同意を要する行為等）1項8号移修
　　　　4号：民法13条（保佐人の同意を要する行為等）1項1号、2号移修
　　　　5号：民法13条（保佐人の同意を要する行為等）1項5号移修
　　　　6号：民法13条（保佐人の同意を要する行為等）1項6号、7号移修
　　　　7号：新設
　　2項：民法13条（保佐人の同意を要する行為等）2項本文、ただし書移修
　　3項：民法13条（保佐人の同意を要する行為等）3項修正
　　4項：民法13条（保佐人の同意を要する行為等）4項、120条（取消権者）
　　　　1項移修
　　5項本文：民法876条の4（保佐人に代理権を付与する旨の審判）1項移修
　　　　ただし書：民法876条の4（保佐人に代理権を付与する旨の審判）2項移修
　　6項前段：民法876条の5（保佐の事務及び保佐人の任務の終了等）2項移修
　　　　後段：民法876条の5（保佐の事務及び保佐人の任務の終了等）2項移修
　　7項：新設

（保佐終了の審判等）

第一編　総　　則

> 第十八条　第十六条（保佐開始の審判）第一項本文に規定する原因が消滅したときは、家庭裁判所は、本人、配偶者、四親等内の親族、未成年後見人、未成年後見監督人、保佐人、保佐監督人又は検察官の請求により、保佐終了の審判をしなければならない。
> 2　家庭裁判所は、前項に規定する者の請求により、前条第二項、第五項又は第七項の審判の全部又は一部を終了する審判をすることができる。

本条1項：民法14条（保佐開始の審判等の取消し）1項移修
　　2項：民法14条（保佐開始の審判等の取消し）2項、876条の4（保佐人に代理権を付与する旨の審判）3項移修

第四目　補助

> （補助開始の審判等）
> 第十九条　精神上の障害により意思能力の程度が不十分である者については、家庭裁判所は、本人、配偶者、四親等内の親族、後見人、後見監督人、未成年後見人、未成年後見監督人、保佐人、保佐監督人又は検察官の請求により、補助開始の審判をするものとする。ただし、第十三条（後見開始の審判）第一項又は第十六条（保佐開始の審判）第一項本文に規定する原因がある者については、この限りでない。
> 2　家庭裁判所は、補助開始の審判を受けた者（以下「被補助人」という。）のために補助人を選任する審判をしなければならない。
> 3　第一項の審判を行うときは、家庭裁判所は、同項本文に規定する者又は補助人若しくは補助監督人の請求により、次に掲げる審判のうちいずれか又は第一号及び第二号の審判を併せてしなければならない。
> 　一　被補助人が第十七条（被保佐人の法律行為等）第一項各号に掲げる行為のうち一部の行為をする場合にはその補助人の同意を必要とする旨の審判（次条第一項、第二十一条（補助終了の審判等）第二項及び第二十三条（制限行為能力者の相手方の催告権）第一項において「同意権付与の審判」という。）
> 　二　被補助人のために特定の法律行為についてその補助人に代理権を付与する旨の審判（次条第四項及び第二十一条（補助終了の審判等）第二項において「代理権付与の審判」という。）
> 4　本人以外の者の請求により第一項及び前項の審判をするには、本人の同意がなければならない。

第二章　権利の主体

本条 1 項本文：民法 15 条（補助開始の審判）1 項本文、876 条の 6（補助の開始）移修
　　　ただし書：民法 15 条（補助開始の審判）1 項ただし書移修
　　2 項：民法 16 条（被補助人及び補助人）、876 条の 7（補助人及び臨時補助人の選任等）1 項移修
　　3 項柱書：民法 15 条（補助開始の審判）3 項移修
　　　1 号：民法 17 条（補助人の同意を要する旨の審判等）1 項本文、ただし書移修
　　　2 号：民法 876 条の 9（補助人に代理権を付与する旨の審判）1 項移修
　　4 項：民法 15 条（補助開始の審判）2 項、17 条（補助人の同意を要する旨の審判等）2 項、876 条の 9（補助人に代理権を付与する旨の審判）2 項移修

（被補助人の法律行為等）
第二十条　被補助人は、同意権付与の審判において補助人の同意が必要とされた行為をするには、その補助人の同意を得なければならない。ただし、日常生活に関する行為については、この限りでない。
2　補助人の同意を得なければならない行為について、被補助人の利益を害するおそれがないにもかかわらず補助人が同意をしないときは、家庭裁判所は、被補助人の請求により、補助人の同意に代わる許可を与える審判をすることができる。
3　被補助人又はその補助人は、第一項の同意又は前項の家庭裁判所の許可を得ないでした被補助人の法律行為の取消し又は行為の撤回をすることができる。
4　代理権付与の審判がなされたときは、補助人は、第四編（親族）の規定に従い、当該法律行為について被補助人を代理する権限を有する。この場合においては、第十四条（被後見人の法律行為等）第三項の規定を準用する。

本条 1 項本文：民法 17 条（補助人の同意を要する旨の審判等）1 項本文移修
　　　ただし書：民法 17 条（補助人の同意を要する旨の審判等）1 項ただし書移修
　　2 項：民法 17 条（補助人の同意を要する旨の審判等）3 項移修
　　3 項：民法 17 条（補助人の同意を要する旨の審判等）4 項、120 条（取消権

第一編　総　　則

　　　　者）1項移修
　　4項前段：民法876条の10（補助の事務及び補助人の任務の終了等）1項移
　　　　　　修
　　　　後段：民法876条の10（補助の事務及び補助人の任務の終了等）1項移
　　　　　　修

（補助終了の審判等）

第二十一条　第十九条（補助開始の審判等）第一項本文に規定する原因が消滅したときは、家庭裁判所は、本人、配偶者、四親等内の親族、未成年後見人、未成年後見監督人、補助人、補助監督人又は検察官の請求により、補助終了の審判をしなければならない。

2　家庭裁判所は、前項に規定する者の請求により、同意権付与の審判による同意権の付与又は代理権付与の審判による代理権の付与について、その全部又は一部を終了する審判をすることができる。この場合において、家庭裁判所は、その審判により当該被補助人に係る同意権及び代理権が全て消滅することとなるときは、補助終了の審判を併せてしなければならない。

本条1項：民法18条（補助開始の審判等の取消し）1項修正
　　2項前段：民法18条（補助開始の審判等の取消し）2項、876条の9（補助
　　　　　　人に代理権を付与する旨の審判）2項移修
　　　　後段：民法18条（補助開始の審判等の取消し）3項移修

　　第五目　審判保護制度相互の関係

（重複審判の回避）

第二十二条　後見開始の審判をする場合において、本人が被保佐人又は被補助人であるときは、家庭裁判所は、その本人に係る保佐終了の審判又は補助終了の審判を併せてしなければならない。

2　前項の規定は、保佐開始の審判をする場合において本人が被後見人若しくは被補助人であるとき、又は補助開始の審判をする場合において本人が被後見人若しくは被保佐人であるときについて準用する。

本条1項：民法19条（審判相互の関係）1項修正
　　2項：民法19条（審判相互の関係）2項修正

第二章　権利の主体

第六日　制限行為能力者の相手方の保護

> **（制限行為能力者の相手方の催告権）**
> 第二十三条　制限行為能力者（未成年者、被後見人、被保佐人及び同意権付与の審判を受けた被補助人をいう。以下同じ。）の相手方は、その制限行為能力者の法定代理人、保佐人又は補助人に対し、一か月以上の期間を定めて、その期間内に、取り消すことができる法律行為を追認するかどうかを確答すべき旨の催告をすることができる。この場合において、制限行為能力者が行為能力者となったときは、その催告は、その後は、その者に対して行わなければならない。
> 2　前項の催告を受けた者が、単独で追認することができるにもかかわらず、その期間内に確答を発しないときは、その法律行為を追認したものとみなす。ただし、被後見人であった者が、その法律行為の内容を了知していないときは、この限りでない。
> 3　第一項の催告を受けた者が単独で追認することができない場合において、その者がその期間内に確答を発しないときは、その法律行為を取り消したものとみなす。

本条1項前段：民法20条（制限行為能力者の相手方の催告権）2項移修、4項前段移修
　　　後段：民法20条（制限行為能力者の相手方の催告権）1項前段移修
　　2項本文：民法20条（制限行為能力者の相手方の催告権）1項後段、2項移修
　　　ただし書：新設
　　3項：民法20条（制限行為能力者の相手方の催告権）3項、4項後段移修

> **（制限行為能力者の詐術）**
> 第二十四条　制限行為能力者が行為能力者であること又は同意権を有する者の同意を得ていることを相手方に信じさせるために詐術を用いたときは、その法律行為を取り消すことができない。ただし、相手方が制限行為能力者であること又は同意権を有する者の同意を得ていないことを知っていたときは、この限りでない。

本条本文：民法21条（制限行為能力者の詐術）修正
　　ただし書：新設

第一編　総　　則

第四款　意思表示の受領能力

（意思表示の受領能力）
第二十五条　表意者は、その意思表示を受けた相手方が意思能力を欠く者又は未成年者若しくは被後見人であったときは、その意思表示をもってその相手方に対抗することができない。ただし、その相手方の法定代理人がその意思表示を知った後は、この限りでない。
2　前項本文の規定は、表意者が書面による意思表示を意思能力を欠く者に対してした場合において、その者が意思能力を回復して、その書面による意思表示を知ったときは、適用しない。
3　表意者が書面による意思表示を未成年者又は被後見人に対してした場合において、それらの者が行為能力を回復して、その書面による意思表示を知ったときも、前項と同様とする。

本条1項本文：民法98条の2（意思表示の受領能力）本文移修
　　　ただし書：民法98条の2（意思表示の受領能力）ただし書移修
　　2項：新設
　　3項：新設

第二節　法人

（法人）
第二十六条　法人は、この法律その他の法律の規定によらなければ、成立しない。
2　法人は、法令の規定に従い、その名において、権利を有し、義務を負う。

本条1項：民法33条（法人の成立等）1項移動
　　2項：民法34条（法人の能力）移修

（法人の設立）
第二十七条　法人を設立するには、発起人その他の設立者（以下この項及び次項において「設立者」という。）が定款その他の基本約款（以下この条及び次条において「定款等」という。）を作成し、これに署名し、又は記名押印しなければならない。この場合において、設立者が二人以上あるときは、設立者が共同して定款等を作成し、その全員がこれに署名し、又は

第二章　権利の主体

　　　記名押印しなければならない。
２　定款等は、電磁的記録（電子的方式、磁気的方式その他人の知覚によっては認識することができない方式で作られる記録であって、電子計算機による情報処理の用に供されるものとして法務省令で定めるものをいう。以下同じ。）をもって作成することができる。この場合において、当該電磁的記録に記録された情報については、法務省令で定める署名又は記名押印に代わる措置をとらなけらばならない。
３　定款等には、次に掲げる事項を記載し、又は記録するほか、一般社団法人及び一般財団法人に関する法律（平成十八年法律第四十八号）、会社法（平成十七年法律第八十六号）その他の法律に定める事項を記載し、又は記録しなければならない。
　一　目的
　二　名称又は商号
　三　主たる事務所又は本店の所在地
　四　設立者の氏名又は名称及び住所
　五　社団法人にあっては、社員の資格
　六　財団法人にあっては、出資の状況
４　前項各号に掲げる事項のほか、定款等には、一般社団法人及び一般財団法人に関する法律、会社法その他の法律の規定により定款の定めがなければその効力を生じない事項及びその他の事項であって法律の規定に違反しないものを記載し、又は記録することができる。

本条１項前段：一般法人法10条（定款の作成）１項、152条（定款の作成）１項、
　　　　　　　会社法26条（定款の作成）１項、575条（定款の作成）１項移修
　　　後段：一般法人法10条（定款の作成）１項、152条（定款の作成）１項、
　　　　　　会社法26条（定款の作成）１項、575条（定款の作成）１項移修
　　２項前段：一般法人法10条（定款の作成）２項前段、152条（定款の作成）
　　　　　　　３項、会社法26条（定款の作成）２項前段、575条（定款の作成）
　　　　　　　２項前段移修
　　　後段：一般法人法10条（定款の作成）２項後段移動、152条（定款の作成）
　　　　　　３項移修、会社法26条（定款の作成）２項後段移動、575条（定款
　　　　　　の作成）２項後段移動
　　３項柱書：一般法人法11条（定款の記載又は記録事項）１項柱書、153条
　　　　　　　（定款の記載又は記録事項）１項柱書、会社法27条（定款の記載

第一編　総　　則

　　　　　　又は記録事項）柱書、576条（定款の記載又は記録事項）柱書移修
　　1号：一般法人法11条（定款の記載又は記録事項）1項1号、153条
　　　　（定款の記載又は記録事項）1項1号、会社法27条（定款の記載
　　　　又は記録事項）1号、576条（定款の記載又は記録事項）1項1号
　　　　移動
　　2号：一般法人法11条（定款の記載又は記録事項）1項2号、153条
　　　　（定款の記載又は記録事項）1項2号、会社法27条（定款の記載
　　　　又は記録事項）2号、576条（定款の記載又は記録事項）1項2号
　　　　移修
　　3号：一般法人法11条（定款の記載又は記録事項）1項3号、153条
　　　　（定款の記載又は記録事項）1項3号、会社法27条（定款の記載
　　　　又は記録事項）3号、576条（定款の記載又は記録事項）1項3号
　　　　移修
　　4号：一般法人法11条（定款の記載又は記録事項）1項4号移修、153
　　　　条（定款の記載又は記録事項）1項4号移動、会社法27条（定款
　　　　の記載又は記録事項）5号移修、会社法576条（定款の記載又は
　　　　記録事項）1項4号移修
　　5号：一般法人法11条（定款の記載又は記録事項）1項5号移修
　　6号：一般法人法153条（定款の記載又は記録事項）1項5号移修
　4項：一般法人法12条（第11の標題（定款の記載又は記録事項）承継）、
　　　　154条（第153条の標題（定款の記載又は記録事項）承継）、会社法29
　　　　条（第27条の標題（定款の記載又は記録事項）承継）、577条（第576
　　　　条の標題（定款の記載又は記録事項）承継）移修

（法人の組織等）
第二十八条　法人には、一人又は二人以上の理事その他の代表者を置かなければならない。
2　法人の代表者は、定款等に定められた目的の範囲内において、その法人を代表する。ただし、営利を目的とする法人の代表者の代表権は、定款等に定められた目的による制限を受けない。
3　法人の組織、運営及び管理については、この法律に定めるもののほか、一般社団法人及び一般財団法人に関する法律、会社法その他の法律の定めるところによる。

第二章　権利の主体

本条 1 項：一般法人法 60 条（社員総会以外の機関の設置）1 項、170 条（機関の設置）1 項、会社法 349 条（株式会社の代表）1 項、2 項、3 項、4 項、599 条（持分会社の代表）1 項、2 項、3 項、4 項移修
　　2 項本文：民法 34 条（法人の能力）移修
　　　　ただし書：新設
　　3 項：民法 33 条（法人の成立等）2 項移修

（法人の消滅）
第二十九条　法人は、一般社団法人及び一般財団法人に関する法律又は会社法の定める解散又は清算の結了その他法律の定める手続によって、消滅する。

本条：新設

（法人の登記）
第三十条　法人は、その主たる事務所又は本店の所在地において設立の登記をすることによって成立する。
2　法人について清算が結了したときは、清算人は、一般社団法人及び一般財団法人に関する法律、会社法その他の法律の定めるところに従い、清算結了の登記をしなければならない。
3　法律の規定により登記すべき事項（第一項の登記に係る事項を除く。）は、登記をしなければ、これをもって第三者に対抗することができない。ただし、第三者が登記すべき事項を知っていたときは、この限りでない。
4　前項の登記すべき事項を登記した場合であっても、第三者が正当な理由によってその登記があることを知らなかったときは、その登記した事項をもって当該第三者に対抗することができない。
5　故意又は過失によって不実の事項を登記した者は、その登記した事項が不実であることをもって第三者に対抗することができない。ただし、第三者が悪意（一定の事実を知っていることをいう。以下同じ。）であるときは、この限りでない。

本条 1 項：民法 36 条（登記）、一般法人法 22 条（第 5 款の標題（一般社団法人の成立）承継）、163 条（一般財団法人の成立）、会社法 49 条（株式会社の成立）、579 条（持分会社の成立）移修
　　2 項：一般法人法 311 条（清算結了の登記）、会社法 929 条（清算結了の登記）

第一編　総　　則

　　移修
　3項本文：一般法人法299条（登記の効力）1項前段、会社法908条（登記の効力）1項前段移修
　　　ただし書：一般法人法299条（登記の効力）1項前段、会社法908条（登記の効力）1項前段移修
　4項：一般法人法299条（登記の効力）1項後段、会社法908条（登記の効力）1項後段移修
　5項本文：一般法人法299条（登記の効力）2項、会社法908条（登記の効力）2項移修
　　　ただし書：一般法人法299条（登記の効力）2項、会社法908条（登記の効力）2項移修

（外国法人）
第三十一条　外国法人のうち、国、地方政府、地方公共団体及び会社は、日本において成立する同種の法人と同一の権利能力を有する。ただし、法律又は条約中に特別の定めがある場合は、この限りでない。
2　前項に規定する外国法人以外の外国法人であって、法律又は条約の規定により権利能力を認められたものも、同項と同様とする。
3　裁判所は、前二項に規定する外国法人以外の外国法人であっても、必要があると認めるときは、日本の同種の法人と同一の権利能力を有するものとして取り扱うことができる。
4　第二十七条（法人の設立）の規定は、前三項に規定する外国法人については、適用しない。
5　外国法人（第一項から第三項までに規定する外国法人に限る。）は、日本に事務所を設けたときは、その事務所の所在地において、法律の定めるところに従い、登記すべき事項を登記しなければならない。
6　前項の登記については、前条第三項から第五項までの規定を準用する。

本条1項本文：民法35条（外国法人）1項本文、2項本文移修
　　　ただし書：民法35条（外国法人）2項ただし書移修
　2項：民法35条（外国法人）1項ただし書移修
　3項：新設
　4項：新設
　5項：民法37条（外国法人の登記）1項柱書移修
　6項：民法37条（外国法人の登記）2項、5項移修

第三章　権利の客体

第一節　総則

> **（権利の客体）**
> 第三十二条　物権の客体は、物（有体物をいう。以下同じ。）とする。ただし、この法律その他の法律に別段の定めがあるときは、この限りでない。
> 2　債権の客体は、人の作為又は不作為とする。
> 3　第四編（親族）及び第五編（相続）に規定する権利の客体は、それぞれの権利についてそれぞれの定めるところによる。

本条1項本文：民法85条（定義）移修
　　　ただし書：新設
　　2項：新設
　　3項：新設

第二節　物の分類

> **（不動産及び動産）**
> 第三十三条　土地及びその定着物は、不動産とする。
> 2　不動産以外の物は、全て動産とする。
> 3　無記名債権は、動産とみなす。

本条1項：民法86条（不動産及び動産）1項に同じ
　　2項：民法86条（不動産及び動産）2項修正
　　3項：民法86条（不動産及び動産）3項に同じ

> **（主物及び従物）**
> 第三十四条　物の所有者が、その物の常用に供するため、自己の所有に属する他の物をこれに附属させたときは、その附属させた物を従物とする。
> 2　主物の処分は、従物に及ぶ。ただし、法律行為に別段の定めがあるときは、この限りでない。

本条1項：民法87条（主物及び従物）1項に同じ

第一編　総　　則

2項本文：民法87条（主物及び従物）2項修正
　　ただし書：新設

> （天然果実とその帰属）
> 第三十五条　物の用法に従い収取する産出物を天然果実とする。
> 2　天然果実は、その元物から分離する時に、これを収取する権利を有する者に帰属する。

本条1項：民法88条（天然果実及び法定果実）1項移動
　　2項：民法89条（果実の帰属）1項移動

> （法定果実とその帰属）
> 第三十六条　物の使用の対価として受けるべき金銭その他の物を法定果実とする。
> 2　法定果実は、これを収取する権利の存続期間に応じて、日割計算によりこれを取得する。

本条1項：民法88条（天然果実及び法定果実）2項移動
　　2項：民法89条（果実の帰属）2項移動

> （非有体物への準用）
> 第三十七条　前三条の規定は、その性質に反しない限りにおいて、権利その他の物でない利益について準用する。

本条：新設

第四章　権利の変動

第一節　総則

> （権利の変動）
> 第三十八条　権利の発生、変更及び消滅は、次節及び第三節（時効）その他の法律の定めるところによる。

第四章　権利の変動

本条：新設

第二節　法律行為

第一款　総則

> （法律行為）
> 第三十九条　法律行為は、意思表示を要素として成立し、その意思表示の内容に従って効力を生ずる。

本条：新設

> （法律行為の効力）
> 第四十条　法律行為（意思表示を含む。以下この款及び次款（第四十五条（虚偽表示）を除く。）において同じ。）は、公の秩序又は善良の風俗に反するときは、無効とする。その他の法令中の公の秩序に関する規定に反するときも、同様とする。
> 2　法律行為は、法令中の公の秩序に関しない規定（次条において「任意規定」という。）と異なる内容のものであっても、その効力を妨げられない。

本条1項前段：民法90条（公序良俗）移修
　　　　後段：新設（民法91条（任意規定と異なる意思表示）の反対解釈）
　　　2項：民法91条（任意規定と異なる意思表示）移修

> （慣習）
> 第四十一条　任意規定と異なる慣習がある場合において、法律行為の当事者がその慣習の適用を排除する意思を表示しないときは、その慣習による意思を有するものと推定する。

本条：民法92条（任意規定と異なる慣習）修正

第二款　意思表示

> （意思表示とその効力）
> 第四十二条　意思表示は、その意思表示に別段の定めがある場合を除き、次の各号に掲げる区分に応じ当該各号に定める時から、その効力を生ずる。

第一編　総　則

一　相手方のある意思表示	その意思表示が相手方に到達した時
二　相手方のない意思表示	その意思表示がされた時
三　相手方が不明である場合又はその所在が不明である場合にされる公示による意思表示	法令の通則に関する法律（平成〇〇年法律第〇〇号）第十二条（公示による意思表示）第三項に規定する時

2　前項第一号の意思表示の発信又は第三号の意思表示の公示がされた後、その到達の前又はその公示による意思表示の効果が生ずる前に、表意者が死亡した場合、意思能力を欠くに至った場合又は制限行為能力者となった場合であっても、その意思表示の効力は妨げられない。ただし、法令又は契約に別段の定めがあるときは、この限りでない。

本条1項柱書：新設
　　　　1号：新設（民法97条（隔地者に対する意思表示）1項参照、商法507条（対話者間における契約の申込み）の反対解釈）
　　　　2号：新設
　　　　3号：新設（民法98条（公示による意思表示）1項参照）
　　2項本文：民法97条（隔地者に対する意思表示）2項移修
　　　ただし書：新設

（真意留保）
第四十三条　表意者がその真意でないと知りながら意思表示をしたときは、これに基づく法律行為は、そのためにその効力を妨げられない。ただし、相手方が表意者の真意でないことを知っていたとき又は知らなかったことにつき重大な過失があったときは、その法律行為は無効とする。

本条本文：民法93条（心裡留保）本文修正
　　ただし書：民法93条（心裡留保）ただし書修正

（虚偽表示）
第四十四条　表意者がその相手方と通謀して虚偽の意思表示をしたときは、これに基づく法律行為は、無効とする。この場合においても、法律行為の当事者が真に意図した他の法律行為としての効力が生ずることを妨げない。

第四章　権利の変動

本条前段：民法94条（虚偽表示）1項移修
　　後段：新設

（錯誤）
第四十五条　表意者は、錯誤に陥って意思表示をしたときは、その錯誤が法律行為の重要な部分に関するものである場合に限り、これに基づく法律行為を取り消すことができる。
2　前項の規定にかかわらず、錯誤につき表意者に重大な過失があったときは、表意者は当該意思表示に基づく法律行為を取り消すことができない。ただし、表意者及び相手方の双方が錯誤に陥っていたとき又は表意者が錯誤に陥っていたことを相手方が知っていたときは、この限りでない。
3　表意者は、第一項の規定により法律行為を取り消したときは、相手方が当該取消しによって被った損害を賠償する責任を負う。ただし、前項ただし書に規定する場合は、この限りでない。
4　前項の規定により表意者が賠償すべき損害の範囲は、当該取消しによって相手方にとって無益となった出捐費用及び取引の機会を逸したことによる損失に限る。ただし、取引の機会を逸したことによる損失の賠償額は、その法律行為が有効であったならば相手方が得ることができた利益の額を超えないものとする。
5　第二項本文の規定にかかわらず、消費者が行う電子消費者契約（電子消費者契約及び電子承諾通知に関する民法の特例に関する法律（平成十三年法律第九十五号）第二条（定義）第一項に規定する電子消費者契約をいう。）の申込み又はその承諾の意思表示に錯誤があった場合については、同法第三条（電子消費者契約に関する民法の特例）の定めるところによる。

本条1項：民法95条（錯誤）本文移修
　2項本文：民法95条（錯誤）ただし書移修
　　　ただし書：新設
　3項本文：新設
　　　ただし書：新設
　4項本文：新設
　　　ただし書：新設
　5項：新設

第一編 総　則

> **（不実表示及び情報の不提供）**
> 第四十六条　表意者は、相手方が提供した情報が事実と異なり、かつ、その情報が事実であると信じて意思表示をしたときは、これに基づく法律行為を取り消すことができる。ただし、提供された情報の真偽が通常の当事者の判断に影響を及ぼすものでないときは、この限りでない。
> 2　表意者は、第三者が提供した情報が事実と異なり、かつ、その情報が事実であると信じて意思表示をしたときは、相手方がそのことを知っていたとき又は知らなかったことにつき重大な過失があったときに限り、これに基づく法律行為を取り消すことができる。この場合において、前項ただし書の規定を準用する。
> 3　相手方が第三条（信義誠実と権利濫用の禁止の原則）第一項の規定に反して行うべき情報の提供又は説明をしなかったことによって、表意者が意思表示をしたときは、第一項に規定する事実と異なる情報に基づく意思表示があったものとみなす。

本条1項本文：新設（消費者契約法4条（消費者契約の申込み又はその承諾の意思表示の取消し）1項1号参照）
　　　　ただし書：新設（消費者契約法4条（消費者契約の申込み又はその承諾の意思表示の取消し）4項柱書参照）
　　　2項前段：新設（消費者契約法5条（媒介の委託を受けた第三者及び代理人）1項、2項参照）
　　　　後段：新設
　　　3項：新設（消費者契約法4条（消費者契約の申込み又はその承諾の意思表示の取消し）2項本文参照）

> **（詐欺）**
> 第四十七条　表意者は、詐欺によって意思表示をしたときは、これに基づく法律行為を取り消すことができる。
> 2　前項の詐欺が第三者により行われたものである場合には、相手方がその事実を知っていたとき又は知らなかったことにつき過失があったときに限り、これに基づく法律行為を取り消すことができる。

本条1項：民法96条（詐欺又は強迫）1項移修
　　　2項：民法96条（詐欺又は強迫）2項移修

第四章　権利の変動

> **（強迫）**
> 第四十八条　表意者は、相手方又は第三者の強迫によって意思表示をしたときは、これに基づく法律行為を取り消すことができる。

本条：民法96条（詐欺又は強迫）1項移修

> **（第三者の保護）**
> 第四十九条　次に掲げる法律行為の無効又は取消しは、これをもってその無効又は取消しの原因につき善意の第三者に対抗することができない。
> 　一　第四十三条（真意留保）の規定による無効
> 　二　第四十四条（虚偽表示）本文の規定による無効
> 　三　第四十五条（錯誤）第一項及び第二項の規定による取消し
> 2　次に掲げる法律行為の取消しは、その取消しの原因につき善意で過失がない第三者に対抗することができない。
> 　一　第四十六条（不実表示及び情報の不提供）第一項及び第二項の規定による取消し
> 　二　第四十七条（詐欺）の規定による取消し
> 3　前条の規定による取消しは、これをもって第三者に対抗することができる。

本条1項柱書：新設
　　　　1号：新設
　　　　2号：民法94条（虚偽表示）2項移修
　　　　3号：新設
　　2項柱書：新設
　　　　1号：新設
　　　　2号：民法96条（詐欺又は強迫）3項移修
　　3項：新設

> **（外観法理）**
> 第五十条　自ら真実に反する権利の外観を故意に作出した者は、その権利の不存在をもって善意の第三者に対抗することができない。他人が作出した真実に反する権利の外観を承認した者についても、同様とする。
> 2　前項に定めるもののほか、自らが作出した権利の外観の存続について責

めに帰すべき事由がある者及び他人が作出した真実に反する権利の外観の存続について重大な責めに帰すべき事由がある者は、その権利の不存在をもって、善意で過失がない第三者に対抗することができない。
3　存在していた権利が実体を欠くに至った後における当該権利の外観の存続について責めに帰すべき事由がある者についても、前項の規定を準用する。

本条1項：新設（民法94条（虚偽表示）2項参照）
　　2項：新設
　　3項：新設

第三款　代理

第一目　有権代理

（代理権の発生）
第五十一条　任意代理権は、本人と代理人となる者との間で締結される委任その他の契約に基づいて発生する。
2　法定代理権は、法律の規定に基づいて発生する。

本条1項：新設
　　2項：新設

（代理権の範囲）
第五十二条　任意代理権の範囲は、法律に別段の定めがある場合を除き、委任その他の代理権を発生させる契約の内容に従って定まる。
2　前項の契約に任意代理権の範囲の定めがないときは、任意代理人は次に掲げる法律行為のみをする権限を有する。
　一　保存行為
　二　代理の目的である物又は権利の性質を変えない範囲内において、その利用又は改良を目的とする法律行為
3　法定代理権の範囲は、法律の規定又は裁判所の決定によって定まる。

本条1項：新設
　　2項柱書：民法103条（権限の定めのない代理人の権限）柱書修正
　　　1号：民法103条（権限の定めのない代理人の権限）1号に同じ

第四章　権利の変動

　　2号：民法103条（権限の定めのない代理人の権限）2号修正
　　3項：新設

（代理行為の要件及び効果）
第五十三条　代理人がその権限の範囲内において本人のためにすることを示してした意思表示は、本人に対して直接にその効力を生ずる。
2　前項の規定は、相手方が代理人に対してした意思表示について準用する。
3　代理人が本人の利益に反して自己又は代理行為の相手方若しくは第三者の利益を図るためにその権限を行使した場合であっても、その代理行為の効力は妨げられない。ただし、任意代理にあっては、代理行為の相手方が、その事情を知っていたとき又は知らなかったことにつき過失があったとき、法定代理にあっては、代理行為の相手方が、その事情を知っていたとき又は知らなかったことにつき重大な過失があったときは、代理行為の効力を主張することができない。

本条1項：民法99条（代理行為の要件及び効果）1項修正
　　2項：民法99条（代理行為の要件及び効果）2項修正
　　3項本文：新設
　　　　ただし書：新設

（本人のためにすることを示さない意思表示）
第五十四条　代理人が本人のためにすることを示さないでした意思表示は、自己のためにしたものとみなす。ただし、代理行為の相手方が、代理人が本人のためにするものであることを知っていたとき又は知らなかったことにつき過失があったときは、前条第一項の規定を準用する。
2　前項本文の場合において、代理人は、その意思表示に際して自ら法律行為の当事者となる意思がなかったことを理由として法律行為の無効を主張することができない。

本条1項本文：民法100条（本人のためにすることを示さない意思表示）本文に同じ
　　　　ただし書：民法100条（本人のためにすることを示さない意思表示）ただし書修正
　　2項：新設

第一編　総　　則

> **（自己契約及び双方代理等）**
> 第五十五条　代理人は、自己を相手方として法律行為をする権限及び同一の法律行為について当事者双方の代理行為をする権限を有しない。ただし、債務の履行及び本人があらかじめ許諾した法律行為については、この限りでない。
> 2　外形上本人と代理人との利益が相反する法律行為については、前項の規定を準用する。同一の者が相異なる複数の当事者の代理行為をする場合において、一方の当事者と他方の当事者の利益が外形上相反する法律行為についても、同様とする。

本条1項本文：民法108条（自己契約及び双方代理）本文修正
　　　ただし書：民法108条（自己契約及び双方代理）ただし書修正
　　2項前段：新設
　　　　後段：新設

> **（代理人の行為能力等）**
> 第五十六条　任意代理人は、行為能力者であることを要しない。
> 2　家庭裁判所は、制限行為能力者を法定代理人に選任することができない。
> 3　制限行為能力者は、親権者となったときは、自らが単独ですることができる行為の範囲内においてのみ親権を行使することができる。制限行為能力者が単独ですることができない行為については、その制限行為能力者の法定代理人又は同意権者が、その制限行為能力者の未成年の子のために、制限行為能力者に対して有する同意権、代理権又は取消権を行使することができる。
> 4　前項の規定にかかわらず、未成年の子が親権者となったときは、第八百三十三条（子に代わる親権の行使）及び第八百六十七条（未成年被後見人に代わる親権の行使）第一項の定めるところによる。
> 5　第八百三十九条（未成年後見人の指定）第一項又は第二項の規定により制限行為能力者が未成年後見人に指定されたときは、第三項の規定を準用する。

本条1項：民法102条（代理人の行為能力）修正
　　2項：新設
　　3項前段：新設

第四章　権利の変動

　　　後段：新設
　　4項：新設
　　5項：新設

（代理人に係る事由の効力）
第五十七条　代理行為に係る次に掲げる事実は、代理人について決するものとする。
　一　意思能力の欠如、真意留保、虚偽表示、錯誤、不実表示若しくは情報の不提供、詐欺又は強迫
　二　ある事情についての善意若しくは悪意又はその事情を知らなかったことについての過失の有無及び程度
2　任意代理人が特定の法律行為をすることを委託されたとき又は本人の指図に従って代理行為をしたときは、本人は、自らが知り、又は過失によって知らなかった事情について、代理人が善意であったこと又は代理人に過失がなかったことを主張することができない。

本条1項柱書：民法101条（代理行為の瑕疵）1項移修
　　　1号：民法101条（代理行為の瑕疵）1項移修
　　　2号：民法101条（代理行為の瑕疵）1項移修
　　2項：民法101条（代理行為の瑕疵）2項前段、後段移修

（復代理人とその権限）
第五十八条　復代理人（代理人が自己の名で選任する本人の代理人をいう。次項、次条及び第六十条（法定代理人の選任による復代理）において同じ。）は、代理人から授与された権限の範囲内において、本人を代理する権限を有する。
2　復代理人は、本人及び代理行為の相手方に対して、代理人と同一の権利を有し、義務を負う。

本条1項：民法107条（復代理人の権限等）1項修正
　　2項：民法107条（復代理人の権限等）2項修正

（任意代理人の選任による復代理）
第五十九条　任意代理人は、復代理人を選任することができない。ただし、本人の許諾を得たとき又はやむを得ない事由があるときは、この限りでな

第一編　総　則

　　い。
2　任意代理人は、復代理人を選任した場合は、復代理人の行為につき本人に対してその責任を負う。ただし、代理人が復代理人の選任及び監督について相当の注意をしたとき又は相当の注意をしても損害が生ずべきであったときは、この限りでない。
3　任意代理人は、本人の指名に従って復代理人を選任したときは、復代理人の行為につき本人に対して前項の責任を負わない。ただし、その代理人が、復代理人が不適任又は不誠実であることを知りながら、その旨を本人に通知せず、又は復代理人を解任する権限を付与されているにもかかわらず解任を不当に怠ったときは、この限りでない。

本条1項本文：民法104条（任意代理人による復代理人の選任）移修
　　　　ただし書：民法104条（任意代理人による復代理人の選任）移修
　　2項本文：民法105条（復代理人を選任した代理人の責任）1項移修
　　　　ただし書：民法105条（復代理人を選任した代理人の責任）1項移修
　　　　　　（民法715条（使用者等の責任）1項ただし書参照）
　　3項本文：民法105条（復代理人を選任した代理人の責任）2項本文移修
　　　　ただし書：民法105条（復代理人を選任した代理人の責任）2項ただし書移修

（法定代理人の選任による復代理）
第六十条　法定代理人は、その法定代理の性質に反しない限り、復代理人を選任することができる。
2　法定代理人は、復代理人を選任した場合は、復代理人の行為につき本人に対してその責任を負う。ただし、復代理人を選任したことについてやむを得ない事由があるときは、前条第二項ただし書の規定を準用する。

本条1項：民法106条（法定代理人による復代理人の選任）前段移修
　　2項本文：民法106条（法定代理人による復代理人の選任）前段移修
　　　　ただし書：民法106条（法定代理人による復代理人の選任）後段移修

（代理権の消滅事由）
第六十一条　代理権は、次に掲げる事由によって消滅する。ただし、契約若しくは法律に別段の定めがある場合又はその権限の性質がこれを許さない場合は、この限りでない。

第四章　権利の変動

　一　本人の死亡
　二　代理人の死亡又は代理人が破産手続開始の決定若しくは後見開始の審判を受けたこと。
２　任意代理権は、前項各号に掲げる事由のほか、委任その他の代理権を発生させた契約の終了によって消滅する。

本条１項柱書本文：民法111条（代理権の消滅事由）１項本文に同じ
　　　　ただし書：新設
　　　１号：民法111条（代理権の消滅事由）１項１号に同じ
　　　２号：民法111条（代理権の消滅事由）１項２号に同じ
　　２項：民法111条（代理権の消滅事由）２項修正

　（商行為の代理）
第六十二条　商行為の代理については、この法律に定めるもののほか、商法（明治三十二年法律第四十八号）第五百四条（商行為の代理）から第五百六条（商行為の委任による代理権の消滅事由の特例）までに定めるところによる。

本条：新設

第二目　無権代理

　（無権代理）
第六十三条　その法律行為（意思表示を含む。以下この項において同じ。）をする代理権を有しない者（以下この目において「無権代理人」という。）が本人の代理人としてした法律行為（以下この目及び次目において「無権代理行為」という。）は、本人に対してその効力を生じない。
２　前項の規定は、相手方が無権代理人に対してした意思表示について準用する。

本条１項：民法113条（無権代理）１項移修
　　２項：新設

　（本人の追認）
第六十四条　無権代理人が締結した契約は、本人の追認により有効となり、また、追認の拒絶によって確定的に無効となる。

第一編　総　　則

>   2　前項の追認は、本人が相手方の同意を得て別段の意思表示をしない限り、契約の時に遡って効力を生ずる。ただし、第三者の権利を害することはできない。
>   3　第一項の追認及び追認の拒絶は、相手方に対してしなければ、これをもってその相手方に対抗することができない。ただし、相手方がその事実を知ったときは、この限りでない。

本条1項：民法113条（無権代理）1項移修
　　2項本文：116条（無権代理行為の追認）本文移修
　　　　ただし書：民法116条（無権代理行為の追認）ただし書移動
　　3項本文：民法113条（無権代理）2項本文移修
　　　　ただし書：民法113条（無権代理）2項ただし書移動

> （相手方の権利）
> 第六十五条　無権代理人が締結した契約の相手方は、本人に対し、相当の期間を定めて、その期間内に追認をするかどうかを確答すべき旨の催告をすることができる。この場合において、本人がその期間内に確答をしないときは、追認を拒絶したものとみなす。
> 2　無権代理人が締結した契約の相手方は、本人が追認をしない間は、自らの契約の申込み又は承諾を撤回することができる。ただし、その相手方が契約を締結した時において代理権を有しないことについて悪意であったときは、この限りでない。

本条1項前段：民法114条（無権代理の相手方の催告権）前段移修
　　　　後段：民法114条（無権代理の相手方の催告権）後段移動
　　2項本文：民法115条（無権代理の相手方の取消権）本文移修
　　　　ただし書：民法115条（無権代理の相手方の取消権）ただし書移修

> （無権代理人の責任）
> 第六十六条　代理人として契約を締結した者は、本人と相手方との間に有効に契約が存在していることを証明できない限り、相手方の選択に従い、相手方に対して履行又は履行に代わる損害賠償の責任を負う。ただし、次に掲げる場合は、この限りでない。
>   一　相手方が無権代理人による意思表示であることを知り、又は重大な過失によって知らなかったとき。

第四章　権利の変動

　二　無権代理人が意思能力を欠いていたとき（第八条（意思能力の欠如）第三項本文に規定する場合に該当するときを除く。）。
　三　無権代理人が制限行為能力者であったとき（第二十四条（制限行為能力者の詐術）に規定する場合に該当するときを除く。）。

本条本文：民法 117 条（無権代理人の責任）1 項移修
　ただし書：新設
　1 号：民法 117 条（無権代理人の責任）2 項移修
　2 号：新設
　3 号：民法 117 条（無権代理人の責任）2 項移修

（単独行為の無権代理）
第六十七条　無権代理人がした単独行為について、本人は追認をすることができない。
2　前項の規定にかかわらず、相手方のある単独行為において、次の各号のいずれかに該当するときは、前三条の規定を準用する。
　一　単独行為の相手方が無権代理行為をすることに同意していたとき。
　二　単独行為の相手方が、当該単独行為につき代理権を有しないことについて争わなかったとき。
3　相手方が無権代理人に対して単独行為をしたときも、第一項と同様とする。ただし、相手方が無権代理人の同意を得て単独行為をしたときは、前項と同様とする。

本条 1 項：新設
　2 項柱書：民法 118 条（単独行為の無権代理）前段移修
　　1 号：民法 118 条（単独行為の無権代理）前段移修
　　2 号：民法 118 条（単独行為の無権代理）前段移修
　3 項本文：新設
　　ただし書：民法 118 条（単独行為の無権代理）後段移修

第三目　表見代理等

（越権行為による表見代理）
第六十八条　本人は、代理人が代理権の範囲を超えてした無権代理行為について、善意の相手方に対して責任を負う。ただし、代理権の範囲を超えて無権代理行為をしたことを相手方が過失によって知らなかったときは、こ

の限りでない。

本条本文：民法 110 条（権限外の行為の表見代理）移修
　　ただし書：民法 110 条（権限外の行為の表見代理）移修

（代理権消滅後の表見代理）
第六十九条　本人は、代理人が代理権の消滅後に無権代理行為をした場合には、その代理権の消滅について、善意の相手方に対して責任を負う。ただし、代理権が消滅していることを相手方が過失によって知らなかったときは、この限りでない。

本条本文：民法 112 条（代理権消滅後の表見代理）本文修正
　　ただし書：民法 112 条（代理権消滅後の表見代理）ただし書修正

（代理権授与表示による表見代理）
第七十条　代理権を与えていないにもかかわらず、他人に代理権を与えた旨の表示をした者は、その他人がした法律行為の相手方に対し、表示した代理権の範囲内で責任を負う。ただし、その代理権が与えられていないことを相手方が知り、又は過失により知らなかったときは、この限りでない。
2　代理権を与えていないことを知りながら前項の表示をした者は、同項ただし書の場合であって、その代理権が与えられていないことについて相手方が悪意であるときに限り、その責任を免れることができる。

本条 1 項本文：民法 109 条（代理権授与の表示による表見代理）本文修正
　　ただし書：民法 109 条（代理権授与の表示による表見代理）ただし書修正
　2 項：新設

（表見代理の重畳適用）
第七十一条　第六十九条（代理権消滅後の表見代理）の無権代理行為に該当する行為が、消滅前に存在していた代理権の範囲を超えてなされた場合には、第六十八条（越権行為による表見代理）の規定を準用する。
2　前条第一項に規定する代理権授与表示による無権代理行為に該当する行為が、その表示された代理権の範囲を超えてなされたときは、第六十八条（越権行為による表見代理）の規定を準用する。
3　前条第一項に規定する代理権授与表示による無権代理行為に該当する行

第四章　権利の変動

為が、その表示された代理権が消滅した後になされたときは、第六十九条（代理権消滅後の表見代理）の規定を準用する。この場合において、当該代理行為がその表示された代理権の範囲を超えて行われた場合には、第一項の規定を準用する。

本条1項：新設
　　2項：新設
　　3項前段：新設
　　　　後段：新設

（名義貸与者の責任）
第七十二条　自己の氏名、名称その他の名義を使用することを他人に許諾した者は、その他人を名義人本人と信じて法律行為を行った相手方に対し、その法律行為によって生じた債務につき、その名義を使用した他人と連帯して責任を負う。ただし、その相手方が名義貸与がなされていたことを知り、又は重大な過失によって知らなかったときは、この限りでない。

本条本文：新設
　　ただし書：新設

第四款　無効及び取消し

第一目　無効

（無効）
第七十三条　法律行為が無効であるときは、その法律行為に基づく履行を請求することができない。
2　無効な法律行為により給付が既になされているときは、第N条（所有権に基づく物権的請求権）又は第N条（不当利得）の規定に従い、その給付されたものの返還を請求することができる。
3　法律行為の一部が無効であるときは、その無効な部分についてのみ前二項の規定を適用する。

本条1項：新設
　　2項：新設
　　3項：新設

第一編　総　　則

（無効な法律行為の転換）
第七十四条　ある法律行為が無効である場合であっても、当該法律行為の効果と類似の法律上の効果が生ずる他の法律行為の要件を満たしているときは、当該他の法律行為としての効力を有することを妨げない。

本条：新設

（無効な法律行為の追認）
第七十五条　無効な法律行為（意思表示を含む。次項及び第三項において同じ。）は、追認によっても、その効力を生じない。
2　前項の規定にかかわらず、当事者がその法律行為が無効であることを知りながら追認をしたときは、新たな法律行為をしたものとみなす。
3　前項の場合において、当事者は、その合意により、新たな法律行為の効力が当初の法律行為の時点に遡って生ずるものとすることができる。ただし、第三者の権利を害することはできない。

本条1項：民法119条（無効な行為の追認）本文移修
　　2項：民法119条（無効な行為の追認）ただし書移修
　　3項本文：新設
　　　　ただし書：新設

第二目　取消し

（取消し）
第七十六条　法律行為（意思表示を含む。以下この目（第三項及び第七十八条（取消権の消滅事由）を除く。）において同じ。）が取り消されたときは、当該法律行為はその行為の時に遡って無効であったものとみなす。
2　法律行為の取消しの意思表示は、次に掲げる取消権を行使することができる者（次条第一項において「取消権者」という。）及びその承継人が行うことができる。
　一　第八条（意思能力の欠如）の規定による取消権
　二　第十条（未成年者）第三項の規定による取消権
　三　第十四条（被後見人の法律行為等）第一項の規定による取消権
　四　第十七条（被保佐人の法律行為等）第四項の規定による取消権
　五　第二十条（被補助人の法律行為等）第三項の規定による取消権

第四章　権利の変動

> 　　六　第四十五条（錯誤）の規定による取消権
> 　　七　第四十六条（不実表示及び情報の不提供）の規定による取消権
> 　　八　第四十七条（詐欺）の規定による取消権
> 　　九　第四十八条（強迫）の規定による取消権
> 　3　第七十三条（無効）第二項の規定にかかわらず、前項第一号から第五号までに掲げる取消権の行使により法律行為の取消しがあった場合には、意思能力を欠く者及び制限行為能力者は、その法律行為によって得た利益が現に存する限度においてのみ、返還の義務を負う。
> 　4　法律行為の取消しの意思表示は、取り消すことができる法律行為の相手方が確定しているときは、その相手方に対してしなければならない。

本条1項：民法121条（取消しの効果）本文移修
　　2項柱書：新設（民法120条（取消権者）1項、2項参照）
　　　　1号：新設
　　　　2号：民法120条（取消権者）1項移修
　　　　3号：民法120条（取消権者）1項移修
　　　　4号：民法120条（取消権者）1項移修
　　　　5号：民法120条（取消権者）1項移修
　　　　6号：新設
　　　　7号：新設
　　　　8号：民法120条（取消権者）2項移修
　　　　9号：民法120条（取消権者）2項移修
　　3項：民法121条（取消しの効果）ただし書移修
　　4項：民法123条（取消し及び追認の方法）移修

> **（追認による取消権の消滅）**
> 第七十七条　取消権は、取り消すことができる法律行為について取消権者又はその承継人が追認をしたときは、消滅する。
> 　2　前項の追認は、取消しの原因となっていた状況が消滅した後にしなければ、その効力を生じない。ただし、意思能力を欠いていた者又は被後見人による追認は、取消しの原因となっていた状況が消滅した後にしたものであっても、これらの者が当該法律行為の内容を了知していないときは、その効力を生じない。
> 　3　前項の規定は、法定代理人又は保佐人若しくは補助人が追認をする場合

には、適用しない。
4 　追認の意思表示は、取り消すことができる法律行為の相手方が確定しているときは、その相手方に対してしなければならない。

本条 1 項：民法 122 条（取り消すことができる行為の追認）本文移修
　　 2 項本文：民法 124 条（追認の要件）1 項移修
　　　　 ただし書：民法 124 条（追認の要件）2 項移修
　　 3 項：民法 124 条（追認の要件）3 項移修
　　 4 項：民法 123 条（取消し及び追認の方法）移修

（取消権の消滅事由）
第七十八条　取消権は、前条の定めるところにより追認をすることができる時以後に、取り消すことができる法律行為について次に掲げる事実があったときは、消滅する。
　一　履行の請求
　二　取り消すことができる法律行為によって取得した権利の全部又は一部の譲渡
　三　全部若しくは一部の履行又は相手方の履行の受領
　四　担保権又は用益権の設定の合意
　五　更改契約の締結
　六　強制執行
2 　前項の規定は、同項各号に掲げる事実に係る行為をするに際して将来の取消権の行使を留保したときは、適用しない。

本条 1 項柱書：民法 125 条（法定追認）本文移修
　　　 1 号：民法 125 条（法定追認）2 号移動
　　　 2 号：民法 125 条（法定追認）5 号移修
　　　 3 号：民法 125 条（法定追認）1 号移修
　　　 4 号：民法 125 条（法定追認）4 号修正
　　　 5 号：民法 125 条（法定追認）3 号移修
　　　 6 号：民法 125 条（法定追認）6 号に同じ
　　 2 項：民法 125 条（法定追認）ただし書移修

（取消権の行使期間）
第七十九条　取消権は、追認をすることができる時から二年間行使しないと

第四章　権利の変動

きは、消滅する。法律行為の時から十年を経過したときも、同様とする。
2　前項の規定により制限行為能力者の法定代理人又は代理権を有しない保佐人若しくは補助人についてその取消権が消滅したときは、制限行為能力者が有する取消権も消滅する。

本条1項前段：民法126条（取消権の期間の制限）前段修正
　　　後段：民法126条（取消権の期間の制限）後段修正
　　2項：新設

第五款　条件及び期限

第一目　条件

（条件）
第八十条　法律行為には、条件（将来発生するか否かが不確実な事実をいう。以下同じ。）を付すことができる。ただし、法律行為の性質がこれを許さない場合は、この限りでない。
2　条件を付した法律行為の効力は、次の各号に定めるところによる。
　一　停止条件を付した法律行為は、条件成就（条件とした事実が発生することをいう。以下この条及び第八十二条（条件成就の妨害等）において同じ。）の時からその効力を生じる。
　二　解除条件を付した法律行為は、条件成就の時からその効力を失う。
3　前項の規定にかかわらず、当事者は、その合意により条件成就の効果を条件成就の時より前に遡らせることができる。

本条1項本文：新設
　　　ただし書：新設
　　2項柱書：新設
　　　　1号：民法127条（条件が成就した場合の効果）1項移修
　　　　2号：民法127条（条件が成就した場合の効果）2項移修
　　3項：民法127条（条件が成就した場合の効果）3項移修

（条件付権利の保護と処分等）
第八十一条　条件を付した法律行為の各当事者は、その条件の成否が未定である間は、条件が成就した場合にその法律行為から生ずべき相手方の利益を害することができない。

第一編 総　則

　２　条件を付した法律行為に基づく各当事者の権利義務は、その条件の成否が未定である間においても、一般の規定に従い、保存し、若しくは処分し、又はそのために担保を供することができる。

本条１項：民法128条（条件の成否未定の間における相手方の利益の侵害の禁止）移修
　　２項：民法129条（条件の成否未定の間における権利の処分等）移修

（条件成就の妨害等）
第八十二条　条件成就によって不利益を受ける当事者が故意にその条件成就を妨げたときは、相手方は、その条件が成就したものとみなすことができる。
　２　条件成就によって利益を受ける当事者が第三条（信義誠実と権利濫用の禁止の原則）第一項の規定に反してその条件を成就させたときは、相手方は、その条件が成就しなかったものとみなすことができる。

本条１項：民法130条（条件の成就の妨害）修正
　　２項：新設

（確定条件）
第八十三条　確定条件が付された法律行為の効力は、次の各号に定めるところによる。
　一　法律行為をする時に停止条件が成就することが既に確定していたときは、無条件とする。
　二　法律行為をする時に停止条件が成就しないことが既に確定していたときは、無効とする。
　三　法律行為をする時に解除条件が成就することが既に確定していたときは、無効とする。
　四　法律行為をする時に解除条件が成就しないことが既に確定していたときは、無条件とする。

本条柱書：新設
　　１号：民法131条（既成条件）１項移修
　　２号：民法131条（既成条件）２項移修
　　３号：民法131条（既成条件）１項移修

第四章　権利の変動

4号：民法131条（既成条件）2項移修

> **（不能条件）**
> 第八十四条　不能条件が付された法律行為の効力は、次の各号に定めるところによる。
> 一　法律行為をする時に停止条件が不能であったときは、無効とする。
> 二　法律行為をする時に解除条件が不能であったときは、無条件とする。

本条柱書：新設
　1号：民法133条（不能条件）1項移修
　2号：民法133条（不能条件）2項移修

> **（随意条件）**
> 第八十五条　法律行為に付した停止条件の成否が単に債務者の意思のみに係る随意条件であるときは、その法律行為に基づいて履行を裁判所に請求することはできない。

本条：民法134条（随意条件）修正

第二目　期限

> **（期限）**
> 第八十六条　法律行為には、期限（将来到来することが確実な時期をいう。以下この条、次条及び第八十八条（期限の利益の喪失）において同じ。）を付すことができる。
> 2　期限を付した法律行為の効力又は履行の時期は、次の各号に定めるところによる。
> 一　法律行為に始期を付したときは、期限が到来した時から、その法律行為の効力の発生を主張し、又は履行を請求することができる。
> 二　法律行為に終期を付したときは、その法律行為の効力は、期限が到来した時に消滅する。
> 3　期限は、到来する時期が確定しているかどうかを問わない。

本条1項：新設
　2項柱書：新設
　　1号：民法135条（期限の到来の効果）1項移修

2号：民法 135 条（期限の到来の効果）2 項移動

3 項：新設

（期限の利益とその放棄）

第八十七条　期限は、債務者の利益のために定めたものと推定する。

2　期限の利益（当事者が始期又は終期が到来しないことによって受ける利益をいう。次条において同じ。）は、放棄することができる。ただし、放棄によって相手方に損失が生じるときは、その損失を塡補する義務を負う。

本条 1 項：民法 136 条（期限の利益及びその放棄）1 項に同じ

　　2 項本文：民法 136 条（期限の利益及びその放棄）2 項本文修正

　　　ただし書：民法 136 条（期限の利益及びその放棄）2 項ただし書修正

（期限の利益の喪失）

第八十八条　債務者は、次に掲げる事由が生じた場合には、期限の利益を主張することができない。

一　債務者が破産手続開始の決定を受けたとき。

二　債務者が担保を滅失させ、損傷させ、又は減少させたとき。

三　債務者が担保を供する義務を負う場合において、これを供しないとき。

本条柱書：民法 137 条（期限の利益の喪失）柱書修正

　　1 号：民法 137 条（期限の利益の喪失）1 号に同じ

　　2 号：民法 137 条（期限の利益の喪失）2 号に同じ

　　3 号：民法 137 条（期限の利益の喪失）3 号に同じ

第三節　時効

（時効）

第八十九条　時効は、この法律その他の法律の定める時効期間の満了によって完成し、その完成後に時効の利益を受けることができる当事者（次項において「援用権者」という。）が援用することによって、権利の取得又は消滅の効果が生じる。この場合において、時効の効果は、その起算日に遡る。

2　援用権者が複数いる場合において、その一人による時効の援用の効果は、他の援用権者に影響を及ぼさない。

第四章　権利の変動

本条1項前段：民法145条（時効の援用）移修
　　　後段：民法144条（時効の効力）移修
　　2項：新設

> **（取得時効の完成）**
> 第九十条　所有権の取得時効は、物の占有者が、二十年間、所有の意思をもって、平穏に、かつ、公然と占有を継続することによって完成する。その占有者が、占有の開始の時に、その物が他人の物であることにつき善意で過失がなかったときは、時効期間は十年とする。
> 2　所有権以外の財産権の取得時効は、その財産権を行使する者が、前項の区別に従い、二十年間又は十年間、自己のためにする意思をもって、平穏に、かつ、公然とその権利の行使を継続することによって完成する。
> 3　第一項の規定による取得時効については、占有者が任意にその占有を中止し、又は他人によってその占有を奪われたときは、その時効期間の進行は終了し、その後に占有者が再びその占有を開始したときは、新たに時効期間が進行する。ただし、第N条（占有の消滅の例外）の規定の適用がある場合は、その占有は継続していたものとみなす。
> 4　前項の規定は、第二項の規定による所有権以外の財産権の取得時効について準用する。
> 5　不動産その他登記又は登録を対抗要件とする物に関する第一項の規定による取得時効については、時効の完成前に占有されている物につき占有者以外の者により登記又は登録がなされたときは、その時効期間の進行は終了し、その登記又は登録の時から新たに時効期間が進行する。ただし、所有権又は財産権の取得時効が隣地間において争われている場合は、この限りでない。

本条1項前段：民法162条（所有権の取得時効）1項移修
　　　後段：民法162条（所有権の取得時効）2項移修
　　2項：民法163条（所有権以外の財産権の取得時効）移修
　　3項本文：民法164条（占有の中止等による取得時効の中断）移修
　　　ただし書：新設
　　4項：民法165条（前条の標題（占有の中止等による取得時効の中断）承継）移修
　　5項：新設

第一編　総　　則

　　（消滅時効の完成）
第九十一条　財産権の消滅時効は、その権利を有する者が十年間行使しないことによって完成する。ただし、所有権及び所有権に基づいて発生する請求権は、時効によって消滅しない。
2　前項の規定にかかわらず、債権の消滅時効は、五年間その債権を行使しないことによって完成する。ただし、政令で定める額未満の額の少額債権（確定判決又は裁判上の和解、調停その他確定判決と同一の効力を有する裁判手続等によって確定し、かつ、弁済期が到来したものを除く。）の消滅時効は、二年間その債権を行使しないことによって完成する。
3　前二項の規定による消滅時効は、権利を行使することができる時から、その時効期間が進行する。

本条1項本文：民法167条（債権等の消滅時効）2項移修
　　　　ただし書：民法167条（債権等の消滅時効）2項移修
　　2項本文：民法167条（債権等の消滅時効）1項移修
　　　　ただし書：新設、（　）内は、民法174条の2（判決で確定した権利の消滅時効）1項、2項移修
　　3項：民法166条（消滅時効の進行等）1項移修

　　（時効の完成に関する法律行為の効力）
第九十二条　時効の完成前にした次に掲げる法律行為は、無効とする。
　一　時効の完成後に時効の援用をしない旨の合意又は単独行為
　二　この法律その他の法律の定める時効期間を延長する合意その他時効の完成を困難にする合意

本条柱書：新設
　　1号：民法146条（時効の利益の放棄）移修
　　2号：新設

　　（時効の完成の猶予）
第九十三条　時効は、次の各号に掲げる場合には、当該各号に定める時から六か月を経過するまでの間は、完成しない。
　一　未成年者又は被後見人に時効完成前六か月以内の間に法定代理人がい　　それらの者が行為能力者となった時又は法定代理人が選任され

第四章　権利の変動

ない場合	た時
二　時効が相続財産に関するものである場合	相続人が確定した時、管理人が選任された時又は破産手続開始の決定があった時
三　天災その他避けることのできない事変による障害があった場合（次条第一項の催告、同条第二項の交渉若しくは第九十五条（訴訟手続等による時効の援用の制限）第一項各号に掲げる手続を行うことができない場合又は第九十六条（時効の新たな進行と権利の承認）第二項の承認を求める行為ができない場合に限る。）	その事変による障害が消滅した時

2　時効は、次の各号に掲げる権利については、当該各号に定める時から六か月を経過するまでの間は、完成しない。

一　未成年者又は被後見人が法定代理人に対して有する権利	それらの者が行為能力者となった時又は後任の法定代理人が選任された時
二　夫婦の一方が他の一方に対して有する権利	婚姻が解消された時

本条1項柱書：新設
　　　　1号：民法158条（未成年者又は成年被後見人と時効の停止）1項移修
　　　　2号：民法160条（相続財産に関する時効の停止）移修
　　　　3号：民法161条（天災等による時効の停止）移修
　　2項柱書：新設
　　　　1号：民法158条（未成年者又は成年被後見人と時効の停止）2項移修
　　　　2号：民法159条（夫婦間の権利の時効の停止）移修

（催告又は交渉による時効の援用の制限）
第九十四条　催告が時効完成前六か月以内になされたときは、時効完成後六か月を経過するまでの間は、その催告の当事者の間では、時効の援用があっても、時効の効果は確定しない。
2　時効完成前六か月以内に権利を主張する者と相手方との間でその権利に

第一編　総　　則

関して交渉がなされたときは、時効完成後六か月以内又はその後に引き続いてなされた交渉のうち最後の交渉が行われた時から六か月を経過するまでの間は、その交渉の当事者の間では、時効の援用があっても、時効の効果は確定しない。ただし、この期間を経過した後であっても、交渉の当事者の間では、第三条（信義誠実と権利濫用の禁止の原則）の規定に反して、時効を援用することができない。
3　前項の交渉がなされている場合において、交渉の一方の当事者が、文書又は電磁的記録によって交渉の打切りを宣言したとき又は交渉の継続がこの条に規定する時効の援用の制限の効果をもたらさない旨を通知したときは、その宣言した時又は通知した時を交渉の最後の時とみなす。
4　時効完成前六か月以内になされた第二項の交渉の申込みは、これが拒絶されたときは、第一項の催告とみなす。
5　第一項の催告又は第二項の交渉がなされた場合において、時効が完成すべき時又はその後六か月以内に引き続いてなされた交渉の最後の時から六か月以内に、次条第一項各号に掲げる手続があったときは、時効完成前にそれらの手続が開始されたものとみなす。

本条1項：民法153条（催告）移修
　　2項本文：新設
　　　　ただし書：新設
　　3項：新設
　　4項：新設
　　5項：新設（民法153条（催告）参照）

（訴訟手続等による時効の援用の制限）
第九十五条　時効の完成前から次に掲げる権利の行使又は実現のための手続が継続しているときは、その手続の当事者の間では、時効の援用があっても、時効の効果は確定しない。ただし、当該手続において権利の存在が認められるに至らなかったとき、支払督促が民事訴訟法（平成八年法律第百九号）第三百九十二条（期間の徒過による支払督促の失効）の規定により効力を失ったとき又は差押え、仮差押え若しくは仮処分が取り消されたときは、この限りでない。
一　訴訟手続
二　支払督促

第四章　権利の変動

　　三　裁判所による和解手続若しくは調停手続、仲裁手続又は裁判外紛争解決手続の利用の促進に関する法律（平成十六年法律第百五十一号）第二条（定義）第三号に規定する認証紛争解決手続
　　四　破産手続参加、再生手続参加又は更生手続参加
　　五　差押え、仮差押え又は仮処分
2　前項第三号に掲げる手続については、裁判所による和解若しくは調停が不成立となり、若しくは和解の成立の見込みがないことにより認証紛争解決手続が終了した場合又はこれらの申立ての取下げがあった場合であっても、その時から一か月以内に訴えが提起されたときは、同号に掲げる手続の申立ての時に、同項第一号に掲げる訴訟手続の開始があったものとみなす。
3　第一項第五号に掲げる手続については、差押え、仮差押え又は仮処分が時効の利益を受ける者以外の者に対してなされたときは、時効の利益を受ける者にその旨を通知した後に限り、第一項の規定を適用する。

本条1項柱書本文：新設
　　　　ただし書：新設
　　　1号：民法149条（裁判上の請求）移修
　　　2号：民法150条（支払督促）移修
　　　3号：民法151条（和解及び調停の申立て）移修
　　　4号：民法152条（破産手続参加等）移修
　　　5号：民法154条（差押え、仮差押え及び仮処分）移修
　2項：民法151条（和解及び調停の申立て）移修
　3項：民法155条（前条の標題（差押え、仮差押え及び仮処分）承継）移修

（時効の新たな進行と権利の承認）
第九十六条　時効の完成前に、前条第一項各号に掲げる手続において権利の存在が認められたときは、その手続の当事者の間では、その権利については、次に掲げる時から、新たに時効期間が進行する。
　　一　訴訟手続にあっては、権利の存在を認める判決が確定した時
　　二　支払督促、裁判上の和解又は調停、破産債権の確定その他確定判決と同一の効力を有する手続にあっては、それらの手続が確定した時
　　三　差押え、仮差押え又は仮処分にあっては、その手続が終了した時
2　時効の完成前に、時効の完成によって利益を受ける当事者が相手方の権

利を承認したときは、その手続の当事者の間では、その承認の時から新たに時効期間が進行する。時効の完成によって利益を受ける当事者の代理人であってその権利についての処分権を有しない者が、相手方の権利を承認したときも、同様とする。
3 　意思能力を欠く者、未成年者又は被後見人が前項の承認をしたときは、その効果を生じない。ただし、未成年者が法定代理人の同意を得て同項の承認をしたときは、この限りでない。
4 　他人が占有している物につき、始期付権利又は停止条件付権利を有する者は、占有者に対し、時効の完成前の承認をいつでも求めることができる。この場合において、当該承認がなされたときは、第二項の承認があったものとみなす。

本条1項柱書：民法157条（中断後の時効の進行）1項移修
　　　　1号：民法157条（中断後の時効の進行）2項移修
　　　　2号：新設（民法157条（中断後の時効の進行）1項参照）
　　　　3号：新設（民法157条（中断後の時効の進行）1項参照）
　　2項前段：民法147条（時効の中断事由）3号、157条（中断後の時効の進行）1項移修
　　　　後段：民法156条（承認）移修
　　3項本文：民法156条（承認）移修
　　　　ただし書：新設
　　4項前段：民法166条（消滅時効の進行等）2項ただし書移修
　　　　後段：新設

（時効の援用の制限及び時効の新たな進行が適用される当事者の範囲）
第九十七条　第九十四条（催告又は交渉による時効の援用の制限）第一項及び第二項、第九十五条（訴訟手続等による時効の援用の制限）第一項並びに前条第一項及び第二項の当事者には、当該当事者の承継人を含むものとする。

本条：民法148条（時効の中断の効力が及ぶ者の範囲）移修

第五章　権利の実現

> （権利の実現）
> 第九十八条　権利又はこれに基づく請求権は、その権利の義務者又はその請求権の相手方による履行があったときは、消滅する。その権利若しくは請求権の性質又は当事者の意思に反しない限り、権利の義務者又は請求権の相手方以外の者による履行があったときも、同様とする。
> 2　権利又はこれに基づく請求権につき、その履行が任意になされなかった場合には、権利者は、民事執行法その他の法律の定めるところに従い、裁判所にその権利の性質に則した履行の強制を求めることができる。ただし、権利の性質が履行の強制を許さないときはこの限りでない。
> 3　権利者が、法律の定める手続によることなく、自力によって権利を実現することは、これを許さない。ただし、緊急やむを得ない事情が存在し、かつ、必要な限度を超えない場合は、この限りでない。
> 4　形成権については、前三項の規定を適用しない。

本条1項前段：新設
　　　　後段：新設（民法474条（第三者の弁済）1項本文、ただし書参照）
　　2項本文：民法414条（履行の強制）1項本文移修
　　　　ただし書：民法414条（履行の強制）1項ただし書移修
　　3項本文：新設
　　　　ただし書：新設
　　4項：新設

付表　定義用語一覧

この法律において、次の表の左欄に掲げる用語の意義は、中欄に掲げるとおりとする。

用語	意義	関係条文
悪意	一定の事実を知っていること	第三〇条（法人の登記）第五項
意思能力	事理を弁識する能力	第八条（意思能力の欠如）第一項
期限	将来到来することが確実な時期	第八六条（期限）第一項
期限の利益	当事者が始期又は終期が到来しないことによって受ける利益	第八七条（期限の利益とその放棄）第二項
権利能力	権利義務の主体となり得る地位	第四条（人の権利能力）第一項
行為能力	単独で確定的に有効な法律行為をする能力	第一一条（単独でなし得る法律行為）第二項
（時効の）援用権者	時効の利益を受けることができる当事者	第八九条（時効）第一項
条件	将来発生するか否かが不確実な事実	第八〇条（条件）第一項
条件成就	条件とした事実が発生すること	第八〇条（条件）第二項第一号
制限行為能力者	未成年者、被後見人、被保佐人及び同意権付与の審判を受けた被補助人	第二三条（制限行為能力者の相手方の催告権）第一項
善意	一定の事実を知らないこと	第七条（失踪宣告の取消しの審判とその効果）第三項
代理権付与の審判	被補助人のために特定の法律行為についてその補助人に代理権を付与する旨の審判	第一九条（補助開始の審判等）第三項第二号
同意権付与の審判	被補助人が第一七条（被保佐人の法律行為等）第一項各号に掲げる行為の内一部の行為をするためにはその補助人の同意を必要とする旨の審判	第一九条（補助開始の審判等）第三項第一号
電磁的記録	電子的方式、磁気的方式その他人の知覚によっては認識することができない方式で作られる記録であって、電子計算機による情報処理の用に供されるものとして法務省令で定めるもの	第二七条（法人の設立）第二項
任意規定	公の秩序に関しない規定	第四〇条（法律行為の効力）第二項
被後見人	後見開始の審判を受けた者	第一三条（後見開始の審判）第二項
被保佐人	保佐開始の審判を受けた者	第一六条（保佐開始の審判）第二項
被補助人	補助開始の審判を受けた者	第一九条（補助開始の審判）第二項
表意者	意思表示をした者	第八条（意思能力の欠如）第二項
復代理人	代理人が自己の名で選任する本人の代理人	第五八条（復代理人とその権限）第一項
不在者	従来の住所又は居所を去った者	第七〇二条の二（受任管理人と家庭裁判所の関与）第一項
無権代理行為	無権代理人が本人の代理人としてした意思表示又は法律行為	第六三条（無権代理）第一項

| 無権代理人 | その意思表示又は法律行為をする代理権を有しない者 | 第六三条（無権代理）第一項 |
| 物 | 有体物 | 第三二条（権利の客体）第一項 |

　この「定義用語一覧」は、「日本民法典改正案」の各条文に規定された定義をアイウエオ順に示すことによって、民法典をみる者の便をはかるために作成された。用語の定義そのものは「日本民法典改正案」に規定されているので、本表はあくまでインデックス的な意味を有するものである（多くの法律にみられる、法律の冒頭部分に定義一覧を示す条文をおくことを避け、このような形式をとった理由については本書 643 頁を参照されたい）。ここに掲げた表には、民法総則編に規定された定義用語のみを収録しているが、最終的には、民法 5 編に規定される定義用語をすべて収録したうえで、民法典の末尾に付せられることになる。なお、「日本民法典改正案」に規定されている定義のうち、用語としての一般性を欠くもの等は、この表には収録していないことを了とされたい。

　また、「日本民法典改正案」における「定義」のおきかたは、一般ルールに従っており、後の条文で繰り返し現れる文言についてのみ「定義」がおかれている。その結果、本表でも、たとえば、「任意規定」についての定義は存在するが、それと対をなす「強行規定」についての定義は存在していない等の状況になっていることをお断りしておきたい。

付　論
【総則編以外】

「第三編 債権：第三章 事務管理等：第二節 法定財産管理」の新設
および
「法令の通則に関する法律」の制定
の提案

第三編　債権

第三編　債権

第三章　事務管理等

第一節　事務管理

第二節　法定財産管理

> （受任管理人と家庭裁判所の関与）
> 第七百二条の二　従来の住所又は居所を去った者（以下「不在者」という。）がその財産の管理人（以下この節において「受任管理人」という。）を置いた場合には、受任管理人は、委任に関するこの法律の規定に従い、不在者の財産管理を行うものとする。
> 2　家庭裁判所は、不在者の生死が明らかでなくなった場合その他不在者が受任管理人に指示を与えることが困難となった場合において、委任契約に定められた受任管理人の権限を変更する必要があるときは、受任管理人、利害関係人又は検察官の請求により、不在者の財産の適切な管理を行うために、受任管理人の権限に新たな権限を付加する審判、その権限を制限する審判その他必要な処分をするための審判をすることができる。

本条1項：新設
　　2項：民法28条（管理人の権限）後段移修

> （法定管理人の選任とその権限）
> 第七百二条の三　不在者が受任管理人を置かなかったとき又は本人の指示を得ることができない間に受任管理人の権限が消滅したときは、家庭裁判所は、利害関係人又は検察官の請求により、その財産の管理のために管理人（以下この節において「法定管理人」という。）を置く審判その他必要な処分をするための審判をすることができる。
> 2　不在者が受任管理人を置いた場合において、その不在者の生死が明らかでなくなったときその他不在者が適切な措置をとることが困難となったと

第三章　事務管理等

　　きは、家庭裁判所は、利害関係人又は検察官の請求により、受任管理人を解任して法定管理人を置く審判その他必要な処分をするための審判をすることができる。
3　前二項の規定により家庭裁判所が選任した法定管理人の権限が消滅したときは、家庭裁判所は、利害関係人若しくは検察官の請求により又は職権で、新たな法定管理人を選任する審判をしなければならない。
4　法定管理人は、第五十二条（代理権の範囲）第二項に規定する権限の範囲内において、不在者の財産を管理する権限を有する。
5　家庭裁判所は、必要があると認めるときは、法定管理人に対し、不在者の財産の保存に必要な処分を命ずる審判をすることができる。
6　法定管理人が第四項に定める権限を超える事務を処理する必要があるときは、家庭裁判所は、法定管理人、利害関係人又は検察官の請求により、その事務の処理に必要な行為をするために新たな権限を法定管理人に付与する審判をすることができる。
7　第一項又は第二項の審判の後、次に掲げる事由が生じたときは、家庭裁判所は、不在者であった者、法定管理人、利害関係人又は検察官の請求により、法定管理人による不在者の財産の管理を終了させる審判をしなければならない。
　一　不在者であった者が住所地に戻ったときその他自ら財産を管理することができるようになったとき。
　二　不在者が受任管理人を置いたとき。
　三　不在者につき、その死亡が明らかになったとき又は第六条（失踪宣告の審判による死亡の擬制）第一項又は第二項の規定による失踪宣告の審判がなされたとき。

本条1項：民法25条（不在者の財産の管理）1項、後段移修
　　2項：民法26条（管理人の改任）移修
　　3項：新設
　　4項：民法28条（管理人の権限）前段移修
　　5項：民法27条（管理人の職務）3項移修
　　6項：民法28条（管理人の権限）前段移修
　　7項柱書：新設
　　　　1号：新設
　　　　2号：民法25条（不在者の財産の管理）2項移修

第三編　債権

3号：新設

(受任管理人及び法定管理人による財産管理)
第七百二条の四　受任管理人及び法定管理人は、善良な管理者の注意をもって、不在者の財産を管理しなければならない。
2　第六百四十六条（受任者による受取物の引渡し等）、第六百四十七条（受任者の金銭の消費についての責任）及び第六百五十条（受任者による費用等の償還請求等）の規定は、受任管理人及び法定管理人について準用する。
3　前二項の規定は、不在者と受任管理人との間の委任契約に別段の定めがあるときは、適用しない。ただし、第七百二条の二（受任管理人と家庭裁判所の関与）第二項の審判により付与された新たな権限に基づく事務の処理については、この限りではない。

本条1項：新設（家事事件手続法146条（管理人の改任等）6項参照）
　　2項：新設（家事事件手続法146条（管理人の改任等）6項参照）
　　3項：新設

(受任管理人及び法定管理人の財産目録の作成)
第七百二条の五　第七百二条の二（受任管理人と家庭裁判所の関与）第二項の規定により利害関係人又は検察官の請求がなされた場合において、家庭裁判所は、必要があると認めるときは、受任管理人に対し、その管理すべき財産の目録の作成を命ずる審判をすることができる。
2　法定管理人は、管理すべき財産の目録を作成しなければならない。
3　前二項に規定する財産の目録の作成のために必要な費用は、不在者の財産の中から支払うものとする。

本条1項：民法27条（管理人の職務）2項移修
　　2項：民法27条（管理人の職務）1項前段移修
　　3項：民法27条（管理人の職務）1項後段移修

(受任管理人及び法定管理人の担保提供及び報酬)
第七百二条の六　第七百二条の二（受任管理人と家庭裁判所の関与）第二項の規定により利害関係人又は検察官の請求がなされた場合において、家庭裁判所は、必要があると認めるときは、受任管理人に対し、財産の管理及

　　　　　第三章　事務管理等

　　び返還について相当の担保を立てさせることができる。
２　家庭裁判所は、法定管理人に対し、財産の管理及び返還について相当の担保を立てさせることができる。
３　家庭裁判所は、第七百二条の二（受任管理人と家庭裁判所の関与）第二項の審判により新たな権限を付与された受任管理人又は法定管理人に対し、不在者との関係その他の事情を考慮し、不在者の財産の中から、相当な報酬を与える審判をすることができる。

本条１項：民法29条（管理人の担保提供及び報酬）１項移修
　　２項：民法29条（管理人の担保提供及び報酬）１項移修
　　３項：民法29条（管理人の担保提供及び報酬）２項移修

法令の通則に関する法律

第一章　総則

(趣旨)
第一条　この法律は、法令に関する通則並びに法令において一般的に用いられる用語の意義及び一般に必要とされる手続について定めるものとする。

本条：新設

第二章　法令の公布及び施行

(法令の公布)
第二条　法令の公布は、官報によって行う。
2　法令は、その法令が掲載された官報が発行された時に公布されたものとする。

本条1項：新設
　　　2項：新設

(法令の施行)
第三条　法令は、公布の日の翌日から起算して十日（行政機関の休日（行政機関の休日に関する法律（昭和六十三年法律第九十一号）第一条第一項各号に掲げる日をいう。）の日数は、参入しない。）を経過した日から施行する。

本条：法の適用に関する通則法2条（法律の施行期日）移修

(法令の施行の例外)
第四条　前条の規定にかかわらず、法令で施行期日を定めたときは、当該法

> 令の施行は、その定めるところによる。ただし、罰則を設け、又は義務を課し、若しくは国民の権利を制限する規定については、同条の期間を短縮することはできない。

本条本文：法の適用に関する通則法２条（法律の施行期日）ただし書移修
　　ただし書：新設

第三章　慣習法

> （慣習法）
> 第五条　公の秩序又は善良の風俗に反しない慣習は、法令の規定により認められたもの又は法令に規定されていない事項に関するものに限り、法律と同一の効力を有する。

本条：法の適用に関する通則法３条（法律と同一の効力を有する慣習）に同じ（ただし、標題変更）

第四章　住所

> （住所）
> 第六条　住所とは、法令に特別の定めがある場合を除き、各人の生活の本拠をいうものとする。
> ２　次に掲げる居所は、住所とみなす。
> 　一　住所が知れない場合における居所
> 　二　日本人又は外国人のいずれであるかを問わず、日本に住所を有しない者の日本における居所（準拠法を定める法律に従いその者の住所地法の規定によるべき場合を除く。）
> ３　ある行為について合意によって選定された仮住所は、その行為に関しては、住所とみなす。

本条１項：民法22条（住所）移修
　　２項柱書：新設

1号：民法23条（居所）1項移修
2号：民法23条（居所）2項本文、ただし書移修
3項：民法24条（仮住所）移修

第五章　期間の計算

> **（期間の計算の通則）**
> 第七条　期間の計算方法は、法令若しくは裁判上の命令に特別の定めがある場合、合意により別段の定めをした場合又は異なる慣習がある場合を除き、この章の規定に従う。

本条：民法138条（期間の計算の通則）移修

> **（時間による期間の計算）**
> 第八条　時間によって期間を定めたときは、その期間は即時から起算し、その時間が経過した時をもって満了する。

本条：民法139条（期間の起算）移修

> **（日による期間の計算）**
> 第九条　日によって期間を定めたときは、期間の初日は、算入しない。ただし、その期間が午前零時から始まるときは、この限りでない。
> 2　前項の場合において、期間はその末日の終了時をもって満了する。ただし、合意により別段の定めをした場合又は異なる慣習がある場合には、これと異なる時間をもって満了するものとすることができる。
> 3　前項の期間の末日が日曜日、国民の祝日に関する法律（昭和二十三年法律第百七十八号）に規定する休日その他の休日に当たるときは、その日に取引をしない慣習がある場合に限り、期間は、その翌日に満了する。

本条1項本文：民法140条」（前条の標題（期間の起算）承継）本文移修
　　　ただし書：民法140条（前条の標題（期間の起算）承継）ただし書移動
　2項本文：民法141条（期間の満了）移修
　　　ただし書：新設（商法520条（取引時間）参照）
　3項：民法142条（前条の標題（期間の満了）承継）移修

（暦による期間の計算）

第十条　週、月又は年によって期間を定めたときは、その期間は、暦に従って計算する。

2　前項の場合において、週、月又は年の初めから期間を起算しないときは、その期間は、最後の週、月又は年においてその起算日に応当する日の前日に満了する。ただし、月又は年によって期間を定めた場合において、最後の月に応当する日がないときは、その月の末日に満了する。

3　前条の規定は、前二項の場合において準用する。

本条1項：民法143条（暦による期間の計算）1項移動
　　2項本文：民法143条（暦による期間の計算）2項本文移修
　　　ただし書：民法143条（暦による期間の計算）2項ただし書移動
　　3項：新設

第六章　公示による伝達

第一節　行政手続における公示送達

（行政処分その他の公示送達）

第十一条　行政庁の処分その他の行為に伴い相手方に行われるべき書類の送達は、当該行政庁が相手方を知ることができず、又はその所在を知ることができないときは、公示の方法によってすることができる。ただし、その行為の性質がこれを許さないものであるときは、この限りでない。

2　前項の公示は、送達すべき書類の名称、その送達を受けるべき者の氏名及び当該行政庁がその書類をいつでも送達を受けるべき者に交付する旨を記載して行わなければならない。

3　第一項の公示は、当該行政庁の事務所の掲示場に掲示し、かつ、その旨を官報その他の公報又は新聞紙に少なくとも一回掲載して行う。ただし、その行為の性質その他の事情を考慮して相当と認められるときは、官報その他の公報又は新聞紙に掲載することを要しない。

4　行政庁が処分その他の行為をする場合において、相手方の所在を知ることができないときは、前項に規定する手続に代えて、その行為の性質その

他の事情を考慮し、相手方の最後の住所地その他適切な地域の市役所、区役所、町村役場又はこれらに準ずる施設の掲示場に掲示することができる。

5　行政庁が前項の規定による公示送達をした場合においては、最後に官報その他の公報又は新聞紙に掲載した日（第三項ただし書の場合においては、同項本文の規定による掲示を始めた日）から二週間を経過した時に、相手方に書類の送達があったものとみなす。ただし、当該行政庁に相手方を知らないこと又はその所在を知らないことについて過失があったときは、その効力を生じない。

本条1項本文：新設
　　　　ただし書：新設
　　　2項：新設
　　　3項本文：新設
　　　　ただし書：新設
　　　4項：新設
　　　5項本文：新設
　　　　ただし書：新設

第二節　公示による意思表示

（公示による意思表示）

第十二条　相手方のある意思表示は、表意者が相手方を知ることができず、又はその所在を知ることができないときは、公示の方法によってすることができる。

2　前項の公示は、公示送達に関する民事訴訟法（平成八年法律第百九号）の規定に従い、裁判所の掲示場に掲示し、かつ、その掲示があったことを官報に少なくとも一回掲載して行う。ただし、裁判所は、相当と認めるときは、官報への掲載に代えて、市役所、区役所、町村役場又はこれらに準ずる施設の掲示場に掲示すべきことを命ずることができる。

3　公示による意思表示は、最後に官報に掲載した日又はその掲載に代わる掲示を始めた日から二週間を経過した時に、相手方に到達したものとみなす。ただし、表意者が相手方を知らないこと又はその所在を知らないことについて過失があったときは、到達の効力を生じない。

4　公示に関する手続は、相手方を知ることができない場合には表意者の住所地の簡易裁判所の管轄に、相手方の所在を知ることができない場合には

第六章　公示による伝達

　　相手方の最後の住所地の簡易裁判所の管轄に属する。
　5　裁判所は、表意者に、公示に関する費用を予納させなければならない。

本条 1 項：民法 98 条（公示による意思表示）1 項移修
　　2 項本文：民法 98 条（公示による意思表示）2 項本文移動
　　　　ただし書：民法 98 条（公示による意思表示）2 項ただし書移動
　　3 項本文：民法 98 条（公示による意思表示）3 項本文移動
　　　　ただし書：民法 98 条（公示による意思表示）3 項ただし書移動
　　4 項：民法 98 条（公示による意思表示）4 項移修
　　5 項：民法 98 条（公示による意思表示）5 項移動

第 2 部

日本民法典改正条文案対照表
総則編

日本民法典改正条文案		現行民法等
第1編　総則 　第1章　通則 　（趣旨） 第1条　この法律は、個人の尊厳、自由及び平等を基本として、私人間の法律関係について定めるものとする。	修正	（解釈の基準） 第2条　この法律は、個人の尊厳と両性の本質的平等を旨として、解釈しなければならない。
（基本原則） 第2条①　財産権、人格権その他の私権は、これを侵してはならない。	新設	
②　私人が自律的に形成した法律関係は、私人の権利及び自由の基礎となるものとして、尊重されなければならない。	新設	
③　家族は、両性の本質的平等を基本とし、また、社会の基礎をなすものとして、尊重されなければならない。	新設	
④　私権及び私人間の法律関係は、公共の福祉と調和しなければならない。	移修	（基本原則） 第1条①　私権は、公共の福祉に適合しなければならない。
（信義誠実と権利濫用の禁止の原則） 第3条①　権利義務の発生並びに権利の行使及び義務の履行は、信義誠実の原則に従うものとし、次に掲げる行為は、これを許さない。	移修	（基本原則） 第1条②　権利の行使及び義務の履行は、信義に従い誠実に行わなければならない。
一　先行する自己の行為に反する背信的な主張を行うこと。	新設	
二　著しく不正な行為をした者	新設	

72

が、その行為に関して法律上の救済を求めること。 ② 権利の濫用は、これを許さない。	移動	第1条③ 権利の濫用は、これを許さない。

第2章　権利の主体

第1節　人

第1款　権利能力

（人の権利能力） 第4条①　人の権利能力（権利義務の主体となり得る地位をいう。第三十一条（外国法人）第一項から第三項までにおいて同じ。）は、出生によって始まり、死亡によって終わる。	移修	（第1節の標題（権利能力）承継） 第3条①　私権の享有は、出生に始まる。
②　前項の規定にかかわらず、胎児については、既に生まれたものとみなす。ただし、出生しなかったときは、遡ってその地位を失う。	本文新設 ただし書新設	
＊外国人の権利能力にかんする現行民法3条2項は、内外人平等原則をより明確にするために削除した。	削除	第3条②　外国人は、法令又は条約の規定により禁止される場合を除き、私権を享受する。
（同時死亡の推定） 第5条　数人の者が死亡した場合において、これらの者の死亡の先後を確定できないときは、これらの者は、同時に死亡したものと推定する。	移修	（第5節の標題（同時死亡の推定）承継） 第32条の2　数人の者が死亡した場合において、そのうちの一人が他の者の死亡後になお生存していたことが明らかでないときは、これらの者は、同時に死亡したものと推定する。

（失踪宣告の審判による死亡の擬制） 第6条① 　従来の住所又は居所を去った者の生死が七年間明らかでないときは、家庭裁判所は、利害関係人の請求により、普通失踪の宣告の審判をすることができる。	移修	（失踪の宣告） 第30条① 　不在者の生死が七年間明らかでないときは、家庭裁判所は、利害関係人の請求により、失踪の宣告をすることができる。
② 　航空機の墜落、船舶の沈没、天災、戦争その他死亡の原因となるべき危難に遭遇した者の生死が、それぞれ、その危難が去った後一年間明らかでないときは、家庭裁判所は、利害関係人の請求により、特別失踪の宣告の審判をすることができる。	移修	第30条② 　戦地に臨んだ者、沈没した船舶の中に在った者その他死亡の原因となるべき危難に遭遇した者の生死が、それぞれ、戦争が止んだ後、船舶が沈没した後又はその他の危難が去った後一年間明らかでないときも、前項と同様とする。
③ 　普通失踪の宣告の審判を受けた者は第一項の期間が満了した時に、特別失踪の宣告の審判を受けた者はその危難が去った時に、死亡したものとみなす。	移修	（失踪の宣告の効力） 第31条　前条第一項の規定により失踪の宣告を受けた者は同項の期間が満了した時に、同条第二項の規定により失踪の宣告を受けた者はその危難が去った時に、死亡したものとみなす。
（失踪宣告の取消しの審判とその効果） 第7条① 　前条第一項又は第二項の規定による失踪宣告の審判を受けた者（第三項において「被失踪宣告者」という。）が生存すること又は前条第三項に規定する時には死亡していないことの証明があったときは、家庭裁判所は、本人、利害関係人又は検察官の請求により、失踪宣告の取消しの審判をしなければならない。 ② 　前項の規定により失踪宣告の	移修	（失踪の宣告の取消し） 第32条①前段　失踪者が生存すること又は前条に規定する時と異なる時に死亡したことの証明があったときは、家庭裁判所は、本人又は利害関係人の請求により、失踪の宣告を取り消さなければならない。

取消しの審判がなされたときは、取り消された失踪宣告の審判によって開始された相続又は遺贈は生じなかったものとみなす。この場合において、失踪宣告の審判によって財産その他の利益（以下この項及び次項において「財産等」という。）を得た者は、第Ｎ条（所有権に基づく物権的請求権）又は第Ｎ条（不当利得）の規定に従い、その財産等を返還する義務を負う。	前段 新設 後段 新設	（失踪宣告の取消し） 参照：第32条②本文　失踪の宣告によって財産を得た者は、その取消しによって権利を失う。 参照：第32条②ただし書　ただし、現に利益を受けている限度においてのみ、その財産を返還する義務を負う。
③　失踪宣告の審判の後に法律行為によって被失踪宣告者の財産等に法律上の利害関係を有するに至った者が、被失踪宣告者が生存すること又は前条第三項に規定する時には死亡していなかったことにつき善意（一定の事実を知らないことをいう。以下同じ。）であったときは、前項前段の規定による失踪宣告の取消しの審判の効果をもってその者に対抗することができない。	移修	第32条①後段　この場合において、その取消しは、失踪の宣告後その取消し前に善意でした行為の効力に影響を及ぼさない。
④　第一項の失踪宣告の取消しの審判は、その審判の前に成立した婚姻及び養親子関係に影響を及ぼさない。この場合において、失踪宣告の取消しの審判の前に成立した身分関係のうち当該婚姻又は当該養親子関係に抵触するものは、復活しない。	前段 新設 後段 新設	

第2款　意思能力

（意思能力の欠如）
第8条①　事理を弁識する能力

	新設

（以下「意思能力」という。）を欠く状態の下で意思表示をした者は、意思能力を回復した後は、その意思表示に基づく法律行為（意思表示を含む。以下この款及び次款において同じ。）を取り消すことができる。	
②　前項に規定する法律行為については、意思表示をした者（以下「表意者」という。）に法定代理人があるとき（その意思表示をした後に法定代理人が付された場合を含む。次項及び次条第二項において同じ。）は、当該法定代理人も、取り消すことができる。	新設
③　表意者及びその法定代理人は、表意者が故意又は重大な過失により意思能力を欠いていたときは、その意思表示に基づく法律行為を取り消すことができない。ただし、法律行為の相手方が、表意者が意思能力を欠いていたことを知り、又は重大な過失によって知らなかったときは、この限りでない。	本文新設　　ただし書新設
④　前項ただし書の場合においては、第一項又は第二項の規定による取消しをもって善意の第三者に対抗することができない。	新設
（意思能力を欠く者の相手方等の催告権）	
第９条①　前条の規定により取り消すことができる法律行為の相手	本文新設

＊［新］８条２項に「表意者」の定義規定をおいた。実は、その前の同条１項にも「意思表示をした者」という文言が存在しているが、かりに１項に表意者の定義規定をおくとすると、その定義規定が「意思表示をした者」を指すのか、または「事理を弁識する能力を欠く状態の下で意思表示をした者」を指すのかが不明確となるので、１項には定義規定をおかないこととした。

方又はその取消しに対抗すること ができる第三者は、表意者が意思 能力を回復したときは、当該表意 者に対し、相当な期間を定めて、 その期間内に取り消すことができ る法律行為を追認するかどうかを 確答すべき旨の催告をすることが できる。ただし、意思能力を欠い ていた表意者が、その法律行為の 内容を了知していないときは、こ の限りでない。	ただし書新設	
②　意思能力を欠く状態の下で意 思表示をした者に法定代理人があ るときは、その相手方は、法定代 理人に対し、一か月以上の期間を 定めて、その期間内に取り消すこ とができる法律行為を追認するか どうかを確答すべき旨の催告をす ることができる。	新設	
③　前二項の場合において、催告 を受けた者がその期間内に確答を 発しないときは、その法律行為を 追認したものとみなす。	新設	

第3款　行為能力

第1目　未成年

（未成年者）
第10条①　年齢二十歳をもって、成年とする。

②　未成年者が法律行為をするには、その法定代理人（未成年者の親権者又は未成年後見人をいう。以下この目において同じ。）の同意を得なければならない。

③　未成年者又はその法定代理人

移動	（成年） 第4条　年齢二十歳をもって、成年とする。 （未成年者の法律行為）
移修	第5条①本文　未成年者が法律行為をするには、その法定代理人の同意を得なければならない。
移修	第5条②　前項の規定に反する法

77

は、未成年者が前項の同意を得ないでした法律行為を取り消すことができる。		律行為は、取り消すことができる。 （取消権者） 第120条① 行為能力の制限によって取り消すことができる行為は、制限行為能力者又はその代理人、承継人若しくは同意をすることができる者に限り、取り消すことができる。
④ 法定代理人は、第四編（親族）の規定に従い、未成年者の法律行為について未成年者を代理する権限を有する。ただし、未成年者自らが決定すべきであると認められる性質の法律行為については、この限りでない。	本文移修	（財産の管理及び代表） 第824条本文　親権を行う者は、子の財産を管理し、かつ、その財産に関する法律行為についてその子を代表する。 （財産の管理及び代表） 第859条① 後見人は、被後見人の財産を管理し、かつ、その財産に関する法律行為について被後見人を代表する。
	ただし書新設	
⑤ 法定代理人は、前項の規定による代理権の行使として、未成年者の行為を目的とする債務が生ずる法律行為をするときは、本人の同意を得なければならない。	移修	第824条ただし書　ただし、その子の行為を目的とする債務を生ずべき場合には、本人の同意を得なければならない。 第859条② 第八百二十四条ただし書の規定は、前項の場合について準用する。
（単独でなし得る法律行為） 第11条① 前条第二項の規定にかかわらず、未成年者は、その法定代理人の同意を得ることなく、次に掲げる法律行為をすることができる。 　一　単に権利を得、又は義務を	新設	（未成年者の法律行為）

免れる法律行為	移修	第5条①ただし書　ただし、単に権利を得、又は義務を免れる法律行為については、この限りでない。
二　法定代理人から処分を許された財産の範囲内（目的を定めて処分が許されたときは、その目的の範囲内に限る。）において行う法律行為	移修	第5条③　第一項の規定にかかわらず、法定代理人が目的を定めて処分を許した財産は、その目的の範囲内において、未成年者が自由に処分することができる。目的を定めないで処分を許した財産を処分するときも、同様とする。
三　日常の生活必需品の購入その他日常生活上必要な法律行為	新設	
②　法定代理人から一種又は数種の営業を許された未成年者は、その営業に関しては、成年者と同一の行為能力（単独で確定的に有効な法律行為をする能力をいう。以下同じ。）を有する。この場合において、未成年者がその営業に堪えることができない事由があるときは、その法定代理人は、第八百二十三条（職業の許可）第二項及び第八百五十七条（未成年被後見人の身上の監護に関する権利義務）の規定に従い、その許可を撤回し、又はこれを制限することができる。	前段移修　後段移修	（未成年者の営業の許可） 第6条①　一種又は数種の営業を許された未成年者は、その営業に関しては、成年者と同一の行為能力を有する。 第6条②　前項の場合において、未成年者がその営業に堪えることができない事由があるときは、その法定代理人は、第四編（親族）の規定に従い、その許可を取り消し、又はこれを制限することができる。
（成年擬制） 第12条①　未成年者が婚姻をしたときは、その未成年者は成年者と同一の行為能力を有する。	移修	（婚姻による成年擬制） 第753条　未成年者が婚姻をしたときは、これによって成年に達したものとみなす。
②　前項の規定による成年擬制の効果は、離婚によって失われない。	新設	
③　家庭裁判所は、満十八歳に達	前段	

79

した未成年者について、その法定代理人の請求に基づき、その未成年者が成年者と同等の行為能力を有し、かつ、法定代理人による財産管理の必要がないと認めるときは、成年擬制の宣告の審判（成年者と同一の行為能力を有することを認める審判をいう。以下この条において同じ。）をすることができる。この場合において、家庭裁判所は、成年擬制の宣告の審判をする前に、当該未成年者の意見を聴取しなければならない。

④ 前項の場合において、未成年者に法定代理人がいないときは、当該未成年者は、三親等内の成年親族（第二十三条（制限行為能力者の相手方の催告権）第一項に規定する制限行為能力者を除く。）のうちいずれか一人の同意を得て、成年擬制の宣告の審判の請求をすることができる。

⑤ 家庭裁判所は、成年擬制の宣告の審判を受けた者について、行為能力の制限を受ける未成年者と同一の取扱いをする必要が顕著であると認めるときは、本人又は成年擬制の宣告の審判を請求した法定代理人の請求により、成年擬制の終了の審判をすることができる。

新設

後段
新設

新設

新設

第2目　後見

（後見開始の審判）
第13条① 精神上の障害により意思能力を通常欠く状況にある者については、家庭裁判所は、本人、配偶者、四親等内の親族、未成年

移修

（後見開始の審判）
第7条　精神上の障害により事理を弁識する能力を欠く常況にある者については、家庭裁判所は、本

後見人、未成年後見監督人、保佐人、保佐監督人、補助人、補助監督人又は検察官の請求により、後見開始の審判をしなければならない。		人、配偶者、四親等内の親族、未成年後見人、未成年後見監督人、保佐人、保佐監督人、補助人、補助監督人又は検察官の請求により、後見開始の審判をすることができる。 （第1節の標題（後見の開始）承継） 第838条2号　後見開始の審判があったとき。 （成年被後見人及び成年後見人）
②　家庭裁判所は、後見開始の審判を受けた者（以下「被後見人」という。）のために後見人を選任する審判をしなければならない。	移修	第8条　後見開始の審判を受けた者は、成年被後見人とし、これに成年後見人を付する。 （成年後見人の選任） 第843条①　家庭裁判所は、後見開始の審判をするときは、職権で、成年後見人を選任する。
（被後見人の法律行為等） 第14条①　被後見人又はその後見人は、被後見人の法律行為を取り消すことができる。ただし、日常の生活必需品の購入その他日常生活上必要な法律行為については、この限りでない。	本文移修	（成年被後見人の法律行為） 第9条本文　成年被後見人の法律行為は、取り消すことができる。 （取消権者） 第120条①　行為能力の制限によって取り消すことができる行為は、制限行為能力者又はその代理人、承継人若しくは同意をすることができる者に限り、取り消すことができる。
	ただし書移修	第9条ただし書　ただし、日用品の購入その他日常生活に関する行為については、この限りでない。 （財産の管理及び代表）
②　後見人は、第四編（親族）の規定に従い、被後見人の法律行為について被後見人を代理する権限	本文移修	第859条①　後見人は、被後見人の財産を管理し、かつ、その財産

を有する。ただし、被後見人自らが決定すべきである法律行為については、この限りでない。 ③　後見人は、前項の規定による代理権の行使として、被後見人の行為を目的とする債務が生ずる法律行為をするときは、本人の同意を得なければならない。	ただし書新設 移修	に関する法律行為について被後見人を代表する。 第859条②　第八百二十四条ただし書の規定は、前項の場合について準用する。
（後見終了の審判） 第15条　第十三条（後見開始の審判）第一項に規定する原因が消滅したときは、家庭裁判所は、本人、配偶者、四親等内の親族、後見人、後見監督人、未成年後見人、未成年後見監督人又は検察官の請求により、後見終了の審判をしなければならない。	修正	（後見開始の審判の取消し） 第10条　第七条に規定する原因が消滅したときは、家庭裁判所は、本人、配偶者、四親等内の親族、後見人（未成年後見人及び成年後見人をいう。以下同じ。）、後見監督人（未成年後見監督人及び成年後見監督人をいう。以下同じ。）又は検察官の請求により、後見開始の審判を取り消さなければならない。
第3目　保佐 （保佐開始の審判） 第16条①　精神上の障害により意思能力の程度が著しく不十分である者については、家庭裁判所は、本人、配偶者、四親等内の親族、後見人、後見監督人、未成年後見人、未成年後見監督人、補助人、補助監督人又は検察官の請求により、保佐開始の審判をするものとする。ただし、第十三条（後見開始の審判）第一項に規定する原因がある者については、この限りでない。	本文移修	（保佐開始の審判） 第11条　精神上の障害により事理を弁識する能力が著しく不十分である者については、家庭裁判所は、本人、配偶者、四親等内の親族、後見人、後見監督人、補助人、補助監督人又は検察官の請求により、保佐開始の審判をすることができる。ただし、第七条に規定する原因がある者については、この限りでない。 （保佐の開始）

		第876条　保佐は、保佐開始の審判によって開始する。
	ただし書移修	第11条ただし書　ただし、第七条に規定する原因がある者については、この限りでない。
②　家庭裁判所は、保佐開始の審判を受けた者（以下「被保佐人」という。）のために保佐人を選任する審判をしなければならない。	移修	（被保佐人及び保佐人） 第12条　保佐開始の審判を受けた者は、被保佐人とし、これに保佐人を付する。 （保佐人及び臨時保佐人の選任等） 第876条の2①　家庭裁判所は、保佐開始の審判をするときは、職権で、保佐人を選任する。
（被保佐人の法律行為等） 第17条①　被保佐人が次に掲げる行為をするには、その保佐人の同意を得なければならない。ただし、日常生活に関する行為については、この限りでない。	本文移動	（保佐人の同意を要する行為等） 第13条①本文　被保佐人が次に掲げる行為をするには、その保佐人の同意を得なければならない。
	ただし書移修	第13条①ただし書　ただし、第九条ただし書に規定する行為については、この限りでない。
一　不動産その他重要な財産の売買、賃貸借（（新）第N条（短期賃貸借）に定める期間を超えない賃貸借を除く。）その他重要な権利の変動を目的とする法律行為をすること。	移修	第13条①3号　不動産その他重要な財産に関する権利の得喪を目的とする行為をすること。 9号　第六百二条に定める期間を超える賃貸借をすること。
二　贈与をし、贈与の申込みを拒絶し、又は負担付贈与の申込みを承諾すること。	移修	第13条①5号　贈与、和解又は仲裁合意（仲裁法（平成十五年法律第百三十八号）第二条第一項に規定する仲裁合意をいう。）をすること。

83

		7号　贈与の申込みを拒絶し、遺贈を放棄し、負担付贈与の申込みを承諾し、又は負担付遺贈を承認すること。
三　新築、改築、増築又は大修繕を目的とする法律行為をすること。	移修	第13条①8号　新築、改築、増築又は大修繕をすること。
四　金銭消費貸借契約又はこれに類する契約の締結その他元本の利用若しくは領収をし、又は保証をすること。	移修	第13条①1号　元本を領収し、又は利用すること。 2号　借財又は保証をすること。
五　和解又は仲裁合意（仲裁法（平成十五年法律第百三十八号）第二条（定義）第一項に規定する仲裁合意をいう。）をすること。	移修	第13条①5号　贈与、和解又は仲裁合意（仲裁法（平成十五年法律第百三十八号）第二条第一項に規定する仲裁合意をいう。）をすること。
六　相続の承認若しくは放棄をし、遺贈の放棄若しくは負担付遺贈の承認をし、又は遺産の分割をすること。	移修	第13条①6号　相続の承認若しくは放棄又は遺産の分割をすること。 7号　贈与の申込みを拒絶し、遺贈を放棄し、負担付贈与の申込みを承諾し、又は負担付遺贈を承認すること。
七　前各号に掲げるもののほか、無償で相手方又は第三者に利益を与える法律行為をすること。	新設	
②　家庭裁判所は、前条第一項本文に規定する者又は保佐人若しくは保佐監督人の請求により、被保佐人が前項各号に掲げる行為以外の法律行為（同項ただし書の日常生活に関する行為を除く。）をする場合であっても、その保佐人の同意を得なければならない旨の審判をすることができる。	移修	第13条②　家庭裁判所は、第十一条本文に規定する者又は保佐人若しくは保佐監督人の請求により、被保佐人が前項各号に掲げる行為以外の行為をする場合であってもその保佐人の同意を得なければならない旨の審判をすることができる。ただし、第九条ただし書に規定する行為については、この限りでない。

③　保佐人の同意を得なければならない行為について、被保佐人の利益を害するおそれがないにもかかわらず保佐人が同意をしないときは、家庭裁判所は、被保佐人の請求により、保佐人の同意に代わる許可を与える審判をすることができる。	修正	第13条③　保佐人の同意を得なければならない行為について、保佐人が被保佐人の利益を害するおそれがないにもかかわらず同意をしないときは、家庭裁判所は、被保佐人の請求により、保佐人の同意に代わる許可を与えることができる。
④　被保佐人又はその保佐人は、第一項若しくは第二項の保佐人の同意又は前項の家庭裁判所の許可を得ないで被保佐人がした法律行為の取消し又は行為の撤回をすることができる。	移修	第13条④　保佐人の同意を得なければならない行為であって、その同意又はこれに代わる許可を得ないでしたものは、取り消すことができる。
		（取消権者） 第120条①　行為能力の制限によって取り消すことができる行為は、制限行為能力者又はその代理人、承継人若しくは同意をすることができる者に限り、取り消すことができる。
⑤　家庭裁判所は、前条第一項本文に規定する者又は保佐人若しくは保佐監督人の請求により、被保佐人のために特定の法律行為について保佐人に代理権を付与する旨の審判をすることができる。ただし、本人以外の者の請求により当該審判をするには、本人の同意がなければならない。	本文移修	（保佐人に代理権を付与する旨の審判） 第876条の4①　家庭裁判所は、第十一条本文に規定する者又は保佐人若しくは保佐監督人の請求によって、被保佐人のために特定の法律行為について保佐人に代理権を付与する旨の審判をすることができる。
	ただし書移修	第876条の4②　本人以外の者の請求によって前項の審判をするには、本人の同意がなければならない。
⑥　前項の規定による審判がなされたときは、保佐人は、第四編（親族）の規定に従い、当該法律	前段	（保佐の事務及び保佐人の任務の終了等） 第876条の5②　第六百四十四条、

行為について被保佐人を代理する権限を有する。この場合においては、第十四条（被後見人の法律行為等）第三項の規定を準用する。	移修	第八百五十九条の二、第八百五十九条の三、第八百六十一条第二項、第八百六十二条及び第八百六十三条の規定は保佐の事務について、第八百二十四条ただし書の規定は保佐人が前条第一項の代理権を付与する旨の審判に基づき被保佐人を代表する場合について準用する。
	後段移修	第876条の5②　上記参照
⑦　保佐人が第四項の規定による被保佐人の法律行為の取消し又は行為の撤回をしたときは、第五項ただし書の規定にかかわらず、家庭裁判所は、本人の同意を得ることなく、原状に復させるための代理権を保佐人に付与する旨の審判をすることができる。	新設	
（保佐終了の審判等） 第18条①　第十六条（保佐開始の審判）第一項本文に規定する原因が消滅したときは、家庭裁判所は、本人、配偶者、四親等内の親族、未成年後見人、未成年後見監督人、保佐人、保佐監督人又は検察官の請求により、<u>保佐終了の審判をしなければならない。</u>	移修	（保佐開始の審判等の取消し） 第14条①　第十一条本文に規定する原因が消滅したときは、家庭裁判所は、本人、配偶者、四親等内の親族、未成年後見人、未成年後見監督人、保佐人、保佐監督人又は検察官の請求により、保佐開始の審判を取り消さなければならない。
②　家庭裁判所は、前項に規定する者の請求により、前条第二項、<u>第五項又は第七項の審判の全部又は一部を終了する審判をする</u>ことができる。	移修	第14条②　家庭裁判所は、前項に規定する者の請求により、前条第二項の審判の全部又は一部を取り消すことができる。 （保佐人に代理権を付与する旨の審判）

		第876条の4③　家庭裁判所は、第一項に規定する者の請求によって、同項の審判の全部又は一部を取り消すことができる。
第4目　補助 （補助開始の審判等） 第19条①　精神上の障害により意思能力の程度が不十分である者については、家庭裁判所は、本人、配偶者、四親等内の親族、後見人、後見監督人、未成年後見人、未成年後見監督人、保佐人、保佐監督人又は検察官の請求により、補助開始の審判をするものとする。ただし、第十三条（後見開始の審判）第一項又は第十六条（保佐開始の審判）第一項本文に規定する原因がある者については、この限りでない。	本文移修	（補助開始の審判） 第15条①本文　精神上の障害により事理を弁識する能力が不十分である者については、家庭裁判所は、本人、配偶者、四親等内の親族、後見人、後見監督人、保佐人、保佐監督人又は検察官の請求により、補助開始の審判をすることができる。 （補助の開始） 第876条の6　補助は、補助開始の審判によって開始する。
	ただし書移修	第15条①ただし書　ただし、第七条又は第十一条本文に規定する原因がある者については、この限りでない。
②　家庭裁判所は、補助開始の審判を受けた者（以下「被補助人」という。）のために補助人を選任する審判をしなければならない。	移修	（被補助人及び補助人） 第16条　補助開始の審判を受けた者は、被補助人とし、これに補助人を付する。 （補助人及び臨時補助人の選任等） 第876条の7①　家庭裁判所は、補助開始の審判をするときは、職権で、補助人を選任する。
③　第一項の審判を行うときは、家庭裁判所は、同項本文に規定する者又は補助人若しくは補助監督人の請求により、次に掲げる審判	移修	第15条③　補助開始の審判は、第十七条第一項の審判又は第八百七十六条の九第一項の審判とともにしなければならない。

のうちいずれか又は第一号及び第二号の審判を併せてしなければならない。		
一　被補助人が第十七条（被保佐人の法律行為等）第一項各号に掲げる行為のうち一部の行為をする場合にはその補助人の同意を必要とする旨の審判（次条第一項、第二十一条（補助終了の審判等）第二項及び第二十三条（制限行為能力者の相手方の催告権）第一項において「同意権付与の審判」という。）	移修	（補助人の同意を要する旨の審判等） 第17条①　家庭裁判所は、第十五条第一項本文に規定する者又は補助人若しくは補助監督人の請求により、被補助人が特定の法律行為をするにはその補助人の同意を得なければならない旨の審判をすることができる。ただし、その審判によりその同意を得なければならないものとすることができる行為は、第十三条第一項に規定する行為の一部に限る。
二　被補助人のために特定の法律行為についてその補助人に代理権を付与する旨の審判（次条第四項及び第二十一条（補助終了の審判等）第二項において「代理権付与の審判」という。）	移修	（補助人に代理権を付与する旨の審判） 第876条の9①　家庭裁判所は、第十五条第一項本文に規定する者又は補助人若しくは補助監督人の請求によって、被補助人のために特定の法律行為について補助人に代理権を付与する旨の審判をすることができる。
④　本人以外の者の請求により第一項及び前項の審判をするには、本人の同意がなければならない。	移修	第15条②　本人以外の者の請求により補助開始の審判をするには、本人の同意がなければならない。 第17条②　本人以外の者の請求により前項の審判をするには、本人の同意がなければならない。 第876条の9②　第八百七十六条の四第二項及び第三項の規定は、前項の審判について準用する。
（被補助人の法律行為等） 第20条①　被補助人は、同意権		（補助人の同意を要する旨の審

付与の審判において補助人の同意が必要とされた行為をするには、その補助人の同意を得なければならない。ただし、日常生活に関する行為については、この限りでない。	本文移修 ただし書移修	判等） 第17条① 家庭裁判所は、第十五条第一項本文に規定する者又は補助人若しくは補助監督人の請求により、被補助人が特定の法律行為をするにはその補助人の同意を得なければならない旨の審判をすることができる。ただし、その審判によりその同意を得なければならないものとすることができる行為は、第十三条第一項に規定する行為の一部に限る。
② 補助人の同意を得なければならない行為について、被補助人の利益を害するおそれがないにもかかわらず補助人が同意をしないときは、家庭裁判所は、被補助人の請求により、補助人の同意に代わる許可を与える審判をすることができる。	移修	第17条③ 補助人の同意を得なければならない行為について、補助人が被補助人の利益を害するおそれがないにもかかわらず同意をしないときは、家庭裁判所は、被補助人の請求により、補助人の同意に代わる許可を与えることができる。
③ 被補助人又はその補助人は、第一項の同意又は前項の家庭裁判所の許可を得ないでした被補助人の法律行為の取消し又は行為の撤回をすることができる。	移修	第17条④ 補助人の同意を得なければならない行為であって、その同意又はこれに代わる許可を得ないでしたものは、取り消すことができる。 （取消権者） 第120条① 行為能力の制限によって取り消すことができる行為は、制限行為能力者又はその代理人、承継人若しくは同意をすることができる者に限り、取り消すことができる。 （補助の事務及び補助人の任務の終了等）
④ 代理権付与の審判がなされたときは、補助人は、第四編（親族）の規定に従い、当該法律行為について被補助人を代理する権限を有する。この場合においては、	前段移修	第876条の10 ① 第六百四十四条、第八百五十九条の二、第八百五十九条の三、第八百六十一条第

第十四条（被後見人の法律行為等）第三項の規定を準用する。		二項、第八百六十二条、第八百六十三条及び第八百七十六条の五第一項の規定は補助の事務について、第八百二十四条ただし書の規定は補助人が前条第一項の代理権を付与する旨の審判に基づき被補助人を代表する場合について準用する。
	後段移修	第876条の10①　上記参照
（補助終了の審判等） 第21条①　第十九条（補助開始の審判等）第一項本文に規定する原因が消滅したときは、家庭裁判所は、本人、配偶者、四親等内の親族、未成年後見人、未成年後見監督人、補助人、補助監督人又は検察官の請求により、補助終了の審判をしなければならない。	修正	（補助開始の審判等の取消し） 第18条①　第十五条第一項本文に規定する原因が消滅したときは、家庭裁判所は、本人、配偶者、四親等内の親族、未成年後見人、未成年後見監督人、補助人、補助監督人又は検察官の請求により、補助開始の審判を取り消さなければならない。
②　家庭裁判所は、前項に規定する者の請求により、同意権付与の審判による同意権の付与又は代理権付与の審判による代理権の付与について、その全部又は一部を終了する審判をすることができる。この場合において、家庭裁判所は、その審判により当該被補助人に係る同意権及び代理権が全て消滅することとなるときは、補助終了の審判を併せてしなければならない。	前段移修	第18条②　家庭裁判所は、前項に規定する者の請求により、前条第一項の審判の全部又は一部を取り消すことができる。 （補助人に代理権を付与する旨の審判） 第876条の9②　第八百七十六条の四第二項及び第三項の規定は、前項の審判について準用する。
	後段移修	第18条③　前条第一項の審判及び第八百七十六条の九第一項の審判をすべて取り消す場合には、家庭裁判所は、補助開始の審判を取り消さなければならない。
第5日　審判保護制度相互の関係		

（重複審判の回避） 第22条① 後見開始の審判をする場合において、本人が被保佐人又は被補助人であるときは、家庭裁判所は、その本人に係る保佐終了の審判又は補助終了の審判を併せてしなければならない。	修正	（審判相互の関係） 第19条① 後見開始の審判をする場合において、本人が被保佐人又は被補助人であるときは、家庭裁判所は、その本人に係る保佐開始又は補助開始の審判を取り消さなければならない。
② 前項の規定は、保佐開始の審判をする場合において本人が被後見人若しくは被補助人であるとき、又は補助開始の審判をする場合において本人が被後見人若しくは被保佐人であるときについて準用する。	修正	第19条② 前項の規定は、保佐開始の審判をする場合において本人が成年被後見人若しくは被補助人であるとき、又は補助開始の審判をする場合において本人が成年被後見人若しくは被保佐人であるときについて準用する。

　　第6目　制限行為能力者の相手方の保護

（制限行為能力者の相手方の催告権） 第23条① 制限行為能力者（未成年者、被後見人、被保佐人及び同意権付与の審判を受けた被補助人をいう。以下同じ。）の相手方は、その制限行為能力者の法定代理人、保佐人又は補助人に対し、一か月以上の期間を定めて、その期間内に、取り消すことができる法律行為を追認するかどうかを確答すべき旨の催告をすることができる。この場合において、制限行為能力者が行為能力者となったときは、その催告は、その後は、その者に対して行わなければならない。	前段移修	（制限行為能力者の相手方の催告権） 第20条② 制限行為能力者の相手方が、制限行為能力者が行為能力者とならない間に、その法定代理人、保佐人又は補助人に対し、その権限内の行為について前項に規定する催告をした場合において、これらの者が同項の期間内に確答を発しないときも、同項後段と同様とする。 第20条④前段　制限行為能力者の相手方は、被保佐人又は第十七条第一項の審判を受けた被補助人に対しては、第一項の期間内にその保佐人又は補助人の追認を得る

		べき旨の催告をすることができる。
	後段移修	第20条①前段　制限行為能力者（未成年者、成年被後見人、被保佐人及び第十七条第一項の審判を受けた被補助人をいう。以下同じ。）の相手方は、その制限行為能力者が行為能力者（行為能力の制限を受けない者をいう。以下同じ。）となった後、その者に対し、一箇月以上の期間を定めて、その期間内にその取り消すことができる行為を追認するかどうかを確答すべき旨の催告をすることができる。
②　前項の催告を受けた者が、単独で追認することができるにもかかわらず、その期間内に確答を発しないときは、その法律行為を追認したものとみなす。ただし、被後見人であった者が、その法律行為の内容を了知していないときは、この限りでない。	本文移修	第20条①後段　この場合において、その者がその期間内に確答を発しないときは、その行為を追認したものとみなす。
		第20条②　制限行為能力者の相手方が、制限行為能力者が行為能力者とならない間に、その法定代理人、保佐人又は補助人に対し、その権限内の行為について前項に規定する催告をした場合において、これらの者が同項の期間内に確答を発しないときも、同項後段と同様とする。
	ただし書新設移修	
③　第一項の催告を受けた者が単独で追認することができない場合において、その者がその期間内に確答を発しないときは、その法律行為を取り消したものとみなす。		第20条③　特別の方式を要する行為については、前二項の期間内にその方式を具備した旨の通知を発しないときは、その行為を取り消したものとみなす。
		第20条④後段　この場合におい

		て、その被保佐人又は被補助人が その期間内にその追認を得た旨の 通知を発しないときは、その行為 を取り消したものとみなす。
（制限行為能力者の詐術） 第24条　制限行為能力者が行為 能力者であること又は同意権を有 する者の同意を得ていることを相 手方に信じさせるために詐術を用 いたときは、その法律行為を取り 消すことができない。ただし、相 手方が制限行為能力者であること 又は同意権を有する者の同意を得 ていないことを知っていたときは、 この限りでない。	本文 修正 ただし 書 新設	（制限行為能力者の詐術） 第21条　制限行為能力者が行為 能力者であることを信じさせるた め詐術を用いたときは、その行為 を取り消すことができない。
第4款　意思表示の受領能 力		
（意思表示の受領能力） 第25条①　表意者は、その意思 表示を受けた相手方が意思能力を 欠く者又は未成年者若しくは被後 見人であったときは、その意思表 示をもってその相手方に対抗する ことができない。ただし、その相 手方の法定代理人がその意思表示 を知った後は、この限りでない。 ②　前項本文の規定は、表意者が 書面による意思表示を意思能力を 欠く者に対してした場合において、 その者が意思能力を回復して、そ の書面による意思表示を知った と きは、適用しない。	本文 移修 ただし 書 移修 新設	（意思表示の受領能力） 第98条の2本文　意思表示の相 手方がその意思表示を受けた時に 未成年者又は成年被後見人であっ たときは、その意思表示をもって その相手方に対抗することができ ない。 第98条の2ただし書　ただし、 その法定代理人がその意思表示を 知った後は、この限りでない。

③　表意者が書面による意思表示を未成年者又は被後見人に対してした場合において、それらの者が行為能力を回復して、その書面による意思表示を知ったときも、前項と同様とする。		
第2節　法人		
（法人） 第26条①　法人は、この法律その他の法律の規定によらなければ、成立しない。	移動	（法人の成立等） 第33条①　法人は、この法律その他の法律の規定によらなければ、成立しない。
②　法人は、法令の規定に従い、その名において、権利を有し、義務を負う。	移修	（法人の能力） 第34条　法人は、法令の規定に従い、定款その他の基本約款で定められた目的の範囲内において、権利を有し、義務を負う。
（法人の設立） 第27条①　法人を設立するには、発起人その他の設立者（以下この項及び次項において「設立者」という。）が定款その他の基本約款（以下この条及び次条において「定款等」という。）を作成し、これに署名し、又は記名押印しなければならない。この場合において、設立者が二人以上あるときは、設立者が共同して定款等を作成し、その全員がこれに署名し、又は記名押印しなければならない。	前段 移修	一般法人法 （定款の作成） 第10条①　一般社団法人を設立するには、その社員になろうとする者（以下「設立時社員」という。）が、共同して定款を作成し、その全員がこれに署名し、又は記名押印しなければならない。 （定款の作成） 第152条①　一般財団法人を設立するには、設立者（設立者が二人以上あるときは、その全員）が定款を作成し、これに署名し、又は記名押印しなければならない。 会社法 （定款の作成）

		第26条① 株式会社を設立するには、発起人が定款を作成し、その全員がこれに署名し、又は記名押印しなければならない。 （定款の作成） 第575条① 合名会社、合資会社又は合同会社（以下「持分会社」と総称する。）を設立するには、その社員になろうとする者が定款を作成し、その全員がこれに署名し、又は記名押印しなければならない。
	後段 移修	一般法人法 第10条①、第152条① 上記参照 会社法 第26条①、第575条① 上記参照
② 定款等は、電磁的記録（電子的方式、磁気的方式その他人の知覚によっては認識することができない方式で作られる記録であって、電子計算機による情報処理の用に供されるものとして法務省令で定めるものをいう。以下同じ。）をもって作成することができる。この場合において、当該電磁的記録に記録された情報については、法務省令で定める署名又は記名押印に代わる措置をとらなけらばならない。	前段 移修	一般法人法 第10条②前段 前項の定款は、電磁的記録（電子的方式、磁気的方式その他人の知覚によっては認識することができない方式で作られる記録であって、電子計算機による情報処理の用に供されるものとして法務省令で定めるものをいう。以下同じ。）をもって作成することができる。 第152条③ 第十条第二項の規定は、前二項の定款について準用する。 会社法 第26条②前段 前項の定款は、電磁的記録（電子的方式、磁気的方式その他人の知覚によっては認識することができない方式で作ら

		れる記録であって、電子計算機による情報処理の用に供されるものとして法務省令で定めるものをいう。以下同じ。）をもって作成することができる。 第575条②前段　前項の定款は、電磁的記録をもって作成することができる。 一般法人法
	後段 移動	第10条②後段　この場合において、当該電磁的記録に記録された情報については、法務省令で定める署名又は記名押印に代わる措置をとらなければならない。
	移修	第152条③　上記参照 会社法
	移動	第26条②後段　この場合において、当該電磁的記録に記録された情報については、法務省令で定める署名又は記名押印に代わる措置をとらなければならない。
	移動	第575条②後段　この場合において、当該電磁的記録に記録された情報については、法務省令で定める署名又は記名押印に代わる措置をとらなければならない。 一般法人法 　（定款の記載又は記録事項）
③　定款等には、次に掲げる事項を記載し、又は記録するほか、一般社団法人及び一般財団法人に関する法律（平成十八年法律第四十八号）、会社法（平成十七年法律第八十六号）その他の法律に定める事項を記載し、又は記録しなければならない。	移修	第11条①柱書　一般社団法人の定款には、次に掲げる事項を記載し、又は記録しなければならない。 　（定款の記載又は記載事項） 第153条①柱書　一般財団法人の定款には、次に掲げる事項を記載し、又は記録しなければならない。 会社法

			（定款の記載又は記録事項） 第 27 条柱書　株式会社の定款には、次に掲げる事項を記載し、又は記録しなければならない。 （定款の記載又は記載事項） 第 576 条柱書　持分会社の定款には、次に掲げる事項を記載し、又は記録しなければならない。
一	目的	移動	一般法人法 第 11 条①1 号　目的 第 153 条①1 号　目的 会社法 第 27 条 1 号　目的 第 576 条①1 号　目的
二	名称又は商号	移修	一般法人法 第 11 条①2 号　名称 第 153 条①2 号　名称 会社法 第 27 条 2 号　商号 第 576 条①2 号　商号
三	主たる事務所又は本店の所在地	移修	一般法人法 第 11 条①3 号　主たる事務所の所在地 第 153 条①3 号　主たる事務所の所在地 会社法 第 27 条 3 号　本店の所在地 第 576 条①3 号　本店の所在地
四	設立者の氏名又は名称及び住所	移修 移動 移修 移修	一般法人法 第 11 条①4 号　設立時社員の氏名又は名称及び住所 第 153 条①4 号　設立者の氏名又は名称及び住所 会社法 第 27 条 5 号　発起人の氏名又は名称及び住所 第 576 条①4 号　社員の氏名又は

五　社団法人にあっては、社員の資格	移修	名称及び住所 一般法人法 第11条①5号　社員の資格の得喪に関する規定
六　財団法人にあっては、出資の状況	移修	一般法人法 第153条①5号　設立に際して設立者（設立者が二人以上あるときは、各設立者）が拠出をする財産及びその価額
④　前項各号に掲げる事項のほか、定款等には、一般社団法人及び一般財団法人に関する法律、会社法その他の法律の規定により定款の定めがなければその効力を生じない事項及びその他の事項であって法律の規定に違反しないものを記載し、又は記録することができる。	移修	一般法人法 （第11条の標題（定款の記載又は記録事項）承継） 第12条　前条第一項各号に掲げる事項のほか、一般社団法人の定款には、この法律の規定により定款の定めがなければその効力を生じない事項及びその他の事項でこの法律の規定に違反しないものを記載し、又は記録することができる。 （第153条の標題（定款の記載又は記録事項）承継） 第154条　前条第一項各号に掲げる事項のほか、一般財団法人の定款には、この法律の規定により定款の定めがなければその効力を生じない事項及びその他の事項でこの法律の規定に違反しないものを記載し、又は記録することができる。 会社法 （第27条の標題（定款の記載又は記録事項）承継） 第29条　第二十七条各号及び前条各号に掲げる事項のほか、株式会社の定款には、この法律の規定により定款の定めがなければその

（法人の組織等） 第28条① 法人には、一人又は二人以上の理事その他の代表者を置かなければならない。	移修	効力を生じない事項及びその他の事項でこの法律の規定に違反しないものを記載し、又は記録することができる。 　（第576条の標題（定款の記載又は記録事項）承継） 第577条　前条に規定するもののほか、持分会社の定款には、この法律の規定により定款の定めがなければその効力を生じない事項及びその他の事項でこの法律の規定に違反しないものを記載し、又は記録することができる。 一般法人法 　（社員総会以外の機関の設置） 第60条①　一般社団法人には、一人又は二人以上の理事を置かなければならない。 　（機関の設置） 第170条①　一般財団法人は、評議員、評議員会、理事、理事会及び監事を置かなければならない。 会社法 　（株式会社の代表） 第349条①　取締役は、株式会社を代表する。ただし、他に代表取締役その他株式会社を代表する者を定めた場合は、この限りでない。 ②　前項本文の取締役が二人以上ある場合には、取締役は、各自、株式会社を代表する。 ③　株式会社（取締役会設置会社を除く。）は、定款、定款の定めに基づく取締役の互選又は株主総会の決議によって、取締役の中から代表取締役を定めることができ

		る。 ④　代表取締役は、株式会社の業務に関する一切の裁判上又は裁判外の行為をする権限を有する。 （持分会社の代表） 第599条①　業務を執行する社員は、持分会社を代表する。ただし、他に持分会社を代表する社員その他持分会社を代表する者を定めた場合は、この限りでない。 ②　前項本文の業務を執行する社員が二人以上ある場合には、業務を執行する社員は、各自、持分会社を代表する。 ③　持分会社は、定款又は定款の定めに基づく社員の互選によって、業務を執行する社員の中から持分会社を代表する社員を定めることができる。 ④　持分会社を代表する社員は、持分会社の業務に関する一切の裁判上又は裁判外の行為をする権限を有する。
②　法人の代表者は、定款等に定められた目的の範囲内において、その法人を代表する。ただし、営利を目的とする法人の代表者の代表権は、定款等に定められた目的による制限を受けない。	本文 移修 ただし書新設	（法人の能力） 第34条　法人は、法令の規定に従い、定款その他の基本約款で定められた目的の範囲内において、権利を有し、義務を負う。
③　法人の組織、運営及び管理については、この法律に定めるもののほか、一般社団法人及び一般財団法人に関する法律、会社法その他の法律の定めるところによる。	移修	（法人の成立等） 第33条②　学術、技芸、慈善、祭祀、宗教その他の公益を目的とする法人、営利事業を営むことを目的とする法人その他の法人の設

		立、組織、運営及び管理については、この法律その他の法律の定めるところによる。
（法人の消滅） 第29条　法人は、一般社団法人及び一般財団法人に関する法律又は会社法の定める解散又は清算の結了その他法律の定める手続によって、消滅する。	新設	
（法人の登記） 第30条①　法人は、その主たる事務所又は本店の所在地において設立の登記をすることによって成立する。	移修	（登記） 第36条　法人及び外国法人は、この法律その他の法令の定めるところにより、登記をするものとする。 一般法人法 　（第5款の標題（一般社団法人の成立）承継） 第22条　一般社団法人は、その主たる事務所の所在地において設立の登記をすることによって成立する。 　（一般財団法人の成立） 第163条　一般財団法人は、その主たる事務所の所在地において設立の登記をすることによって成立する。 会社法 　（株式会社の成立） 第49条　株式会社は、その本店の所在地において設立の登記をすることによって成立する。 　（持分会社の成立） 第579条　持分会社は、その本店の所在地において設立の登記をす

		ることによって成立する。 一般法人法 　（清算結了の登記） 第311条　清算が結了したときは、清算法人は、第二百四十九条第三項の承認の日から二週間以内に、その主たる事務所の所在地において、清算結了の登記をしなければならない。 会社法 　（清算結了の登記） 第929条　清算が結了したときは、次の各号に掲げる会社の区分に応じ、当該各号に定める日から二週間以内に、その本店の所在地において、清算結了の登記をしなければならない。 一　清算株式会社　第五百七条第三項の承認の日 二　清算持分会社（合名会社及び合資会社に限る。）　第六百六十七条第一項の承認の日（第六百六十八条第一項の財産の処分の方法を定めた場合にあっては、その財産の処分を完了した日） 三　清算持分会社（合同会社に限る。）　第六百六十七条第一項の承認の日
②　法人について清算が結了したときは、清算人は、一般社団法人及び一般財団法人に関する法律、会社法その他の法律の定めるところに従い、清算結了の登記をしなければならない。	移修	
③　法律の規定により登記すべき事項（第一項の登記に係る事項を除く。）は、登記をしなければ、これをもって第三者に対抗することができない。ただし、第三者が登記すべき事項を知っていたときは、この限りでない。	本文 移修	一般法人法 　（登記の効力） 第299条①前段　この法律の規定により登記すべき事項は、登記の後でなければ、これをもって善意の第三者に対抗することができない。 会社法 　（登記の効力）

		第908条①前段　この法律の規定により登記すべき事項は、登記の後でなければ、これをもって善意の第三者に対抗することができない。
	ただし書移修	一般法人法 第299条①前段　上記参照 会社法 第908条①前段　上記参照
④　前項の登記すべき事項を登記した場合であっても、第三者が正当な理由によってその登記があることを知らなかったときは、その登記した事項をもって当該第三者に対抗することができない。	移修	一般法人法 第299条①後段　登記の後であっても、第三者が正当な事由によってその登記があることを知らなかったときは、同様とする。 会社法 第908条①後段　登記の後であっても、第三者が正当な事由によってその登記があることを知らなかったときは、同様とする。
⑤　故意又は過失によって不実の事項を登記した者は、その登記した事項が不実であることをもって第三者に対抗することができない。ただし、第三者が悪意（一定の事実を知っていることをいう。以下同じ。）であるときは、この限りでない。	本文移修	一般法人法 第299条②　故意又は過失によって不実の事項を登記した者は、その事項が不実であることをもって善意の第三者に対抗することができない。 会社法 第908条②　故意又は過失によって不実の事項を登記した者は、その事項が不実であることをもって善意の第三者に対抗することができない。
	ただし書移修	一般法人法 第299条②　上記参照 会社法 第908条②　上記参照

（外国法人） 第31条①　外国法人のうち、国、地方政府、地方公共団体及び会社は、日本において成立する同種の法人と同一の権利能力を有する。ただし、法律又は条約中に特別の定めがある場合は、この限りでない。	本文移修	（外国法人） 第35条①本文　外国法人は、国、国の行政区画及び外国会社を除き、その成立を認許しない。 ②本文　前項の規定により認許された外国法人は、日本において成立する同種の法人と同一の私権を有する。
	ただし書移修	第35条②ただし書　ただし、外国人が享有することのできない権利及び法律又は条約中に特別の規定がある権利については、この限りでない。
②　前項に規定する外国法人以外の外国法人であって、法律又は条約の規定により権利能力を認められたものも、同項と同様とする。	移修	第35条①ただし書　ただし、法律又は条約の規定により認許された外国法人は、この限りでない。
③　裁判所は、前二項に規定する外国法人以外の外国法人であっても、必要があると認めるときは、日本の同種の法人と同一の権利能力を有するものとして取り扱うことができる。	新設	
④　第二十七条（法人の設立）の規定は、前三項に規定する外国法人については、適用しない。	新設	
⑤　外国法人（第一項から第三項までに規定する外国法人に限る。）は、日本に事務所を設けたときは、その事務所の所在地において、法律の定めるところに従い、登記すべき事項を登記しなければならない。	移修	（外国法人の登記） 第37条①柱書　外国法人（第三十五条第一項ただし書に規定する外国法人に限る。以下この条において同じ。）が日本に事務所を設けたときは、三週間以内に、その事務所の所在地において、次に掲げる事項を登記しなければならない。

⑥　前項の登記については、前条第三項から第五項までの規定を準用する。	移修	第37条②　前項各号に掲げる事項に変更を生じたときは、三週間以内に、変更の登記をしなければならない。この場合において、登記前にあっては、その変更をもって第三者に対抗することができない。 ⑤　外国法人が初めて日本に事務所を設けたときは、その事務所の所在地において登記するまでは、第三者は、その法人の成立を否認することができる。

第3章　権利の客体

第1節　総則

（権利の客体）
第32条①　物権の客体は、物（有体物をいう。以下同じ。）とする。ただし、この法律その他の法律に別段の定めがあるときは、この限りでない。

	本文移修 ただし書新設	（定義） 第85条　この法律において「物」とは、有体物をいう。
②　債権の客体は、人の作為又は不作為とする。	新設	
③　第四編（親族）及び第五編（相続）に規定する権利の客体は、それぞれの権利についてそれぞれの定めるところによる。	新設	

第2節　物の分類

（不動産及び動産）
第33条①　土地及びその定着物は、不動産とする。

	現行法	（不動産及び動産） 第86条①　土地及びその定着物

105

② 不動産以外の物は、全て動産とする。	修正	第86条② 不動産以外の物は、すべて動産とする。
③ 無記名債権は、動産とみなす。	現行法に同じ	第86条③ 無記名債権は、動産とみなす。
（主物及び従物） 第34条① 物の所有者が、その物の常用に供するため、自己の所有に属する他の物をこれに附属させたときは、その附属させた物を従物とする。	現行法に同じ	（主物及び従物） 第87条① 物の所有者が、その物の常用に供するため、自己の所有に属する他の物をこれに附属させたときは、その附属させた物を従物とする。
② 主物の処分は、従物に及ぶ。ただし、法律行為に別段の定めがあるときは、この限りでない。	本文修正 ただし書新設	第87条② 従物は、主物の処分に従う。
（天然果実とその帰属） 第35条① 物の用法に従い収取する産出物を天然果実とする。	移動	（天然果実及び法定果実） 第88条① 物の用法に従い収取する産出物を天然果実とする。 （果実の帰属）
② 天然果実は、その元物から分離する時に、これを収取する権利を有する者に帰属する。	移動	第89条① 天然果実は、その元物から分離する時に、これを収取する権利を有する者に帰属する。
（法定果実とその帰属） 第36条① 物の使用の対価として受けるべき金銭その他の物を法定果実とする。	移動	（天然果実及び法定果実） 第88条② 物の使用の対価として受けるべき金銭その他の物を法定果実とする。 （果実の帰属）
② 法定果実は、これを収取する権利の存続期間に応じて、日割計算によりこれを取得する。	移動	第89条② 法定果実は、これを収取する権利の存続期間に応じて、

		日割計算によりこれを取得する。
（非有体物への準用） 第37条　前三条の規定は、その性質に反しない限りにおいて、権利その他の物でない利益について準用する。	新設	
第4章　権利の変動		
第1節　総則		
（権利の変動） 第38条　権利の発生、変更及び消滅は、次節及び第三節（時効）その他の法律の規定の定めるところによる。	新設	
第2節　法律行為		
第1款　総則		
（法律行為） 第39条　法律行為は、意思表示を要素として成立し、その意思表示の内容に従って効力を生ずる。	新設	
（法律行為の効力） 第40条①　法律行為（意思表示を含む。以下この款及び次款（第四十五条（虚偽表示）を除く。）において同じ。）は、公の秩序又は善良の風俗に反するときは、無効とする。その他の法令中の公の秩序に関する規定に反するときも、同様とする。	前段移修 後段新設	（公序良俗） 第90条　公の秩序又は善良の風俗に反する事項を目的とする法律行為は、無効とする。 （任意規定と異なる意思表示） 反対解釈：第91条　法律行為の当事者が法令中の公の秩序に関しない規定と異なる意思を表示したときは、その意思に従う。

② 法律行為は、法令中の公の秩序に関しない規定（次条において「任意規定」という。）と異なる内容のものであっても、その効力を妨げられない。	移修	第91条　上記参照
（慣習） 第41条　任意規定と異なる慣習がある場合において、法律行為の当事者がその慣習の適用を排除する意思を表示しないときは、その慣習による意思を有するものと推定する。	修正	（任意規定と異なる慣習） 第92条　法令中の公の秩序に関しない規定と異なる慣習がある場合において、法律行為の当事者がその慣習による意思を有しているものと認められるときは、その慣習に従う。

第2款　意思表示

（意思表示とその効力） 第42条①　意思表示は、その意思表示に別段の定めがある場合を除き、次の各号に掲げる区分に応じ当該各号に定める時から、その効力を生ずる。	新設	
一　相手方のある意思表示　　その意思表示が相手方に到達した時	新設	（隔地者に対する意思表示） 参照：第97条①　隔地者に対する意思表示は、その通知が相手方に到達した時からその効力を生ずる。 商法 　（対話者間における契約の申込み） 反対解釈：第507条　商人である対話者の間において契約の申込みを受けた者が直ちに承諾をしなかったときは、その申込みは、その効力を失う。
二　相手方のない意思表示　　その意思表示がされた時	新設	

三　相手方が不明である場合又はその所在が不明である場合にされる公示による意思表示	法令の通則に関する法律（平成〇〇年法律第〇〇号）第十二条（公示による意思表示）第三項に規定する時	新設
②　前項第一号の意思表示の発信又は第三号の意思表示の公示がされた後、その到達の前又はその公示による意思表示の効果が生ずる前に、表意者が死亡した場合、意思能力を欠くに至った場合又は制限行為能力者となった場合であっても、その意思表示の効力は妨げられない。ただし、法令又は契約に別段の定めがあるときは、この限りでない。	本文移修　　　　　　ただし書新設	（隔地者に対する意思表示） 第97条②　隔地者に対する意思表示は、表意者が通知を発した後に死亡し、又は行為能力を喪失したときであっても、そのためにその効力を妨げられない。
（真意留保） 第43条　表意者がその真意でないと知りながら意思表示をしたときは、これに基づく法律行為は、そのためにその効力を妨げられない。ただし、相手方が表意者の真意でないことを知っていたとき又は知らなかったことにつき重大な過失があったときは、その法律行為は無効とする。	本文修正　　　　ただし書修正	（心裡留保） 第93条本文　意思表示は、表意者がその真意ではないことを知ってしたときであっても、そのためにその効力を妨げられない。 第93条ただし書　ただし、相手方が表意者の真意を知り、又は知ることができたときは、その意思表示は、無効とする。
（虚偽表示） 第44条　表意者がその相手方と通謀して虚偽の意思表示をしたときは、これに基づく法律行為は、	前段移修	（虚偽表示） 第94条①　相手方と通じてした虚偽の意思表示は、無効とする。

（公示による意思表示）
参照：第98条①　意思表示は、表意者が相手方を知ることができず、又はその所在を知ることができないときは、公示の方法によってすることができる。

無効とする。この場合においても、法律行為の当事者が真に意図した他の法律行為としての効力が生ずることを妨げない。	後段新設	
（錯誤） 第45条① 表意者は、錯誤に陥って意思表示をしたときは、その錯誤が法律行為の重要な部分に関するものである場合に限り、これに基づく法律行為を取り消すことができる。	移修	（錯誤） 第95条本文 意思表示は、法律行為の要素に錯誤があったときは、無効とする。
② 前項の規定にかかわらず、錯誤につき表意者に重大な過失があったときは、表意者は当該意思表示に基づく法律行為を取り消すことができない。ただし、表意者及び相手方の双方が錯誤に陥っていたとき又は表意者が錯誤に陥っていたことを相手方が知っていたときは、この限りでない。	本文移修 ただし書新設	第95条ただし書 ただし、表意者に重大な過失があったときは、表意者は、自らその無効を主張することができない。
③ 表意者は、第一項の規定により法律行為を取り消したときは、相手方が当該取消しによって被った損害を賠償する責任を負う。ただし、前項ただし書に規定する場合は、この限りでない。	本文新設 ただし書新設	
④ 前項の規定により表意者が賠償すべき損害の範囲は、当該取消しによって相手方にとって無益となった出捐費用及び取引の機会を逸したことによる損失に限る。ただし、取引の機会を逸したことによる損失の賠償額は、その法律行為が有効であったならば相手方が得ることができた利益の額を超え	本文新設 ただし書新設	

ないものとする。
⑤　第二項本文の規定にかかわらず、消費者が行う電子消費者契約（電子消費者契約及び電子承諾通知に関する民法の特例に関する法律（平成十三年法律第九十五号）第二条（定義）第一項に規定する電子消費者契約をいう。）の申込み又はその承諾の意思表示に錯誤があった場合については、同法第三条（電子消費者契約に関する民法の特例）の定めるところによる。

新設

（不実表示及び情報の不提供）
第46条①　表意者は、相手方が提供した情報が事実と異なり、かつ、その情報が事実であると信じて意思表示をしたときは、これに基づく法律行為を取り消すことができる。ただし、提供された情報の真偽が通常の当事者の判断に影響を及ぼすものでないときは、この限りでない。

本文新設

ただし書新設

消費者契約法
　（消費者契約の申込み又はその承諾の意思表示の取消し）
参照：第4条①　消費者は、事業者が消費者契約の締結について勧誘をするに際し、当該消費者に対して次の各号に掲げる行為をしたことにより当該各号に定める誤認をし、それによって当該消費者契約の申込み又はその承諾の意思表示をしたときは、これを取り消すことができる。
一　重要事項について事実と異なることを告げること。当該告げられた内容が事実であるとの誤認

消費者契約法
参照：第4条④柱書　第一項第一号及び第二項の「重要事項」とは、消費者契約に係る次に掲げる事項であって消費者の当該消費者契約を締結するか否かについての判断に通常影響を及ぼすべきものをい

② 表意者は、第三者が提供した情報が事実と異なり、かつ、その情報が事実であると信じて意思表示をしたときは、相手方がそのことを知っていたとき又は知らなかったことにつき重大な過失があったときに限り、これに基づく法律行為を取り消すことができる。この場合において、前項ただし書の規定を準用する。	前段新設	う。 消費者契約法 （媒介の委託を受けた第三者及び代理人） 参照：第5条①　前条の規定は、事業者が第三者に対し、当該事業者と消費者との間における消費者契約の締結について媒介をすることの委託（以下この項において単に「委託」という。）をし、当該委託を受けた第三者（その第三者から委託（二以上の段階にわたる委託を含む。）を受けた者を含む。以下「受託者等」という。）が消費者に対して同条第一項から第三項までに規定する行為をした場合について準用する。この場合において、同条第二項ただし書中「当該事業者」とあるのは、「当該事業者又は次条第一項に規定する受託者等」と読み替えるものとする。 消費者契約法 参照：第5条②　消費者契約の締結に係る消費者の代理人（復代理人（二以上の段階にわたり復代理人として選任された者を含む。）を含む。以下同じ。）、事業者の代理人及び受託者等の代理人は、前条第一項から第三項まで（前項において準用する場合を含む。次条及び第七条において同じ。）の規定の適用については、それぞれ消費者、事業者及び受託者等とみなす。
	後段新設	
③ 相手方が第三条（信義誠実と		消費者契約法

権利濫用の禁止の原則）第一項の規定に反して行うべき情報の提供又は説明をしなかったことによって、表意者が意思表示をしたときは、第一項に規定する事実と異なる情報に基づく意思表示があったものとみなす。	新設	参照：第4条②本文　消費者は、事業者が消費者契約の締結について勧誘をするに際し、当該消費者に対してある重要事項又は当該重要事項に関連する事項について当該消費者の利益となる旨を告げ、かつ、当該重要事項について当該消費者の不利益となる事実（当該告知により当該事実が存在しないと消費者が通常考えるべきものに限る。）を故意に告げなかったことにより、当該事実が存在しないとの誤認をし、それによって当該消費者契約の申込み又はその承諾の意思表示をしたときは、これを取り消すことができる。
（詐欺） 第47条①　表意者は、詐欺によって意思表示をしたときは、これに基づく法律行為を取り消すことができる。	移修	（詐欺又は強迫） 第96条①　詐欺又は強迫による意思表示は、取り消すことができる。
②　前項の詐欺が第三者により行われたものである場合には、相手方がその事実を知っていたとき又は知らなかったことにつき過失があったときに限り、これに基づく法律行為を取り消すことができる。	移修	第96条②　相手方に対する意思表示について第三者が詐欺を行った場合においては、相手方がその事実を知っていたときに限り、その意思表示を取り消すことができる。
（強迫） 第48条　表意者は、相手方又は第三者の強迫によって意思表示をしたときは、これに基づく法律行為を取り消すことができる。	移修	（詐欺又は強迫） 第96条①　詐欺又は強迫による意思表示は、取り消すことができる。
（第三者の保護） 第49条①　次に掲げる法律行為	新設	

の無効又は取消しは、これをもってその無効又は取消しの原因につき善意の第三者に対抗することができない。		
一　第四十三条（真意留保）の規定による無効	新設	
二　第四十四条（虚偽表示）本文の規定による無効	移修	（虚偽表示） 第94条②　前項の規定による意思表示の無効は、善意の第三者に対抗することができない。
三　第四十五条（錯誤）第一項及び第二項の規定による取消し	新設	
②　次に掲げる法律行為の取消しは、その取消しの原因につき善意で過失がない第三者に対抗することができない。	新設	
一　第四十六条（不実表示及び情報の不提供）第一項及び第二項の規定による取消し	新設	
二　第四十七条（詐欺）の規定による取消し	移修	（詐欺又は強迫） 第96条③　前二項の規定による詐欺による意思表示の取消しは、善意の第三者に対抗することができない。
③　前条の規定による取消しは、これをもって第三者に対抗することができる。	新設	
（外観法理） 第50条①　自ら真実に反する権利の外観を故意に作出した者は、その権利の不存在をもって善意の第三者に対抗することができない。他人が作出した真実に反する権利の外観を承認した者についても、同様とする。	新設	（虚偽表示） 参照：第94条②　前項の規定による意思表示の無効は、善意の第三者に対抗することができない。

②　前項に定めるもののほか、自らが作出した権利の外観の存続について責めに帰すべき事由がある者及び他人が作出した真実に反する権利の外観の存続について重大な責めに帰すべき事由がある者は、その権利の不存在をもって、善意で過失がない第三者に対抗することができない。	新設	
③　存在していた権利が実体を欠くに至った後における当該権利の外観の存続について責めに帰すべき事由がある者についても、前項の規定を準用する。	新設	

第3款　代理

第1目　有権代理

（代理権の発生） 第51条①　任意代理権は、本人と代理人となる者との間で締結される委任その他の契約に基づいて発生する。	新設	
②　法定代理権は、法律の規定に基づいて発生する。	新設	
（代理権の範囲） 第52条①　任意代理権の範囲は、法律に別段の定めがある場合を除き、委任その他の代理権を発生させる契約の内容に従って定まる。	新設	
②　前項の契約に任意代理権の範囲の定めがないときは、任意代理人は次に掲げる法律行為のみをする権限を有する。	修正	（権限の定めのない代理人の権限） 第103条柱書　権限の定めのない代理人は、次に掲げる行為のみをする権限を有する。
一　保存行為	現行法	第103条1号　保存行為

	に同じ	
二　代理の目的である物又は権利の性質を変えない範囲において、その利用又は改良を目的とする<u>法律行為</u>	修正	第103条2号　代理の目的である物又は権利の性質を変えない範囲において、その利用又は改良を目的とする行為
③　法定代理権の範囲は、法律の規定又は裁判所の決定によって定まる。	新設	
（代理行為の要件及び効果） 第53条①　代理人がその権限の範囲内において本人のためにすることを示してした意思表示は、本人に対して直接にその効力を生ずる。	修正	（代理行為の要件及び効果） 第99条①　代理人がその権限内において本人のためにすることを示してした意思表示は、本人に対して直接にその効力を生ずる。
②　前項の規定は、<u>相手方が代理人に対してした意思表示について準用する。	修正	第99条②　前項の規定は、第三者が代理人に対してした意思表示について準用する。
③　代理人が本人の利益に反して自己又は代理行為の相手方若しくは第三者の利益を図るためにその権限を行使した場合であっても、その代理行為の効力は妨げられない。ただし、任意代理にあっては、代理行為の相手方が、その事情を知っていたとき又は知らなかったことにつき過失があったとき、法定代理にあっては、代理行為の相手方が、その事情を知っていたとき又は知らなかったことにつき重大な過失があったときは、代理行為の効力を主張することができない。	本文新設 ただし書新設	
（本人のためにすることを示さない意思表示）		

第54条① 代理人が本人のためにすることを示さないでした意思表示は、自己のためにしたものとみなす。ただし、代理行為の相手方が、代理人が本人のためにするものであることを知っていたとき又は知らなかったことにつき過失があったときは、前条第一項の規定を準用する。	本文現行法に同じ ただし書修正	（本人のためにすることを示さない意思表示） 第100条本文　代理人が本人のためにすることを示さないでした意思表示は、自己のためにしたものとみなす。 第100条ただし書　ただし、相手方が、代理人が本人のためにすることを知り、又は知ることができたときは、前条第一項の規定を準用する。
② 前項本文の場合において、代理人は、その意思表示に際して自ら法律行為の当事者となる意思がなかったことを理由として法律行為の無効を主張することができない。	新設	
（自己契約及び双方代理等） 第55条① 代理人は、自己を相手方として法律行為をする権限及び同一の法律行為について当事者双方の代理行為をする権限を有しない。ただし、債務の履行及び本人があらかじめ許諾した<u>法律行為</u>については、この限りでない。	本文修正 ただし書修正	（自己契約及び双方代理） 第108条本文　同一の法律行為については、相手方の代理人となり、又は当事者双方の代理人となることはできない。 第108条ただし書　ただし、債務の履行及び本人があらかじめ許諾した行為については、この限りでない。
② 外形上本人と代理人との利益が相反する法律行為については、前項の規定を準用する。同一の者が相異なる複数の当事者の代理行為をする場合において、一方の当事者と他方の当事者の利益が外形上相反する法律行為についても、	前段新設 後段新設	

（代理人の行為能力等）
第 56 条① 　任意代理人は、行為能力者であることを要しない。

② 　家庭裁判所は、制限行為能力者を法定代理人に選任することができない。

③ 　制限行為能力者は、親権者となったときは、自らが単独ですることができる行為の範囲内においてのみ親権を行使することができる。制限行為能力者が単独ですることができない行為については、その制限行為能力者の法定代理人又は同意権者が、その制限行為能力者の未成年の子のために、制限行為能力者に対して有する同意権、代理権又は取消権を行使することができる。

④ 　前項の規定にかかわらず、未成年の子が親権者となったときは、第八百三十三条（子に代わる親権の行使）及び第八百六十七条（未成年被後見人に代わる親権の行使）第一項の定めるところによる。

⑤ 　第八百三十九条（未成年後見人の指定）第一項又は第二項の規定により制限行為能力者が未成年後見人に指定されたときは、第三項の規定を準用する。

修正	（代理人の行為能力） 第 102 条　代理人は、行為能力者であることを要しない。
新設	
前段 新設	
後段 新設	
新設	
新設	

　（代理人に係る事由の効力）
第 57 条① 　代理行為に係る次に掲げる事実は、代理人について決するものとする。

移修

　（代理行為の瑕疵(かし)）
第 101 条① 　意思表示の効力が意思の不存在、詐欺、強迫又はある

一　意思能力の欠如、真意留保、虚偽表示、錯誤、不実表示若しくは情報の不提供、詐欺又は強迫	移修	第101条①　上記参照
二　ある事情についての善意若しくは悪意又はその事情を知らなかったことについての過失の有無及び程度	移修	第101条①　上記参照
②　任意代理人が特定の法律行為をすることを委託されたとき又は本人の指図に従って代理行為をしたときは、本人は、自らが知り、又は過失によって知らなかった事情について、代理人が善意であったこと又は代理人に過失がなかったことを主張することができない。	移修	第101条②　特定の法律行為をすることを委託された場合において、代理人が本人の指図に従ってその行為をしたときは、本人は、自ら知っていた事情について代理人が知らなかったことを主張することができない。本人が過失によって知らなかった事情についても、同様とする。
（復代理人とその権限） 第58条①　復代理人（代理人が自己の名で選任する本人の代理人をいう。次項、次条及び第六十条（法定代理人の選任による復代理）において同じ。）は、代理人から授与された権限の範囲内において、本人を代理する権限を有する。	修正	（復代理人の権限等） 第107条①　復代理人は、その権限内の行為について、本人を代表する。
②　復代理人は、本人及び代理行為の相手方に対して、代理人と同一の権利を有し、義務を負う。	修正	第107条②　復代理人は、本人及び第三者に対して、代理人と同一の権利を有し、義務を負う。
（任意代理人の選任による復代理）		

第59条① 任意代理人は、復代理人を選任することができない。ただし、本人の許諾を得たとき又はやむを得ない事由があるときは、この限りでない。	本文移修	（任意代理人による復代理人の選任） 第104条　委任による代理人は、本人の許諾を得たとき、又はやむを得ない事由があるときでなければ、復代理人を選任することができない。
	ただし書移修	第104条　上記参照
② 任意代理人は、復代理人を選任した場合は、復代理人の行為につき本人に対してその責任を負う。ただし、代理人が復代理人の選任及び監督について相当の注意をしたとき又は相当の注意をしても損害が生ずべきであったときは、この限りでない。	本文移修	（復代理人を選任した代理人の責任） 第105条① 代理人は、前条の規定により復代理人を選任したときは、その選任及び監督について、本人に対してその責任を負う。
	ただし書移修	第105条①　上記参照 （使用者等の責任） 参照：第715条①ただし書　ただし、使用者が被用者の選任及びその事業の監督について相当の注意をしたとき、又は相当の注意をしても損害が生ずべきであったときは、この限りでない。
③　任意代理人は、本人の指名に従って復代理人を選任したときは、<u>復代理人の行為につき本人に対して前項の責任を負わない</u>。ただし、その代理人が、復代理人が不適任又は不誠実であることを知りながら、その旨を本人に通知せず、又は復代理人を解任する権限を付与されているにもかかわらず解任を不当に怠ったときは、この限りでない。	本文移修	第105条②本文　代理人は、本人の指名に従って復代理人を選任したときは、前項の責任を負わない。
	ただし書移修	第105条②ただし書　ただし、その代理人が、復代理人が不適任又は不誠実であることを知りながら、その旨を本人に通知し又は復代理人を解任することを怠ったときは、この限りでない。

（法定代理人の選任による復代理） 第60条① 法定代理人は、その法定代理の性質に反しない限り、復代理人を選任することができる。	移修	（法定代理人による復代理人の選任） 第106条前段 法定代理人は、自己の責任で復代理人を選任することができる。
② 法定代理人は、復代理人を選任した場合は、復代理人の行為につき本人に対してその責任を負う。	本文 移修	第106条前段 上記参照
ただし、復代理人を選任したことについてやむを得ない事由があるときは、前条第二項ただし書の規定を準用する。	ただし書移修	第106条後段 この場合において、やむを得ない事由があるときは、前条第一項の責任のみを負う。
（代理権の消滅事由） 第61条① 代理権は、次に掲げる事由によって消滅する。ただし、契約若しくは法律に別段の定めがある場合又はその権限の性質がこれを許さない場合は、この限りでない。	本文 現行法に同じ ただし書新設	（代理権の消滅事由） 第111条①本文 代理権は、次に掲げる事由によって消滅する。
一 本人の死亡	現行法に同じ	第111条①1号 本人の死亡
二 代理人の死亡又は代理人が破産手続開始の決定若しくは後見開始の審判を受けたこと。	現行法に同じ	第111条①2号 代理人の死亡又は代理人が破産手続開始の決定若しくは後見開始の審判を受けたこと。
② <u>任意代理権</u>は、前項各号に掲げる事由のほか、<u>委任その他の代理権を発生させた契約</u>の終了によって消滅する。	修正	第111条② 委任による代理権は、前項各号に掲げる事由のほか、委任の終了によって消滅する。

121

（商行為の代理） 第62条　商行為の代理については、この法律に定めるもののほか、商法（明治三十二年法律第四十八号）第五百四条（商行為の代理）から第五百六条（商行為の委任による代理権の消滅事由の特例）までに定めるところによる。	新設	

第2目　無権代理

（無権代理） 第63条①　その法律行為（意思表示を含む。以下この項において同じ。）をする代理権を有しない者（以下この目において「無権代理人」という。）が本人の代理人としてした法律行為（以下この目及び次目において「無権代理行為」という。）は、本人に対してその効力を生じない。	移修	（無権代理） 第113条①　代理権を有しない者が他人の代理人としてした契約は、本人がその追認をしなければ、本人に対してその効力を生じない。
②　前項の規定は、相手方が無権代理人に対してした意思表示について準用する。	新設	
（本人の追認） 第64条①　無権代理人が締結した契約は、本人の追認により有効となり、また、追認の拒絶によって確定的に無効となる。	移修	（無権代理） 第113条①　代理権を有しない者が他人の代理人としてした契約は、本人がその追認をしなければ、本人に対してその効力を生じない。 （無権代理行為の追認）
②　前項の追認は、本人が相手方の同意を得て別段の意思表示をしない限り、契約の時に遡って効力を生ずる。ただし、第三者の権利を害することはできない。	本文移修	第116条本文　追認は、別段の意思表示がないときは、契約の時にさかのぼってその効力を生ずる。
	ただし書	第116条ただし書　ただし、第三者の権利を害することはできない。

③　第一項の追認及び追認の拒絶は、相手方に対してしなければ、<u>これをもって</u>その相手方に対抗することができない。ただし、相手方がその事実を知ったときは、この限りでない。	本文移修 ただし書移動	第113条②本文　追認又はその拒絶は、相手方に対してしなければ、その相手方に対抗することができない。 第113条②ただし書　ただし、相手方がその事実を知ったときは、この限りでない。
（相手方の権利） 第65条①　<u>無権代理人が締結した契約の相手方</u>は、本人に対し、相当の期間を定めて、その期間内に追認をするかどうかを確答すべき旨の催告をすることができる。この場合において、本人がその期間内に確答をしないときは、追認を拒絶したものとみなす。	前段移修 後段移動	（無権代理の相手方の催告権） 第114条前段　前条の場合において、相手方は、本人に対し、相当の期間を定めて、その期間内に追認をするかどうかを確答すべき旨の催告をすることができる。 第114条後段　この場合において、本人がその期間内に確答をしないときは、追認を拒絶したものとみなす。
②　無権代理人が締結した契約の相手方は、本人が追認をしない間は、自らの契約の申込み又は承諾を撤回することができる。ただし、その相手方が契約を締結した時において代理権を有しないことについて悪意であったときは、この限りでない。	本文移修 ただし書移修	（無権代理の相手方の取消権） 第115条本文　代理権を有しない者がした契約は、本人が追認をしない間は、相手方が取り消すことができる。 第115条ただし書　ただし、契約の時において代理権を有しないことを相手方が知っていたときは、この限りでない。
（無権代理人の責任） 第66条　代理人として契約を締結した者は、本人と相手方との間に有効に契約が存在していること	本文移修	（無権代理人の責任） 第117条①　他人の代理人として契約をした者は、自己の代理権を

を証明できない限り、相手方の選択に従い、相手方に対して履行又は履行に代わる損害賠償の責任を負う。ただし、次に掲げる場合は、この限りでない。	ただし書新設	証明することができず、かつ、本人の追認を得ることができなかったときは、相手方の選択に従い、相手方に対して履行又は損害賠償の責任を負う。
一　相手方が無権代理人による意思表示であることを知り、又は重大な過失によって知らなかったとき。	移修	第117条②　前項の規定は、他人の代理人として契約をした者が代理権を有しないことを相手方が知っていたとき、若しくは過失によって知らなかったとき、又は他人の代理人として契約をした者が行為能力を有しなかったときは、適用しない。
二　無権代理人が意思能力を欠いていたとき（第八条（意思能力の欠如）第三項本文に規定する場合に該当するときを除く。）。	新設	
三　無権代理人が制限行為能力者であったとき（第二十四条（制限行為能力者の詐術）に規定する場合に該当するときを除く。）。	移修	第117条②　上記参照
（単独行為の無権代理） 第67条①　無権代理人がした単独行為について、本人は追認をすることができない。	新設	
②　前項の規定にかかわらず、相手方のある単独行為において、次の各号のいずれかに該当するときは、前三条の規定を準用する。	移修	（単独行為の無権代理） 第118条前段　単独行為については、その行為の時において、相手方が、代理人と称する者が代理権を有しないで行為をすることに同意し、又はその代理権を争わなかったときに限り、第百十三条か

一　単独行為の相手方が無権代理行為をすることに同意していたとき。	移修	ら前条までの規定を準用する。 第118条前段　上記参照
二　単独行為の相手方が、当該単独行為につき代理権を有しないことについて争わなかったとき。	移修	第118条前段　上記参照
③　相手方が無権代理人に対して単独行為をしたときも、第一項と同様とする。ただし、相手方が無権代理人の同意を得て単独行為をしたときは、前項と同様とする。	本文新設	
	ただし書移修	第118条後段　代理権を有しない者に対しその同意を得て単独行為をしたときも、同様とする。

第3目　表見代理等

（越権行為による表見代理）
第68条　本人は、代理人が代理権の範囲を超えてした無権代理行為について、善意の相手方に対して責任を負う。ただし、代理権の範囲を超えて無権代理行為をしたことを相手方が過失によって知らなかったときは、この限りでない。

	本文移修	（権限外の行為の表見代理） 第110条　前条本文の規定は、代理人がその権限外の行為をした場合において、第三者が代理人の権限があると信ずべき正当な理由があるときについて準用する。
	ただし書移修	第110条　上記参照

（代理権消滅後の表見代理）
第69条　本人は、代理人が代理権の消滅後に無権代理行為をした場合には、その代理権の消滅について、善意の相手方に対して責任を負う。ただし、代理権が消滅していることを相手方が過失によって知らなかったときは、この限りでない。

	本文修正	（代理権消滅後の表見代理） 第112条本文　代理権の消滅は、善意の第三者に対抗することができない。
	ただし書修正	第112条ただし書　ただし、第三者が過失によってその事実を知らなかったときは、この限りでない。

（代理権授与表示による表見代理） 第70条① 代理権を与えていないにもかかわらず、他人に代理権を与えた旨の表示をした者は、その他人がした法律行為の相手方に対し、表示した代理権の範囲内で責任を負う。ただし、その代理権が与えられていないことを相手方が知り、又は過失により知らなかったときは、この限りでない。	本文修正 ただし書修正	（代理権授与の表示による表見代理） 第109条本文　第三者に対して他人に代理権を与えた旨を表示した者は、その代理権の範囲内においてその他人が第三者との間でした行為について、その責任を負う。 第109条ただし書　ただし、第三者が、その他人が代理権を与えられていないことを知り、又は過失によって知らなかったときは、この限りでない。
② 代理権を与えていないことを知りながら前項の表示をした者は、同項ただし書の場合であって、その代理権が与えられていないことについて相手方が悪意であるときに限り、その責任を免れることができる。	新設	
（表見代理の重畳適用） 第71条① 第六十九条（代理権消滅後の表見代理）の無権代理行為に該当する行為が、消滅前に存在していた代理権の範囲を超えてなされた場合には、第六十八条（越権行為による表見代理）の規定を準用する。	新設	
② 前条第一項に規定する代理権授与表示による無権代理行為に該当する行為が、その表示された代理権の範囲を超えてなされたときは、第六十八条（越権行為による表見代理）の規定を準用する。	新設	

③　前条第一項に規定する代理権授与表示による無権代理行為に該当する行為が、その表示された代理権が消滅した後になされたときは、第六十九条（代理権消滅後の表見代理）の規定を準用する。この場合において、当該代理行為がその表示された代理権の範囲を超えて行われた場合には、第一項の規定を準用する。	前段新設 後段新設
（名義貸与者の責任） 第72条　自己の氏名、名称その他の名義を使用することを他人に許諾した者は、その他人を名義人本人と信じて法律行為を行った相手方に対し、その法律行為によって生じた債務につき、その名義を使用した他人と連帯して責任を負う。ただし、その相手方が名義貸与がなされていたことを知り、又は重大な過失によって知らなかったときは、この限りでない。	本文新設 ただし書新設

第4款　無効及び取消し

第1目　無効

（無効） 第73条①　法律行為が無効であるときは、その法律行為に基づく履行を請求することができない。	新設
②　無効な法律行為により給付が既になされているときは、第N条（所有権に基づく物権的請求権）又は第N条（不当利得）の規定に従い、その給付されたものの返還を請求することができる。	新設

③　法律行為の一部が無効であるときは、その無効な部分についてのみ前二項の規定を適用する。	新設	
（無効な法律行為の転換） 第74条　ある法律行為が無効である場合であっても、当該法律行為の効果と類似の法律上の効果が生ずる他の法律行為の要件を満たしているときは、当該他の法律行為としての効力を有することを妨げない。	新設	
（無効な法律行為の追認） 第75条①　無効な法律行為（意思表示を含む。次項及び第三項において同じ。）は、追認によっても、その効力を生じない。	移修	（無効な行為の追認） 第119条本文　無効な行為は、追認によっても、その効力を生じない。
②　前項の規定にかかわらず、当事者がその法律行為が無効であることを知りながら追認をしたときは、新たな法律行為をしたものとみなす。	移修	第119条ただし書　ただし、当事者がその行為の無効であることを知って追認をしたときは、新たな行為をしたものとみなす。
③　前項の場合において、当事者は、その合意により、新たな法律行為の効力が当初の法律行為の時点に遡って生ずるものとすることができる。ただし、第三者の権利を害することはできない。	本文新設 ただし書新設	

第2目　取消し

（取消し） 第76条①　法律行為（意思表示を含む。以下この目（第三項及び第七十八条（取消権の消滅事由）	移修	（取消しの効果） 第121条本文　取り消された行為は、初めから無効であったものと

を除く。）において同じ。）が取り消されたときは、当該法律行為はその行為の時に遡って無効であったものとみなす。 ② 法律行為の取消しの意思表示は、次に掲げる取消権を行使することができる者（次条第一項において「取消権者」という。）及びその承継人が行うことができる。	新設	みなす。 （取消権者） 参照：第120条① 行為能力の制限によって取り消すことができる行為は、制限行為能力者又はその代理人、承継人若しくは同意をすることができる者に限り、取り消すことができる。 ② 詐欺又は強迫によって取り消すことができる行為は、瑕疵ある意思表示をした者又はその代理人若しくは承継人に限り、取り消すことができる。
一 第八条（意思能力の欠如）の規定による取消権	新設	
二 第十条（未成年者）第三項の規定による取消権	移修	第120条① 上記参照
三 第十四条（被後見人の法律行為等）第一項の規定による取消権	移修	第120条① 上記参照
四 第十七条（被保佐人の法律行為等）第四項の規定による取消権	移修	第120条① 上記参照
五 第二十条（被補助人の法律行為等）第三項の規定による取消権	移修	第120条① 上記参照
六 第四十五条（錯誤）の規定による取消権	新設	
七 第四十六条（不実表示及び情報の不提供）の規定による取消権	新設	
八 第四十七条（詐欺）の規定による取消権	移修	第120条② 上記参照
九 第四十八条（強迫）の規定	移修	第120条② 上記参照

による取消権 ③　第七十三条（無効）第二項の規定にかかわらず、前項第一号から第五号までに掲げる取消権の行使により法律行為の取消しがあった場合には、意思能力を欠く者及び制限行為能力者は、その法律行為によって得た利益が現に存する限度においてのみ、返還の義務を負う。	移修	第121条ただし書　ただし、制限行為能力者は、その行為によって現に利益を受けている限度において、返還の義務を負う。
④　法律行為の取消しの意思表示は、取り消すことができる法律行為の相手方が確定しているときは、その相手方に対してしなければならない。	移修	（取消し及び追認の方法） 第123条　取り消すことができる行為の相手方が確定している場合には、その取消し又は追認は、相手方に対する意思表示によってする。
（追認による取消権の消滅） 第77条①　取消権は、取り消すことができる法律行為について取消権者又はその承継人が追認をしたときは、消滅する。	移修	（取り消すことができる行為の追認） 第122条本文　取り消すことができる行為は、第百二十条に規定する者が追認したときは、以後、取り消すことができない。
②　前項の追認は、取消しの原因となっていた状況が消滅した後にしなければ、その効力を生じない。ただし、意思能力を欠いていた者又は被後見人による追認は、取消しの原因となっていた状況が消滅した後にしたものであっても、これらの者が当該法律行為の内容を了知していないときは、その効力を生じない。	本文移修	（追認の要件） 第124条①　追認は、取消しの原因となっていた状況が消滅した後にしなければ、その効力を生じない。
	ただし書移修	第124条②　成年被後見人は、行為能力者となった後にその行為を了知したときは、その了知をした後でなければ、追認をすることができない。
③　前項の規定は、法定代理人又は保佐人若しくは補助人が追認を	移修	第124条③　前二項の規定は、法定代理人又は制限行為能力者の保

する場合には、適用しない。		佐人若しくは補助人が追認をする場合には、適用しない。
④　追認の意思表示は、取り消すことができる法律行為の相手方が確定しているときは、その相手方に対してしなければならない。	移修	（取消し及び追認の方法） 第123条　取り消すことができる行為の相手方が確定している場合には、その取消し又は追認は、相手方に対する意思表示によってする。
（取消権の消滅事由） 第78条①　取消権は、前条の定めるところにより追認をすることができる時以後に、取り消すことができる法律行為について次に掲げる事実があったときは、消滅する。	移修	（法定追認） 第125条本文　前条の規定により追認をすることができる時以後に、取り消すことができる行為について次に掲げる事実があったときは、追認をしたものとみなす。
一　履行の請求	移動	第125条2号　履行の請求
二　取り消すことができる法律行為によって取得した権利の全部又は一部の譲渡	移修	第125条5号　取り消すことができる行為によって取得した権利の全部又は一部の譲渡
三　全部若しくは一部の履行又は相手方の履行の受領	移修	第125条1号　全部又は一部の履行
四　担保権又は用益権の設定の合意	修正	第125条4号　担保の供与
五　更改契約の締結	移修	第125条3号　更改
六　強制執行	現行法に同じ	第125条6号　強制執行
②　前項の規定は、同項各号に掲げる事実に係る行為をするに際して将来の取消権の行使を留保したときは、適用しない。	移修	第125条ただし書　ただし、異議をとどめたときは、この限りでない。
（取消権の行使期間） 第79条①　取消権は、追認をすることができる時から二年間行使	前段	（取消権の期間の制限） 第126条前段　取消権は、追認を

131

しないときは、消滅する。法律行為の時から十年を経過したときも、同様とする。	修正	することができる時から五年間行使しないときは、時効によって消滅する。
	後段修正	第126条後段　行為の時から二十年を経過したときも、同様とする。
②　前項の規定により制限行為能力者の法定代理人又は代理権を有しない保佐人若しくは補助人についてその取消権が消滅したときは、制限行為能力者が有する取消権も消滅する。	新設	

第5款　条件及び期限

第1目　条件

（条件） 第80条①　法律行為には、条件（将来発生するか否かが不確実な事実をいう。以下同じ。）を付すことができる。ただし、法律行為の性質がこれを許さない場合は、この限りでない。	本文新設 ただし書新設	
②　条件を付した法律行為の効力は、次の各号に定めるところによる。	新設	
一　停止条件を付した法律行為は、条件成就（条件とした事実が発生することをいう。以下この条及び第八十二条（条件成就の妨害等）において同じ。）の時からその効力を生じる。	移修	（条件が成就した場合の効果） 第127条①　停止条件付法律行為は、停止条件が成就した時からその効力を生ずる。
二　解除条件を付した法律行為は、条件成就の時からその効	移修	第127条②　解除条件付法律行為は、解除条件が成就した時からそ

力を失う。 ③　前項の規定にかかわらず、当事者は、その合意により条件成就の効果を条件成就の時より前に遡らせることができる。 （条件付権利の保護と処分等） 第81条①　条件<u>を付した法律行為の各当事者は、その条件の成否</u>が未定である間は、条件が成就した場合にその法律行為から生ずべき相手方の利益を害することができない。 ②　条件を付した法律行為に基づく各当事者の権利義務は、その条件の成否が未定である間においても、一般の規定に従い、保存し、若しくは処分し、又はそのために担保を供することができる。 （条件成就の妨害等） 第82条①　<u>条件成就</u>によって不利益を受ける当事者が故意にその<u>条件成就</u>を妨げたときは、相手方は、その条件が成就したものとみなすことができる。 ②　条件成就によって利益を受ける当事者が第三条（信義誠実と権利濫用の禁止の原則）第一項の規定に反してその条件を成就させたときは、相手方は、その条件が成就しなかったものとみなすことができる。	移修 移修 移修 修正 新設	の効力を失う。 第127条③　当事者が条件が成就した場合の効果をその成就した時以前にさかのぼらせる意思を表示したときは、その意思に従う。 （条件の成否未定の間における相手方の利益の侵害の禁止） 第128条　条件付法律行為の各当事者は、条件の成否が未定である間は、条件が成就した場合にその法律行為から生ずべき相手方の利益を害することができない。 （条件の成否未定の間における権利の処分等） 第129条　条件の成否が未定である間における当事者の権利義務は、一般の規定に従い、処分し、相続し、若しくは保存し、又はそのために担保を供することができる。 （条件の成就の妨害） 第130条　条件が成就することによって不利益を受ける当事者が故意にその条件の成就を妨げたときは、相手方は、その条件が成就したものとみなすことができる。

（確定条件） 第83条　確定条件が付された法律行為の効力は、次の各号に定めるところによる。	新設	
一　法律行為をする時に停止条件が成就することが既に確定していたときは、無条件とする。	移修	（既成条件） 第131条①　条件が法律行為の時に既に成就していた場合において、その条件が停止条件であるときはその法律行為は無条件とし、その条件が解除条件であるときはその法律行為は無効とする。
二　法律行為をする時に停止条件が成就しないことが既に確定していたときは、無効とする。	移修	第131条②　条件が成就しないことが法律行為の時に既に確定していた場合において、その条件が停止条件であるときはその法律行為は無効とし、その条件が解除条件であるときはその法律行為は無条件とする。
三　法律行為をする時に解除条件が成就することが既に確定していたときは、無効とする。	移修	第131条①　上記参照
四　法律行為をする時に解除条件が成就しないことが既に確定していたときは、無条件とする。	移修	第131条②　上記参照
（不能条件） 第84条　不能条件が付された法律行為の効力は、次の各号に定めるところによる。	新設	
一　法律行為をする時に停止条件が不能であったときは、無効とする。	移修	（不能条件） 第133条①　不能の停止条件を付した法律行為は、無効とする。
二　法律行為をする時に解除条件が不能であったときは、無条件とする。	移修	第133条②　不能の解除条件を付した法律行為は、無条件とする。

（随意条件） 第85条　法律行為に付した停止条件の成否が単に債務者の意思のみに係る随意条件であるときは、その法律行為に基づいて履行を裁判所に請求することはできない。	修正	（随意条件） 第134条　停止条件付法律行為は、その条件が単に債務者の意思のみに係るときは、無効とする。
第2目　期限		
（期限） 第86条①　法律行為には、期限（将来到来することが確実な時期をいう。以下この条、次条及び第八十八（期限の利益の喪失）において同じ。）を付することができる。	新設	
②　期限を付した法律行為の効力又は履行の時期は、次の各号に定めるところによる。	新設	
一　法律行為に始期を付したときは、期限が到来した時から、その法律行為の効力の発生を主張し、又は履行を請求することができる。	移修	（期限の到来の効果） 第135条①　法律行為に始期を付したときは、その法律行為の履行は、期限が到来するまで、これを請求することができない。
二　法律行為に終期を付したときは、その法律行為の効力は、期限が到来した時に消滅する。	移動	第135条②　法律行為に終期を付したときは、その法律行為の効力は、期限が到来した時に消滅する。
③　期限は、到来する時期が確定しているかどうかを問わない。	新設	
（期限の利益とその放棄） 第87条①　期限は、債務者の利益のために定めたものと推定する。	現行法に同じ	（期限の利益及びその放棄） 第136条①　期限は、債務者の利益のために定めたものと推定する。
②　期限の利益（当事者が始期又は終期が到来しないことによって受ける利益をいう。次条において	本文修正	第136条②本文　期限の利益は、放棄することができる。

135

同じ。）は、放棄することができる。ただし、放棄によって相手方に損失が生じるときは、その損失を填補する義務を負う。	ただし書修正	第136条②ただし書　ただし、これによって相手方の利益を害することはできない。
（期限の利益の喪失） 第88条　債務者は、次に掲げる事由が生じた場合には、期限の利益を主張することができない。	修正	（期限の利益の喪失） 第137条柱書　次に掲げる場合には、債務者は、期限の利益を主張することができない。
一　債務者が破産手続開始の決定を受けたとき。	現行法に同じ	第137条1号　債務者が破産手続開始の決定を受けたとき。
二　債務者が担保を滅失させ、損傷させ、又は減少させたとき。	現行法に同じ	第137条2号　債務者が担保を滅失させ、損傷させ、又は減少させたとき。
三　債務者が担保を供する義務を負う場合において、これを供しないとき。	現行法に同じ	第137条3号　債務者が担保を供する義務を負う場合において、これを供しないとき。
第3節　時効		
（時効） 第89条①　時効は、この法律その他の法律の定める時効期間の満了によって完成し、その完成後に時効の利益を受けることができる当事者（次項において「援用権者」という。）が援用することによって、権利の取得又は消滅の効果が生じる。この場合において、時効の効果は、その起算日に遡る。	前段移修 後段移修	（時効の援用） 第145条　時効は、当事者が援用しなければ、裁判所がこれによって裁判をすることができない。 （時効の効力） 第144条　時効の効力は、その起算日にさかのぼる。
②　援用権者が複数いる場合において、その一人による時効の援用の効果は、他の援用権者に影響を及ぼさない。	新設	
（取得時効の完成）		

第90条① 所有権の取得時効は、物の占有者が、二十年間、所有の意思をもって、平穏に、かつ、公然と占有を継続することによって完成する。その占有者が、占有の開始の時に、その物が他人の物であることにつき善意で過失がなかったときは、時効期間は十年とする。	前段移修 後段移修	（所有権の取得時効） 第162条① 二十年間、所有の意思をもって、平穏に、かつ、公然と他人の物を占有した者は、その所有権を取得する。 第162条② 十年間、所有の意思をもって、平穏に、かつ、公然と他人の物を占有した者は、その占有の開始の時に、善意であり、かつ、過失がなかったときは、その所有権を取得する。
② 所有権以外の財産権の取得時効は、その財産権を行使する者が、前項の区別に従い、二十年間又は十年間、自己のためにする意思をもって、平穏に、かつ、公然とその権利の行使を継続することによって完成する。	移修	（所有権以外の財産権の取得時効） 第163条 所有権以外の財産権を、自己のためにする意思をもって、平穏に、かつ、公然と行使する者は、前条の区別に従い二十年又は十年を経過した後、その権利を取得する。
③ 第一項の規定による取得時効については、占有者が任意にその占有を中止し、又は他人によってその占有を奪われたときは、その時効期間の進行は終了し、その後に占有者が再びその占有を開始したときは、新たに時効期間が進行する。ただし、第N条（占有の消滅の例外）の規定の適用がある場合は、その占有は継続していたものとみなす。	本文移修 ただし書新設	（占有の中止等による取得時効の中断） 第164条 第百六十二条の規定による時効は、占有者が任意にその占有を中止し、又は他人によってその占有を奪われたときは、中断する。
④ 前項の規定は、第二項の規定による所有権以外の財産権の取得時効について準用する。	移修	（第164条の標題（占有の中止等による取得時効の中断）承継） 第165条 前条の規定は、第百六十三条の場合について準用する。
⑤ 不動産その他登記又は登録を対抗要件とする物に関する第一項	新設	

の規定による取得時効については、時効の完成前に占有されている物につき占有者以外の者により登記又は登録がなされたときは、その時効期間の進行は終了し、その登記又は登録の時から新たに時効期間が進行する。ただし、所有権又は財産権の取得時効が隣地間において争われている場合は、この限りでない。		
（消滅時効の完成） 第91条① 財産権の消滅時効は、その権利を有する者が十年間行使しないことによって完成する。ただし、所有権及び所有権に基づいて発生する請求権は、時効によって消滅しない。	本文移修 ただし書移修	（債権等の消滅時効） 第167条② 債権又は所有権以外の財産権は、二十年間行使しないときは、消滅する。 第167条② 上記参照
② 前項の規定にかかわらず、債権の消滅時効は、五年間その債権を行使しないことによって完成する。ただし、政令で定める額未満の額の少額債権（確定判決又は裁判上の和解、調停その他確定判決と同一の効力を有する裁判手続等によって確定し、かつ、弁済期が到来したものを除く。）の消滅時効は、二年間その債権を行使しないことによって完成する。	本文移修 ただし書新設 （　）内は移修	（債権等の消滅時効） 第167条① 債権は、十年間行使しないときは、消滅する。 （判決で確定した権利の消滅時効） 第174条の2① 確定判決によって確定した権利については、十年より短い時効期間の定めがあるものであっても、その時効期間は、10年とする。裁判上の和解、調停その他確定判決と同一の効力を

		有するものによって確定した権利についても、同様とする。 ②　前項の規定は、確定の時に弁済期の到来していない債権については、適用しない。 （消滅時効の進行等）
③　前二項の規定による消滅時効は、権利を行使することができる時から、その時効期間が進行する。	移修	第166条①　消滅時効は、権利を行使することができる時から進行する。
（時効の完成に関する法律行為の効力） 第92条①　時効の完成前にした次に掲げる法律行為は、無効とする。	新設	
一　時効の完成後に時効の援用をしない旨の合意又は単独行為	移修	（時効の利益の放棄） 第146条　時効の利益は、あらかじめ放棄することができない。
二　この法律その他の法律の定める時効期間を延長する合意その他時効の完成を困難にする合意	新設	
（時効の完成の猶予） 第93条　時効は、次の各号に掲げる場合には、当該各号に定める時から六か月を経過するまでの間は、完成しない。	新設	
一　未成年者又は被後見人に時効完成前六か月以内の間に法定代理人がいない場合　それらの者が行為能力者となった時、又は法定代理人が選任された時	移修	（未成年者又は成年被後見人と時効の停止） 第158条①　時効の期間の満了前六箇月以内の間に未成年者又は成年被後見人に法定代理人がないときは、その未成年者若しくは成年被後見人が行為能力者となった時又は法定代理人が就職した時から六箇月を経過するまでの間は、その未成年者又は成年被後見人に対

139

二	時効が相続財産に関するものである場合	相続人が確定した時、管理人が選任された時又は破産手続開始の決定があった時	移修	して、時効は、完成しない。 （相続財産に関する時効の停止） 第160条　相続財産に関しては、相続人が確定した時、管理人が選任された時又は破産手続開始の決定があった時から六箇月を経過するまでの間は、時効は、完成しない。
三	天災その他避けることのできない事変による障害があった場合（次条第一項の催告、同条第二項の交渉若しくは第九十五条（訴訟手続等による時効の援用の制限）第一項各号に掲げる手続を行うことができない場合又は第九十六条（時効の新たな進行と権利の承認）第二項の承認を求める行為ができない場合に限る。）	その事変による障害が消滅した時	移修	（天災等による時効の停止） 第161条　時効の期間の満了の時に当たり、天災その他避けることのできない事変のため時効を中断することができないときは、その障害が消滅した時から二週間を経過するまでの間は、時効は、完成しない。

②　時効は、次の各号に掲げる権利については、当該各号に定める時から六か月を経過するまでの間は、完成しない。	新設	
一　未成年者又は被後見人が法定代理人に対して有する権利 / それらの者が行為能力者となった時又は後任の法定代理人が選任された時	移修	第158条②　未成年者又は成年被後見人がその財産を管理する父、母又は後見人に対して権利を有するときは、その未成年者若しくは成年被後見人が行為能力者となった時又は後任の法定代理人が就職した時から六箇月を経過するまでの間は、その権利について、時効は、完成しない。
二　夫婦の一方が他の一方に対して有する権利 / 婚姻が解消された時	移修	（夫婦間の権利の時効の停止） 第159条　夫婦の一方が他の一方に対して有する権利については、婚姻の解消の時から六箇月を経過するまでの間は、時効は、完成しない。
（催告又は交渉による時効の援用の制限） 第94条①　催告が時効完成前六か月以内になされたときは、時効完成後六か月を経過するまでの間は、その催告の当事者の間では、時効の援用があっても、時効の効果は確定しない。	移修	（催告） 第153条　催告は、六箇月以内に、裁判上の請求、支払督促の申立て、和解の申立て、民事調停法若しくは家事事件手続法による調停の申立て、破産手続参加、再生手続参加、更生手続参加、差押え、仮差押え又は仮処分をしなければ、時効の中断の効力を生じない。
②　時効完成前六か月以内に権利を主張する者と相手方との間でその権利に関して交渉がなされたときは、時効完成後六か月以内又はその後に引き続いてなされた交渉のうち最後の交渉が行われた時から六か月を経過するまでの間は、	本文新設	

141

その交渉の当事者の間では、時効の援用があっても、時効の効果は確定しない。ただし、この期間を経過した後であっても、交渉の当事者の間では、第三条（信義誠実と権利濫用の禁止の原則）の規定に反して、時効を援用することができない。	ただし書新設	
③　前項の交渉がなされている場合において、交渉の一方の当事者が、文書又は電磁的記録によって交渉の打切りを宣言したとき又は交渉の継続がこの条に規定する時効の援用の制限の効果をもたらさない旨を通知したときは、その宣言した時又は通知した時を交渉の最後の時とみなす。	新設	
④　時効完成前六か月以内になされた第二項の交渉の申込みは、これが拒絶されたときは、第一項の催告とみなす。	新設	
⑤　第一項の催告又は第二項の交渉がなされた場合において、時効が完成すべき時又はその後六か月以内に引き続いてなされた交渉の最後の時から六か月以内に、次条第一項各号に掲げる手続があったときは、時効完成前にそれらの手続が開始されたものとみなす。	新設	参照：第153条　上記参照
（訴訟手続等による時効の援用の制限） 第95条①　時効の完成前から次に掲げる権利の行使又は実現のための手続が継続しているときは、その手続の当事者の間では、時効の援用があっても、時効の効果は	本文新設	

確定しない。ただし、当該手続において権利の存在が認められるに至らなかったとき、支払督促が民事訴訟法（平成八年法律第百九号）第三百九十二条（期間の徒過による支払督促の失効）の規定により効力を失ったとき又は差押え、仮差押え若しくは仮処分が取り消されたときは、この限りでない。	ただし書新設	
一　訴訟手続	移修	（裁判上の請求） 第149条　裁判上の請求は、訴えの却下又は取下げの場合には、時効の中断の効力を生じない。
二　支払督促	移修	（支払督促） 第150条　支払督促は、債権者が民事訴訟法第三百九十二条に規定する期間内に仮執行の宣言の申立てをしないことによりその効力を失うときは、時効の中断の効力を生じない。
三　裁判所による和解手続若しくは調停手続、仲裁手続又は裁判外紛争解決手続の利用の促進に関する法律（平成十六年法律第百五十一号）第二条（定義）第三号に規定する認証紛争解決手続	移修	（和解及び調停の申立て） 第151条　和解の申立て又は民事調停法（昭和二十六年法律第二百二十二号）若しくは家事事件手続法（平成二十三年法律第五十二号）による調停の申立ては、相手方が出頭せず、又は和解若しくは調停が調わないときは、一箇月以内に訴えを提起しなければ、時効の中断の効力を生じない。
四　破産手続参加、再生手続参加又は更生手続参加	移修	（破産手続参加等） 第152条　破産手続参加、再生手続参加又は更生手続参加は、債権者がその届出を取り下げ、又はその届出が却下されたときは、時効の中断の効力を生じない。
五　差押え、仮差押え又は仮処		（差押え、仮差押え及び仮処分）

分	移修	第154条　差押え、仮差押え及び仮処分は、権利者の請求により又は法律の規定に従わないことにより取り消されたときは、時効の中断の効力を生じない。
②　前項第三号に掲げる手続については、裁判所による和解若しくは調停が不成立となり、若しくは和解の成立の見込みがないことにより認証紛争解決手続が終了した場合又はこれらの申立ての取下げがあった場合であっても、その時から一か月以内に訴えが提起されたときは、同号に掲げる手続の申立ての時に、同項第一号に掲げる訴訟手続の開始があったものとみなす。	移修	第151条　上記参照
③　第一項第五号に掲げる手続については、差押え、仮差押え又は仮処分が時効の利益を受ける者以外の者に対してなされたときは、時効の利益を受ける者にその旨を通知した後に限り、第一項の規定を適用する。	移修	（第154条の標題（差押え、仮差押え及び仮処分）承継） 第155条　差押え、仮差押え及び仮処分は、時効の利益を受ける者に対してしないときは、その者に通知をした後でなければ、時効の中断の効力を生じない。
（時効の新たな進行と権利の承認） 第96条①　時効の完成前に、前条第一項各号に掲げる手続において権利の存在が認められたときは、その手続の当事者の間では、その権利については、次に掲げる時から、新たに時効期間が進行する。	移修	（中断後の時効の進行） 第157条①　中断した時効は、その中断の事由が終了した時から、新たにその進行を始める。
一　訴訟手続にあっては、権利の存在を認める判決が確定した時	移修	第157条②　裁判上の請求によって中断した時効は、裁判が確定した時から、新たにその進行を始める。
二　支払督促、裁判上の和解又	新設	参照：第157条①　上記参照

は調停、破産債権の確定その他確定判決と同一の効力を有する手続にあっては、それらの手続が確定した時 　三　差押え、仮差押え又は仮処分にあっては、その手続が終了した時	新設	参照：第157条①　上記参照
②　時効の完成前に、時効の完成によって利益を受ける当事者が相手方の権利を承認したときは、その手続の当事者の間では、その承認の時から新たに時効期間が進行する。時効の完成によって利益を受ける当事者の代理人であってその権利についての処分権を有しない者が、相手方の権利を承認したときも、同様とする。	前段移修 後段移修	（時効の中断事由） 第147条　時効は、次に掲げる事由によって中断する。 ３号　承認 第157条①　上記参照 （承認） 第156条　時効の中断の効力を生ずべき承認をするには、相手方の権利についての処分につき行為能力又は権限があることを要しない。
③　意思能力を欠く者、未成年者又は被後見人が前項の承認をしたときは、その効果を生じない。ただし、未成年者が法定代理人の同意を得て同項の承認をしたときは、この限りでない。	本文移修 ただし書新設	第156条　上記参照
④　他人が占有している物につき、始期付権利又は停止条件付権利を有する者は、占有者に対し、時効の完成前の承認をいつでも求めることができる。この場合において、当該承認がなされたときは、第二項の承認があったものとみなす。	前段移修 後段新設	（消滅時効の進行等） 第166条②ただし書　ただし、権利者は、その時効を中断するため、いつでも占有者の承認を求めることができる。
（時効の援用の制限及び時効の新たな進行が適用される当事者の範囲） 第97条　第九十四条（催告又は		（時効の中断の効力が及ぶ者の

交渉による時効の援用の制限）第一項及び第二項、第九十五条（訴訟手続等による時効の援用の制限）第一項並びに前条第一項及び第二項の当事者には、当該当事者の承継人を含むものとする。	移修	範囲） 第 148 条　前条の規定による時効の中断は、その中断の事由が生じた当事者及びその承継人の間においてのみ、その効力を有する。

第 5 章　権利の実現

（権利の実現）

第 98 条①　権利又はこれに基づく請求権は、その権利の義務者又はその請求権の相手方による履行があったときは、消滅する。その権利若しくは請求権の性質又は当事者の意思に反しない限り、権利の義務者又は請求権の相手方以外の者による履行があったときも、同様とする。	前段新設 後段新設	 （第三者の弁済） 参照：第 474 条①本文・ただし書　債務の弁済は、第三者もすることができる。ただし、その債務の性質がこれを許さないとき、又は当事者が反対の意思を表示したときは、この限りでない。
②　権利又はこれに基づく請求権につき、その履行が任意になされなかった場合には、権利者は、民事執行法その他の法律の定めるところに従い、裁判所にその権利の性質に則した履行の強制を求めることができる。ただし、権利の性質が履行の強制を許さないときはこの限りでない。	本文移修 ただし書移修	（履行の強制） 第 414 条①本文　債務者が任意に債務の履行をしないときは、債権者は、その強制履行を裁判所に請求することができる。 第 414 条①ただし書　ただし、債務の性質がこれを許さないときは、この限りでない。
③　権利者が、法律の定める手続によることなく、自力によって権利を実現することは、これを許さない。ただし、緊急やむを得ない事情が存在し、かつ、必要な限度を超えない場合は、この限りでない。 ④　形成権については、前三項の規定を適用しない。	本文新設 ただし書新設 新設	

付論【総則編以外】
第二編 債権：第三章 事務管理等：第二節 法定財産管理」の新設

日本民法典改正条文案		現行民法等
第3編　債権		第1編　総則
第3章　事務管理等		第2章　人
第1節　事務管理		
第2節　法定財産管理		第4節　不在者の財産の管理及び…
（受任管理人と家庭裁判所の関与） 第702条の2①　従来の住所又は居所を去った者（以下「不在者」という。）がその財産の管理人（以下この節において「受任管理人」という。）を置いた場合には、受任管理人は、委任に関するこの法律の規定に従い、不在者の財産管理を行うものとする。	新設	
②　家庭裁判所は、不在者の生死が明らかでなくなった場合その他不在者が受任管理人に指示を与えることが困難となった場合において、委任契約に定められた受任管理人の権限を変更する必要があるときは、受任管理人、利害関係人又は検察官の請求により、不在者の財産の適切な管理を行うために、受任管理人の権限に新たな権限を付加する審判、その権限を制限する審判その他必要な処分をするための審判をすることができる。	移修	（管理人の権限） 第28条後段　不在者の生死が明らかでない場合において、その管理人が不在者が定めた権限を超える行為を必要とするときも、同様とする。

147

（法定管理人の選任とその権限） 第702条の3①　不在者が受任管理人を置かなかったとき又は本人の指示を得ることができない間に受任管理人の権限が消滅したときは、家庭裁判所は、利害関係人又は検察官の請求により、その財産の管理のために管理人（以下この節において「法定管理人」という。）を置く審判その他必要な処分をするための審判をすることができる。	移修	（不在者の財産の管理） 第25条①　従来の住所又は居所を去った者（以下「不在者」という。）がその財産の管理人（以下この節において単に「管理人」という。）を置かなかったときは、家庭裁判所は、利害関係人又は検察官の請求により、その財産の管理について必要な処分を命ずることができる。本人の不在中に管理人の権限が消滅したときも、同様とする。
②　不在者が受任管理人を置いた場合において、その不在者の生死が明らかでなくなったときその他不在者が適切な措置をとることが困難となったときは、家庭裁判所は、利害関係人又は検察官の請求により、受任管理人を解任して法定管理人を置く審判その他必要な処分をするための審判をすることができる。	移修	（管理人の改任） 第26条　不在者が管理人を置いた場合において、その不在者の生死が明らかでないときは、家庭裁判所は、利害関係人又は検察官の請求により、管理人を改任することができる。
③　前二項の規定により家庭裁判所が選任した法定管理人の権限が消滅したときは、家庭裁判所は、利害関係人若しくは検察官の請求により又は職権で、新たな法定管理人を選任する審判をしなければならない。	新設	
④　法定管理人は、第五十二条（代理権の範囲）第二項に規定する権限の範囲内において、不在者の財産を管理する権限を有する。	移修	（管理人の権限） 第28条前段　管理人は、第百三条に規定する権限を超える行為を必要とするときは、家庭裁判所の許可を得て、その行為をすることができる。 （管理人の職務）
⑤　家庭裁判所は、必要があると		

認めるときは、法定管理人に対し不在者の財産の保存に必要な処分を命ずる審判をすることができる。	移修	第27条③　前二項に定めるもののほか、家庭裁判所は、管理人に対し、不在者の財産の保存に必要と認める処分を命ずることができる。
⑥　法定管理人が第四項に定める権限を超える事務を処理する必要があるときは、家庭裁判所は、法定管理人、利害関係人又は検察官の請求により、その事務の処理に必要な行為をするために新たな権限を法定管理人に付与する審判をすることができる。	移修	第28条前段　上記参照
⑦　第一項又は第二項の審判の後、次に掲げる事由が生じたときは、家庭裁判所は、不在者であった者、法定管理人、利害関係人又は検察官の請求により、法定管理人による不在者の財産の管理を終了させる審判をしなければならない。	新設	
一　不在者であった者が住所地に戻ったときその他自ら財産を管理することができるようになったとき。	新設	
二　不在者が受任管理人を置いたとき。	移修	第25条②　前項の規定による命令後、本人が管理人を置いたときは、家庭裁判所は、その管理人、利害関係人又は検察官の請求により、その命令を取り消さなければならない。
三　不在者につき、その死亡が明らかになったとき又は第六条（失踪宣告の審判による死亡の擬制）第一項又は第二項の規定による失踪宣告の審判がなされたとき。	新設	

（受任管理人及び法定管理人による財産管理） 第702条の4① 受任管理人及び法定管理人は、善良な管理者の注意をもって、不在者の財産を管理しなければならない。	新設	家事事件手続法 　（管理人の改任等） 参照：146条6項　民法第六百四十四条、第六百四十六条、第六百四十七条及び第六百五十条の規定は、家庭裁判所が選任した管理人について準用する。
②　第六百四十六条（受任者による受取物の引渡し等）、第六百四十七条（受任者の金銭の消費についての責任）及び第六百五十条（受任者による費用等の償還請求等）の規定は、受任管理人及び法定管理人について準用する。	新設	家事事件手続法 参照：146条6項　上記参照
③　前二項の規定は、不在者と受任管理人との間の委任契約に別段の定めがあるときは、適用しない。ただし、第七百二条の二（受任管理人と家庭裁判所の関与）第二項の審判により付与された新たな権限に基づく事務の処理については、この限りではない。	新設	
（受任管理人及び法定管理人の財産目録の作成） 第702条の5①　第七百二条の二（受任管理人と家庭裁判所の関与）第二項の規定により利害関係人又は検察官の請求がなされた場合において、家庭裁判所は、必要があると認めるときは、受任管理人に対し、その管理すべき財産の目録の作成を命ずる審判をすることができる。	移修	（管理人の職務） 第27条②　不在者の生死が明らかでない場合において、利害関係人又は検察官の請求があるときは、家庭裁判所は、不在者が置いた管理人にも、前項の目録の作成を命ずることができる。
②　法定管理人は、管理すべき財	移修	第27条①前段　前二条の規定に

産の目録を作成しなければならない。 ③　前二項に規定する財産の目録の作成のために必要な費用は、不在者の財産の中から支払うものとする。		より家庭裁判所が選任した管理人は、その管理すべき財産の目録を作成しなければならない。 第27条①後段　この場合において、その費用は、不在者の財産の中から支弁する。
（受任管理人及び法定管理人の担保提供及び報酬） 第702条の6①　第七百二条の二（受任管理人と家庭裁判所の関与）第二項の規定により利害関係人又は検察官の請求がなされた場合において、家庭裁判所は、必要があると認めるときは、受任管理人に対し、財産の管理及び返還について相当の担保を立てさせることができる。	移修	（管理人の担保提供及び報酬） 第29条①　家庭裁判所は、管理人に財産の管理及び返還について相当の担保を立てさせることができる。
②　家庭裁判所は、法定管理人に対し、財産の管理及び返還について相当の担保を立てさせることができる。	移修	第29条①　上記参照
③　家庭裁判所は、第七百二条の二（受任管理人と家庭裁判所の関与）第二項の審判により新たな権限を付与された受任管理人又は法定管理人に対し、不在者との関係その他の事情を考慮し、不在者の財産の中から、相当な報酬を与える審判をすることができる。	移修	第29条②　家庭裁判所は、管理人と不在者との関係その他の事情により、不在者の財産の中から、相当な報酬を管理人に与えることができる。

「法令の通則に関する法律」の制定の提案

法令の通則に関する法律条文案		現行民法・法の適用に関する通則法
第1章　総則 （趣旨） 第1条　この法律は、法令に関する通則並びに法令において一般的に用いられる用語の意義及び一般に必要とされる手続について定めるものとする。	新設	
第2章　法令の公布及び施行 （法令の公布） 第2条　法令の公布は、官報によって行う。	新設	
②　法令は、その法令が掲載された官報が発行された時に公布されたものとする。	新設	
（法令の施行） 第3条　法令は、公布の日の翌日から起算して十日（行政機関の休日（行政機関の休日に関する法律（昭和六十三年法律第九十一号）第一条第一項各号に掲げる日をいう。）の日数は、参入しない。）を経過した日から施行する。	移修	法の適用に関する通則法 　（法律の施行期日） 第2条本文　法律は、公布の日から起算して二十日を経過した日から施行する。
（法令の施行の例外） 第4条　前条の規定にかかわらず、法令で施行期日を定めたときは、当該法令の施行は、その定めるところによる。ただし、罰則を設け、又は義務を課し、若しくは国民の権利を制限する規定については、	本文移修 ただし	法の適用に関する通則法 　（法律の施行期日） 第2条ただし書　ただし、法律でこれと異なる施行期日を定めたときは、その定めによる。

152

同条の期間を短縮することはできない。	書新設	
第3章　慣習法 （慣習法） 第5条　公の秩序又は善良の風俗に反しない慣習は、法令の規定により認められたもの又は法令に規定されていない事項に関するものに限り、法律と同一の効力を有する。	現行法に同じ（ただし、標題変更）	法の適用に関する通則法 　（法律と同一の効力を有する慣習） 第3条　公の秩序又は善良の風俗に反しない慣習は、法令の規定により認められたもの又は法令に規定されていない事項に関するものに限り、法律と同一の効力を有する。
第4章　住所 （住所） 第6条①　住所とは、法令に特別の定めがある場合を除き、各人の生活の本拠をいうものとする。	移修	民法（以下、法令省略） （住所） 第22条　各人の生活の本拠をその者の住所とする。
②　次に掲げる居所は、住所とみなす。	新設	
一　住所が知れない場合における居所	移修	（居所） 第23条①　住所が知れない場合には、居所を住所とみなす。
二　日本人又は外国人のいずれであるかを問わず、日本に住所を有しない者の日本における居所（準拠法を定める法律に従いその者の住所地法の規定によるべき場合を除く。）	移修	第23条②　日本に住所を有しない者は、その者が日本人又は外国人のいずれであるかを問わず、日本における居所をその者の住所とみなす。ただし、準拠法を定める法律に従いその者の住所地法によるべき場合は、この限りでない。
③　ある行為について合意によって選定された仮住所は、その行為に関しては、住所とみなす。	移修	（仮住所） 第24条　ある行為について仮住所を選定したときは、その行為に関しては、その仮住所を住所とみ

		なす。
第5章　期間の計算		
（期間の計算の通則）		（期間の計算の通則）
第7条　期間の計算方法は、法令若しくは裁判上の命令に特別の定めがある場合、合意により別段の定めをした場合又は異なる慣習がある場合を除き、この章の規定に従う。	移修	第138条　期間の計算方法は、法令若しくは裁判上の命令に特別の定めがある場合又は法律行為に別段の定めがある場合を除き、この章の規定に従う。
（時間による期間の計算）		（期間の起算）
第8条　時間によって期間を定めたときは、その期間は即時から起算し、その時間が経過した時をもって満了する。	移修	第139条　時間によって期間を定めたときは、その期間は、即時から起算する。
（日による期間の計算）		（前条の標題（期間の起算）承継）
第9条①　日によって期間を定めたときは、期間の初日は、算入しない。ただし、その期間が午前零時から始まるときは、この限りでない。	本文移修	第140条本文　日、週、月又は年によって期間を定めたときは、期間の初日は、算入しない。
	ただし書移動	第140条ただし書　ただし、その期間が午前零時から始まるときは、この限りでない。
		（期間の満了）
②　前項の場合において、期間はその末日の終了時をもって満了する。ただし、合意により別段の定めをした場合又は異なる慣習がある場合には、これと異なる時間をもって満了するものとすることができる。	本文移修	第141条　前条の場合には、期間は、その末日の終了をもって満了する。
		商法
		（取引時間）
	ただし書新設	参照：第520条　法令又は慣習により商人の取引時間の定めがあるときは、その取引時間内に限り、

		債務の履行をし、又はその履行の請求をすることができる。 民法（以下法令名省略） （前条の標題（期間の満了）の承継）
③　前項の期間の末日が日曜日、国民の祝日に関する法律（昭和二十三年法律第百七十八号）に規定する休日その他の休日に当たるときは、その日に取引をしない慣習がある場合に限り、期間は、その翌日に満了する。	移修	第142条　期間の末日が日曜日、国民の祝日に関する法律（昭和二十三年法律第百七十八号）に規定する休日その他の休日に当たるときは、その日に取引をしない慣習がある場合に限り、期間は、その翌日に満了する。
（暦による期間の計算） 第十条①　週、月又は年によって期間を定めたときは、その期間は、暦に従って計算する。	移動	（暦による期間の計算） 第143条①　週、月又は年によって期間を定めたときは、その期間は、暦に従って計算する。
②　前項の場合において、週、月又は年の初めから期間を起算しないときは、その期間は、最後の週、月又は年においてその起算日に応当する日の前日に満了する。ただし、月又は年によって期間を定めた場合において、最後の月に応当する日がないときは、その月の末日に満了する。	本文移修 ただし書移動	第143条②本文　週、月又は年の初めから期間を起算しないときは、その期間は、最後の週、月又は年においてその起算日に応当する日の前日に満了する。 第143条②ただし書　ただし、月又は年によって期間を定めた場合において、最後の月に応当する日がないときは、その月の末日に満了する。
③　前条の規定は、前二項の場合において準用する。	新設	

第6章　公示による伝達

第1節　行政手続における公示送達

（行政処分その他の公示送達）

第11条① 行政庁の処分その他の行為に伴い相手方に行われるべき書類の送達は、当該行政庁が相手方を知ることができず、又はその所在を知ることができないときは、公示の方法によってすることができる。ただし、その行為の性質がこれを許さないものであるときは、この限りでない。	本文新設 ただし書新設
② 前項の公示は、送達すべき書類の名称、その送達を受けるべき者の氏名及び当該行政庁がその書類をいつでも送達を受けるべき者に交付する旨を記載して行わなければならない。	新設
③ 第一項の公示は、当該行政庁の事務所の掲示場に掲示し、かつ、その旨を官報その他の公報又は新聞紙に少なくとも一回掲載して行う。ただし、その行為の性質その他の事情を考慮して相当と認められるときは、官報その他の公報又は新聞紙に掲載することを要しない。	本文新設 ただし書新設
④ 行政庁が処分その他の行為をする場合において、相手方の所在を知ることができないときは、前項に規定する手続に代えて、その行為の性質その他の事情を考慮し、相手方の最後の住所地その他適切な地域の市役所、区役所、町村役場又はこれらに準ずる施設の掲示場に掲示することができる。	新設
⑤ 行政庁が前項の規定による公示送達をした場合においては、最後に官報その他の公報又は新聞紙に掲載した日（第三項ただし書の	本文新設

場合においては、同項本文の規定による掲示を始めた日）から二週間を経過した時に、相手方に書類の送達があったものとみなす。ただし、当該行政庁に相手方を知らないこと又はその所在を知らないことについて過失があったときは、その効力を生じない。	ただし書新設	

第2節　公示による意思表示

（公示による意思表示） 第12条①　相手方のある意思表示は、表意者が相手方を知ることができず、又はその所在を知ることができないときは、公示の方法によってすることができる。	移修	（公示による意思表示） 第98条①　意思表示は、表意者が相手方を知ることができず、又はその所在を知ることができないときは、公示の方法によってすることができる。
②　前項の公示は、公示送達に関する民事訴訟法（平成八年法律第百九号）の規定に従い、裁判所の掲示場に掲示し、かつ、その掲示があったことを官報に少なくとも一回掲載して行う。ただし、裁判所は、相当と認めるときは、官報への掲載に代えて、市役所、区役所、町村役場又はこれらに準ずる施設の掲示場に掲示すべきことを命ずることができる。	本文移動 ただし書移動	第98条②本文　前項の公示は、公示送達に関する民事訴訟法（平成八年法律第百九号）の規定に従い、裁判所の掲示場に掲示し、かつ、その掲示があったことを官報に少なくとも一回掲載して行う。 第98条②ただし書　ただし、裁判所は、相当と認めるときは、官報への掲載に代えて、市役所、区役所、町村役場又はこれらに準ずる施設の掲示場に掲示すべきことを命ずることができる。
③　公示による意思表示は、最後に官報に掲載した日又はその掲載に代わる掲示を始めた日から二週間を経過した時に、相手方に到達したものとみなす。ただし、表意者が相手方を知らないこと又はその所在を知らないことについて過	本文移動 ただし	第98条③本文　公示による意思表示は、最後に官報に掲載した日又はその掲載に代わる掲示を始めた日から二週間を経過した時に、相手方に到達したものとみなす。 第98条③ただし書　ただし、表

失があったときは、到達の効力を生じない。	書移動	意者が相手方を知らないこと又はその所在を知らないことについて過失があったときは、到達の効力を生じない。
④　公示に関する手続は、相手方を知ることができない場合には表意者の住所地の簡易裁判所の管轄に、相手方の所在を知ることができない場合には相手方の最後の住所地の簡易裁判所の管轄に属する。	移修	第98条④　公示に関する手続は、相手方を知ることができない場合には表意者の住所地の、相手方の所在を知ることができない場合には相手方の最後の住所地の簡易裁判所の管轄に属する。
⑤　裁判所は、表意者に、公示に関する費用を予納させなければならない。	移動	第98条⑤　裁判所は、表意者に、公示に関する費用を予納させなければならない。

第 3 部

日本民法典改正案作成の
基本方針

第1章　民法改正の基本精神

1　はじめに

　最初に、「日本民法典改正案」作成の基本方針を述べる[1]。

　民法典が施行された1898（明治31）年から数えて、本2016年は118年目である。この1世紀以上の間の社会の変化にともなって適合性を失ってきた法制度は、多岐にわたる。このような状況は、世界の多くの国々に共通であり、現在、東アジア諸国でも、ヨーロッパ諸国でも、民法典の大改正が進行中である。ただ、東アジアの国々では民法全体の見直しが行われているのに対し、ヨーロッパではEU統合にともなう域内取引がスムーズに行われることが法制の違いによって阻害されないよう、契約の履行がスムーズに進行しなかったときのための法制度、いわゆる履行障害法を中心とした契約法の改正が行われている。各国の民法改正の状況については、本章末尾の【世界にみる民法の改正】で紹介する。

　施行から1世紀以上が経過した日本民法典も、現代社会にそぐわないところ、1世紀の間の判例と学説の展開により、法典それ自体では現在の法規範を反映しきれていないところ、その他、わかりにくいところも少なくない。

　そこで、現在の法規範を反映しつつ、現代および将来の社会にも適用しうる、国民にわかりやすい民法典をつくること、これが、民法改正研究会が目指しているところである。

　では、このために、何をなすべきか。

---

[1]　本書の「第3部　日本民法典改正の基本方針」は、これまで民法改正を論じるにあたって種々の機会に発表してきた諸論稿（加藤雅信「日本民法改正試案提示の準備のために」ジュリスト1353号〔平成20年〕118頁以下、同「日本民法改正試案の基本方向」ジュリスト1355号〔平成20年〕91頁以下、同「『日本民法改正試案』の基本枠組」ジュリスト1362号〔平成20年〕2頁以下、同「日本民法典財産法改正試案」判例タイムズ1281号〔平成21年〕5頁以下、同「『日本民法改正試案』の基本枠組」および「日本民法典の改正にあたって」民法改正と世界の民法典〔平成21年〕3頁以下、151頁以下、民法改正研究会編『民法改正　国民・法曹・学界有志案』法律時報増刊〔平成21年〕所収の諸論稿等）を基礎としながら、今回、全面的に書き改めたものである。その結果、叙述の一部に既発表論稿と重複があることをお断りしておきたい。

第1章　民法改正の基本精神

2　民法改正にさいしての基本精神
――「民法改正は、国民のために行われる」

（1）　はじめに
　民法改正を考えるにあたっては、いかなる姿勢をもって民法改正にのぞむべきか。その根本精神が改正の方向性を決定することになる。そこで、われわれが、本民法改正案の提案にあたって留意していたことを記すこととしたい。

（2）　良い立法は現実的でなければならない
　民法改正にさいし、忘れてはならないことは、「民法改正は、国民のために行われる」ということである。民法によって規律されるのは国民の生活である。また、民法典を直接利用する頻度が高いのは、法曹、各種資格保持者、企業法務関係者らの広い意味の法律家である。このように考えると、民法改正は、国民に役立ち、これらの法律家に便利な、使いやすいものでなければならない。われわれ民法改正研究会のメンバーは、研究者が中心ではあるが、学説的見地からの改正、あるいは研究者のための民法改正に陥らないよう、民法改正が国民や広い意味の法律家に混乱をもたらすことがないよう、常に自戒している。

　実務家の読者には必要がないことであろうが、研究者が立法作業に関わるときに、気をつけなければならないことは、よい論文とよい立法は違う、ということである。よい論文には「独創性」が必要であるが、よい立法には「現実性」が必要である。論文を書くときのように、自由奔放に立法を構想してはならない。論文に書かれた学説は、好まぬ人はそれを採用しなければよいが、立法については、それを好まぬ人もそれに従わなければならない。論文と違い、立法は権力に裏打ちされている。立法には、自ずと、「自制」が必要となるのである。

　この点の感覚は、洋の東西を問わず、共通するものがあるように思われる。2008（平成20）年3月の「民法改正国際シンポジウム――日本・ヨーロッパ・アジア改正動向比較研究」において、ドイツから参加したリーゼンフーバー教授は、「壊れていないものを修理するな（"If it ain't broke, don't fix it."）」という、20世紀前半のアメリカ政府高官の示唆的な言葉を「健全な立法上の格言」として紹介した[2]。たしかに、「壊れてもおらず」、「不便でもなく」、国民や法律家が痛痒を感じていないものを、学説的見地から改正を試みることは避けなければならない。

　ただ、ここで断っておきたいことは、民法典の改正は、現在の国民、現在の法

2　カール・リーゼンフーバー著＝渡辺達徳訳「債務不履行による損害賠償と過失原理」民法改正と世界の民法典268頁参照。

律家のために行われると同時に、未来の国民、未来の法律家のためにも行われるということである。これからはじめて民法を目にする未来の国民にとって民法をわかりやすいものとする、そのための改革や革新をおそれてはならない。しかしながらそれと同時に、変革にともなう現在の国民の生活の撹乱と現在の法律家の不便をも最小化しなければならない。

このためには、民法典の革新・刷新をはかりつつ、また、連続性を確保するという、二律背反にも似た目標を同時に達成する必要があることに留意する必要があろう。

（3） 国民にわかる民法典に ── 穂積陳重に還れ

民法典は、法律家が使いやすいものでなければならないとともに、国民にとってわかりやすいものでなければならない。民法を所与のものとして解釈するという姿勢ではなく、白紙に戻して民法の内容を検討すると、残念ながら、現行民法の規定には必ずしも理解しやすいとはいえないものがかなり存在している。このような点を是正し、法の透視性を確保して、現在よりもずっと平易な『国民にわかる民法典』をつくりあげること、これが、現在、民法改正研究会が目標としているところである。困難であろうが、誰にとってもわかりやすい「一般国民にとっての民法典」にすることが、われわれの願いである。

国民にわかる法律が、民主主義の基本であることは、現行民法起草者の一人、穂積陳重が強く意識していたところであった。穂積は、「本邦法文体の民衆化」との標題のもとに、次のようにいう。

「法規の成形は民衆が法なる社会力を認識する媒介である。故に法律の文章用語の変遷は、一国の人民の法的社会力自覚の『メートル』とも謂ふべきものであって法文の難易は国民文化の程級を標示するものである。難解の法文は専制の表徴である。平易なる法文は民権の保障である」[3]。また、別の著書では、「法律の明確なるは、人民の権利の一大保障たるや知るべきのみ」とし、「民をして依らしむべし、知らしむ可らず」とするのは古政策であり、法治の新主義のもとでは「民をして知らしむべし拠らしむべし」とすべきである旨を説く[4]。

このような民法起草者、穂積の精神を忘れてはならない。

3　穂積陳重『法律進化論 第二冊』（岩波書店、大正13年）300頁。
4　穂積陳重『法典論』（哲学書院、明治23年）、復刻版（信山社、平成3年）、復刻版（新青出版、平成20年）5頁。

第1章　民法改正の基本精神

3　民法典の現代化 ── 判例法の可視化

　民法典が施行されてから1世紀以上にわたる司法の努力の結果、判例法の充実は著しい。判例法のなかには、条文をそれぞれの事案にそくして具体化する性格のものと、それを超えて、一般的な規範内容を判示した性格を有するものの双方がある。このような、民法典と判例法との間隙を埋めるべく、法律関係の出版社からは、『判例六法』等も出版されている。もちろんこのような努力は貴重であるが、端的に一般的な規範内容としての性格を有する判例については、その内容が法典に組み込まれたほうが、条文＋判例法等からなる、現代の法規範の透視性が格段によくなることは、疑いをいれない（民事特別法については4で述べる）。

　ただ、判例法のなかでも、必ずしも安定的な規範の域に達していないものを法典に規定して、規範を将来にわたって硬直化させることは望ましくない。また、条文の一般原則を単に個別の事案にそくして具体化したレベルにすぎない判例を民法典に規定することは、法典をいたずらに膨大な透視性の悪いものにする危険もある。さらに、判例の事案前提性を無視した条文化であれば、規範内容を誤導することにもなりかねない。

　以上のような観点から、本民法改正案では、一般的な規範内容としての性格を有する判例のみを条文化したが、それでもその数は決して少なくない。

　若干の具体例としては、総則編では、エストッペル、クリーンハンズの原則、意思能力の欠如、虚偽表示の類推適用（いわゆる外観法理）、表見代理の重畳適用、自力救済の禁止等をあげることができる。また、物権編においては、物権変動についての「背信的悪意者論」、「明認方法による対抗」等、判例によってはぐくまれてきた法理を条文のなかに組み込んでいる。さらに債権編でも、受領遅滞、債務引受、契約上の地位の譲渡、契約交渉における誠実義務・説明義務・秘密保持義務、約款による契約の成立、転用物訴権、差止め等の判例法によって形成されてきた規範群が法典に規定されている（なお、「転用物訴権」という名称は、かつての訴権構成のもとで用いられたものであって、現在の請求権を基礎にした法体系にはふさわしくないので、本改正案では条文の標題を「転用利得」としたうえで、「転用利得返還請求権」として論述していることをお断りしておきたい）。

4　民法典の私法総合法典としての性格の回復
　　　── レファレンス規定の導入

　「民法は私法の一般法である」という言葉は、民法を語る者の誰もが述べるものである。民法起草者の一人である梅謙次郎の著作は、「民法ハ私法ノ原則ヲ定

メタルモノ」との言葉から始まっており[5]、我妻栄は、民法は「私法の一部として私法関係を規律する原則的な法（一般法）である」と述べる[6]。そして、このような冒頭部分の叙述においては、商法や民事訴訟法等に対する言及はあっても、とくに具体的な民事特別法に対する記述は存在しない。しかし、時代が下って、星野英一は、類似の言葉とともに、「実質的意義における民法」として、民法典のほか、遺失物法、不動産登記法、供託法、戸籍法、工場抵当法、立木法、信託法、年齢計算に関する法律、失火責任法、借地法、借家法、自動車損害賠償保障法等の民事特別法をあげている[7]。

ここに象徴されるように、近時の社会の発展は、社会構造と社会の規律を複雑なものとし、数多くの民事特別法を生みだすにいたった。

このこと自体は、社会の自然な趨勢ではあったが、このような多くの民事特別法の出現は、民事法全体の透視性を悪くするとともに、「特別法は一般法に優先する」という法適用のルールとあいまって、民法典を空洞化させる、という状況をも生むにいたっている。

そうであるならば、民法の私法の一般法としての性格を回復させるために、民法典をみれば、民事法の全体構造を見渡せる状況を確保する必要があるであろう。しかしながら、一定の分野について多数の条文を有する、数多くの民事特別法を民法典にとりこむことは、民法全体のバランスを悪くする可能性もある。また、一般に改廃が多い民事特別法を民法典にとりこむと、民法典の改正が頻繁となり、民法典の安定性が損なわれる可能性もある。

この二律背反ともいうべき状況は、ドイツでもみられ、近時の「債務法の改正」の過程では、特別法を民法典にとりこむべきであるとの立場と、とりこむべきでないという立場が対立していた[8]。

そこで、本民法改正案では、上記の二律背反的状況に対処し、民法典の民事法の基本法としての性格を保持しつつ、民法典のバランスのよさとその安定性を維持するために、民法典に民事特別法へのレファレンス機能をもたせることとした。このような方策によって、民法典の私法総合法典としての性格を回復させることができるとともに、民法典の一部のみの肥大化や、頻繁な改正を避けることができると考えたからである。

これまでのわが国の法制度には、この種のレファレンス規定という考え方は存

5　梅謙次郎『訂正増補 民法要義 巻之一 総則編』（有斐閣書房、明治44年）1頁。
6　我妻栄『新訂 民法総則（民法講義Ⅰ）』（岩波書店、昭和40年）1頁。
7　星野英一『民法概論Ⅰ 序論・総則』（良書普及会、昭和46年）3頁以下。

第1章　民法改正の基本精神

在していなかったので、イメージを具体化するために、本改正試案のレファレンス規定の具体例を若干注にあげておこう[9]。

---

[8] ドイツにおける債務法改正の過程で公表された、2000 年 8 月の連邦司法省の討議草案は、特別法を民法典に取り込むべきであるとの立場をとった。具体的には、訪問販売法、消費者信用法、通信販売法、一時的居住権法、手形割引率経過措置法、FIBOR 経過措置令、ロンバルド割引率経過措置令、基本利子率－関係利子率令、普通契約約款法の一部等を念頭におきながら、「民法典の外にある総ての契約法上の特別規定を廃止し、民法典ないし民法施行法の中に包摂することによって民法の分裂に対処することもまた予定していた」。しかし、この考え方に対しては、「透明性・法的安定性が確保されていない」との批判があった（半田吉信『ドイツ債務法現代化法概説』〔信山社、平成 15 年〕18 頁以下）。

さらに、特別法を民法典に取り込むべきではないという立場の一つとして、「各種消費者法・経済政策的要因を民法典へ取り込むことへの批判があった。論者によれば、ある一時期の政治的インセンティブに支えられた継続性があるわけでもないEUの消費者政策・競争政策を民法という『法典』の中に持ち込み、私的自治の原則を排斥するというのは、好ましいことではない。実際、現在のEUの推進する消費者保護政策には多くの問題がある。消費者保護・競争政策の領域に属するものについては民法典の原理を曲げてまで民法に組み込まず、付随法規にとどめるのが適切ではないかと指摘された」のである（潮見佳男『契約法理の現代化』〔有斐閣、平成 16 年〕353 頁、354 頁）。

[9] 法律行為の無効・取消事由は、民法典の総則編に定められているとともに、消費者契約法にも無効・取消事由が規定されている。しかしながら、民法典だけをみている者には、民法典以外に無効・取消事由が規定されていることはわからない。この意味では、民法をみる者にとって法体系全体の透視性が悪くなっているといえるであろう。そこで、本民法改正案では、総則編に無効・取消事由を規定するとともに、債権編の契約の章にも「契約の無効及び取消し」と題する規定をおき、その1項で民法総則編の無効事由規定、2項で総則編の取消事由規定、3項で消費者契約法および特定商取引法にも無効・取消しの規定があることを明記した。このようなレファレンス規定によって、契約の無効・取消しの規定の全体像を把握できるようになっている。

また、不法行為による損害賠償の末尾には、「他の法律の適用」と題する規定がおかれており、「不法行為に基づく損害賠償については、この法律に定めるもののほか、自動車損害賠償保障法（昭和三十年法律第九十七号）、製造物責任法（平成六年法律第八十五号）、国家賠償法（昭和二十二年法律第百二十五号）その他の法律の定めるところによる」とされている（国民有志案修正案原案 676 条）。なお、レファレンス規定といっても、関連するすべての法律について言及するわけではなく、主要な法律に言及することによって、民法典をみる者への注意を喚起しようとするにとどまる。ここに例としてとりあげた不法行為についても、損害賠償にかんする規定を有する法律は多数にのぼるが、若干の法律名しか言及していない。これは、あまりに多数の法律につき言及すると、煩瑣にすぎてかえってわかりにくくなるのではないか、という理由によるものである。また、ここに、失火責任法をあげなかった理由については、『理由書　第三編　債権』に譲る）。

5　民法典の構成
（1）　パンデクテン体系の維持
①　パンデクテン体系とインスティトゥツィオーネン体系

周知のとおり、ヨーロッパ大陸法の法典の編纂方式は、パンデクテン体系とインスティトゥツィオーネン体系との二つがある。これらはともに、ローマ法大全（ユスティニアヌス法典）の一部を受け継いだものであり、前者は、ローマ法大全の学説彙纂（ディゲスタ、またはパンデクタエ）の枠組を、後者は、ローマ法大全の法学校の教科書であった法学入門（法学提要）の枠組を受け継ぐものである。前者の系譜にあるのが前述したドイツ民法典であり、総則・債務法・物権法・親族法・相続法という5編構成を採用している。これに対し、後者の系譜にあるのがフランス民法典（ナポレオン法典）であり、人編・物編・財産取得編の3編構成を採用していた（なお、フランス民法典の近時の改正については、本書182頁参照。また、上記の2つの体系外にあるオランダ民法典については、本書184頁参照）。

②　現行民法典の編別構成

ボワソナード民法典は、フランス民法典と同一ではないものの、上記の3編に若干の編を付加したインスティトゥツィオーネン体系を基礎とするものであった。ところが、法典論争をへて、現在の民法典を制定するさいに、明治26年の法典調査会第1回総会の冒頭で、議長の伊藤博文は、「法典調査規程」を提示するとともに、編別構成等を記した「法典調査の方針」を議に付した。その第2条では、「民法全編を五編に分ち其順序は左の如く定む」として、「第一編　総則、第二編　物権、第三編　人権、第四編　親族、第五編　相続」という編別が提示された[10]。この方針について、民法起草委員の一人であった穂積陳重は、「その時我輩が伊藤伯の命に依って上申した法典調査に関する方針意見書の大体」は、「（一）民法の修正は、根本的改修なるべきこと」とされ、「（二）法典の体裁はパンデクテン

10　「法典調査の方針」法典調査会民法総会議事速記録・第壱巻21丁裏［カナ等変更］（日本学術振興会版。国会図書館近代デジタルライブラリー版〔以下、「デジタルライブラリー版」と略称する〕コマ番号26／291）（［カナ等変更］については、本書xv頁参照。以下同じ）。なお、公称8部作成された日本学術振興会版は丁付などに相違があることに留意したうえで（広中俊雄「学振版議事録の異同」法律時報71巻7号（平成11年）110頁以下参照）、法務大臣官房司法法制調査部監修『法典調査会民法総会議事速記録』（日本近代立法資料叢書12）（商事法務研究会、昭和63年）3頁参照。

　また、この編別編成をめぐる議論については、水津太郎「民法総則の意義──総則思考の構造」池田真朗＝平野裕之＝西原慎治編・民法（債権法）改正の論理（新青出版、平成22年）550頁以下参照。

第 1 章　民法改正の基本精神

方式を採用し」たと述べており[11]、フランス型のインスティトゥツィオーネン体系を基礎としたボワソナード民法典からの脱却が基本方針であったとする（また、別の起草委員の富井政章は、パンデクテン体系のほうが優れていることは論をまたないという[12]）。

　その結果、わが国では、ドイツ民法典と同じパンデクテン体系が採用されるにいたった。ただ、具体的な編別は、ドイツ民法典の総則・債務法・物権法・親族法・相続法ではなく[13]、ザクセン民法典の総則・物権法・債務法・親族法・相続法という形式を承継した。その理由は、債権の目的には物権の得喪行使にかんするものが多いので、物権を債権よりも先に規定することが自然の順序であるということにあった[14]。

③　本民法改正案の編別構成

　このようなパンデクテン体系の特徴は、①各編、各章の冒頭に「総則」をおくことにより一般性をもつ規範をそこに集中するとともに、②物権と債権とを対置することにある。後者をめぐって、近代私法学の祖と評されるサヴィニーは、──アクチオ体系の対人訴権・対物訴権という概念を前提として──次のように評価する。「ナポレオン法典には、この両概念（債権と物権）はどこにも定義されていないのみならず、フランス人はこれらの基本概念を一般論としてまったく知らず、この不知が想像以上に、法典全体のうえに暗い陰を落としている」[15]。

　ただ、このような物権・債権の内容についての理解、また、その対置についての評価は人によって異なりうるところであろうが、110 年余にわたって存続してきた民法典の編別構成を現段階で改める必要がないと考え、本民法改正案では、このパンデクテン体系にもとづく 5 編構成は、そのまま維持することとした[16]。

11　穂積陳重『法窓夜話』（岩波文庫、昭和 55 年）349 頁。
12　富井政章『民法原論 第 1 巻 総論 上』（有斐閣書房、明治 36 年）67 頁。
13　ドイツ民法草案の編別について、ギールケは、人が生活の需要を満たすには外界の財によることが本源的なので、物権編こそが、物権取得の方法にかんする債権法よりも先に規定されるべきであると主張し、草案の編別を批判した。これに対し、メンガーは、商業の時代には所有権よりも債権が重要なので、債権編が物権編よりも先に規定されるのが自然であると主張し、草案の編別を肯定的に評価している（平野義太郎『民法に於けるローマ思想とゲルマン思想〔増補新版〕』〔有斐閣、昭和 45 年〕20 頁以下参照）。
14　広中俊雄編『日本民法典資料集成 第 1 巻 民法典編纂の新方針』（信山社、平成 17 年）658 頁、福島正夫編『明治民法の制定と穂積文書──「法典調査会 穂積陳重博士関係文書」の解説・目録および資料』（有斐閣、昭和 31 年）114 頁（「法典調査規程理由書」第 2 条）。この理由は、民法起草者の一人である富井も述べるところである（富井・注 12）引用『民法原論 第 1 巻 総論 上』68 頁）。
15　筏津安恕『私法理論のパラダイム転換と契約理論の再編』（昭和堂、平成 13 年）191 頁。

その理由を、前段に述べた①、②にそくして検討することとする。
　まず①の、総則をおくことの是非であるが、総則では、概念が抽象化される分、具体的イメージを描きにくい、という問題がある。このわかりにくさを避けるためには、総則の規定を分解し、各則ごとに具体的に規定すればよいことになる。ただ、このような規定のしかたは、それぞれの箇所の規定は具体的であるかわりに、規定の反復を避けることができないため、民法典が膨大なものとなり、膨大さゆえの見通しの悪さをもたらすという問題が生じる。
　抽象対具体、簡明対膨大という問題だけではない。ドイツには、「規律すべき素材の奥底まで見抜くこと」を前提としたうえで、総則規定をおくことにより、「同じ規制を他の編で必ずしも繰り返さなくて済む"単純化"と同時に、同種の問題について"統一した解決"が得られ、かつ、"共通の評価と原則"が認識される」という見解があることがわが国にも紹介されている[17]。
　要するに、(i)概念を「総則」に抽象化することによって法典の圧縮をはかり、統一原則を抽出することによって法典全体の透視性を高めるか、(ii)具体化するわかりやすさを求める反面、統一性を求めず、反復による長大な法典になることによる透視性の悪さを甘受するか、(iii)あるいは一部の規範を具体化して他はそれを準用するという形式にするかのいずれかを選ばなければならない[18]。
　このように、いずれの途も長短があるのであれば、総合的にみると、とくに民法典に「総則」をおくパンデクテン体系を変えるだけのメリットはない。このように考え、本民法改正案でも、「総則」構造を維持することにした。
　次に②の、物権・債権の対置について述べれば、論者により見方は異なるものの、これが現代社会に適合的であるという見方もあった。物権と債権の違いは、対物権と対人権にあるという見方が古典的である。ただ、対物権としての物権の実体は、万人に対する不作為請求権であるという、ヴィントシャイト的な「対物性」を超えた見方も、19 世紀に入ると主張されている。このように、権利は、

16　民法の体系構成を考察したものとして、赤松秀岳「民法典の体系」法学教室 181 号（平成 7 年）43 頁以下、同「民法典体系のあり方をどう考えるか――パンデクテン・インスティトゥティオーネン、その他」民法改正を考える 47 頁以下、同『十九世紀ドイツ私法学の実像』（成文堂、平成 7 年）261 頁以下、筏津安恕『私法理論のパラダイム転換と契約理論の再編――ヴォルフ・カント・サヴィニー』（昭和堂、平成 13 年）183 頁以下、水林彪「近代民法の原初的構想――一七九一年フランス憲法律に見える Code de lois civiles について」民法研究 7 号（平成 23 年）1 頁以下、とくに 41 頁以下、92 頁以下参照。
17　本文に引用したドイツの論議については、椿寿夫「二一世紀の民法――幾つかの素材に関する随想風の序説として」円谷峻編著（民法改正を考える研究会）・社会の変容と民法典（成文堂、平成 22 年）21 頁参照。

第1章　民法改正の基本精神

基本的には人と人との関係であるという立場にたてば、物権と債権の違いは、絶対権（対世権）と相対権として、誰に対しても請求できるか、それとも請求相手が特定されているか、という観点に求められることになる。ここでは、このような立場から考えてみよう。

現在のパンデクテン体系のもとで、物権は、所有権、抵当権等、重要な権利を規定しながら、それは私人の意思によっては修正できない画一的な権利として存在している（物権法定主義）。したがって、基本的な権利である物権の取引きにおいては、○○権の譲渡等といえば、取引対象の内容はすべての取引当事者に画一的に、また直ちに理解されることになる。

これは、取引きの迅速をもたらす一方、ある種の硬直性もともなう。しかし、民法は、物権法ではこの種の画一性を堅持する一方、他方、債権法では、契約自由の原則のもとで、当事者間の意思の合致があれば自由に権利義務の内容を設定することができる法制を採用している。ここでは、創意工夫をいくらでもこらすことができる反面、債権の相対性のもとに、それを主張することができる相手方は、契約相手に限定されている。

つまり、対世効を有する物権法において画一性を確保し、それによって取引きの迅速性をはかるとともに、相対効しかない債権法において当事者間の創意工夫を全面的に認める契約自由の原則を定める。このように両者を組み合わせたのが、民法の物権・債権対置の基本構造の社会的意味なのである。これは、権利関係の画一性・取引きの迅速性の確保と市民の創意工夫を重視する柔軟性とを組み合わ

18　本文に(iii)として述べた、第3の途として、民法（債権法）改正検討委員会では、現行民法では総則編に規定されている法律行為の規程の大部分を債権編に移動して契約の箇所に規定し、他の編では契約にある規定を準用する、という途も模索された。このような方策をとれば、契約法の具体化を実現できるとともに、法典の長大さを回避することもできる。しかし、その一方で、他の編に規定されている法律行為の規定、たとえば、物権編にある「物権の放棄」の規定（共有につき民法255条、地上権につき268条）は、後の契約法の規定を参照することにより、はじめて理解できることになるし、親族編の婚姻、養子等の身分変動を目的とする行為、相続編の遺言等も、民法典の中途に規定された契約法の条文をみることにより、はじめて完結的に理解しうることとなる。

このような方式では、契約法は具体化されるが、他の法分野の透視性は悪くなる。また、パンデクテン体系においては、抽象化された規範内容は冒頭規定となるが、このような方式では、いわば民法典の中間部分が膨らむことになり、形式美に欠けると思われる。このような提案に対し、安永正昭教授から、「準用という形で非常に上手に処理をするという提案ですが」、「契約法はよくなったけれども、あとは野となれ山となれというところがないではない」という評価があったが、まさにそのとおりであり、上記の方式には賛成することはできない（なお、引用文については、「民法（債権法）改正検討委員会」議事録第8回31頁参照〔www.shojihomu.or.jp/saikenhou/shingiroku/gijiroku008.pdf〕）。

せた法制として、現代社会において今後とも維持されるべきものであろう。このような考え方のもとに、物権・債権の対置を基本とする現在のパンデクテン体系を維持することとした。

なお、本民法改正案では、前述のとおり民法典の編別構成を維持したが、章編成については民法典をかなり大幅に変更している。この点については、本書およびこれに続く理由書のなかで、それぞれの編ごとに述べることにする。

（2） 規範内容の簡明化 vs. 詳細化と、規範の抽象化 vs. 具体化

法典起草の基本方針として、簡明な法典と詳細な法典、抽象的な法典と具体的な法典のいずれをめざすかという問題は、法典を起案する者にとってはきわめて悩ましい問題である。

はじめて法に接する者は、法典の内容が具体的、かつ、簡明であれば、わかりやすい、というであろう。たとえば、法三章（法三章耳。殺人者死、傷人及盗抵罪）を多少現代的に、法は三章のみ、人を殺す者は死刑、人を傷つけた者及び盗んだ者は相応の刑に処す、というような刑法典を作れば、わかりやすいことはこのうえない。しかし、これが簡明にすぎて、刑法典として社会を律しきれなかったことは、漢の高祖の歴史が示すとおりである。

他方、逆に、具体的であって詳細な法典は、全4巻2万条近いプロイセン一般ラント法のように、法律を専門とする法曹にとってすら使いづらいものになりがちである（ただし、プロイセン一般ラント法は、公法・私法の双方を含んでいることに留意されたい）。

多くの国の法は、この両極の中間にあり、一定程度の簡明化・抽象化、一定程度の詳細化・具体化を求める、いわばある種のバランス論のうえにたった立法をしている。法典には、中庸が肝要なのである。これは、本民法改正案においても同じことである。ただ、中間のバランス論のなかにも、さまざまな段階がありうる。

近時の民事法改正をみると、これまでよりも規範内容の詳細化をめざす方向にあり、それが過度な程度にまでいたっているように思われる。会社法、信託法、一般社団法人・財団法人法等は、いずれも改正前とくらべ、条数のレベルでも、条文の内容でも、格段に詳しいものとなった。ただ、既存の法律家に聞いても学生に聞いても、改正によって法規範の内容はわかりやすくなったという声はきわめて少なく、わかりにくい「改悪」ではないかとの声が圧倒的である。ここには、法典の見通しを確保するという、透視性を重視し、法の体系的な透明性を求める姿勢が希薄であるように思われる。

第 1 章　民法改正の基本精神

　このような近時の民事法改正の大勢に抗し、本民法改正案は、規範内容の具体化と簡明化を ── 上記の中間のバランス論ないし中庸的な枠組のなかで ── 求めた[19]。規範の具体化は、多くの条文にわたってみられるところであるが、たとえば、民法の最初となる総則編の「通則」の章の規定、また、「法人」の規定につき、現行民法と本民法改正案とを見くらべれば、容易に理解できると考えている（現行民法第 1 章・第 3 章と本民法改正案第 1 章・第 2 章第 2 節）。簡明化するためには、わかりやすい文言による、規範内容の明晰性、法規範の一覧性を確保することが重要である。また、法典全体の透視可能性からは、読み手に把握可能な分量であることが望ましい。ここでは、法典の大きさを条数という観点から考えてみよう。

　本民法改正案の作成にさいして規範の内容を精査し、簡にして要を得た条文にすることにつとめたところ、結果として法典がかなりスリム化された。まず、総則編の条数を現行民法と比較すると、32 か条ほど条数が減少している[20]。また、担保法を除いて、民法の財産法全体の条数を比較すると、第 3 次案である国民有志案を前提とすれば、全部で 674 条となっており、現行民法典の財産法編 724 条の規定が約 50 か条ほど減少し、相当程度にコンパクトなものとなっている（ただ、われわれは、条数の減少を第 1 目的としたわけではなく、必要とされるあらたな規範を付加しながらも、民法典の体系的整序をはかった結果、自然減となったものであることをお断りしておきたい）。この結果として、本民法改正案では、法典全体の透視性がよくなったと思われる。

　また、法規範の具体化が法典の詳細化を招かないよう、われわれは条文の繰返しと、透視性を欠く準用をできるだけ避けることとした。そのためには、同種の規範の抽象化が必要となる。さきに、本民法改正案はパンデクテン体系を維持すると述べたが、パンデクテン体系の「総則」の抽出は、そのような目的に資するものであった。

　民法は、国民の生活を直接規律するものであるだけに、国民にわかりやすいものをめざすべきである。ただ、その結果、民法の裁判規範としての機能が損なわ

---

[19] この点につき、「私見は、"簡明に"とする加藤意見に賛成である」と述べるとともに、「立法は中庸が妥当ではあるまいか」という見解がすでに表明されている（椿・注 17）引用「二一世紀の民法 ── 幾つかの素材に関する随想風の序説として」社会の変容と民法典 11 頁）。
[20] 総則編の最終条文は、現行民法では 174 条の 2 であり、本民法改正案では 98 条である。これに、現行民法には欠番条文と枝番号条文があることを勘案すると、結果として 32 か条ほど条数が減少していることになる。

れてはならない。また、民法典に現代に必要とされるあらたな規範内容を付加し、法典の現代性を確保することも重要である。そこで、本民法改正案は、パンデクテン体系を採用することによって、法体系全体の透視性を確保するとともに、現代的な事象にも対応しつつ、条文の簡明化・具体化を追求し、全体として、規範の網羅性を損なわないよう、背反しがちな目的をみたすようつとめた。もちろん、このような目的が成功したか否かは、読者諸氏の判断に委ねるべきものであろう。

6　強行法規の改正と任意法規の改正

　社会が変われば法も変わる。民法施行から1世紀以上が経過した現在、現代社会への適合性を失った規定は改正する必要がある。以上の命題が述べるところは事実であるが、では、具体的にどのような規定を変える必要があるのだろうか。民法典の規定は、本章の冒頭に記した視点からは、一様に改正する必要があるのだろうか。

　約10年前の2004（平成16）年に、民法典が口語化された。その改正前の民法317条は、牛馬の宿泊料につき「旅店宿泊の先取特権」を認めていた。さすがに、これは平成16年改正で削除されたが、1世紀の間にみられなくなった社会現象は、牛馬による旅行ばかりでなく、相当数にのぼっている。

　一般論として考えると、民法には、任意規定と強行規定の双方が存在しているが、時代に適合しない法規の改正がもっとも必要なのは実は強行規定である。任意規定は、社会に適合しなければ、当事者自身が変えることが可能だからである。そのような観点からは、強行規定である物権法の改正は、任意規定である債権法の改正よりも急務といえるであろう。また、債権法は、任意規定であるといっても、相対交渉によって合意で形成される契約法の規定よりも、債権・債務の発生以前に相対交渉が行われないことが多い不法行為等の法定債権の改正の必要性が高い。このような観点から、まず、物権法において改正を要する点、法定債権において改正を要する点の主要な点を若干説明しておこう。

　まず、物権法であるが、戦後の農地解放から相当の歳月がたった現在、地主も小作人もまず社会にはみられなくなった。このように「小作関係」が現代社会にほとんど残っていないにもかかわらず、民法の農地利用についての物権が「永小作権」と題されているのはアナクロニズムの感もある。そのうえ、その内容的規律が、農地法その他によって大きく変容されているのだとすれば、現代社会において規範としてそれらの法律によって規律されている内容が、民法典にも盛り込まれるべきであろう。以上のような観点から、国民有志案修正案原案では、この民法の規定を一新し、「農用地上権」と題したうえで、「地上権」の章の第3節と

第1章　民法改正の基本精神

して規定している。

　また、現行民法の物権編に規定された相隣関係の条文も、古色蒼然としたものが多い。かつての日本では、裏庭にし尿溜めを作るためには、隣からどれだけ離さなければならないかを考える必要もあったであろうし、そのためには、民法237条（境界線付近の掘削の制限）1項の「下水だめ又は肥料だめ……し尿だめ」規定も必要であったと思われる。また、別の例をあげれば、民法225条2項は、隣家との間に塀等（条文では「囲障」）を建てるのに「当事者間に協議が調わないときは、前項の囲障は、板塀又は竹垣その他これらに類する材料のもの」でなければならない、とする。しかし、現行民法典制定時にはごく普通にみられたであろう「板塀又は竹垣」等は、現代の都会では珍しい部類に属するであろう。このようにみると、現行民法の「し尿だめ」、「板塀又は竹垣」等についての規定を現代社会に残しておくことが適当か否かは、はなはだ疑問というべきである。これらは一例にすぎないが、現行民法の相隣関係の規定は、国民有志案およびその後の修正案原案では一新されている。

　また、不法行為にかんしていえば、民法709条は過失責任を原則としている。しかしながら、民法制定当時にあっても、民法起草者の穂積陳重博士は、鉄道、その他の運送業、製造業等について、特別法で無過失責任を定めるのには、少しも反対ではない、と述べていた[21]。現実にも、その後の社会の発展は、種々の分野で、損害賠償責任の無過失化ないし過失責任の立証の転換を実現させてきた。戦前でも、労働災害、鉱害についての無過失化が、戦後には、自動車事故、原子力事故、公害の相当部分、製造物責任事故の分野で、損害賠償責任の無過失化ないし過失の立証責任の転換がはかられた[22]。このような多くの不法行為特別法制定の歴史は、新しいタイプの不法行為被害が発生し、それに社会的注目が集まり、社会問題化するごとに立法がなされてきたものである。多くの不法行為特別法が制定された現在も、制度の谷間で問題が発生するたびに、あらたな立法がなされている状況にある。そうであるとすれば、「現に世の中で進行しつつある谷間を埋める作業の行きつくさき」[23]は、人身被害等をめぐる不法行為法の一般的無過

21　穂積陳重発言・法典調査会民法議事速記録 第四拾壱巻152丁表（デジタルライブラリー版・コマ番号155／211）、法務大臣官房司法法制調査部監修『法典調査会　民法議事速記録5』（日本近代立法資料叢書5）（商事法務研究会、昭和59年）297頁。

22　具体的な不法行為特別法の立法史および立法状況については、加藤雅信『損害賠償から社会保障へ——人身被害の救済のために』（三省堂、平成元年）5頁以下、同『新民法大系Ⅴ　事務管理・不当利得・不法行為　第2版』（有斐閣、平成17年）383頁以下参照。

23　加藤・前注引用『損害賠償から社会保障へ』426頁。

失化あるいは一般的な過失の立証責任の転換であろう。国民有志案およびその後の修正案原案においては、このような観点から、不法行為の損害賠償の原則規定は、人身被害につき、過失の立証責任の一般的転換をはかっている。

もちろん、過失の立証責任の転換ではなく、無過失責任化が望ましいという考え方もありえよう。ただ、人身被害の損害賠償について、立証責任の転換と無過失責任とのいずれが望ましいかという問題は、政策的選択であると同時に、多くの法律にまたがる既存の現行法秩序との調和の問題でもある。自動車事故、開発危険をめぐっての製造物責任等、立証責任の転換による責任の厳格化をはかる不法行為特別法が多い現行法秩序を前提とすれば、民法改正にさいして、人身被害につき、過失の立証責任の転換をはかるという考え方は、既存の不法行為特別法と調和を保ちうるのに対し、無過失責任化をめざす考え方は、民法の改正のみならず、多くの不法行為特別法の改正を必要とする。このような観点から、研究会では双方の立法案を提示し、検討を繰り返した結果、現行法体系との調和を重視し、国民有志案およびその後の修正案原案では、立証責任の転換という考え方を採用した[24]。

民法典の規定と、現在の社会との乖離は、永小作権、相隣関係、不法行為の過失責任に限られるわけではないが、この種の乖離した規定を、現在の社会状況を反映した現代的なものにすることは、他の分野でも急務というべきであろう。

以上で述べたように、実は、契約法の改正以上に、強行法規としての物権法や、合意による修正が難しい法定債権の改正のほうが優先すべき事項なのである。

7　世界にみる民法の改正

（1）　国際的状況

現在、世界各国で民法の大改正が進行しており、日本もその例外ではない。その状況を東アジアとヨーロッパに分けて紹介することにするが、その前に、総論的な視点を述べておくことにしよう。

19世紀、20世紀初頭の各国民法の立法時とくらべると、現在、グローバリゼーションの進行のもと、経済における国際取引の緊密化は、その経済圏における法の統一を要求する。それは、国際的な流通性が高い手形・小切手等について、

---

[24] 日本私法学会提出案の不法行為の原則規定651条は、研究会正案は過失の立証責任の転換であったが、研究会副案2は、人身被害につき無過失責任を規定していた（民法改正と世界の民法典543頁）。法書提示案でも、両案とも維持されていたが（同書645頁）、国民有志案657条では、立証責任の転換という考え方が採用された（国民有志案修正案原案661条においても同様である）。

第 1 章　民法改正の基本精神

各国の主権にもとづく国内立法を超えて、ジュネーブ統一手形法条約や国際手形条約等が成立したこと、それに次いで国際的流通性が高い動産につき、国際動産売買国連条約が成立していったのに対し、国際的流通性が低い不動産等については物権法の国際的統一の動きがないことからも明らかである。

（2）　東アジアにおける民法典の改正

東アジアの民法の状況をみると、台湾、韓国では民法の全面改正が、中国では、民法の全面的な制定が進行中であり、ベトナムでは20世紀末に、カンボジアでは21世紀に入って、民法典が制定された。改正にせよ、制定にせよ、この地域では、民法全体が改正ないし制定対象となっている。

まず、改正をしているところからみると、民法の全面改正がもっとも進んでいるのは、台湾であり、民法全体の相当部分が改正済みである。具体的には、民法総則（改正作業の開始が1974年、改正法の公布が1982年）、債権法（改正作業の開始が1980年、改正法の公布が1999年）、根抵当を中心に物権法（改正法の公布・施行が2007年）が改正され、その後も、物権法の他の部分の改正作業が進行中である。また、親族・相続編についても、1985年改正があり、また、いくつかの改正が2008年から施行されている[25]。

隣国の韓国では、民法の全面改正が現在進行中である。韓国民法典は、内容的に日本民法典とほぼ同一のところも多いので、その改正の状況を多少詳しく紹介することにしよう[26]。

まず、全体像を述べれば、1999年に韓国民法典の財産法の全面的な改正作業

---

[25] 加藤は、2008（平成20）年12月18日に開催された、国立台湾大学主宰「国際シンポジウム：純粋経済損害の救済——中国・ドイツ・日本・韓国・アメリカ・台湾民事法の比較」に招聘された機会を利用し、台湾民法の改正の中心人物であった王澤鑑教授らにかなりインテンシブなインタビュー調査を実施したが、その調査結果の詳細は未公表である。台湾の民法改正の状況については、詹森林著＝宮下修一訳「台湾における民法典の制定」民法改正と世界の民法典409頁以下参照。

[26] 当初の情況については、加藤雅信＝中野邦保「急展開した『韓国民法典改正』と近時の動向」ジュリスト1379号（平成21年）96頁以下、尹眞秀＝金祥洙訳「韓国における民法典の改正——第2次世界大戦後の動き」民法改正と世界の民法典421頁以下、中野邦保「韓国における民法典の改正——急展開を迎えた2009年を中心に」同書431頁以下参照。

その後の韓国の民法改正の情況については、本理由書執筆中の2013年8月31日、2014年3月14日の2回にわたる金祥洙西江大学法学専門大学院（ロースクール）教授に対する事務局によるヒアリング調査、およびその間に公刊された、同教授による「韓国法事情162：民法一部改正法律案——留置権・保証・旅行契約 上」国際商事法務42巻4号（平成26年）654頁以下により補充した。同教授に深甚なる謝意を表したい。その後の補充調査については、注28）参照。

が開始され、5年後の2004年に国会に改正法案が提出されたが、2008年に廃案となった。その翌年の2009年から第2回目の民法改正の試みがはじまり、4年計画で財産編全体の改正がなされる予定であった。その予定最終年が2012年とされていたが、改正自体は予定より大幅に遅れたものの、改正作業を担っていた民法改正委員会はその任務を終え、後述するように解散した。

　第1年度に予定されていた検討対象は、「総則（契約、担保を含む）」であった。そのうち、民法総則編は、具体的にみると、「行為能力」（成年年齢の20歳から19歳への引下げを含む）・「親権」・「入養（養子縁組）」・「後見制度」については、民法の一部改正がなされ2011年に改正法が公布され、2013年7月から施行されている[27]。

　この理由書執筆の最終段階での状況を述べれば、第1年度と第2年度の検討対象であった担保法のうち、「不動産留置権の廃止」が2013年7月に国会に提出されたが、国会の空転の影響でまだ成立していない。さらに、保証と旅行契約の改正案が2014年3月に閣議決定されたが、これも未成立である。

　韓国の民法改正を担当していた民法改正委員会は、2009年から活動を開始し、2012年までに各分科委員会別に議論した財産法の全般にわたる条文案を最終的に確定する予定であったが、予定より遅れ、2014年2月末に財産法全体の草案をつくるという任務を完了し、詳細な解説書を公刊したうえで、解散した。

　法務部（法務省）は、上記の草案の条文案と解説を付した冊子を2014年中に刊行する予定とされていたが、本書校正時の2015年10月12日の段階では刊行されていない。しかし、上記の改正済みの箇所、および国会で審議中ないし提出予定の箇所を除く部分は、国会提出を一括して行うことは避け、部分的に提出されることになった。具体的には、2015年2月に保証契約の改正、旅行契約の典型契約への編入という改正が行われた。2016年2月から施行される予定である。韓国では、実際に全体的な改正されるまでには相当の時間を要するものと考えられている。ただ、この民法改正委員会の提案内容とは別に、――日本の民法の現代語化のための改正（平成16〔2004〕年公布、翌年施行）を彷彿とさせるような――民法改正案が2015年10月6日に国務会議で決定された（国務会議は、大統領を議長、国務総理（首相）を副議長とする、日本の閣議に相当するものである）。こ

27　このほか、民法総則のうち、「法人」、「消滅時効」については、改正法案が2011年に国会に提出された。ただ、この法案は、国会に提出された法律案等は国会議員の任期中に通過していなければ廃案になるという法制度（韓国憲法51条）によって、2012年に廃案となったが、現在のところ、韓国の法務部（法務省）が、いつこの法案を国会に再提出するかは明らかにされていない。

第 1 章　民法改正の基本精神

れは、民法の内容的な改正はともなわないものの、①法律のハングル化、②日本式の漢語の表現の改定、③難しい漢語の改定を行い、国民が理解しやすい民法にすることを目的としている。これにより、韓国民法の 1118 か条のうち、1056 か条が整備されている。ただ、この国務会議決定から一週間足らずの本書校正時の 2015 年 10 月 12 日の段階では、これがいつ国会に提出されるかは不明である[28]。

次に、これまで民法典が存在しなかったが、現在、制定作業が進められている国について述べることにしよう。まず、中国の状況をみると、中華人民共和国成立の 1949 年以来、同国は民法典を制定することなく、国家運営を行ってきたが、2 回にわたる先行的な民法制定の試みが頓挫した後、文化大革命終了後の改革開放路線において、民法の編ごとに民事単行法が制定されている。具体的には、1986 年に公布され翌 87 年から試行された民法通則を皮切りに、担保法・契約法・物権法と民法各編が制定されていき、不法行為法が 2009 年に公布され 2010 年に施行されるにいたって、財産法の各編がほぼでそろったかたちになっている（なお、不法行為法が施行された 2010 年に、国際私法関係の「渉外民事関係法律適用法」が公布され 2011 年から施行されている。現在は、財産法の民事単行法として人格権法を制定するか否かという問題が残っている。また、家族法の分野では、婚姻法が 1950 年に制定され、1985 年に全面改正され、さらに 2001 年に再改正されている。相続法は、民法通則公布の前年の 1985 年に公布・施行されている）。以上のように、中国における民事単行法制定路線は、ほぼ最終ラウンドにさしかかっていた[29]。

このような状況のもとで、2014 年 10 月 20 日から 23 日にかけて、毎年開催される中国共産党の全体会議——18 期 4 中全会（中国共産党第 18 期中央委員会第 4 回全体会議）——が開催された。そこでは、「依法治国の全面的推進の若干の重

---

[28] 以上の最終段階での情報は、事務局からの問い合わせに対する、2014 年 11 月 10 日付金祥洙教授のメール回答、2015 年 10 月 12 日の孟觀燮准教授のメール回答に、中国法学会主催の「第一回中日韓リーガルフォーラム」（2015 年 10 月 24 日、25 日）において加藤が基調報告を行ったさい、参加した韓国人研究者から得た若干の情報を付加したものである。ご教示をいただいた方々に心からなる謝意を表したい。

[29] 中国民法制定の一般的な状況については、梁慧星著＝渠涛訳「中国民法典の制定」民法改正と世界の民法典 395 頁以下を参照されたい。なお、本文に述べたように、中国では、連続的な民事単行法の制定は現在ほぼ最終段階にさしかかっている。その後、次に人格権法の立法をなすか否かという問題があり、近時その立法を考える国際民法フォーラムが開催された。その近時の状況をも交えつつ、これまでの中国民法の立法の状況を考察したものとして、加藤雅信「人格権論の展開——日本・中国・東アジアの法を中心に」加藤一郎先生追悼論文集・変動する日本社会と法（有斐閣、平成 23 年）173 頁以下参照。また、近時なされた民事単行法の立法の動向については、加藤雅信＝森脇章「中国不法行為法（侵権責任法）の制定と中国民法の動向」法律時報 82 巻 2 号（通巻 1018 号）（平成 22 年）57 頁以下参照。

大問題に関する決定」が採択され、その内容は、同月29日の人民日報に報じられた。「依法治国」は、"法によって国を治める"との意味であるが、その具体的な意図は、中国では中央政府と地方政府との緊張関係が続いている —— 地方保護主義、地方政府の裁量による規則の恣意的な運用等も問題とされている —— なか、司法を介して地方政府をコントロールすること、軍をも含めた、反腐敗関連の法を厳しくすること等にあるといわれている。

18期4中全会の決定では、このような一般的な枠組のもとで民法典の編纂も目標に掲げられた。この点については、日本の新聞は、「中国、市場化へ『法治』強調、4中全会採択、民法整備へ」との題のもとに、次のように報じている。「中国共産党は28日、党中央委員会第4回全体会議（4中全会）で採択した決定の全文を公表した。相続法や婚姻法など個別の法律で対応してきた民法分野の法律を整理し、法典として体系的に網羅した『民法』を定める方針を明らかにした。経済に関わる基本法制を整備し、経済の市場化を一層加速させる狙いだ」[30]。18期4中全会の決定は、今後の方向性又は枠組を決めるにとどまり、後に注記するようなデリケートな問題を含む婚姻法のあり方等を決定するものではないが、それ以外の点については、この記事が報じるとおりであって、中国では経済の市場化を進め、民間の力を利用して活性化した社会を創出するためには、公正な司法による民間活動の自由の保障が必要とされている。

このような政治的な流れのなかで、2015年3月20日に、中国の最高国家権力機関であると同時に立法機関である全国人民代表大会の常設機関である全国人民代表大会常務委員会法制工作委員会は、正式に民法典編纂工作小組を発足させた。民法典編纂の今後の具体的なスケジュールとしては、2017年に開催される全人代において民法総則編を採択することが予想される（少なくとも、次段に紹介する中国法学会が公表した「中華人民共和国民法典民法総則専門家建議稿」の施行日は、2017年10月1日となっている）。

この民法総則編の制定のために、中国法学会、社会科学院、最高人民法院等がそれぞれの案を提示するための作業を行っている。中国法学会は、2015年4月中旬、民法典編纂プロジェクトリーダー小組を発足させたが[31]、はやくも、2015年4月20日には前段に紹介した「建議稿」を公表した。この「建議稿」にかんするかぎり、総則編の構成は注記したように日本民法と類似した章構成となって

30　日本経済新聞2014（平成26）年10月29日朝刊7頁。
31　http://www.chinalaw.org.cn/Column/Column_View.aspx?ColumnID = 920&InfoID = 14314。

第 1 章　民法改正の基本精神

いる[32]。また、最高人民法院は、2015 年 5 月 12 日、「民法典編纂工作研究小組」を発足させた[33]。さらに、社会科学院は、2013 年末に公表した中国民法典草案建議稿[34]をベースに修正案を作成することを計画している。

　上述した予想のとおり 2017 年に民法総則編が採択された場合には、その後に、民法典全体の編纂の具体的作業が行われることになる。現在、中国は、民法総則・物権法・担保法・契約法・不法行為法・相続法・渉外民事関係法律適用法の、7 つの民法各編の単行法 —— 婚姻法・養子縁組法を民法各編と位置づけるのであれば、9 つの民法各編の単行法[35] —— を有している。また、人格権法についても、人民大学等はそれを一つの編とすることを企図しているのに対し、社会科学院はそれに反対する姿勢を示しており[36]、人格権をどのようなかたちで民法典に規定するかは、現段階では決定されてない。また、これらの民事単行法等を一つの民法典に統合するために、どのような作業が行われることになるかも、現段階では定かではない[37]。

　ベトナムでは、1986 年にドイモイ政策が開始され、市場経済導入のための民商法関連の法整備の一環として、1995 年にはじめて民法典が制定された。その後、日本等による法整備支援事業もなされ、民法典は 2005 年に全面改正された。

　その後、2011 年に策定された第 13 期国会（5 年間）の立法計画にもとづき、2015 年 11 月に 2005 年民法が全面改正され、2017 年 1 月 1 日から施行予定である。2015 年民法は、第 1 編　総則、第 2 編　所有権及び財産に対するその他の権利、第 3 編　義務及び契約、第 4 編　相続、第 5 編　外国的要素をもつ民事関係、第 6 編　施行条項の全 6 編、689 条からなる。

32　具体的に示せば、次のようである。第 1 章　一般規定、第 2 章　自然人、第 3 章　法人、第 4 章　その他の組織、第 5 章　民事権利客体、第 6 章　法律行為、第 7 章　代理、第 8 章　時効、第 9 章　民事権利の行使および保護、第 10 章　附則（中国法学会新聞 2015 年 4 月 20 日）。

33　http://www.court.gov.cn/zixun-xiangqing-14441.html。

34　梁慧星『中国民法典草案建議稿　総則編』（法律出版社、2013 年）。

35　婚姻法・養子縁組法を民法の一部と考えるか否かは、中国では両説がありうるところである。かつての中国は、社会主義法の伝統をふまえると、法原則が異なるので、親族法は民法には入らないという考え方が有力であった。しかし、2002 年の全人代議稿では、この二つの法律は、民法典の一編をなすものとして位置づけられた。ただ、同じく社会主義法の伝統を有するロシア連邦民法典においては、親族法は民法とは、別の法律とされている。
　　以上の状況を考えると、中国で親族法を民法の一部と考えるか否かについては、どちらの可能性もありうるというべきであろう。

36　注 34）引用の梁慧星教授の案では、人格権は、総則編の第 2 章　自然人の第 2 節として規定されている。

37　以上に述べた中国の最近の状況については、静岡大学法科大学院准教授の朱曄氏からご教示を受けた。記して感謝の意を表したい。

2015年民法では、2005年民法では相続編の後におかれていた土地使用権や知的財産権などにかんする2編が削除された。これは、土地使用権や知的財産権については、民法ではなく、既存の土地法や知的財産法などの特別法において規定されるべきとの方針によるものである。
　また、法主体と所有形態にかんする規定が整理された。具体的には、2005年民法では法主体として位置づけられていた世帯・組合等について、2015年民法は法主体としては規定せず、その構成員が法主体であるとした。また、2005年民法は、私人所有、共有のほか、国家所有、集団所有、政治組織と政治社会組織に属する所有、社会組織と社会・職業組織に属する所有など、様々な所有形態を認めていたが、2015年民法では、全人民所有、単独所有、共有という所有形態のみを認めるものとされた。
　加えて、取引きにおける善意の第三者保護制度や、形式要件違反による民事取引の無効の回避策の導入など、取引の安全を重視する姿勢が強められた。
　一方、法案段階で検討されていた物権概念の導入については、見送られることとなった。
　なお、ベトナムでは、婚姻および家族の法律関係については、民法にではなく、婚姻家族法に規定されているが、婚姻家族法も2014年に改正がなされている[38]。
　カンボジアには、かつてフランス民法の影響を受けたカンボジア旧民法が存在していた。しかし、1975年以降、ポル・ポト政権によってこの旧民法は事実上廃止され、それ以降、財産関係および家族関係を規定する体系的な法律が存在しない状態であった。その後、20年にも及ぶ内戦の終結後、1998年に民法の草案起草作業が開始され、日本の法整備支援事業による協力を受けて、2007年に、第1編 総則、第2編 人、第3編 物権、第4編 債務、第5編 各種契約・不法行為、第6編 債務担保、第7編 親族、及び第8編 相続の8編からなる全1305条の民法が制定され、2011年12月から施行されている。民法制定から施行まで4年もの年月を要した理由は、民法と他の法令を適合させるため、民法の適用に関する法律（民法適用法）を制定する必要があったためである。具体的には、民法適用法により、従来の土地法で認められていたガージュ（gage）と呼ばれる非

38 　以上に述べたベトナムの状況は、ベトナム民法改正に、JICAの長期専門家としてかかわってきた木本真理子弁護士からのご教示による。記して感謝の意を表したい。また、改正前の民法については、角紀代恵「ベトナム2005年民法」ジュリ1406号（平成22年）90頁をも参照されたい。なお、2005年ベトナム民法、2015年ベトナム民法等の翻訳は、JICAのホームページの「ベトナム六法」の一環として公表されている（http://www.jica.go.jp/project/vietnam/021/legal/）。

第 1 章　民法改正の基本精神

占有型の不動産質と民法の抵当権との関係や、独自の動産担保物権について定める担保取引法と民法との関係について調整がはかられている。また、カンボジア民法では不動産の売買契約は当事者の合意だけでなく公正証書の作成も効力要件とされているが（民法 336 条）、カンボジアでは公証人は数人しか存在しないため、公正証書に「権限官署が登記手続のために作成した書面」も含むと規定して、地方自治体の長のサインでも公正証書として認めるための手当てを行っている[39]。なお、カンボジア民法は、カンボジアがこれまで主として大陸法系の制度をとりいれていたことを考慮し、日本法、ドイツ法、フランス法など大陸法系の制度を参考にしながら、また、国連動産売買条約、ユニドロア国際商事契約原則、ヨーロッパ契約法原則などの契約法の国際的ハーモナイゼーションの成果も斟酌して、旧カンボジア民法、婚姻家族法、土地法なども参照したうえ、起草された[40]。

　以上でみたように、東アジアでは、中華民国民法制定から 80 年以上たった台湾、韓国民法制定から 50 年以上たった韓国で、古くなった民法の全面改正が進行している。また、長らく民法典を有していなかった中国、ベトナム、カンボジア等で、民法の制定が進行中ないし最近終了している。

　なお、東アジアの地域では、次に検討する EU と比肩しうるような緊密な経済共同体が存在しているわけではない。したがって、この地域では、法統合の動きが政治日程にあがってきているわけではない。

（3）　ヨーロッパにおける民法典の改正

（1）に述べたように、経済の緊密化は、法のハーモナイゼーションを要求する。それがもっとも典型的にあらわれているのが、EU 統合が進行しているヨーロッパにおいてである。近時の状況だけみても、ドイツでは債務法の改正が行われたし、フランスでも民法改正が成立するにいたった。もっと長いスパンでは、オランダでは、1970 年の改正家族法を皮切りに、民商二法を統一した新民法典の 10 編のうち 8 編が施行されている。

---

[39] 以上に述べたカンボジアの状況についての記述は、JICA の長期専門家であった木本真理子弁護士による、カンボジアの法整備支援にかかわっているプロジェクト関係者からのヒアリングにもとづくものである。記して木本弁護士と関係者に感謝の意を表したい。なお、カンボジア民法の翻訳は、財団法人国際民商事法センターのホームページに、民事訴訟法関係の法律の翻訳とともに掲載されている（http://www.icclc.or.jp/equip_cambodia/index.html）。

[40] 以上、森嶌昭夫「カンボディア王国法整備支援事業及びカンボディア民法草案起草について」ICD　news7 号（法務省法務総合研究所国際協力部、平成 15 年）30 頁、山本豊「カンボディア王国民法草案の概要：人編と債務編」同誌 51 頁による。

また、個別の国を離れ、ヨーロッパ全体をみても、1989年のヨーロッパ議会の決議を嚆矢として、その後の種々の段階をへながら、ヨーロッパ民法典成立のための胎動が始まっている。ヨーロッパ民法典が成立した場合に法の統一がはかられることが当然であるが、各国の主権との闘いについては慎重に検討する必要があろう。しかし、ヨーロッパ民法典が現実の法律としては成立しなくても、それを考えていくことそれ自体が、法のハーモナイゼーションを促進していく効果は見逃すべきではないであろう。

　このような、ヨーロッパ各国——具体的には、ドイツ、フランス、オランダ——における民法改正の状況と、ヨーロッパ民法典の動向は、私たちが主催した2008年3月の国際シンポジウムにおいて、各国から参加したそれぞれの国の民法改正担当者ないし関係者から語られたところであり、その内容は各国からの参加者が記した諸論文に記されているので、そこに譲ることとする[41]。ただ、国際シンポジウムの後、変動が激しかったフランスの状況について、野澤正充が、次のように簡潔に紹介しているので、それについて以下に記しておくこととしたい。

　フランスでは、1804年の民法典が制定200周年を迎えた2004年以降にも、次のように大きな民法の改正が行われている。すなわち、2006年3月23日のオルドナンス第346号による担保法の改正、2006年6月23日の法律による相続法の改正、および2007年2月21日の法律による「信託」の民法典2011条以下への編入である。このうち、もっとも重要なものは、担保法の改正であり、この改正によって、人的担保と物的担保にかんするすべての規定が民法典の新しい第4編に集められた。そして、この担保法の改正のための委員会とほぼ時期を同じくして立ち上げられたのが、ピエール・カタラを中心とした債務法改正委員会である。同委員会は、2004年3月からその活動を具体的に開始し、2006年6月に準備草案が政府刊行物として公刊されている。その対象は、①民法典の第3編のうちの第3章「契約及び合意による債務の一般」、②第4章の民事責任、および、③第18章の時効である。そして、債務法改正委員会もこの対象に応じて三分され、①の起草を担当する「主たるグループ」のほかに、②ジュヌヴィエーヴ・ヴィネ

41　カール・リーゼンフーバー著=宮下修一訳「ドイツ民法典」民法改正と世界の民法典341頁以下、また、フランスについては、ピエール・カタラ著=野澤正充訳「民法・商法および消費者法」同書371頁以下、オランダについては、アーサー・S・ハートカンプ著=平林美紀訳「オランダ民法典の公布」同書381頁以下参照。さらに、ヨーロッパ民法典については、ハートカンプ著=廣瀬久和訳「ヨーロッパ民法典への動向」同書455頁以下、廣瀬久和「『ヨーロッパ民法典への動向』が語るもの」同書469頁以下、北居功「ヨーロッパ連合における民法典論議」同書475頁以下参照。

第 1 章　民法改正の基本精神

イとジョルジュ・デュリイの率いる民事責任の担当グループと、③フィリップ・マロリーによる時効法を担当するグループとが存在した。そして、2005 年の初夏、この 3 つのグループによる草案が完成し、その約 1 年後に公刊された。このうちの③は、すでに 2008 年 6 月、民事時効改正法として成立している。しかし、①については、ヨーロッパ契約法原理との乖離が批判され、2008 年 7 月には、司法省から新しい債務法草案が提示されている。この草案は、司法省の担当者と研究者のグループによって作成されたものであり、その内容は、ヨーロッパ契約法原理により近いものとなっている。その後、司法省は、2009 年にも新しい草案を提示したが、同草案も国会の審議に付されなかった。また、フランソワ・テレを中心とした、フランス学士院人文・社会科学アカデミーのメンバーが、契約法改正草案（2009 年）、民事責任法改正草案（2011 年）、および債務法改正草案（2013 年）を相次いで公刊している。このテレによる草案も、司法省の財政的な支援を得て作成されたものであり、他の草案との競合による議論の深化がはかられている。

　その後、2015 年 2 月 25 日、司法省は、「契約法の改正にかんするオルドナンス草案」をインターネットにより提示し、同年 4 月 30 日までにパブリックコメントを求めることとした。この草案そのものは、すでに 2013 年 10 月に司法省が提示した草案と、本質的には異なるものではない。しかし、今回は、法律ではなく、オルドナンス（政令）によって民法を改正するものであり、その提示から 1 年以内に改正が実現することとなる。というのも、今回のオルドナンス草案は、「国内の正義と取引の領域における法及び手続の現代化及び簡素化に関する 2015 年 2 月 16 日の法律第 177 号」の第 8 条によって授権されたものであり、同法 27 条第 1 項第 3 号がその 12 月以内の改正を命じているからである。その結果、本書校正の最終段階の 2016 年 2 月の段階にいたって、「契約、債務の一般的制度及び証拠法に関する 2016 年 2 月 10 日のオルドナンス第 131 号」によって、民法の債務法にかんする部分が改正されることになった。

（4）　各国における、民法編別の基本枠組

　以上、地域別に各国の状況に簡単に触れたが、次に、民法の編別という観点から、特徴的な国について言及しておくこととしよう。

　世界の民法典は、ローマ法に端を発したヨーロッパから影響を受けている国が多数である。そのローマ法の影響は、本書 166 頁に述べたように、ユスティニアヌス法典（ローマ法大全）の 3 部構成のうち、学説彙纂（ディゲスタ、またはパンデクタエ）の影響を受けたドイツ民法型のパンデクテン体系か、法学提要（イン

スティトゥツィオーネン）の影響を受けたフランス民法型のインスティトゥツィオーネン体系のいずれかの形式を踏むものがほとんどであった。

ところが、オランダ民法典は、これらとはまったく別の 10 編構成を採用した。詳しくはハートカンプ教授の論稿に譲るが[42]、その第 2 編の法人法は、会社等の営利法人と非営利法人を区別することなく規定している。また、その第 8 編は、かつては商法典に含まれていた運送法を規定しており、保険契約は第 7 編の各種契約のなかの一種として規定されている。その後、鹿野菜穂子がホンディウス教授に問い合わせたところによれば、現段階では、第 10 編の国際私法も制定・施行済みであるが、第 9 編の知的財産がただちに制定・施行される状況にはないとのことである[43]。当然のことながら多くの国で民法として取り扱われている内容は他の各編に規定されており、オランダ民法典はあたかも私法総合法典といった感がある。このオランダ民法典は、ローマ法的な法体系観から独立した法典であって、見方によっては、ルーズリーフ的編纂によって私法の集大成をめざすもののように思われる。

このオランダ民法典が民商二法の統一をはかるものであることは明らかであるが、これとは別のかたちで民商二法の統一をはかる法典もある。台湾の中華民国民法がそれで、パンデクテン体系の 5 編構成をとりながら、「第二編 債」のなかの「第二章 各種の債」という各論に、民事契約の各節に加えて、交互計算、経理人及び代弁商、仲介、仲買、倉庫、運送、匿名組合、各種証券等、商法的性格をもつ契約も規定することによって、民商二法の統一をはかっている。

また、タイ民商法典も、類似の構成によって、民商二法の統一をはかっている。すなわち、同法典は、6 編構成であり、第 2 編を債権関係、第 3 編を典型契約とすることにより、ドイツ型のパンデクテン体系よりも 1 編多い構成となっている。そして、この第 3 編の典型契約のなかに、民事契約と種々の商事契約を規定し、また、中華民国民法典には規定されていない保険、手形及び小切手、パートナーシップ及び会社をも第 3 編に規定することで民商二法の統一をはかっているのである。

（5） 世界のなかでの民法典の改正

では、以上のような状況を、わが国の民法の改正にあたって、いかに考えるべきであろうか。もちろん、各国の文化も伝統も異なっている。国情も、国民の生

---

[42] ハートカンプ＝平林訳・前注引用論稿・民法改正と世界の民法典 381 頁以下参照。
[43] 鹿野菜穂子の問い合わせに対する、2014 年 11 月 12 日付ホンディウス教授のメール回答による。

第1章　民法改正の基本精神

活のあり方も異なる。それぞれの社会と国民の生活を規律するという民法の性格を考えると、単純な法の統一は不可能である。

　かりに、日本がＥＵ等の強固な経済共同体の一員、その他の状況のもとで、他国との法統合が必要であれば別であろうが、現在、わが国はそのような状況にはない。そこで、本民法改正案の提示にあたって、もちろん国際的ハーモナイゼーションにも留意はしたが、国際民事紛争ではなく国内民事紛争を解決するために民法典の条文を使う人が多いことを考慮し、国内状況が民法改正を必要とするか否か、国内状況からみてどのような改正が望ましいのか、という視点を忘れないよう心がけた。

第2章　日本民法典改正案の基本枠組

1　国民のための民法典をめざして

　国民にできるだけわかりやすく、かつ、使い勝手がよい民法典をつくるためには、いろいろな観点からの工夫が必要である。さきに述べた、法典には現れていない判例法の法典化や、民事特別法のレファレンス規定等も、このような努力の一環である。ただ、それらについてはすでに述べたので、ここでは、法典の構成、そして条文の書き方を中心に述べてみよう。

2　法典の構成のありかた

　わかりやすく、かつ、使い勝手がよい法典とするためには、①法典の構成が論理的であり、かつ、透視可能なように体系化されていること、②それぞれの編・章・節・款・目のなかの規範内容が整序されていること、それに加えて、③条文が、文言においても整序され、簡明なものとなっていること、これらが重要である。

　このような観点から、本民法改正案では、①の法典の構成の論理性と透視可能性を求め、現行民法の規定の位置を変更したところが少なくない。さらに、民法総則的性格、私法全体の総則的性格を有するというよりは、公法、私法にまたがる種々の法の通則的な性格を有する、「住所」や「期間の計算」等の規定については、民法典ではなく、民法改正研究会が —— 本民法改正案とともに、新たな法律としてその制定を提案する ——「法令の通則に関する法律」に移動し、体系的整序をはかった。

　さらに、本民法改正案では、②のそれぞれの章・節・款・目の中の規範内容を整序するため、現行民法の章・節・款等で規定されている一連の条文群を、いくつかに細分化しながら、体系化、秩序化をはかったところが少なくない。

　③の条文内容の整序・簡明化については、最初にすべての条文の内容に立ち入って紹介をするのは不可能なので、第3部の改正理由に譲ることとし、ここでは、①、②の法典の構成という観点から、本民法改正案と現行民法典の章・節・款・目の差異を、財産法の3編にそくして紹介しておくこととする。

　なお、以下に示す構成案は、総則編にかんしては民法改正研究会の最終案である。物権編、債権編については事務局が検討中の国民有志案の修正案原案であるが、この点については本書冒頭の xiii 頁を参照されたい。さらに、担保法につい

第2章　日本民法典改正案の基本枠組

ては、民法改正研究会は、現在改正案を起草中であるので、その構成は暫定仮案の段階のものにすぎない。したがって、総則編以外については、最終案確定の段階で、これと異なったものになる可能性があることをお断りしておきたい。

【表1　総則編の構成】

本民法改正案	現行民法典
第1編　総則	第1編　総則
第1章　通則	第1章　通則
第2章　権利の主体	－
第1節　人	第2章　人
第1款　権利能力	第1節　権利能力 　第4節「不在者の財産の管理及び失踪の宣告」の一部（失踪の宣告の部分のみ） 　第5節　同時死亡の推定
第2款　意思能力	－
第3款　行為能力	第2節　行為能力
第1目　未成年	
第2目　後見	
第3目　保佐	
第4目　補助	
第5目　審判保護制度相互の関係	
第6目　制限行為能力者の相手方の保護	
第4款　意思表示の受領能力	98条の2（意思表示の受領能力）
	第3節　住所 （本民法改正案では、「法令の通則に関する法律」に移動）
	第4節「不在者の財産の管理及び失踪の宣告」の一部（不在者の財産の管理の部分）

187

	（本民法改正案では、第3編第3章第2節「法定財産管理」に移動）
第2節 法人	第3章 法人
第3章 権利の客体	－
第1節 総則	－
第2節 物の分類	第4章 物
第4章 権利の変動	－
第1節 総則	－
第2節 法律行為	第5章 法律行為
第1款 総則	第1節 総則
第2款 意思表示	第2節 意思表示
第3款 代理	
第1目 有権代理	第3節 代理
第2目 無権代理	
第3目 表見代理等	
第4款 無効及び取消し	
第1目 無効	第4節 無効及び取消し
第2目 取消し	
第5款 条件及び期限	
第1目 条件	第5節 条件及び期限
第2目 期限	
	第6章 期間の計算 （本民法改正案では、「法令の通則に関する法律」に移動）
第3節 時効	第7章 時効 　第1節 総則 　第2節 取得時効 　第3節 消滅時効
第5章 権利の実現	－

第2章　日本民法典改正案の基本枠組

【表2　物権編の構成】

国民有志案修正案原案	現行民法典
第2編　物権	第2編　物権
第1章　総則	第1章　総則
第1節　通則	−
第2節　占有	第2章　占有権
第1款　占有の取得と移転	第1節　占有権の取得
第2款　占有に基づく請求権	第2節　占有権の効力
第3款　占有の態様等	
第4款　占有者と回復者	
第5款　占有の消滅	第3節　占有権の消滅
第6款　準占有	第4節　準占有
第2章　所有権	第3章　所有権
第1節　所有権とその限界	第1節　所有権の限界
第1款　所有権の内容及び範囲	第1款　所有権の内容及び範囲
第2款　相隣関係	第2款　相隣関係
第2節　所有権の原始取得	第2節　所有権の取得
第3節　共同所有	第3節　共有
第3章　地上権	−
第1節　総則	−
第2節　建造物用地上権	第4章　地上権
第3節　農用地上権	第5章　永小作権
第4章　地役権	第6章　地役権
第5章　抵当権	第10章　抵当権
第6章　質権	第9章　質権
第7章　先取特権	第8章　先取特権
第8章　留置権	第7章　留置権

189

【表3　債権編の構成】

国民有志案修正案原案	現行民法典
第3編 債権	第3編 債権
第1章 総則	第1章 総則
第1節 通則	第2節 債権の効力 　　第1款 債務不履行の責任等
第2節 債権の種類	第1節 債権の目的
第3節 債権の対外的効力	第2節 債権の効力 　　第2款 債権者代位権及び詐害行為取消権
第4節 債権関係における当事者の変動	−
第1款 債権譲渡	第4節 債権の譲渡
第2款 債務引受	−
第3款 契約上の地位の譲渡	−
第5節 債権の消滅	第5節 債権の消滅
第1款 総則	−
第2款 弁済	第1款 弁済
第1目 総則	第1目 総則
第2目 代物弁済	
第3目 特殊な弁済方法	第2章 契約 　　第13節 終身定期金
第4目 弁済による代位	第1款 弁済 　　　第3目 弁済による代位
第3款 弁済供託	第2目 弁済の目的物の供託
第4款 相殺	第2款 相殺
第5款 更改	第3款 更改
第6款 免除	第4款 免除
第7款 混同	第5款 混同
第6節 多数当事者の債権及び債務	第3節 多数当事者の債権及び債務

第 2 章　日本民法典改正案の基本枠組

第 1 款　総則	—
第 2 款　分割債権債務及び不可分債権債務	第 1 款　総則
	第 2 款　不可分債権及び不可分債務
第 3 款　連帯債権債務	第 3 款　連帯債務
第 4 款　保証債権債務	第 4 款　保証債務
第 1 目　特定保証	第 1 目　総則
第 2 目　根保証	第 2 目　貸金等根保証契約
第 2 章　契約	第 2 章　契約
第 1 節　総則	第 1 節　総則
第 1 款　契約の自由	—
第 2 款　契約の交渉と成立	—
第 1 目　契約交渉における当事者の義務	—
第 2 目　契約の成立	第 1 款　契約の成立
第 3 目　約款による契約の成立	—
第 4 目　懸賞広告	第 1 款　契約の成立の一部
第 3 款　契約の効力	第 2 款　契約の効力
第 4 款　契約の有効性	—
第 5 款　契約の解除	第 3 款　契約の解除
第 2 節　所有権移転契約	—
第 1 款　売買	第 3 節　売買
第 1 目　総則	第 1 款　総則
第 2 目　売主の担保責任	第 2 款　売買の効力
第 3 目　買戻し	第 3 款　買戻し
第 2 款　交換	第 4 節　交換
第 3 款　贈与	第 2 節　贈与
第 3 節　物の利用契約	—
第 1 款　賃貸借	第 7 節　賃貸借

191

第1目 総則	第1款 総則
第2目 賃貸借の効力	第2款 賃貸借の効力
第3目 賃貸借の終了	第3款 賃貸借の終了
第2款 使用貸借	第6節 使用貸借
第4節 労務提供契約	−
第1款 雇用	第8節 雇用
第2款 請負	第9節 請負
第3款 委任	第10節 委任
第1目 有償委任	
第2目 無償委任	
第3目 準委任	
第4款 寄託	第11節 寄託
第1目 有償寄託	
第2目 無償寄託	
第3目 消費寄託	
第5節 その他の典型契約	−
第1款 消費貸借	第5節 消費貸借
第1目 有償消費貸借	
第2目 無償消費貸借	
第2款 組合	第12節 組合
第1目 組合の成立と組織	
第2目 組合財産	
第3目 組合の対外関係	
第4目 組合の解散及び清算	
第3款 和解	第14節 和解
第3章 事務管理等	第3章 事務管理
第1節 事務管理	
第2節 法定財産管理	第1編 総則 第2章 人

第2章　日本民法典改正案の基本枠組

	第4節「不在者の財産の管理及び失踪の宣告」の一部（不在者の財産の管理の部分）
第4章 不当利得等	第4章 不当利得
第1節 一般不当利得	
第2節 特殊な不当利得	
第3節 転用利得	－
第5章 不法行為	第5章 不法行為
第1節 損害賠償	
第1款 総則	
第2款 不法行為における免責事由等	
第3款 特殊な不法行為	
第2節 差止め等	－

3　規範内容の整序と条文の規定のしかた

（1）　制度の一覧性と、条文配置の規則性

　所与の法規の解釈ではなく、あらたに法を作るという立場から民法典の配列をみると、起草当時の時間的制約もあってか、必ずしも条文の配列につき、すべての箇所で細部にいたるまで配慮が行き届いているわけではないことがわかる。

　たとえば、制限行為能力者については、その者がした法律行為の取消し（成年被後見人、未成年被後見人以外は、保護機関の同意を欠く法律行為の取消し）と、法定代理人による代理の2種の制度が用意されているが、前者が第1編 総則、後者が第4編 親族に規定されており、制度の一覧性に欠けるところがある。

　さらに、条文配置の規則性について述べると、被保佐人については、民法13条1項は、第1号から第9号にわたって「保佐人の同意を要する行為」を列挙している。その順序は、"元本の領収・利用－借財・保証－不動産等の権利変動－訴訟行為－贈与・和解・仲裁合意－相続の承認・放棄・遺産分割－贈与の申込みの拒絶・遺贈の放棄・負担付贈与または負担付遺贈の申込みの承諾等－新築・改築・増築・大修繕－短期ではない賃貸借"となっており、ほとんど規則性がみられず、順不同のように思われる。

193

そこで、本民法改正案では、この規定内の順序を、基本的に民法の規定の順に配列することとした（なお、契約各論の順は、現行民法では贈与・売買等、無償契約・有償契約の順に並んでいるところ、本民法改正案では、世の中では有償契約のほうが多いことを考慮し、売買・贈与等、配列を変えており、（新）17条1項は、本民法改正案の規定の順に従ったことに留意されたい）。

　下記の【表4】の、左側の（新）17条1項の各号と、右側の現行民法13条1項の各号を対比したうえで、両者を見比べられたい。本民法改正案では現行民法13条1項の各号がかなり大幅に分解・再配列されている。

【表4　被保佐人の法律行為等の条文構成】

本民法改正案	改正の有無	現行民法
第17条　被保佐人が次に掲げる行為をするには、その保佐人の同意を得なければならない。ただし、日常生活に関する行為については、この限りでない。	移修	13条1項
一　不動産その他重要な財産の売買、賃貸借（（新）第N条（短期賃貸借）に定める期間を超えない賃貸借を除く。）その他重要な権利の変動を目的とする法律行為をすること。	移修	3号、9号
二　贈与をし、贈与の申込みを拒絶し、又は負担付贈与の申込みを承諾すること。	移修	5号、7号
三　新築、改築、増築又は大修繕を目的とする法律行為をすること。	移修	8号
四　金銭消費貸借契約又はこれに類する契約の締結その他元本の利用若しくは領収をし、又は保証をすること。	移修	1号、2号
五　和解又は仲裁合意（仲裁法（平成十五年法律第百三十八号）第二条（定義）第一項に規定する仲裁合意をいう。）をすること。	移修	5号
六　相続の承認若しくは放棄をし、遺贈の放棄若しくは負担付遺贈の承認をし、又は遺産の分割をすること。	移修	6号、7号
七　前各号に掲げるもののほか、無償で相手方又は第三者に利益を与える法律行為をすること。	新設	－

第2章　日本民法典改正案の基本枠組

　これは、一例にすぎないが、この例からもわかるように、現行民法には、規定の順序の変更のみならず、複数条文の統合が必要なものも少なからず存在している。この結果、本民法改正案では、条文を新設する提案も少なからずあったが、同時に、条文を統合する提案もかなり存在することとなった。

（2）規範内容の秩序化
①　はじめに
　民法典は、法条を一定の考えのもとに配列していることは事実であるが、その配列の法構造がそれほど明確でない箇所も少なくない。そのような例として、人と代理の箇所をとりあげ、本民法改正案と現行民法典とを比較してみよう。
②　「人」の体系化
　本民法改正案において、現行民法典の規範内容をどのように秩序化したのかを、まず、本民法改正案の総則編第2章の「第一節　人」を例に紹介することとしよう。
　ここで、本民法改正案の「人」の構成を現行民法典と対比すれば、次のようになる。

【表5　「人」の構成】

本民法改正案	現行民法
第二章　権利の主体	－
第一節　人	第二章　人
第一款　権利能力 （「同時死亡の推定」、「失踪宣告の審判による死亡の擬制」を含む）	第一節　権利能力
第二款　意思能力	－
第三款　行為能力	第二節　行為能力
第一目　未成年	－
第二目　後見	－
第三目　保佐	－
第四目　補助	－
第五目　審判保護制度相互の関係	－
第六目　制限行為能力者の相手	－

195

	方の保護	
第四款　意思表示の受領能力		(「第五章　法律行為：第二節　意思表示」から移動)
(「法令の通則に関する法律」に規定)	第三節	住所
(「不在者の財産の管理」は「第三編 債権：第三章 事務管理」に移動) (「失踪の宣告」は「第一款　権利能力」に移動)	第四節	不在者の財産の管理及び失踪の宣告
(「第一款　権利能力」に移動)	第五節	同時死亡の推定

　この【表5】を一覧すればわかるように、本民法改正案では、民法に規定されている人の能力の規定のうち、不法行為の責任能力以外のもの──具体的に述べると、「権利能力」、「意思能力」、「行為能力」、「意思表示の受領能力」──をすべて「款」として規定した。これにより、総則編第2章の「第一節　人」の規範内容は、能力規定に純化された。
　それに加え、「第一款　権利能力」では、条文に権利能力の始期と終期の双方を規定した。このように権利能力の終期として「死」が規定されたことにともない、権利能力の終期と関係する「同時死亡の推定」、「失踪の宣告」の規定をすべてこの「第一款　権利能力」に移動することとなった。
　また、現行民法では明文の規定を欠く「意思能力」を規定することにより、法典をわかりやすくすることにつとめた。
　行為能力については、叙述の便宜上、次の③で述べることとする。
　「意思表示の受領能力」は、現行民法では法律行為の意思表示の末尾に規定されている。しかし、未成年者と成年被後見人には受領能力が認められないという規定の内容を考えると、「行為能力」との連続性がきわめて強いものなので、本民法改正案では「第三款　行為能力」の次に規定することとした。
　次に、人の能力規定の純化と体系化という観点から考えると、「不在者の財産の管理」は、それが自発的に行われた場合には、債権編の事務管理の典型事例として語られるものであり、これがローマ法以来の伝統とされている。この点を考えると、家庭裁判所による不在者の財産管理人の選任は、事務管理類似の性格を帯びているので、債権編に移動した。
　さらに、本民法改正案では、本書186頁に述べたように、民法総則の規定を、民法各編の総則と私法の総則規定に限定して規定することとした結果、私法・公

第2章　日本民法典改正案の基本枠組

法を通じた技術的な性格を帯びた「住所」の規定を「法令の通則に関する法律」に移動することとした。

以上のような改正をした結果、現行民法では「人」の章に規定されていた「第三節　住所」、「第四節　不在者の財産の管理及び失踪の宣告」、「第五節　同時死亡の推定」の節は、同章からすべて削除されるか、独立の「節」ではなくなった。

③　条文群の体系化

本民法改正案では、現行民法では多数の条文が並置されているところを、「款」や「目」を設けることによって体系性を明らかにするようにつとめた。

たとえば、②の「人」の節を例にとると、現行民法では、「行為能力」の箇所には18か条の規定がおかれているところを、本民法改正案では、6つの「目」——「未成年・後見・保佐・補助・審判保護制度相互の関係・制限行為能力者の相手方の保護」——に分類して規定した。これによって、制限行為能力制度の体系が一覧してわかると考えたからである。この「人」の節にかぎらず、類似の試みは、多くの箇所においてなされている。

たとえば、「代理」の条文群をみてみよう。代理は、本民法改正案では、現行民法の条文を若干の修正をともないつつも継承したものも多く、別段、抜本的な改正が施された分野ではない。条数自体も、冒頭の「代理権の発生」、「商行為の代理」、「表見代理の重畳適用」、「名義貸与者の責任」の4か条が付け加えられたが、現行民法の条文の内容の整序にともなって2か条ほど条数が減少したので、最終的な条数の増加は2か条で、大きく変動しているわけではない。

ただ、本民法改正案は、現行民法の代理を、「有権代理－無権代理－表見代理」の順に規定を入れ替えること、さらに、有権代理の内部においても、大筋として、代理権の「発生－要件・効果－現行民法の代理行為の瑕疵等に対応する条文－復代理－消滅」の順にすることとした。このように、条文の順序を入れ替え、若干の文言修正を施し、内容を「第一目　有権代理」として分類するだけで、代理法の透視性はかなりよくなるように思われる。代理の規定の順がどのようなものか、本民法改正案と現行民法の双方の条文を示してみよう。

【表6　代理の構成】

本民法改正案	現行民法典
第三款　代理	第三節　代理
第一目　有権代理	
代理権の発生	代理行為の要件及び効果

代理権の範囲	本人のためにすることを示さない意思表示
代理行為の要件及び効果	代理行為の瑕疵
本人のためにすることを示さない意思表示	代理人の行為能力
自己契約及び双方代理等	権限の定めのない代理人の権限
代理人の行為能力等	任意代理人による復代理人の選任
代理人に係る事由の効力	復代理人を選任した代理人の責任
復代理人とその権限	法定代理人による復代理人の選任
任意代理人の選任による復代理	復代理人の権限等
法定代理人の選任による復代理	自己契約及び双方代理
代理権の消滅事由	代理権授与の表示による表見代理
商行為の代理	権限外の行為の表見代理
	代理権の消滅事由
第二目　無権代理	代理権消滅後の表見代理
無権代理	無権代理
本人の追認	無権代理の相手方の催告権
相手方の権利	
無権代理人の責任	無権代理の相手方の取消権
単独行為の無権代理	無権代理人行為の追認
第三目　表見代理等	無権代理人の責任
越権行為による表見代理	単独行為の無権代理
代理権消滅後の表見代理	
代理権授与表示による表見代理	
表見代理の重畳適用	
名義貸与者の責任	

（3） 条文内容の一覧性の確保
① 意思表示の無効・取消しの対第三者効

意思表示の無効・取消しをどの範囲の第三者に対抗できるか、という問題について、現行民法は、虚偽表示の94条2項と詐欺の96条3項のみを規定しており、それらを他のどの条文に準用できるかが、学説上、問題とされている。本民法改正案では、この問題を網羅的に規定することにしたうえで、現行民法のように、各無効・取消原因を規定した条文に個別に規定するのではなく、1か条にまとめて規定することにした。

具体的には、下記に示したように、表意者を保護する範囲が狭いものから広いものを順に並べた3段階構造を採用し、3つのグループとして、条文が表としての機能も果たしうるかたちに規定した。すなわち、①善意の第三者であれば保護される事例（「真意留保」、「虚偽表示」、「錯誤」）、②善意・無過失の第三者が保護される事例（「不実表示」・「情報の不提供」、「詐欺」）、③すべて表意者が保護される事例（「強迫」）である。このほうが現行民法の個別の条文にバラバラに規定する方式よりも、透視性、体系性に優れていると考えたからである（なお、下記の49条3項にある「前条」は、「強迫」の規定をさしている）。

（第三者の保護・本民法改正案）

第四十九条　次に掲げる法律行為の無効又は取消しは、これをもってその無効又は取消しの原因につき善意の第三者に対抗することができない。
　一　第四十三条（真意留保）の規定による無効
　二　第四十四条（虚偽表示）本文の規定による無効
　三　第四十五条（錯誤）第一項及び第二項の規定による取消し
2　次に掲げる法律行為の取消しは、その取消しの原因につき善意で過失がない第三者に対抗することができない。
　一　第四十六条（不実表示及び情報の不提供）第一項及び第二項の規定による取消し
　二　第四十七条（詐欺）の規定による取消し
3　前条の規定による取消しは、第三者に対抗することができる。

---

② 担保責任の規定

現行民法の売買の担保責任の規定は、条文数も多く、それぞれの法的効果は、条文を読み込んではじめてわかるようになっている。

しかしながら、実は、担保責任の法的効果は、契約履行請求権・解除・代金減

額・損害賠償のいずれかなのであり、それを、1号、2号、3号、4号と書き分けて並べれば、条文自体が、表としての意味をもち、一覧するだけで、内容がわかるはずである。このような観点から、国民有志案ないしその修正案原案では、それぞれの条文ごとに、上記の効果のうちいずれが認められているかを一覧できるように規定した。

イメージを具体的にするために、現行民法570条とそれが準用する566条1項とを紹介したうえで、比較のために、国民有志案修正案原案のいくつかの規定を示してみよう。現行民法の規定を下記の国民有志案修正案原案の規定と比較すれば、売主の担保責任で認められる上記の4種の効果は、国民有志案修正案原案499条の売買の瑕疵担保責任でも、500条の「数量の不足又は物の一部滅失の場合における売主の担保責任」、502条の「物の一部が他人に属する場合における売主の担保責任」においても同様に認められるが、501条の「他人物売買における売主の担保責任」においては、代金減額請求権が認められていないことが一見して明らかであろう（ただし、紙幅の関係から、ここに紹介したのは、8か条ほど存在する国民有志案修正案原案の瑕疵担保の規定のうちの最初の4条のそれぞれ1項のみである。紹介を省略した503条以下については、国民有志案修正案原案を参照されたい[44]）。

なお、現行民法は、売主の瑕疵担保責任の規定を、売主の担保責任の一連の規定のほぼ末尾に置いているが、国民有志案修正案原案では、もっとも重要度が高いと思われるその規定を担保責任の規定の冒頭においたことを付言しておきたい。

現行民法典

> （売主の瑕疵担保責任）
> 第五百七十条　売買の目的物に隠れた瑕疵があったときは、第五百六十六条の規定を準用する。ただし、強制競売の場合は、この限りでない。
> （地上権等がある場合等における売主の担保責任）
> 第五百六十六条　売買の目的物が地上権、永小作権、地役権、留置権又は質権の目的である場合において、買主がこれを知らず、かつ、そのために契約をした目的を達することができないときは、買主は、契約の解除をすることができる。この場合において、契約の解除をすることができないときは、損害賠償の請求のみをすることができる。

---

[44] 加藤雅信『迫りつつある債権法改正の総合的検討』（信山社、平成27年）599頁以下。

第２章　日本民法典改正案の基本枠組

国民有志案修正案原案

（売主の瑕疵担保責任）（すべて第１項のみ）
第四百九十九条　売買の目的物に隠れた瑕疵がある場合には、善意の買主は、次の各号に定める権利を行使することができる。
　一　瑕疵の修補請求権又は代物引渡請求権
　二　契約をした目的を達することができないときは、契約解除権
　三　契約の目的を達することができるときは、代金減額請求権
　四　第三百四十二条（債務不履行による損害賠償）の要件を具備するときは、それに基づく損害賠償請求権。前三号に基づく権利の行使は、この損害賠償の請求を妨げない。

（数量の不足又は物の一部滅失の場合における売主の担保責任）
第五百条　数量を指示して売買した物に不足がある場合又は物の一部が契約の時に既に滅失していた場合には、善意の買主は、次の各号に定める権利を行使することができる。
　一　不足する数量の引渡請求権
　二　その数量であれば目的物を買い受けなかったときは、契約解除権
　三　不足する数量の割合に応じた代金減額請求権
　四　第三百四十二条（債務不履行による損害賠償）の要件を具備するときは、それに基づく損害賠償請求権。前三号に基づく権利の行使は、この損害賠償の請求を妨げない。

（他人物売買における売主の担保責任）
第五百一条　他人の物を売買の目的とした場合には、買主は、次の各号に定める権利を行使することができる。
　一　売主がその物の所有権を取得し、その所有権を買主に移転する旨の請求権
　二　売主が買主に所有権を移転できないときは、契約解除権
　三　善意の買主は、第三百四十二条（債務不履行による損害賠償）の要件を具備するときは、それに基づく損害賠償請求権。前二号に基づく権利の行使は、この損害賠償の請求を妨げない。

（物の一部が他人に属する場合における売主の担保責任）
第五百二条　売買の目的である物の一部が他人に属することにより、売主がこれを買主に移転しない場合には、買主は、次の各号に定める権利を行使することができる。

> 一　売主がその一部を取得し、その部分の所有権を買主に移転させる旨の請求権
> 二　買主が善意の場合、残存する部分のみであれば買い受けなかったときは、契約解除権
> 三　不足する部分の割合に応じた代金減額請求権
> 四　買主が善意のときは、第三百四十二条（債務不履行による損害賠償）の要件を具備するときは、それに基づく損害賠償請求権。前三号に基づく権利の行使は、この損害賠償の請求を妨げない。

（4）視覚的な一覧性を確保するための表形式の条文案

　上記の各号列挙のかたちで、規範内容を表のかたちで条文化していく手法とも関連するが、次に、号の記載のしかたによって、読み手に一瞥して規範の内容を理解しやすくするという手法について一言しておこう。本民法改正案においては、（新）42条（意思表示とその効力）等、いくつかの条文においてみられる形式であるが、ここでは（新）93条を例に、このような号の書き方を示してみよう。ここでは、1項には3つの号が、2項には2つの号が存在しているが、下記の表内の上に示したものでは、これら5つの号が表のように左右にかき分けられている。これに対し、下に示したものは、一字空けで続いている。

　表内の上に示した方式は民事訴訟法3条の3、5条、6条、6条の2、104条、107条、124条などが採用している号の規定方式であるが、他の法律では下に示した一文字空けの方式を採用することが多い。形式の問題なので、双方の方式がありうるところであるが、本民法改正案では、見やすさという観点から、表に近い上の方式を採用している。

> **（時効の完成の猶予）**
> 第九十三条　時効は、次の各号に掲げる場合には、当該各号に定める時から六か月を経過するまでの間は、完成しない。
>
> | | | |
> |---|---|---|
> | 一 | 未成年者又は被後見人に時効完成前六か月以内の間に法定代理人がいない場合 | それらの者が行為能力者となった時又は法定代理人が選任された時 |
> | 二 | 時効が相続財産に関するものである場合 | 相続人が確定した時、管理人が選任された時又は破産手続開始の決定があった時 |

第2章　日本民法典改正案の基本枠組

三　天災その他避けることのできない事変による障害があった場合（次条第一項の催告、同条第二項の交渉若しくは第九十五条（訴訟手続等による時効の援用の制限）第一項各号に掲げる手続を行うことができない場合又は第九十六条（時効の新たな進行と権利の承認）第二項の承認を求める行為ができない場合に限る。）	その事変による障害が消滅した時

2　時効は、次の各号に掲げる権利については、当該各号に定める時から六か月を経過するまでの間は、完成しない。

一　未成年者又は被後見人が法定代理人に対して有する権利	それらの者が行為能力者となった時又は後任の法定代理人が選任された時
二　夫婦の一方が他の一方に対して有する権利	婚姻が解消された時

（スタイルが異なる案）

第九十三条　時効は、次の各号に掲げる場合には、当該各号に定める時から六か月を経過するまでの間は、完成しない。

一　未成年者又は被後見人に時効完成前六か月以内の間に法定代理人がいない場合　それらの者が行為能力者となった時又は法定代理人が選任された時

二　時効が相続財産に関するものである場合　相続人が確定した時、管理人が選任された時又は破産手続開始の決定があった時

三　天災その他避けることのできない事変による障害があった場合（次条第一項の催告、同条第二項の交渉若しくは第九十五条（訴訟手続等による時効の援用の制限）第一項各号に掲げる手続を行うことができない場合又は第九十六条（時効の新たな進行と権利の承認）第二項の承認を求める行為ができない場合に限る。）　その事変による障害が消滅した時

2　時効は、次の各号に掲げる権利については、当該各号に定める時から六か月を経過するまでの間は、完成しない。

一　未成年者又は被後見人が法定代理人に対して有する権利　それらの者が行為能力者となった時又は後任の法定代理人が選任された時

二　夫婦の一方が他の一方に対して有する権利　婚姻が解消された時

（5）　原則規範の無規定主義の是正

　現行民法典の総則の第5章「法律行為」の冒頭は、90条の「公の秩序又は善良の風俗に反する事項を目的とする法律行為は、無効とする。」という規定から始まっている。

　しかし、本来、法律行為は有効なものとして一定の効果をもっており、一定の要件を具備すると例外的に無効とされるにすぎない。ところが、現行民法では、この例外規定から始まっており、その前提的な状況である法律行為の成立要件とその効果については何ら規定されていない。これでは、理解力に優れた者ですら、法典を一読しただけでは法規範の内容を理解できないであろう。法学部の授業等での、その成立と効果を含め、「法律行為とは何か」の学習が必須となるゆえんである。

　これに対し、「国民にわかる民法」をめざす本民法改正案においては、まず（新）39条で、法律行為とは何かについて規定し、まず有効な法律行為を論じたうえで、その後に、無効原因となる、公序良俗違反と強行法規違反の規定を──文言を多少わかりやすくなるように、微修正して──おくこととした。

　民法典が、このように例外規定から始まるような体裁となって、一般国民にわかりにくいものとなってしまった背景には、ボワソナード民法典が教科書的な冗長なものとなったことの反動という側面があった。この問題につき、梅謙次郎、富井政章、穂積陳重の三起草委員が内閣総理大臣伊藤博文にあてた「法典調査規程理由書」には、大綱次のように記されている。

　法典中に定義規定をおく必要があるか否かについては、学者間で意見が異なるが、一般には、教科書のような定義、解説は無用の贅文なので避けるべきである。ただ、一般人が迷ったり、誤ったりすることを予防するために必要な場合にのみ、立法的解釈をする必要がある[45]。

　しかし、民法典は、"羹に懲りて膾を吹く"を地でいった感もあり、誰にとっても当然となる原則を規定することを省略した結果、「法律行為」の章のように、「法律行為」というものが何かという基本的内容を明らかにしないまま、例外としての無効事由等を列挙することとなってしまったものもある。このような傾向は、法律行為の箇所にかぎらず、民法典のいたるところに見受けられるので、本

45　広中・注14）引用『日本民法典資料集成　第1巻　民法典編纂の新方針』677頁以下参照、福島・注14）引用『明治民法の制定と穂積文書』117頁。

第2章　日本民法典改正案の基本枠組

改正提案では、一読して法規範の構造がわかる限度において基本的な原則から規定することとした。

(6)　「悪しき省略主義」からの脱却
(5)で述べたように、現行民法においては、原則規定が省略され、例外規定からはじまるという問題があった。しかし、現行民法における省略は、それにとどまるものではない。法概念・法制度として、当然存在するが、それらについての規定をまったくおかない例もいくつかみられる。

たとえば、現行民法は、第1編 総則の第2章に「行為能力」の節を設けているが、「意思能力」についての規定は存在しない。また、第2編 物権の第2章に「占有の訴え」の規定はあるものの、それ以外の「物権的請求権」についての規定は存在しない。

これでは、民法典をみる者に、現行民法が意思能力概念を前提としていること、「物権的請求権」の存在を当然の前提としていることはわかりようがない。このような現行民法の「悪しき省略主義」を是正すべく、本民法改正案では、意思能力、物権的請求権等のように現行民法では省略されている規定をあらたに規定することとした。

(7)　倒錯した文言の回避
前述したような原則を省略し、例外のみを規定する条文の書き方は、法制度全体のなかでの原則規定の省略のみならず、一つの条文の内部でも、例外的事態にのみ焦点を合わせて規定し、結果として、その条文を読む者に無用な混乱を強いることが少なくない。

たとえば、民法149条以下の時効中断事由の規定は、すべてこのような倒錯した規定のしかたとなっているので、そこで省略されている原則状況を文言化すると、かなり理解しやすい条文となる。このような修正は、法曹提示案の副案で行われており、そこでは現行民法149条から156条までの規定をすべて修正した提案がなされているが、紙数の制約からそのうちの2か条だけをとりあげることとする[46]（なお、本民法改正案は時効制度全体についての抜本的な提案を行っているので、以下に紹介したような改正提案は行われていない）。

現行民法典

（裁判上の請求）

---

[46] 他の条文案については、『民法改正と世界の民法典』567頁参照。

> 第百四十九条　裁判上の請求は、訴えの却下又は取下げの場合には、時効の中断の効力を生じない。
> （支払督促）
> 第百五十条　支払督促は、債権者が民事訴訟法第三百九十二条に規定する期間内に仮執行の宣言の申立てをしないことによりその効力を失うときは、時効の中断の効力を生じない。

　これは、<u>裁判上の請求によって時効は中断するが</u>、訴えの却下、取下げの場合には中断効が生じないという内容を、下線を引いた原則部分を省略して規定したものである。これを、原則例外ともに文言化すれば、これらの規定は少しもわかりにくいものではない。上記の条文をそのような内容に変えてみたものが、次の条文案である[47]。

法曹提示案・副案微修正案

> （裁判上の請求）
> 第98条　時効は、裁判上の請求によって中断する。ただし、後に訴えの却下又は取下げがあったときは、この限りでない。
> （支払督促の申立て）
> 第99条　時効は、支払督促の申立てによって中断する。ただし、債権者が民事訴訟法（平成八年六月法律第百九号）第三百九十二条（期間の徒過による支払督促の失効）に規定する期間内に仮執行の宣言の申立てをしないことにより、支払督促がその効力を失うときは、この限りでない。

　上記の時効の例は、現行民法のなかでもとくにわかりにくいものなので、これを平均的な例としてあげるのは公平ではないが、それでも現行民法とリライトした案を比較すれば、現在の条文が日本語として悪文であることは一目瞭然であろう。すべからく法律の条文は、簡潔・明瞭なものでなければならない。

---

[47]　なお、本文に引用した条文が「微修正案」とされているのは、第99条中の「第三百九十二条」に条文の標題を付した点が変更されているからであって、条文の文言それ自体は「法曹提示案・副案」から変更されていない。

4 民法・商法・消費者法の関係

(1) 民法・商法・消費者法分離の基本方針

　民法改正にさいし、民法・商法・消費者法をどのようなかたちで規定すべきかはかなりむずかしいところである。考え方として、民法改正にさいし、商法・消費者法を含んだ「総合法典主義」をとるか、それとも一般法・特別法の分離を堅持し、民法は普遍性をもつ内容に純化するという「一般法主義」をとるか、という問題である。

　消費者法は、比較的最近にあらわれた法分野であるので、従来、この問題は、民法と商法の関係として論じられることが多かった。その点をもふまえながら諸外国の法典をみると、本書184頁に紹介したように、パンデクテン体系をとりながら民商2法を統一した例として中華民国民法典、タイ民商法典があり、パンデクテン体系以外で民商2法を統一した例としてオランダ民法典がある（なお、オランダ民法典では、さらに消費者法も含まれている）[48]。これに対し、フランスのように、「民法典は、いわばフランス民事法の基本」として、普遍的性格を貫き、自由と平等の下での紛争解決規範に終始し、商法・消費者法を包含しない、という路線を貫いている国もある[49]。中間的な方式の例としては、ドイツがあり、前述した特別法を民法典にとりこむべきであるとの立場と取り込むべきでないという立場との対立の結果、——商法典との統合ははかられていないものの——消費者法の一定部分が民法典に統合された[50]。

　このように、立法政策としては双方ありうるところであるが、本民法改正案では、商法および消費者法を民法にとりこまないこととした。その理由は、民法に商法の規定をとりいれるのであれば、市民法としての民法をより事業者法に近づけることになり、また、民法に消費者法の規定をとりいれるのであれば、民法の

48　中華民国民法にかんしては、詹森林著＝宮下修一訳「台湾における民法典の制定」民法改正と世界の民法典410頁以下、オランダ民法典にかんしては、ハートカンプ著＝平林訳・前掲注41）引用論稿383頁参照。

49　カタラ著＝野澤訳・前掲注41）引用論稿185頁以下、同「フランス民法典」同書372頁参照。

50　リーゼンフーバー著＝宮下訳・前掲注41）引用論稿360頁。より詳細には、青野博之「消費者法の民法への統合」契約法における現代化の課題（法政大学出版局、平成14年）131頁以下、半田・前掲注8）引用『ドイツ債務法現代化法概説』321頁以下、ドレクスル（半田吉信訳）「消費者法―一般私法―商法」ヨーロッパ債務法の変遷（信山社、平成19年）109頁以下、同『ドイツ新債務法と民法改正』（信山社、平成21年）255頁以下、ツィンマーマン（鹿野菜穂子訳）「契約法の改正」ヨーロッパ私法の現在と日本法の課題（日本評論社、平成23年）92頁以下参照。

市民法としての性格を損なうことになると考えたからである。さらに、近時の消費者法の発展は著しく、頻繁に改正されているが、民法と消費者法を部分的にでも統合すると、民法典の安定性と消費者法の機動性の双方が損なわれるおそれがあり、それを避けたいと考えたからでもある。本民法改正案では、あくまで民事の基本法としての性格を堅持することとした[51]。

したがって、商事法的特色または消費者法的特色が存在するものは、特別法として商法典または消費者法のなかに残すこととなる[52]。

このような方針をとったが、前述した民法典の私法総合法典としての性格と、一般国民にとっての理解のしやすさという観点から、商法や消費者法に民法とは異なった規範が規定されていることを、民法典の条文中に商法の条文や消費者法の条文をリファーすることによってカバーすることとした[53]。

なお、以上のような一般方針のもと、具体的な問題をどのように取り扱ったかについては、商法を中心としながら、次の（2）で述べることにする。

（2）　商法との関係
①　民商法の統合規定

現在では、商法に規定されている条文であっても、必ずしも商事法的性格を有しておらず、民法の改正を考えていく過程で、民事規範と商事規範の差異が消滅し、民法典に自然に統合されていくものも存在している[54]。

このようなものとしては、消滅時効[55]、法定利率[56]、契約の成立（申込みと承

51　なお、民法・商法・消費者法の統一を考えることの利害得失については、多くの論者の説くところとなっている（たとえば、磯村保「民法と消費者法・商法の統合についての視点」民法改正と世界の民法典195頁以下、野澤正充『民法学と消費者法学の軌跡』〔信山社、平成21年〕219頁以下、267頁以下参照）。

52　民法改正研究会においては、将来的には「消費者法典」を制定すべきであると考える次のような意見も提示された。消費者法には、元来、私法的規定と行政的規制が混在したものが少なくなく、その私法的規定のみを抜き出して民法の私法一般法典化をはかるべきではない。むしろ、消費者法の透視性を確保するために、将来的には「消費者法典」——消費者私法の総合法典ではなく、消費者をめぐる、私法・行政法・刑事法を統合した消費者法典——を制定する途を探るべきである（この内容を簡略に示したものとして、加藤雅信発言「『民法改正と消費者法』ディスカッション」消費者法2号〔平成22年〕44頁以下参照）。なお、近畿弁護士会連合会消費者保護委員会平成22年度夏期研修実行委員会編『消費者取引法試案：統一消費者法典の実現をめざして』（平成22年）参照。

53　なお、法制審議会の民法（債権関係）部会では、「中間的な論点整理」の段階では、「民法に消費者・事業者に関する規定を設けることの当否」が検討されており、さらに、「仮に消費者・事業者概念を民法に取り入れるとする場合」に検討を続けるべき事項も列挙されていた（『中間的な論点整理』493頁、497頁以下）。しかしながら、最終的に債権法改正法案には、事業者・消費者にかんする規定がおかれなかった。

第 2 章　日本民法典改正案の基本枠組

54　なお、商法学において、商行為総則の規定の一定部分につき、「民法に吸収された方が整合的である」とされている状況の紹介として、石原全「民法と商法（商行為）との関係をどう考えるか」円谷峻編著（民法改正を考える研究会）民法改正を考える（成文堂、平成22年）16頁以下参照。

55　民事時効と商事時効：まず、商法の問題をいったん離れ、消滅時効一般を考えてみることとしよう。

　現行民法 167 条 1 項は、債権の消滅時効は、原則 10 年としたうえで、債権の種類にもとづき 5 年、3 年、2 年、1 年と種々の短期消滅時効が定められ、きわめて複雑な規範内容となっている（民法 169 条以下）。また、商事消滅時効は 5 年（商法 522 条）、国や地方公共団体をめぐる金銭債権についても 5 年となっている（会計法 30 条、地方自治法 236 条 1 項）。したがって、現在の時効のための債権管理は、まず上記のいずれの法の適用があるかにつき、債権の性格を ── 後に裁判になっても、裁判所と判断が食い違うことがないよう慎重に ── 考察、決定したうえで、さらに、民法が適用される場合に、その時効消滅期間が 1 年、2 年、3 年、5 年、10 年のいずれであるかを考えて、債権管理のための措置をとる必要があった。

　そこで、本民法改正案では、これらの債権の消滅時効を、本書 603 頁の時効の箇所で詳論するようにすべて 5 年に統一した。その結果、今後は、時効にかんする民法と商法 ── そして、民法と会計法・地方自治法 ── の差異は消滅することになる。したがって、本民法改正案が現実の法となったあかつきには、商法 522 条は存在意義を失い、削除されるべきこととなろう。

56　民事法定利率と商事法定利率：現在の法制度のもとでは、法定利率は固定利率とされており、民事法定利率が年 5 分（民法 404 条）、商事法定利率が年 6 分（商法 514 条）とされている。これに対し、本民法改正案では、現行民法のように固定金利制ではなく、下記のような方向で変動金利制をとることを予定している。

（利息債権・経過案・国民有志案修正案原案）
354 条①：利息を生ずべき債権（…において「利息債権」という。）の利率は、法令又は法律行為に別段の定めがないときは、基準利率による。
　　　②：基準利率は、一般の市場利率を考慮して政令で定める。
　　　③：略

　なお、近い将来公刊される予定の第二編の改正理由には、「なお、本条 2 項にもとづきなされるであろう公示は、日本銀行の見解等をふまえて、主務官庁が行うことになるであろう」として、「法定利率と市場利率の一致」について述べる予定である。

　従来の法制度のもとでの市場利率と法定利率の乖離は、債権者や債務者の、高い利息を得るための訴訟遅延戦術や、高金利を払うことを避けるため事案の実態にそぐわない、自己に不利な和解案で妥協する等の早期解決戦術をまねき、訴訟遅延、そして公正なあるべき判決に到達する阻害要因となってきた。また、不法行為にかんしては、遅延利息計算における中間利息控除が社会実態と乖離する結果、不法行為の被害者が最終的に受領する損害賠償額が適正を欠くことになる等、多くの問題を生むことが、多数の下級審裁判例で問題視されてきた。この種の問題は、上記の案によれば、法定利率と市場利率とが一致することになり、解消することとなる。これにともない、民事利率と商事利率の区別がなくなるので、商法 514 条は削除されるべきこととなろう。

　債権法改正法案は、法定利率を市場にあわせた変動利率とした。われわれが平成 20（2008）年の私法学会提出案 352 条で示して以来、一貫して主張してきたところと同一方向をめざすものとして、歓迎したい。

209

諾)⁵⁷の３点があげられる。ただ、この抽象的な説明だけでは、不十分なきらいもあるので、これらの具体的内容についてはそれぞれ注記することとする。

② 特別法としての商事法

①で述べたようなかたちで、民事法的性格を有する規範と商事法的性格を有する規範とが融合し、一般規範としての民事法に統合できるのは、ごく少数の条文にとどまる。

そのような規範については、本民法改正案では、商事法的性格を有する規範はあくまで商法に規定し、本書163頁以下に述べたように、民法典にレファレンス機能をもたせることによって、民法の規定に特則があることをわかるように明示した。そのような例として、本民法改正案の総則編の商行為の代理についての特則と、国民有志案の契約の章に置かれた商事売買についての特則にかんするレファレンス規定の修正案原案を注で紹介しておこう⁵⁸。

5　現在の立法技術的ルールの見直し

（１）　近時の立法の問題点

近時、会社法、一般法人法、信託法等、多くの民事法の改正がなされた。過度に批判がましいことを述べるのは本意ではないが、前述したように一般に、新法は旧法と比べ、長大かつ分かりにくくなっていることは否定できないところである。近時の立法の後、「会社法は、知的財産法のように、弁護士の間でもスペシャリストの法分野になりつつある」という言葉を聞くこともある。

以前は、大学の法学部生は法人についての民法の規定や会社法等をそれなりに理解し、卒業後も職場で使っていた。しかし、長大で複雑きわまる条文が多い新法には、優秀な法律家と呼ばれる人であっても、一読では意味をつかみかねるとこぼすことが少なくない。ましてや、これらの新法が、国民が一読してわかるものだとは思われない。

近時の立法でまず問題なのは、条文の長大さである。そのうえ、準用も多い。「○○条及び○○条から○○条までの規定は、××について準用する。この場合において、これらの規定中『△△』とあるのは『▲▲』、『□□』とあるのは『■■』と読み替えるものとする。」等の条文は珍しくない。このような引用の繰返しがあると、その条文を読んでも、意味はただちにわからない。また、この種の読替えは、煩雑で、ますます条文の理解を困難にする。たしかに、このような規定のしかたは、官僚的な正確さには欠けるところはないであろうが、文章はコミュニケーションの手段であり、読み手に理解されるべきものであるという基本姿勢が欠けている。近時の法律では、この傾向が強まりつつある感がぬぐえない。

第2章　日本民法典改正案の基本枠組

57　契約の成立――契約の申込みの効力：契約は、申込みと承諾の合致によって成立するのが原則である。これは、民事契約でも商事契約でも変わるところがないが、現行法のもとでは、契約の申込みについての規律が民法と商法とで異なっている。
　まず、現行民法は、「対話者間における契約の申込み」についての規定をおいておらず、隔地者間での契約の成立についてのみ規定している。これに対し、商法507条は、「対話者間における契約の申込み」について規定しており、「商人である対話者の間において契約の申込みを受けた者が直ちに承諾をしなかったときは、その申込みは、その効力を失う」としている。
　また、民法524条は、隔地者に対する「承諾の期間の定めのない申込み」について、申込者は、申込みの後、相当な期間を経過するまでは撤回できない旨を定めている。それに対し、商法508条は、隔地者間における「承諾の期間を定めない······申込み」について、「契約の申込みを受けた者が相当の期間内に承諾の通知を発しなかったとき」「申込みは、その効力を失う」と規定している。
　この現行民法には規定されていない、あるいは現行民法とは内容の異なる商法507条および508条の規定は、その内容が、民事取引においても当事者間の（黙示の）意思に合致することが多いので、民事取引にも適用されうるとして取り扱われるのが一般的である（我妻榮『債権各論　上巻（民法講義Ｖ１）』〔岩波書店、昭和29年〕62頁、星野英一『民法概論Ⅳ　契約』〔良書普及会、昭和61年〕29頁、鈴木禄弥『債権法講義　4訂版』〔創文社、平成13年〕135頁、石田穣『民法Ｖ　契約法』〔現代法律学講座13〕〔青林書院新社、昭和57年〕32頁、山本敬三『民法講義Ⅳ－１　契約』〔有斐閣、平成17年〕33頁等）。
　そうであるならば、民法と商法とに規定を分けておくことに積極的な意味はみいだしがたい。そこで、国民有志案修正案原案では、「契約の成立」の目に「契約の申込みの効力等」と題する461条の規定をおき、まず、第1項に、商法507条「対話者間における契約の申込み」に対応する条項を、また第2項に、商法508条「隔地者間における契約の申込み」1項に対応する規定を、第3項に民法524条「承諾の期間の定めのない申込み」に対応する規定をおいたうえで、4項に、「承諾期間の定めのある申込み」についての民法521条1項と2項とを統合した条項をおき、5項に新設条項をおいている。その修正案原案を以下に示しておこう。

（契約の申込みの効力等・経過案・国民有志案修正案原案）
461条①：承諾期間の定めのない契約の申込みは、対話者間においては、相手方が直ちに承諾をしなかったときは、その効力を失う。
　　　②：承諾期間の定めのない契約の申込みは、隔地者間（相手方がある意思表示において、意思表示が発信されても直ちには相手方に到達しない場合をいう。次条第二項において同じ。）においては、相当の期間内に承諾の意思表示が到達しなかったときは、その効力を失う。
　　　③：前項の申し込みをした者は、承諾の意思表示を受けるのに相当な期間は、撤回権を留保したときを除き、その申込みを撤回することができない。
　　　④：承諾の期間を定めてした契約の申込みは、その期間内に相手方の承諾の意思表示を受けなかったときは、その効力を失う。申込者は、撤回権を留保したときを除き、承諾の期間を定めてした契約の申込みを撤回することができない。
　　　⑤：承諾の期間を定めてした契約の申込みが撤回権を留保してなされた場合において、その撤回前に相手方の承諾の意思表示が到達したときは、撤回権はその効力を失う。

法律は、このように読み手の理解を度外視して正確さのみを追求する「官僚文書」であってはならず、一般人にわかる「国民文書」でなければならない。正確無比ではあっても、国民が読んでもわからない法律は、「由らしむべし、知らしむべからず」の道具と化してしまう。近時の新法以上に市民生活にかかわりの深い民法は、すべからく「国民文書」たることを意識しなければならない。

　民法改正条文案の提案をするにあたって自戒してきたところは、できるだけ条文が長くならないように努力する、ということである。専門性から不可避的にともなうわかりにくさはいたしかたがないとしても、それ以外の点では、条文は、簡潔、明瞭な表現で、国民が読んでわかるものでなければならない。

　フランス民法典は、スタンダールが、文章表現力を磨くために、座右の書としたという。その文体が、簡潔、明確で、一般市民にも親しみやすくなったのは、名文家のナポレオンが起草作業に積極的に関与したことと密接な関係がある、といわれている[59]。日本民法典は、残念ながら文章表現の座右の書となる域に達しているわけではないが、法典の場で、それを過度に追求するのは適切ではないであろう。文章表現の文学的な流麗さを法律において追求するのは、「木に縁りて魚を求める」のたぐいで、場を心得ない努力となる可能性もあるからである。

　ただ、法制定にあたる者が追求すべきは、単純に、明瞭・簡潔な条文にすることである。それによって、法典が法の適用を受ける国民に対するコミュニケーションの手段であるという機能がまっとうされるからである。近時の民事法立法担当者の心すべき問題であるが、とりわけ、民法典は国民の身近な生活を律するものであるだけに、この点の細心の留意が必要であろう。

　現行民法典を作成するにあたっての基本方針を示した「法典調査規程（三起草委員作成案）」には、「法典の文章は簡易を主とし用語は成る可く従来普通に行はるるものを採る可し」との方針が謳われており、その理由として、「文章用語も

58　次に、本文に述べた２つの条文案を紹介しておこう。

　（商行為の代理・本民法改正案）
　　第62条　商行為の代理については、この法律に定めるもののほか、商法（明治三十二年法律第四十八号）第五百四条（商行為の代理）から第五百六条（商行為の委任による代理権の消滅事由の特例）までの定めるところによる。

　（商事売買の特則・国民有志案修正案原案）
　　498条：商人間の売買については、この款の規定のほか、商法第五百二十四条（売主による目的物の供託及び競売）から第五百二十八条（買主による目的物の保管及び供託）までの規定を適用する。

59　山口俊夫『概説フランス法　上』（東京大学出版会、昭和53年）73頁。

第2章　日本民法典改正案の基本枠組

亦容易く一般人民の了解し得べきものを選ぶ」必要がある、とされていた[60]。この明治の立法精神を、近時の立法担当者は肝に銘ずべきであろう。

（2）　条文の標題省略の廃止

現在、法律の条文には原則として標題が付されているが、例外として標題が付されていない条文も存在する。それは、1つの節や1つの款に条文が1か条しかない場合と、連続して同一の標題の条文が続くときである。その理由は、標題が省略されている条文は、節や款、あるいは前の条文の標題を承継するという趣旨なのであろう。

しかしながら、本民法改正案では、すべての条文に標題を付すこととした。それは、1つの節や1つの款に1か条しか存在しない場合でも、節や款の標題と条文の標題が必ずしも同一とはかぎらないうえ、無題の条文を他の条文で引用するさい、次の（3）で述べるように、標題を引用する必要があるためである。

（3）　引用条文の内容表示

本民法改正案においては、条文中の引用条文に括弧を付して、原則としてその見出しを付記している。条数からその条文の内容を想起できる者はきわめて例外であろうが、条文の標題があれば、いちいち引用条文を参照することなく内容を想起できる者も相当数存在することに鑑み、このような方式を採用することとしたものである。

条文中の引用条文にカッコを付してその見出しなどを付記する方式は、主要な法律ではほとんどとられていない（六法のなかでは、刑法が──条数が比較的近い場合を除き──引用条文の標題を明記している）。現行民法は、現代語化のさいに、民法の章、節、款などを引用する場合には、カッコ書きで（章名・節名・款名等）を付しているが、引用条文には、それを付していない。たとえば、地上権についての267条は、「相隣関係の規定の準用」との標題のもとに、「前章第一節第二款（相隣関係）の規定は、地上権者間又は地上権者と土地の所有者との間について準用する。」としている。これに対し、会社法等では、この種のカッコ書きは存在していない。

なお、六法以外の法律に目を向けると、消費税法では、他法については引用条文にカッコ書きで標題等が紹介されているのに対し、地方自治法では、引用条文

60　広中・前掲注14）引用『日本民法典資料集成　第1巻　民法典編纂の新方針』643頁、675頁以下、福島・前掲注14）引用『明治民法の制定と穂積文書』112,117頁［カナ等変更］。

の内容をカッコ書きで紹介したものもあるが、全面的にこの方式を貫いているわけではない。ただ、公職選挙法については、かつてはこの方式が採用されていたが、煩雑となるとの評価によって平成12年の改正ですべてカッコ書きの付記は削除されている[61]。

法律の性格により、カッコ書きの標題紹介を付すことの是非は異なりうるであろうが、訴訟手続法のように主として職業法律家が参照する法律ではなく、一般法である民法のように国民に身近な法律については、国民にわかりやすい法典とするためには、むしろ見出しをカッコ書きで標題紹介等を付けることが望ましいと考える。

（4） 定義付表方式の導入

本民法改正案には、随所にルール見直しの小さな工夫が施されているが、大きなものとしては、前述した「レファレンス規定」の導入のほか、「第一部 日本民法典改正条文案」の末尾に「付表 定義用語一覧」を導入したことがあげられる（なお、改正条文案を編別に公表するため、それぞれの理由書では総則編等、各編の末尾に「付表 定義用語一覧」がおかれているが、法律としては、民法の条文案全体の末尾に「付表 定義用語一覧」がまとめておかれることとなる）。

従来のわが国の法律には、――幸い、民法典はそうではないが――法律の冒頭部分に定義規定をおくものが多かった。これが、学生等の法律学の初心者に、「法律は暗記すべきものである」との誤解を生み、「法の理解」への障害となっていたように思われる。本来、概念の「定義」は、一定のコンテクストから生まれるものであり、コンテクストのなかでは「理解」することが可能であるが、コンテクストから離れた概念の「定義」は暗記するしかない。本民法改正案は、以上のような法の理解への障害を取り除くよう、「定義」はあくまで具体的条文の流れのなかで規定したうえで、一覧が可能なように民法典の末尾に「付表 定義用語一覧」をおく方針を採用したものである。

（5） 表記法の変更

わが国の法律には、諸外国の法律とくらべ、圧倒的にミスが少ない。それには法制局の力の預かるところが多かったといえるであろう。そのこと自体は多としたいが、そうではあっても、法制局がながらく採用してきたルールには、現在では、やや時代遅れの感があるものも少なくない。

たとえば、現在の法律では「一箇月」等の表現が用いられているが、これより

---

61 以上の種々の法律における取扱いの違いについては、川崎政司の指摘による。

は「一か月」等の表現のほうが現代的であろう。本民法改正案においては、この民法改正を機会に、法の文言を現代的表現に改める必要があると考えたものについては、意図的にこれまでのルールと異なった表現を用いた箇所も少なくない。このような用法の適否はさておき、今回の民法改正を機会に、これまでの立法技術的なルールを再考することを試みてもよいように思われる。

第3章　日本民法典改正案公表にいたるまでの経緯

1　民法改正作業の胎動

（1）　民法改正研究会の発足

　民法改正研究会は、現在では30名を超える研究者グループであるが、平成17（2005）年10月に発足して以来、長い歳月をかけて「日本民法典改正案」を作成してきた。以下に、簡単に、発足時からここにいたるまでの活動状況を記しておくことにする。

　岡孝は、日本の民法研究者が民法改正のためにその研究成果を提供すべきことをかねてから説いていた。この岡の呼びかけは加藤にも向けられていたが、2人で何度かの話し合いがなされた後、加藤はこの岡の呼びかけに呼応して、何人かの研究者を誘い、民法改正のための研究会の立ち上げにあたることとなった。このような準備作業は平成16（2004）年から開始されていたが、翌平成17（2005）年1月に準備会が開催され、その年の10月の日本私法学会のさいに民法改正研究会が正式に発足した。この後、民法改正研究会は、メンバー以外を含む民法フォーラム、メンバーによる全体会議、いくつかの分科会──総則分科会・物権法分科会・債権法分科会・不法行為法分科会──を開催しながら、民法改正試案を作成していく作業にあたった。その結果、民法典の財産法編についての全面改正案を提示するにいたっている（ただ、取引実務界からのヒアリングを必要とする担保法の部分の改正条文案作成は、平成25〔2013〕年から着手したばかりである）。

　また、民法改正研究会は、このような民法改正のための条文起案作業と並んで、後述する各種シンポジウム、個別の研究会等をかなり精力的に開催してきた[62]。

（2）　「市民法研究会」と「企業法務研究会」の発足

　時系列的には、後述する「3　法曹提示案の公表」直後のこととなるが、平成21（2009）年1月に、2つの弁護士グループの研究会、「市民のための民法改正研究会」（以下、「市民法研究会」という）、「企業法務に役立つ民法改正研究会」（以

---

[62] 民法改正研究会の会議当日議事録は、宮下修一が中心となり、平林美紀、中野邦保、伊藤栄寿、谷江陽介、大原寛史、大塚哲也らの事務局若手メンバーが作成した。また、(2)に述べる市民法研究会、企業法務研究会の会議当日議事録は、メンバーの持ち回りで作成された。
　これらの議事録を基礎として、民法のすべての条文にわたって条文別議事録が作成された（この作業は、初期には平林と加藤が、途中からは中野と加藤が担当した）。本書第4部の記述は、この条文別議事録を基礎とするものである。

第 3 章　日本民法典改正案公表にいたるまでの経緯

下、「企業法務研究会」という）が設立された。民法改正については、弁護士であっても当然のことながら立場によって考え方が違うので、参加した弁護士たちの主たる業務内容にそくして、市民法研究会と企業法務研究会の 2 つの研究会が立ちあげられたのである。市民法研究会は 27 名のメンバー、企業法務研究会は 51 名のメンバーから構成された。これらのグループによる具体的な提案内容については、「第 4 部　改正理由」のそれぞれの箇所に記載した。

　法曹提示案は、民法研究者グループである民法改正研究会案に、日本私法学会シンポジウムにおいて寄せられた意見を反映した、いわば研究者案であった。この案に対し、市民法研究会と企業法務研究会の弁護士たちが、9 か月にわたりそれぞれ 20 数回の研究会を開催し、法曹提示案の逐条的検討をもとに、種々の条文修正が提案されたことが、その後、ひろく改正案に社会の声を反映させる皮切りとなった。

　継続的な研究会ではないが、それ以外にも以下に述べるような数多くの研究会やシンポジウムで、多様な層の国民の意見を伺うための試みが重ねられた。

（3）　民法改正国際シンポジウムの開催

　以下、民法改正研究会の活動内容を時系列的に紹介することとしよう。

　民法改正研究会が最初に開催した大規模シンポジウムは、平成 20(2008) 年 3 月 1 日、2 日の両日にわたって東京で開催された「民法改正国際シンポジウム── 日本・ヨーロッパ・アジアの改正動向比較研究 ──」であった。この国際シンポジウムにおいては、世界各国── 具体的には、ドイツ、フランス、オランダ、ヨーロッパ民法典、中国、台湾、韓国 ── の立法担当者や立法関与者を招聘し、参加者から各国の民法改正の状況についての報告がなされたとともに、民法改正にさいして論議を呼ぶであろういくつかの問題についても外国からの参加者による報告がなされ、日本人研究者のコメントがあった後、活発な討論が行われた。また、それと並んで、民法改正研究会は、本民法改正案の「第一編　総則：第一章　通則」および「第三編　債権：第五章　不法行為」のもととなった条文案をこの国際シンポジウムで公表し、参加者からの意見をいただいている。

　以上の成果は、各国代表者のシンポジウム報告原稿と、それに対する「民法改正研究会」メンバーのコメント原稿というかたちで、ジュリストに連載発表された後に『民法改正と世界の民法典』に収められた[63]。

2　日本私法学会提出案の提示

　さきに紹介した国際シンポジウムから約半年後に、平成 20(2008) 年 10 月 13 日

開催の日本私法学会のシンポジウムにおいて、民法改正研究会は、民法改正試案第 1 次案の提示をすることとなった。これは、研究会の 3 年間の研究成果をまとめたもので、民法改正案作成の最初の節目であった。

　日本私法学会提出案は、基本的に民法改正研究会の起草によるものである。ただ、その前年の平成 19(2007)年 9 月 19 日、20 日の「不当利得法研究会」（代表：松岡久和教授）、さきに述べた平成 20(2008)年 3 月の「民法改正国際シンポジウム」、同年 9 月 19 日の研究者や商社関係者からなる「国際取引法研究会」等でいただいた意見をとりいれ、あるいは参考にさせていただいている。したがって、この第 1 次案の基本的性格は、民法改正研究会案であるが、一部研究会メンバー以外の意見がとりこまれた箇所も存在することとなる。

　この日本私法学会提出案の各条文案の具体的な内容は、『日本民法改正試案（民法改正研究会・仮案〔平成 20 年 10 月 13 日案〕）　第 1 分冊：総則・物権、起草・民法改正研究会、有斐閣』、『日本民法改正試案（民法改正研究会・暫定仮案〔平成 20 年 10 月 13 日仮提出〕）　第 2 分冊：債権法、起草・民法改正研究会』という 2 つの分冊形式で公表された[64]。

　なお、この 2 つの分冊に記された提案改正条文案の具体的内容は、日本私法学会での意見をふまえて修正されることが予定された暫定的性格をもっていたため、「第 72 回日本私法学会シンポジウム資料」として、私法学会会場での限定頒布用として有斐閣から公刊され、一般には市販されなかった。ただ、その後、閲覧要望もかなりあったため、民法改正研究会が公刊した『民法改正と世界の民法典』のなかにこの条文案も収録されており[65]、現段階では、その内容を確認できる状況になっている。

3　法曹提示案の公表

　民法改正作業の第 1 次案である日本私法学会提出案が基本的には民法改正研究

---

[63] まず、各国民法ないしその改正状況として、①ドイツ、②フランス、③オランダ、④ヨーロッパ民法典、⑤中国、⑥台湾、⑦韓国につき、『民法改正と世界の民法典』341 頁以下に紹介がある。さらに、問題ごとに、⑧民法・商法・消費者法の改正、⑨物権変動、⑩債務不履行、⑪契約解除、⑫債権譲渡をめぐる問題点が、同書 185 頁以下で検討されている。

[64] 第 1 分冊の総則・物権が『仮案』として、第 2 分冊の債権法が『暫定仮案』として公表されたのは、最終段階で、時間の制約上、債権法が民法改正研究会全体会の承認をうる手続きをとる余裕がなかったためであった。
　第 1 分冊には、第 1 部・条文案のほか、第 2 部・解説、第 3 部・資料編　民法改正研究会議事録（抄）が付せられているが、第 2 分冊には、条文案のみが示されている。

[65] 『民法改正と世界の民法典』403 頁以下。

第3章　日本民法典改正案公表にいたるまでの経緯

会案であったのに対し、第2次案となる法曹提示案は、2に紹介した日本私法学会シンポジウムにおける参加者からの意見、また学会後に個別にいただいた意見を適宜とりいれたものであり、外部に開かれた民法改正試案となっていた。しかし、それは、あくまで外国や日本の研究者の意見を伺った研究者による民法改正試案であって[66]、社会の広い範囲からご意見をいただくためのたたき台として作成されたものであった。

このような民法改正研究会の精神がもっともよく現れているのが、法曹提示案を公表したさいの解説の末尾に記された、「開かれた民法改正のために ── 結語にかえて」という呼びかけ文である。それを以下に紹介しておくこととしよう。

「われわれ21名のメンバーは、民法典を頻繁に参照する法律家のなかのごく少数にすぎない。われわれの能力の限界、そして経験してきた分野が限られたものであるため、本改正試案にはわれわれが気づかない欠陥が多々あるであろうことは、われわれが自覚するところである。この民法改正作業が、『民法改正研究会』というかぎられたサークルのなかにとどまるものであってはならないことは当然のことである。この法曹提示案を公表した後も、多くの法律学者や実務家、そして国民の方々の意見に耳を傾け、これを改良していきたい、と考えている。この意味では、今回示した改正試案を、すべての関心をもつ者にとって開かれたものにしていきたいと考えている。

さきにも述べたことであるが、平成20(2008)年3月の国際シンポジウムにおいても、同年10月の私法学会においても、改正試案に対して参加者からひろく意見を求めることがすでに試みられている。その国際シンポジウムのアンケートの冒頭には、次のように記されていた。

『このアンケートは、今回の民法改正国際シンポジウムにおいて、皆さまにお示しした改正草案部会案につき、皆さまのご意見を伺い、今後の民法改正研究会の改正作業に参考にさせていただくためのものです。できれば、記名にてご意見を伺いたいと考えておりますが、匿名希望の方は、匿名のままでも結構です。《中略》』

これと同様の試みは、今後とも繰り返していきたいと考えている。今回、判例タイムズ誌に掲載した法曹提示案についても、ひろくご意見を賜れることを願ってやまない。なんらかのご意見、改正条文案の修正、新条文案の提案をしていただける方は、民法改正研究会事務局の下記のメールアドレスにご意見をお寄せい

---

[66] なお、判例タイムズ1281号（平成21年）38頁には、法曹提示案までに意見を提出していただいた方の一覧が掲載されている。

ただければと願っている。《以下略》」

4　『国民有志案』の公表に向けて

（1）　ひろく学界の意見を反映した民法改正へ

　3に述べたように、法曹提示案は、研究者の手による民法改正試案の色彩が強かったところ、この法曹提示案の公表以後、学界以外から、提示した民法改正試案に対する意見を伺う試みが繰り広げられた。ただ、それと並んで、法曹提示案公表以後も、学界から意見を伺う機会も相当数重ねられたので、叙述の便宜上、まずその点を述べることとしよう。

　法曹提示案の公表は平成21(2009)年1月のことであったが、この年の2月から3月にかけて3つの「民法改正フォーラム」が開催され、多くの民法研究者から法曹提示案に対する意見を伺うこととなった。それは、「民法改正フォーラム・学界編1　星野英一先生を囲んで」[67]、「民法改正フォーラム・学界編2　奥田昌道先生を囲んで」[68]、「民法改正フォーラム・学界編3　全国、民法研究者の集い」（発起人：椿寿夫、伊藤進、円谷峻）[69]の3つである。それぞれの民法改正フォーラムの具体的内容は注記した論稿に詳しいが、基本的に、この3つの民法改正フォーラムによって、関東、関西、全国の民法研究者の相当数の意見を伺うことができた。

　以上は、民法研究者から意見を伺ったものである。ただ、民法は他の法分野の基礎をなしている側面があり、とくに、商法、民事訴訟法、行政法は、民法との

---

[67]　この民法改正フォーラムの具体的内容については、中野邦保＝伊藤栄寿「民法改正フォーラム学界編　星野英一先生を囲んで」民法改正国民有志案20頁以下参照。
[68]　この民法改正フォーラムの具体的内容については、中野邦保＝伊藤栄寿「民法改正フォーラム学界編　奥田昌道先生を囲んで」民法改正国民有志案26頁以下参照。
[69]　この民法改正フォーラムの具体的内容については、『民法改正国民有志案』32頁以下所収の以下の諸論稿に詳しい。
　　椿寿夫「民法改正フォーラム　開催にあたって」、近江幸治「民法改正について──民法典の役割と総則の意義（マクロ的な視点から）」、中舎寛樹「改正案『法律行為』についての意見」、石田剛「物権変動法制について」、川地宏行「占有と所有権に関する改正試案の検討」、山本豊「日本の学説・判例の展開から見た債務不履行法提案」、中田邦博「ヨーロッパ契約法・消費者法から見た債務履行法」、長坂純「成立要件からみた債務不履行法」、工藤祐巖「詐害行為取消権および債権者代位権」、堀龍兒「契約総論について立法案の検討と提言」、北居功「契約総論に関する若干の検討」、坂本武憲「土地有効利用に向けての賃借権の役割──フランス法を参考とした提言」、平野裕之「契約各論についてのいくつかの検討点」、円谷峻「事務管理・不当利得に関する質問」、本田純一「事務管理・不当利得についての立法案の検討と提言」、橋本佳幸「中間責任・無過失責任──試案654条1項・667条の検討」、加藤雅信「民法改正一問一答　学界との対話」。

第3章　日本民法典改正案公表にいたるまでの経緯

関連の深い法分野である。そこで、平成21(2009)年10月の初めに「民法改正学際シンポジウム：民法と他法との対話――学際的民法改正のために」を開催し、民法改正研究会の側から法曹提示案について報告するとともに、商法学者として江頭憲治郎教授と洲崎博史教授、民事訴訟法学者として笠井正俊教授と山本和彦教授、行政法学者として小早川光郎教授のご意見を伺った[70]。

（2）　裁判官、弁護士、司法書士からの意見の反映

さきにも述べたように、法曹提示案は、民法改正研究会が日本私法学会シンポジウムその他の機会に研究者の意見を聞きながら作成したものであり、この意味では研究者案であった。それを国民のさまざまな層の意見を伺いながら改訂していく作業は、この案が公表された直後の平成21(2009)年1月から始まった。この時期のさまざまな活動を、この（2）で法曹関係者、次の（3）でそれ以外の国民各層にわけて述べることにする。

法曹関係者の活動としては、2ですでに紹介したように、平成21(2009)年1月に発足した「市民法研究会」と「企業法務研究会」が継続的な研究会として大きな役割を果たしたが、ここでは、非継続的な活動内容を紹介することにしよう。

まず、弁護士関係から述べると、平成20(2008)年の日本私法学会提出案公表前の段階でも、同年9月に日本弁護士連合会司法制度調査会全体会民事部会の検討会で加藤が報告を行う等の先行的な動きもあったが、平成21(2009)年の法曹提示案公表後、同年6月に愛知県弁護士会で、7月に大阪弁護士会および東京三弁護士会[71]で懇談会や講演会を開催し、意見交換を行ったほか[72]、各地の弁護士会や弁護士グループの会合で、何十回かの講演を行い、意見交換を行った。

司法書士関係では、日本私法学会提出案公表直後の日本私法学会の翌月の11月に群馬司法書士会で講演会を行ったが、法曹提示案との関係でいえば、平成21(2009)年8月に、「民法改正に関する日司連フォーラム『民法改正――司法書士からの視点』」が開催され、講演、パネルディスカッションに参加し、意見交換を行った[73]。

裁判官については、その職種上、組織的な交流を行うことはしなかった。後述

70　このシンポジウムの具体的内容については、加藤雅信＝平林美紀＝宮下修一＝橋本陽介「『民法改正学際シンポジウム：民法と他法との対話――学際的民法改正のために』を終えて」法律時報82巻1号（通巻1017号）（平成22年）69頁以下。
71　この講演の内容は、加藤雅信「民法改正の動きに寄せて～民法制定の歴史を振り返りながら～」NIBEN Frontier 2010年4月号（平成22年）32頁以下に収録されている。
72　これらの弁護士会との意見交換については、伊藤栄寿「弁護士会との対話」民法改正国民有志案96頁以下参照。

する国民有志案公表後に、主として法務省が行っている債権法改正を中心としたものであるが、裁判官兼元法務省民事局長の経歴を有する2名の法律家を交えた「座談会：債権法改正をめぐって——裁判実務の観点から」における意見交換が公刊されている[74]。また、その後も、民事裁判官を長年経験し、裁判所の中核を担った裁判官経験者を対象に、法務省が公表した「民法（債権関係）の改正に関する中間試案」についての意見を伺うインタビュー調査の結果を公刊している[75]。

（3）　経済界、労働界、消費者団体との意見交換

法曹提示案公表後、「企業法務研究会」という弁護士グループを通じて経済界の考え方を民法改正試案に反映させる努力が続けられたが、より直截に企業法務の声を反映させるために、平成21(2009)年7月に「トヨタ法務会議における意見交換会」が開催された[76]。

また、経済団体との意見交換としては、後述する国民有志案公刊後となるが、平成21(2009)年11月に「経団連　経済法規委員会」において講演、意見交換を行い、翌平成22(2010)年1月に「経済同友会　企業・経済法制委員会」において講演、意見交換を行っている。

労働界については、平成21(2009)年7月に、連合（日本労働組合総連合会）主催の会合で法曹提示案についての講演、意見交換を行った。

また、消費者団体との間で、やはり平成21(2009)年7月に、全国消費者生活相談員協会の理事、日本消費生活アドバイザー・コンサルタント協会の理事や消費者問題を扱っておられる弁護士、研究者らとの意見交換のための座談会を行った[77]。

（4）　民法改正国民シンポジウムにおける『国民有志案』の公表

平成21(2009)年1月に法曹提示案を公表した後、以上に述べたように、法曹を含む多くの国民の意見を伺い、それを民法改正案に反映させる努力を行ってき

73　この日司連フォーラムについては、山野目章夫「司法書士会との対話」民法改正国民有志案104頁以下参照。

74　加藤雅信＝髙須順一＝中田裕康＝房村精一＝細川清＝深山雅也「座談会：債権法改正をめぐって——裁判実務の観点から」ジュリスト1392号（平成22年）46頁以下。

75　遠藤賢治＝加藤雅信＝大原寛史「インタビュー調査報告書：債権法改正——元裁判官は、こう考える」名古屋学院大学論集社会科学篇50巻3号（平成26年）123頁以下。

76　この会議における意見交換の内容については、平林美紀「企業法務との対話」民法改正国民有志案106頁以下参照。

77　池本誠司＝加藤雅信＝田澤とみ恵＝細川幸一＝松本恒雄＝唯根妙子「座談会：消費者法から見る民法改正」現代消費者法4号（平成21年）57頁以下。

第 3 章　日本民法典改正案公表にいたるまでの経緯

た。その集大成が同年 10 月 25 日の「民法改正国民シンポジウム」の開催であり、その席で『民法改正　国民・法曹・学界有志案』が公表された。

この直前に開催された、前述の「民法改正学際シンポジウム：民法と他法との対話——学際的民法改正のために」とこの国民シンポジウムが、民法改正案総仕上げ作業に入る前の、中間集大成ともいうべきものであった。

この意味では、この「民法改正学際シンポジウム」と「民法改正国民シンポジウム」とが、中間集大成的性格と総仕上げ作業に入る前の準備手続としての意味を有するキーポイントとなる会合なので、その概略を、当時の開催案内を借りて紹介することとしよう[78]。

5　本民法改正案の公表へ

（1）　近隣諸国との意見交換

国民有志案の公表後総仕上げ作業に入る前に、現在民法改正が進行中の近隣諸国との意見交換の必要を感じた。本書 175 頁以下に述べたように、台湾においてはかねてから民法改正が進んでおり、韓国においては現在民法改正が進行中であり、中国では、民法典の制定が民事単行法の連続的な制定というかたちで現在進行中である。

このような状況のなかで、前述した国民シンポジウムの翌月に、民法改正研究会は韓国民事法学会との共催、韓国法務部（法務省）後援のもとで「民法改正日韓共同シンポジウム」を開催し、意見交換を行った[79]。

また、中国では、国民シンポジウムの翌年の平成 22(2010)年 9 月に、中日民商法研究会で、日本民法の改正についての報告を行い、中国人研究者との意見交換を行っている。また、中国の物権法制定直後[80]、不法行為法最終案確定直前[81]、

78　この国民シンポジウムの内容については、次の青山善充教授による開会の辞と、シンポジウムの報告原稿を参照されたい。青山善充「債権法改正議論に期待する——民法改正国民シンポジウム開会の辞」法律時報 82 巻 2 号（通巻 1018 号）（平成 22 年）80 頁以下、加藤雅信＝芦野訓和＝中野邦保＝伊藤栄寿「『民法改正国民シンポジウム：「民法改正　国民・法曹・学界有志案」の提示のために』を終えて 上・下」法律時報 82 巻 2 号 82 頁以下、法律時報 82 巻 3 号（以上、平成 22 年）95 頁以下。

79　このシンポジウムの内容については、加藤雅信＝岡孝「『民法改正日韓共同シンポジウム』を終えて」法律時報 82 巻 4 号（通巻 1020 号）（平成 22 年）74 頁以下、五十川直行「時効法の改正」法政研究 77 巻 2 号（平成 22 年）442 頁以下参照。

80　この点については、加藤雅信「物権変動論再考——物権法の日中比較をかねて」判例タイムズ 1267 号（平成 20 年）45 頁以下、加藤雅信＝加藤新太郎編著『現代民法学と実務——気鋭の学者たちの研究のフロンティアを歩く 上』（判例タイムズ社、平成 20 年）289 頁以下参照（そのさい、論文の標題を「物権変動論・考《以下、同じ》」と変更した）。

223

民法改正国民シンポジウム
「民法改正　国民・法曹・学界有志案」の提示のために

主催：民法改正研究会／「民法改正を考える」研究会／「市民のための民法改正」研究会／「企業法務に役立つ民法改正」研究会
共催：明治大学法科大学院

日時　2009年10月25日（日）9:00～18:30
場所　明治大学　アカデミーコモン3階
総合司会：岡　孝（学習院大学）、三林　宏（明治大学）

Ⅰ　はじめに　開会の辞：青山善充（明治大学）

Ⅱ　基調報告
　　「民法改正　国民・法曹・学界有志案（仮案）」の提示のために
　　加藤雅信（民法改正研究会代表・上智大学）

Ⅲ　国民各層からみた民法改正
1．学界からみた「民法改正　国民・法曹・学界有志案」椿　寿夫（民法学者）
2．経済界からみた「民法改正　国民・法曹・学界有志案」
　　阿部泰久（日本経済団体連合会・経済基盤本部長）
3．労働界からみた「民法改正　国民・法曹・学界有志案」
　　長谷川裕子（日本労働組合総連合会・総合労働局長）
4．消費者からみた「民法改正　国民・法曹・学界有志案」田澤とみ恵（全国消費生活相談員協会）

昼食休憩・意見・質問用紙回収（11:40～12:30）

Ⅳ　実務家からみた民法改正
1．弁護士からみた「民法改正　国民・法曹・学界有志案」
　　（1）岡　正晶（第一東京弁護士会所属）
　　（2）鹿島秀樹（東京弁護士会所属）
　　（3）三原秀哲（第一東京弁護士会所属）
　　（4）秦　悟志（第二東京弁護士会所属）
2．司法書士からみた「民法改正　国民・法曹・学界有志案」
　　赤松　茂（日本司法書士会連合会・民事法改正対策部）

Ⅴ　各種研究会からみた民法改正
1．市民法務からみた「民法改正　国民・法曹・学界有志案」
　　杉山真一（「市民のための民法改正」研究会代表・弁護士）
2．企業法務からみた「民法改正　国民・法曹・学界有志案」
　　北澤正明（「企業法務に役立つ民法改正」研究会代表・弁護士）
3．「民法改正を考える」研究会からみた「民法改正　国民・法曹・学界有志案」
　　円谷　峻（「民法改正を考える」研究会代表・明治大学）

休憩・意見・質問用紙回収（15:50～16:05）

Ⅵ　討論　司会：池田眞朗（慶應義塾大学）、沖野眞巳（一橋大学）
1．パネルディスカッション
パネラー：裁判官・弁護士の視点から　島川　勝（元裁判官・弁護士、大阪市立大学）
　　　　　司法書士の視点から　初瀬智彦（日本司法書士会連合会・民事法改正対策部）
　　　　　銀行法務の視点から　吉田光碩（元三和銀行、神戸学院大学）
　　　　　商社法務の視点から　堀　龍兒（元日商岩井、早稲田大学）
2．フロアーディスカッション

Ⅶ　謝辞：加藤雅信（民法改正研究会代表・上智大学）

　　［事務局］芦野訓和・宮下修一・中野邦保　　連絡先：芦野訓和（E-mail:ashino_n@toyonet.toyo.ac.jp）

―― 民法改正シンポジウムのご案内

第3章　日本民法典改正案公表にいたるまでの経緯

人格権法についての制定作業に入る段階[82]で、中国のそれぞれの法制度について、全国人民代表大会・常務委員会法制工作委員会民法室の立法担当責任者たちと意見交換をする機会に恵まれたので、そこで民法改正研究会の立法案を紹介し、個別に意見交換を行っている。

（2）『日本民法典改正案』の誕生

　以上のような準備を終えた後、民法改正研究会は、国民有志案の内容を逐条的、かつ徹底的に再検討し、総仕上げを行ったうえで本民法改正案を公表する作業にとりかかった。また、その作業を行うと同時に、条文案の理由書を作成した。第1部にあげた条文案をみていただければわかるように、現行民法典の条文をそのまま承継したものはほとんどないという意味では、民法典の全面的な再検討作業となっている。しかしながら、その内容については、現行民法との連続性を保持し、改正による実務や社会の混乱を最小限にとどめることにも細心の注意を払っている。国民有志案の公表から6年にわたる検討、また、立法技術的な観点からの精査をもへて、公表にいたったのが、この「日本民法典改正案」である。

　この『日本民法典改正案・理由書　第一編　総則』の誕生には、民法改正研究会発足から10年以上の歳月を要しており、準備会の段階から数えればそれ以上の歳月が経過している。これに続く、『第三編　債権』、『第二編　物権』の公表を終えるには、10数年の歳月を要することと思われる。このような改正案の提案と、以下の理由書が、今後の日本社会になんらかのかたちで役に立つことができれば、幸いこれに勝るものはない。

81　この点については、加藤＝森脇・注29）引用「中国不法行為法（侵権責任法）の制定と中国民法の動向」法律時報82巻2号57頁以下参照。

82　この点については、加藤・注29）引用「人格権論の展開──日本・中国・東アジアの法を中心に」加藤一郎追悼・変動する日本社会と法173頁以下参照。

第 4 部

日本民法典改正条文案
改 正 理 由
【総則編】

第1編　総則

序章　総則編の構成

1　本民法改正案と現行民法典の体系比較

（1）　民法典の基本枠組
　民法総則編が、民法典全体に通じる総論として位置づけられることを考慮し、まず総則編を含む民法典全体の編別構成について述べる。
　本民法改正案は、第2部の本書166頁以下に述べたように、現行民法典のパンデクテン体系にもとづく編別構成をそのまま承継し、「第一編　総則」、「第二編　物権」、「第三編　債権」、「第四編　親族」、「第五編　相続」の5編構成を維持することとした。しかしながら、それぞれの編内の章、節等の構成はかなり修正している。これらの点について、（2）以下で順次検討していくこととする。

（2）　総則編の章構成
①　現行民法典の7章構成から5章構成へ
　具体的な章構成について述べると、本民法改正案の総則編は、第1章から第5章までが「通則・権利の主体・権利の客体・権利の変動・権利の実現」という構成となっている。現行民法典の総則編の章のタイトルを承継したのは、──平成16年の民法の現代語化のさいに独立の章とされた──「第1章　通則」のみであり、現行民法の「通則・人・法人・物・法律行為・期間の計算・時効」という7章構成とは大きく異なっている。
　次頁の【表1】に、本民法改正案の章および節を現行民法典と比較し、両者の構成の相違を示した（表中の本民法改正案の欄に「−」を付したものは、現行民法典には存在している章または節が本民法改正案では削除されたことを意味し、現行民法典の欄に「−」を付したものは、それが本民法改正案で新設されたことを意味している）。

②　「権利の体系」の純化
　本民法改正案は、上記のように、インスティトゥツィオーネン体系の「人・物・行為」をも連想させる現行民法典の総則編の章構成[1]を変更し、講学上、民法総則編の編成原理であるとしばしばいわれる「権利の主体・客体・変動」をそ

序章　総則編の構成

【表1　総則編の章構成】

本民法改正案	現行民法典
第一章　通則	第一章　通則
第二章　権利の主体	－
第一節　人	第二章　人
－	（第三節　住所）
－	（第四節　不在者の財産の管理及び失踪の宣告）
－	（第五節　同時死亡の推定）
第二節　法人	第三章　法人
第三章　権利の客体	－
第一節　総則	－
第二節　物の分類	第四章　物
第四章　権利の変動	－
第一節　総則	－
第二節　法律行為	第五章　法律行為
－	（第六章　期間の計算）
第三節　時効	第七章　時効
第五章　権利の実現	－

のまま章の名称としたうえで、あらたに「権利の実現」の章を最終章として加えている。この結果、本民法改正案は、現行民法以上に権利の体系に純化したもの

1　現行民法総則編の章構成は、最初の「人・法人・物・法律行為」の部分が、インスティトゥツィオーネン体系の系譜をひくフランス民法典の編別構成の基本型である「人・物・行為」に対応しているとも理解できる（なお、ドイツ民法典の総則編の最初の3章も、「人・物・法律行為」とみることもできることにも留意されたい）。つまり、ドイツ民法典も、その影響を受けた日本民法典も、編別構成はパンデクテン体系をとりながら、その総則編内部の章構成においてインスティトゥツィオーネン体系の配列とも関係しているともいえるのである。

　なお、民法典における総則の意義については、その歴史的背景を含め、水津太郎「民法総則の意義──総則思考の構造」池田真朗＝平野裕之＝西原慎治編・民法（債権法）改正の論理（新青出版、平成22年）512頁以下参照。

第 1 編　総則

となっている。

　本民法改正案のこのような章構成は、実は、現行民法制定の当初から念頭におかれていた考え方であった。梅謙次郎、冨井政幸、穂積陳重の三起草委員が議長の伊藤博文に対して示した「法典調査の方針」第 3 条には、「民法総則に於ては私権の主格目的得喪及行使等に関する通則を掲ぐ」旨が明記されており[2]、「権利の主体・客体・変動・実現」という内容にそくして規定する方向が、民法制定の当初から基本方針として確定されていた。しかしながら、現行民法の総則の章構成は、伊藤に対して示されたような当初の方針を必ずしも忠実に反映せず、ドイツ民法典の総則編の最初の部分の章構成と類似の方向をとった[3]。このような歴史的背景まで考えると、本民法改正案の総則編の章構成[4]は、現行民法制定の当初にすでに企図されていた内容を具現化しただけであるといえるかもしれない[5]。

　このように、本民法改正案が「権利の主体・客体・変動・実現」という構成を採用したことにともない、現行民法では章として位置づけられていた「人」、「法人」、「物」、「法律行為」、「時効」が、本民法改正案ではそれぞれ節として位置づけられることとなった。

2　「法典調査の方針」広中俊雄編著『日本民法典資料集成・第 1 巻民法典編纂の新方針』(信山社、平成 17 年) 882 頁以下 [カナ等変更]、『法典調査会民法総会議事速記録 第壱巻』6 丁表 [日本学術振興会版。国会図書館近代デジタルライブラリー版 (以下、「デジタルライブラリー版」と略称する) コマ番号 10 ／ 291]。なお、公称 8 部作成された日本学術振興会版は丁付などに相違があることに留意したうえで [広中俊雄「学振版議事録の異同」法律時報 71 巻 7 号 (平成 11 年) 110 頁以下参照]、法務大臣官房司法法制調査部監修『法典調査会民法総会議事速記録』[日本近代立法資料叢書 12] [商事法務研究会、昭和 63 年] 3 頁参照)、福島正夫編『明治民法の制定と穂積文書――「法典調査会　穂積陳重博士関係文書」の解説・目録および資料』(有斐閣、昭和 31 年) 120 頁 (法典調査の方針 3 条)。

3　参考までに示せば、現行ドイツ民法の総則編の章構成は、以下のとおりである。「第 1 章　人、第 2 章　物及び動物、第 3 章　法律行為、第 4 章　期間、第 5 章　消滅時効、第 6 章　権利の行使、正当防衛及び自力救済、第 7 章　担保の供与」。本民法改正案の「第一章　通則、第二章　権利の主体、第三章　権利の客体、第四章　権利の変動、第五章　権利の実現」という構成が、権利の体系により純化したものであることが、両者を比較すれば明らかであろう。

4　近時制定された各国の民法典やその他の提案をみると、「総則編」の構成として、たとえば「中国民法草案」等はドイツ民法や日本民法に似た比較的オーソドックスな構成を採用している一方、伝統的な構成とは異なる立法例等も少なくない。これを「総則の崩壊か？」と評するものもある (立法例の紹介を含めて、大村敦志『民法読解　総則編』[有斐閣、平成 21 年] 554 頁以下参照)。しかし、本民法改正案は、むしろ総則の復権ともいうべき方向を志向するものである。

③ 「権利の実現」の章の新設

本民法改正案においては、「権利の実現」の章が新設された。この章では、権利の実現を、①義務者および第三者の任意の行為による場合（「任意の履行」の規定）、②国家の強制力による場合（「履行の強制」の規定）、③権利者の自力によってなされる場合（「自力救済の禁止」の規定）の3つに分けて規定している（最後の③について一言すれば、自力救済は、原則として禁止されるが、例外的に許される場合の限界も定められている）。

現行民法には、③は規定されておらず、①と②は、債権についてのみ——474条以下の「弁済」と、414条の「履行の強制」の条文のかたちで——総則編ではなく債権編に規定されている。しかし、詳しくは本書636頁以下に述べるが、債権・債務のみならず、物権的請求権、親族・相続上の権利等の権利一般も、①任意の履行によって消滅し、②任意の履行がない場合に国家機関による強制実現が必要なはずである。さらに、③自力救済の禁止と、例外的にそれが許容される場合がありうることも、変るところはない。そうである以上、これらの規定は、権利一般の問題として、総則編におかれるべきである。このうち、「履行の強制」についてはふるく石坂音四郎が指摘していたところであり、次のようにいう。「強制執行は、債権のみに適用あるものにあらず、物権的請求権、其他一般の請求権の実行に適用あり。然るに今之を債権実行の方法として債権法に規定せるは、其当を得ず」[6]

---

5 【「権利の主体・客体・変動・実現」という構成の形成にかんする議論の経緯】
　本民法改正案は、民法総則編内の章立てとして、民法の「人・物・行為」というインスティトゥツィオーネン体系の配列構成を採用することなく、冒頭の「第一章 通則」に続き、「権利の主体・権利の客体・権利の変動・権利の実現」という5章構成を採用したが、このような構成変更が一挙に提案されたわけではない。その間の経緯を次に記しておこう。
　まず、磯村保が、民法の「第二章 人」と「第三章 法人」を——ドイツ民法典と同様に——1つの章とし、「権利の主体」とすることを提案し（於2006年11月23日全体会議）、次いで民法の「第四章 物」を「権利の客体」という章に改めることを提案した（於2007年9月22日総則分科会）。
　この2つの提案を前提としたうえで、事務局は、民法の「第五章 法律行為」と「第七章 時効」を1つの章とし、「権利の変動」とすることを提案した（於2007年12月22日総則分科会、2008年1月13日総則分科会）。次いで、総則編の最後に「権利の実現」の章をおく案を策定した（於2008年5月1日事務局会議）。この提案が民法改正研究会に受けいれられ、2008年の私法学会提出案の段階では、この4つの章の最初に、「通則」の章を冠した5章構成となった。この5章構成が、本民法改正案にいたるまで維持されている。
　なお、2009年に国民有志案が公表された段階では、「自力救済の禁止」の規定は、国民有志案4条として「第一章 通則」に規定されていたが、最終的には、「第五章 権利の実現」の章のなかに規定することとなった。この点の詳細は、本書641頁以下に譲る。

231

本民法改正案は、このような考え方にしたがい、①②③をセットにして、総則編の末尾に、あらたに「第五章 権利の実現」の章を設け規定することとした。

（3） 総則編の節以下のレベルでの改正点

以上に述べたような章のレベルでの改正ではなくても、本民法改正案における民法典の体系的な純化にともない、節以下のレベルの総則編の構成も変更されている。具体的には、本民法改正案においては、相当数の「節」、「款」、「目」が新設されているほか、条文の位置の変更にかかる提案もなされている。

また、民法総則編内の「節」のいくつかが削除されることになった。たとえば、現行民法の「失踪の宣告」の規定は、権利能力の終期の擬制に関係するという性格に鑑み、「権利能力」の款の末尾に移した。それに加えて、「同時死亡の推定」の規定も、権利能力の終期と関係するので、「権利能力」の款に移動した。現行民法典では、「失踪の宣告」は独立した節の後半部分であり、「同時死亡の推定」は独立の節を構成しているが、本民法改正案ではそのような独立した節ないし款をしての位置づけはされていない。

これ以外にも、「第三節 住所」が民法典自体から削除されるなど大きな変更点があるが、それらについては、次の2で述べることする。

2　本民法改正案における大きな変更点

（1）「不在者」という法制度の事務管理的性格

1で述べた点以外にも、大きな変更点はいくつか存在している。そのうちのひとつは、現行民法の「第四節 不在者の財産の管理及び失踪の宣告」の規定のうち、「不在者」にかんする規定についての改正である（「失踪の宣告」については前述参照）。本民法改正案では、「不在者」の規定は、総則編から債権編の「事務管理」の章に移動した。その理由の詳細は本書652頁以下に述べるが、現行民法の事務管理という法制度が、不在者の財産管理に端を発したものであるという系譜を考えても、法制度の内容をみても、現行民法の「不在者」と近似しているからである。

（2）「民法総則」から「法の通則」へ
――「住所」・「期間の計算」・「公示による意思表示」

（1）に述べたのは、民法典の内部における別の「編」への移動であるが、現行法では民法典に規定されている法制度を別の法律――具体的には、民法改正研

6　石坂音四郎『日本民法 第三編 債権 第一巻』（有斐閣、明治44年）76頁［カナ等変更］。

序章　総則編の構成

究会が新法として提案する「法令の通則に関する法律」——に移動したものもある。それは、現行民法では「人」の章に存在する「住所」の規定と、時効の前におかれた「期間の計算」の章の規定、また、現行民法 98 条の「公示による意思表示」の規定である。

「住所」は、現行民法においても不在者 (25 条)、弁済の場所 (484 条)、相続 (883 条) 等でも問題となるが、国籍法における帰化の要件、訴訟法上の裁判管轄、公職選挙法等、多くの法律において問題となる。また、「期間の計算」も、訴訟法その他の多くの法律においても問題となり、参照される場は、公法・私法を問わない。また、民法の「公示による意思表示」は、民事訴訟法の公示送達の方法によるとされている (98 条 2 項)。しかし、私的な意思表示、裁判手続のなかでの送達にかぎらず、行政処分等についても、相手方の住所不明等、公示送達が必要となることは少なくないにもかかわらず、行政法の分野ではこの問題をめぐる規定が一部の法律に存在しているにとどまり、一般的に整備されていない状況にある。そのような法分野では、本書 703 頁に紹介するように、民事訴訟法の規定を類推適用するために、地方自治法にもとづく「技術的な助言」その他によって対処する等、苦肉の策によって、いわばお茶を濁しているのが実情である。

このように、「住所」、「期間の計算」、「公示による意思表示」の規定は、民法の総則的性格を有するというより、公法・私法を問わない法一般の通則的性格を有している。事実、詳しくは第 4 部の付論で紹介するように、現行民法の制定過程においても、これらの規定を民法総則編におくことが適切か否かが問題となったところである。そこで、本民法改正案では、これらの規定は民法総則から削除し、「法令の通則に関する法律」という新法で規定することとした。

(3)「付表 定義用語一覧」の新設

法律は、ときに専門的・技術的な用語法を前提とすることがある。そのようなものについては、しばしば法律の冒頭に定義規定がおかれることが少なくない。たとえば、会社法 (平成 17 年公布、同 18 年施行) が「第二条 定義」として 34 項目にわたって用語の定義を規定しているのは、その一例である。

ただ、民法典は、法律学習者が初期に接する法律科目であることを考慮すると、法典の冒頭に、規範内容の脈略と無関係に定義が羅列されることは、法律学には——理解することに先立って——暗記が必要であるとの、無用なメッセージを与えかねない。

そこで、本民法改正案では、定義規定を冒頭におくことはせず、その用語が最初にでてくる条文のなかで規定することを基本とした。こうすることで、法規の

規範内容との関連で「定義」が理解されるようつとめている。ただ、どの条文に定義が規定されているかわかりにくいのは不便なので、改正民法典の末尾に「定義用語一覧」と題した付表をおくこととした[7]。

---

7 なお、「定義別表方式の導入にかんする議論の経緯」については、本書643頁注461）参照。

第1章 通　　則

【前注】

　「第一章　通則」の規定においては、綱領規定と実定規定の分離が貫徹されるようにつとめた。

　現行民法「第一編　総則」の第1章は、「通則」と題されており、2か条からなりたっている。1条は、「基本原則」との標題のもとに、1項で私権の公共の福祉適合性、2項で信義誠実の原則、3項で権利濫用の禁止を規定している。そのうえで、2条は、「解釈の基準」との標題のもとに、個人の尊厳と男女の平等を謳っている[8]。

　これに対して、本民法改正案の「第一章　通則」は、3か条構成となっている。まず、[新] 1条で「趣旨」を、[新] 2条で「基本原則」を規定する。そのうえ

8　本民法改正案とくらべて憲法との連続性が強い民法の冒頭規定についての立法提案として、次のようなものがある（大村敦志『民法0・1・2・3条』〈私〉が生きるルール』〔みすず書房、平成19年〕104頁以下。なお、引用にさいし、条文記載のスタイルは、本書と同様とした。〔同教授は、前掲書において以下とは別の小改正案を提示しているほか、同『市民社会と〈私〉と法Ⅰ』〔商事法務、平成20年〕95頁以下では、また別の改正案を提示している〕）。

　　第一編　総則
　　　第一章　通則
　　　（権利の性質・法の解釈）
　第一条　市民としての権利は、公共空間における一般利益に適合する。
　2　この法律は、個人の人間としての尊厳と平等を旨として、解釈される。
　　　第二章　人
　　　　第一節　総則
　　　（市民的権利）
　第二条　人はすべて市民としての権利を享有する。
　2　市民としての権利は次に掲げる権利及び自由からなる。
　　一　生命、身体、自由、名誉、私生活その他人格に関する権利、家族に関する権利及び財産に関する権利
　　二　思想、信条、宗教、集会、結社、表現の自由
　3　市民としての権利の享有は、出生に始まり死亡に終わる。
　　　（差別禁止・社会的支援）
　第三条　人は、思想、信条、宗教、人種、国籍、民族、出自、性別、年齢、職業、心身の状態、生活の状況その他の差異により、差別されない。
　2　前項の規定は、年齢、心身の状態その他の理由により社会的支援を要する人に対して、この法律その他の法律が必要な方策を講ずることを妨げない。

で、[新] 3 条を「信義誠実と権利濫用の禁止の原則」としつつ、同条1項で信義誠実の原則をおくとともに、下位原則である禁反言（エストッペル）とクリーンハンズの原則を号のかたちで規定し、2項に権利濫用禁止の原則をおいた。

現行民法の「通則」に規定された2か条の性格をみると、1条1項と2条は、綱領規定であって、具体的な紛争解決規範としての意義に乏しい。しかし、1条2項および3項の信義誠実と権利濫用の禁止は、綱領規定としての性格と、紛争解決規範としての性格を兼ね備えたものとなっている。要するに、現行民法「第一編　総則：第一章　通則」には、綱領規定と紛争解決規範とが混在しているのである。

これに対し、本民法改正案の「通則」は、綱領規定と、紛争解決規範としての実定法的規定との区別を明らかにした。具体的には、最初に綱領規定として「趣旨」と「基本原則」を規定した2か条をおいたうえで、その次に [新] 3 条として一般条項的性格を有する紛争解決規範としての実定法的規定をおき、それぞれの条文の性格を純化させている。

[I] 条文案

（趣旨）
第一条　この法律は、個人の尊厳、自由及び平等を基本として、私人間の法律関係について定めるものとする。

本条：民法2条（解釈の基準）修正

（基本原則）
第二条　財産権、人格権その他の私権は、これを侵してはならない。
2　私人が自律的に形成した法律関係は、私人の権利及び自由の基礎となるものとして、尊重されなければならない。
3　家族は、両性の本質的平等を基本とし、また、社会の基礎をなすものとして、尊重されなければならない。
4　私権及び私人間の法律関係は、公共の福祉と調和しなければならない。

本条1項：新設
　　2項：新設
　　3項：新設
　　4項：民法1条（基本原則）1項移修

第 1 章　通　　則

> **（信義誠実と権利濫用の禁止の原則）**
> 第三条　権利義務の発生並びに権利の行使及び義務の履行は、信義誠実の原則に従うものとし、次に掲げる行為は、これを許さない。
> 　一　先行する自己の行為に反する背信的な主張を行うこと。
> 　二　著しく不正な行為をした者が、その行為に関して法律上の救済を求めること。
> 2　権利の濫用は、これを許さない。

本条1項柱書：民法1条（基本原則）2項移修
　　　1号：新設
　　　2号：新設
　　2項：民法1条（基本原則）3項移動

[Ⅱ]　改正理由

1　冒頭規定としての［新］1条と［新］2条

（1）　冒頭規定としての民法の適用対象と基本理念の明示

　［新］1条は、まず、民法が「私人間の法律関係」を規律するものであることを明示した。そのうえで、民法の基本理念としての「個人の尊厳」の尊重と、「自由及び平等」が民法全体に貫かれる原理であることを、法典の冒頭で示した。

　なお、現行民法2条は、「解釈の基準」と題されており、「この法律は、個人の尊厳と両性の本質的平等を旨として、解釈しなければならない」と規定されている。［新］1条の「個人の尊厳」の尊重は、民法2条の文言の一部を受けついだものである。これに対し、民法2条の文言のうち、「両性の本質的平等」の部分は、家族について規定した次の［新］2条3項に規定することとした。

　この点につき、たしかに男女平等は、家族間のみならず雇用関係その他広く社会のなかでも問題となりうる。したがって、論理としては［新］1条の「個人の……平等」の枠組のなかで、雇用関係等とともに、家族間における男女平等も規律することも考えうるところである。

　しかし、本民法改正案では、現行民法2条の制定経違と戦後70年間の家族関係の変化の双方を考慮し、冒頭規定に、現行民法2条が規定する2つの文言のうち、「個人の尊厳」の文言と一般的な「平等」の文言をおき、［新］2条において「両性の本質的平等」を、あえて家族間の問題として再確認することとした。す

なわち、戦後、昭和22(1947)年改正以後の家族法でとりわけ初期に中核的課題となったのは、「イエ」制度であった。その後の「イエ」制度の解体とともに、「個人の尊厳」は現代ではもはや家族関係の問題としては強調される必要がなくなったように思われる。しかしながら、「両性の本質的平等」については、改善されつつあるとしても、依然、家族関係においても現代的問題でありつづけている。

そこで、本民法改正案では、［新］1条に一般的な平等が謳われていることを前提としたうえで、家族法の分野に焦点をあてた［新］2条3項においても重複をおそれず、家族における「両性の本質的平等」を規定することとした。

なお、民法における平等原則は、「権利能力平等の原則」としても具現化されるが、この点は本書262頁で後に述べる。

（2） 冒頭規定の標題

次に、冒頭規定の標題についても述べておこう。現在の法律の多くは冒頭規定となる1条を「目的等」、「この法律の目的」、「趣旨」等とすることが多い。いわゆる六法に限定してみると、刑法1条の標題は「国内犯」で、刑法典には「趣旨」にあたる規定は存在しない。また、憲法には前文にその精神が述べられているので、この種の規定が存在していない。しかし、これら以外の六法の1条をみると、商法は「趣旨等」、民事訴訟法は「趣旨」、刑事訴訟法は「この法律の目的」となっている。

刑事訴訟法のような「……目的」という標題は、私法の基本法である民法のように、適用範囲が広い法律には限定的にすぎるように思われる。そこで、本民法改正案では、商法や民事訴訟法の標題とバランスをとり、冒頭規定の標題を「趣旨」とし、その内容には現行民法2条（解釈の基準）を修正したうえでとりこむこととした。

なお、前述したように、現行民法2条は、「解釈の基準」という標題にもかかわらず、具体的な紛争解決にさいし、あるいは解釈論のなかで実際に解釈の基準として用いられることは稀である。この点を考慮し、本民法改正案では、「解釈の基準」を標題とする条文は設けないこととした。

（3） 民法の基本原則の条文化

［新］2条は、民法典の3つの基本理念——所有権絶対の原則（1項）、私的自治の原則（2項）、両性の本質的平等を基礎としたうえでの家族の尊重（3項）——をそれぞれ謳っている（2項で用いられている「法律関係」等の文言については歴史的な議論もあるところであるが[9]、厳密にではないものの、これら3つ

第 1 章 通　則

の項は、おおむね物権法、契約法、家族法の基本理念といえるであろう。なお、〔新〕2 条 1 項で規定された人格権の不可侵については、次の 3 で述べる）。

そのうえで、市民国家の原理と社会国家の原理の調和を示すために、〔新〕2 条には、4 項を付加した[10]。

9　古くは、末川博「サヴィニーの権利論」『権利侵害と権利濫用』（岩波書店、1970 年）22 頁以下、また、近時のドイツの学説状況をふまえ、耳野健二『サヴィニーの法思考――ドイツ近代法学における体系の概念』（未来社、平成 10 年）282 頁以下、同「19 世紀ドイツ法学における Rechtsverhältnis の概念」比較法史学会『比較法史研究 11 法生活と文明史』（未来社、平成 15 年）96 頁以下参照。

10　【冒頭規定の整序過程についての議論の経緯】
　本文全体の説明との関連で、冒頭規定である〔新〕1 条（趣旨）と〔新〕2 条（基本原則）とが、現在のかたちになってきた経緯を示しておくこととする。
　事務局の当初提案の段階から、本民法改正案の冒頭の条文が「趣旨」と「基本原則」とに分離していたわけではなかった。当初提案では、現行民法 2 条を基調とした文言に、私的自治と、主として家族法を念頭においた人間関係に力点をおいた冒頭条文が規定されていた（於 2006 年 11 月 23 日全体会議）。その後、その条文案が若干修正され、2008 年 3 月 1 日、2 日に開催された「民法改正国際シンポジウム」において公表された段階では、下記の文言のうち、下線部分を除いたものとなっていた。

（趣旨・経過案・事務局作成 2008 年 3 月 1 日国際シンポジウム公表案）
1 条：この法律は、個人の尊厳を尊重し、(私有財産制を基礎とした) 私人の自律的な法律
　　　関係の形成及び両性の本質的平等を基礎とする人間関係の形成を旨として、私人間
　　　の法的関係を規定する。

　この国際シンポジウムの後、上記条文案によって、契約の自由と家族関係はカバーされるが、物権法がカバーされないのではないか、という磯村保の問題提起があった。そこで、総則分科会で議論したうえで、いったん、下線を付した文言を加えることとした。しかし、その後の全体会議において、「私有財産制を基礎とした」という文言は強い印象を与えすぎないかという懸念が大塚直より示され、山野目章夫からの憲法 29 条 1 項に平仄を合わせてはどうかという発言を受け、「財産権の保障を基礎とした」という文言に変更した。
　この変更された条文案は、私法学会提出案、法曹提示案、および国民有志案まで維持された。
　この条文案については、国民有志案公表後の川﨑政司による本民法改正案作成のための条文レビューにおいて、「『個人の尊厳を尊重し、』がどこにかかるかが不明である」、また、「『法律関係』と『法的関係』の相違は概念的に整理されているといえるのか。ちなみに、『法的関係』の立法例は条約以外にはこれまでのところない」等の指摘があった。
　上記の指摘を受け、国民有志案 1 条「趣旨」の内容を、本民法改正案では、〔新〕1 条と〔新〕2 条とに分離することとした。それにともない、国民有志案 1 条に規定されていた「財産権の保障を基礎とした」という文言は、同 2 条 1 項の"財産権の不可侵"と重複するきらいが生じた。そこで、本民法改正案では、この「財産権の保障を基礎とした」という内容を、〔新〕2 条 1 項の"財産権の不可侵"を意味する規定に吸収することを含意しつつ、〔新〕2 条の各項に、民法の物権法、契約法、家族法の基本原則を謳うこととした。

（4）　市民国家の原理と社会国家の原理の対置

現行民法1条1項は、「私権は、公共の福祉に適合しなければならない」として、ワイマール憲法的な古典的市民法に対する社会法的修正原理のみを謳っており、原点であるはずの古典的市民法の所有権の絶対原理について規定していない。これは、古典的市民法原理と社会法的修正原理双方について規定している憲法29条とくらべ、明らかにバランスを欠いている。

この点を是正すべく、［新］2条は、「基本原則」として、1項で市民国家の原理のうちの「所有権の絶対」を、4項で社会国家の原理としてのその修正を規定し、憲法との整合性をとることとした。

（5）　私権と「公共の福祉」の優先劣後について

現行民法1条1項は、昭和22(1947)年の改正のさいに追加されたものである。当初は「私権ハ公共ノ福祉ニ遵フ」と規定されていたが、平成16(2004)年の民法の現代語化にさいし、「私権は、公共の福祉に適合しなければならない」と改められたものである。

昭和22年当初の条文の文言はもちろんのこと、平成16年に改正された条文の文言も、あたかも、公共の福祉が私権の上位に位置するかのような印象を与え、公が私権に優先するかのようにみえる。

しかし、本民法改正案においては公が私権に優先するという印象を与えるべきではない、との意見が民法改正研究会では有力であった。そこで、私権と公共の福祉とが上下関係に立つのではなく、対等の価値として存在することを明示するために、［新］2条4項では、「私権及び私人間の法律関係は、公共の福祉と調和しなければならない」と規定した[11]。

2　人格権の不可侵の規定

（1）　人格権規定の新設

［新］2条1項は、財産権の不可侵のみならず、人格権の不可侵をも規定した。これにより、人格権保護が民法の基本方針であることを示したものである。

---

11 【「公共の福祉」の規定にかんする議論の経緯】
　（ⅰ）現行民法の承継
　　本文に紹介したような修正はなされたものの、現行民法の社会国家の原理についての規定を――現行民法のように、その位置を1条1項という冒頭規定としてではなく、かつ文言を修正したうえで――本民法改正案の2条4項に承継すること自体は、民法改正研究会において、別段、異論はなかった。これは、この現行規定を基本的には承継することを当然視していた側面があろうかと考える。

240

第1章 通　　則

　現行民法には、人格権は規定されていない。世界的にみても、包括的な一般的人格権の承認に画期的役割を果たしたのが20世紀初頭のスイス民法であることを考えれば（後出注16）参照）、それに先立って制定された現行民法が人格権規

（ⅱ）国際シンポジウムにおけるヨーロッパの学者の反応

　ところが、平成20(2008)年3月の国際シンポジウムにおいて、オランダのハートカンプ教授は、このような内容の規定はヨーロッパの民法典にはみられないと述べ、若干の違和感を表明し、続いてドイツのリーゼンフーバー教授も類似の意見を述べた。とくに、リーゼンフーバー教授は、シンポジウム終了後の懇談の場で、現行民法にこのような規定があることは、コミュニティーが個に優先するナチズム的な全体主義的思潮との連想を生みかねないのではないか、との疑念を表明した。

（ⅲ）戦後における「公共の福祉」規定の導入

　上記のような議論があることを念頭におきながら、戦後の民法改正における冒頭規定制定の歴史を鳥瞰しておこう。その当時、内閣は、冒頭規定の当初提案として、昭和22(1947)年7月18日に「民法の一部を改正する法律案」を国会に提出した。その内容は、以下のようなものであった。

　「第一条　私権ハ公共ノ福祉ノ為メニ存ス
　　権利ノ行使及ヒ義務ノ履行ハ信義ニ従ヒ誠実ニコレヲ為スコトヲ要ス」

　上記の提案は、国会で修正を受け、さきに紹介した昭和22年改正案が採用されたのであるが、その国会での議論では、上記の案は「全体主義的な思想だというので、非常に攻撃を受け」た。ただ、この改正において大きな役割を果たした我妻は、「原案の『公共ノ福祉ノ為メニ存ス』というのを全体主義だというのはおかしいような気がする。……原案を社会主義的だというなら話はわかるがね」と発言している（2つの引用文は、我妻栄編『戦後における民法改正の経過』（日本評論社、昭和31年）198頁（奥野健一発言、我妻栄発言）。この条文の立法経緯については、広中俊雄＝星野英一編『民法典の百年Ⅰ　全般的観察』（有斐閣、平成10年）66頁以下（池田恒男執筆部分）、宮下修一「民法における『公共の福祉』の現代的意義」名古屋大学法政論集227号（平成20年）147頁以下、大村敦志『民法読解総則編』（有斐閣、平成21年）7頁以下参照）。

　このように、我妻が意図したようにはこの提案が当時の国会で受け止められなかった背景には、この条項に、我妻法学にときにみられる、社会の連帯を強調して事務管理を助長する必要を説く等の「団体主義の理想」が反映しているという側面、また、我妻のもつ「農村協同体」的な感覚とマッチしているという側面も影響したと思われる（この点については、加藤雅信『新民法大系Ⅰ　民法総則　第2版』〔有斐閣、平成17年〕30頁参照）。

（ⅳ）本民法改正案の方針

　上記の戦後の立法の経緯と、その後60年余の日本社会の変化、そしてこの文言自体が与える全体主義的色彩を考えると、民法改正にさいし、立法論的としては現行民法1条1項を削除するという考え方もありえよう。

　しかし、これまでわが国では、一般に、この規定は全体主義的な発想としてではなく、むしろワイマール憲法的な社会国家の原理を内包しているものと理解されてきたと思われる。そこで、本民法改正案は削除案をとることなく、［新］2条4項にこの規定をおくこととした。

第一編　総則

定を欠くのは、無理からぬところである。しかし、現代社会を反映した本民法改正案においては、人格権についての明文での承認が欠かせないと考える。

ただ、人格権の紛争解決のための実定規範性が発揮されるのは、損害賠償と差止めが中心であろう。そこで、本民法改正案では、人格権にかんする規定を、［新］2条1項に綱領規定のかたちでおくとともに[12]、「第三編　債権：第五章　不法行為」のなかにも、人格権――ないし「人格的利益」――についての規定をおき、人格権侵害の効果として、損害の賠償と侵害の差止めを規定することとした[13]。

12　このような規定のしかたに対しては、中田裕康教授から、［新］2条1項が人格権の不可侵を規定しながら、4項では公共の福祉との調和を謳うのは、全体として人格権の尊重を弱いものとする可能性はないか、との意見が寄せられた（於 2008 年 3 月「民法改正国際シンポジウム――日本・ヨーロッパ・アジアの改正動向比較研究」）。

　これに対し、加藤は次のように回答した。人格権のなかでも、不可侵性が強い生命・身体・自由のような絶対的人格権と、自己情報、名誉、プライバシー、氏名、肖像等の、その保護に一定程度の利益較量的判断をともなうことになる相対的人格権とでは、法的保護の態様が異なると考えている。相対的人格権が、憲法 21 条にもとづく表現の自由、また報道の自由との調和をはかる必要があることは否定できず、ここには、当然のこととして私権と公共の福祉の調和が問題となる。また、絶対的人格権については、公共の福祉との調和が安易に認められてはならないことは当然ではあるが、同時に実定法が刑罰による生命侵害、自由の侵害を認めている以上、公共の福祉とまったく無関係に保護されることもできないというべきであろう。

　もちろん、中田教授が強調したように、「公共の福祉」それ自体は幅広い概念なので、無制約に人格権と「公共の福祉」との調和が強調されることがあってはならない。とりわけ、前述した「絶対的人格権」は、「人格」として、「人格権」とは別異に扱われることもあるのであって、安易に「公共の福祉」との調和を認めてはならないことは当然である。

13　【人格権の規定の導入にかんする議論の経緯】
　民法改正研究会は、全体会議による改正案討議を開始する以前に、平成 17(2005) 年 10 月から 4 回の準備会を開催した。そこでの議論においては、「人格権」を規定して民法総則におくべきであるとの意見が大勢であった。そして、改正案の討議を開始した当初は、人格権の問題は討議されなかったが（於 2006 年 4 月 29 日全体会議）、約半年後に次のような条文提案がなされた（於 2006 年 11 月 23 日全体会議）。

（基本理念・経過案・2006 年 11 月 23 日事務局案）
N 条①：私権は、これを侵してはならない。ただし、私権は、公共の福祉と調和するよう、これを行使しなければならない。
　　②：私権は、財産的関係のみならず、人格的関係にも及ぶ。
　　③：この法律は、個人の尊厳と両性の本質的平等を旨として、解釈しなければならない。

　上記の案を出発点としながら、注 10) に紹介した冒頭規定の整序過程をへて、現在のような案が形成されていったのである。

第 1 章 通　則

（２）　個別・具体的な人格権規定の回避 ── 比較法的分析、その１

　本民法改正案では、前述したように、総則編には包括的な人格権規定を設けたにとどまり、個別・具体的な人格権規定を設けていない。他方、近隣のアジア諸国には、ベトナムのように、人格権について個別・具体的に規定する民法典が制定された例[14]、中国のように、人格権の規定が検討されている例が近時みられる[15]（ヨーロッパの状況については、注に譲る[16]）。しかし、本民法改正案では、

14　2005 年のベトナム民法典は、「第 1 編　総則：第 3 章　個人：第 2 節　人格権」との標題のもとに 24 条から 51 条まで、28 か条にわたる人格権規定がおかれている。このなかには、日本人の目からみると、人格権概念に含めるべきか否か、評価が分かれるものも存在するが、氏名権、肖像権、名誉・人格・威信権、プライバシーの権利等も個別的に規定されている（2005 年ベトナム民法典については、角紀代恵「ベトナム 2005 年民法」ジュリスト 1406 号 87 頁以下、加藤雅信「中国における人格権法の立法と民法典制定の動向 ── 日本における人格権論展開史の分析をかねて」加藤一郎追悼・変動する日本社会と法〔有斐閣、平成 23 年〕210 頁以下参照）。なお、2005 年のベトナム民法典は、2015 年 11 月に全面改正がなされている（本書 179 頁以下参照）。2015 年のベトナム民法典では、2005 年のベトナム民法典と同じ標題のもと、16 条から 39 条まで、24 条にわたってかなり純化されてきた人格権が規定されている。

15　現段階では民法典になっているわけではないが、中国は、民法草案に「第四編　人格権法」を規定することを 2002 年の第 9 期全人代大会常務委員会第 31 次会議討論稿において発表した（王晨＝呉海燕訳「中華人民共和国民法（草案）第四編　人格権法　第八編　不法行為責任法」法学雑誌 51 巻 1 号〔平成 16 年〕250 頁以下）。2002 年の中国の民法草案では、「第 4 編　人格権法」の冒頭に、まず「第 1 章　一般規定」をおいたうえで、その後に、「生命健康権、氏名権・名称権、肖像権、名誉権・栄誉権、信用権、プライバシー権」の 6 種の人格権が、それぞれ独立の章を構成するものとして規定されている。

　また、2010 年 10 月には、具体的に、人格権法の立法をなすべきか否かのシンポジウムを、全人代常務委員会・人民大学・華東政法大学の共催で開催した（このシンポジウムの内容については、加藤・前注引用論稿 173 頁以下参照）。

16　人格権をめぐるヨーロッパの状況と民法改正研究会での議論を、ごく簡単に紹介しておこう。

　最初に人格権を規定したスイス民法は、1907 年に制定されたが、その 28 条で、「個人的諸関係（人格権）を不法に侵害された者は、侵害の除去を訴求することができる」と規定している。また、1911 年に制定されたスイス債務法は、その 49 条 1 項で、人格権侵害に対する慰謝料を、「侵害及び有責の重大性からして正当と認められるとき」にかぎり認めている（五十嵐清『人格権論』〔一粒社、平成元年〕2 頁、斉藤博『人格権法の研究』〔一粒社、昭和 54 年〕73 頁以下参照）。

　また、民法改正研究会では、横山美夏より、フランス民法の人格権の参照の必要性が指摘され（於 2006 年 4 月 29 日全体会議）、大塚直より、次のように 1970 年に改正されたフランス民法の具体的な紹介がなされた（於 2007 年 3 月 18 日全体会議）。「民法 9 条 1 項：各人は、その私的生活を尊重される権利を有する。／ 2 項：裁判官は、係争物寄託、差押えその他のような、私的生活の内面への侵害を阻止し、又は止めさせるに適する全ての措置を命ずることができる。ただし、被った損害の賠償を妨げない。これらの措置は、緊急の場合には、レフェレによって命ずることができる。」

次のような理由から、人格権を個別に列挙することは避けることとした。

　第一に、人格権をめぐる裁判例を子細に検討すると、個別のカテゴリーに入りきらない人格権ないし人格的利益が保護されているケースが相当数存在しているからである[17]。したがって、ベトナムや中国のような列挙方式をとると、それらのものをカバーできず、漏れるものがでてくるおそれがある。

　第二に、注12)に紹介したような、人格権としてほぼ確立している個別的な内容についても、どの範囲で保護されるべきかは法律家の間で必ずしも共通了解がえられているとは思われない側面があるからである。たとえば、氏名権は、人格権としてその氏名を有する者の私的権利であるが、それと同時に、社会的に個人を特定する必要があるという公共的要請から、氏名変更権等には制限を加えざるをえない側面もある。また、プライバシー権についても、かりに、これを初期の裁判例のように、「私生活をみだりに公開されない」権利、としてとらえたと

　なお、［新］2条1項は、私権の不可侵性を規定する順序として、「財産権、人格権その他の私権」としているが、「人格権」に生命・身体・自由までもが含まれるとしたら、規定の順序としては、むしろ「人格権」が先に規定されるべきではないか、との問題提起が、水津太郎からなされた。これに対し、川﨑政司は、憲法であればそのような順になるのが適当であろうが、民法典は財産法と家族法を対象とするものであり、規範として人格権にかかわるものは少ないので、現在の規定の順のままでよいのではないかと述べ、順序の変更をしないこととなった（於2013年10月27日全体会議）。

　さらに、民法典に人格権規定をおくことの受け止め方は、ヨーロッパとアジアとで一様ではないように思われる。一般に、人権保護を強化する必要に迫られているようなアジア諸国では、ヨーロッパ以上に、人格権について詳細に規定しようとする傾向が見受けられる。これは、条文の規定を離れた法感覚の違いを反映しているものとも思われる。実際、2008年3月に行われた「民法改正国際シンポジウム ── 日本・ヨーロッパ・アジアの改正動向比較研究」において、台湾および韓国のゲストスピーカーは、中国が人格権を規定しようとしていることに強いシンパシーを示したのに対し、ヨーロッパのゲストスピーカーたちは、ほとんどシンパシーを示すことがなかった。いわゆる民事的概念としての「人格権」は、東洋諸国においては人権保護の延長としてとらえられているのに対し、ヨーロッパにおいては損害賠償等の前提となる法技術的概念のひとつとしてとらえられている、というのが国際シンポジウムで受けた印象であった。

　なお、本民法改正案では、生命等についての「人格権」および信用・名誉等について「人格的利益」の侵害についての損害賠償と、それらの侵害についての差止めを、ともに不法行為の章に規定する方向が模索されている（国民有志案修正原案661条1項・3項、同677条1項・3項参照）。しかし、それとは別に、これらを不法行為から切り離すべきであることを主張する見解もある（斉藤博「人格権を規定することをどう考えるか ── 規定するとすれば、どのように規定すべきか」椿寿夫＝新美育文＝平野裕之＝河野玄逸編・民法改正を考える（法律時報増刊）（日本評論社、平成20年）43頁以下）。

17　裁判例の具体的な状況については、加藤・注14）引用「中国における人格権法の立法と民法典制定の動向 ── 日本における人格権論展開史の分析をかねて」変動する日本社会と法199頁以下参照。

第1章 通　則

しても、社会的に公的存在とされる人々については、その私的生活についての公共的評価が必要とされることもある。法的には、「みだりに」公開されたか否かとして争われることにはなろうが、それは、微妙な判断をともなうものであり、プライバシーについても、どこまで保護されるべきか、判例法の発展に委ねられている側面がある[18]。

　このように考えると、人格権は、何が人格権とされるかという外延においても、一般的に人格権と考えられているものをどこまで保護するべきかという権利の内包においても、判例法に委ねられている側面が依然大きいというべきであろう[19]。

　いわば、人格権は、現在、なお判例法によって生成されつつある権利なのであり、具体的・固定的なものとして、民法典に規定するだけの安定性に欠けると思われる。そこで、本民法改正案では、抽象的に、人格権の保護を規定するにとどめ、具体的な個別的人格権の列挙は避けることとした。

（３）　類似の方向性をめざす抽象的人格権規定の導入 —— 比較法的分析、その2

　近隣のアジア諸国には、個別・具体的な人格権規定を指向する国もあれば、包括的・抽象的な規定をおくことを選択した国もある。2007年に公布されたカンボジア民法典は、「第2編 人：第1章 自然人：第2節 人格権」という規定をもっている。その冒頭規定では、「人格権とは、生命・身体・健康・自由・氏名・名誉・プライバシーその他の人格的利益を内容とする権利をいう」（カンボジア民法10条）とされている[20]。この規定を含め、同節は次の4か条から構成されている。①人格権の意義（同10条）、②差止請求権（同11条）、③侵害行為の結果の除去請求権（同12条）、④不法行為に基づく損害賠償請求権の確認規定（同13条）。

　これに対し、本民法改正案は、総則の冒頭には宣言的に人格権規定をおくにとどめ（［新］2条1項）[21]、人格権の具体的な法的効果である損害賠償と差止めに

18　プライバシーについての近時の興味深い分析として、水野謙「プライバシーの意義 ——『情報』をめぐる法的な利益の分布図」ＮＢＬ936号（平成22年）29頁以下参照。

19　この点を、斉藤・注16）引用『人格権法の研究』258頁以下は、「一般的人格権の限界の問題」として論じている。

20　本翻訳は、財団法人国際民商事法センターのホームページ（http://www.icclc.or.jp/equip_cambodia/index.html）による。

21　韓国においても、その民法改正試案1条の2は、「人間の尊厳」にかんする宣言規定を設けている（この点をとらえ、鄭鍾休は、「21世紀私法のマグナ・カルタ条項」と呼んでいる〔鄭鍾休「韓国民法改正試案について —— 債権編を中心として」岡孝編・契約法における現代化の課題（法政大学出版局、平成14年）160頁参照〕）。

ついては、その要件とともに不法行為の章に規定している。つまり、カンボジア民法典と本民法改正案とは、規範の内容それ自体はほぼ類似であるものの、体系的な位置づけ方が異なっている。カンボジア民法典は、「人格権」を一節にまとめて規定した結果、——当然のことながら、別途、不法行為には損害賠償が規定されているので——人格権の効果としての損害賠償が重複的に規定されることになった。それに対し、本民法改正案では、綱領規定と実定法的規定とを分離することによって、規定の重複を回避する構成となっているのである。

3 ［新］3条 信義誠実と権利濫用の禁止の原則

(1) 信義則と「権利義務の発生」

信義誠実の原則の適用範囲として、現行民法1条2項が「権利の行使及び義務の履行」について規定しているのに対し、［新］3条1項柱書は、「権利義務の発生」についても、信義誠実の原則が問題となることを規定している。

これは、近時の判例をみれば分かるとおり、付随義務や説明義務等の発生が信義則によって基礎づけられることが多いという状況を念頭においたものである。

(2) 権利濫用の禁止の原則規定の維持と、2つの原則の対置

［新］3条2項では、現行民法1条3項の権利濫用規定の内容を維持することとした[22][23]。

---

22 【権利濫用規定の文言の維持についての議論の経緯】
　権利濫用について規定した［新］3条2項は、注27) に紹介する当初提案の3条1項と内容は同じで、後に位置のみが修正されたものである。また、この当初提案とは別に、磯村保と松岡久和からもそれぞれ改正案が提案された（於2007年3月4～5日総則分科会）。これらはともに、信義誠実の原則と権利濫用の禁止の原則の2項立ての提案——ただし、信義誠実の原則については、「禁反言」、「クリーンハンズの原則」の規定をおくことはしないという内容——であり、現行民法の枠組とも、本民法改正案とも同じであったが、やはり権利濫用の禁止の原則は、民法の規定を維持するものとであった。
　民法改正研究会では、民法総則全体の条文を通して、民法の条文に対する数多くの改正条文案が提出され、ほとんどの規定が大なり小なり改正された。しかし、権利濫用の禁止の原則についての文言の改正提案は、上記のとおりなかった。このように、権利濫用の禁止の原則にかんしては、民法の規定の文言を維持するという方針が民法改正研究会、市民のための民法改正研究会、企業法務に役立つ民法改正研究会のいずれにおいても、一貫して支持され、私法学会提出案から本民法改正案にいたったものである。

23 【権利濫用規定の法体系的位置づけについての議論の経緯——総則編冒頭の「第一章 通則」、それとも末尾の「第五章 権利の実現」のいずれに規定されるべきか】
　日本民法典では、権利濫用の禁止の規定が、民法総則編の冒頭の「第一章 通則」に規定されているのに対し、ドイツ民法典では民法総則編の末尾に規定されている。本民法改正案が民法総則末尾に「第五章 権利の実現」の章をおいたことから、ドイツ民法典のような位

第1章 通　則

　このように、本民法改正案では、［新］3条1項に信義誠実の原則が、2項に権利濫用の禁止の原則が規定されるので、2つの原則が対置されるかたちとなっている。

　信義誠実の原則と権利濫用の禁止の原則は、歴史的には別個のものとして発展してきた。権利濫用は、権利行使者の主観的な悪性を根拠として、シカーネ（嫌がらせ）的行為を制約する原理である。これに対し、信義則は、債権関係にある当事者間において、権利の行使および義務の履行をコントロールする法原理として機能してきた。また、比較法的にみても、ドイツ民法は、信義則を債権法の原則とし、権利濫用の禁止の原則を債権関係にないものを規律するものとしており、両者の棲み分けを明確にしていた。

　ところが、日本民法典は、双方を民法総則の通則に規定したため、両者の関係が不明確となった。その結果、近時の判例は、権利濫用とされる事例のほとんどを、同時に信義則違反と認定し、「……は、信義則に反し、権利濫用となる。」と判示することが多く、現在の実務においては、両者の適用範囲を明確に区別することが困難となっている。

　たしかに、権利の濫用的な行使は、それ自体として信義則に反する権利行使とみることができる場合も多い。しかしながら、紛争当事者間に一定の人間関係が存在しないときは、信義則は問題にならず、権利濫用のみが問題となるので、本民法改正案では、沿革を尊重し、この2つの原則を対置して規定することとした[24]。

　　置づけを与える可能性の是非についても検討する必要が生じ、民法改正研究会では、この点も議論された（於2011年2月5日全体会議）（詳細は、第5章の【前注】の叙述に譲る（本書634頁））。
[24]【「信義則」と「権利濫用の禁止の原則」の対置にかんする議論の経緯】
　　国民有志案公表後、本民法改正案公表のための検証作業の過程において、磯村保から、この規定は、信義則を規定した柱書とその下位規範を規定した3号構成とし、1号を権利濫用の禁止の原則、2号を禁反言（エストッペル）、3号をクリーンハンズの原則とするべきではないか、との提案があった（於2011年2月5日全体会議）。これは、本文で述べたように、歴史的にはともかく、現代のわが国の判例においても、信義則と権利濫用の禁止の原則は一体のものとして援用されるのが一般的となっており、そうであるとすれば、信義則とは別個に権利濫用の禁止の原則を維持する必要性はもはや失われているのではないか、という理解を基礎とするものであった。
　　これに対し、同日の研究会において、加藤は、磯村の指摘には首肯しうる側面はあるものの、権利濫用事案の100％が信義則違反になるわけではない、との疑問を提示した。この考え方は、「信義」が問題となるときは、かつてのような債権関係に限定されるものではないとしても、紛争当事者間に一定の人間関係があることが前提となっており、紛争発生に先行する人間関係をまったく欠く状況のもとでは、権利濫用のみが問題となるのであって、信義

第一編　総則

（3）　信義則規定の具体化

本民法改正案では、「禁反言（エストッペル）」と「クリーンハンズの原則」を、ともに信義則という一般原則のあらわれであり、その下位規範であると考えた。そこで、それぞれを「信義誠実の原則」を規定した［新］3条1項の1号および2号として規定した。

（4）　信義誠実の原則、権利濫用の禁止の原則等をめぐる学界の状況

現行民法1条2項および3項は、信義誠実の原則と権利濫用の禁止の原則をそれぞれ規定する。ただ、前者の信義誠実の原則は、歴史的には債権法の基本原則と解されていたものの、徐々に民法全体の一般原則に広げられてきた。

現行民法の冒頭に規定されている一般原則は、上記の2原則のみである。しかし、類似の一般原則が判例上認められている例もある。それをも含め、学説状況を民法の教科書・体系書に限定して述べると、かつては、民法典の規定のしかたをそのまま反映し、一般原則として、民法典に規定されている信義誠実の原則、権利濫用の禁止の原則についてのみ叙述するものが圧倒的に多かった[25]。ただ、

誠実の原則が問題とならない事例が少数ながらも一定程度存在する、という理解を基礎とするものであった。

　この2つの見解の相違はそれほど大きなものではない。すなわち、これらはともに、信義誠実の原則と権利濫用の禁止の原則がほとんどの場合においてオーバーラップすることを前提としてはいるものの、信義則に、権利濫用の禁止の原則がすべてにわたって全面的に吸収されるか否かをめぐる理解の相違であった。

　このような議論がなされたが、結論としては、判例における重畳的な状況はあっても、独自の適用領域があることをふまえて、現行民法と同様、2つの原則を2項に分けて規定するという方式が採用されたのである。

[25] 我妻栄『新訂 民法総則（民法講義Ⅰ）』（岩波書店、昭和40年）34頁以下（ただし、権利濫用との関係で、権利失効の原則をあげる）、川島武宜『民法総則』（法律学全集17）（有斐閣、昭和40年）50頁以下、星野英一『民法概論Ⅰ（序論・総則）』（良書普及会、昭和46年）77頁以下、幾代通『民法総則 第2版』（青林書院、昭和59年）14頁以下、北川善太郎『民法総則（民法綱要Ⅰ）第2版』（有斐閣、平成13年）18頁以下等、船越隆司『民法総則──理論と実際の体系1 第3版』（尚学社、平成15年）25頁以下（ただし、10頁参照）。また、民法の現代語化以降の近時の文献にも、これらと同様、信義誠実の原則と権利濫用の禁止の原則の下位ルールをとくにとりあげないものも存在している（たとえば、野村豊弘『民法Ⅰ 序論・民法総則 第2版』〔有斐閣、平成17年〕37頁以下、椿寿夫『民法総則 第2版』〔有斐閣、平成19年〕336頁以下、内田貴『民法Ⅰ 第4版補訂版 総則・物権総論』〔東京大学出版会、平成20年〕488頁以下〔なお、187頁をも参照〕、大村敦志『基本民法Ⅰ 第3版』〔有斐閣、平成19年〕111頁以下等、大村・注3）引用『民法読解』14頁以下、佐久間毅『総則 第3版』〔有斐閣、平成20年〕435頁以下、田山輝明『民法総則 第4版』〔成文堂、平成22年〕20頁以下、松尾弘『民法の体系──市民法の基礎 第5版』〔慶應義塾大学出版会、平成22年〕701頁以下）。

第 1 章 通　　則

　近時は、信義誠実の原則の適用範囲を広げ、この原則との関連で、私法の一般原則的な性格を有する「禁反言の原則」と「クリーンハンズの原則」の 2 原則ないしそれを含むいくつかの下位原則を論ずるものが少なくない[26]。

　そこで、本民法改正案においては、このような近時の学説の傾向に鑑み、信義誠実の原則の枠組のもとに、「禁反言の原則」と「クリーンハンズの原則」の 2 原則を含む下位原則を論ずる条文枠組を採用することとした[27]。

26　このように信義誠実の原則のなかで、下位原則をとりあげるもののなかにも、さまざまなパターンがある。

　　まず、第 1 に、信義誠実の原則のもとに、禁反言とクリーンハンズの原則の 2 原則ないしそれを含むいくつかの下位原則を論ずるものがある（たとえば、米倉明『民法講義総則（1）』〔有斐閣、昭和 59 年〕7 頁以下、四宮和夫『民法総則 第 4 版』〔弘文堂、昭和 61 年〕32 頁以下〔ただし、四宮和夫＝能見善久『民法総則 第 8 版』（弘文堂、平成 22 年）15 頁以下（なお、301 頁も参照）はこれを受け継いでおらず、前注引用グループの系譜に属する〕、石田穣『民法総則』〔悠々社、平成 4 年〕42 頁以下、辻正美『民法総則』〔成文堂、平成 11 年〕31 頁以下、須永醇『新訂 民法総則要論 第 2 版』〔勁草書房、平成 17 年〕21 頁以下、潮見佳男『民法総則講義』〔有斐閣、平成 17 年〕12 頁以下、加藤・注 11）引用『新民法大系 I』40 頁以下、平野裕之『民法総則 第 2 版』〔日本評論社、平成 18 年〕604 頁以下、河上正二『民法総則講義』〔日本評論社、平成 19 年〕14 頁以下、川井健『民法概論 1 民法総則 第 4 版』〔有斐閣、平成 20 年〕8 頁以下、中舎寛樹『民法総則』〔日本評論社、平成 22 年〕456 頁。

　　また、信義則の枠組のもとで、禁反言とクリーンハンズの原則のうち一方のみと他の下位原則を論ずるものも存在している（たとえば、鈴木禄弥『民法総則講義 第 2 版』〔創文社、平成 15 年〕350 頁以下、広中俊雄『新民法綱要 第一巻 総則』〔創文社、平成 18 年〕139 頁以下）。

　　さらに、信義誠実の原則のもとで、この 2 原則をとりあげることなく、それ以外のものをとりあげるものもある（たとえば、近江幸治『民法講義 I 民法総則 第 6 版補訂版』〔成文堂、平成 24 年〕20 頁以下〔ただし、22 頁、202 頁、277 頁をも参照〕、山本敬三『民法講義 I 第 3 版』〔有斐閣、平成 23 年〕626 頁以下〔ただし、627 頁注 16）、630 頁注 21）参照〕。

27　【「禁反言」と「クリーンハンズ」の原則の位置づけにかんする議論の経緯】

　　信義誠実の原則の規定のしかたのうち、もっとも議論が紛糾したのは、「禁反言」と「クリーンハンズの原則」についてであった。当初の事務局案は、以下のようなものであった（於 2006 年 11 月 23 日全体会議）。

　（基本原則・経過案・2006 年 11 月 23 日事務局案）
　3 条①：（民法 1 条 3 項に同じ）権利の濫用は、これを許さない。
　　　②：（民法 1 条 2 項に同じ）権利の行使及び義務の履行は、信義に従い誠実に行わなければならない。
　　　③：自己が以前に表示した事実及び先行する行為に反する主張は、これをしてはならない。
　　　④：裁判所に救済を求める者は、不法を侵してはならない。
　　　④（別案）：不法な行為をした者は、それに関する紛争につき、法的保護を受けることはできない。ただし、相手方にそれを上回る不法がある場合には、この限

第一編　総則

4　本民法改正案に規定しなかった一般原則
　　——「事情変更の原則」と「権利失効の原則」

　［新］3条は、一般条項として、「信義誠実の原則」と「権利濫用の禁止の原則」を規定したうえで、信義誠実の下位原則として「禁反言の原則」と「クリーンハンズの原則」を規定した。しかし、講学上、上記の4つの原則以外にも、一般条項として、「事情変更の原則」と「権利失効の原則」があげられることがある。ただ、これらの原則については、本民法改正案に規定することはしなかった。

　まず、「事情変更の原則」は、これを条文として規定すると、潜在的な法的紛争を無用に掘り起こす可能性があることが懸念される。その点を考慮し、また、現在の判例の謙抑的な状況をもふまえると、あくまで例外的な判例法理として位置づけるのが適当であると考えた。そこで、本民法改正案には条文として規定しないこととしたが[28]、その間の事情は、【議論の経緯】として、注で述べること

　　　　　　　　りでない。

　　　この提案に対しては、民法改正研究会において磯村保、岡孝、鹿野菜穂子、山野目章夫から修正案が提出され、また、2008年3月の国際シンポジウムにおいて瀬川信久教授から修正提案があり、さらに、企業法務研究会においても、弁護士の北澤正明、森脇章、山田純からの修正提案があった（於2009年1月14日企業法務研究会）。その後の市民法研究会においても、弁護士の高須順一、山本晋平、市川充、杉山真一から、種々の修正文言提案があった（於2009年2月5日市民法研究会）。とくに、後者の研究会では、橋本陽介より、（その当時の経過案3条4項にあった「裁判所に救済を求める」ことができないとの文言は、訴訟要件を欠くと理解され、請求却下となるべきで、請求棄却とならないという議論を誘発しないか、という問題が提起された。また、西山温より、この表現では仲裁であれば救済を求められることになりはしないか、との疑問が呈された。これらの意見をふまえ、改正条文案の修正が重ねられた。ただ、その修正条文案についても、2009年10月に国民有志案として公表された後の川崎政司による条文案レビューにさいして問題点の指摘がなされ、結果として現在の条文案に落ち着いた。

28　法務省の公式の法制審議会の部会審議に先立って公表された『債権法改正の基本方針』は、次注にも紹介するように、改正民法に「事情変更の原則」を規定し、その効果として「契約改正のための再交渉」義務を課すことを提案した（同書155頁以下）。しかし、債権法改正に対する大阪弁護士会の意見書には、「事情変更の法理を明文化した場合、『契約は守られなければならない』とする基本原則を緩和するとの誤ったメッセージを発することになりかねず、事情変更の主張の乱発により、紛争をかえって誘発させることになりかねない」と述べられている（大阪弁護士会『実務家からみた民法改正――「債権法改正の基本方針」に対する意見書』〔別冊NBL131号〕〔商事法務、平成21年〕108頁）。また、規定をおくことに賛成する立場の論稿も、「法制審議会での議論においても、取引界、実務界に、事情変更の原則の明文化による濫用を恐れる意見が認められる」との状況を紹介していることを付言しておきたい（中村肇「事情変更の原則」円谷峻編（民法改正を考える研究会）・民法改正案の

第1章 通　則

にする[29]。

　　　検討 第3巻〔平成25年〕385頁）。なお、この問題についての詳細な検討として、栗田晶「事情変更に基づく契約目的の不到達――民法（債権法）改正検討委員会の提案に関連して」池田真朗＝平野裕之＝西原慎治編・民法（債権法）改正の論理（新青出版、平成22年）329頁以下参照。
　　　さらに、労働法研究者からは、労働契約法10条を維持しつつ、同条の就業規則による労働状況の変更の要件を充足しない場合には、事情変更による労働条件の変更を認めるべきでない等の意見が公表されている（土田道夫『債権法改正と労働法』（商事法務、平成24年）196頁以下〔土田道夫執筆部分〕）。
　　　また、『中間試案』では「事情変更の法理」をひきつづき検討対象とすることとされていた（『中間試案の補足説明』382頁）。これに対し、加藤は、パブコメ意見や論文で、わが国の判例を引用しつつ、「取引の不安定化のおそれ」があることを理由に反対意見を表明していた（加藤雅信「『中間試案』に対するパブリックコメント意見」〔http://minpoukaisei.cocolog-nifty.com/blog/2013/06/post-4566.html および http://minpoukaisei.cocolog-nifty.com/blog/2013/05/post-8d01.html〕、同「民法（債権法）改正の『中間試案』――民法典の劣化は、果たして防止できるか 下」法律時報85巻5号〔平成25年〕94頁以下、同「民法（債権法）改正の現在――民法典の劣化は防止できるか：『中間試案』の検討」早稲田大学ＣＯＥ機関誌・企業と法創造34号〔平成25年〕46頁以下参照）。
　　　最終的に国会に提出された債権法改正法案には、事情変更の原則は規定されなかった。
[29]【「事情変更の原則」を規定しないことについての議論の経緯】
　（ⅰ）「事情変更の原則」についての研究会の方針――濫用の懸念
　　　民法改正研究会では、総則編に「事情変更の原則」を規定すべきであるとの意見がだされたことはなかった。また、債権編でもこれを規定しないという考え方が正案とされたが、国民有志案では、債権編に「事情変更による契約の解除」の条文を規定すべきとの副案（482条）があった（『民法改正国民有志案』235頁）。このように「事情変更の原則」を規定することに消極的であった理由は、以下の点にあった。
　　　契約を締結した後に、なんらかの理由でその履行を拒みたいと考える者は少なくない。そのような者は、法的な理由付けがたたないときは一般条項に頼ることになる。したがって、一般条項を規定するには、常にそれが濫用される危険性があることに留意しなければならない。多くの一般条項のなかでも、契約からの離脱を望む当事者が比較的濫用しやすいのが、この「事情変更の原則」であろうと考えたからである。

　（ⅱ）事情変更の原則をめぐるわが国の状況
　　　事情変更の原則は、古くは、中世教会法の clausula rebus sic stantibus（事物不変更約款）に端を発し、第1次大戦後の激しいインフレーションを経験したドイツにおいて判例上承認され、それがわが国に輸入されたものである。ドイツにおいては、その効果として、契約の改訂、契約の解除が伝統的にあげられていた。また、ドイツ債務法現代化法により改正されたドイツ民法典においても、あらたに「行為基礎の障害」を規定した313条は、効果として契約の改訂と解約告知をあげた。ドイツ法の影響のもとで、わが国でも伝統的な教科書等は、事情変更の効果としてこの契約改訂及び契約解除（ないし解約告知）の2点をあげる見解が多い。
　　　しかし、わが国の最高裁判所は、事情変更の原則を適用して、契約の改訂という効果を認めたことはなく、戦中・戦後のインフレで貨幣減価が300分の1、240分の1である等の主

251

張があった場合ですら、改訂を認めていない（最判昭和36年6月20日民集15巻6号1602頁、最判昭和57年10月15日判時1060号76頁。最高裁判例は、借地借家法等に条文の根拠がある場合にのみ、賃料改定等を認めているにすぎない）。ただし、下級審裁判例としては、契約解除によっては対処しえない事案において、価格改定を認めた例外が存在する（神戸地伊丹支判昭和63年12月26日判時1319号139頁。この裁判例は、契約締結時から20年後に予約完結権を行使したが、土地の価格が20数倍に上昇していた事案において、代金の一部〔3割弱〕が契約締結時に支払済みであった場合に、単に契約の解除を認めるだけでは当事者間の衡平を保ちえないことを考慮して、価格改定を認めている）。

また、契約の解除についても、最高裁判所は、時価が6倍前後に変動した場合には、事情変更の原則の適用を認めていない（最判昭和56年6月16日判時1010号76頁）。下級審判決も、基本的にこのような考え方にしたがっており、非常に極端な事案――双方の債務が未履行の不動産取引につき、インフレにより対価的均衡が150分の1、100分の1という結果となった場合等――において、契約の解除を認めた例等があるにとどまっている（東京高判昭和30年8月26日下民集6巻8号1698頁、東京地判昭和34年11月26日判時210号27頁）。

このような事情変更の原則にかんする判例、裁判例の謙抑的な態度を考慮して、本民法改正案では、この原則を講学上の一般原則にとどめ、法典に規定された一般条項とはしないほうが適当であると考えた。

(ⅲ) 再交渉義務について

本民法改正案では、事情変更の原則を規定しないため、事情変更の効果のひとつとして近時論じられている「再交渉義務」についても、当然規定していないが、この点についてもひととおりの検討をおこなった。

外国の民法典は、一般に再交渉義務を規定していない。これに対し、近時のわが国の学界では、これを導入すべきであるとの議論もみられる（石川博康『再交渉義務の理論』〔有斐閣、平成23年〕3頁以下、および同書207頁以下引用の裁判例と学説参照）、最近の国際モデル法にはこれを規定した例がある（ユニドロワ国際商事契約原則〔2004〕6.2.3条、ヨーロッパ契約法原則6：111条）。また、わが国でも、『債権法改正の基本方針』は、再交渉義務の導入をはかろうとしていた（同書155頁以下、『詳解 債権法改正の基本方針Ⅱ』391頁以下）。このような提案もあり、近時は、再交渉義務導入の可否が論じられている（中村肇「事情変更の原則規定案における問題点――効果論を中心にして」円谷峻編著（民法改正を考える研究会）・社会の変容と民法典（成文堂、平成25年）336頁以下参照）。

ただ、民法典で事情変更にもとづく再交渉義務を認めると、最初に述べたように、それを口実として契約の履行を拒む者が多出し、現在とくらべ、取引きがスムーズに進行しない案件が多発することが予想される。また、再交渉義務を認めても、被請求者に承諾義務を認めることは、他方当事者に一方的な契約交渉規範の設定権限を認めることになり適当ではない。さらに、再交渉義務に応じない場合の損害賠償責任を認めても、かりにそれを填補賠償と考えるのであれば、基本的に承諾義務を課したのと類似の結果となる。填補賠償ではないと考えると、賠償義務の範囲が不明瞭となる。また、再交渉義務を実のあるものにするためには、再交渉に応じない場合に裁判所に契約改訂権を認めざるをえないであろうが、この結論は、わが国の最高裁判所がとってきた謙抑的な態度とは大きく異なることになろう。

本民法改正案は、以上のように考えて、契約の再交渉義務を認めるべきではないとの立場をとったものである。なお、実務家からも、上記の『債権法改正の基本方針』における再交

第 1 章 通　　則

　次に、「権利失効の原則」にかんしては、判例には、抽象論のレベルでは「権利失効の原則」を認める旨を述べたものもある。ただ、この判例の結論も、権利の失効の効果を肯定したものとはなっていない[30]。本民法改正案では、この原則の適用に対する判例の消極的な態度を考慮し、事情変更の原則と同様、条文として規定しないこととした（この間の状況についても、注の【議論の経緯】[31]参照）。

　　渉義務、契約の改訂を認めるという提案に対し、反対意見が述べられている（佐瀬正俊＝良永和隆＝角田伸一『民法（債権法）改正の要点――改正提案のポイントと実務家の視点』（ぎょうせい、平成22年）148頁以下〔米山健也、矢島雅子執筆〕。また、この2つの反対論稿に続き、同書では上記の再交渉義務の導入提案に対して高橋敬一郎が疑問を提示し、今泉良隆が賛意を表している）。
30　最判昭和30年11月22日民集9巻12号1781頁。
31　【「権利失効の原則」を規定しないことにかんする議論の経緯】
　　権利失効の原則については、とくに明文の規定は設けない、というのが当初の事務局提案であり（於2006年11月23日全体会議）、私法学会提出案には、権利失効の条文案は存在していなかった。ただ、民法改正研究会でも、ある時期、いわば副産物として、権利失効の原則を規定したことがあった。
　　私法学会シンポジウムにおいては、外観法理をめぐる活発な討議がなされた。それを受け、民法改正研究会において種々議論した結果、法曹提示案においては、総則の「第四章　権利の変動」を「第一節　総則・第二節　法律行為・第三節　例外的権利変動」とし、その「第三節　例外的権利変動」のなかに外観法理を規定することが、研究会副案のかたちで提案された。ただ、この「第三節　例外的権利変動」は、外観法理の1か条のみを規定するものであった。そこで、中野邦保より、「第三節　例外的権利変動」の内容を充実させるために、権利失効の原則の明文化が提案されたのである（於2009年5月17日事務局会議）。この中野提案は、権利失効の規定をおくこと自体を直接の目的とするものではなく、法典の構成美を考えたがゆえの副産物的提案であった。すなわち、「外観法理」は、権利変動をいわば無から有へと生じる信頼保護の条文であるのに対し、「権利失効の原則」は権利変動をいわば有から無へと生ずる信頼保護に関する法理ではないのか、との問題意識のもとに、2つをセットとして「第三節　例外的権利変動」を構成すべきではないか、というのである。この条文案を次に紹介しておこう。

　　（権利の失効・経過案・2009年5月17日中野案）
　N条：本章第四節（時効）第三款（消滅時効）の要件を満たさない場合であっても、権利者が長期間にわたって権利を行使することがない状況が続き、その突然の権利行使が相手方に対し、第三条（信義誠実の原則）に著しく反するときは、その権利は失効する。

　　上記の提案が、その後の実務家との研究会（於2009年5月18日市民法研究会、2009年5月25日企業法務研究会）、民法改正研究会全体会議（於2009年6月14日全体会議）においていったん承認された。
　　しかし、国民有志案の段階では、「第三節　例外的権利変動」という節をおかないこととしたので、この条文案もそれにともない削除されることになった。この結論が、本民法改正案でも維持されている。

第一編　総則

第2章　権利の主体

【前注】
1　「第二章　権利の主体」の基本構造

　すでに述べたように、本民法改正案において総則編は、「通則」を先導として、権利の主体・権利の客体・権利の変動・権利の実現の5つの章に分かれている。
　平成16(2004)年改正以前の民法総則編では、「第一章　人」、「第二章　法人」とされていたところ、平成16年の改正で「第一章　通則」がおかれたため、これらの章がひとつずつ繰り下がり、それぞれ第2章、第3章となった。
　これに対し、本民法改正案では、第2章が「権利の主体」とされたため、従来の「章」が「節」となり、「第一節　人」、「第二節　法人」とされている。

2　「権利能力」の規定の集約・整序

　現行民法は、「第二章　人：第一節　権利能力」との標題のもとに、1か条（民法3条）のみの節を設けている。しかも、その内容は、同条1項で「私権の享有は、出生に始まる」として、権利能力の始期のみを規定し、終期を規定していない。
　これに対し、本民法改正案では、「第二章　権利の主体：第一節　人：第一款　権利能力」とし、その冒頭規定となる［新］4条1項に、「人の権利能力（権利義務の主体となり得る地位をいう。第三十一条（外国法人）第一項から第三項までにおいて同じ。）は、出生によって始まり、死亡によって終わる」との規定をおき、権利能力の始期と終期をともに定めた。
　このように、「権利能力」の箇所に「権利能力の終期」をも規定した結果、本書196頁以下に述べたように、本民法改正案では、権利能力の終期に関係する「同時死亡の推定」（現行民法では第2章第5節）や「失踪宣告」（同第4節）の規定もすべて、「第一款　権利能力」の箇所に集約されることとなった。
　また、同じ個所で述べたように、権利能力に関連する規定が「第一款　権利能力」に集約された結果、現行民法では、総則編の「第二章　人」におかれた「第四節　不在者の財産の管理及び失踪の宣告」および「第五節　同時死亡の推定」の2つの節が——不在者関連の規定が、債権編の事務管理に規定されることとなったことあいまって——削除されることとなった。

3　商人・消費者・事業者等の概念について
　　——「人の属性」は規定せず

　本書第3部に述べたように、本民法改正案は、あくまで私人間の法律関係、すなわち、対等当事者間の法律関係を規律するものに純化した内容となっている。したがって、商法や消費者法にみられるような、商人と市民、消費者と事業者というような非対等当事者間の法律関係を対象とした特殊なルールや、商人間取引のような一定の属性を有した者の間の取引きをめぐる法律関係にみられる特殊な取扱いは、消費者契約法、商法等のそれぞれの特別法の規定に委ねることとした。

　それと同時に、民法典に私法一般法典としての一覧性をもたせ、国民にとっての私法全体の透視性を確保するために、主要な特別法に対するレファレンス規定をおく方針を採用した。その結果、「商人」、「事業者」、「消費者」という文言は、本民法改正案にもしばしば登場する。たとえば、総則においては「消費者」という文言が錯誤についての〔新〕45条5項のレファレンス規定で用いられている。また、物権編、債権編の条文はまだ確定案にはいたっていないものの、第3次案の国民有志案ないしその後の修正案原案のレベルでみると、「商人」の文言が国民有志案修正案原案117条2項、406条、464条、498条、599条、612条で用いられており、「消費者」と「事業者」の文言が国民有志案修正案原案480条3項で用いられている。

　このように、これらの文言が、レファレンス規定のなかとはいえ登場する以上、「商人」、「事業者」、「消費者」という文言についても定義規定をおくことが検討された。実際、私法学会提出案38条、法曹提示案38条、国民有志案39条には——商法、消費者契約法のレファレンス規定として——この種の規定がおかれたが、本民法改正案では、最終的にこれを削除することとした[32]。現行民法194条

32　【「人の属性」にかんする議論の経緯】
　　本文に述べたように、本民法改正案においては、「商人」、「事業者」、「消費者」という文言がしばしば用いられているものの、それは、商法または消費者契約法に関連規定があることを示すレファレンス規定においてである。
　　ただ、本文に述べたように、民法改正研究会でも、定義規定をおくことを検討したこともあった。その場合に、民法典に消費者・事業者・商人等の概念を積極的に定義するための規定をおくとすると、その解釈次第では、商法や消費者契約法の定義の解釈との間に齟齬が生じる可能性がある。そこで、民法、商法、消費者契約法の統一性を維持するためには、独自の定義規定を民法典におくことを避け、消費者契約法と商法の定義規定に言及するにとどめることとし、下記のような条文案が提案された。なお、消費者法の分野でも、消費者安全法2条における「消費者」と「事業者」の定義にみられるように、消費者契約法とは異なる内容の定義規定も存在する。しかし、本民法改正案においては、「消費者」、「事業者」の概念

第一編　総則

等においても「商人」等の文言が用いられているが、別段その定義規定はおかれていないので、それと同様の取扱いでよいと考えたためである。

は、基本的には契約法で用いられており、不法行為その他の分野では用いられていない。このことは、「商人」についても同様である。そこで、下記の経過案ではもっぱら消費者契約法と商法との関連のみを規定することとしたものである。

第二章　権利の主体：第三節　人の属性
　　（消費者、事業者及び商人・経過案・国民有志案微修正案）
39条①：この法律において「消費者」とは、消費者契約法（平成十二年法律第六十一号）第二条（定義）第一項に規定する消費者をいう。
　　　②：この法律において「事業者」とは、消費者契約法第二条（定義）第二項に規定する事業者をいう。
　　　③：この法律において「商人」とは、商法（明治三十二年法律第四十八号）第四条（定義）に規定する商人をいう。

　「人の属性」と題する条文を、初期の段階で事務局が提案し（於2007年5月6日総則分科会）、それが私法学会提出案となった。それ以来、微修正されただけであったが、最終的には削除された。上に示したのは、削除前の最後の修正案である（於2013年12月1日全体会議）。

　この条文案に対して、民法改正研究会では、川﨑政司から、「人の属性」という上記の章のタイトルと条文の内容に離齬があるのではないかという疑問が、田高寛貴から、総則の体系のなかでこの条文が浮いており、違和感があるとの発言があった。これらを受けて討議した結果、①「商人」という文言が最初にでてくるのは、国民有志案117条2項の善意取得の例外としての「盗品又は遺失物の回復」の規定であるが、これに対応する現行民法194条は、「商人」の定義規定をおかないまま、商法の規定を前提として、民法で商人の文言を用いていることを考慮し、この規定を削除することが決定された（於2013年12月1日全体会議）。
　ただし、国民有志案ないしその修正案原案480条3項では消費者契約法との関連を示す必要があるので、以下のように規定することとなった。

（契約の無効及び取消し・経過案・国民有志案）
480条①、②：《略》
　　　③：前二項のほか、消費者と事業者との間で締結された契約又は契約の申込み若しくは承諾の意思表示については、消費者契約法及び特定商取引に関する法律の定めるところに従い、無効及び取消しを主張することができる。

第 2 章　権利の主体

第 1 節　人

【前注】

1　「第一節 人」の基本構造

（1）　節の構造の特色 ── 能力規定への純化を求めて

　まず、本民法改正案の「第一節 人」[33]の構成について述べる。現行民法の「第二章 人」の5節構成 ──「第一節 権利能力」、「第二節 行為能力」、「第三節 住所」、「第四節 不在者の財産の管理及び失踪の宣告」、「第五節 同時死亡の推定」── は、すでに述べたように、本民法改正案では大きく変更された。現行民法の最初の2節は、本民法改正案でも、「第二章 権利の主体：第一節 人：第一款 権利能力」、同「第三款 行為能力」として「款」のレベルで規定されているが、第3節以下は、本民法改正案から削除されたか、あるいは独立の規定群とはされなかったかのいずれかであった。

　そのうえで、本民法改正案では、現行民法には規定されていない「意思能力」[34]についての規定が新設された（「第二章 権利の主体：第一節 人：第二款 意思

---

[33]　【「自然人」か「人」か、標題をめぐる議論の経緯】
　　本民法改正案の「第二章 権利の主体：第一節 人」は、現行民法の「第二章 人」と同じ標題となっている。ただし、現行民法が、「第二章 人」、「第三章 法人」という構成をとっているところ、本民法改正案では、両者を統合し、「第二章 権利の主体」のもとに「人」と「法人」とを節として規定した。
　　しかし、本民法改正案の起草の過程では、「法人」と対比する概念として、「自然人」の語が標題として ── 私法学会提出案から国民有志案まで一貫して ── 用いられていた。ただ、研究会内部でも、「自然人」という用語を標題として使うことについては、かねてより五十川直行が疑問を呈していたところであった。
　　このような状況のもとで、最終案確定のための立法技術的な観点からのチェックをした段階で、川﨑政司より、次のような指摘がなされ、同氏の執筆論稿の紹介があった。「現時点において『自然人』という言葉を用いている法律は、全部で4つあり、1949年に制定された外国為替及び外国貿易法のほかは、『携帯音声通信事業者による契約者等の本人確認等及び携帯音声通信役務の不正な利用の防止に関する法律』、『犯罪による収益の移転防止に関する法律』など、最近制定されたもので、いずれも、法人と区別するため対比的に使用されている。／これに対し、多くの法律では、法人以外の人を表すものとしては、『個人』が用いられている」（川﨑政司「キーワードからの『法』探訪 ── 第5回『人』その物語性と揺らぎ」民事研修659号〔平成24年〕29頁）。
　　このような他の法律における用語法をふまえたうえで、法のなかでも基本法というべき民法において、法文中でも例外的に用いられているだけの「自然人」という ── 特殊な法律用語を ── 標題として規定することは望ましくないのではないか、という川﨑や五十川の考え方を受け入れ、最終的に標題を「人」とすることとした（於2012年8月4日全体会議）。

能力」)。

　また、現行民法の「第五章　法律行為：第二節　意思表示」に規定されている「意思表示の受領能力」の規定は、本民法改正案では、「第二章　権利の主体：第一節　人：第四款　意思表示の受領能力」として位置づけられた。その理由は、本民法改正案「第二章　権利の主体：第一節　人」が、「権利能力・意思能力・行為能力」という人の能力についての規定群となることに鑑み、やはり能力の問題であり、規範の内容が行為能力の規定と密接に関連している「意思表示の受領能力」もこの節の末尾に規定することが適切であると考えたことによる。

　この結果、本民法改正案の「第一節　人」は、「権利能力・意思能力・行為能力・意思表示の受領能力」という、不法行為の責任能力を除く4つの能力制度が独立した「款」のレベルで並記され、「能力」制度にかんする体系の一覧性がはかられることとなった[35]。

（2）「住所」の削除と、「不在者の財産の管理」の債権編・事務管理への移動

　本書698頁以下で詳論するように、「第三節　住所」は、民法典から削除し、「法令の通則に関する法律」に移動した。

　そして、「第四節　不在者の財産の管理及び失踪の宣告」のうち、「不在者の財産の管理」の部分については、本民法改正案「第三編　債権：第三章　事務管理：第二節　法定財産管理」のなかに規定することとした。その理由は、以下の点にある。

　民法の「不在者の財産の管理」の内容は、家庭裁判所による、①不在者の財産の法定管理と、②不在者が生死不明となった場合に、その者があらかじめしてい

34　明治民法起草過程において、意思能力の問題がいかに考えられていたかについては、熊谷士郎『意思無能力法理の再検討』（有信堂高文社、平成15年）65頁以下参照。
35　【「行為能力」の標題にかんする議論の経緯】
　「第三款　行為能力」の標題は、単に現行民法に倣ったかにみえるかもしれないが、ここにいたるまでは紆余曲折があり、最終的に体系の一覧性をはかるためにこの標題とした。この間の経緯を以下に記しておくこととする。
　この款は、2008年の日本私法学会直前までは、人についての規定であることを明示するために「制限行為能力者」と題されていた。ただ、日本私法学会直前の事務局会議における規定整備の段階で、「制限行為能力」とし、その前の「権利能力」と「意思能力」と平仄をそろえ、能力についての款であることを示すこととした。もっとも、研究会内では、自然人の節におかれる規定としては、「制限行為能力者」とするのが自然である、という考え方も根強く存在していた。このような状況ではあったが、本民法改正案では、「第一節　人」の款構成が、「第一款　権利能力」、「第二款　意思能力」となっているので、「第三款　行為能力」として平仄を合わせることにした。

第 2 章　権利の主体

た委任による財産管理を改訂するものとなっている。ひるがえって、事務管理は、ローマ法における不在者の財産管理を起源としており、基本的には裁判官的な任務を担っていた法務官の関与も認められていた。また、ローマ法の事務管理は、本人の委任にもとづくものであると、その他の法律上の義務にもとづくものであるとを問わなかった[36]。わが国の現行民法の事務管理は、これを受け継ぎ、拡充したものである。

このようにみると、民法の「不在者の財産の管理」は、ローマ法の事務管理との類似性が窺われ、歴史的起源としての「事務管理」の制度に包摂される性格を有していると評価できるであろう。そうであれば、規定のあり方としても、両者を連続的なものとするのが自然であると思われる。また、このように整理することで、同時に、民法総則の「人」についての規定も、不在者の財産管理という異質な規定を排除し、人の能力についての規定に純化されることとなった。

なお、「不在者の財産の管理」の規定は、本民法改正案では、単に場所を移動しただけでなく、その条文の内容も相当程度改正している。その具体的な改正内容は、本書 661 頁以下で紹介することとする。

（3）「失踪の宣告」および「同時死亡の推定」の「第一款 権利能力」への移動

すでに何度か述べたように、失踪の宣告の規定は、権利能力の終期の問題として、本民法改正案では「第一節 人：第一款 権利能力」におかれた。これと同様、現行民法の「第二章 人：第五節 同時死亡の推定」も、権利能力の終期の問題として、本民法改正案では「第一節 人：第一款 権利能力」の 1 か条として位置づけられた。

2　条文の内容の規則性と整序について
　　──「国民にわかりやすい民法典」への途

本民法改正案の構成は、現行民法とくらべて款・目の構成を詳細にすることで、一覧すればその内容がわかるようにした。また、条文の構成や内容そのものも、簡明さと規則性を重視し、一瞥すれば理解できるように心掛けた。

たとえば、行為能力の制限の規定群は、後見、保佐、補助をつうじて「○○開始の審判」・「○○の法律行為等」・「○○終了の審判」として、制度の開始・内容・終了の順に規定した。こうすることにより、規則的で簡明になったものと自

---

[36]　松坂佐一『事務管理・不当利得〔新版〕』（法律学全集 22 − Ⅰ）（有斐閣、昭和 48 年）3 頁。

負している（なお、標題を「法律行為等」としたのは、そこに意思表示も含まれるからである）。

第1款　権利能力

[Ⅰ]　条文案

> （人の権利能力）
> 第四条　人の権利能力（権利義務の主体となり得る地位をいう。第三十一条（外国法人）第一項から第三項までにおいて同じ。）は、出生によって始まり、死亡によって終わる。
> 2　前項の規定にかかわらず、胎児については、既に生まれたものとみなす。ただし、出生しなかったときは、遡ってその地位を失う。

本条1項：民法3条（第1節の標題（権利能力）承継）1項移修
　　2項本文：新設
　　　　ただし書：新設

> （同時死亡の推定）
> 第五条　数人の者が死亡した場合において、これらの者の死亡の先後を確定できないときは、これらの者は、同時に死亡したものと推定する。

本条：民法32条の2（第5節の標題（同時死亡の推定）承継）移修

> （失踪宣告の審判による死亡の擬制）
> 第六条　従来の住所又は居所を去った者の生死が七年間明らかでないときは、家庭裁判所は、利害関係人の請求により、普通失踪の宣告の審判をすることができる。
> 2　航空機の墜落、船舶の沈没、天災、戦争その他死亡の原因となるべき危難に遭遇した者の生死が、それぞれ、その危難が去った後一年間明らかでないときは、家庭裁判所は、利害関係人の請求により、特別失踪の宣告の審判をすることができる。
> 3　普通失踪の宣告の審判を受けた者は第一項の期間が満了した時に、特別失踪の宣告の審判を受けた者はその危難が去った時に、死亡したものとみ

第 2 章　権利の主体

なす。

本条 1 項：民法 30 条（失踪(そう)の宣告）1 項移修
　　 2 項：民法 30 条（失踪(そう)の宣告）2 項移修
　　 3 項：民法 31 条（失踪(そう)の宣告の効力）移修

（失踪宣告の取消しの審判とその効果）
第七条　前条第一項又は第二項の規定による失踪宣告の審判を受けた者（第三項において「被失踪宣告者」という。）が生存すること又は前条第三項に規定する時には死亡していないことの証明があったときは、家庭裁判所は、本人、利害関係人又は検察官の請求により、失踪宣告の取消しの審判をしなければならない。
2　前項の規定により失踪宣告の取消しの審判がなされたときは、取り消された失踪宣告の審判によって開始された相続又は遺贈は生じなかったものとみなす。この場合において、失踪宣告の審判によって財産その他の利益（以下この項及び次項において「財産等」という。）を得た者は、第 N 条（所有権に基づく物権的請求権）又は第 N 条（不当利得）の規定に従い、その財産等を返還する義務を負う。
3　失踪宣告の審判の後に法律行為によって被失踪宣告者の財産等に法律上の利害関係を有するに至った者が、被失踪宣告者が生存すること又は前条第三項に規定する時には死亡していなかったことにつき善意（一定の事実を知らないことをいう。以下同じ。）であったときは、前項前段の規定による失踪宣告の取消しの審判の効果をもってその者に対抗することができない。
4　第一項の失踪宣告の取消しの審判は、その審判の前に成立した婚姻及び養親子関係に影響を及ぼさない。この場合において、失踪宣告の取消しの審判の前に成立した身分関係のうち当該婚姻又は当該養親子関係に抵触するものは、復活しない。

本条 1 項：民法 32 条（失踪(そう)宣告の取消し）1 項前段移修
　　 2 項前段：新設（民法 32 条（失踪(そう)宣告の取消し）2 項本文参照）
　　　　 後段：新設（民法 32 条（失踪(そう)宣告の取消し）2 項ただし書参照）
　　 3 項：民法 32 条（失踪(そう)宣告の取消し）1 項後段移修
　　 4 項前段：新設
　　　　 後段：新設

第一編　総則

[Ⅱ] 改正理由
1　権利能力平等の原則

　出生によって権利能力が始まるという［新］4条1項の規定は、権利能力の始期を規定するにとどまらず、現代民法の基本理念である権利能力の平等をも含意している。

　民法起草者は、「権利の享有は出生して始まる」と書くと、人は生まれながらにして権利を有するという「権利の宣言」（生得権の宣言）のような立派な文章になってしまうと述べ[37]、わざわざ「私権」の享有という言葉を選び、宣言性を削いだ散文的な規定としたようである。これに対し、はじめて権利能力の平等の原則を規定したオーストリア一般民法典16条は、「すべて人間は、理性によって直ちに明白な生得の権利を有し、したがって人格とみなされる。奴隷制または体僕制、およびそれと関係ある権力の行使は、これら諸邦においては許されない」と規定し[38]、人が生まれながらにして平等であることを条文上も明示している。

　本民法改正案は、「私権」という語は用いていないものの、他は現行民法と同じ文言を用いているので、解釈としては上記の民法起草者のような抑制的な立場もありえようが、民法改正研究会としては、むしろ、オーストリア一般民法典同様、権利能力の平等を積極的に規定することを意図しており、権利能力の平等の宣言的な意味を回避しようとしたものではない。

2　権利能力の「始期」と「終期」

　「権利能力」にかんする規定は、現行民法では、3条1項で「権利能力の始期」としての「出生」のみが規定されているところ、［新］4条では、それに加えて「権利能力の終期」としての「死亡」をも規定することによって、権利能力の全体像を示すこととした[39]。

37　穂積陳重発言・法典調査会民法主査会議事速記録 第弐巻115丁表（日本学術振興会版。国会図書館近代デジタルライブラリー版〔以下「デジタルライブラリー版」と略称する〕コマ番号119／221、法務大臣官房司法法制調査部監修『法典調査会民法主査会議事速記録』（日本近代立法資料叢書13）（商事法務研究会、昭和63年）185頁。［カナ等変更］）。
38　久保正幡還暦記念『西洋法制史料選Ⅲ　近代』（創文社、昭和54年）226頁（石部雅亮執筆部分）。
39　【「権利能力の終期」にかんする議論の経緯】
　　この「権利能力の終期」としての「死亡」をも権利能力の条文に規定すべきであるという提案は、当初からの事務局提案であり（於2006年11月23日全体会議）、それがそのまま私

第 2 章　権利の主体

　すでに何度か述べたように、この「権利能力の終期」を規定したこととの関連で、現行民法では、「第二章　人」の末尾に規定されている「同時死亡の推定」を、権利能力の終期に関連する規定として、冒頭の「第一款　権利能力」に移動したうえで、[新] 5 条に規定した。さらに同様の趣旨から、[新] 6 条に「失踪宣告の審判による死亡の擬制」を規定した。

　なお、[新] 4 条には、「権利義務の主体となり得る地位」として、「権利能力」を定義している（この種の定義規定をおくこととなった経緯については、本書 643 頁以下参照）。

　付言するに、本条では、「人の権利能力（権利義務の主体となり得る地位をいう。第三十一条（外国法人）第一項から第三項までにおいて同じ。）は、出生によって始まり」との表現を用いている。これは現行民法に倣ったものである。しかしながら、権利義務の主体となりうる地位は「始まる」ことはあっても、日本語として能力が「始まる」という用語法はない。「能力」であれば、「取得する」との表現が本来的には相応しい。その点からは若干問題があるとは考えたが、講学上、伝統的に「権利能力の始期」「権利能力の終期」という用語法が用いられていたこととの平仄をあわせるために、「権利能力は……始まり」という文言をあえて採用することとした。

3　胎児の取扱い

　本民法改正案は、胎児の取扱いにつき「一般主義」を採用した[40]。

　法学会提出案から国民有志案をへて、本民法改正案まで維持された。
　　なお、学説でも、権利能力の終期の必要性を主張するものもある（内田勝一「失踪宣告制度をどう見直すか」椿寿夫＝新美育文＝平野裕之＝河野玄逸編・民法改正を考える（法律時報増刊）（日本評論社、平成 20 年）52 頁）。

[40]【胎児の権利能力の規定をめぐる議論の経緯】
　　[新] 4 条については、当初の事務局案（於 2006 年 11 月 23 日全体会議）に、次段に紹介する 2 項についての五十川提案を付加したものが、そのまま私法学会提出案から国民有志案まで維持され、今回の最終案提示にあたり、同条 2 項に修正が加えられた。
　　同条 2 項の胎児の権利能力の一般主義の立案は、五十川直行によるものであった（於 2007 年 3 月 4 ～ 5 日総則分科会）。その提案にさいし、五十川は、立法例としては一般主義と個別主義の双方があるとして、次のように紹介する。「前者の立法例として、スイス民法 31 条 2 項、タイ民商法 15 条 2 項、カリフォルニア民法 43 条 1 項（1992）があり、後者の立法例として、ドイツ民法（たとえば、相続につき、1923 条 2 項、2108 条、2178 条）、フランス民法（たとえば、相続につき、725 条 2 項）等がある。／本民法改正案は、一般主義を明示したうえで、死産の場合は法的保護の対象から外すことを規定している。これは、旧民法人事編 2 条の内容を踏襲するものであり、同趣旨の先行立法例としては、タイ民商法 15 条 2 項、カリフォルニア民法 43 条 1 項がある」（なお、近時、この問題について、法制

第一編　総則

　現行民法の起草過程の議論をみると、一般主義の規定をおくことで適用範囲が広がりすぎる懸念があること、諸外国は一般主義をとるものの、実際の適用は相続、遺贈、損害賠償等の場合に限られることを理由として、個別主義を採用したようである[41]。

　この点をめぐる立法論的な考え方としては、注40）に紹介したように個別主義、一般主義の双方がありうるところである。ただ、個別主義を採用したとしても、それが例示的列挙にすぎないと考えると、一般主義を採用したのと変わるところがない。実際、民法改正研究会で個別主義の採用を主張した者も、例示的列挙であることを前提としていた。

　そこで、本民法改正案においては、最終的には一般主義を採用することとした。これは、近時の判例、またそれを受けた学説の動向とも合致しているといえるであろう。すなわち、平成18年の判例は、損害保険契約の領域において、胎児が経済的利益を受ける「被保険者」となる可能性を認めており[42]、これを受けた学

史的、比較法的観点から素描したものとして、河上正二「胎児の法的地位と損害賠償請求——近時の最高裁判決を機縁として」山田卓生古稀『損害賠償法の軌跡と展望』〔日本評論社、2008年〕4頁以下参照）。

　当初の事務局案に五十川案を合体した提案は、次のとおりである。

（自然人の権利能力・経過案・国民有志案）
5条①：自然人の私権の享有は、出生によって始まり、死亡によって終わる。
　　②：胎児は、私権の享有については、既に生まれたものとみなす。ただし、出生しなかったときは、この限りでない。

　本文にも示すとおり、当初提案から国民有志案まで、民法改正研究会では、胎児の権利能力につき解除条件説をとることを前提に議論がなされてきた。しかし、磯村保より、上記の条文案では停止条件説をとる余地があるとの指摘がなされ（於2011年2月6日全体会議）、議論の結果、「出生しなかったときは、遡ってその地位を失う」という文言を用いることとし、本民法改正案にいたった。

　なお、この最終案にいたる過程で、かりに条文の単純化をはかるのであれば、「私権の享有は、懐胎によって始まり、死亡によって終わる」としたうえで、前段に紹介したようなただし書を付ければよい、という指摘もあった。しかし、生殖補助医療の問題（たとえば受精卵）もあり、慎重な検討を要するので、このような単純化をはかることはしなかった。

41　穂積陳重729条（現行民法721条に対応する条文）冒頭説明・法典調査会民法議事速記録第四拾壱巻171丁裏（デジタルライブラリー版・コマ番号175／246）以下、法務大臣官房司法法制調査部監修『法典調査会民法議事速記録5』（日本近代立法資料叢書5）（商事法務研究会、昭和59年）424頁以下。旧民法人事編2条が、「胎内の子と雖も其利益を保護するに付ては既に生まれたる者と看做す」〔カナ等変更〕と規定し、一般主義の立場であったものを、法典調査会の論議で個別主義の立場に切り替えた経緯がある。

42　最判平成18年3月28日民集60巻3号875頁。

第 2 章　権利の主体

説も、「胎児の権利能力規定を欠く契約法の領域においても、胎児が、契約の当事者や受益者にならないというこれまでの一般的理解は、そろそろ見直されて良い時期に来ている」と主張しているのである[43]。

　一般主義を採用するとしても、胎児の権利能力をめぐる解除条件説と停止条件説との対立に、立法上の決着をつけなければ、「国民に分かりやすい民法」にはならない。周知のとおり、判例は、昭和 7 年の阪神電鉄事件[44]において、停止条件説を採用している。しかし、本民法改正案では、［新］4 条 2 項ただし書に「出生しなかったときは、遡って[45]その地位を失う」と規定し、解除条件説を採用することを明示した。

　胎児は無事出生にいたることも、いたらないこともあるので、いずれの説をとろうと不確定要素を含んでいることは事実である。ただ、この点につき、解除条件説では、胎児の状況で行われた法律行為その他の結果が出生後そのまま維持されるのに対し、停止条件説では、胎児の段階で行われた相続・その他の状況を胎児が出生した段階で変更することが必要となる。一般論として、医療の発達した現代では、胎児になった生命体は出生にいたる確率が相当程度高いので、出生の蓋然性という観点からは、解除条件説のほうが停止条件説よりもすぐれている[46]。

　もちろん、解除条件説にも弱点があるとされてきた。胎児については法定代理人についての規定がないので、権利能力を付与しても現実に権利義務を取得できない、というのである。前述した昭和 7 年の阪神電鉄事件も、これを理由に停止条件説を採用したものであった。しかし、［新］4 条 2 項本文は、「胎児は、既に生まれたものとみなす」と規定しているので、生まれたものとみなされた胎児には、親権者が存在することになる。したがって、基本的には、父と母とが親権者となり、上記のような問題は解消されるはずである。

　実は、上記の「胎児は、既に生まれたものとみなす」という文言は、個別主義

43　河上・注 40）引用「胎児の法的地位と損害賠償請求 ── 近時の最高裁判決を機縁として」損害賠償法の軌跡と展望 25 頁。
44　大判昭和 7 年 10 月 6 日民集 11 巻 2023 頁。
45　平成 16 年に現代語化された現在の民法典では、「さかのぼる」というひらがな表記が採用されているが、平成 22 年内閣告示第 2 号「常用漢字表」によって、それまでの「常用漢字表」は廃止され、平成 22 年以降、「遡る」という漢字表記が採用されるにいたった。そこで、本民法改正案では「遡」の漢字表記を用いることにした（ただし、これは条文についてであって、本書の一般的表記においては、ひらがな表記を用い続けている）。
46　以上のような利益状況の分析と学説状況につき、谷口知平＝石田喜久夫編『新版注釈民法（1）総則（1）改訂版』（有斐閣、平成 14 年）257 頁以下（谷口知平＝湯浅道男執筆部分）参照。

265

をとるといわれている現行民法のもとでも、不法行為による損害賠償（民法721条）、相続（886条）、遺贈（965条）について同様に規定されていたので、これらについては、上記の解釈論が可能であり、現にそのような説も主張されていた[47]。また、登記実務も、民事局長通達にもとづき胎児名での登記を認めていた[48]。当然のことながら、登記をするには手続きが必要なので、この民事局長通達は暗々裏に胎児の親（すなわち、親権者）が代理権にもとづき登記手続を行うことを前提としていたものと解せざるをえないであろう。このように部分的には可能であった解釈論が、［新］4条2項に一般主義の規定がおかれたことによって、すべての場合において可能となったものである。

ただ、解除条件説を採用することで若干の問題が残されることには留意する必要がある。親権者が法定代理人となると考えた場合、少なくとも母が親権者となることについては問題がないが、父については、状況ごとに法定代理人になるか否か、異なる側面があり、問題は一様ではないからである（ただ、以下に述べる父の代理権の不安定性は、別に胎児にかぎったことではなく、出生後の子についても同じことである）。

まず、夫婦間の子は、嫡出子となり、父母共同親権の対象となるので（民法818条）、当然のことながら父も代理権を有する。ただ、嫡出子にも、夫の子と推定される嫡出子、夫の子と推定されない嫡出子があり、かつ、嫡出性は、婚姻成立の日（および婚姻の解消または取消しの日）と出生の日を基礎に推定されるので（民法772条）、婚姻成立から200日を経過した後の胎児については、嫡出推定が働き、父の代理権も推定されるが、それ以前にあっては、代理人であることの推定は働かない。もちろん、「推定」が反証により破られた場合、あるいは、推定が働かないときに父であることの立証に失敗した場合には、父は法定代理人にはならない。

この意味では、胎児については、母が確定的に法定代理人であるのに対し、父が法定代理であることは不安定な側面があることは否定できない。

次に、婚姻外での懐胎であっても、民法783条1項で、父が「胎内にある子」の認知をすれば親権者、すなわち法定代理人となる。もちろん、認知がなければ、婚姻関係にない以上、父が親権者となることはない。

以上のように、親権者が胎児の代理人となるという解釈論のもとでは、胎児の父母に婚姻関係がある場合は、――最終的に、嫡出性が否定されないかぎり――

47　加藤・注11）『新民法大系Ⅰ』61頁以下。
48　昭和29年6月15日付民事甲第1、188号民事局長回答。

第 2 章　権利の主体

父と母が法定代理人となり、婚姻関係がない場合は、―― 父の認知がないかぎり、―― 母が単独で法定代理人となる。

4 「外国人の権利能力」規定の削除 ── 明治期日本の排外主義をめぐる対立の結果としての、民法3条2項

　本民法改正案は、私権享有についての内外人平等主義を明示するために、現行民法3条2項の「外国人の権利能力」の条項を削除した。これにより、明治民法起草過程[49]における排外主義的姿勢の残滓は払拭されることとなる。本民法改正案の立場は、比較法的にみても珍しいというわけではない。たとえば、ドイツ民法には外国人の権利能力の規定はおかれていない。

　歴史をふりかえると、現行民法を審議した帝国議会においては、排外主義者から、「外国人は法律又は条約に於て特に認許したる場合に限り私権を享有する」という修正案まで提出されたこともあるような排外主義的な雰囲気が存在していた。これに対し、民法起草者のみならず、このような排外主義的修正案に強く反対する論者もおり[50]、現行民法3条2項のような条文になったのである。

　それから1世紀以上をへた現代においては、私権享有についての内外人平等主義は、当然のことであろう。今日では、もはや内外人平等主義の観点から外国人の権利能力についての規定をおく必要すらないと思われる。外国人を別異に扱おうとする現行3条2項が削除されれば、外国人にも［新］4条1項が適用され、

49　外国人の権利能力をめぐる民法起草当時の立法政策につき、梅謙次郎は、次のように論じている。
　　ローマ法においては外国人が権利能力を有しておらず、ゲルマン法も同様であったが、比較法的には ── その当時の分析として ──、①外国人の権利能力を内国人よりも制限する立場（英米法）、②条約で、外国が内国人と同様の権利能力を認めている場合にのみ外国人に権利能力を認める条約相互主義（フランス、ベルギー等）、③外国の法律が自国民をその外国の国民と同様に取り扱う場合にのみ、その外国人に内国人と同様の権利能力を認める法律相互主義（ドイツ、オーストリア、スイス等）、④内外人平等主義（イタリア、ロシア、スペイン、ポルトガル）の4つの主義があった（この点については、大河純夫「外国人の私権と梅謙次郎（二）」立命館法学 255 号〔平成 9 年〕994 頁参照）。なお、外国人の権利能力をめぐる民法3条2項の規定についての起草過程の詳細は、大河純夫「外国人の私権と梅謙次郎（一）」立命館法学 253 号〔平成 9 年〕474 頁以下、大村敦志『他者とともに生きる　民法から見た外国人法』〔東京大学出版会、平成 20 年〕28 頁以下に詳しい）。

50　修正案の引用をも含め［カナ等変更］、これに強く反対するものとして、山田三良「民法第二條修正案を評す」法学協会雑誌 15 巻（明治 30 年）195 頁。また、外国人の権利能力についての歴史的・比較法的分析を根拠に、内外人平等主義を力説したものとして、同「外国人の地位」法学協会雑誌 15 巻（明治 30 年）1247 頁以下、16 巻（明治 31 年）19 頁以下等参照。

第一編　総則

出生による私権の享有の開始、死亡による終了、という規範がそのまま妥当すると考えられるからである。そこで、本民法改正案においては、外国人の権利能力が内国人と同等である旨を確認する規定をおかないこととした。

もちろん、民法は一般法であるので、特別法がこれを禁止するとき、また、法律に優先する効力をもつ条約（憲法98条2項）に、外国人の私権制限の規定があれば、それらが民法に優先して適用されるのは当然のことである[51]。

5　「同時死亡の推定」の規定

（1）　規定箇所の移動

現行民法には、制定当初、「同時死亡の推定」の規定は存在していなかった。ところが、1959（昭和34）年の伊勢湾台風により、家族の複数人が死亡する事態が多出したため、1962（昭和37）年の民法改正により、「第二章　人」の末尾に「同時死亡の推定」の節が挿入された。現行民法には、権利能力の終期についての規定は何も存在していないので、「同時死亡の推定」の規定を新設するさいに、「第二章　人」の末尾にその規定をおいても、別段、不自然なところはなかった。

しかし、本民法改正案では、「第一節　人：第一款　権利能力」に、その終期が

51　【外国人の私権制限をめぐる議論の経緯】
　　本文に紹介した「外国人の権利能力」の条項の削除案に対して、沖野眞已から、次のような問題提起がなされた（於2008年5月4日全体会議）。「権利能力平等の原則が重要ということを考えると、日本人だと特別法で権利能力を制限することができないのに、外国人だと特別法で制限するということを、一般法である民法で規定しておく必要はないのか。また、そもそも内国人についての権利能力の制限は、憲法違反となるが、外国人の権利能力については制限できる、というのは、法の下の平等という問題はありうるとしても、合理的差別の範囲なのかもしれない。この点を考慮すると、規定をおいておく必要もあるのではないか。」
　　この発言で指摘された問題を考慮すると、この議論に先行して提案されていた下記の条文案が有力となろう。

　　（外国人の権利能力・経過案・2008年1月13日磯村案）
　　N条①・②：略（[新]　4条1項、2項と内容は同じ）
　　　　　　③：外国人は、私権を享有する。ただし、法令又は条約の規定により禁止されるときは、この限りでない。

　　日本人については、権利能力の制限が憲法違反になるのに対し、外国人の場合には、「合理的な」範囲内の権利能力の制限が憲法違反にならないこともあることは、前述した沖野の指摘や上記の磯村案にみられるとおりである。基本的に、外国人については、「法令又は条約の規定」による制限が可能である。この意味では、上記の提案が相当ではあろう。しかし、この種の規定をおくことによる内外人平等についてのマイナスのメッセージ効果を考え、最終的に、民法3条2項を削除する案を本民法改正案の内容とすることとした。

第 2 章　権利の主体

死亡であることを明記した。そこで、権利能力の終期に関連する「同時死亡の推定」の規定は、現行民法のように独立の節とするのは適切ではなく、本民法改正案では、「第一款　権利能力」の箇所に移動させる必要が生じた。その結果、規定されたのが［新］5条である[52][53]。

（2）　文言の変更

民法32条の2は、「数人の者が死亡した場合において、そのうちの一人が他の者の死亡後になお生存していたことが明らかでないときは、これらの者は、同時に死亡したものと推定する」と規定している。この規定は、①「他の者の死亡時」、②「その後の生存の立証不能（＝真偽不明）」の2点を推定の根拠事実としているが、結局のところ、この内容は「死亡の先後の立証不能」に帰結するので、［新］5条においては、文言を端的に「死亡の先後を確定できないとき」と変更することとした。

---

[52]　【「同時死亡の推定」の規定の移動についての議論の経緯】
　　「同時死亡の推定」の規定を移動するという提案は、現行民法3条1項の「権利能力」に対応する［新］4条1項に、現行民法とは異なり、権利能力の終期としての「死亡」を規定すべきであるという事務局提案と同じく、当初からの事務局提案であり（於2006年11月23日全体会議）、それがそのまま私法学会提出案から国民有志案を経て、今回の最終案提示まで維持された。

[53]　【同時死亡の推定と「脳死」にかんする議論の経緯】
　　本条をめぐっての当初提案は、［新］5条の内容を同条1項とし、同条2項に脳死についても同時死亡の規定を準用するものであった（経過案につき、下記参照）。これは、臓器移植法の制定により、脳死判定がなされた段階で臓器移植が可能になったことにともない、脳死の場面でも同時死亡の問題が浮上する可能性が広がったので、その点も改正提案で対処しようとするものであった。

（同時死亡の推定・経過案・2006年11月23日事務局案）
N条①：略（現行民法32条の2（同時死亡の推定）と内容は同じ）
　　②：前項の規定は、死亡した数人のうちに脳死判定によって死亡した者がいる場合について準用する。

　しかし、沖野眞已から、上記の2項を削除することが提案された（於2007年3月18日全体会議）。その理由は、一般的な死亡には脳死が含まれることを前提に規定しながら、同時死亡の推定の条文においてだけ「脳死」という言葉がでてくると、［新］4条1項の「死亡」の解釈が問題とされるのではないかということであった。さらに沖野は、脳死による死亡の先後については解釈論に委ねてもよいと主張した。この提案が採用され、それが最終的に本民法改正案でも維持された。

第一編　総則

6　失踪宣告の審判

（1）　規定の移動

　失踪宣告の規定は、現行民法では「第二章　人」の末尾近くに規定されており、権利能力を定める第一節からは切り離されている。これに対し、本民法改正案では、「失踪宣告」の規範の内容が、権利能力の終期の擬制であることを考慮し、「第一節　人：第一款　権利能力」の一部として規定することにした。これは、従来の学説、判例の考え方にも合致している。すなわち、失踪宣告の効果は、失踪者のそれまでの住所地における権利義務をめぐっての「死亡の擬制」ないし「権利能力喪失の擬制」であるからである。本民法改正案では、このような考え方を基礎に、失踪宣告の規定を「失踪宣告の審判による死亡の擬制」という標題のもとに、権利能力の箇所においたものである[54]。

　なお、現行民法においては、まず失踪宣告が規定された後に、節を改めて同時死亡の推定が規定されている。しかし、同時死亡の推定を受けた者は権利能力を全面的に喪失するのに対し、失踪の宣告を受けた者 —— 本民法改正案の用語法にそくしていえば「失踪宣告の審判を受けた者」—— は、住所地における権利能力を喪失するにとどまる。そこで、本民法改正案では、同時死亡の推定をさきに規定することとした。

（2）　失踪宣告の要件・効果の統合

　現行民法においては、30条が失踪宣告の要件を、次の31条がその効果を規定している。このように、要件と効果とが別条文となっているのは、条文の体裁として不自然である。そこで、本民法改正案では、これら2か条を統合して［新］6条とし、1項に普通失踪の要件、2項に特別失踪の要件、3項に双方の効果を規定した。

（3）　普通失踪宣告と特別失踪宣告 —— 特別失踪原因の変更

　普通失踪、特別失踪の規定の要件は、現行民法も本民法改正案も、実体的要件

---

[54] 【「失踪宣告」の規定の移動にかんする議論の経緯】
　「失踪宣告」をめぐる規定は、私法学会提出案の段階から法曹提示案を経て、同年10月の国民有志案まで、—— 現行民法の位置づけを踏襲し ——「第一節　自然人」の末尾に規定されていた。しかし、その後、磯村保より「死亡を擬制する制度である失踪宣告についても、同時死亡の推定の後に続けて規定するという方法もありうるのではないか」との指摘があり、その提案が受け入れられて、「第一款　権利能力」に規定されることとなった（於2011年2月6日全体会議）。

第 2 章　権利の主体

（生死不明の状況）＋手続的要件（利害関係人の請求[55]）となっている。

また、普通失踪の要件については現行民法の内容を基本的には承継したが[56]、特別失踪宣告の要件は、多少変更している。民法30条2項は、特別失踪の宣告が認められる原因として、戦地に臨むことと船舶の沈没をあげている。これに対し、〔新〕6条2項では、現代社会において発生しやすい特別失踪の原因と思われる航空機の墜落と天災とを付加したうえで、相対的には発生頻度が低いと思われる戦争を最後におくこととした。

現行民法のもとでは、「普通失踪」も「特別失踪」も講学上の概念であり、条文の文言とはなっていない。しかし、死亡の効果の発生に期間の経過が必要か否か等、両者の効果にも違いがあるので、本民法改正案では、「普通失踪」と「特別失踪」の文言を、〔新〕6条1項と2項とに分けて、それぞれ民法典のなかに明記することとした[57]。

---

[55] 【「検察官」を請求権者に付加するか否かにかんする議論の経緯】
　　最終的には本民法改正案に採用することはしなかったが、議論の過程においては、手続的要件としての請求権者に利害関係人のみならず、公益の代表としての検察官を付加することが提案された（この提案では、同条1項、2項の内容は〔新〕6条1項、2項と同一であり、同条3項の失踪宣告の効果は、下記の3項の次の4項に規定されていた）。

　　（失踪の宣告・経過案・2008年5月5日事務局案）
　　N条③：第一項の期間が満了した時又は第二項の危難が去った時から五十年を経過した場合において、家庭裁判所は、検察官の請求により、利害関係人の反対がない限り、失踪の宣告をすることができる。

　　このN条3項の提案の趣旨は、利害関係人がいないまま、長年にわたって生死不明の状況が続いているのにもかかわらず、戸籍の抹消ができないという事態を防ぐことにあった。そこで、普通失踪の期間満了時、または特別失踪の危難が去った時から50年が経過したときには、検察官の請求による失踪宣告が可能となるように、あらたな規定を設けようとしたものである。
　　しかし、その後の官庁へのヒアリングにおいて、この問題は現在すでに実務的に対処されており、問題がないことが判明したので、とくに規定をおくことはしないことになった。
[56] 本文に述べたように、普通失踪については現行民法の規定を実質的に承継したが、現行民法30条1項の「不在者」の文言は、「従来の住所又は居所を去った者」と改めている。これは、本民法改正案においては「不在者」の規定を「法定財産管理」として債権法に移動させたためである。
[57] 【失踪宣告をめぐる議論の経緯】
　　ここでは、本文（2）および（3）の問題をめぐる議論の経緯を紹介することとする。
　　失踪宣告にかんする当初提案は、現行法と基本的に変わるものではなかった（於2007年2月18日総則分科会）。この案は、その後、民法30条と31条を合体して要件・効果を統一した1か条に変更され、また、特別失踪に航空機事故が付加された（於2008年5月5日全体会議）。これが国民有志案である。

第一編　総則

（4）「失踪の宣告」から「失踪宣告の審判」、「失踪の宣告の取消し」から「失踪宣告の取消しの審判」へ

現行民法は、「失踪の宣告」、「失踪の宣告の取消し」とのみ規定しており、民法の条文の文言のみからは、これらが審判事項であることが明らかではない。家事事件手続法39条と、別表1の「五十六　失踪の宣告」、「五十七　失踪の宣告の取消し」の双方をみてはじめて、これらが「審判」事項であることが明らかとなるのである。

しかし、このような現行法の規定のしかたはいかにも回りくどい。そこで、本民法改正案では、「国民にわかりやすい民法典」という観点から、［新］6条および［新］7条の標題中に「失踪宣告の審判による死亡の擬制」、「失踪宣告の取消しの審判とその効果」と明記し、民法典をみただけで「審判」事項であることがわかるようにした[58]。

7　失踪宣告の取消しの審判

（1）基本的な考え方

失踪宣告の審判を受けた者が生存していた場合、相続によって財産を得ていた者は、それを生存者に返還しなければならない。また、死亡の時期が異なっていた場合には、その者の財産の相続人も異なってくる可能性がある。そこで、現行民法同様、この点についての規定をおくこととした。なお、そのさい、文言を「失踪宣告の取消し」から「失踪宣告の取消しの審判」へと改めたことについては、6（4）に記載のとおりである。

　　なお、国民有志案作成前から、弁護士の彦坂浩一より「戦地に臨んだ者」の文言を維持することへの疑問が呈されていたが（於2009年3月2日市民法研究会）、国連平和維持軍その他、危険な地域に臨む状況は現代でもありうるので、とくに変更することはしなかった。ただ、その後、特別失踪の原因として、現代的意味が大きい順に規定するべきであるという考え方が中野邦保より提示され（於2011年6月11日事務局会議）、その提案を受けたうえで文言もすべて変更することとし、［新］6条の文言が採用された。そのさい、「普通失踪」、「特別失踪」の文言も条文上明記することとした。

58　【「審判」事項の明示にかんする議論の経緯】
　　「審判」事項であることを明記するという方針は、成年後見・保佐・補助をめぐる議論——民法10条の、家庭裁判所による"後見開始の審判の取消し"を、本民法改正案では、「後見終了の審判」に改めるべきである、等の議論——からはじまった。そして、この方針を民法典全体に及ぼすことが、2008年の日本私法学会直前に決定された。しかし、それが私法学会提出案や法曹提示案では徹底されていないとの指摘が、弁護士の市川充、牧野友香子、岩田修一からなされ（於2009年2月5日市民法研究会）、失踪宣告についても「審判」性を条文上明記することとなった。

第 2 章　権利の主体

（2）　規定の整備 ── 現行民法の規定のねじれの解消

　現行民法 32 条の「失踪宣告の取消し」は、きわめてわかりにくい規定となっている。そこで、［新］7 条は、標題を「失踪宣告の取消しの審判とその効果」と改めたのみならず、その内容もかなり整序した。

　そもそも、失踪宣告の取消しの審判の効果は、①失踪宣告の取消し、②失踪宣告により相続財産等を取得した者の権利の喪失と財産の返還義務、③その相続人であった者から相続財産を承継取得した者の返還義務という、3 段階構造になっているはずである。

　ところが、民法 32 条は、①を 1 項前段に、③の一部である善意者の保護という問題を 1 項後段に、そして、②とともに③の残る部分である悪意の承継取得者の返還義務をあわせて 2 項に規定するという、順序がねじれ、かつ錯綜したかたちで規定されている。

　そこで、本民法改正案では、このねじれと錯綜とを解消し、①を［新］7 条 1 項に、②を同条 2 項に規定した。そのうえで、善意者をめぐっての 1 項の効果の例外となる③を同条 3 項に規定して、3 段階構造を条文の上でも明確にした[59]。

59　【失踪宣告の取消しの審判の条文構成をめぐる議論の経緯 ── 規定の順序をめぐって】
　　民法 32 条（失踪の宣告の取消し）をどのように改正すべきかについては、種々の論点があったが、ここでは、もっとも重要な改正典と思われる「規定の順序のねじれ」を中心に紹介することとしよう。
　　民法の規定のしかたに順序のねじれがあるということについては、民法改正研究会では当初から議論の一致をみた。しかし、それをいかに是正すべきかという点をめぐっては、紆余曲折があった。
　　本文ですでに述べたように、失踪宣告の取消審判を「①失踪宣告の取消し（ないしその審判）、②失踪宣告により相続財産等を取得した者の権利の喪失と財産の返還義務、③その相続人から、相続財産を承継取得した者の返還義務」という三段階に分けて考えると、現行民法 32 条は、1 項前段に①、1 項後段に③の一部、2 項に②と③の一部を規定している。しかしながら、国民有志案では、次に紹介するように、1 項では①、2 項で②、3 項で③、4 項で身分関係というかたちをとることとした。

　（失踪宣告の取消審判・経過案・国民有志案）
32 条①：失踪者が生存すること又は前条に規定する時と異なる時に死亡したことの証明があったときは、家庭裁判所は、本人、利害関係人又は検察官の請求により、失踪宣告の取消審判をしなければならない。
　　②：前項の審判がなされた場合において、失踪宣告によって財産を得た者は、（国民有志案）第百三十八条（所有権に基づく物権的請求権）又は（国民有志案）第六百四十九条（他人の財産からの不当利得）の規定に従い、その財産を返還する義務を負う。
　　③：第一項の失踪宣告の取消審判の前に、失踪宣告によって財産を得た者から財産を取得した善意の第三者は、前項の返還義務を負わない。

（3）「失踪宣告の取消しの審判」の要件の変更

　民法32条1項は、失踪者が「前条に規定する時と異なる時に死亡したことの証明があったとき」を失踪宣告の取消しを請求する要件の一つとして規定している。しかしながら、請求時点では、被失踪宣告者が生存しているか、死亡しているかは不明ながら、前条によって死亡が擬制される時点では生存していたことの証明があったときにも、失踪宣告の取消しの審判が必要となるはずである。

　そこで、［新］7条1項では、現行民法の文言を「前条第三項に規定する時には死亡していないことの証明があったとき」と変更することにした。

（4）「失踪宣告の取消しの審判」の請求権者の追加

　現行民法は、32条（失踪宣告の取消し）につき、請求権者を「本人又は利害関係人」に限定している。本民法改正案では、それに加えて、「検察官」を加えることとした。

　失踪宣告の審判の申立ては、失踪者の帰還を待っている者の感情を考慮すれば、公益的な必要性を理由にして検察官に認めるべきではないであろう。しかし、事実と異なる失踪宣告の審判があった場合には、それを是正することが公益的観点から必要なので、［新］7条1項では、検察官を失踪宣告の取消しの審判の請求権者に追加した[60]。

（5）「失踪者」と「被失踪宣告者」

　本民法改正案では、──審判によって、現行民法では「成年被後見人」、本民法改正案では「被後見人」になるのと同様に──失踪宣告の審判を受けた者を「被失踪宣告者」と表現することとした。現行民法32条は、「失踪者」という文言を用いており、同条の文脈ではそれが自然であるため、本民法改正案においても同様の文言を用いることを考えたこともあった。しかし、失踪宣告の審判がない場合も、言語として「失踪者」と観念されるとの指摘があったため、失踪宣告の手続きをすませたか否かを明示する必要があると考えたためである。

---

　　　④：失踪宣告の取消審判は、失踪宣告の後、その取消審判前に形成された婚姻関係に
　　　　影響を及ぼさない。この場合において、失踪宣告前の婚姻は復活しない。

　国民有志案以降、①、②、③の順序が変わることはなかったが、それぞれの関係の密接度と、順接・逆接の関係の評価、そしてそのわかりやすい表現につき見解がわかれ、種々の提案がなされ、本改正案にいたった。
　この1項から4項についての議論は、本文の（3）以下の叙述を参照されたい。
60　この点は、かつて戦前に大谷説が主張していたところである（大谷美隆『失踪法論』（明治大学出版部、昭和8年）594頁以下）。

274

（6）「財産等」の返還義務の性格

民法32条2項本文は、失踪宣告によって財産を得た者は、失踪宣告の取消しによって「権利を失う」と規定し、同条同項ただし書は、その財産の返還義務を規定している。これに対し、［新］7条2項は、この「権利を失う」の文言の内容と返還義務の性格を、より具体的に規定することとした。

第一に、［新］7条2項の財産返還義務の法的性質を条文に明示した。「失踪宣告の審判」によって相続（または遺贈）が生じても、後に「失踪宣告の取消しの審判」がなされれば、遡及的にその相続（または遺贈）の効果が失われる。その結果、"相続財産" を占有している者は、所有権者からの物権的返還請求権に服することになる。このように考えた場合、［新］7条2項の財産返還義務は物権的返還請求権としての性格を有していることになる。

ただし、［新］7条2項の財産返還義務は、不当利得返還請求権としての性格をも有しているとも考えられる。なぜなら、「失踪宣告の審判」の結果、相続（または遺贈）によって財産を取得した者にとっては、その相続（または遺贈）が財産取得の「法律上の原因」であったところ、「失踪宣告の取消しの審判」がなされたことによって、相続（または遺贈）という「法律上の原因」がなくなった、と考えることもできるからである。

このように、［新］7条2項にもとづく「失踪宣告の審判」によっていったん相続をした者に対して、被失踪宣告者がおこなう請求は、実は物権的返還請求権と不当利得返還請求権の双方の性格を兼有している。そこで、そのような法的性格を明示するため、条文の文言としては、2つの請求権を並列的にあげた。

そして、［新］7条2項は、被失踪宣告者が返還請求する場合だけでなく、被失踪宣告者が返還請求される場合をも念頭において規定されている。すなわち、失踪宣告により、相続した者が相続した債務を弁済する可能性にも配慮したのである。現在の民法32条2項は、被失踪宣告者が、失踪宣告の取消しの審判があった後、いったん失った財産を返還請求する事例しか規定していないが、［新］7条2項の不当利得の規定は、この種の場合もカバーするものである。なぜなら、前述した、失踪宣告の審判によって相続人となった者が相続債務を —— 自己の固有財産によって —— 弁済したところ、その後に失踪宣告の取消しの審判がなされた場合には、被失踪宣告者が［新］7条2項にいう「失踪宣告の審判によって利益を得た者」となり、不当利得返還義務を負うことになるからである。

次に、相続した者から財産を売買等によって譲り受けた者の立場を考えてみよう。この譲受人は、売買契約によってその財産を取得していたことになるが、「失踪宣告の取消しの審判」がなされることによって、その売買契約が自己物の

売買から他人物売買に変じることになる。この場合、（8）および（9）で述べるように、譲受人は善意でないかぎり、返還義務を免れない。その理由は、他人物売買にもとづき目的物を占有していることになるため、無権原占有者として物権的返還請求権に服さざるをえないからである。また、取得した財産を費消してしまえば、不当利得返還義務を免れない。［新］7条2項の文言は、こうした場合をもカバーしていることになる。

さらに、この不当利得返還請求権の性質は、近時、学説上「他人の財貨からの利得」、「侵害利得」、「帰属法的不当利得」等と呼ばれるものといえるであろう。そうであれば、悪意の転得者に対する請求については、［新］7条2項の返還義務の範囲の文言と、「他人の財貨からの利得」等をめぐる不当利得の規定の返還義務の範囲の文言——国民有志案修正案原案653条2項の規定[61]——との関係が問題となるところである。

しかしながら、「他人の財貨からの利得」等と呼ばれる不当利得返還義務は、有体物が現存している状況のもとでは物権的返還請求権が機能することを前提としており、財産が有体物として存在する場合をカバーするものではない。これに対し、［新］7条2項の財産返還義務は、悪意の転得者のもとで財産が有体物として存続している場合をもカバーし、不当利得返還請求権と物権的返還請求権としての性格を兼有しているので、「財産その他の利益（以下この項及び次項において「財産等」という。）」の返還という文言を用い、両性的な性格を有する場合をもカバーする国民有志案修正案原案653条1項の不当利得の規定と類似の文言を用いることとした。

（7）　返還義務の範囲についての「善意」要件の明記

民法32条2項は、失踪宣告の取消しの場合の返還義務の範囲について、単に次のように規定する。「失踪の宣告によって財産を得た者は、その取消しによって権利を失う。ただし、現に利益を受けている限度においてのみ、その財産を返還する義務を負う」。つまり、現行民法は、返還義務の範囲を現存利益に軽減しており、そこでは、返還義務者の善意・悪意を区別しない。

しかしながら、通説は、この規定の適用を善意者に限定している[62]。［新］7

61　加藤雅信『迫りつつある債権法改正』（信山社、平成27年）683頁参照。
62　我妻説は、「第32条第2項は、財産をえた者の善意と悪意とを区別していないが、悪意のもの……は、第704条の悪意の返還者と同様に、返還の範囲が拡張すると解すべきであろう（通説。反対穂積187頁——ドイツ民法も区別する（2031条・2024条参照））」とする（我妻・注25）『民法講義Ⅰ　民法総則』112頁。なお、引用文中の引用文献については、同書8頁の略語参照）。また、注釈民法でも、民法703条、704条で解決するのが通説であるとさ

第 2 章　権利の主体

条 2 項は、このような学説にしたがい、条文上、善意・悪意を区別し、善意の場合にのみ、返還義務が現存利益に軽減される旨を明らかにするために、不当利得の条文を返還のための根拠法条としてあげることとした。なお、有体物が現存している場合には、たとえ善意であってもその返還をすべきは当然なので、物権的返還請求権も根拠法条として並記した。

このようにすれば、物権編、債権編についての国民有志案修正案原案においては、不当利得の規定が善意・悪意による返還義務の減縮および増大を規定しており、また「所有権に基づく物権的請求権」にかんする規定には「占有者による損害賠償」についての規定の適用があるので、やはり善意・悪意による返還義務の違いが反映されることになる。

（8）　双方当事者の「善意」論の修正

〔新〕7 条 3 項は、取引の安全のための規定であり、失踪宣告により相続（又は遺贈）により財産を取得した者から法律行為によって財産を転得した第三者、あるいは賃借権を転得した第三者は、善意であれば失踪宣告の取消しの審判の影響を受けないとするものである[63]。

れている（前掲注 46）引用『新版注釈民法（1）』488 頁〔谷口知平＝湯浅道男執筆部分〕）。また、この点を民法典に明記するべきであるとする見解もある（内田勝一・注 39）引用「失踪宣告制度をどう見直すか」52 頁）。

　ただし、これについては一部に、取消原因について、善意・悪意の区別なく、現存利益の限度で返還すればたりるとする異論もある（四宮・注 26）引用『民法総則（第 4 版）』72 頁以下）。

63　【「善意」の者が返還義務を負わない根拠をめぐる議論の経緯】

　〔新〕7 条 3 項にかんする当初提案は、失踪宣告の「取消しは、失踪の宣告後その取消し前に善意でした財産上の行為に影響を及ぼさない」とするものであった（於 2007 年 2 月 18 日総則会議）。これは、こと主観的要件にかんしては、現行法と同じであった。

　この提案に対し、磯村保と河上正二から、悪意に焦点を合わせたかたちでの規定が望ましいとの発言があり、いったんその方向で規定を書き改められた（於 2007 年 3 月 18 日全体会議）。しかし、最終的には、善意者に焦点を合わせたかたちで規定すべきであるという事務局の意見が採用されるとともに、判例が取引当事者双方の善意を要求しているのに対し、譲受人の善意のみでよいという現在の通説的見解を明示すべきであるという見解が研究会の大勢を占め（於 2007 年 8 月 5 日総則分科会）、私法学会提出案にいたった。この私法学会提出案が、――「失踪宣告の取消」を「失踪宣告の取消審判」にする等、多少の修正をへて――注 59）で条文案を紹介した国民有志案となった。

　ただ、国民有志案 32 条 3 項の文言では、返還義務を負わない根拠が明確でないとして、この点を是正した次のような改正案が提示された。

（失踪宣告の取消審判・経過案・2012 年 2 月 15 日事務局案）
N 条②：前項の規定にかかわらず、失踪宣告によって財産を得た者との間で善意でした、財

なお、この規定は、現行民法32条1項後段につき昭和13年判例[64]以来とられてきた取引の双方当事者の善意を必要とする考え方を、明示的に排除している。

ここで判例の立場をあえてとらなかった理由には、昭和13年判例が特異な事案を解決するための特殊な判決理由を述べたところ、後に、それが一般的な判例理論として扱われるようになってしまった、という理解がある。

この判決の事案は、以下のようなものであった。失踪宣告を受けたAの相続人Bから、相続された不動産がCからDへと転々譲渡され、Dに移転した段階で失踪宣告が取り消された。Aは、その不動産の取戻しをDに請求し、訴えを提起した。控訴審は、BおよびDの悪意を認定したが、Cの善意・悪意については認定しなかった。Dは、その点を問題として大審院に上告した。大審院は取引の当事者であるC、Dがともに善意であってはじめて、Dは当該不動産を民法32条1項後段にもとづき取得しうると判示したが、これは、原審判決の破棄差戻しを避けるための説示であったと考えられる。

このように、Dの上告理由が、自己の悪意を前提としながら、目前の敗訴を回避するために、いわば、ある意味で「ためにする」法律構成を述べたものでしか

　　産に関する法律行為による財産の取得は、その効力を妨げられない。

　しかし、上記のような文言にすると、失踪宣告によって財産を得た者（悪意）から譲渡を受けた者（悪意）からさらに譲渡を受けた転得者（善意）の保護についての規定がなくなってしまう。さらに、売買契約を締結しただけでまだ財産を取得していない者が保護されないという問題が生ずる。そこで、下記の案のように文言を変更し、かつ、転得者の善意・悪意を問題とすることを明らかにした（於2012年8月4日全体会議）。

（失踪宣告の取消審判・経過案・2012年8月4日全体会議修正案）
N条②：前項の規定にかかわらず、失踪宣告の審判を受けた者の財産の取得を目的とする法律行為をした者は、失踪宣告の審判を受けた者が生存すること又は前条に規定する時と異なる時に死亡したことにつき善意（一定の事実を知らないことをいう。以下同じ。）であるときは、その財産を取得することができる。

　その後、上記の文言では、相続人と賃貸借契約を締結した者が保護されないという磯村保からの指摘があり（於2012年11月10日付意見書）、本文（9）参照）、最終案に落ち着くことになった。そのさい、法的効果としては、賃借権を取得するのではなく、賃借人に対抗できないという問題であるとして、［新］7条3項の「対抗」できるか否かという構成に改められた。

　こうした経緯をふまえれば明らかなとおり、現行民法32条1項後段（失踪宣告の「取消しは、……善意でした行為の効力に影響を及ぼさない」）が、権利取得構成とも、対抗構成とも解釈可能であるのに対し、本民法改正案では、後者が採用されたこととなる。

[64] 大判昭和13年2月7日民集17巻59頁。

なかったところ、その上告を排斥するための判決理由がCおよびDの善意を要求するものであったにすぎない。これは、原審判決の破棄差戻しを避け、当該事案を直ちに解決する法律構成ではあるが、一般的な判例になるべきものではないと思われる。そこで［新］7条3項では、返還請求の相手方（事案ではD）ひとりの善意・悪意を問題にすることとしたものである。

ただ、［新］7条3項でも、絶対的構成説、相対的構成説のいずれを採用するかは、学説に委ねている[65]。

（9）「財産等」の返還をめぐって・再論

［新］7条3項では、「失踪宣告の審判の後に法律行為によって被失踪宣告者の財産等に法律上の利害関係を有するに至った者」として、「財産」ではなく、「財産等」として「等」が付記されていることに留意されたい。その前の2項で「財産等」は「財産その他の利益」を意味する旨が規定されているので、この「等」があることにより、転得者のみならず、いったん相続人とされた者と賃貸借契約を締結した賃借人等も保護されることになる。すなわち、所有権を譲り受けた者は善意であれば所有権を取得し、賃貸借契約を締結した者は善意であれば賃借権を取得することになる。

（10）身分関係規定の新設

現行民法は、失踪宣告の取消しの効果を一般的に —— 言葉を換えれば、財産法的効果と身分法的効果を区別することなく —— 規定している。その結果、失踪宣告があった後に再婚をし、その後に失踪宣告の取消しがあった場合に、前婚が復活するか否か、また復活するとした場合に、前婚と再婚の効力をいかに考えるかをめぐって議論がある。ただ、戸籍実務の取扱いでは、失踪宣告を取り消された「妻と夫との間には配偶者関係は勿論、親族法も相続法も適用の余地はない」と

---

[65] 本文に紹介した昭和13年判例の事案におけるAからDの存在を前提として、かりに、B（悪意）、C（善意）、D（悪意）であるとして説明しよう。

絶対的構成を採用した場合には、一度現れた善意のC以降の者は、Dを含めて全員が有効に所有権を取得することができるが、悪意のD等を保護することが公平なのかという問題が発生する。ただ、この点のみを考慮し、単純に相対的構成を採用した場合には、中間の善意者であるCがその後に位置する悪意のDから求償を受けてもよいのかという問題が発生する。

この点を回避するために、悪意の転得者Dから善意の前主Cに対する求償請求を信義則によって制限し、その前に位置している悪意者Bに対し、Dが債権者代位権を用いてBに直接求償することのみが認められるとして、この問題を解決しようとする説もある（加藤雅信『新民法大系Ⅲ 債権総論』〔有斐閣、平成17年〕209頁参照）。

ただ、このような細部にわたる問題にまで立ち入って立法的手当をすることが適切とは思われないので、絶対的構成、相対的構成については、学説に委ねることにしたものである。

第一編　総則

されており[66]、失踪宣告の取消しによって前婚は復活しない、とする方針が確立している。

そこで、本民法改正案では、戸籍実務の取扱いと同様、後婚は善意・悪意を問わず常に有効であり、前婚は復活しないとする立場をとることとし、その点を〔新〕7条4項に規定した。

また、〔新〕7条4項では、婚姻のみならず、養親子関係にも言及することとした。すなわち、①一般には失踪宣告によって存在しなくなった実親子関係および養親子関係は復活するが、②失踪宣告後に特別養子縁組がなされた場合には実親子関係は復活しない、③養親が失踪したため、養子であった者が新たに他の者と養親子縁組をした場合には、前の養親子関係は復活しない、とするのが、本民法改正案の立場である[67]。

66　昭和25年2月21日付民事甲第520号（二）157号民事局長回答。
67　【身分関係規定の新設についての議論の経緯】
（i）失踪宣告の取消しの審判により身分関係一般が復活しない旨の規定
　失踪宣告の取消しをめぐる規定のなかに、宣告の取消しがあった場合に前婚が復活しないことを規定することは、民法改正研究会の当初からの方針であり、私法学会提出案から国民有志案にいたるまで、一貫して明文の規定がおかれていた。ただ、この条文において身分関係一般について規定するか、婚姻関係に限定して規定するかについては、議論は二転三転した。
　本条をめぐる当初提案は、「身分行為」一般につき規定されており、以下のように説明されていた（於2007年2月18日総則分科会）。失踪宣告の取消しは、失踪宣告の後の再婚に影響を及ぼすものではない。また、失踪宣告の後に独身者として養子縁組がなされた場合にも、配偶者との共同縁組を定めた民法795条の規定にかかわらず、その養子縁組は有効である。本民法改正案のこの条項は、これらのことを定めたものである。しかしながら、失踪宣告を受けた者の配偶者を扶養した者は、失踪宣告の取消後、支払った扶養料を、本来その配偶者を扶養すべきであった失踪者（失踪宣告を取り消された者）に対して不当利得として請求することができる。なぜなら、扶養は、「身分法上の義務」ではあるが、「身分上の行為」ではないからである。
　上記の提案は、その後も維持されており、その後の経過案は、次のような内容となっていた（於2008年1月13日総則分科会）。

（失踪宣告の取消し・経緯案・2008年1月13日事務局案）
N条④：失踪宣告の取消しは、失踪宣告後、その取消し前に形成された身分関係に影響を及ぼさない。

　ただ、この条文案のように身分関係全般について規定することについては、失踪宣告の後にその宣告がなされた者の子供が一般養子または特別養子となった場合の取扱いをいかにすべきかをめぐり、総則分科会では見解が分かれた。すなわち、一般養子となった場合には、本項を文字どおり適用すると、実親子関係と養親子関係が併存することになる、という意見が有力であったが、この条項を適用し、上記のような結論をとることに対する反対意見も

第 2 章　権利の主体

8　「善意」等の定義規定

本民法改正案では、[新] 7 条 3 項に「善意」についての定義規定をおいた。他方、「悪意」についての定義規定は、だいぶ先となるが、[新] 30 条 5 項におかれている[68]。

あった。また、特別養子となった場合には、本項を文字どおり適用すると、特別養子縁組の効力が維持されることになる。しかしながら、本項を適用し、実親子関係が復活しないとする結論は不自然ではないかという反対意見もあった。

(ⅱ) 婚姻関係・養親子関係が復活しない旨の規定
　このように見解が対立したので、いったんは、婚姻関係に限定して規定することとし、上記の条文案の「身分関係」を「婚姻関係」に改めることとした（結果として、婚姻関係以外の身分関係については、解釈にゆだねることになった）。上記の修正条文案に微修正を加えたものが、注 59) で紹介した国民有志案 32 条 4 項であった。
　しかしながら、その後、磯村保および横山美夏から、失踪宣告の審判がなされた後、宣告を受けた者の子が養子縁組を行い、その後に失踪宣告取消しの審判がなされたときの取扱いをやはり規定すべきではないか、との意見がだされた。
　そこで、再度の審議がなされた結果、普通養子の場合には、実親子関係が復活するべきであるが、特別養子の場合には、実親子関係が復活するべきではない、二重の養子縁組となった場合には、前の養親縁組は復活しない、とするのが妥当ではないかということで研究会の意見が一致し（於 2012 年 8 月 4 日全体会議、2013 年 10 月 27 日全体会議）、[新] 7 条 4 項になった。
　なお、2013 年 10 月 27 日の研究会では、身分関係一般について議論する途も再度検討されたが、以下の理由により、上記の事例に限定して規定し、身分関係一般という文言にしないこととした。
　その理由の第 1 は、「相続」が身分関係に含まれるか否かについては議論がありうるにせよ、失踪宣告の取消しの審判がなされたことが「相続関係」に影響をおよぼすことは当然であり、この点についての疑問を生じさせないことが必要である。第 2 は、いわゆる「扶助義務」を負う者が失踪宣告を受けたため、それに劣後する「扶養義務」を負っている者がその扶養義務を履行していたところ、「失踪宣告の取消しの審判」がなされたような場合には、扶養義務を履行した者は、扶助義務を負っていた者に対して、不当利得返還請求権を行使できるのは当然である。この場合には、身分法上の扶養義務について「失踪宣告の取消しの審判」が影響を与えるので、このような限定的な規定をすることが必要と思われるからである。

68　【「善意・悪意」等の定義規定導入をめぐる議論の経緯】
　本民法改正案では、「善意・悪意」等の定義については、可能なかぎり、民法典の最初にあらわれた条文に規定するおくという方針をとった。この間の経緯がいかなるものであったかについては、本書 643 頁注 461) に譲る。
　ただ、現行民法においては、「善意・悪意」の文言が多用されている一方、"知・不知"を文言上用いている条文も少なくない。たとえば、民法 93 条の心裡留保の規定には、「意思表示は、表意者がその真意ではないことを知ってしたときであっても、そのためにその効力を妨げられない。ただし、相手方が表意者の真意を知り、又は知ることができたときは、その意思表示は、無効とする」として、"知・不知"を問題としているが、その次の 94 条の虚偽

281

第一編　総則

第2款　意思能力

【前注】

1　「意思能力」の規定の新設──悪しき省略主義からの脱却

　本民法改正案では、第2款で「意思能力」について規定した。現行民法は「意思能力」にかんする条文をもたないものの、民法起草者の梅も、意思能力の概念を当然の前提としており、「意思無能力……の……場合に於ては、法律行為の要素たる意思を缺くを以て法律行為成立せざるものとし、敢て無能力として特に之を規定せず」[69]と述べ、起草者の富井も「所謂能力は之を意思能力と混同すべからず」と述べていた[70]。このように、民法起草当時から「意思無能力」概念[71]は、

　　表示の規定は「善意の第三者」について規定している。
　　　本民法改正案において、「善意・悪意」の定義規定をおく以上、この条文上の表現を統一するべきではないか、との提言があった。この提言を実現するために、事務局は表現の統一をいったん試みたが、ある者が未成年者または被後見人に対して意思表示をした場合に「相手方の法定代理人がその意思表示を知った後」（[新] 25条1項ただし書）、「任意代理人が本人の指図に従って代理行為をしたときは、本人は、自らが知り、又は過失によって知らなかった事情について、代理人が善意であったこと又は代理人に過失がなかったことを主張することができない」（[新] 57条2項の下線部分）等々、「善意・悪意」の用語に代えることが不可能ではないものの、条文の表現が生硬になることを免れない例も少なくなかった。
　　　以上のような現実を前提とすると、考え方としては、日常用語の意味と異なる用法でしかない、法律用語としての「善意・悪意」をなくすのもひとつの方策である。しかし、このような方向に踏み切ると、民法のみならず、商法、行政法関係の法律をはじめ、すべての法律のレベルで同様の方策をとることが必要になるかと思われる。民法改正研究会では、やはり、多くの法律の基本法としての性格を有する民法の位置づけを前提とするのであれば、他の法律の多くに波及するような過激な方向転換はしない方がよいとの結論に達した。
　　　そこで、最終的には善意・悪意に無理に統一することなく、「知・不知」と「善意・悪意」が混在する、現行民法と同じ途を選択することとした（於2012年9月19日全体会議）。
69　梅謙次郎『訂正増補 民法要義 巻之一 総則編』（有斐閣書房、明治44年）13頁[カナ等変更]。
70　富井政章『民法原論 第1巻 総論 上』（有斐閣書房、明治36年）124頁[カナ等変更]。
71　【「意思無能力」から「意思能力の欠如」への転換にかんする議論の経緯】
　　　従来、判例および学説においては、「意思無能力」という用語法が一般的であった。本民法改正案では、それを「意思能力の欠如」と改めた（なお、私法学会提出案の段階では、本条の標題は「意思能力の欠缺」とされていた。ただ、平成16年の民法の現代語化にさいし、「意思の欠缺」、その他の文言を用いない方針が採用されていた。そこで、一般的に「欠缺」の用語を用いるべきではないとの松岡久和の提案をふまえ（2008年11月2日付意見書）、法曹提示案以降は「意思能力の欠缺」ではなく、「意思能力の欠如」との表現を用いることとし、本民法改正案においてもそれを承継した）。
　　　また、これは、平成16年の民法の現代語化にさいし、それまで用いられていた行為能力

当然の前提とされていたのである。また、判例上も意思能力概念が確定している[72]。

ただ、一定の法的知識を備えていなければ、民法典が意思能力概念を前提としていることはわかりようがない。これは、第２部に述べた現行民法の「悪しき省略主義」の一例と思われる。そこで、本民法改正案では、意思能力についてもあらたな条文を設けて「第二款　意思能力」とすることとした。

2　「意思能力」の法体系的位置付け

（１）「意思能力」・「行為能力」・「事理弁識能力」

現行民法は、「事理弁識能力」概念を、それぞれの制限行為能力者の区分にさいして判断力をはかる程度の尺度として用いている。具体的には、民法7条、11条、15条では、「精神上の障害により事理を弁識する能力」を基準に行為能力を三つの類型に分け、事理弁識能力を「欠く常況にある者」については後見開始の審判が、それが「著しく不十分である者」については保佐開始の審判が、それが「不十分である者」については補助開始の審判ができるとされている。

本民法改正案では、行為能力を制限する制度の非定型化が意思能力制度にほかならないと考え、意思能力制度の基礎に、同じく事理弁識能力の概念を用いることとした[73]。そのうえで、──後述する具体的な条文を前提とすることになるが──［新］8条1項では、「事理を弁識する能力（以下「意思能力」という。）」と規定し、事理弁識能力と意思能力が同義であることを明示した[74]。

との関係で「無能力」（平成 16 年改正前民法 19 条、20 条）という文言が使用されなくなったことと、平仄をあわせたものでもある。
72　大判明治 38 年 5 月 11 日民録 11 輯 706 頁。
73　本文に述べたように、本民法改正案においては、「意思能力」ないし「事理弁識能力」が意思能力制度と行為能力制度に共通する基礎概念とされた。その結果、「意思能力」ないし「事理弁識能力」の概念は、その「有無」とともに、その「程度」も問題となることになる。ただ、これによって、意思能力制度と行為能力制度との連続性は、きわめて明確となり、法制度の体系的な透視性が増すこととなろう。
74　【意思能力と事理弁識能力の関係にかんする議論の経緯】
　「意思能力」の規定を新設することは、磯村保の提案によるものであり（於 2006 年 11 月 23 日総則分科会）、当日の民法改正研究会以降、これを規定すること自体については異論がなかった。
　本条についての当初の条文提案は「事理弁識能力」という概念を中心とするものであった。しかしながら、「意思能力」と「事理弁識能力」の概念については、国民有志案までは両者の関係が不明確であった。平林美紀からこの問題性が指摘され（於 2010 年 12 月 27 日事務局会議）、また、岡孝は、事理弁識概念が無用な中間概念であることを明示すべきであると主張した（於 2011 年 1 月 23 日事務局会議）。これらの発言を受けて、最終案では、事理弁

第一編　総則

　意思能力について規定した［新］8条1項の「事理を弁識する能力（以下「意思能力」という。）を欠く状態」という文言は、判断力の尺度としては、現行民法7条を継承したものである。当然のことながら、この文言は、後見を定めた［新］13条の「意思能力を通常欠く状況にある者」とほぼ同一であって、被後見人のように、審判がなされたことによる定型性と、その状況の「通常」性は要求されていないだけで、両者において求められている判断能力の水準が同じであることが法典上明らかとされることとなったのである。

　ただ、従来、意思能力については、「意思無能力」という用語法にみられるように、その「有無」が問題とされることが一般であったが、これは画一的、硬直的な基準ではないことに留意されたい。これまでも、意思能力の有無の相関説が説かれており、その説では次のようにいわれていた。一般に、7〜10歳程度の通常児ぐらいから意思能力が備わるといわれるが、一律の基準と考えるべきではない。その意思に従って変動する権利義務の重大さによって意思能力の基準は異なる。同じ売買契約であっても、安価な文房具の売買の効力を認める意思能力は7歳程度に認めてよいが、その年齢の者に高価な不動産の売買契約をする意思能力を認めることはできない。このように、意思能力の有無は、当該取引の性質と問題となった法律行為時における当事者の判断能力の双方を具体的に吟味したうえで、相関的に判断される。この意味で、行為能力の有無が定型的に判断されるのとは好対照をなしている[75]。

　このように、［新］8条1項に明記されたとおり、意思能力は、求められる判断能力の水準の程度は基本的には被後見人と同一ながら、あくまで個別具体的に判断されるべきものなのである。

(2)　規定の順序

　本民法改正案は、「権利能力—意思能力—行為能力（未成年、後見、保佐、補助）—意思表示の受領能力」の順に規定した。このように規定したのは、自然人の「能力制度」を——不法行為の「責任能力」を別にして——統一的に把握するためである。

　また、上記の理由に加えて、「意思能力」制度と「行為能力」制度は、ともに判断能力に問題がある者を保護するという要請を、非定型的あるいは定型的に規定するものなので、両者を条文にも関連づけるべきであると考えたからである。

　なお、前段の2つの法制度を連続的に規定するという点では、研究会内でも実

　　識能力を基礎とする意思能力の定義規定がおかれることとなった。
75　加藤・注11）引用『新民法大系Ⅰ』76頁。

284

第 2 章　権利の主体

務家の研究会でも意見は一致しており、異論はなかった。しかし、その 2 つの順序をいかにすべきかについては、議論が二転三転したので、それを【議論の経緯】として注に紹介することとする[76]。

76　【意思能力と行為能力の規定の順序にかんする議論の経緯】
　（ⅰ）当初提案
　　この問題にかんしては、本民法改正案にいたるまで、研究会内での議論には紆余曲折があった。
　　まず、当初提案では、意思能力にかんする規定は、行為能力のあとにおかれていた。判断能力が不十分な者を保護するための規定としては、まず、非定型的な「意思能力」制度を一般的においたうえで、次に審判等によって意思能力の欠如判断能力が不十分な者の保護を定型化する「行為能力」制度の順に規定するのが自然である。しかし、制限行為能力「者」は定型化できるので、「人」の標題のもとに規定することに馴染みやすいが、「意思能力」は事案ごとに個別に判断される能力の状態なので、保護対象とされる「者」ないし「人」を定型化ができない以上、「人」の節には馴染みにくい。そこで、意思能力の規定は、行為能力の規定の末尾に、補充規定としておくべきであるとされた。このような事務局の提案が受け入れられ、2008 年 10 月の日本私法学会直前まで、この順で規定されていた。

　（ⅱ）私法学会提出案から本民法改正案にいたるまで
　　私法学会直前に、「意思能力の規定を、行為能力の前におき、『意思能力－行為能力』という関係を明示する」という方針転換がなされ（於 2009 年 8 月 2 日事務局会議）、それが民法改正研究会において承認された。これは、（ⅰ）に述べた「自然」な順に規定することとしたためである。
　　この私法学会提出案の順序は、その後も維持され、法曹提示案、国民有志案もこの順序を踏襲した。そして、本民法改正案も、これを承継している。

　（ⅲ）種々の考え方
　　しかし、「意思能力－行為能力」という順序が必ずしも研究会全員に受け入れられたわけではなかった。
　　私法学会提出案の後にも、磯村保は、「本改正案では、権利能力に引き続いて、まず意思能力に関する規定がおかれているが、『人』の能力というより、法律行為をなしうる最低限度の判断能力という観点からすると、順序としては、むしろ行為能力の制限に関する規定を定め、その後で、意志表示の受領能力の前に意思能力を規定するという方が規定の順序としてより自然ではないか」と主張していた。
　　また、事務局は、試行錯誤的にいくつかの試案を議論の場に提出している。
　　まず、意思能力制度と行為能力制度の連続性の基礎が判断能力の不十分さにあるとすると、それを非定型的にとらえる意思能力制度と定型的にとらえる後見・保佐・補助（以下、これを「審判保護制度」という）とが連続的に規定されるのは自然であるとしても、その間に、保護の基準を年齢とする「未成年」が間に規定されることで、両者が分断されるのは不自然なのではないかとの疑問があった。
　　これを回避するためには、「権利能力－意思能力－制限行為能力（審判保護制度〔後見、保佐、補助〕、未成年）－意思表示の受領能力」の順に規定する考え方がありうる。
　　ただ、この試案には、次のような問題があった。制限行為能力のうち、未成年は、あらゆる国民がいったんは関係する一般的な法制度であるのに対し、「審判保護制度」は、審判を

285

第一編　総則

3　意思能力の欠如の効果——「無効」から「取消し」へ

　意思能力の欠如の法律効果は、伝統的に「無効」とされてきた。ただ、この「無効」主張は、意思能力を欠如していた者はできても、法律行為の相手方はできないと考えられてきた。そして、この種の主張権者が限定される無効は、「取消的無効」と呼ばれてきた。そこで、本民法改正案では、意思能力の欠如の法律効果を端的に「取消し」とし、概念の純化をはかることとした（なお、錯誤「無効」についても、「取消し」とすることにつき、本書418頁以下参照）。この点についても、種々の議論がなされたが、詳細は注に譲る[77]。

　　へてはじめてその制度の適用が問題となる一般性をもたない制度である。この点を考えると、前段に述べた順序は適当とはいえない。意思能力を欠如した状態は、出生直後にすべての人間が経験し、成年年齢に達しない未成年の状況もすべての人間が経験するものなので、これらが先に規定されるほうが自然である。
　　この問題提起を押しすすめると、「権利能力－制限行為能力と意思能力（未成年、意思能力、後見、保佐、補助）－意思表示の受領能力」とする考え方がでてくる。ただ、このようにすると、定型的な制度である制限行為能力である「未成年」と「審判保護制度」との間に、個別具体的な法律行為ごとに判断される「意思能力制度」が規定され、定型的に制限が加えられる行為能力制度と意思能力制度との差異が不明確になるという問題がある。
　　このような試行錯誤の結果、最終的には、行為能力の最初に未成年を規定する民法の構成を維持したうえで、その前に意思能力制度を規定することとしたものである。

77　【意思能力の欠如の効果にかんする議論の経緯——無効か、取消しか】
　　（ⅰ）当初の無効構成
　　　意思能力の欠如の効果を、無効とすべきか、取消しとすべきかについては、議論が混乱を極めた。民法改正研究会、市民法研究会、企業法務研究会の3つの研究会の間で、しばしば見解が分かれたのみならず、同一の研究会内部においても議論が二転三転したのである。
　　　磯村保の当初提案は無効論であったが、それと同時に取消論も提示されており、取消的無効という概念を廃棄ないし極少化する方向も目指されていた（於2006年11月23日総則分科会）。その点をめぐる民法改正研究会の当初の議論では、前者の無効論が有力であったが、日本私法学会直前の条文案整備のための事務局会議の段階で、一部は後に紹介するいくつかの修正案とともに、次の点も提案された。
　　　「法的効果を『無効』ではなく、『取消し』とすることにより、『取消的無効』という講学上の概念を可能なかぎり廃棄ないし極少化したい（なお、これは、すでに『錯誤』の効果が『取消し』とされていたことと平仄を合わせたものである）。」
　　　これが、日本私法学会後の全体会議で承認され、法曹提示案では、意思能力の欠如の効果は、取消しとされた。

　　（ⅱ）取消構成に対する反対論
　　　このように、民法改正研究会は、意思能力の欠如の効果を「取消し」としたのに対し、その後の市民法研究会で、弁護士の高須順一から、実務の観点を考えると、効果を「無効」とすることが望ましいとの提案がなされた（於2009年2月5日市民法研究会）。その理由は、取消権の行使が困難になる場合がある、ということであった。たとえば、意思能力を欠如し

第 2 章　権利の主体

た者が子どものひとりに贈与し、そのまま死去したような場合に、取り消しうる地位の相続を認めるとしても、共同相続であれば、単独では取り消せない可能性が生ずる等の問題である（管理行為としても過半数が必要となる）。

また、同日の研究会では、弁護士の市川充と杉山真一からも、次のような「無効」論が主張された。前段の例はかなり特殊な事案であるとしても、取消権構成では、後見開始の審判を受けておらず、成年被後見人となっていない者が、意思能力を通常欠く状況にあった場合、配偶者等の近親者が取消権を行使することは法的にできないことになる。これに対し、意思能力の欠如の効果を無効とすれば、近親者等が、意思能力を欠く者がした法律行為の相手方に対し、その法律行為が無効であることを主張し、交渉をする等の可能性がでてくる。法的には、近親者等にこのような介入が許されるか否か、という問題があるにしても、事実上の問題としては、法律行為の相手方が悪徳業者であるような場合に意味は大きいのではないか（ここでの【議論の経緯】を離れることになるが、これらの議論の後に公表された論稿のなかにも、「取消構成については、実務家の感覚としては違和感を否定できない」との意見表明があり〔『大阪弁護士会第 2 次意見書（上）』715 頁〕）、これ以外でも、無効論が強いことを付言しておきたい（『東京弁護士会意見書』282 頁、『東弁法友全期会提言』18 頁、『福岡弁護士会提案』398 頁）。

以上のような議論の結果、意思能力の欠如と錯誤の効果を「取消し」とすることは、「取消的無効」という概念が機能する範囲を極少化する、という理論的なメリットはあっても、意思能力を欠如した者の近親者等が、事実上、その者を保護するための活動のしやすさを阻害する、との実務的なデメリットが大きい、との意見が市民法研究会の大勢であった。

(ⅲ) 再度、取消構成へ

ところが、後日、同じく市民法研究会において、弁護士の杉山真一、岩田拓朗らから、意思能力の欠如の効果を相対的無効としてその主張権者が限定されるとした場合に、民法 125 条の法定追認の規定の適用を考えないでよいのかという問題が提起された（於 2009 年 7 月 21 日市民法研究会）。議論の結果、民法 125 条の法定追認や、126 条の取消権の期間の制限の適用を、意思能力の欠如の場合にも考えざるをえない、との結論に達した。その結果、意思能力の欠如および錯誤の効果は、最終的に取り消しうる法律行為として構成せざるをえないのではないかとの結論に、同研究会でも意見の一致をみるにいたった。

以上のようにして、最終的には複数の研究会の結論が一致し、それが国民有志案に受け継がれ、本民法改正案に結実することになった。

なお、学界の議論として、意思能力の欠如の問題を無効と解すべきか、また、その法的性格が取消しと酷似していることをいかに考えるべきかについては、須永醇『意思能力と行為能力』（日本評論社、平成 22 年）82 頁以下（初出は、同「権利能力、意思能力、行為能力」星野英一編集代表・民法講座 第 1 巻 民法総則〔有斐閣、昭和 59 年〕125 頁以下）参照。なお、同書 221 頁以下は、制限行為能力制度が機能する以上、「意思無能力」理由とする無効は認められないとして、この場合における取消と無効の二重効を否定する。

第一編　総則

[Ⅰ] 条文案

（意思能力の欠如）
第八条　事理を弁識する能力（以下「意思能力」という。）を欠く状態の下で意思表示をした者は、意思能力を回復した後は、その意思表示に基づく法律行為（意思表示を含む。以下この款及び次款において同じ。）を取り消すことができる。
2　前項に規定する法律行為については、意思表示をした者（以下「表意者」という。）に法定代理人があるとき（その意思表示をした後に法定代理人が付された場合を含む。次項及び次条第二項において同じ。）は、当該法定代理人も、取り消すことができる。
3　表意者及びその法定代理人は、表意者が故意又は重大な過失により意思能力を欠いていたときは、その意思表示に基づく法律行為を取り消すことができない。ただし、法律行為の相手方が、表意者が意思能力を欠いていたことを知り、又は重大な過失によって知らなかったときは、この限りでない。
4　前項ただし書の場合においては、第一項又は第二項の規定による取消しをもって善意の第三者に対抗することができない。

本条1項：新設
　　2項：新設
　　3項本文：新設
　　　　ただし書：新設
　　4項：新設

（意思能力を欠く者の相手方等の催告権）
第九条　前条の規定により取り消すことができる法律行為の相手方又はその取消しに対抗することができる第三者は、表意者が意思能力を回復したときは、当該表意者に対し、相当の期間を定めて、その期間内に取り消すことができる法律行為を追認するかどうかを確答すべき旨の催告をすることができる。ただし、意思能力を欠いていた表意者が、その法律行為の内容を了知していないときは、この限りでない。
2　意思能力を欠く状態の下で意思表示をした者に法定代理人があるときは、その相手方は、法定代理人に対し、一か月以上の期間を定めて、その期間

内に取り消すことができる法律行為を追認するかどうかを確答すべき旨の
　　催告をすることができる。
　3　前二項の場合において、催告を受けた者がその期間内に確答を発しない
　　ときは、その法律行為を追認したものとみなす。

本条1項本文：新設
　　　　ただし書：新設
　　2項：新設
　　3項：新設

［Ⅱ］ 改正理由

1　取消権者

　［新］8条は、【前注】に述べたように、意思能力欠如の効果を、法律行為の無効ではなく、取消しとしている。そして、その1項で、意思能力を欠く状態で意思表示をした場合の法律行為の取消権者を、その意思表示をした者であると規定した。これは、本書551頁に詳述するように、本民法改正案においては、取消しの規定の箇所に取消権者を明記するという方針をとったことを反映しただけであり、当然の内容である。

　また、［新］8条2項も、この規定がなくても解釈によって同一の結論を導きうると考えられ、当然の規定であるといえるかもしれない。しかしながら、わかりやすさという観点と、次の［新］9条2項で法定代理人を相手とする催告を規定とする前提となることから、2項を規定することとした。

2　取消権者の限定と、「取消し」を対抗できる範囲
　　　――「原因において自由な行為」類似の考え方の導入

　民法改正研究会では、意思能力の欠如による取消しについても、刑法や不法行為法において問題となる「原因において自由な行為」の考え方を導入すべきであるとされた。そこで、［新］8条3項および4項で、「故意又は重大な過失により」意思能力を欠いた表意者は、善意の相手方や善意の第三者[78]に対し、意思能

---

[78]　［新］8条4項に規定した「第三者」は、同条3項ただし書の悪意または重過失の相手方と法律行為をした者、および、さらにその者と法律行為をした者等の、法律上の利害関係を有するにいたった者をいうのは当然である。ただ、これらのことは、［新］49条においても明言されていないので、ここでもとくに規定することなく、解釈に委ねることとした。

力の欠如による法律行為の取消しを主張できないものとした。「原因において自由な行為」によって意思能力を欠如した者の要保護性は強いものとはいえず、意思能力の欠如の状況にある者の本人保護と、その相手方および第三者の取引の安全の保護、すなわち、静的安全と動的安全のバランスを保つためである[79]。

3 「意思表示」の取消しと、「法律行為」の取消し

現行民法においては、「法律行為」の取消しと「意思表示」の取消しが必ずしも明確に書き分けられていない。たとえば、現行民法には意思能力についての規定はないが、制限行為能力についての規定は「法律行為の取消し」とされ、民法90条の公序良俗では「法律行為の無効」が規定され、民法93条の心裡留保以下では「意思表示の無効・取消し」が規定されている。

しかしながら、この種の意思表示がなされたときには、契約を例にとれば、相手方の意思表示との合致にいまだいたっていない段階、すなわち、法律行為となる以前にあっては「意思表示」の無効・取消しが問題となる一方、いったん法律行為が成立した以後には「法律行為」の無効・取消しが問題となる。つまり、両者をあわせて表現するならば、「意思表示又はそれに基づく法律行為の無効・取消し」が問題となるというのがもっとも正確である。そこで、［新］8条1項では「その意思表示に基づく法律行為（意思表示を含む。以下この款及び次款において同じ。）を取り消すことができる」と規定した[80]。

---

79 【「原因において自由な行為」の規定にかんする議論の経緯】
　［新］8条3項の、原因において自由な行為類似の考え方を取り入れた規定は、法曹提示案の段階までは、意思能力の欠如の状態で法律行為をした者の「重大な過失」のみを要件としていたが、弁護士の北澤正明からの提言により、「故意又は重大な過失」に改められた（於2009年1月26日企業法務研究会）。なお、［新］8条3項、4項の相手方と第三者の保護の要件は、「善意」であるが、この点につき、「善意・無重過失」とすべきではないかとの中舎寛樹教授の批判がある（於2009年3月30日民法改正フォーラム）。

80 【意思表示の取消しと法律行為の取消しにかんする議論の経緯】
　この「意思表示」の取消しと「法律行為」の取消しとを、条文上どのように表現するかは、立法技術的に困難な問題である。
　まず、すべての取消原因につき、意思表示の取消しと法律行為の取消しの双方が問題となるわけではない。たとえば、通謀虚偽表示については、「法律行為の無効」は問題となるが、「意思表意の無効」はまず問題とならないであろう（単独行為についても、解除等を念頭におけばわかるように、相手方のいる単独行為については通謀虚偽表示による無効が問題となるが、これは、意思表示がそのまま法律行為となるので、「法律行為の無効」と考えてよい）。また、別の例として、強行規定違反による無効、あるいは公序良俗違反による無効も、単に契約の申込み等の意思表示がなされた段階では法律効果が発生しないので、意思表示の無効を考える必要はとくになく、相手方の承諾の意思表示があった段階で「法律行為の無効」を

第 2 章　権利の主体

4　意思能力の欠如した者の相手方の催告権等

（1）　催告権

　制限行為能力者につき、[新] 23 条が相手方に催告権を与えていることと類似の保護が、意思能力の欠如を理由とした取消権についても必要となる。そこで、[新] 9 条にそれを規定した[81]。ただし、相手方が催告をなしうる場合を考えると、①意思能力を欠如していた者がその意思能力を回復し、かつ、かつての法律行為の内容を了知したとき以降におこなう場合か、②意思能力を欠如した者に法定代理人がついている場合の法定代理人に対してなす催告か、どちらかである[82]。

考えればじゅうぶんであろう。

　これに対し、取消事由の多くは、契約の申込み等をしたが、相手方の承諾の意思表示がなされる前の段階でも「取消し」をする必要があるとともに、相手方の承諾の意思表示がなされ、法律行為が成立した段階でもその法律行為の「取消し」を認める必要がある。

　以上のように考えると、どちらかに統一してしまうことはできず、取消事由ごとに個別に考察する必要がある。

　この点を意識して、事務局案としては、本条前段の文言を「事理を弁識する能力（意思能力をいう。以下同じ。）を欠く状態の下で意思表示をした者は、その意思表示又はそれに基づく法律行為（次項、N 条、N 条、N 条において「法律行為等」という。）を取り消すことができる」とする条文案を用意し、「法律行為」と「法律行為等」をそれぞれの条文ごとに書き分けることによって、この問題に対処する方式をいったん考えた（意思能力の欠如・経過案・2011 年 12 月 17 日事務局案）。

　民法改正研究会では、一度は、この案が承認されたが、この「法律行為」と「法律行為等」を書き分ける表現が、読み手にわかりにくいのではないかという問題提起が川﨑政司からなされた。この問題提起の結果、その当日の研究会では、上記の文言の書き分けを避け、「これに基づく法律行為（当該意思表示を含む。次項、N 条、N 条、N 条及び N 条において同じ。）を取り消すことができる」という文言に変更された（於 2011 年 12 月 18 日全体会議）。

　ただ、この研究会の後、事務局が具体的に上記 N 条に該当するものを列挙してみると、それはきわめて長大・煩瑣なものになることが判明した。そこで、前段に述べた全体会議で川﨑政司が主張した個別条文ごとに具体的に規定する方式に、条文確定の最終段階で方針転換し（2012 年 10 月 18 日持回り全体会議）、冒頭に紹介した条文案としたのである。

81　意思能力の欠如について、取消構成をとった場合にも、相手方の催告権や法定追認を認めるべきではない、と考える立場もある（村田彰「心裡留保」円谷峻編著（民法改正を考える研究会）・民法改正案の検討 第 2 巻（成文堂、平成 25 年）271 頁）。

82　【催告権にかんする議論の経緯】

　民法改正研究会では、下記のように、意思能力を欠如した者がした法律行為一般については催告権を認めず、原因において自由な行為によって意思能力を欠如した者がした法律行為についてのみ相手方に催告権を認める案が提示されたが、最終的にはそれは承認されなかった（於 2011 年 2 月 26 日全体会議）。

（意思能力を欠く者の相手方の催告権・経過案・2011 年 2 月 26 日事務局案）

第一編　総則

　この催告権の効果として、催告を受けた者が「その期間内に確答を発しないとき」に、追認したものとみなされる。これは、[新]23条2項の制限行為能力者に対する催告権と同様、「発しない」という文言を用いることにより、発信主義をとることを明示している。他方、[新]65条1項の無権代理人の相手方の本人に対する催告権が到達主義をとり、「本人がその期間内に確答をしないとき」としているのと対照されたい。

　　N条①：前条第二項ただし書の悪意の相手方及び同条第三項ただし書の悪意の第三者は、表意者が意思能力を回復したときは、表意者に対し、相当な期間を定めて、その期間内に、取り消すことができる法律行為を追認するかどうかを確答すべき旨の催告をすることができる。ただし、意思能力を欠いていた者が、その法律行為の内容を了知していないときは、このかぎりでない。
　　　②：意思能力を欠く状態にある間に意思表示をした者に法定代理人が付されているとき又は後に付されたときは、その相手方は、法定代理人に対し、一か月以上の期間を定めて、その期間内に取り消すことができる法律行為を追認するかどうかを確答すべき旨の催告をすることができる。
　　　③：前二項の場合において、催告を受けた者が、その期間内に確答を発しないときは、その法律行為を追認したものとみなす。

　このように、催告権の付与を限定しようとした理由は、以下の点にあった。
　意思能力の欠如の状況のもとに意思表示をした者につき、制限行為能力者と同様に考えるのであれば、その者に対しても相手方は催告権を有することになるであろう。
　ただ、この考え方を反映した規定——「意思能力を欠く状態の下で意思表示をした者が、意思能力を確定的に回復したときは、その意思表示の相手方は、表意者に対し、1か月以上の期間を定めて、その期間内にその取り消すことができる法律行為を追認するかどうかを確答すべき旨の催告をすることができる。」——をおくと、意思能力を欠如した者の保護が不十分になるのではないか、という問題がある。たとえば、意思能力を欠如した者が、その能力を回復していない状況のもとで、相手方が催告をしても、別段、追認の効果が生じるわけではない。しかしながら、上記のような規定がおかれると、相手方が催告しやすくなり、意思能力を欠如した者がそのような催告に対して——「確答する」のではなく——履行をしてしまう可能性も低くはないと思われる。履行をしてしまったような場合、意思能力を欠如している者は、自ら取消権を行使したうえで、既履行給付についての原状回復をすることが必要となる。
　このように考えると、さきに紹介したような規定をおくことは、意思能力の欠如の状況にある者の保護を損なう可能性があると思われる。そこで、催告権の相手方を、このような自らの立場を損なう行為をする可能性が少ない①意思能力を欠如した者に法定代理人がついている場合の法定代理人、②原因において自由な行為によって意思能力を失い、——悪意または重過失の相手方に対して——取消権を有するにいたったが、その後に意思能力を回復した者に限定する提案がなされたのである。
　しかし、民法典に規定するか否かにかかわらず、相手方が催告をする可能性はあるので、あまり変わりはないとの理由で、上記の提案は受け入れられなかった。

（2） 追認と法定追認

なお、意思能力を欠く者の保護について取消構成を採用したため、意思能力を欠く者につき、取消しに付随する追認権や法定追認の問題も生じることになる。詳細は、［新］77条にもとづく追認権、［新］78条にもとづく取消権の消滅事由（現行民法の法定追認）を参照されたい[83]。

第3款　行為能力

【前注】

1　行為能力の体系的位置

本民法改正案は、現行民法の「行為能力」の標題を承継したが[84]、その基本的な考え方は現行民法と異なっている側面がある。現行民法が、「行為能力」を、「人」の箇所に「権利能力」と並んで規定したのは、かつての「行為無能力」制度が判断能力を欠いた者を保護するための制度ではなく、生産単位としての家、あるいは夫婦の一体性を夫権優位のもとに維持することを目的としていた制度の残滓にすぎない[85]。しかし、行為能力の問題は、現代においては、法律行為の取消し等、制限行為能力者保護の問題として考えられている。

そこで、保護としての、制限行為能力の効果を「法律行為の取消し」に限定するのであれば、ドイツ民法と同じように、法律行為のなかの無効・取消原因の一環として規定することも考えられなくもなかった[86]。しかし、本民法改正案では、次に述べるように、制限行為能力の効果として、取消しと代理の二本立てを規定する途を選択したので、行為能力の問題も「第一節　人」に規定することにした。

2　行為能力制度の体系化

（1）　「成年後見」概念の廃棄

① 「成年後見制度」から「審判保護制度」へ

従来、「成年後見」の用語は二様に用いられていた。すなわち、「成年後見」は、

83　注77）（ⅲ）で紹介した議論にさいし、意思能力を欠く者については、［新］8条1項、2項の2つの場合に限定したうえで、追認と法定追認を認めるべきではないかとの提案があったことを付言しておきたい。
84　この標題に落ち着いた経緯については、本書258頁注35）参照。
85　加藤・注11）引用『新民法大系Ⅰ』95頁以下参照。
86　川島・注25）引用『民法総則』171頁以下等、わが国の教科書・体系書でもこのような構成を採用するものもある。

「成年後見・保佐・補助」の一類型をさす概念であると同時に、「成年後見制度」はこの三類型を総称する概念でもあった。結果として、「成年後見」は広狭二様の意味をもつこととなり、用語法に不透明感が存在した。

そこで、本民法改正案では、3類型の総称としては、「審判保護制度」の名称を用いることによって、概念の整理をはかることとした[87]。この用語は、法典のうえでは、第3款第5目の標題である「審判保護制度相互の関係」にあらわれている。

② 「成年後見」から「後見」へ

現行民法は、7条で「後見開始の審判」について規定し、その審判を受けた者が8条で「成年被後見人」とされる。他方、未成年者に親権を行う者がいないときは、後見が開始されるが、その後見人は、「未成年後見人」と呼ばれている（民法838条1号、839条以下）。

そのうえで、現行民法においては、事理弁識能力を欠く「常況」にある未成年者についても、「成年」後見開始の審判がなされるものと一般的に解されている。したがって、いささかおかしな呼び方ではあるが、未成年者に対して成年被後見人が付されるというケースとしては、次の2点があげられる。第1に、「成年」被後見人は、後見人の同意のもとに自ら行為をすることができない、という意味で、未成年者以上の保護を受けることができる。第2に、まもなく成年に達する未成年者については、親権者の保護を受けることができなくなるので、あらかじめ、「成年」後見開始の審判を受ける必要がある。

しかしながら、未成年者についてのこの審判が、「成年」後見開始の審判と呼ばれるのは、さきにも指摘したとおり、形容矛盾の観もある。そこで、本民法改正案では、第2目を単に「後見」とし、未成年者が後見に付された場合を「未成年後見」と呼ぶこととし、未成年者についての「成年後見開始」という状況を回避することとした[88]。

---

[87] 【「成年後見制度」から「審判保護制度」への名称変更にかんする議論の経違】
　次注に紹介するように、本民法改正案のもとでは「成年後見」という用語が廃棄されることになったが、その議論が行われたさいに、「後見・保佐・補助」の三つの制度の総称を従来の「成年後見制度」から「審判保護制度」に改めることが事務局から提案され、それが承認された（於2011年2月26日全体会議）。

[88] 【「成年後見」の名称変更にかんする議論の経緯】
　20歳未満の者が後見の審判を受けると、「成年被後見人」になる、という現行民法8条の用語法が形容矛盾であるという指摘はこれまでもあった（前掲注46）引用『新版注釈民法（1）』285頁〔鈴木禄弥執筆部分〕）。この点を是正し、立法的手当をする必要があるとの指摘が、弁護士の牧野友香子からなされた（於2009年2月16日市民法研究会）。その後、磯

（2） 制度の一覧性の確保

　現行民法の「行為能力」の節は、「未成年・（成年）後見・保佐・補助・審判相互の関係・制限行為能力者の相手方の保護」が連続的な条文群として規定されているので、一見して内容がわかるようにはなっていない。

　そこで、本民法改正案では、それぞれを「第N目」として規定し、制度全体の透視性を高めることとした。具体的には、本民法改正案では、「第三款　行為能力」を「第一目　未成年」、「第二目　後見」、「第三目　保佐」、「第四目　補助」に分け、後見・保佐・補助の関係について規定する「第五目　審判保護制度相互の関係」を設けた後、「第六目　制限行為能力者の相手方の保護」を規定している。

3　要件・効果の一体的規定

（1）　基本的な考え方

　法律においては、一般に要件と効果が1か条に規定されるのが通常であり、それがわかりやすい法文の前提条件でもある。しかしながら、現行民法の「第二節　行為能力」においては、この当然の規定の作法が守られていない。

　一例をあげて説明すれば、現行民法の未成年についての規定は、決して理解しやすいものとはいえないと思われる。「行為能力」の節の冒頭規定の4条には「成年」の定義が独立した単独条文としておかれており、「未成年者」概念はその反対解釈として導かれることが暗々裏の前提とされる。そのうえで、次の5条1項で、未成年者の行為に「法定代理人の同意」を要するという内容のみが規定されている。さらに同条2項では、「前項の規定に反する法律行為は、取り消すことができる」と規定され、ここにいたってようやく未成年者が単独でおこなった法律行為の効果が取消しであるというルールの全体像が明らかになる。要するに、4条が定義、5条1項が要件、同条2項が法律効果というように分断された規定のしかたは、わかりやすいとはいえないであろう。そこで、本民法改正案においては、要件と、効果としての同意権・代理権の付与および取消権の付与を1か条に規定することとした。

　また、審判保護制度についての現行民法の規定についても、同じことがいえる。未成年者の場合と同様、成年後見の要件が7条に、成年後見人付与が8条に、こ

村保より、特別養子・普通養子にならって、未成年後見・普通後見と考えればよいのではないか、という提案があり、研究会での議論の結果、第2目を単に「後見」と題することとした。

れらについての法律効果が9条にそれぞれ規定されている。保佐については、要件が11条に、保佐人付与が12条に、同意を要する行為が13条1項に、法律効果が13条4項に規定されている。補助についても、規定のしかたは大同小異である。このような、要件・効果の一体性を無視した現行民法の「行為能力」の規定とは異なり、本民法改正案では、すべて要件・効果を同一条文内に統一的に規定することとした。

（2）「後見・保佐・補助」の統一的条文構成

現行民法の成年後見制度の規定は、制度の体系的構成が透明性を欠き、文言もわかりにくい。そこで、本民法改正案は、制度の簡明化のために、後見・保佐・補助の3制度をつうじて、本書259頁にすでに述べたように、「○○開始の審判」、「被○○人の法律行為」、「○○終了の審判」の枠組のもとに、条文化することとした[89]。これを一覧できるようにしたものが、【表2】である。

---

89 【審判保護制度についての議論の経緯】
　民法改正研究会では、当初、審判保護制度については現行民法を基本的に維持しつつ、未成年者制度との法制度の均衡をはかるための微修正にとどめたほうがよいのではないかと考えられていた。なぜなら、成年後見制度等については、近時改正がなされたばかりであったからである。
　そこで、後見をめぐる事務局の当初提案は、後見人の取消権と代理権を効果として並置する以外は、基本的に現行民法の枠組を踏襲するものであった（於2006年11月23日全体会議）。しかしながら、私法学会提出案の整備の段階における事務局会議において、詳細な検討をした結果、現行民法の条文がわかりにくく、体系性を欠いているとの結論にいたった。そこで、かなり大幅な改正が試みられ、それぞれの制度ごとに【表2】に示した3か条構成が提案された。この提案が民法改正研究会に受け入れられ、その後、私法学会提出案から本民法改正案にいたるまで、基本的に維持されている。
　なお、この審判保護制度と任意後見制度との関係について一言しておこう。任意後見契約が登記されている場合には、後見、保佐、補助等の審判保護制度開始の審判は原則としてなされず、例外として、本人の利益のために特に必要があると認められる場合にかぎり、後見開始の審判等がなされる（任意後見契約法10条1項）。事務局会議においては、レファレンス規定の意味も兼ねて、この現在の任意後見契約法10条1項の内容を民法に規定することも検討された。しかし、法定後見の申立件数と較べて、任意後見契約締結の登記件数が少なく――制度が発足した平成12年4月から22年12月までの10年余の間の登記総数が49696件と5万件にも達していない（日本成年後見法学会制度改正研究委員会『任意後見制度の改善・改正の提言』〔平成24年〕1頁）――、現段階での社会的な重要性が比較的小さいので、条文案作成は見送ることとした（於2012年12月26日事務局会議）。

第 2 章　権利の主体

【表 2　審判保護制度の体系】

第 2 目　後見	［新］第 13 条	後見開始の審判
	［新］第 14 条	被後見人の法律行為等
	［新］第 15 条	後見終了の審判
第 3 目　保佐	［新］第 16 条	保佐開始の審判
	［新］第 17 条	被保佐人の法律行為等
	［新］第 18 条	保佐終了の審判等
第 4 目　補助	［新］第 19 条	補助開始の審判等
	［新］第 20 条	被補助人の法律行為等
	［新］第 21 条	補助終了の審判等

4　「同意権」と「代理権」との並置

　現行民法では、総則編に制限行為能力者の法律行為の取消権のみが規定されており、制限行為能力者の保護態様のもう一方の柱である「代理権」については、「第四編　親族」の規定に委ねられている。この点につき、本民法改正案では、制限行為能力者等につき、その親権者、後見人等の保護機関に、「同意権」と「代理権」とを与えることを総則編で示し、保護の体系の見通しをよくすることを試みた。ただ、制限行為能力者への法律効果の帰属に直接関係しない親権、後見、その他の具体的な規定は、依然として親族編におくこととした。
　なお、親権者その他の代理権についての規定を総則編のこの款に規定したことにともない、親族編の規定の改正が必要になることは当然である。未成年者を例にとれば、［新］10 条 4 項に代理権が規定されたことにともない、民法 824 条は、「親権を行う者は、子の財産を管理する。この管理に代理行為を伴うときは、［新］第十条（未成年者）第三項の規定するところによる。」と改められることになる。また、後見の［新］14 条 2 項が規定されたことにともない、民法 859 条 1 項は、「後見人は、被後見人の財産を管理する。この管理に代理行為を伴うときは、［新］第十四条（被後見人の法律行為等）二項の規定するところによる。」と改められ、同条 2 項は削除される。さらに、保佐の［新］17 条 5 項および補助の［新］19 条 3 項 2 号、［新］20 条 4 項に代理権が規定されるので、民法 876 条の 4、および 876 条の 9 は削除されることになろう[90]。

90　【同意権・代理権の並置にかんする議論の経緯】

第一編　総則

5　取消権者の明示

　民法では、取消権の発生は、4条以下の「行為能力」と96条の「詐欺又は強迫」の2か所に規定されているが、そこでは取消権者についての言及はなく、後の120条に取消権者が規定されている。このように、取消権の要件・効果とその行使権者とが別の箇所に分断して規定されているため、取消権にかんする法制度の透視性がきわめて悪いものとなっている。

　そこで、本民法改正案では、それぞれの取消権者を、意思能力の欠如（［新］8条1項、2項）、未成年（［新］10条3項）、成年被後見人（［新］14条1項）、被保佐人（［新］17条4項）、被補助人（［新］20条3項）の条文に明記するとともに、［新］76条（取消し）2項で全体像を確認的に示すこととした[91]。

　同意権と代理権を1つの条文に統合して規定すべきであるという提案は、岡孝によるものである（於2006年6月2日民法改正研究会準備会）。ただ、同意権と代理権を一体的に規定するとしても、両者の順序をどのようにすべきかという問題が残された。私法学会提出案から国民有志案にいたるまでの間は、さきに代理権を規定し、その後に同意権を規定する、という構成がとられていた。その理由は、未成年については、出生直後の代理しか考えられない状況からはじまること、成年後見等については代理権しか観念されないこと等にあった。

　この点をめぐって、まず、保佐について、保佐人の同意権が一般的に認められており、代理権は特殊な場合に認められる例外的な制度にすぎないので、さきに同意権を規定し、代理権を後に規定するほうが自然ではないかという意見が、弁護士の加戸茂樹から述べられた（於2009年2月16日市民法研究会）。また、その後も、「制限行為能力」である以上、最初に制限行為能力を規定するべきであるという意見が、磯村保と川﨑政司から出され（於2011年2月26日全体会議）、「同意権」、「代理権」の順で規定する最終案がまとまった。

　上記のような同意権と代理権とを一体的に規定する考え方に対し、法定代理人の代理権の根拠規定は親族編においたままとし、総則編ではレファレンス規定にとどめるべきであるとの意見が磯村保より表明された（於2011年2月6日全体会議）。これは、法定代理人の権利義務に関する規定が総則編と親族編に分断されることが適切でないという理由によるものであったが、最終的には本文に紹介したかたちで、親族編にレファレンス規定をおくことに落ち着いた。

　なお、大村敦志『市民社会と〈私〉と法Ⅰ』（有斐閣、平成20年）180頁も、未成年者についての代理権と同意権を「総則編」の1か条に規定することを提案している。

91　【取消権者の明示にかんする議論の経緯】
　取消権者を明示し、取消しをめぐる法規範の全体像を一覧的に示すべきことは、事務局案によるものであった（於2006年11月23日全体会議）。それが民法改正研究会で承認され、私法学会提出案となり、本民法改正案にいたっている。

6 審判の非裁量性の明示 ——「審判をすることができる」から、「審判をしなければならない」・「審判をするものとする」へ

現行民法は、後見開始の審判、保佐開始の審判、補助開始の審判のすべての条文に共通して「○○開始の審判をすることができる」と規定している（民法7条、11条、15条）。この文言は、家庭裁判所に対する権限付与を意味するものであろうが、「～できる」旨の規定は、「～してもしなくてもよい」と読むのが一般的な条文の読み方であるから、これらの条文からは、裁判所に裁量性を与えているニュアンスも読みとれるところである。しかしながら、実務上は、家庭裁判所に裁量権が与えられているとは解されていない。そこで、本民法改正案では、実務で採用されている解釈と運用実態にそくした文言 ——「しなければならない」ないし「するものとする」—— に改めることとした。

なお、現行民法では、3種の審判につきこのような同一の文言が用いられているにもかかわらず、法務省の立法担当者の解説は、制度によってニュアンスを異にしている。

まず、「後見」について述べると、現行民法7条は、後見開始の審判につき、請求があった場合には、「後見開始の審判をすることができる」と規定している。これは、成年後見制度を新設した平成11年改正民法以前の条文が、禁治産宣告につき、「宣告スルコトヲ得」と裁量的な文言を用いていたことを踏襲したものと思われる。

しかしながら、この制度の法務省の立法担当者の解説には、次のように記されている[92]。「法文上は『宣告スルコトヲ得』とされていますが、裁量性の有無について、判例・通説は、旧法の下における禁治産宣告について、心神喪失の常況にある以上、家庭裁判所は必ず禁治産宣告をしなければならないものと解しています（大判大11・8・4民集1巻10号488頁）」。また、平成11年改正以前の本条に対応する禁治産宣告をめぐる条文の解釈として、我妻説等の学説は、条文の裁量的な表現にかかわらず、「宣告は必然的」であると解していた[93]。

そこで、本民法改正案では、現行民法7条の「審判をすることができる」という裁量的な文言を「審判をしなければならない」という義務的な文言に改めた。

次に、「保佐」について述べると、この制度の立法担当者の解説は、後見につ

---

[92] 小林昭彦＝大門匡編著、岩井伸晃＝福本修也＝原司＝岡田伸太著『新成年後見制度の解説』（平成12年、きんざい）94頁。

[93] 我妻・注25）引用『民法講義Ⅰ 民法総則』78頁以下。

いては、前述したように義務的であると述べている一方、保佐については次のように述べている[94]。「法文上は『宣告スルコトヲ得』とされており、旧法の下では裁量性の有無について学説が分かれていましたが、東京高判平3・5・31（家月4巻69頁、判時1393号98頁）は、準禁治産宣告に関するかぎり、心神耗弱者であっても、本人保護の観点から必要かつ相当でないと認められる場合には、家庭裁判所はその裁量により準禁治産宣告をしないことができる旨判示しています（浪費者に関する同旨の審判例として、東京家審昭和43・12・6判タ240号313頁参照）。もっとも、これはきわめて例外的な事案に関する判断であり、通常は、本人の判断能力が著しく不十分な状況にあるものと認められる以上、成年後見制度によって保護を要するものとして、保佐開始の審判をすることになるものと思われます」。

　ここでは、審判が義務的であるとの立法担当者の意図はみえるものの、後見についてほど、強いニュアンスではない。これは、平成11年改正以前に、現在の保佐開始の審判に対応する準禁治産宣告につき、その当時の学説が、宣告するか否かを裁量的であるとしていたことを考慮し、裁量的・義務的な問題につき、立法担当者が断定的な叙述をすることを抑制したものではないかと思われる。

　ただ、学説がこのように考えた背景の一つは、当時の準禁治産制度は、「盲者・唖者・聾者」にも適用されており、精神能力において通常人に劣らないこれらの者について本人以外の者から申立てがあった場合、家庭裁判所が準禁治産宣告を義務付けられるのは不当である、ということにもあった[95]。しかし、現在は、「盲者・唖者・聾者」に、そのことのみを理由として成年後見制度の3つの制度のいずれかが適用されるという状況にはないので、この問題を考慮する必要はない。

　そこで、本民法改正案では、平成11年改正の立法担当者が保佐につき後見よりも弱いニュアンスでの義務づけを述べていることにのみ配慮して、「保佐開始の審判をするものとする」との表現を採用した。この「『するものとする』という文言は、『しなければならない』が義務づけを意味するのに対し、それよりも若干弱いニュアンスを表」す[96]とされているからである。

　なお、「補助」については、上記の立法担当者の解説においては、補助開始の審判が裁量的であるか、義務的であるか、何も述べられていない。また、現在の補助開始の審判は、本人の同意があることを前提としている。このような法状況

94　小林＝大門編著・前掲注92) 引用『新成年後見制度の解説』73頁。
95　我妻・注25) 引用『民法講義Ⅰ 民法総則』82頁。
96　川﨑政司『法律学の基礎技法』（法学書院、平成23年）152頁。

第 2 章　権利の主体

を前提とすれば、補助開始の客観的要件、本人の同意を含む手続的要件が充足されている場合にまで家庭裁判所が裁量的に補助開始の審判を認めない、ということは必ずしも適当ではないように思われる。われわれが当局にヒアリングをしたかぎりでは、家庭裁判所実務が、補助開始の審判が裁量的か義務的かについて、統一的な方針を打ち出しているわけではない、とのことである。

そこで、裁量性それ自体に焦点をあわせた統計ではないが、最高裁判所事務総局家庭局がだしている成年後見関係事件の終局区分別件数の統計に現れた実務の取扱いを参照して検討すると、次のような傾向がみうけられる。

【表 3　成年後見制度・終局区分別件数(注1)】

	後見開始	保佐開始	補助開始	全総数
総数	24,806 (100%)	3,400 (100%)	1,233 (100%)	29,439 (100%)
認容	23,119 (93.2%)	3,102 (91.2%)	1,135 (92.1%)	27,356 (92.9%)
却下	37 (0.1%)	17 (0.5%)	11 (0.9%)	65 (0.2%)
その他 (注2)	1,650 (6.7%)	281 (8.3%)	87 (7.1%)	2,018 (6.9%)

(注1)　平成 22 年 1 月から同年 12 月までに終局した件数である。
(注2)　その他には、取下げ、本人死亡等による当然終了、移送などを含む。

上記の【表 3】[97]によれば、平成 22 年で、後見・保佐・補助につき、それぞれの認容件数、却下件数、その他件数の割合をみると、3 種で大きな差異がみられるわけではない。いずれも 90% 以上が認容されており、審判開始の請求がなされた場合に、その大多数が認容されていることがわかる。ただ、却下件数については、後見、保佐、補助と微増しており、若干の差異があるが、この却下には、実体面・手続面で要件を充足していないという判断のものが当然含まれるうえに、却下件数の絶対数もきわめて少ない。したがって、補助についてだけ、家庭裁判所の裁量が一般に認められているという状況を読みとれるというには、ほど遠い

---

[97]【表 3】は、最高裁判所事務総局家庭局「成年後見関係事件の概況 —— 平成 22 年 1 月～12 月」3 頁の統計数字をもとに計算し、作成したものである（http://www.courts.go.jp/vcms_lf/20512011.pdf）。

数値のように思われる[98]。

　以上のような考慮のもとに、本民法改正案においては、補助についても ── 保佐の場合と同様 ── 「補助開始の審判をするものとする」との若干弱い義務的な表現を採用した。もちろん、補助については政策判断として家庭裁判所の裁量性を認めようとするのであれば、「補助開始の審判をすることができる」との文言を採用することになろうが、本民法改正案では、そのような方向性は採用しなかったのである。

7　ノーマライゼーションの拡張と差異化

　現行民法9条は、制限行為能力者が「日用品の購入その他日常生活に関する行為」についての行為能力は制限されない旨が規定されている。このような例外は、ノーマライゼーションを目的とする条項として導入されたものであり、被後見人、被保佐人、被補助人にも一律に規定されている。

　ただ、被後見人、被保佐人、被補助人の3類型では、判断能力の程度がかなり異なるので、このような一律の取扱いが適当か否かには疑問がある。本民法改正案では、この種の規定が適用される範囲を、その能力に応じて、被後見人と、被保佐人・被補助人とで区別し、未成年者についても、同趣旨の規定を設けることとした。詳細は、本書315頁、328頁以下、335頁以下に譲る。

8　用語法の整序

（1）「代表」から「代理」へ

　現行民法は、包括的な代理権につきしばしば「代表」という語を用いるが、本民法改正案では、「代表」は法人についてのみ用い、それ以外はすべて「代理」の語で統一することにした。

　一例をあげよう。現行民法824条および859条の規定は、保護機関が未成年者を「代表」する旨を規定しているが、通常、「代理」と読み替えられていることは、周知のとおりである。そこで、本民法改正案では、この「代表」の表現を端

---

[98]　ただ、【表3】の「その他」にかんする（注2）によると、「その他には、取下げ、本人死亡等による当然終了、移送などを含む」とされている。この点につき、家裁実務に精通した方々に伺ったところでは、実務的には、家庭裁判所の側で、これらの開始の審判を行うことが適当ではないと判断した場合に、当事者に「取下げ」を示唆することも行われている、とのことである。ヒアリングの対象数が限られているので、断定をすることはできないが、実務的には、この「取下げ」の示唆は、保佐、補助についてのほうが後見についてより行いやすい、とのことであった。

的に「代理」と改めることとし、現行民法824条等の内容に対応する［新］10条3項の文言として、「代理」を用いた（以下、逐一断ることはしないが、「後見」その他でも、「代表」の表現を「代理」に改めている）。

（2）「行為」の具体化 ── 「法律行為」「代理行為」「行為」の明示

現行民法は、「法律行為」と「行為」という用語をかなり無造作に用いている。

たとえば、現行民法の「第二章 人：第二節 行為能力」では、多くの箇所で「法律行為」の語を用いているが、単に、「行為」の語を用いている箇所も少なくない。条文にそくしていえば、未成年についての5条1項では、本文、ただし書ともに「法律行為」の語を用いる一方、成年後見についての9条は、本文では「法律行為」の語を、ただし書では「行為」の語を用いている。

そこで、「国民にわかりやすい民法典」をめざす本民法改正案では、概念の明確化をはかるために、これらの「行為」の文言を「法律行為」に改めた[99]。なお、このような変更は、この箇所にかぎるものではなく、一般的な方針として、「行為」は、その内容を具体的に示すために、基本的に「法律行為」、「代理行為」の語に置き換えることとしている。

ただ、例外もある。本書334頁以下に述べる被保佐人についての規定にみられるように、「行為」が「事実行為」をさす、あるいはそれをも含む場合には、「行為」の語を用いている（なお、以後、「行為」の内容が問題となる条文につき、とくに必要でないかぎりは、この点を逐一断ることはしない）。

（3）「取消し」の用語の限定的使用

現行法では「審判の取消し」ないし「審判等の取消し」という標題が、民法10条の後見、14条の保佐、18条の補助について用いられている。法律学の通常の用語法に従い、「取消し＝遡及的無効」であるとすれば、たとえば、後見「開始」の審判が取り消された場合、後見は「開始」しなかったことになるのであるから、過去の後見制度にもとづく行為もすべて遡及的に無に帰することになりそうである。しかしながら、現行民法のもとでも、実際には審判開始の遡及的消滅という構成が採用されているわけではない。

さらにいえば、このような「○○開始の審判の取消し」は、審判の「瑕疵」を理由になされるわけでもない。たとえば、病気等により、意思能力を通常欠くようになったため、後見開始の審判を受けたとしても、治療が効を奏して意思能力

---

[99] なお、この問題との関係で、若干、論じるべき点もあるが、それについては、「第三目 保佐」の【議論の経緯】（本書334頁注131））を参照されたい。

が回復することもある。このように後見制度の保護が不要になれば、「後見開始の審判」は取り消されるべきであるが、かといって、このケースでは「後見開始の審判」に瑕疵があることを理由に取消しがなされるという状況にはない。そして、意思能力を欠いており、保護が必要であった期間に実施された後見制度の展開が遡及的に取り消されるべきでないことは、明らかであろう。

このように考えてみると、民法10条の「後見開始の審判の取消し」という条文、また保佐や補助をめぐる同種の条文は、本来、瑕疵のない審判につき、遡及効をともなうはずの「取消し」の語を用いている点でミスリーディングである。実際、これらの「取消し」は、審判という手続きによって行われるものであり（家事事件手続法39条、別表1）、遡及効をともなう法律行為の「取消し」とは異なることは、学界で一致して承認されている。

また、ここでの審判の内容は、継続している後見を終了させる内容であるにもかかわらず、条文が後見等の「開始」の審判を取り消す、としている点もミスリーディングである。

そこで、本民法改正案では、後見「開始」の審判を「取り消す」ものではなく、一定期間後に、要保護状況の「終了」審判をするものである、という実体を反映させるために、「後見終了の審判」、「保佐終了の審判」、「補助終了の審判」等の表現に改めることとした[100]。

なお、以上に述べた、用語法の変更は、民法総則にとどまらず、その他の編における文言の修正をも要するものである。親族・相続編の条文から例を若干あげれば、民法836条は、平成23年改正以前は、「親権又は管理権の喪失の宣告の取消し」という標題であった。それが、同年の改正により、「親権喪失、親権停止又は管理権喪失の審判の取消し」とされ、審判性は明示されたが、依然として、「取消し」とされている。しかし、これは「親権喪失又は管理権喪失の終了の審判」と改められるべきである。

同様に、880条は、「扶養に関する協議又は審判の変更又は取消し」との標題であるが、これは「扶養協議の変更審判」あるいは「扶養協議の撤回審判」と改

---

[100]【「取消し」から「終了の審判」への変更にかんする議論の経緯】
　この変更は、2段階にわたっている。まず、松岡久和によって、後見等の開始の審判につき、法律行為の取消しとの混乱を招くような表現を改め、「取消しの審判」等、「審判」の語を付すことにより、法律行為の取消しとの差異化をはかるべきである、との提案がなされた（於2008年5月5日全体会議）。その後、本文に述べた、後見等の開始の審判の「取消し」ではなく、後見等の「終了」にすぎないので、前段に述べた「取消しの審判」を「終了の審判」と変更するべきである、と事務局が提案し、それが私法学会提出案となり、本民法改正案にいたっている。

めるべきである。さらに、894条は、「推定相続人の廃除の取消し」との標題であるが、これは「推定相続人廃除の撤回審判」と改められるべきであろう。

9　将来の課題——障害者権利条約を民法にいかに反映するか

　障害者権利条約が2014年から日本についても効力を発生するにいたった（同条約は、2006年に国連総会において採択、2008年発効。日本は、2007年に署名、2014年に批准書を寄託、同年効力が発生）。同条約5条は、「平等及び差別」との標題のもとに、1項で、法の前の平等などを規定し、2項で、障害にもとづくあらゆる差別を禁止している。そのうえで、12条2項は、「締約国は、障害者が生活のあらゆる側面において他の者との平等を基礎として法的能力を享有することを認める」旨を規定する（http://www.mofa.go.jp/mofaj/files/000018093.pdf）。また、国連障害者権利委員会は、その一般的意見第1号13において、この12条が、"精神的障害（"unsoundedness of mind"）"等の差別的なレッテルが代理（legal agency）等を正当化しないことを意味していると明言している（http://daccess-dds-ny.un.org/doc/UNDOC/GEN/G14/031/20/PDF/G1403120.pdf?OpenElement）。

　わが国について障害者権利条約が発効したのは、本書の内容が民法改正研究会で最終承認される直前であったため、同条約を本民法改正案にいかにとりこむべきかについては、研究会で議論されておらず、研究会の最終決定はなされていない。そこで、以下で、事務局の文責において、事務局の暫定見解を述べることとする。

　現行民法の成年後見制度も、本民法改正案の行為能力制度も、ともに成年後見人等の代理（意思決定代行）を認めている。障害者権利条約それ自体は代理制度の否定にまで踏み込んでいるわけではないので、現行民法や本民法改正案の提案する制度が同条約それ自体に違反しているとはいえないであろう。

　しかし、これらが、さきに紹介した一般意見第1号の見解と抵触していることは否定できない。ただ、他方で「持続的植物状態」にあり、意思表示を行うことが不能な者が存在していること、また、意思表示によるコミュニケーションをとれない者が存在していることも否定できない以上、一般意見第1号が説くように、この種の制度からの代理（意思決定代行）制度を全面的に排除すると、ある種の社会的混乱を起こすことも懸念される。

　上述したように障害者権利条約がわが国においても発効した以上、代理制度をどのように取り扱うか、再考してみることが必要なことは当然である。しかし、現実性をもつ改善策が代理制度の適用場面の極少化にとどまるように思われることから、むしろ後見制度の運用面での変更を考えることがもっとも現実的なのではないかと考え、代理制度を維持した本民法改正案の規定自体を変更することま

で考える必要はないように思われる。
　ただ、最終的な方向性の決定は、今後の民法改正研究会の議論にゆだねられることになる。

第1目　未成年

[Ⅰ]　条文案

　（未成年者）
第十条　年齢二十歳をもって、成年とする。
2　未成年者が法律行為をするには、その法定代理人（未成年者の親権者又は未成年後見人をいう。以下この目において同じ。）の同意を得なければならない。
3　未成年者又はその法定代理人は、未成年者が前項の同意を得ないでした法律行為を取り消すことができる。
4　法定代理人は、第四編（親族）の規定に従い、未成年者の法律行為について未成年者を代理する権限を有する。ただし、未成年者自らが決定すべきであると認められる性質の法律行為については、この限りでない。
5　法定代理人は、前項の規定による代理権の行使として、未成年者の行為を目的とする債務が生ずる法律行為をするときは、本人の同意を得なければならない。

本条1項：民法4条（成年）移動
　　2項：民法5条（未成年者の法律行為）1項本文移修
　　3項：民法5条（未成年者の法律行為）2項、120条（取消権者）1項移修
　　4項本文：民法824条（財産の管理及び代表）本文、859条（財産の管理及び代表）1項移修
　　　ただし書：新設
　　5項：民法824条（財産の管理及び代表）ただし書、859条（財産の管理及び代表）2項移修

　（単独でなし得る法律行為）
第十一条　前条第二項の規定にかかわらず、未成年者は、その法定代理人の同意を得ることなく、次に掲げる法律行為をすることができる。

　　　　　　　　　　第2章　権利の主体

　　一　単に権利を得、又は義務を免れる法律行為
　　二　法定代理人から処分を許された財産の範囲内（目的を定めて処分が許されたときは、その目的の範囲内に限る。）において行う法律行為
　　三　日常の生活必需品の購入その他日常生活上必要な法律行為
2　法定代理人から一種又は数種の営業を許された未成年者は、その営業に関しては、成年者と同一の行為能力（単独で確定的に有効な法律行為をする能力をいう。以下同じ。）を有する。この場合において、未成年者がその営業に堪えることができない事由があるときは、その法定代理人は、第八百二十三条（職業の許可）第二項及び第八百五十七条（未成年被後見人の身上の監護に関する権利義務）の規定に従い、その許可を撤回し、又はこれを制限することができる。

本条1項柱書：新設
　　　　　　1号：民法5条（未成年者の法律行為）1項ただし書移修
　　　　　　2号：民法5条（未成年者の法律行為）3項前段、後段移修
　　　　　　3号：新設
　　　2項前段：民法6条（未成年者の営業の許可）1項移修
　　　　後段：民法6条（未成年者の営業の許可）2項移修

（成年擬制）
第十二条　未成年者が婚姻をしたときは、その未成年者は成年者と同一の行為能力を有する。
2　前項の規定による成年擬制の効果は、離婚によって失われない。
3　家庭裁判所は、満十八歳に達した未成年者について、その法定代理人の請求に基づき、その未成年者が成年者と同等の行為能力を有し、かつ、法定代理人による財産管理の必要がないと認めるときは、成年擬制の宣告の審判（成年者と同一の行為能力を有することを認める審判をいう。以下この条において同じ。）をすることができる。この場合において、家庭裁判所は、成年擬制の宣告の審判をする前に、当該未成年者の意見を聴取しなければならない。
4　前項の場合において、未成年者に法定代理人がいないときは、当該未成年者は、三親等内の成年親族（第二十三条（制限行為能力者の相手方の催告権）第一項に規定する制限行為能力者を除く。）のうちいずれか一人の同意を得て、成年擬制の宣告の審判の請求をすることができる。

307

第一編　総則

> 5　家庭裁判所は、成年擬制の宣告の審判を受けた者について、行為能力の制限を受ける未成年者と同一の取扱いをする必要が顕著であると認めるときは、本人又は成年擬制の宣告の審判を請求した法定代理人の請求により、成年擬制の終了の審判をすることができる。

本条1項：民法753条（婚姻による成年擬制）移修
　　2項：新設
　　3項前段：新設
　　3項後段：新設
　　4項：新設
　　5項：新設

[Ⅱ] 改正理由

1　はじめに ── 基本方針

　近時、憲法改正をめぐる国民投票の投票権および公職選挙法上の選挙権年齢との関係で、成年年齢の引下げが問題とされている[101]。

　ただ、こうした社会情勢から離れていえば、未成年者をめぐる民法上の制度を考えるさいに、考慮すべき問題としては、次の2点がある。

　第1は、他者（親権者または未成年後見人）が、未成年者の法律行為について取

---

[101]　平成19(2007)年5月に公布された日本国憲法の改正手続に関する法律（いわゆる国民投票法）3条は、18歳以上の者に国民投票の投票権を付与するとともに、その附則3条が公職選挙法における選挙権付与の年齢、民法の成年年齢等についての検討を加える、と規定した。それを契機に、内閣に設置された「年齢条項の見直しに関する検討委員会」（各省の事務次官等が構成員）や法制審議会等で、民法の成年年齢についての検討が行われるようになった。その後、平成26(2014)年6月に成立したいわゆる国民投票法の改正により、憲法改正手続が確定した。

　また、平成27(2015)年5月に公職選挙法を改正する公職選挙法等の一部を改正する法律が成立し、選挙権年齢が現行の「20歳以上」から「18歳以上」に引き下げられた。その附則11条（法制上の措置）では、憲法改正についての国民投票の投票権および公職選挙法上の選挙権の「年齢が満十八年以上とされたことを踏まえ、……民法（明治二十九年法律第八十九号）、少年法その他の法令の規定について検討を加え、必要な法制上の措置を講ずるものとする」と規定された。なお、同年9月10日に、自民党の成年年齢に関する特命委員会は、民法の成年年齢を20歳から18歳に引き下げる提言案をまとめた（他方、同特命委員会は、議論が紛糾した「酒・たばこ」の年齢制限引き下げについては、結論を見送った）。民法の成年年齢の引下げが現実化してきた状況のもとでは、本書320頁以下の注121）および注122）に紹介した成年年齢18歳案の副案が有する意味も少なくないと思われる。

308

第 2 章　権利の主体

消権を行使することは、未成年者の自己決定権を制約するという側面がある。そこで、必要性が認められる範囲を超えて、未成年者の行為能力を制限するべきではない、ということが重要となる。

第 2 は、消費者被害は、若年者がターゲットにされることも少なくない。民法改正にともない、この種の被害が拡大してはならない、ということも重要である。

2　成年年齢

（1）　成年年齢 20 歳

現行民法では、4 条で成年年齢を 20 歳と規定している[102]。民法改正研究会においても、後に紹介するように、成年年齢をめぐっては、18 歳に引き下げる案も提案された。しかし、本民法改正案は、（2）②に紹介する現在のわが国の世論の状況と、（3）に紹介する若年層における消費者被害多発の現状とを考慮した結果、民法 4 条を承継し、成年年齢を 20 歳と規定した（［新］10 条 1 項）[103]。

---

[102] ただ、民法においても、年齢による行為制限は一様ではない。婚姻適齢（男 18 歳、女 16 歳〔731 条〕。ただし、親の同意が必要）、法定代理人の承諾なくして養子縁組をする能力（15 歳以上〔797 条〕。ただし、家庭裁判所の許可が必要）、特別養子の養親となれる年齢（25 歳以上〔817 条の 4〕）、遺言能力（15 歳以上〔961 条〕）等、20 歳以外が基準となっているものは少なくない。

　民法以外でも、労働基準法の最低労働年齢（基本は 15 歳以上〔56 条 1 項〕）、長時間労働の禁止の例外（18 歳未満〔60 条 1 項〕）、深夜労働の禁止（18 歳未満〔61 条〕）、児童福祉法の適用（18 歳未満〔4 条〕）、刑法上の責任年齢（14 歳以上〔41 条〕）、少年法の適用（20 歳未満〔2 条〕）等、年齢制限はさまざまである。もっとも、未成年者飲酒禁止法、未成年者喫煙禁止法のように、20 歳を基準としている法律もある（ともに 1 条）。

[103] 【20 歳案選択にいたる議論の経緯】

　民法改正研究会では、この点が社会問題になる以前から検討を開始したが、最初に事務局より、民法と同様、20 歳成年年齢案が提案された（於 2006 年 11 月 23 日全体会議）。

　しかし、その後事務局は、この当初提案とは別に、18 歳成年年齢案とともに、若年成年者撤回権の条文案をセットにした別案を提案した（より正確にいえば、この段階では、本書 322 頁の注 122）に紹介する年齢別保護体系も、副案として提案されている〔於 2007 年 8 月 5 日総則分科会〕）。

　その後、成年年齢 20 歳案が正案とされ、18 歳成年年齢案が副案とされ（於 2008 年 1 月 13 日総則分科会）、その正副両案が私法学会提出案、法曹提示案、国民有志案として公表された。なお、民法改正研究会以外の議論の経緯をみても、企業法務研究会では 18 歳成年年齢案の支持が多かったものの、市民法研究会においては 20 歳成年年齢案の支持者が多数を占めた。

　このような経緯をへて、本民法改正案では、［新］10 条において 20 歳成年年齢案が維持された。

（2） 成年年齢をめぐる世界と日本の状況
① 世界の状況

成年年齢をみると、以下の【表4】に示したように、18歳成年年齢国が圧倒的に多い[104]。ニュージーランド等、一部には、例外的に20歳成年年齢の国も存在するが、英独仏を含むほとんどの国、またアメリカのほとんどの州が18歳である（ただし、この点につき、徴兵年齢18歳が関係しているとの指摘もある[105][106]）。

② 日本の状況

このように諸外国では成年年齢の引下げが行われている。しかし、世論調査をみると、わが国では、成年年齢を引き下げることに反対する者が多い。新聞が実施した世論調査をみると、賛否が拮抗している調査結果は、1つのみである。具体的には、平成20年3月の毎日新聞の調査[107]は、引下げ賛成36％対反対60％、同年4月の読売新聞の調査[108]は、賛成36％対反対58％であり、唯一同年3月の日経新聞の調査[109]が、賛成43％対反対45％と拮抗した結果がでている。

さらに、平成20年7月に内閣府が実施した民法の成年年齢にかんする世論調査によれば、契約年齢を18歳に引き下げることについては、賛成19％対反対79％であり、親権に服する年齢を18歳に引き下げることについては、賛成27％対反対69％であった[110]。

これらの世論調査では、若年者の判断能力が十分であると考える者は賛否を問わず少数であり、引下げ反対派は、それを理由に反対し、賛成派は、大人の自覚を促す教育効果を重視している。

---

104 必ずしも成年年齢に着眼したものではないが、ヨーロッパにおける、行為能力をめぐる法状況の一般的な分析として、ハイン・ケッツ著＝潮見佳男・中田邦博・松岡久和訳『ヨーロッパ契約法I』（法律文化社、平成11年）191頁以下参照。
105 法制審議会民法成年齢部会第1回会議（平成20年3月11日）参考資料2（http://www.moj.go.jp/SHINGI2/080311-1.html）、同第2回会議（平成20年4月15日）配付資料9（http://www.moj.go.jp/SHINGI2/080415-1.html）参照。
106 徴兵制はともかく、OECDに加盟している34か国中、少し前までは日本と韓国のみが18歳の者に選挙権を与えていなかった。韓国は、数年前まで選挙権年齢も成年年齢も20歳であったが、2005年の公職選挙法改正、2011年に公布され2013年から施行された「成人年齢引下げ等に関する民法改正」により、双方とも19歳とされた。
　このような状況を考えると、日本が平成27(2015)年の公職選挙法の改正で選挙権年齢を18歳としたのは諸外国よりも遅い決断であったといえるであろう。
107 毎日新聞平成20年3月3日朝刊26頁。
108 読売新聞平成20年4月20日朝刊1頁、2頁。
109 日本経済新聞平成20年3月3日朝刊13頁。
110 この点については、内閣府の「民法の成年年齢に関する世論調査（平成20年7月調査）」http://www8.cao.go.jp/survey/h20/h20-minpou/index.html を参照されたい。

第2章　権利の主体

【表4　成年年齢の国際比較】

16歳成年年齢国	ネパール、ブータン（女性のみ16歳）
17歳成年年齢国	朝鮮民主主義人民共和国
18歳成年年齢国	アイスランド、アイルランド、アゼルバイジャン、アフガニスタン、アメリカ合衆国（※1）、アルバニア、アルメニア、アンゴラ、アンティグア・バーブーダ、アンドラ、イエメン、イギリス（※2）、イスラエル、イタリア、イラク、イラン、インド、ウガンダ、ウクライナ、ウズベキスタン、ウルグアイ、エクアドル、エストニア、エチオピア、エリトリア、エルサルバドル、オーストラリア、オーストリア、オマーン、オランダ、カーボヴェルデ、ガイアナ、カザフスタン、カタール、カナダ（※3）、カンボジア、ギニアビサウ、キプロス、キューバ、ギリシア、キルギス共和国、グアテマラ、グルジア、クロアチア、ケニア、コスタリカ、コモロ、コロンビア、コンゴ民主共和国、サウジアラビア、サントメ・プリンシペ、サンマリノ、ジブチ、ジャマイカ、シリア、ジンバブエ、スーダン、スイス、スウェーデン、スペイン、スリランカ、スロバキア、スロベニア、セーシェル、赤道ギニア、セネガル、セルビア、セントクリストファー・ネーヴィス、セントビンセント、グレナディーン、セントルシア、タジキスタン、タンザニア、チェコ、チャド、中央アフリカ、中華人民共和国、チリ、デンマーク、トーゴ、ドイツ、ドミニカ、ドミニカ共和国、トリニダード・トバゴ、トルクメニスタン、トルコ、トンガ、ノルウェー、ハイチ、パキスタン、パナマ、バハマ、パプアニューギニア、パラオ、バルバドス、パレスチナ、ハンガリー、バングラデシュ、ブータン（男性のみ18歳）、フィジー諸島、フィリピン、フィンランド、ブラジル、フランス、ブルガリア、ブルネイ、ベトナム、ベネズエラ、ベラルーシ、ベリーズ、ペルー、ベルギー、ポーランド、ボスニア・ヘルツェゴビナ、ボリビア、ポルトガル、香港、ホンジュラス、マーシャル諸島、マケドニア、マリ、マレーシア、ミクロネシア、ミャンマー、メキシコ、モーリシャス、モーリタニア、モルディブ、モルドバ、モンゴル、ヨルダン、ラオス、ラトビア、リトアニア、リビア、リヒテンシュタイン、リベリア、ルーマニア、ルクセンブルク、レバノン、ロシア
19歳成年年齢国	アルジェリア、大韓民国（※4）
20歳成年年齢国	タイ、台湾、チュニジア、日本、ニュージーランド（※5）、パラグアイ、モロッコ
21歳成年年齢国	アラブ首長国連邦、アルゼンチン、インドネシア、エジプト、ガーナ、ガボン、カメルーン、ギニア、クウェート、グレナダ、コートジボワール、サモア、ザンビア、シエラレオネ、シンガポール、スリナム、スワジランド、ソロモン諸島、ナイジェリア、ナウル、ナミビア、ニカラグア、ニジェール、バーレーン、東ティモール、ブルキナファソ、ブルンジ、ベナン、ボツワナ、マダガスカル、南アフリカ、モザンビーク、モナコ、ルワンダ、レソト

※1　アメリカの私法上の成年年齢は45州で18歳、2州で19歳、3州で21歳であり、18歳成年年齢が主流である。
※2　イギリスの私法上の成年年齢は、スコットランドは16歳、他は18歳であるが、叙述の便宜上、18歳成年年齢国に含めた。
※3　カナダの私法上の成年年齢は、6州で18歳、4州および3州で19歳であり、18歳成年年齢と19歳成年年齢とが拮抗しているが、叙述の便宜上、18歳成年年齢国に含めた。
※4　韓国では、2011年の民法改正前は成年年齢は20歳であった。
※5　ニュージーランドでは、各個別法規で、民事成年年齢以外の問題につき、18歳を成年年齢としているものも多い。
※6　【表4】は、法制審議会民法成年年齢部会第1回会議・参考資料2「主要国の各種法定年令」、および第13回会議（平成21年3月27日）・参考資料27「世界各国・地域の選挙権年齢及び成人年齢」を基礎として作成した。ただし、最後の参考資料27は「未定稿」とされているので、この資料を基礎としている【表4】（国の名称も、これらの資料に従った）も、このかぎりにおいては確定的なものではないことをお断りしておきたい。

311

以上のように、わが国の世論の状況は、成年年齢の引下げに対して反対が圧倒的である。これが、冒頭に述べたように、本民法改正案が成年年齢を変更しなかった理由である。

（3）　若年層の消費者被害の実態

　ここに、以下の【表5】に紹介する年齢別にみた消費者被害の実態をみると、民法上の取消権が認められなくなる20歳の年齢層の者は、19歳以下の者より消費者被害にあうことが多いという現実がある。その理由として、しばしば言われるのは、未成年者取消権を行使できなくなったばかりの者が悪徳業者に狙われやすいという事情があるということである。したがって、未成年者取消権を行使できなくなった20歳に被害が突出している現状を考えると、成年年齢を単に引き下げると、悪徳業者のターゲットが新たな成年（たとえば18歳）に変わるだけであるから、消費者被害が低年齢層に移行し、かつ、より深刻になることが懸念される。したがって、かりに、成人年齢を引き下げるのであれば、――本書320頁以下に紹介した案等にみられるような――この点の手当ては必須であろう。

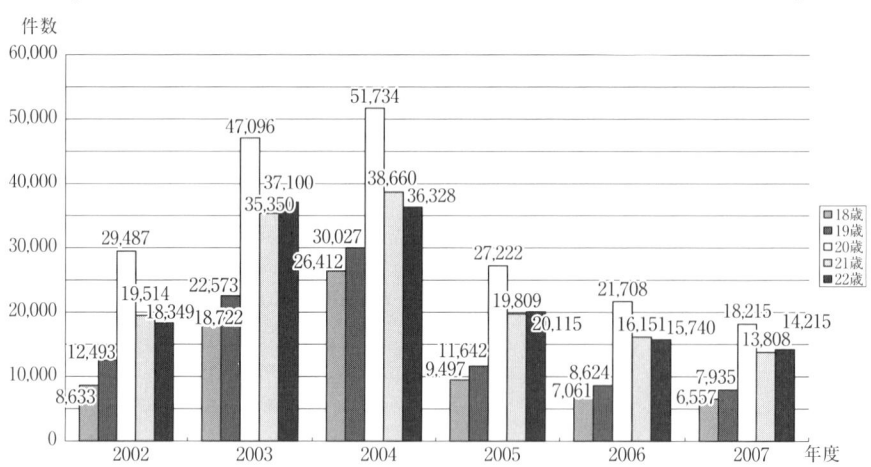

【表5　契約当事者が18歳から22歳までの年度別推移――相談件数】

年度	18歳	19歳	20歳	21歳	22歳
2002	8,633	12,493	29,487	19,514	18,349
2003	18,722	22,573	47,096	35,350	37,100
2004	26,412	30,027	51,734	38,660	36,328
2005	9,497	11,642	27,222	19,809	20,115
2006	7,061	8,624	21,708	16,151	15,740
2007	6,557	7,935	18,215	13,808	14,215

＊PIO-NET（全国消費生活情報ネットワーク・システム）に2008年4月24日までに登録されたデータである。
＊契約当事者とは、相談者とは別に消費生活上の取引を行った者
＊契約行為を行った人が、18歳から22歳であることが登録内容から明らかなデータについて集計したもの

　　　　　　　　　独立行政法人　国民生活センター　島野康作成[111]

第2章　権利の主体

3　取消権と代理権

(1)　取消権と代理権の並置について

　本民法改正案では、未成年制度の冒頭の条文である［新］10条1項において成年年齢を規定し、同条2項と3項において、未成年制度の基本的効果である法定代理人の同意権と代理権を規定した。成年年齢についてはすでに述べたので、2項、3項の内容について述べることとしよう（次段の叙述については、「行為能力」の【前注】も参照されたい。）。

　この箇所では、(ⅰ) 要件・効果の分断的規定の是正（［新］10条）、(ⅱ) 同意権と代理権との一体的規定（［新］10条2項、3項）、(ⅲ) 取消権者の明示（［新］10条2項後段）等、(ⅳ)「代表」から「代理」へ（［新］10条3項）といくつかの改正がなされている。なお、これらの改正点は、もともとは未成年をめぐる改正提案として論議され、それが他の制限行為能力者に広げられていったものであった。

　このような規定のしかたによって、現行民法において散在している規定 ── 4条、5条、824条、859条 ── が1か条に集約され、未成年制度の簡明化がはかられている。

(2)　代理権の範囲 ──「財産に関する」の文言をめぐって

　［新］10条4項は、法定代理人が有する代理権の範囲を規定したものであり、現行民法824条、859条に対応する。現行民法は、代理権の範囲につき、未成年者や被後見人の「財産に関する法律行為」に限定する文言をおいているが、［新］10条3項は、代理権の範囲を「財産に関する法律行為」に限定しなかった。

　これは、現行民法が、子が15歳未満であるときには、791条3項（子の氏の変更についての代理権）、797条（養子についての代諾縁組）、811条2項（協議離縁についての代理権）等の「財産に関する」とはいえない事項につき、親権者に対して代理権を与えていることを考慮したものである。ただ、「財産に関する法律行為」以外の代理権が無限定に与えられ、親権者の代理権が、包括的・全面的なものとなるわけではない。そのことを示すために、「第四編（親族）の規定に従い」という文言で、上記のような規定がある場合に代理権が限定されることを示した。

　また、同条同項は、「ただし、未成年者自らが決定すべきであると認められる性質の法律行為については、この限りでない」として、別の観点から、代理権の

111　法制審議会民法成年年齢部会第3回会議（平成20年5月13日）配布資料13-2（http://www.moj.go.jp/SHINGI2/080513-1.html）参照。

第一編　総則

限界を画している。これは、「後見」をめぐって問題とされている、医的侵襲に対する決定・同意の権限についての代理権の問題を念頭においたものである（この点の詳細は、叙述の便宜上、後見についての本書329頁以下の記述に譲る）。

4　未成年者が単独でなしうる法律行為にかんする規定の整備

（1）　散在する規定の整備

現行民法では、未成年者の法律行為に法定代理人の同意を必要とする原則規定（5条1項本文）の例外が、多くの条文——5条1項ただし書、同条3項、6条——に散在して規定されている。その結果、同意権をめぐる法制度の透視性がきわめて悪くなっている。

そこで、本民法改正案においては、1か条にそれらをまとめて規定し、法典の透視性を高めようとした。それが［新］11条である。

具体的には、［新］11条1項1号は、民法5条1項ただし書の規定を承継し、［新］11条1項2号は、民法5条3項の規定を承継した（そのうえで、民法5条3項が、前段と後段で「法定代理人が目的を定めて処分を許した財産」と「目的を定めないで処分を許した財産」とを並列的に規定しているのに対し、［新］11条1項2号は、それらを1つの号に統合している。［新］11条1項3号については、叙述の便宜上、次の（2）で述べることとする）。

また、［新］11条2項は、民法6条の「未成年者の営業の許可」の1項と2項を統合した規定である（ただ、民法6条2項は、「営業許可の取消し」という文言を用いているところ、本民法改正案では、「営業許可の撤回」に文言を改めている。これは、本書303頁以下に述べた、法律行為の取消しと区別し、かつ、遡及効をともなわない点に着眼するという趣旨である）。

さらに、［新］11条2項後段は、民法6条2項が、未成年者の営業の許可の取消しにつき、その法定代理人は、「第四編（親族）の規定に従い、その許可を取り消し、又はこれを制限することができる」と規定しているところを、より端的に、「第八百二十三条（職業の許可）第二項及び第八百五十七条（未成年被後見人の身上の監護に関する権利義務）の規定に従い」と、根拠法条を明示した。

以上に述べたところから、現行民法では多くの箇所に散在し、かつ、長文をもって規定されていた内容が、本民法改正案では、簡潔に規定されていることがわかるであろう。［新］11条を離れ、未成年制度全体についていえば、民法4条～6条、753条、824条、859条——の6か条が、本民法改正案では、3か条にまとめられ、条数が半減しているのである。

第 2 章　権利の主体

（2）　未成年者の自己決定権の尊重

　平成 11 年の成年後見制度の改正のさい、成年被後見人等にも「本人の自己決定の尊重」が必要であるとされ、「日用品の購入その他日常生活に関する行為」については、取消しが認められないこととなった。これは、人権尊重の考え方にもとづくものである。

　ところが、未成年者についても一定程度、同様の考慮をする必要があるにもかかわらず、現行民法は、未成年者にはこのような除外規定をおいていない。未成年の有職者や親元を離れて暮らすような者が、それらの者にとっての日常的な行為についても親の同意がいると考えるのは、あまり現実的ではない。一定の法律行為については、未成年者が単独で行うことができるものと規定する必要が強いものと思われる。そこで、本民法改正案では、未成年者についても「自立性の確保」が可能となるよう、［新］11 条 1 項 3 号に一定の範囲で単独で──すなわち、法定代理人の同意なくして──日常生活を営みうるよう、あらたな規定を設けることにした。

　ただ、この例外の範囲をあまりひろくとると、未成年者が消費者被害のターゲットとして狙われるおそれもある。そこで、未成年者については、単独でできる行為の範囲を限定して認めることとした。すなわち、現行民法は、成年被後見人・被保佐人・被補助人に共通する適用除外範囲を、「日用品の購入」、「その他日常生活に関する行為」と規定している（9 条ただし書、13 条ただし書、17 条 1 項ただし書）。これに対して、［新］11 条 1 項 3 号は、未成年者についての適用除外範囲を、「日用品」ではなく「日常の生活必需品」とし、また「その他日常生活に関する行為」ではなく「その他日常生活上必要な法律行為」と、限定的に規定した[112]。

112　【未成年者の自己決定権の規定にかんする議論の経緯】
　　この問題をどのようなかたちで規定するかについては、民法改正研究会では意見が分かれた。
　　事務局は、［新］11 条 1 項 3 号の内容を提案するさいに、未成年者は一律ではなく、自己決定を観念することのできない 0 歳児から、小・中・高校生、さらに、大学生、有職者も存在しているから、未成年者といっても、年齢によって何を単独で購入することが許されるかは異なることを条文に反映するべきであると考えた。具体的に提示された条文案は、「その未成年者の年齢に相応の日用必需品の購入その他日常生活上必要な法律行為」という文言であった（この提案と、後に本書 322 頁以下に述べる「人間の成熟度に応じた段階的な未成年制度」との関連につき、叙述の便宜上、ここで一言しておこう。「人間の成熟度に応じた段階的な未成年制度」という発想は、自己決定権を一律に考えるべきでない、という点で、本文に述べた提案と問題意識を共通にしている。その一部を紹介すれば、「児童」（12 歳未満）には日常必需品の購入についても自己決定権は認められず、法定代理人の同意が必要である

315

第一編　総則

5　成年擬制

（1）　はじめに

　本民法改正案は、2種類の成年擬制制度を［新］12条に規定した。一つは、「婚姻による成年擬制」であり、他は「家庭裁判所による成年擬制の宣告の審判」である。後者は、注113）に【議論の経緯】として紹介するところをみれば明らかなように、18歳成年年齢案の主張の背後には、一定年齢に達した未成年者の自立の要請があり、成年年齢を20歳とする立場からもこの要請に一定の理解がえられたため、いわば両立場の妥協点として、「成年擬制の宣告の審判」が規定されることになった[113]。成年年齢20歳を維持しつつも、制度の柔軟化をはかろ

が、「青少年」（12歳以上18歳未満）には自己決定権が認められるとし、段階的な取扱いを行おうとするものである。一般に小学生以下となる児童には強い保護が必要であるが、中高校生に対応する青少年には、その年齢相応の自律した自分自身の生活ができてよいとして、ある種の自己決定権、すなわち「未成年者の人権」を尊重すべきであるとの考えにもとづく制度提案であった）。

　さきの事務局が提案した条文案に対し、民法改正研究会では、「年齢に相応」という要件は、制限行為能力者制度の画一性を損ない取引の安全を不安定にする側面があるとの批判が強かった。そのため、「その未成年者の年齢に相応の」の文言は削除された。

　また、未成年者の自己決定権の規定をおくこと自体に対する反対意見も存在した。

　なお、以上の議論とは別に、河上正二による次のような必需品契約の提案等も行われていることを紹介しておこう（於2007年5月6日総則分科会）。

（未成年者の必需品契約・経過案・2007年5月6日河上案）
　N条：未成年者は、親権者等の法定代理人がない場合、日用品の購入その他日常生活に関する行為については成年者と同一の行為能力を有する。

113　【成年擬制制度にかんする議論の経緯】
　［新］11条は、「国民に分かりやすい民法」の基本方針から、未成年者が「単独でなし得る法律行為」を一覧できるように規定している。これと同じ精神から、民法753条の「婚姻による成年擬制」をこの一覧に含めることは、当初より事務局が提案していたところであった。

　この事務局の提案に加え、磯村保は、家庭裁判所の宣告の審判による成年擬制の具体的な制度提案を、以下のフランスの制度紹介とともに行った（於2008年4月19日総則分科会）。下記に示すように、フランス民法典は、「婚姻による成年解放」として規定しているほか、「裁判官による成年解放宣言」も認めている。

413-1条：未成年者は、婚姻によって法律上当然に成年解放される。
413-2条①：未婚の未成年者であっても、満16歳に達したときは、成年解放されうる。
　　　　　②：成年解放は、未成年者の意見を聴取した後、正当な理由があるときには、両親またはその一方の申立てに基づいて、後見裁判官によって宣言される。
　　　　　③：申立てが両親の一方のみによってなされたときは、裁判官は他方の親の意見を

第 2 章　権利の主体

うとする提案である。

（2）　婚姻による成年擬制

　民法 753 条は、「婚姻による成年擬制」を規定している。これは、婚姻により、独立生計を営んでいる者に親権者が介入することを避ける目的で規定された。［新］12 条 1 項は、これを継承したにとどまるが[114]、同条 2 項に、婚姻による成年擬制の効果はその後の離婚により影響を受けない、という考え方を明記した点が新しい（この点について、判例は存在していない）。これは、戦後の家族法改正にさいしての民法 753 条についての国会における政府答弁や、学説の多数意見に従ったものである[115]。

　　　　　　　聴取した後に決定を行う。ただし、その者がその意思を表明することができない場合には、この限りでない。
413-3 条：両親のない未成年者は、親族会（conseil de famille）の申立てに基づき、同様の方法で成年解放されうる。
413-4 条：前条の場合において、後見人が何らの措置を講じず、親族会の一員が、未成年者が成年解放を受けうる能力があると判断するときは、その者は後見裁判官に対して、成年解放の審議を行うために会議を招集するよう求めることができる。未成年者自身も、この招集を請求することができる。

（以下、省略）

　当初の提案では、磯村の提案による条文案は「成年解放」と名付けられており、その内容は、私法学会提出案 11 条から国民有志案 10 条まで、文言の微修正は行われたものの、その骨格が変わることはなかった。
　その後、「成年解放」という標題自体に、親権が抑圧的なものであるというニュアンスを示すおそれがある、という懸念から、制度全体を「成年擬制」制度として構成することとし、そのなかに、「婚姻による成年擬制」と「宣告の審判による成年擬制」とが存在する、という枠組に変更され（於 2011 年 2 月 6 日全体会議）、それが最終案となった。

[114]　民法 753 条は、「未成年者が婚姻をしたときは、これによって成年に達したものとみなす」と規定し、4 条の「成年」を擬制している。しかし、民法 753 条は、成年一般を擬制するものではなく、あくまで行為能力（ないし親権および未成年後見からの離脱）との関係での擬制にすぎないので、［新］12 条 1 項では、「未成年者が婚姻をしたときは、その未成年者は成年者と同一の行為能力を有する」と端的に法規範の内容を規定することにした。なお、国民有志案 10 条 1 項は、「未成年者が婚姻をしたときは、親権又は後見から解放される」と規定していたが、親族編の規定ならばともかく、総則編の「行為能力」の款にはふさわしくないので、［新］12 条 1 項で「行為能力」についての規定に変じたものである。また、そのさい、親権および未成年後見からの離脱をも同時に明示するために、「親権又は後見が消滅し、成年者と同一の行為能力を有する」とすることも検討されたが、「成年者と同一の行為能力を有する」以上、「親権又は（未成年）後見」が存続するはずはないので、これらの文言の挿入も見送られた。

[115]　学説状況その他については、青山道夫＝有地亨編『新版注釈民法（21）親族（1）』（有斐閣、平成元年）380 頁（中川高男執筆部分）。

第一編　総則

（３）　家庭裁判所による「成年擬制の宣告の審判」

①　はじめに

　注121）に記したように、成年年齢を20歳にするか、18歳にするかという問題は、民法改正研究会においては、年齢そのものとして論じられたのではなく、「現行成年年齢20歳維持＋成年擬制制度導入」案、「成年年齢18歳引下げ＋若年成年者撤回権」等の複合的な制度提案として論じられてきた。それは、人の成長速度は一律ではないなかで、成年年齢を20歳、あるいは18歳で一律に画することに研究会メンバーが疑問をもっていたことの反映であった。

　最初に述べたように、本民法改正案は、成年年齢を20歳としたが、それにともない、この「家庭裁判所の成年擬制の宣告の審判」制度が導入されたのである（［新］12条3項以下）。この制度の具体的な適用例として考えられるのは、18歳に達したのち、留学に行く子、あるいは親権者と別居し、国内で独立生計を営む子等であろう。この制度の適用範囲は必ずしもひろくないかもしれないが、この制度導入の真意が、成年年齢の柔軟化にあることは留意されたい。

②　制度の骨格

　家庭裁判所の宣告による成年擬制制度は、［新］12条3項、4項、5項に規定されているが、その中心となるのは3項である。

　実体的要件として、（ⅰ）18歳以上であること、（ⅱ）能力が行為能力者のレベルに達していること、（ⅲ）法定代理人による財産管理の必要がないことを満たさなければならない。また、手続要件として、（ⅳ）法定代理人の請求[116]があること[117]、（ⅴ）未成年者の意見の聴取を行うこと、が求められる。この実体

---

[116] 【「請求」と「申立て」をめぐる議論の経緯】
　家庭裁判所の成年擬制の宣告の審判制度は、──「成年解放」という名称のもとに──私法学会提出案において提案されて以来、国民有志案にいたるまで、手続的要件は法定代理人等の「申立て」によるものとされていた。しかし、その後、「申立て」という用語は、お上に対するものであるとの語感があるので「請求」にするという提案が事務局からなされた。これに対し、家事事件手続法では、家事審判の「申立て」という表現を用いているので、それと平仄をあわせる必要はないか、との問題提起と（磯村）、民法・家事事件手続法を「請求」で統一することに対する疑問（川﨑）が提起された結果、実体法では請求とし、手続法では申立てとする、という方針が提示され（松岡）、本民法改正案では、最終的に「請求」の語を用いることとなった（於2012年8月4日全体会議）。

[117] 国民有志案10条4項は、「親権者の一方がその意思を表示することができない場合には、前項の申立ては親権者の他方のみの意思に基づいてすることができる」と規定していた。しかしながら、民法818条3項は、前段で父母共同親権を規定しながら、後段で国民有志案10条4項の趣旨をより一般的に規定している。結果として、無意味な規定となるので、本民法改正案では、この項を削除した。

第 2 章　権利の主体

的・手続的要件が充足されていることを前提に、家庭裁判所が宣告の審判[118]をする。

③　**未成年者本人の請求による「成年擬制の宣告の審判」**

［新］12 条 4 項は、(18 才以上の) 未成年者本人の請求による「成年擬制の宣告の審判」を規定している。同条 3 項に規定する本来的な制度は、未成年者に法定代理人がいない場合に機能しないので、この規定を設けたものである。

なお、［新］12 条 4 項で、「宣告による成年擬制」を本人が請求する場合、3 親等内の成年親族の一人の同意を必要としている。これは、後に本書 328 頁で述べる後見開始の審判等が 4 親等内の親族を請求権者としているのと較べ、親族の範囲をより限定していることになる。この理由は、起点とされる者が 18 才以上の未成年者であるので、祖父母、おじ・おばまでが後見的な役割を担うことは期待しても異和感がないが、たとえ成年に達していても、兄や姉はともかく、いとこがそれと同じ役割を担うことが適当か否か、関係性の遠さを考えると疑問があるからである。

なお、［新］12 条 3 項と 4 項とをあわせて読むと、成年擬制の宣告の審判の請求権者は法定代理人であり (3 項)、法定代理人がいない場合に補充的に本人による請求が認められる、という構成となっている。

しかし、発想を転換させ、請求権者として法定代理人と未成年者本人を並置すれば、自立を欲する未成年者が現実に自立する途が開けることとなる。このようにすれば、本民法改正案の宣告による成年擬制制度以上に、この制度が未成年者の自立に資することは疑いを容れない。研究会の議論の過程では、このような方向での制度設立も模索されたが、実現にはいたらなかった（その理由については、注 123) を参照されたい）。

④　**成年擬制の終了の審判**

［新］12 条 5 項は、成年擬制の宣告の審判を受けた者について、成年擬制の終了の審判について規定している。現行民法は「営業許可の取消し」（本民法改正案では「営業許可の撤回」）を規定しているが、成年擬制にも、これと同様の撤回制

118　【家庭裁判所の宣告の「審判」にかんする議論の経緯】
　　国民有志案 10 条は、家庭裁判所による「成年解放の宣告」を規定していた。本書 272 頁に述べたのと同じ理由により、弁護士の市川充からこの成年解放の「宣告」という用語が適切ではないとの指摘がなされ、牧野友香子が「審判」にするべきであると提案し、岩田修一がそれを支持した結果（於 2009 年 2 月 5 日市民法研究会）、本民法改正案では、「成年擬制の宣告の審判」と改められるにいたった（「成年解放」が「成年擬制」に変更された理由については、本書 317 頁注 113) 参照）。

第一編　総則

度を導入すべきである、という観点からこの規定がおかれた[119]。

　ただ、成年擬制の宣告の審判を受ける者は18歳以上の者に限られる。したがって、成年擬制の終了の審判をするにしても、当事者間に争いがあり、家事抗告等がなされた場合には、審判がなされる以前に成年年齢に達してしまう可能性も高い[120]。そこで、本人、および成年擬制がなされた時点で法定代理人であった者の双方が、その終了を申し立て、当事者間に争いがない場合にのみ、終了を認めるという案も検討されたが、それでは成年擬制終了の審判の意義が半減するということで、一方の請求による審判を認めることとした。

6　「未成年」をめぐる諸提案

　以上、「未成年者」をめぐる法制度を、本民法改正案にそくして述べてきた。ただ、研究会の議論の過程では、以上に述べた本民法改正案規定の法制度は多数の提案のなかの一つであって、これとはかなり異なる「未成年者」制度も提案されていた。また、最終的に、本民法改正案に規定されることになった「成年擬制」をめぐっても、最終案とは別の提案もなされていた。いずれも、1から5の注記としての【議論の経緯】で記述するのは長大にすぎるので、最後にまとめて注記することとする（時系列的に、【「成年年齢18歳＋若年成年者撤回権」案をめぐる議論の経緯】[121]、【「人間の成熟度に応じた段階的保護制度」提案をめぐる議論の経

119　【成年擬制の終了の審判にかんする議論の経緯】
　　当初は、成年擬制の終了の審判についての規定がおかれていなかったところ、この規定をおくべきであるとの弁護士の高須順一の提言（於2009年2月5日市民法研究会）、および、川﨑政司による提言（於2010年8月12日付意見書）を受け、[新] 12条5項が規定された。
　　婚姻による成年擬制を受けた者が、離婚後もその効果を継続している場合にも（[新] 12条2項）、同種の規定をおくことを考える必要がないか、との沖野眞巳による問題提起があり（於2010年11月1日付意見書）、また、女性が16歳で婚姻による成年擬制があり、その後に離婚したような事例等を念頭におきつつ、中野邦保からも同趣旨の指摘があった（於2010年11月1日事務局会議）。しかし、最終的には、家事抗告がなされると、審判以前に成年年齢に達してしまう可能性もあり、あまり実効性がないとして研究会の受け入れるところにはならなかった（於2012年8月4日全体会議）。
120　沖野眞巳2010年11月1日付意見書。
121　【副案1：「成年年齢18歳＋若年成年者撤回権」案をめぐる議論の経緯】
　　（ⅰ）若年成年者撤回権の提案
　　「成年年齢18歳案＋若年成年者撤回権」は、成年年齢を18歳としたうえで、消費者契約法に、以下のような若年成年者撤回権の条文をおくことを提案したものである。
　　この案の特徴は、成年年齢を18歳にするとともに、その認定を──誕生日にそくしてではなく──4月1日を基準とするものである。その意図は、学年年齢を成年年齢の基準とすることによって、こと高校生にかんしては同学年者を同一に扱うことを可能なかぎり実現しようとすることにある。

320

第 2 章　権利の主体

　また、若年者撤回権とは、18歳の成年に達していても、23歳未満の者を「若年成年者」とし、若年成年者は、事業者からの申込みないし個別勧誘による取引きをした場合、1か月間、クーリングオフをすることができるとするものであった。

(未成年者の法律行為・国民有志案・副案微修正案)
8条①：年齢十八歳に達した日以後の四月一日をもって、成年とする。
　　②、③：略（[新] 10条2項、3項と内容は同じ。）

消費者契約法改正提案
(若年成年者撤回権・国民有志案・副案微修正案)
N条①：年齢二十三歳未満の成年者が、消費者として事業者と契約する場合において、事業者からの申込み若しくは勧誘により契約の締結に至ったときは、その契約の時又は契約の目的物を受領した時から起算して一か月間、その契約を撤回することができる。
　　②：前項の規定は、契約を書面で締結し、かつ、契約を締結した消費者が、契約とは別の書面をもって、同項の撤回権を放棄する旨を自書し、かつ、署名及び押印をしたときは、適用しない。
　　③：前二項の規定は、次の各号のいずれかに当たるときは、適用しない。
　　一　消費者が支払うべき金額が、政令で定める金額に満たないとき。
　　二　裁判所が解除することが相当でないと認めたとき。
　　三　消費者が年齢を二十三歳以上であると詐称したとき。

　この案は、本書308頁以下に述べた、成年年齢の立法を考えるさいに考慮すべき2点──①未成年者の自己決定権の制約の最小化、②消費者被害への対処──に対応した制度化をはかるものである。それと同時に、③「18歳で大人」という社会感覚を確立することも目的とされている。
　若年者の人権の保護と関係で、世界の多くの国で成年年齢の引下げが行われている。この案は、成年年齢引下げによる若年者の自己決定権の拡大をはかり、若年者の人権が確保しようとするものである。
　ただ、単に成年年齢を18歳としただけでは、本書312頁の【表5】をみれば明らかなように、消費者被害が多発する層が、現在の20歳層から、未成年者取消権による保護を失う18歳層に移行することは目にみえている。そこで、この案は、消費者契約法で、23歳未満の者を「若年成年者」とし、若年者撤回権による保護を与えることとした（議論の過程においては、民法典に若年成年者撤回権を一般的に規定するべきではないか、との意見もあった。それに対し、規定をおくこと自体にも反対意見があったほか、松岡久和、磯村保、鹿野菜穂子より、かりに規定をおくとしても、消費者保護的観点から消費者契約法に規定すべきである、との意見がだされ、そのような方向に落ち着いた）。これによって、被害多発の年齢層が23歳層に移行し、3歳分の成熟度がある程度消費者被害の歯止めとなることが期待され、その分、消費者被害への防止は現在より強固になるであろう。
　もっとも、若年成年者撤回権の新設にともない、取引の安全を考慮する必要もあるので、若年成年者が慎重を期して撤回権の放棄を書面化したうえ署名・押印した契約、一定額未満の取引き、および裁判所が撤回不相当と認める取引きについては、この若年成年者撤回権は認められないこととした。

第一編　総則

緯】[122]、【成年擬制の別案をめぐる議論の経緯】[123]の3点を紹介しよう）。

　以上のように、若年成年者撤回権は、主として一定額以上の取引額となる悪質商法を念頭においで規定されたものである。
　なお、この案では、成年年齢を18歳に規定したことにともない、［新］12条の成年擬制や、「成年擬制の宣告の審判」という法制度は不要になる。ただ、現在の民法にも存在している婚姻による成年擬制の規定は必要なので、若干文言を変じたうえで、あらたに（国民有志案・副案）9条（単独でしうる法律行為）に3項としておかれている。本民法改正案を前提とすれば、［新］11条3項に「婚姻による成年擬制」の規定をおくことになるであろう。

（ⅱ）学年別成年年齢と、自然年齢基準案
　成年年齢については、自然年齢に着眼し、「年齢十八歳をもって、成年とする」とする規定のしかたも考えられないわけではない（実際、私法学会提出案の研究会副案においては、自然年齢基準をとる案と、学年年齢基準をとる案の2種のものが提示されていた）。
　しかしながら、自然年齢基準をとると、高校3年の段階で、成年と未成年とが混在する状況が生まれてしまう（2004年以降、高校進学率は一貫して約98％という数値を示しており、その多くが同一学年であると考えれば、学年別成年年齢案を採用すると、98％近い国民が高校卒業をした4月に成人を迎えることになる）。高校生は、しばしば集団的に行動することを考えると、同一グループの者が同じような法律行為をした場合に、一部につき取消しが認められ、一部には認められないという結果は、あまり望ましいものとはいえないであろう。
　そこで、この案では、高校卒業直後──多くの者が社会人あるいは進学の途をとる時──に、「大人」への節目を迎えるべく、4月1日に18歳である者が成年となる学年年齢基準が望ましいと考えたものである。

　（ⅲ）付言するに、本注と次注に紹介する副案1および副案2は、ともに事務局提案によるものである。本書校正段階で公職選挙法が改正され、その附則11条が民法の成年年齢の再検討を規定したため、民法の成年年齢を18歳とする改正が現実味を帯びてきた。民法改正研究会において18歳成年年齢を推奨してきた事務局としてはこの点には異論がないが、成年年齢引下げにともなう社会の混乱を最小化し、かつ現行法制度との連続性を確保するために、①18歳成年年齢、②学年別成年年齢、③消費者契約法に若年成年者撤回権を規定すること、この3点をセットとした法改正がなされることを強く希望している次第である。

[122]【副案2：「人間の成熟度に応じた段階的保護制度」提案をめぐる議論の経緯】
（ⅰ）4段階保護制度の提案
　「人間の成熟度に応じた段階的保護制度──児童・青少年・若年成年者・成年者」案は、成年年齢18歳（学年年齢基準）を前提としたうえで、同じく未成年者にも判断能力に大きな違いがあることを考慮し、これまでの法制度よりきめ細かい、人間の成熟度にそくした4段階の年齢別保護体系を提案するものである。
　具体的には、未成年者を、①「児童」（12歳未満。通常であれば小学校卒業まで）と、②「青少年」（12歳～18歳未満。通常であれば、中学生・高校生）に二分する（ここでの「児童」その他の用語法は、児童福祉法と異なっている）。そして、成年者を、③23歳未満の「若年成年者」と、④23歳以上の「成年者」とに区分する。
　なお、この案では、自然年齢基準ではなく、基本的に学年年齢基準を前提としているが、23歳という年齢区分だけは誕生日による自然年齢基準を採用する。
　各段階の制度の骨格を示せば、まず、①「児童」は、成年被後見人と同様、法定代理人の

第 2 章　権利の主体

代理行為を通して行為することが原則であり、法定代理人の同意による単独の行為は原則として認められない（ただし、「年齢相応の日常の生活必需品」等の例外がある）。また、児童がなした法律行為の取消しは、法定代理人のみが行使することができ、児童自身は行使することができない。

　これに対し、②「青少年」には、法定代理人の代理行為、また法定代理人の同意にもとづく青少年自身の法律行為の双方が認められ、現行民法の未成年者とほぼ同一の保護を受ける。

　また、③「若年成年者」には、「若年成年者撤回権」が認められる。これは、副案1同様、成年年齢に達したばかりの者の消費者被害が目につくので、これに対処するものである。

　最後に、④「成年者」については、現行民法の成年と同様、完全な行為能力が認められる。

(ⅱ) 自治産制度の歴史

　現行民法の単一的な未成年制度も、必ずしも異論なくして成立したものではない。この副案2の基礎にある考え方は、法制史的にみると、次段に述べる自治産制度と連なるところがある。

　旧民法人事編第11章は、「自治産」との標題のもとに、同法213条が、未成年者が婚姻した場合の自治産を規定するほか、214条～221条が、自治産未成年者について規定していた。この基本的な内容は、15歳または17歳以上の未成年者に自治産を許し、それに保佐を付すという制度であった。そして、民法起草のさいにも、民法起草者たちは類似の制度を提案したが、結果として削除された（第6条〔自治産未成年者関連条文・現行民法に規定せず〕をめぐる現行民法起草過程の諸議論を参照されたい。注2）引用『法典調査会民法総会議事速記録 第壱巻』192丁表〔デジタルライブラリー版コマ番号196／291〕、注2）引用『法典調査会民法総会議事速記録』〔日本近代立法資料叢書12〕〔商事法務研究会、昭和63年〕104頁以下）。しかしながら、その後も、起草者の梅は、「余一己の意見に拠れば自治産又は之に類する制度を設くるを可とす」と、これに類する制度の必要性を説いていることは、興味深い〔引用は、梅謙次郎「新旧法典比較談」法典質疑録 巻之二〔13号－24号〕〔法典質疑会、明治31年〕、法典質疑録24号〔宗文館書店、平成元年（復刻版）〕1頁〕〔カナ等変更〕。なお、この間の経緯については、岡孝「近時の民法（債権法）改正事業の問題点」下森定先生傘寿祈念論文集・債権法の近未来像〔酒井書店、平成22年〕284頁以下に詳しい）。

(ⅲ) 準成年制度 —— 3段階保護制度の提案

　なお、民法改正研究会における議論の過程においては複数の提案が行われており、そのなかには、「人間の成熟度に応じた段階的保護制度 —— 未成年・準成年・成年」案もあった。これは、未成年を18歳未満、準成年を18歳以上20歳未満、成年を20歳以上とし、18歳から20歳までの間までの者の自立性を一定程度認めようとするものであった（於2007年3月4～5日総則分科会）（付言するに、未成年者についても、現行民法と同様、5条1項ただし書〔権利を得、義務を免れる行為についての例外〕、同条3項〔法定代理人が処分を許した財産の例外〕等の規定の適用はあるが、紙幅の制約から詳細の紹介は省略する）。これは、現在の成年年齢20歳案と、単純な成年年齢18歳案の中間的な法制度の提案を目指していたものといえる。

　なお、研究会では、15歳準成年の提言もあり、また、研究会外にも種々の考え方があることを付言しておきたい（子安幸代「未成年者保護制度の新たな枠組みを目指して」名古屋大学高度専門人養成コース研究教育年報〔2001年度〕33頁以下等参照）。

第一編　総則

(準成年者・経過案・2007 年 3 月 4 ～ 5 日事務局案)
N条①：未成年者(注：本提案の場合は、20歳未満の者)のうち、満十八歳に達した者を「準成年者」とする。準成年者は、日用品の購入その他日常生活に関する行為については、成年者と同一の行為能力を有する。
　②：準成年者が、同一又は同種の事業者との間でした一回又は複数回の法律行為で、総計十万円以下のものは、日用品の購入その他日常生活に関する行為と推定する。
　③：就業(営業を含む)を常とすることが許された満十五歳以上の未成年者については、前二項の規定を準用する。

123 【成年擬制の別案をめぐる議論の経緯】
(ⅰ) 成年擬制制度拡張の試み
　本書 318 頁に述べたように、本民法改正案における成年擬制制度の提案は、成年年齢 20 歳案と成年年齢 18 歳案をめぐる議論のなかで、単に一律に成年年齢を画そうとすることで未成年者の保護と自立のバランスがかえってくずれるのを避けるため、制度をより弾力的なものとするべく提案されたものであった。
　その過程では、本民法改正案に結実したもののほかに、2 種の別案も提案された。一つは、家庭裁判所の審判にかえて、公正証書による成年解放(擬制)制度を認めようとするものであり、他は、制度利用の申立権者(請求権者)に未成年者本人を含めようとするものである。これらの別案が目指したのは、成年擬制制度をより実効的にすることであった。以下で、その2つを紹介する。

(ⅱ) 別案1：家庭裁判所の審判に代わる公正証書による成年解放制度案
　成年解放制度の利用可能性をひろげるために、家庭裁判所による宣告ではなく、法定代理人が公正証書によって成年解放宣言をする、という下記の別案も提案された。この提案では、成年解放制度につき、1項で公正証書による成年解放宣言を、2項で営業の許可を受けた未成年者についての成年者としての取扱いを、3項で婚姻による成年擬制を規定していた。

(成年解放別案・経過案・2008 年 4 月 19 日事務局案)
N条①：未成年者が年齢十八歳に達した場合において、親権者又は未成年後見人がその未成年者に十分な能力があると判断したときは、公正証書をもって親権又は後見からの解放を宣言することができる。
　②：親権者又は未成年後見人が営業の許可を許した未成年者は、その営業に関しては、成年者と同一の行為能力を有する。この場合において、未成年者がその営業に堪えることができない事由があるときは、その親権者又は未成年後見人は、第四編(親族)の規定に従い、その許可を取り消し、又はこれを制限することができる。
　③：未成年者が婚姻したときは、親権又は後見から解放される。

(ⅲ) 別案2：未成年者自身を申立権者とする成年解放制度案
　本民法改正案は、成年年齢を引き下げないので、消費者被害の問題が現状より悪化するわけではない。ただ、未成年者の自己決定権の制約の最小化への対処が、成年解放宣告を受けたごく一部の人に限定されるという問題が残る。
　この点が議論されたさい、弁護士の高須順一が、成年解放の申立権者を法定代理人(親権者)のみならず本人である 18 歳を超えた未成年者にもひろげるべきであると主張し、牧野友香子がこれを支持した。この意見を反映させるべく下記の条文案の第 3 項を規定したとこ

第2章　権利の主体

第2目　後見

[I] 条文案

> **（後見開始の審判）**
> 第十三条　精神上の障害により意思能力を通常欠く状況にある者については、家庭裁判所は、本人、配偶者、四親等内の親族、未成年後見人、未成年後

ろ、法定代理人の意見を聴取するべきであるとの見解を、市川充、杉山真一が表明し、第5項を付加した次の条文案が作成された（於2009年2月5日市民法研究会）。

（成年解放・経過案・2009年2月5日市民法研究会案）
N条①、②：略（婚姻による成年解放についての法曹提示案1項、2項に同じ。）
　　③：未成年者が満十八歳に達した場合において、家庭裁判所は、未成年者、親権者又は未成年後見人の申立てに基づき、その未成年者が法律行為を行うのに十分な能力があり、かつ法定代理人による財産管理の必要がないと判断するときは、成年解放の審判をすることができる。
　　④：略（法曹提示案4項に同じ。）
　　⑤：家庭裁判所は、前二項の規定による申立があった場合には、申立人とならなかった未成年者又は法定代理人の意見を聴取したうえで、その申立てについて決定しなければならない。

　上記の申立権者を拡大した成年解放案は、20歳成年年齢をとる正案と、18歳成年年齢をとる副案の、実質的な折衷案たりうることから、その後の企業法務研究会においても支持が多く、一時期は、この修正案を正案とすべきであるとの意見が市民法研究会および企業法研究会では大勢となった。

(iv) 本民法改正案への途
　その後、川﨑政司および磯村保から、次の疑問が提示された。かりに法定代理人が成年解放の申立てをし、未成年者本人の意見聴取において否定的意向が示された場合、家庭裁判所は、特段の事情がなければ成年解放を認めない、という結論をとることが許されるであろう。これに対し、未成年者が成年解放の申立てをし、法定代理人の意向聴取において否定的意向が示された場合、裁判所が成年解放を認めないとの結論をとるのであれば、未成年者の自己決定権をひろげることにはならない。また、未成年者と法定代理人の意向が違った場合に、家庭裁判所は、明確な判断基準がないだけに、法定代理人の意に反して成年解放宣言をするだけの責任ある判断はできないのではなかろうか（なお、このための審判に時間がかかり、高裁に家事抗告されると、その間に20歳に達してしまうことも少なくないのではないかという点も付加的に問題とされた）。
　このような問題提起の結果、申立権者を法定代理人に限定する案が、最終的に本民法改正案となったのである。

見監督人、保佐人、保佐監督人、補助人、補助監督人又は検察官の請求により、後見開始の審判をしなければならない。
2　家庭裁判所は、後見開始の審判を受けた者（以下「被後見人」という。）のために後見人を選任する審判をしなければならない。

本条1項：民法7条（後見開始の審判）、838条（第1節の標題（後見の開始）承継）2号移修
　　2項：民法8条（成年被後見人及び成年後見人）、843条（成年後見人の選任）1項移修

（被後見人の法律行為等）
第十四条　被後見人又はその後見人は、被後見人の法律行為を取り消すことができる。ただし、日常の生活必需品の購入その他日常生活上必要な法律行為については、この限りでない。
2　後見人は、第四編（親族）の規定に従い、被後見人の法律行為について被後見人を代理する権限を有する。ただし、被後見人自らが決定すべきである法律行為については、この限りでない。
3　後見人は、前項の規定による代理権の行使として、被後見人の行為を目的とする債務が生ずる法律行為をするときは、本人の同意を得なければならない。

本条1項本文：民法9条（成年被後見人の法律行為）本文、120条（取消権者）1項移修
　　　ただし書：民法9条（成年被後見人の法律行為）ただし書移修
　　2項本文：民法859条（財産の管理及び代表）1項移修
　　　ただし書：　新設
　　3項：民法859条（財産の管理及び代表）2項移修

（後見終了の審判）
第十五条　第十三条（後見開始の審判）第一項に規定する原因が消滅したときは、家庭裁判所は、本人、配偶者、四親等内の親族、後見人、後見監督人、未成年後見人、未成年後見監督人又は検察官の請求により、後見終了の審判をしなければならない。

本条：民法10条（後見開始の審判の取消し）修正

第 2 章　権利の主体

[Ⅱ] 改正理由
1　はじめに

　後見制度についての条文の構成について、要点を確認しておきたい（詳細な説明は、「第三款　行為能力」の【前注】ですでに述べた）。
　まず、現行民法の「成年後見」という概念を廃棄し、同じ用語が広義にも狭義にも用いられている状況を解消した。すなわち、成年後見・保佐・補助を総称して、「審判保護制度」とし、個別制度としての「成年後見」を単に「後見」と呼称を変更した。その結果、未成年者も「成年被後見人」になることがあるという形容矛盾は解消された。
　つぎに、個別の規定では、要件と効果との一体化をはかるなど、制度の透視性を高める工夫をほどこした。たとえば、現行民法は、7条の「後見開始の審判」についての規定と、8条の「成年被後見人に対する成年後見人付与」の規定とを別規定として構成しているが、要件・効果を一体的に規定するという方針のもとで、本民法改正案では、［新］13条に統合した。また、本民法改正案の「第2目　後見」は、後見開始の審判（［新］13条）、被後見人の法律行為等（［新］14条）、後見終了の審判（［新］15条）の3か条からなる。
　本民法改正案では、成年後見の効果を一覧できるようにした点も新しい。現行民法は、取消権を総則で、成年後見人の代理権を親族編で規定している。これに対し、［新］14条の1項、2項で、取消権と代理権をともに規定した。また、民法859条では、後見人が被後見人を「代表」としているが、［新］14条2項では、それを「代理」と改めた。
　あわせて、現行民法では、成年後見の条文を読むだけでは取消権者が誰かがわからず、120条を参照する必要があるところ、本民法改正案では、［新］14条1項で取得権者も明示した。加えて、民法10条の「後見開始の審判の取消し」は、［新］15条では「後見終了の審判」に変更した。

2　後見の規定の改正点

（1）　後見開始の審判
①　当初審判事項の統一
　現行民法は、7条で家庭裁判所に後見開始の審判をする権限を付与し、8条で成年被後見人に後見人を付すことを規定している。しかし、これは、家事事件手続法39条の審判事項としても、別表第1の「一　後見開始」、「三　成年後見人

の選任」と近接して規定されている事項であるので、条文を分けずに、［新］13条の1項と2項とに規定することとした（別表第1の二は、「後見開始の審判の取消し」である）。

なお、現行民法8条では「成年後見人を付する」とされているものの、843条1項では「家庭裁判所は、……職権で、成年後見人を選任する」とされており、総則編と親族編とで不統一がみられる。用語としては、「付する」より「選任する」のほうが現代的なので、本民法改正案では、後者を採用した。また、民法総則編、親族編のいずれの文言にも、この選任が義務的であることはあらわれていないが、後見の開始の審判をする以上、後見人の選任は義務的であるから、本民法改正案では、この点も明示した。さらに、この手続は審判によるものなので、［新］13条2項の文言は、「後見人を選任する審判をしなければならない」とした。なお、このことは、保佐人および補助人の選任についても同様であるから、そこでも同じ文言を採用している。

② 「常況」の用語法の変更

民法7条では、後見開始の審判は、事理弁識能力を欠く「常況」にある者についてなされるものとされている。しかし、この「常況」という表現は、小さな国語辞典にはのっていないことも多く、日常用語からはほど遠い。そこで、［新］13条では、意思能力を「通常欠く状況」と文言を改めた[124]。

③ 審判の請求権者

民法7条には、後見開始の審判の請求権者として、「四親等内の親族」があげられているが、［新］13条1項では、これをそのまま承継した。この規定によると、大叔父・大叔母、いとこ等が請求権者となるが、現在の親族関係がかつてよりは希薄になりつつあることを考えると、このように「四親等内の親族」を申立権者にしたままでよいか否かは検討される必要があるであろう。ただ、親族関係の変化は、地域によっても異なることに鑑み、本民法改正案では、この点の変更には立ち入らないこととした。

（2） 被後見人の法律行為等

① 成年被後見人の自己決定権の範囲とノーマライゼーション

［新］14条1項ただし書は、民法9条ただし書に必要な修正を施したものである。

---

[124]【「常況」という用語法についての議論の経緯】
　この点の提案は、より国民にわかりやすい言葉を用いるべきである、との観点から、弁護士の牧野友香子よりなされた（於2009年2月16日市民法研究会）。

第 2 章　権利の主体

　平成 11 年民法改正以前、「禁治産者」については、禁治産者がした法律行為はすべて取り消しうるものとされていた。これに対し、従来の禁治産者に対応する改正後の「成年被後見人」については、「日用品の購入その他日常生活に関する行為」を単独ですることができるようになり、取消しが認められないこととなった（民法 9 条ただし書）。そのうえで、保佐人については、この規定が準用され（民法 13 条 1 項ただし書）、補助人についても同様の取扱いがなされることとなった（民法 17 条 1 項ただし書）。

　このような方向性そのものには賛意を表したいが、成年被後見人と、被保佐人・被補助人とでは、事理弁識能力に相当な差があると思われる。そこで、本民法改正案においては、成年被後見人については、「日常の生活必需品の購入」、「その他日常生活上必要な法律行為」に限って自己決定権を認めるのに対し（［新］14 条 1 項ただし書）、被保佐人および被補助人については、現行民法と同じ範囲、すなわち、「日常生活に関する行為について」の自己決定権を認めることにして（［新］17 条 1 項ただし書、［新］20 条 1 項ただし書）、それぞれの能力に応じた差異を設けることとした。

　なお、成年被後見人は、未成年者以上の保護を受けていることを考えると（本書 294 頁参照）、自己決定権が、未成年者に認められている範囲を超えて成年被後見人に認められるのは、バランスを崩しているように思われる。

② **代理権の範囲 —— 医療契約・医的侵襲等の問題**

　民法 859 条 1 項は、後見人の代理権の範囲を「財産に関する法律行為について」に限定している。これに対して［新］14 条 2 項では、この「財産に関する」という文言を削除した。その理由は、以下に述べるように、医療契約締結等についても代理権を認める必要があると考えるからである。

　なお、現行法のもとでは、民法 859 条の前の条文である 858 条が、「成年後見人は、成年被後見人の生活、療養看護及び財産の管理に関する事務を行う」ことを前提としている。その結果、文理解釈をするかぎり、成年後見人は、「療養看護」にかんする事務は行うものの、医療契約を締結する代理権をもっていない、ということになりそうである[125]。

---

[125] 医療行為についての同意等をめぐる問題の重要性は、民法改正研究会において岡孝より強調されたところである。なお、成年後見制度をめぐる問題については、成年後見制度研究会『研究報告　成年後見制度の現状の分析と課題の検討 —— 成年後見制度の更なる円滑な利用に向けて』（平成 22 年 7 月 12 日）（http://www.minji-houmu.jp/download/seinen_kenkyuhoukoku.pdf）参照、「成年後見制度　10 年を経た現状と展望」法律のひろば 63 巻 8 号（平成 22 年）4 頁以下に特集がある。

第一編　総則

　この点は、平成11年の成年後見制度の改正にさいしても問題とされたが、法務省当局は、上記の文理解釈に必ずしも従っているわけではない。具体的には、後見人は、医療契約の締結は可能であるとされているが[126]、手術・治療行為その他医的侵襲に対する決定・同意の権限についての代理権を承認することは、時期尚早であるとの結論が採用された[127]。この医的侵襲についての代理権の問題は、未成年者や、一時的に意識を失った患者にも共通するものである。しかるに、本人の自己決定権および基本的人権との抵触等についての検討が不十分なまま、後見についてのみ医的侵襲を含む医療契約締結の代理権を認めることへの疑問があるため、上記の結論が導かれた。

　しかし、成年後見制度の改正がなされた後にも、「本人に意思能力がない場合には医療行為についての同意、代行・代諾の権能が成年後見人に認められるべきである」との説が主張されており[128]、この方向での立法の必要性を説く立場を含め[129]、さまざまな学説が主張されている[130]。

　意識を有しない成年被後見人にも医療が必要であり、民法859条1項の代理権の範囲を医療の分野に拡大する必要があることは否定できない。ただ、医的侵襲についての代理権を認めることには種々の問題がある。とりわけ、後見人の代理行為についての第三者機関による監督等の制度設計をしないまま、［新］14条2項の「成年被後見人の法律行為」の文言を単純に拡大することには慎重でなけれ

126　この点を明言するのは、法務省民事局参事官室『成年後見制度の改正に関する要綱試案の解説　要綱試案・概要・補足説明』（金融財政事情研究会、平成12年）41頁。ただ、別の法務省関係者の著作では、この点が多少ほかされており、医療契約を締結する代理権を有すると正面から明言することを避けながら、医療契約締結にさいしての配慮義務のあり方が述べられている（小林＝大門編著・注92）引用『新成年後見制度の解説』143頁）。
127　小林＝大門編著・前掲注92）引用『新成年後見制度の解説』145頁。
128　須永醇「成年後見制度について」法と精神医療17号（平成15年）28頁。これに賛意を表するものとして、岡孝「韓国の成年後見制度改正案を読む」小林一俊＝小林秀文＝村田彰編・高齢社会における法的諸問題（須永醇先生傘寿記念論文集）（酒井書店、平成22年）300頁以下参照。
129　岡・注122）引用「近時の民法（債権法）改正事業の問題点」債権法の近未来像288頁。
130　新井誠編『成年後見と医療行為』（日本評論社、平成19年）所収の多数の論稿のほか、須永・注128）引用「成年後見制度について」法と精神医療17号23頁以下の学説の紹介参照。また、日本弁護士連合会や、日本成年後見法学会も、成年後見に対する医療行為についての同意権の付与を含む法制度の整備を提言している（日本弁護士連合会の提言につき、日本弁護士連合会「成年後見制度に関する改善提言」〔2005年5月6日〕5頁〔http://www.nichibenren.or.jp/ja/opinion/report/data/2005_31.pdf〕、日本成年後見法学会の提言につき、新井誠「成年後見法の構造と展開」新井誠＝山本敬三編・ドイツ法の継受と現代日本法——ゲルハルド・リース教授退官記念論文集〔日本評論社、平成21年〕94頁参照）。

第2章　権利の主体

ばならないであろう。

　しかし、完全に意識を失った人間につき、後見開始の審判が行われた場合、また後見ではなく未成年者の問題となるが、生まれたばかりの新生児や乳幼児に医的侵襲をともなう医療行為が必要とされるのに、その種の代理権を承認することは「人権侵害」であるとして代理権を否定しても、結果は、必要とされる医療行為が行なわれないか、あるいは、その種の決定を法の外に放逐することに終わる、無責任な態度決定であると思われる。

　そこで、本民法改正案では、第三者機関による監督制度の必要性を当然の前提としながら、［新］14条2項に「ただし、被後見人自らが決定すべきであると認められる性質の法律行為については、この限りでない」というただし書をおくこととした。これは、被後見人が有している判断力の程度と、医的侵襲等をともなう医療行為についての自己決定の要請の強さとの相関関係から判断枠組が決まっていくという方向性をうちだしたものである。

3　散在する規定の合理化と簡明化

　以上のように規定の整備を行った結果、現行民法では総則編と親族編とに散在している後見についての諸規定——民法7条〜10条、859条——が、本民法改正案では3か条にまとめられることとなった。

第3目　保佐

[Ⅰ]　条文案

> （保佐開始の審判）
> 第十六条　精神上の障害により意思能力の程度が著しく不十分である者については、家庭裁判所は、本人、配偶者、四親等内の親族、後見人、後見監督人、未成年後見人、未成年後見監督人、補助人、補助監督人又は検察官の請求により、保佐開始の審判をするものとする。ただし、第十三条（後見開始の審判）第一項に規定する原因がある者については、この限りでない。
> 2　家庭裁判所は、保佐開始の審判を受けた者（以下「被保佐人」という。）のために保佐人を選任する審判をしなければならない。

第一編　総則

本条1項本文：民法11条（保佐開始の審判）本文、876条（保佐の開始）移修
　　　ただし書：民法11条（保佐開始の審判）ただし書移修
　　2項：民法12条（被保佐人及び保佐人）、876条の2（保佐人及び臨時保佐人の選任等）1項移修

（被保佐人の法律行為等）
第十七条　被保佐人が次に掲げる行為をするには、その保佐人の同意を得なければならない。ただし、日常生活に関する行為については、この限りでない。
一　不動産その他重要な財産の売買、賃貸借（（新）第Ｎ条（短期賃貸借）に定める期間を超えない賃貸借を除く。）その他重要な権利の変動を目的とする法律行為をすること。
二　贈与をし、贈与の申込みを拒絶し、又は負担付贈与の申込みを承諾すること。
三　新築、改築、増築又は大修繕を目的とする法律行為をすること。
四　金銭消費貸借契約又はこれに類する契約の締結その他元本の利用若しくは領収をし、又は保証をすること。
五　和解又は仲裁合意（仲裁法（平成十五年法律第百三十八号）第二条（定義）第一項に規定する仲裁合意をいう。）をすること。
六　相続の承認若しくは放棄をし、遺贈の放棄若しくは負担付遺贈の承認をし、又は遺産の分割をすること。
七　前各号に掲げるもののほか、無償で相手方又は第三者に利益を与える法律行為をすること。
2　家庭裁判所は、前条第一項本文に規定する者又は保佐人若しくは保佐監督人の請求により、被保佐人が前項各号に掲げる行為以外の法律行為（同項ただし書の日常生活に関する行為を除く。）をする場合であってもその保佐人の保佐人が同意を得なければならない旨の審判をすることができる。
3　保佐人の同意を得なければならない行為について、被保佐人の利益を害するおそれがないにもかかわらず保佐人が同意をしないときは、家庭裁判所は、被保佐人の請求により、保佐人の同意に代わる許可を与える審判をすることができる。
4　被保佐人又はその保佐人は、第一項若しくは第二項の保佐人の同意又は前項の家庭裁判所の許可を得ないで被保佐人がした法律行為の取消し又は行為の撤回をすることができる。

第 2 章　権利の主体

5　家庭裁判所は、前条第一項本文に規定する者又は保佐人若しくは保佐監督人の請求により、被保佐人のために特定の法律行為について保佐人に代理権を付与する旨の審判をすることができる。ただし、本人以外の者の請求により当該審判をするには、本人の同意がなければならない。
6　前項の規定による審判がなされたときは、保佐人は、第四編（親族）の規定に従い、当該法律行為について被保佐人を代理する権限を有する。この場合においては、第十四条（被後見人の法律行為等）第三項の規定を準用する。
7　保佐人が第四項の規定による被保佐人の法律行為の取消し又は行為の撤回をしたときは、第五項ただし書の規定にかかわらず、家庭裁判所は、本人の同意を得ることなく、原状に復させるための代理権を保佐人に付与する旨の審判をすることができる。

本条1項本文：民法13条（保佐人の同意を要する行為等）1項本文移動
　　　　ただし書：民法13条（保佐人の同意を要する行為等）1項ただし書移修
　　　1号：民法13条（保佐人の同意を要する行為等）1項3号、9号移修
　　　2号：民法13条（保佐人の同意を要する行為等）1項5号、7号移修
　　　3号：民法13条（保佐人の同意を要する行為等）1項8号移修
　　　4号：民法13条（保佐人の同意を要する行為等）1項1号、2号移修
　　　5号：民法13条（保佐人の同意を要する行為等）1項5号移修
　　　6号：民法13条（保佐人の同意を要する行為等）1項6号、7号移修
　　　7号：新設
　　2項：民法13条（保佐人の同意を要する行為等）2項本文、ただし書移修
　　3項：民法13条（保佐人の同意を要する行為等）3項修正
　　4項：民法13条（保佐人の同意を要する行為等）4項、120条（取消権者）1項移修
　　5項本文：民法876条の4（保佐人に代理権を付与する旨の審判）1項移修
　　　　ただし書：民法876条の4（保佐人に代理権を付与する旨の審判）2項移修
　　6項前段：民法876条の5（保佐の事務及び保佐人の任務の終了等）2項移修
　　　　後段：民法876条の5（保佐の事務及び保佐人の任務の終了等）2項移修
　　7項：新設

（保佐終了の審判等）

第一編　総則

> 第十八条　第十六条（保佐開始の審判）第一項本文に規定する原因が消滅したときは、家庭裁判所は、本人、配偶者、四親等内の親族、未成年後見人、未成年後見監督人、保佐人、保佐監督人又は検察官の請求により、保佐終了の審判をしなければならない。
> 2　家庭裁判所は、前項に規定する者の請求により、前条第二項、第五項又は第七項の審判の全部又は一部を終了する審判をすることができる。

本条1項：民法14条（保佐開始の審判等の取消し）1項移修
　　2項：民法14条（保佐開始の審判等の取消し）2項、876条の4（保佐人に代理権を付与する旨の審判）3項移修

[Ⅱ]　改正理由

1　はじめに

保佐についての条文の構成についての説明は、「第三款　行為能力」の【前注】に述べたところでほぼ尽きており、後見について述べたところと基本的に同様なので、ここで繰り返して述べることは避けることとする。

また、本民法改正案が規定する保佐の規定の3か条のうち、冒頭の［新］16条（保佐開始の審判）の規定は、後見の冒頭規定とパラレルに規定されており、とくにここで述べなければならない点は存在していない。そこで、次の2では、［新］17条と［新］18条についての改正理由を述べる。

2　保佐の規定の改正点

（1）「法律行為」と「行為」

「第三款　行為能力」の【前注】では、現行民法において「行為」という文言をもって規定されているところ、本民法改正案では、基本的には、それを「法律行為」等に変更したと述べた。しかしながら、［新］17条では、標題を「法律行為等」としたうえで、それに続く1項本文では、単に「行為」とだけ規定している。これは、［新］17条、とりわけその1項には、贈与の申込みの拒絶等の法律行為以外のものも含まれているからである[131]。

---

[131]　【「法律行為」と「行為」・「取消し」をめぐる議論の経緯】
　　［新］17条1項2号の文言のうち、「贈与」は法律行為であるが、「負担付贈与の申込みを承諾すること」は意思表示であって、法律行為ではない。また、「贈与の申込みを拒絶」することは、準法律行為であって、意思表示ですらないと思われる。このような問題があるの

なお、これにともない、[新] 17 条 4 項および 7 項は、「法律行為の取消し又は行為の撤回」を規定している。「取消し」の対象は法律行為なので、同条 1 項 2 号の「贈与の申込みを拒絶」する等の「行為」については、保佐人が「取消し」ではなく、「撤回」が可能となることを条文上も明記した。

（2） 日常生活にかんする行為の例外 ── [新] 17 条 1 項ただし書

① 成年被後見人と被保佐人とがなしうる行為 ── ノーマライゼーションをめぐって

現行民法においては、13 条 1 項ただし書が 9 条ただし書を被保佐人について準用し、被保佐人は、成年被後見人と同様、「日用品の購入その他日常生活に関する行為」ができるとされている。

しかし、成年被後見人と被保佐人とでは、判断能力に差異がある。そこで、本書 329 頁に記したように、成年被後見人については、「日用必需品の購入」および「その他日常生活に必要な法律行為」についてのみ限定的に自己決定権を認めることとし、被保佐人については、基本的に現行民法と同じ範囲で自己決定権を認め、能力に応じた差異を設けることとした。

② 現行民法 13 条 1 項ただし書と同条同項 3 号の齟齬の是正

ただ、現行民法 13 条 1 項ただし書を文言どおりに適用すれば、被保佐人は、「日用品の購入」につき、保佐人の同意を得る必要がない、と規定されていることになる。

他方、民法 13 条 1 項 3 号は、被保佐人が「購入」を行うさいに保佐人の同意を要するのは、「不動産その他重要な財産に関する権利の得喪を目的とする行為」に限定している。この条文のもとでは、「日用品の購入」は、「不動産その他重要

で、磯村保から「法律行為」として把握してしまうことに疑念が示され（於 2009 年 6 月 14 日全体会議）、民法改正研究会としては、法律行為と関連する事項であると解釈してもよいのではないか、との考えのもとに、国民有志案までは、この部分の文言を「法律行為等」としていた。

ただ、その後の検討において、「法律行為等」という文言には唐突感があるとの意見がだされ（於 2011 年 2 月 26 日全体会議）、最終的には、同条同項の本文、ただし書とも「法律行為」の文言を用いることなく、「行為」の文言を維持することに落ち着いた。

なお、現行民法 13 条 1 項 8 号は、「新築、改築、増築又は大修繕」について規定しているので、一見、文言上、事実行為も含まれるようにみえなくもない。しかし、被保佐人自身が、事実行為として、すなわち自らの労力で新築や大修繕をしても、保佐人がその行為を取り消すことはできようはずもない。これが、取消しの対象として規定されている以上、「新築、改築、増築又は大修繕」といわれていることも、請負契約等の「法律行為」以外の何ものでもありえない。そこで、[新] 17 条 1 項 3 号では、「新築、改築、増築又は大修繕を目的とする法律行為をすること」と文言を改めている。

な財産」の購入に該当しないので、13条1項ただし書がなくても、元来、保佐人の同意が不要な行為である。

このようにみると民法13条1項ただし書が前提としている内容と、同条同項3号とには食い違いがあることになる。そこで、本民法改正案においては、このような齟齬をなくし、[新]17条1項ただし書からは、「日用品の購入」の文言を削除し、「日常生活に関する法律行為」との文言に限定し、現行民法の齟齬を解消することとした。

この限定された文言が機能する場合を例示してみよう。民法13条1項2号が、「借財」を保佐人の同意を要する行為とし、[新]17条1項4号も、「金銭消費貸借契約若しくはこれに類する契約の締結」について保佐人の同意を要するものとしている。その結果、この文言を形式的に適用すると、日常生活に必要な範囲での分割払いのクレジットカード等の使用等もこれらに該当することとなる。そこで、[新]17条1項ただし書が「日常生活に関する法律行為」についての例外を認めているので、現行民法と同様、日常生活に必要な範囲での分割払いのクレジットカード等の使用等を可能にする途が開かれることになる。

(3) 保佐人の同意を必要とする行為 ——[新]17条1項各号
① 条文配置の体系性の確保

民法13条1項の「保佐人の同意を要する行為」については、本民法改正案では、規定の順序を大幅に変更した。民法13条1項では、1号から9号にわたって「保佐人の同意を要する行為」を列挙している。その順序は、「元本の領収・利用 —— 借財・保証 —— 不動産等の権利変動 —— 訴訟行為 —— 贈与・和解・仲裁合意 —— 相続の承認・放棄・遺産分割 —— 贈与の申込みの拒絶・遺贈の放棄・負担付贈与または負担付遺贈の申込みの承諾等 —— 新築・改築・増築・大修繕 —— 短期ではない賃貸借」となっており、体系性への配慮がみられない。

そこで、本民法改正案においては、基本的に、これらの各号を民法に順に配列することとした。それが[新]17条1項各号の規定である（ただし、本民法改正案では、現行民法の契約各論の配列が変更されているので、あくまであらたな配列にしたがった体系的な順序で各号が規定されていることに留意されたい）。

② 各号の内容

[新]17条1項の各号は、号の配置こそ現行民法と異なっているものの、現行民法の内容を承継したものが多いので、それらについては説明を要しないであろう[132]。

ただ、民法13条1項4号に規定されていた「訴訟行為をすること」は、本民

第2章　権利の主体

法改正案では削除されるとともに、［新］17条1項7号に、無償行為の規定が新設されている点が目新しい。以下では、その2点および関連するものについて、若干、述べておくこととする。

③　訴訟行為

現行民法13条1項4号は、「訴訟行為をすること」につき、保佐人の同意を必要とし、同条4項で同意がない場合に取消しが可能であると規定している。これを一見すると、同意を欠いた被保佐人の訴訟提起は取消しの対象となるかのようであるが、訴訟行為については、取消しを観念できないと解されている。そこで、本民法改正案では、この民法13条1項4号の「訴訟行為をすること」は削除し、民事訴訟法の規定を整備することとした。

現行民事訴訟法32条は、その1項で被保佐人、被補助人の応訴能力、上訴能力を規定しており、被保佐人、被補助人の訴訟提起能力については規定していない。そこで、民事訴訟法32条に、あらたに訴訟提起能力についての下記のような1項を設ける。なお、これにともない、現行民事訴訟法32条1項、2項は、それぞれ2項、3項となる。

> **（被保佐人、被補助人及び法定代理人の訴訟行為）**
> 32条　被保佐人、被補助人（訴訟行為をすることにつきその補助人の同意を得ることを要する審判を受けた者に限る。以下この条及び第四〇条第四項において同じ。）が訴訟を提起するには、保佐人、補助人の同意を得なければならない。
> 2　現行民事訴訟法32条1項に同じ。
> 3　現行民事訴訟法32条2項に同じ。

以上のような改正をすれば、保佐人の同意なくして被保佐人がした訴訟提起は、訴訟能力を欠くものとして効力を生じない。かつ、それに対する、現行民事訴訟法34条1項にもとづく補正命令、また同条2項にもとづく追認が可能になる。

---

132 【「短期賃貸借」にかんする議論の経緯】
　［新］17条1項1号の「賃貸借（第N条（短期賃貸借）に定める期間を超えない賃貸借を除く。）」と規定との関連でなされた研究会の議論の一部を紹介しておくこととする。「短期賃貸借」の解釈につき、磯村保は、この短期賃貸借に該当する期間の賃貸借であっても、借地借家法の適用を受ける場合は、保佐人の同意がなければ取り消しうるものと解すべきであるとの見解を表明し、民法改正研究会では、それが了承された（於2007年8月5日総則分科会）。なお、この考え方は、条文に明示することはしなかったため、解釈論として導びかれるものである。

このような改正によって、より実体にそくした規律内容になると考える。
④　仲裁合意
　③に述べたように、本民法改正案では、現行民法13条1項4号の「訴訟行為をすること」を削除した。その結果、[新]17条1項で規定した1号から7号までの内容は、基本的に民法に規定された実体法上の問題に純化されることとなった。ただ、[新]17条1項5号の「仲裁合意」のみが民法外の訴訟契約にかんする規定として残ることになる。

　しかしながら、仲裁合意は当事者間の契約であり、制限行為能力を理由とする取消しの対象となりうる。そこで、本民法改正案においても仲裁合意については民法に規定するとの結論に落ち着いた。

　なお、仲裁法14条1項1号は、仲裁合意の無効・取消しを規定し、同法44条1項は、行為能力の制限により仲裁合意が取り消され効力を失った場合の仲裁判断の取消しの申立てが可能であることを規定している。民法に「仲裁合意」を残すことで、これらの規定と多少重複するきらいはあるが、民法典にも明記したほうがわかりやすいことは否定できないため、[新]17条1項5号に列挙した。

⑤　裁判外紛争解決手続
　裁判外紛争解決手続の利用の促進に関する法律（平成十六年法律第百五十一号第二条第四号）に規定する認証紛争解決事業者による民間紛争解決手続の利用は、認証紛争解決事業者による「和解の仲介」はあるが、最終的に当事者間での和解となるため、[新]17条1項5号の「和解」に含まれる。

⑥　無償行為規定
　不動産、重要な動産についての使用貸借は、[新]17条1項1号の「その他権利の変動を目的とする法律行為」に含まれうるであろうし、無償の金銭寄託も同条同項4号の金銭消費貸借契約に「類する契約の締結」に含まれうるであろう。しかし、不動産や重要な動産の無償寄託となると、同条同項1号や4号に該当するか否か微妙となる。無償な法律行為については、一方当事者に不利なものが多いことを考え、本民法改正案は、各号列挙の末尾の[新]17条1項7号に、包括的な無償の法律行為についての規定をおくこととした。

（4）　保佐人の同意権の範囲の拡張
　[新]17条2項は、民法13条2項を承継したものである。ただ、民法13条2項ただし書は、9条に定められた成年被後見人の法律行為について「日用品の購入その他日常生活に関する行為」の例外を——13条1項同様——そのままここでも繰り返している。しかし、本書335頁以下に述べたように、保佐についてこ

第 2 章　権利の主体

の文言を用いることはできないので、［新］17条2項ではその文言を変更するとともに、民法13条2項ただし書を本文のなかに組み込むかたちで規定することとした[133]。

　なお、［新］17条3項は、民法13条3項が規定する保佐人の同意にかわる家庭裁判所の「許可」を「許可を与える審判」に変更して承継したものであり、とくに説明を要しないであろう。

　また、［新］17条4項の「行為の撤回」については、本書337頁の叙述に譲る。

（5）　保佐人の代理権

　［新］17条5項は、本文で保佐人への代理権付与の審判の手続きを、そのただし書で、本人以外の請求による保佐人への代理権の付与については本人の同意を要することを規定している。この［新］17条5項は、本文が民法876条の4第1項を、ただし書は民法876条の4第2項を承継し、現行民法の2つの項を統合したものとなっている。

　次の［新］17条6項は、本文で代理権の行使の仕方を一般的に規定したうえで、そのただし書で保佐人の代理権の内容的な制約──被保佐人の行為を目的とする場合には、本人である被保佐人の同意を必要とする──としている。この［新］17条6項の内容は、民法876条の5第2項の規定を承継したものである。ただ、現行民法では、この876条の5第2項は、1つの委任契約の規定、5つの後見の規定、そして1つの親権の規定を網羅的に羅列し、それらを一挙に保佐に準用する内容となっている。現行民法のこの規定は、一読しただけでは内容がわからない悪文の典型のような条文なので、本民法改正案では、これをわかりやすく書き改めた。

（6）　保佐人に対する原状回復のための代理権の付与の審判

　［新］17条7項に、保佐人による取消権の行使にともなう、原状回復のための代理権の付与の審判についての条項を新設した。民法125条1項は、保佐人に取消権を付与している。当然のことながら、法律行為がすでに履行済みである場合には、原状回復のためには、別途回復措置が必要である。しかし、保佐人は取消

133　【法定列挙行為以外についての保佐人の同意にかんする議論の経緯】
　　現行民法13条2項は、前項に規定する保佐人の同意を要する行為以外にも、家庭裁判所が保佐人の同意を必要とする行為を認めうる旨を規定している。国民有志案では、これを独立の項とせず、法定列挙行為を並記する号のレベルで規定した。しかし、本民法改正案提示前の川﨑政司による条文レビューにおいて、この内容を号として列挙するのには無理がある、との指摘があり、現行民法同様、［新］17条2項に、独立の項として規定することとした。

339

権を行使することができても、回復措置のための代理権がなければ、自身で原状回復することはできない。したがって、被保佐人に回復の意図がない場合には、保佐人の取消権が画餅に帰すことになる。

この場合、[新] 17条5項で代理権付与のための審判をすることができるのは当然であるが、同項ただし書の本人の同意がネックになる可能性が大きい。そこで、[新] 17条7項で、回復請求の場合にかぎって、本人の同意を得ることなくして、代理権付与の審判が可能なように規定した[134]。

（7） 保佐終了の審判等

後見の目の末尾の規定は、「後見終了の審判」であったのに対し、保佐の目の末尾の規定は、「保佐終了の審判等」とされている。後者にのみ、「等」の文言が付されたのは、[新] 18条2項に同意権付与の審判の終了又は代理権付与の審判の終了が部分的なものにとどまった場合には、保佐終了にいたらないが、このような場合も本条に規定されているためである。なお、同様の理由で、[新] 21条の「補助終了の審判等」についても「等」が付されていることを付言しておきたい。

第4目　補助

[I] 条文案

> （補助開始の審判等）
> 第十九条　精神上の障害により意思能力の程度が不十分である者については、家庭裁判所は、本人、配偶者、四親等内の親族、後見人、後見監督人、未成年後見人、未成年後見監督人、保佐人、保佐監督人又は検察官の請求により、補助開始の審判をするものとする。ただし、第十三条（後見開始の審判）第一項又は第十六条（保佐開始の審判）第一項本文に規定する原因がある者については、この限りでない。
> 2　家庭裁判所は、補助開始の審判を受けた者（以下「被補助人」という。）のために補助人を選任する審判をしなければならない。
> 3　第一項の審判を行うときは、家庭裁判所は、同項本文に規定する者又は

---

[134] このような条項の必要性については、岡孝から指摘されたところである（於2011年1月23日事務局会議）。

第 2 章　権利の主体

補助人若しくは補助監督人の請求により、次に掲げる審判のうちいずれか又は第一号及び第二号の審判を併せてしなければならない。
一　被補助人が第十七条（被保佐人の法律行為等）第一項各号に掲げる行為のうち一部の行為をする場合にはその補助人の同意を必要とする旨の審判（次条第一項、第二十一条（補助終了の審判等）第二項及び第二十三条（制限行為能力者の相手方の催告権）第一項において「同意権付与の審判」という。）
二　被補助人のために特定の法律行為についてその補助人に代理権を付与する旨の審判（次条第四項及び第二十一条（補助終了の審判等）第二項において「代理権付与の審判」という。）
4　本人以外の者の請求により第一項及び前項の審判をするには、本人の同意がなければならない。

本条1項本文：民法15条（補助開始の審判）1項本文、876条の6（補助の開始）移修
　　　　ただし書：民法15条（補助開始の審判）1項ただし書移修
　　2項：民法16条（被補助人及び補助人）、876条の7（補助人及び臨時補助人の選任等）1項移修
　　3項柱書：民法15条（補助開始の審判）3項移修
　　　　1号：民法17条（補助人の同意を要する旨の審判等）1項本文、ただし書移修
　　　　2号：民法876条の9（補助人に代理権を付与する旨の審判）1項移修
　　4項：民法15条（補助開始の審判）2項、17条（補助人の同意を要する旨の審判等）2項、876条の9（補助人に代理権を付与する旨の審判）2項移修

（被補助人の法律行為等）
第二十条　被補助人は、同意権付与の審判において補助人の同意が必要とされた行為をするには、その補助人の同意を得なければならない。ただし、日常生活に関する行為については、この限りでない。
2　補助人の同意を得なければならない行為について、被補助人の利益を害するおそれがないにもかかわらず補助人が同意をしないときは、家庭裁判所は、被補助人の請求により、補助人の同意に代わる許可を与える審判をすることができる。

3　被補助人又はその補助人は、第一項の同意又は前項の家庭裁判所の許可を得ないでした被補助人の法律行為の取消し又は行為の撤回をすることができる。
4　代理権付与の審判がなされたときは、補助人は、第四編（親族）の規定に従い、当該法律行為について被補助人を代理する権限を有する。この場合においては、第十四条（被後見人の法律行為等）第三項の規定を準用する。

本条1項本文：民法17条（補助人の同意を要する旨の審判等）1項本文移修
　　　ただし書：民法17条（補助人の同意を要する旨の審判等）1項ただし書移修
　　2項：民法17条（補助人の同意を要する旨の審判等）3項移修
　　3項：民法17条（補助人の同意を要する旨の審判等）4項、120条（取消権者）1項移修
　　4項前段：民法876条の10（補助の事務及び補助人の任務の終了等）1項移修
　　　後段：民法876条の10（補助の事務及び補助人の任務の終了等）1項移修

（補助終了の審判等）
第二十一条　第十九条（補助開始の審判等）第一項本文に規定する原因が消滅したときは、家庭裁判所は、本人、配偶者、四親等内の親族、未成年後見人、未成年後見監督人、補助人、補助監督人又は検察官の請求により、補助終了の審判をしなければならない。
2　家庭裁判所は、前項に規定する者の請求により、同意権付与の審判による同意権の付与又は代理権付与の審判による代理権の付与について、その全部又は一部を終了する審判をすることができる。この場合において、家庭裁判所は、その審判により当該被補助人に係る同意権及び代理権が全て消滅することとなるときは、補助終了の審判を併せてしなければならない。

本条1項：民法18条（補助開始の審判等の取消し）1項修正
　　2項前段：民法18条（補助開始の審判等の取消し）2項、876条の9（補助人に代理権を付与する旨の審判）2項移修
　　　後段：民法18条（補助開始の審判等の取消し）3項移修

第 2 章　権利の主体

［Ⅱ］　改正理由

1　はじめに

　現行民法の補助制度は、規定の順序がかなり錯綜しており、また、同種の規定の繰返しが多い。体系的理解を促すため、本民法改正案が用いている用語——「補助開始の審判」、「同意権付与の審判」、「代理権付与の審判」[135]——を用いて説明することとしよう。

　現行民法では、補助開始の審判は、補助制度の冒頭規定の 15 条 1 項に規定されており、同意権付与の審判は、1 条とんだ 17 条 1 項に規定され、代理権付与の審判は、親族法の 876 条の 9 第 1 項に規定されている。そのうえで、補助の冒頭規定である 15 条 3 項に、補助開始の審判は、同意権付与の審判または代理権付与の審判とともにしなければならない、と規定しているのである（しかも、15 条 3 項には、この 2 つの審判は単に「〇〇条〇項の審判」と条数で指示されているだけである）。

　ここからわかるように、補助の冒頭規定をはじめて読む者は、いまだ内容がわかっていない同意権付与の審判、代理権付与の審判のいずれかと同時に、補助開始の審判をしなければならない、との内容の規範に接することになる。つまり、条文の立て方自体が、一度読むだけではわからないことを前提に規定されているのである。しかも、上記 3 つの審判については、本人以外の者の請求によるときは、「本人の同意」が必要となるが、それが、15 条 2 項、17 条 2 項、876 条の 9 第 2 項に、3 度繰り返して規定されている。そのうえ、876 条の 9 第 2 項は、こ

---

[135]　【「同意権付与の審判」と「代理権付与の審判」にかんする議論の経緯】
　　2010 年 12 月の事務局会議において、国民有志案が規定する補助制度は理解しにくいという指摘が、平林美紀、宮下修一、伊藤栄寿よりなされた。それを受け、条文中に「同意権付与の審判」、「代理権付与の審判」の語を用いることによって、「補助開始の審判」との関係を明示することにした。なお、現行法では用語法が不統一であり、前者につき、民法 17 条は標題として「補助人の同意を要する旨の審判」、家事事件手続法別表 1 は「三七　補助人の同意を得なければならない行為の定め」、後者につき、民法 876 条の 9 は標題として「補助人に代理権を付与する旨の審判」、家事事件手続法別表 1 は「五一　補助人に対する代理権の付与」等の文言を用いている。そこで、本民法改正案は、これらを「同意権付与の審判」、「代理権付与の審判」に統一した。
　　なお、保佐においては、［新］17 条 1 項に保佐人の同意権が規定され、同条 5 項に「代理権を付与する旨の審判」の文言が規定されているが、保佐の目ではこれ以後これと同一の文言は用いられてはいない。そこで、「同意権付与の審判」と「代理権付与の審判」の対置が明確になる補助の目でこのような用語法を規定することとしたものである。

れを端的に規定するのではなく、保佐の箇所の規定の準用というかたちになっている。

このような、いわば読む者を迷路に入らせるような条文の規定の仕方を解きほぐすこと、すなわち錯綜しきった現行民法の補助制度についての規定を簡明にすること、これが本民法改正案の基本姿勢であった。本民法改正案では、補助制度の冒頭規定である［新］19条に、3つの審判についてすべて規定し、そのなかで同時審判の趣旨も規定するという方式をとった[136]。そして、［新］19条の末尾の4項に、3つの審判をまとめたかたちで「本人の同意」を必要とすることが規定されたのである。

なお、上記以外の補助の条文の構成についての説明は、「第三款　行為能力」の【前注】に述べたところでほぼ尽きており、後見、保佐について述べたところと基本的に同様なので、ここで繰り返して述べることは避けることとする。

2　補助の規定の改正点

（1）　補助審判の構造と同時審判

補助制度につき、後見制度、保佐制度にはない独特な点は、審判の重畳構造の存在である。まず、補助開始の審判（［新］19条1項）が基礎となり、そのうえで、補助人に同意権を付与する審判（［新］19条3項1号）または／および補助人に代理権を付与する審判（［新］19条3項2号）がなされることになる。この「補助開始の審判」と、それを基礎とする「同意権付与の審判」または／および「代理権付与の審判」は、同時になされなければならない（［新］19条3項柱書）。

より具体的にいえば、補助の審判には3つの形態──①「補助開始の審判」＋「代理権付与の審判」、②「補助開始の審判」＋「同意権付与の審判」、または③「補助開始の審判」＋「代理権付与の審判」＋「同意権付与の審判」──がありうる。そして、「代理権付与の審判」と「同意権付与の審判」とのそれぞれにつき、どのような行為に関してそれらの権利を付与するのか、複数の審判がありうることになる。

（2）　補助人の同意権と代理権

被補助人の行為につき、補助人の同意ないし代理が問題となり、それが［新］

136　なお、私法学会提出案から国民有志案までは、補助開始の審判は、同意権付与の審判または代理権付与の審判とともにしなければならない、との趣旨の規定──ここでは「同時審判」との標題が付されている──は、補助制度の後半におき、その前に同意権付与の審判、代理権付与の審判を規定するという方式がとられていた。

第2章　権利の主体

20条に規定されている。ただ、この点については補助特有の問題があるわけではないので、成年後見および保佐について述べたところに譲る。

（3）補助終了の審判の構成

［新］21条の補助終了の審判は、（1）に述べた構造を前提として規定されているが、内容的には現行民法と大きく変わるところはないので、以下、確認のために記しておく。

まず、［新］21条は、1項で補助開始原因である、「意思能力の程度の不十分性」が後発的に消滅した場合に、補助終了の審判をしなければならない旨を規定している。これは義務的な審判である。この審判がなされれば、「補助開始の審判」自体が存在しなくなるが、それを基礎としていた「同意権付与の審判」、「代理権付与の審判」も消滅することになる。

これに対し、同条2項前段は、意思能力の程度が不十分のままであっても、状況の変化にともない、すでに行われた代理権付与の審判または同意権付与の審判を終了することが可能である旨を規定している。この審判は裁量的である。この審判は、「同意権付与の審判」、「代理権付与の審判」を個別に消滅させていくものであり、複数の審判がなされている場合には、必要に応じて、個別の審判を消滅させることが可能である。

そのうえで、同条同項後段は、この「裁量的」終了の結果、代理権付与の審判や同意権付与の審判がすべて消滅した場合に、基礎となっている「補助開始の審判」を残しておく必要がなくなることを規定している。

［新］21条2項は、民法18条2項、3項、876条の9第2項に分散して規定されている内容を統合し、規定の整序をはかったものである。

第5目　審判保護制度相互の関係

［Ⅰ］条文案

> （重複審判の回避）
> 第二十二条　後見開始の審判をする場合において、本人が被保佐人又は被補助人であるときは、家庭裁判所は、その本人に係る保佐終了の審判又は補助終了の審判を併せてしなければならない。
> 2　前項の規定は、保佐開始の審判をする場合において本人が被後見人若し

> くは被補助人であるとき、又は補助開始の審判をする場合において本人が被後見人若しくは被保佐人であるときについて準用する。

本条1項：民法19条（審判相互の関係）1項修正
　　2項：民法19条（審判相互の関係）2項修正

[Ⅱ]　改正理由

[新]22条（重複審判の回避）については、民法19条の標題を変更し、同条にある「保佐開始の審判の取消し」等の文言を「保佐終了の審判」等に修正したほか、現行民法の文言の微修正があるが、それ以外の点については、基本的に、民法19条を承継した。

第6目　制限行為能力者の相手方の保護

[Ⅰ]　条文案

> **（制限行為能力者の相手方の催告権）**
> 第二十三条　制限行為能力者（未成年者、被後見人、被保佐人及び同意権付与の審判を受けた被補助人をいう。以下同じ。）の相手方は、その制限行為能力者の法定代理人、保佐人又は補助人に対し、一か月以上の期間を定めて、その期間内に、取り消すことができる法律行為を追認するかどうかを確答すべき旨の催告をすることができる。この場合において、制限行為能力者が行為能力者となったときは、その催告は、その後は、その者に対して行わなければならない。
> 2　前項の催告を受けた者が、単独で追認することができるにもかかわらず、その期間内に確答を発しないときは、その法律行為を追認したものとみなす。ただし、被後見人であった者が、その法律行為の内容を了知していないときは、この限りでない。
> 3　第一項の催告を受けた者が単独で追認することができない場合において、その者がその期間内に確答を発しないときは、その法律行為を取り消したものとみなす。

本条1項前段：民法20条（制限行為能力者の相手方の催告権）2項移修、4項前

第2章　権利の主体

　　　段移修
　　後段：民法 20 条（制限行為能力者の相手方の催告権）1 項前段移修
　　2 項本文：民法 20 条（制限行為能力者の相手方の催告権）1 項後段、2 項移
　　　　　　修
　　ただし書：新設
　　3 項：民法 20 条（制限行為能力者の相手方の催告権）3 項、4 項後段移修

> **（制限行為能力者の詐術）**
> 第二十四条　制限行為能力者が行為能力者であること又は同意権を有する者の同意を得ていることを相手方に信じさせるために詐術を用いたときは、その法律行為を取り消すことができない。ただし、相手方が制限行為能力者であること又は同意権を有する者の同意を得ていないことを知っていたときは、この限りでない。

本条本文：民法 21 条（制限行為能力者の詐術）修正
　　ただし書：新設

[Ⅱ] 改正理由

1　制限行為能力者の相手方の催告権

　民法 20 条の「制限行為能力者の相手方の催告権」は、長大できわめて難解な規定となっている[137]。[新] 23 条は、催告に対し確答しない場合に、追認とみなされるか、取消しとみなされるか、という結果自体は、民法 20 条と同一であるが、現行法の長大で難解な規定を、規範の内容を抽象的な原理にそくして、わかりやすくリライトしたものである[138]。

---

[137] 「制限行為能力者の相手方の催告権」を規定した [新] 23 条では、まず法定代理人に対する催告が、次に、本人に対する催告が規定されている。これに対し、「意思能力を欠く者の相手方の催告権」にかんする [新] 9 条では、意思能力を欠く者に対する催告を規定した後に、法定代理人に対する催告の条項があり、順序が逆になっている。順序を本民法改正案で逆転させたのは、これらの催告がなされる頻度の違いに配慮したためである。すなわち、意思能力が欠如しているときには、法定代理人がついている場合がむしろ例外であろうが、制限行為能力者に対する催告は、その者が能力を回復した後に催告すること以上に、法定代理人に対して催告することが多いであろうと考えた。

[138] 【制限行為能力者の相手方の催告権にかんする議論の経緯】
　民法改正研究会の議論の過程では、制限行為能力者の相手方の催告権をめぐって、最終的に [新] 23 条となった事務局第 1 案と同時に、事務局第 2 案が提出された。事務局第 2 案

第一編　総則

　なお、本条の催告に対する「確答」にかんして、本民法改正案が現行民法同様、到達主義の例外として発信主義を採用していることについては、本書292頁を参照されたい。

2　制限行為能力者の詐術

　[新] 24条の「制限行為能力者の詐術」については、基本的には民法21条を承継しつつ、行為能力者であることについての詐術のみならず、同意権を得ていることについての詐術があった場合にも、取消権が失われることを明記することとした。後者の点は、判例でもあり[139]、通説もそれを支持する[140]。

　また、判例は、民法21条の「制限行為能力者の詐術」につき、「無能力者であることを黙秘していた場合でも、それが、無能力者の他の言動などと相俟つて、相手方を誤信させ、または誤信を強めたものと認められるときは、なお詐術に当たる」とする[141]。この判例の判断枠組は適切なものと考えるが、この点を条文の文言としてとりいれると、詐術事案の典型例が曖昧となるので、解釈による運用に委ねることとした。

　　は、[新] 23条2項・3項に特徴があった（第1項は、[新] 23条1項と同じ）。

　（制限行為能力者の相手方の催告権・経過案・2006年11月23日事務局第2案）
　N条①：略（[新] 23条1項と内容は同じ）
　　　②：前項の催告を受けた者が単独で追認をすることができる場合（制限行為能力者が行為能力者になった後に催告を受けた場合、それに監督人が付せられていない場合の法定代理人、保佐人又は補助人が催告を受けた場合）に、その者がその期間内に確答を発しないときは、その行為を追認したものとみなす。
　　　③：第一項の催告を受けた者が単独で追認をすることができない場合（制限行為能力者が催告を受けた場合、それに監督人が付せられている場合の法定代理人、保佐人又は補助人が催告を受けた場合、同意権のみを有する被保佐人又は被補助人が催告を受けた場合）に、その者がその期間内に確答を発しないときは、その行為を取り消したものとみなす。

　　上記第2案のように、（　）内に具体的な場合を示したほうがわかりやすいとの意見もあった。しかし、このような規定をおくと他の条文についても同様の説明的な文言をおかないとバランスを失することとなる、との意見もあった。また、法律の条文としても、多少異例の書き方である、との意見もあり、最終的に、本民法改正案の規定が採用された。

139　大判明治37年6月16日民録10輯940頁、大判大正12年8月2日民集2巻577頁。
140　我妻・注25）引用『民法講義Ⅰ　民法総則』91頁、前掲注46）引用『新版注釈民法（1）』398頁以下（磯村保執筆部分）。
141　最判昭和33年2月13日民集23巻2号291頁。

第2章　権利の主体

第4款　意思表示の受領能力

[Ⅰ]　条文案

> （意思表示の受領能力）
> 第二十五条　表意者は、その意思表示を受けた相手方が意思能力を欠く者又は未成年者若しくは被後見人であったときは、その意思表示をもってその相手方に対抗することができない。ただし、その相手方の法定代理人がその意思表示を知った後は、この限りでない。
> 2　前項本文の規定は、表意者が書面による意思表示を意思能力を欠く者に対してした場合において、その者が意思能力を回復して、その書面による意思表示を知ったときは、適用しない。
> 3　表意者が書面による意思表示を未成年者又は被後見人に対してした場合において、それらの者が行為能力を回復して、その書面による意思表示を知ったときも、前項と同様とする。

本条1項本文：民法98条の2（意思表示の受領能力）本文移修
　　　ただし書：民法98条の2（意思表示の受領能力）ただし書移修
　2項：新設
　3項：新設

[Ⅱ]　改正理由

1　意思表示の受領能力の法体系的位置づけ
　　　――能力の規定の一覧性

　現行民法において、「意思表示の受領能力」は、意思表示の効果が発生するか否かという観点から「第一編　総則：第五章　法律行為：第二節　意思表示」のなかに規定されている[142]。しかし、未成年や（成年）被後見人と関係するその規定

---

[142]　現行民法では、「意思表示」の語がはじめてでてくるのが「法律行為」の章の91条なので、「意思表示の受領能力」をその後に規定した側面がある。しかし、本民法改正案では、意思表示そのものについての諸規定は後におかれているものの、「意思表示」という用語は、[新]8条の「意思能力の欠如」においてすでにでてきているので、現行民法においてみられたような配慮は必要ないと考える。

の内容を考えると、「意思表示の受領能力」は、能力一般を取り扱う「第二章 権利の主体：第一節 人」のなかで、第1款から第3款までに規定されている「権利能力」、「意思能力」、「行為能力」に次いで規定するのが適切であろう。このように規定すれば、「第二章 権利の主体：第1節 人」において、人の能力にかんする規定を ── 「責任能力」を除いて ── 一覧することができるからである。

なお、［新］8条以下に意思能力についての規定を新設したことにともない、［新］25条1項にも現行法の微修正が必要となった。すなわち、［新］25条1項は、現行民法98条の2に対応するため、未成年者、被後見人に加えて、「意思能力を欠く者」を明記した。ただ、書面で意思表示がなされた場合には、意思表示を受領した段階では意思能力を欠いていても、後に意思能力を回復し、その書面による意思表示を知ることもありうるので、その点についての規定を［新］25条2項に新設した。さらに、未成年者および後見人についても、［新］25条3項に同じ趣旨の規定をおいた[143]。

2　「意思表示」関連規定の純化

1に述べた点に加えて、後の検討する「第一編 総則：第五章 法律行為：第二節 意思表示」の規定内容から考えても、「意思表示の受領能力」の規定の移動は望ましいところである。なぜなら、現行民法中の「公示による意思表示」や「意思表示の受領能力」の規定も本民法改正案においては、大幅に移動させているからである。すなわち、前者は、「法令の通則に関する法律」に移動し、本書409頁に述べた理由によりレファレンス規定をおくにとどめ、後者は、「第一節 人：第四款 意思表示の受領能力」として規定した。その結果、現行民法の「第一編 総則：第五章 法律行為：第二節 意思表示」に対応する本民法改正案の「款」の内容は、意思表示の効力発生時期とその無効・取消しにかんする規定に純化されている[144]。

143　【意思表示の受領能力を規定する位置にかんする議論の経緯】
　　意思表示の受領能力を民法の「人」（時期によっては、「自然人」）の末尾に規定しようという提案は、民法改正研究会の初期の段階で事務局からなされた（於2007年2月18日総則分科会）。この提案は、異論なく受け入れられ、私法学会提出案から国民有志案まで一貫してこの方針がとられており、本民法改正案も基本的にそれを踏襲している。ただ、本民法改正案検討の最終段階で、磯村保から、ドイツ民法を参照して、「意思能力を欠く者」を追加し、かつ、その場合に「書面による意思表示」がなされたときについても対応する必要があるという指摘があり（於2012年11月14日付意見書）、追加修正を行っている。

144　ただし、現行民法の規定のしかたについて、『民法修正理由書』は、「意思表示の受領能力」は意思表示の効力と関係するがゆえにこの箇所に規定した、としていることに留意す

第2章　権利の主体

第2節　法人

【前注】

1　法人制度をめぐる、民法典の「私法一般法典」としての性格の回復

　平成18(2006)年に「一般社団法人及び一般財団法人に関する法律」(以下、「一般法人法」という)が制定される以前の民法典は、法人についての基本原則を規定していた。しかし、一般法人法の制定の結果、それまでの民法典の法人にかんするほとんどの規定が削除され、わずか5か条となった。現在の民法をみただけでは、法人とは何かを理解することは不可能である。

　現行民法の法人の規定5か条のうちの2か条は、外国法人にかんする規定である。しかも、その1つ(民法37条)は、外国法人の登記について、およそ民法の規定とは思えないような技術的な規定を詳細におく等、現在の民法の法人にかんする条文は、きわめてアンバランスな状態になっている。

　つまり、平成18(2006)年改正により、わが国の民法典は、こと法人にかんしては、私法の一般法としての性格を失い、外国法人を中心とする技術的・雑法的な性格を帯びるにいたったのである。これが、民法典の法人の規範としてふさわしいと、はたしていえるのであろうか。

　以上に述べたような問題意識は、学界でもかなり共有されているところである。たとえば、星野英一教授は、「一般法である民法典には基本的なことを規定した方がわかりやすく、法人についても、法人一般に通じる基本的なことは民法典に規定するべき」であると主張し[145]、また、椿寿夫教授は、「法人法の規定が少なすぎて寂しい」との感想を述べている[146]。

　本民法改正案は、このように学界でも疑問が呈されている法人制度の問題状況を解消し、また、民法典をみれば法人の基本枠組がわかるように民法典に規定す

る必要がある。

[145]　2009年2月3日の「民法改正フォーラム・学界編——星野英一先生を囲んで」における星野教授の発言(中野邦保＝伊藤栄寿「民法改正フォーラム・学界編1　星野英一先生を囲んで」民法改正国民有志案24頁)。

[146]　2009年10月25日の「民法改正国民シンポジウム：『民法改正　国民・法曹・学界有志案』の提示のために」における椿教授の発言(加藤雅信＝芦野訓和＝中野邦保＝伊藤栄寿「『民法改正国民シンポジウム：「民法改正　国民・法曹・学界有志案」の提示のために』を終えて　下」法律時報82巻3号〔平成22年〕103頁)。

ることとした。そのうえで、より個別性を有する規定および技術的な規定については、一般法人法、会社法等に委ねることとした。このような改正により、法人についても、民法典の「私法一般法典」としての性格を回復するとの基本方針が実現されるであろう[147]。

---

[147]【民法の法人制度の全面改正 ――「第二節 法人」の成立 ―― にかんする議論の経緯】
　法人については、一般法人法、会社法をも視野に入れ、本民法改正案では民法を全面的に改め、法人法の基本法としての性格を回復するような内容とした。しかし、このような方針が最終的に採用されたのは、かなり後の段階にいたってからのことである。この間の経緯を時系列的に示しておくこととしよう。
　法人についての当初の事務局案は、民法の「法人の能力」を「法人の権利能力」と改める等、若干の変更はあったものの、基本的に現行法を維持するものであった（於 2007 年 2 月 18 日総則分科会）。
　その後も、私法学会提出案において、一般法人法、会社法等へのレファレンス文言はおかれたものの、法人法制の骨組は、法曹提示案にいたるまで、基本的に現行法と類似したものが維持されてきた。
　本文に述べたところと重複するきらいはあるが、これが大きく変わることになった 3 つの契機をここで示しておくこととしよう。
　第 1 に、民法は、法人についての基本法としての性格を失い、民法の条文をみただけでは、法人とは何か、が理解できないような簡単な条文のみを規定している状態となっていた。このような状況をふまえて、法曹提示案を公表した後の段階での事務局による条文案整備のさいに、中野邦保が、民法で法人法の基本枠組を提示すべきことを指摘した。
　第 2 に、2009 年 2 月 3 日の「民法改正フォーラム・学界編 ―― 星野英一先生を囲んで」において、星野英一教授から、民法の一般性を回復すべきである ―― たとえば、法人一般に通じることは民法典に規定するべきである ―― 、との見解が示された。
　第 3 に、以上とは異なる観点から、弁護士の山本晋平が次のような問題提起をした（於 2009 年 3 月 2 日市民法研究会）。平成 18(2006) 年の一般法人法の制定と、民法典の法人規定の改正によって、現状では、法人の「目的」にかんする規定が削除されている。その結果、会社との取引きにおいて、取引の安全を確保できない状況が生じている。法曹提示案はこの問題に対処していないが、この問題の解決を試みるべきである。この提言を受けて、同日の研究会において活発な議論がなされた結果、最終的に、〔新〕28 条 2 項と同一内容の条文案が、市民法研究会において作成されることとなった。
　これら 3 つのきっかけがあり、民法改正研究会は、法人法の全面改正に着手した。まず、本民法改正案では、民法総則が「第二章 権利の主体：第一節 自然人：第二節 法人」となっていることに鑑み、自然人の冒頭規定と法人の冒頭規定とをパラレルにするとの方針を採用した。そして、自然人についての冒頭規定が「自然人の権利能力」となっているので、法人の冒頭規定も「法人の権利能力」とすることとした。そして、その後の条文を「法人の成立」、「法人代表」等とする全面改正案を事務局が作成した。
　これが、「法人・経過案・2009 年 3 月 24 日事務局案」であるが、紙幅の制約から、条文を列記することは避け、その内容を次に紹介しておきたい。
　まず、法人の冒頭規定に、法人制度の骨格を示した。具体的には、1 項で法人が権利義務の主体となることを、2 項で法人の設立について法律準拠主義がとられていることを、簡明に規定し、最後に 3 項で、法人の設立、組織、運営および管理は、法律によることを示した。

第 2 章　権利の主体

2　法人制度の基本枠組

　以上のように、現行民法の法人の規定は、きわめて問題が多い。ただ、平成18(2006)年改正以前の民法も、法人についての一般法としての性格こそ有していたが、その規律のしかたそれ自体は、必ずしも整然としてはいなかった。

　そこで、本民法改正案においては、基本的に、各種法人──一般法人法における社団法人、財団法人、会社法における株式会社、持分会社──にかんする規律から共通する基本枠組を抽出したうえで、以下のように法人の成立から消滅までを段階的に規定することとし、外国法人の特則規定は末尾におくこととした。

① 法人（[新] 26 条）
② 法人の設立（[新] 27 条）
③ 法人の組織等（代表を含む）（[新] 28 条）
④ 法人の消滅（[新] 29 条）
⑤ 法人の登記（[新] 30 条）

　この 3 項では、法人にかんする一般法人法、会社法に言及し、これにより民法とこれらの法律が、一般法・特別法の関係であることを明示した。
　なお、民法 33 条 2 項は、公益法人の例示的列挙をしているが、この 2009 年 3 月 24 日における条文整備のさいに削除することとした。
　このような事務局案の提示の後に、中野が、法人の節の条文を全面的に組み替えることを提案した（於 2009 年 4 月 12 日事務局会議）。それは、法人の節全体につき、まず、内国法人についての規定をワンセットで規定したうえで、次に、外国法人についての例外規定をまとめて規定するという考え方であった。
　これを受けて、再度、事務局が条文案を整備し直したものが、基本的には、本民法改正案の法人法に連なる基本枠組であった。この提案においては、①法人とは何か（具体的には、法人成立についての法律準拠主義および法人の権利能力）、②法人設立、③法人の組織・運営（代表を含む）、④法人の消滅と、段階的に規定し、最後に、法人の登記を規定することとした。そのうえで、外国法人の特則規定がおかれたが、現在の民法において非常に大きな比重をしめている「外国法人の登記」に関する規範の内容をほとんど民法典から削除することとした。
　以上のような提言が、民法改正研究会においても承認され（於 2009 年 6 月 14 日全体会議）、それが国民有志案の内容となり、最終的に、本民法改正案に結実した。
　なお、法人についての規定をどのように改正するべきかを論じるものとして、河内宏「法人規定についてどう考えるか──商法・一般法人法との関係で、民法典に残すべきなのか」椿寿夫・新美育文・平野裕之・河野玄逸編『民法改正を考える』（法律時報増刊）（日本評論社、平成 20 年）56 頁以下、前田達明「『法人法定主義』の規定を修正すべきか」同書 58 頁以下、同「『法人の不法行為責任等』の規定を存続すべきか」同書 62 頁以下、後藤元伸「法人、組合などの団体に関する規律の体系化とその内容的整備についてどう考えるか」同書 66 頁以下参照。

第一編　総則

⑥　外国法人（[新] 31 条）

　一般法人法は全 344 か条であり、会社法は全 979 か条にわたる。これらの法律を読みこなして、法人制度を見通すことは、非常に理解力に優れた者にあっても、ほとんど不可能と思われる。そこで、本民法改正案では、まず、①で法人とは何かを規定した。次いで、法人の設立から消滅まで ── ②で法人の設立、③で法人が設立された後の活動のしかた、④で自然人の死亡に対応する法人の権利能力の消滅 ── を規定し、さらに、⑤で取引の安全のために、法人と取引きをする相手方に必要な登記、⑥で内国法人に対置される外国法人についての規範内容を規定することによって、法人の全体像を民法の条文で概観できるようにした。

　法人制度一般を類型別に概観するのであれば、非営利法人と営利法人である「一般法人・会社」が法人の中心的存在である。このことは、[新] 27 条 3 項柱書に、法人の基本法となる一般法人法と会社法とに言及することによって示している。また、法人には、「社団法人・財団法人」の区別があるが、このことは同項 5 号、6 号で示すことにした。

　以上のように、本民法改正案は、一覧的なかたちで定義規定とすることを避けながらも、民法の条文さえ読めば、法人の類型および全体像がまずは把握できるような規定のしかたを採用している。ここに示した法改正が実現した暁には、法人とは何かを含め、法人制度の透視性が格段に増すこととなるであろう。

3　民法の法人規定と、一般法人法、会社法との関係

　法人設立のさいの定款記載事項のうち、基本的なものは [新] 27 条 3 項で規定して、法人の枠組の根幹を示した。これにともない、一般法人法、会社法を改正することが必要になると思われる。

　社団法人を例に述べれば、一般法人法 11 条を「一般社団法人の定款には、民法（本民法改正案 ── 著者注）第二十七条に掲げる事項のほか、次の事項を記載し、又は記録しなければならない」と改正したうえ、同条 6 号、7 号の条項のみを記す等、各種法人に特有の事項を規定することとなる。また、同法 12 条は、不要となるであろう。

　また、株式会社について述べれば、会社法 27 条、29 条は不要となり、28 条のみが「定款の記載又は記録事項」として規定されることとなるであろう。

4　章から節へ ──「法人制度」の位置づけ

　本書 254 頁の「第二章　権利の主体」の【前注】1 にも記したところであるが、

第2章　権利の主体

本民法改正案では、第2章を「権利の主体」としたため、現行民法ではそれぞれ独立の「章」であった「第二章　人」と「第三章　法人」が、それぞれ「第一節　人」、「第二節　法人」に変更された。

5　法人の目的の範囲と取引の安全

（1）　法人の「目的の範囲」概念についての評価

平成 18（2006）年の一般法人法の制定にともなう問題点は、1および2に述べた点にとどまらない。

伝統的に、法人には「目的の範囲」という概念が存在していた。この点をめぐって、一方で、「目的の範囲」という概念は、「法の発展のおける『生ける化石』」であるとして、「会社法における Ultra Vires の原則はどのように廃棄すべきか」という題名の論文が発表される等[148]、非常に強い否定的な評価が存在していた。しかし、他方では、「法人においては権利主体が処分や管理から遮断されている」というエールリッヒ的な観点[149]に着眼し、理事等の執行機関の専横から社団構成員や財団設立のための財産の拠出をした者の利益を保護する概念として、その必要性を強調するという積極的評価も存在していた[150]。

（2）　営利法人と「法人の目的」――平成 18 年改正の問題点

法人の「目的の範囲」概念の否定的評価は、とりわけ商法学者の間に強かった。これは、営利法人の社団構成員を、営利法人と取引きをした相手方の犠牲において保護することに対する否定的評価を基礎とするものであったといえるであろう。

このような商法学者の評価は、一般法人法の制定以前にあっては、以下に紹介するような解釈によって、実定法的な根拠をもつものと考えられていた。

平成 18（2006）年改正前民法 43 条は、「法人の能力」を規定し、「法人は、法令の規定に従い、定款又は寄附行為で定められた目的の範囲内において、権利を有し、義務を負う」と規定していた。そのうえで、改正前民法 44 条は、「法人の不法行為能力等」を規定し、1項で、理事等の代表者が職務を行うについて他人に加えた損害の賠償責任を法人に認めるとともに、2項で、代表者が法人の目的を超える行為によって他人に損害を加えた場合に、――法人が損害賠償責任を負わないことを前提としたうえで――その決議に賛成した、あるいはその決議を履行

---

[148]　竹内昭夫『会社法の理論 I』（有斐閣、昭和 59 年）135 頁以下。本文の引用は、167 頁以下参照。
[149]　この点を紹介したものとして、福地俊雄『法人法の理論』（信山社、平成 10 年）284 頁。
[150]　加藤・注11）引用『新民法大系 I』135 頁。

した代表者等が連帯してその損害を賠償する責任を負うことを定めていた（ただし、通説は、改正前民法43条と44条2項に規定されている「法人の目的」は同一でないと解していた[151]）。他方、当時の商法の規定をみると、平成17(2005)年改正前商法は、同法78条2項と261条3項によって、改正前民法44条1項のみを準用し、同条2項および改正前民法43条を準用していなかった。

このように、商法が改正前民法44条1項のみを準用していたことを根拠に、①営利法人の権利能力は定款に定められた目的の範囲によって制限されることはない、また、②営利法人の代表者が法人の目的の範囲外の行為をして他人に損害を加えた場合に、法人は損害賠償責任を負う、と一般に解釈されていた。

したがって、営利法人については、定款の目的による制限が及ばない、と伝統的に解釈されており、会社については、法人の目的による制限によって取引の安全が害される可能性が排除されていたのである。

以上のような状況にあったところ、平成17(2005)年の会社法制定にさいし、同法350条は、「代表者の行為についての損害賠償責任」について、「株式会社は、代表取締役その他の代表者がその職務を行うについて第三者に加えた損害を賠償する責任を負う」と規定した（同法350条）。ここでは、代表者が会社の目的の範囲外の行為をした場合についてはとくに言及されておらず、法人の目的の範囲内か否かを問わず、会社が責任を負うものと考えられていた。さらに、その翌年の平成18(2006)年の一般法人法制定にともなう民法改正のさいに、民法典から改正前民法44条が削除され、同43条に対応する民法34条のみが民法典に残されることとなった。

この平成18(2006)年の民法改正によって、それ以前に、商法学者が主張していた解釈——改正前民法43条および44条2項が会社に準用されていないことを根拠に、会社が行う取引きについては、「目的の範囲」による法人の権利能力の制限が機能することなく、取引の安全が守られるという解釈——が、不可能となってしまった。この点が、平成18(2006)年の一般法人法制定後、商法学者の間で大きな問題とされていたのである。

（3） 本民法改正案の方向性 —— 営利法人・非営利法人の差異化をめざして

本民法改正案は、上記の点に対応すべく、次のような改正をはかった。

まず、法人の「目的の範囲」による制限は、法人の代表者の代表権の制限とし

151　林良平＝前田達明編『新版注釈民法（2）総則（2）』（有斐閣、平成3年）326頁（前田達明＝窪田充見執筆部分）、大村・注3）引用『民法読解』177頁参照。

第2章　権利の主体

て規定した（詳しくは本書364頁の［新］28条2項の改正理由を参照されたい）。そのうえで、［新］28条2項ただし書で、営利法人の代表者の代表権については、定款の目的による制限が及ばないことを明記することとした。

以上のような本民法改正案の内容は、"現行民法典で評判の悪い平成18(2006)年改正の第34条の法人の目的による制限（Ultra Vires、アルトラ・ヴァイリーズ）の規定を修正した点は評価したい"[152]との、江頭憲治郎教授ら商法学者の積極的な評価を得ているところである。

（4）　法人の不法行為責任

（2）に述べたところからは、法人の不法行為責任にかんする条文の整備も検討する必要があるであろう。本民法改正案では、法人の不法行為責任は「第三編　債権：第五章　不法行為」の使用者責任の次におくこととし、総則編には規定しなかった（この点は、『理由書　第三編　債権』に譲る）。

［I］条文案

（法人）

第二十六条　法人は、この法律その他の法律の規定によらなければ、成立しない。

2　法人は、法令の規定に従い、その名において、権利を有し、義務を負う。

本条1項：民法33条（法人の成立等）1項移動
　　2項：民法34条（法人の能力）移修

（法人の設立）

第二十七条　法人を設立するには、発起人その他の設立者（以下この項及び次項において「設立者」という。）が定款その他の基本約款（以下この条及び次条において「定款等」という。）を作成し、これに署名し、又は記名押印しなければならない。この場合において、設立者が二人以上あるときは、設立者が共同して定款等を作成し、その全員がこれに署名し、又は記名押印しなければならない。

152　加藤雅信＝平林美紀＝宮下修一＝橋本陽介「『民法改正学際シンポジウム　民法と他法の対話——学際的民法改正のために』を終えて」法律時報82巻1号（平成22年）74頁。

第一編　総則

2　定款等は、電磁的記録（電子的方式、磁気的方式その他人の知覚によっては認識することができない方式で作られる記録であって、電子計算機による情報処理の用に供されるものとして法務省令で定めるものをいう。以下同じ。）をもって作成することができる。この場合において、当該電磁的記録に記録された情報については、法務省令で定める署名又は記名押印に代わる措置をとらなければならない。

3　定款等には、次に掲げる事項を記載し、又は記録するほか、一般社団法人及び一般財団法人に関する法律（平成十八年法律第四十八号）、会社法（平成十七年法律第八十六号）その他の法律に定める事項を記載し、又は記録しなければならない。

一　目的
二　名称又は商号
三　主たる事務所又は本店の所在地
四　設立者の氏名又は名称及び住所
五　社団法人にあっては、社員の資格
六　財団法人にあっては、出資の状況

4　前項各号に掲げる事項のほか、定款等には、一般社団法人及び一般財団法人に関する法律、会社法その他の法律の規定により定款の定めがなければその効力を生じない事項及びその他の事項であって法律の規定に違反しないものを記載し、又は記録することができる。

本条1項前段：一般法人法10条（定款の作成）1項、152条（定款の作成）1項、会社法26条（定款の作成）1項、575条（定款の作成）1項移修

　　　後段：一般法人法10条（定款の作成）1項、152条（定款の作成）1項、会社法26条（定款の作成）1項、575条（定款の作成）1項移修

　　2項前段：一般法人法10条（定款の作成）2項前段、152条（定款の作成）3項、会社法26条（定款の作成）2項前段、575条（定款の作成）2項前段移修

　　　後段：一般法人法10条（定款の作成）2項後段移動、152条（定款の作成）3項移修、会社法26条（定款の作成）2項後段移動、575条（定款の作成）2項後段移動

　　3項柱書：一般法人法11条（定款の記載又は記録事項）1項柱書、153条（定款の記載又は記録事項）1項柱書、会社法27条（定款の記載又は記録事項）柱書、576条（定款の記載又は記録事項）柱書移修

第 2 章　権利の主体

　　1 号：一般法人法 11 条（定款の記載又は記録事項）1 項 1 号、153 条
　　　　　（定款の記載又は記録事項）1 項 1 号、会社法 27 条（定款の記載
　　　　　又は記録事項）1 号、576 条（定款の記載又は記録事項）1 項 1 号
　　　　　移動
　　2 号：一般法人法 11 条（定款の記載又は記録事項）1 項 2 号、153 条
　　　　　（定款の記載又は記録事項）1 項 2 号、会社法 27 条（定款の記載
　　　　　又は記録事項）2 号、576 条（定款の記載又は記録事項）1 項 2 号
　　　　　移修
　　3 号：一般法人法 11 条（定款の記載又は記録事項）1 項 3 号、153 条
　　　　　（定款の記載又は記録事項）1 項 3 号、会社法 27 条（定款の記載
　　　　　又は記録事項）3 号、576 条（定款の記載又は記録事項）1 項 3 号
　　　　　移修
　　4 号：一般法人法 11 条（定款の記載又は記録事項）1 項 4 号移修、153
　　　　　条（定款の記載又は記録事項）1 項 4 号移動、会社法 27 条（定款
　　　　　の記載又は記録事項）5 号移修、会社法 576 条（定款の記載又は
　　　　　記録事項）1 項 4 号移修
　　5 号：一般法人法 11 条（定款の記載又は記録事項）1 項 5 号移修
　　6 号：一般法人法 153 条（定款の記載又は記録事項）1 項 5 号移修
　　4 項：一般法人法 12 条（第 11 条の標題（定款の記載又は記録事項）承継）、
　　　　　154 条（第 153 条の標題（定款の記載又は記録事項）承継）、会社法
　　　　　29 条（第 27 条の標題（定款の記載又は記録事項）承継）、577 条（第
　　　　　576 条の標題（定款の記載又は記録事項）承継）移修

（法人の組織等）
第二十八条　法人には、一人又は二人以上の理事その他の代表者を置かなければならない。
2　法人の代表者は、定款等に定められた目的の範囲内において、その法人を代表する。ただし、営利を目的とする法人の代表者の代表権は、定款等に定められた目的による制限を受けない。
3　法人の組織、運営及び管理については、この法律に定めるもののほか、一般社団法人及び一般財団法人に関する法律、会社法その他の法律の定めるところによる。

本条 1 項：一般法人法 60 条（社員総会以外の機関の設置）1 項、170 条（機関の

第一編　総則

　　　　　設置）1項、会社法349条（株式会社の代表）1項、2項、3項、4
　　　　　項、599条（持分会社の代表）1項、2項、3項、4項移修
　　2項本文：民法34条（法人の能力）移修
　　　　ただし書：新設
　　3項：民法33条（法人の成立等）2項移修

（法人の消滅）
第二十九条　法人は、一般社団法人及び一般財団法人に関する法律又は会社法の定める解散又は清算の結了その他法律の定める手続によって、消滅する。

本条：新設

（法人の登記）
第三十条　法人は、その主たる事務所又は本店の所在地において設立の登記をすることによって成立する。
2　法人について清算が結了したときは、清算人は、一般社団法人及び一般財団法人に関する法律、会社法その他の法律の定めるところに従い、清算結了の登記をしなければならない。
3　法律の規定により登記すべき事項（第一項の登記に係る事項を除く。）は、登記をしなければ、これをもって第三者に対抗することができない。ただし、第三者が登記すべき事項を知っていたときは、この限りでない。
4　前項の登記すべき事項を登記した場合であっても、第三者が正当な理由によってその登記があることを知らなかったときは、その登記した事項をもって当該第三者に対抗することができない。
5　故意又は過失によって不実の事項を登記した者は、その登記した事項が不実であることをもって第三者に対抗することができない。ただし、第三者が悪意（一定の事実を知っていることをいう。以下同じ。）であるときは、この限りでない。

本条1項：民法36条（登記）、一般法人法22条（第5款の標題（一般社団法人の成立）承継）、163条（一般財団法人の成立）、会社法49条（株式会社の成立）、579条（持分会社の成立）移修
　　2項：一般法人法311条（清算結了の登記）、会社法929条（清算結了の登記）移修

第 2 章　権利の主体

3 項本文：一般法人法 299 条（登記の効力）1 項前段、会社法 908 条（登記の効力）1 項前段移修

　　ただし書：一般法人法 299 条（登記の効力）1 項前段、会社法 908 条（登記の効力）1 項前段移修

4 項：一般法人法 299 条（登記の効力）1 項後段、会社法 908 条（登記の効力）1 項後段移修

5 項本文：一般法人法 299 条（登記の効力）2 項、会社法 908 条（登記の効力）2 項移修

　　ただし書：一般法人法 299 条（登記の効力）2 項、会社法 908 条（登記の効力）2 項移修

（外国法人）

第三十一条　外国法人のうち、国、地方政府、地方公共団体及び会社は、日本において成立する同種の法人と同一の権利能力を有する。ただし、法律又は条約中に特別の定めがある場合は、この限りでない。

2　前項に規定する外国法人以外の外国法人であって、法律又は条約の規定により権利能力を認められたものも、同項と同様とする。

3　裁判所は、前二項に規定する外国法人以外の外国法人であっても、必要があると認めるときは、日本の同種の法人と同一の権利能力を有するものとして取り扱うことができる。

4　第二十七条（法人の設立）の規定は、前三項に規定する外国法人については、適用しない。

5　外国法人（第一項から第三項までに規定する外国法人に限る。）は、日本に事務所を設けたときは、その事務所の所在地において、法律の定めるところに従い、登記すべき事項を登記しなければならない。

6　前項の登記については、前条第三項から第五項までの規定を準用する。

本条 1 項本文：民法 35 条（外国法人）1 項本文、2 項本文移修

　　　　ただし書：民法 35 条（外国法人）2 項ただし書移修

2 項：民法 35 条（外国法人）1 項ただし書移修

3 項：新設

4 項：新設

5 項：民法 37 条（外国法人の登記）1 項柱書移修

6 項：民法 37 条（外国法人の登記）2 項、5 項移修

第一編　総則

［Ⅱ］　改正理由
1　法人とは何か
（1）　法人成立の法律準拠主義と、法人の権利能力
　［新］26条は、「法人」と題し、1項で法人成立についての法律準拠主義を、2項で法人の権利能力を規定した。

　法人の章の冒頭にあった平成18(2006)年改正前民法33条は、法人成立についての法律準拠主義を規定していた。そして、法人が権利義務の主体である、というもっとも基本的な問題は、改正前民法43条に規定されていた。しかし、法人の権利主体性の問題は、法人の基本中の基本であるので、法人の章の冒頭部分におかれるべきであろう（現行民法では、改正前民法の法人についての条文のほとんどを削除したため、権利義務主体性の規定が2番目におかれることになった）。

　かたちのうえでは、本民法改正案の法人の冒頭規定である［新］26条は、現行民法33条1項と34条を統合したものとなるので、一見、大きな変化はないかのようにみえる。しかし、これは意図的に法人の基本にかんする規定を冒頭におくとともに、次の2に述べるように、現行民法33条2項における公益目的の羅列を意図的に削除したものであることに留意されたい。

（2）　「法律」と「法令」の用法
　本民法改正案では、「法律」と「法令」の用法には一定の留意を払っている。この［新］26条1項では、「法人は、この法律その他の法律の規定によらなければ、成立しない。」と規定し、同条2項では、「法人は、法令の規定に従い、その名において、権利を有し、義務を負う」と規定し、1項と2項とで「法律」と「法令」を使いわけている。これは会社法等において政令や省令のレベルでも種々の規制があることを留意して、2項では「法令」の文言を用いたものである（なお、本書389頁以下参照）。

2　公益法人・営利法人二分論の残滓の削除

　平成18(2006)年の一般法人法が制定される以前にあっては、法人は、公益法人と営利法人とに二分され、前者に民法が、後者に商法が適用されると考えられていた[153]。

153　中間法人という概念もあったが、平成13(2001)年に中間法人法が制定される以前には、それは一般法に根拠をおかない、個別の特別法上の存在でしかなかった。

第2章　権利の主体

　しかし、平成18年の一般法人法制定後は、もはや、公益法人・営利法人という二分法は法人の基本枠組としての意味を失い、非営利法人・営利法人という区分が基本枠組となった。公益法人は、平成18年の公益法人制度改革以降は、税制優遇は残っているものの、多くの点では、もはやかつてのような法人制度の基本概念ではなくなったのである。

　それにもかかわらず、法人の章の冒頭規定である現行民法33条2項は、改正前民法34条の旧来の文言を踏襲し、公益法人・営利法人・その他の法人という、平成18年の公益法人制度改革関連3法制定以前の枠組を維持したままの規定となっている。これは、法制度が変化したにもかかわらず、それを反映しないまま従来の発想の残滓を条文上踏襲しているだけのように思われる。

　そこで、本民法改正案では、改正前民法34条の公益目的を羅列した文言を維持した民法33条2項を削除し、「公益法人」を民法上の概念としないこととした。

3　法人の設立

　［新］27条では、法人の設立の基本枠組を規定した。それにともない、法人をめぐる基本的法律への言及と、社団法人・財団法人という法人の基本類型を示したことについても【前注】2および3に述べたので、ここでは繰り返さない。

4　法人の組織と「法人の能力」

（1）　法人の組織の根幹としての法人代表

　法人の組織については、［新］28条1項および2項で、法人が代表者によって活動することを示すにとどめ、具体的な組織のあり方については、同条3項で、一般法人法、会社法その他の法律に譲ることとした。その理由は、法人形態によって、法人組織のあり方が一様ではないことにある。

　ただ、［新］28条2項の規定のしかたは、従来、「法人の能力」として争われてきた学説の対立と関係するので、その点を次に論じることとしよう。

（2）　法人の目的の範囲と法人の能力

　［新］28条2項は、従来、学説上、「法人の能力」として争われてきた法人の「目的の範囲」をめぐる学説の対立に一つの決着をつけるものである。

　民法34条の法人の「目的の範囲」については、権利能力制限説、代表権制限説、行為能力制限説、内部的制限説等の学説が存在している[154]。

154　前掲注151）引用『新版注釈民法（2）』223頁以下（高木多喜男執筆部分）。

権利能力制限説は、法人は目的の範囲外の事項については、権利を有し、義務を負うことはない、と考える。

これに対し、行為能力制限説は、「法人の行為能力」——言葉をかえていえば、法人の活動範囲——は、法人の目的の範囲内に限られる、と考える。法人の活動を現実にするのは代表者なので、この説は、最終的に、次の代表権制限説と実質的に異ならないことになるであろう。

次の代表権制限説は、法人の代表者の代表権の範囲は、法人の目的の範囲内に限られると考える。このように、代表権が制限されれば、法人の目的の範囲外の行為は無権代理となるので、結果として、その法律行為によって発生するであろう権利や義務は、法人に帰属しないこととなる。このように考えると、代表権制限説は、結果として、権利能力制限説をより具体的なかたちで述べたものであって、権利能力制限説と近似の関係となることがわかる。

なお、一部に、代表権制限説をとった場合には無権代理の追認がありうると説かれることもある。しかし、法令の改変や定款変更でもないかぎり、この場合に無権代理行為の追認権限を有する者はいないはずであり、代表権制限説と、権利能力制限説との間に差異は生じない。ただし、代表権制限説をとった場合には、表見代理の法理により、法人に権利義務の帰属を認める余地が生じることになる点は、権利能力制限説と異なる[155]。

以上に述べたように、行為能力制限説も、実質的には代表権制限説に吸収されるような内容であり、権利能力制限説も、表見代理の点を除くと代表権制限説と変わらない。そうであるとすれば、従来、異なる学説として捉えられてきた権利能力制限説・行為能力制限説・代表権制限説の3説は別段、鼎立関係にあるものではないと考える。そこで、本民法改正案では、[新] 28条2項本文において、代表者の代表権の範囲を法人の目的の範囲内に限定し、従来、学説が権利能力制限説、行為能力制限説、代表権制限説として主張してきた内容を実質的に実現できるよう規定することとした。

なお、内部的制限説は、商法学者が主として会社をめぐって論じているものである。この説では、目的の範囲による制限は、代表者と法人間の委任契約上の善管注意義務違反の問題を発生するにとどまり、外部的に無権代理や権利の不帰属等の問題を発生させるものではない、とされる。これは、会社等の営利法人にお

---

[155] 幾代・注25)『民法総則』126頁は、本文に述べた追認の可能性と表見代理の可能性の双方を指摘する。本文の叙述は、前者の追認権についての叙述を否定したうえで、後者の表見代理の叙述を受け入れたものである。

第 2 章　権利の主体

いて、法人の目的の範囲による制限により保護される法人内部者の利益を、法人と取引した第三者の犠牲において実現するべきではない、という発想にもとづくものである。

　営利法人と非営利法人にあっては、内部者保護と外部者保護のバランスが異なるのはある意味では当然であり、内部的制限説を主張する商法学者の考え方はもっともである。そこで、［新］28条2項ただし書で、上述の本文の規定は営利法人には及ばないとした。

　なお、平成18(2006)年の一般法人法の制定にさいし、会社にかんしてこの点をめぐって大きな混乱が生じたが、それは、［新］28条2項ただし書等をおくことにより解決されることになる（その点の詳細については、本書355頁以下に譲る）。

5　法人の消滅

　法人の消滅についての［新］29条は、解散・清算法人等の清算の手続にかんしては、一般法人法、会社法等に譲ることを規定したものである。これは、法人の節全体の条数の分量のバランスを考慮したためである。

6　法人登記

　登記については、一般に、成立要件主義と対抗要件主義の二つの立場がある。
　本民法改正案は、［新］30条で、法人の成立については設立登記が成立要件であり、それ以外の登記は対抗要件であることを明記した。この内容自体は、別段、現在の法制度と異ならない。ただ、現行の法人登記をめぐる法制度は、きわめて透明度の低い規定のしかたとなっているため、これを是正した。

　具体的に述べれば、現行民法36条は、「法人及び外国法人は、この法律その他の法令の定めるところにより、登記をするものとする」と規定し、手続的な登記義務を定めるにとどまり、登記の効力――成立要件なのか、対抗要件なのか――については言及していない。他方、一般法人法は、22条と163条で、設立登記について成立要件主義を規定しながら、299条「登記の効力」で、設立登記に言及することなく、一般的に、登記についての対抗要件主義を規定している。ここには、法体系全体の透視性は考えず、ただひたすら細かに規定さえおいておけばよいという、近時の多くの民事立法にみられる「官僚文書」的な悪弊が現れているように思われる[156]。

　そこで、［新］30条では、法人登記のあり方の基本構造を1か条に示し、一読

156　この点については、第2部210頁以下を参照されたい。

すれば法人登記の基本構造がわかるように試みた[157]。なお、一般法人法299条は、会社法908条を踏襲したものであり、［新］30条3項、4項、5項は、これらの規定の内容を承継しているが、立証責任論を考慮に入れた変更を施している[158]。

7　外国法人

（1）　外国法人の権利能力と「認許」

本書267頁以下において述べたとおり、民法3条2項に存在する外国人の権利能力の規定を自然人の権利能力の規定から削除することによって、本民法改正案が内外人平等の原則をとることを明示した。しかし、法人においては、［新］26条1項で法人設立についての法律準拠主義が採用されているので、外国法人の規定を削除してしまうと、他の法律に根拠規定をおかないかぎり、外国法人の法的根拠に疑問が生じかねない。そこで、本民法改正案では、外国法人についての規定をおくこととした。

ただ、現行民法35条1項が採用している「外国法人認許主義」を承継することは、無意味である。「認許」するとは、あらたに法人格を与えるのではなく、また、個別的な手続きをへることなく、一般的に日本において法人として行動することを認めることを意味する、といわれている[159]。語感としてなんらかの手続きを要するかに思われる「認許」の語を用いながら、その内容は、特別な手続きなしに個別事情にそくして裁判所が単に法人格を承認するにすぎないのであれば、「認許」の語を残すことは、無用な誤解を与えるもとであると考える。

そこで、本民法改正案からは、「認許」の語を削除し、［新］31条1項、2項で、民法35条1項、2項の内容を規定した。そこでは、外国法人が法人格をもつことを原則とし、また、項の組み立てと文言を改める整序を施した[160]。

157　民法では、法人登記の基本構造のみを示すことにしたので、登記場所や手続きについての期間制限等の細部規定は、一般法人法におくことを予定している。

158　一般法人法や会社法は、登記すべき事項を「善意の第三者」に対抗できない、と規定し、条文上、第三者が自らの善意を立証すべきであるという規定のしかたとなっている。現行法の規定のしかたは立証責任論からみると問題があるので、［新］30条3項は、本文で「第三者」に対抗できないとし、ただし書で、登記の効力を主張する者が悪意であることの立証責任を負うことを明記した。このような規定のしかたの変更にともない、一般法人法299条1項前段、会社法908条1項前段が［新］30条3項に、一般法人法299条1項後段、会社法908条1項後段が［新］30条4項に書き分けられることとなった。

159　我妻栄＝有泉亨＝清水誠＝田山輝明『我妻・有泉コンメンタール民法　総則・物権・債権　第2版追補版』（日本評論社、平成22年）141頁、加藤雅信『新民法大系Ⅰ　民法総則　第1版』（有斐閣、平成14年）145頁（同書第2版では「認許」についての記述を削除したが、紙数の制約によるものであり、説を変更したものではない）。

第2章　権利の主体

　[新] 31条1項、2項は、現行民法35条1項、2項に対応している。この現行民法の規定は、平成18(2006)年の法人法改正前民法36条1項、2項、そしてそれ以前の民法の現代語化をした平成16(2004)年の民法改正前民法36条1項、2項を ── 文言の微修正を別にすれば ── 承継したものである。ただ、これは、民法制定当時から「法人の中で、一番難問題というものは此箇条」[161]であるといわれていた条項であった。それは、会社等にみられるように、日本社会で取引する以上、訴訟主体として取り扱うことが必要となるが、法人はそれぞれの国の法制により、権利能力の範囲も、ときには法主体のありかたすらも異なっており、その食違いをどのように取り扱うかが問題となるからである。それが民法35条1項の国、国の行政区画、外国会社以外に法主体を与えることに消極的な規範となって現れている。

　ただ、これら以外の外国法人も日本で活動する以上、紛争になれば訴訟主体として取り扱う必要があることも否定できない。そして、紛争解決としての判決が下されれば、それらの外国法人は権利義務の主体たらざるをえないことになる。そこで、民法35条に対しては、「今日、諸国の法制は、だいたいにおいて、外国法人は原則として認許し、その活動範囲を広汎に認めるという傾向にあり、その意味において、本条の規定は時代おくれの立法であり、改正の必要がある」[162]との批判も存在している。

　しかしながら、日本での権利能力を承認する外国法人の範囲を広げることは、そのまま、日本と外国との法人法制の違いを考慮しない分野を広げることをも意味する。そこで、本民法改正案では、範囲を一律に広げる方向ではなく、裁判の

160　[新] 31条1項は、「外国法人のうち、国、地方政府、地方公共団体」と規定するが、「地方政府」とは、連邦国家における国に準ずる州、属地その他の構成単位を含むものである。

　　民法においては、これに対応する文言は、「国の行政区画」とされている。この点については、元内閣法制局長官の阪田雅裕から、以下の指摘があった（於2009年5月13日企業法務研究会）。「国の行政区画」として想定されているのは、わが国でいう地方公共団体であろうが、地方自治体を「国の」行政区画と位置づけるのは、地方分権の流れに逆行するものであり、現在では不適切である。外国の状況をみても、条約等においても一般に、地方公共団体若しくは地方政府と訳出しているので、用語を改めるべきである。

　　このような指摘を受け、またその後の検討による若干の変更をへて、現在の表現に改められたものが、[新] 31条1項である。

161　横田國臣発言・『民法総会議事速記録 第参巻』28丁裏以下（デジタルライブラリー版・コマ番号31／206）、注2）引用『法典調査会民法総会議事速記録』（日本近代立法資料叢書12）265頁。

162　前掲注151）引用『新版注釈民法（2）』199頁（溜池良夫執筆部分）。

場で、必要に応じて訴訟主体性を付与する方向をとることにした。詳細は（2）に譲る。

　なお、小さな問題であるが、[新] 31条1項ただし書では、「法律又は条約中に特別の定めがある場合」を例外とし、「法律」の語を用いている。これは、民法35条2項ただし書が「法律又は条約中に特別の規定がある権利」を例外としていることを承継したものである。他方、現行民法3条2項では、外国人についてではあるが、「外国人は、法令又は条約の規定によって禁止される場合を除き、私権を享有する」と規定し、「法令」による禁止を例外事項としている。このように、現行民法には、文言の使用につき微妙な齟齬がある。

　この民法3条2項が、外国人の私権の享有につき、「法令による禁止」がありうる、としていたのは、民法制定当時、明治憲法上、命令による禁止が可能であると考えられてきたからである[163]。しかし、現在では、民法3条2項の解釈においても、この「法令」は「法律」と解したうえで法律の委任によって政令による禁止が許される場合も含む、とされている[164]。

　このような状況を考慮し、[新] 31条1項ただし書では、現行民法35条2項ただし書と同様、「法律」の語を用いることとしたものである。

（2）　日本法のもとでの法人格をもたない外国法人との紛争

　現行民法35条1項の、外国法人は日本法のもとで法人格をもたないことを原則とする考え方には、外国法人が、日本で行った売買や賃貸借にともなう紛争や、宗教の不当勧誘等の不法行為をしたことにともなう紛争等につき、法的に争う途を封じかねない、という問題がある。さらに、現行民法のもとでは、外国の公益法人等が法的紛争を引き起こした場合に争う途が封じられているが、[新] 31条3項を設けることによって、このような不都合をなくすこととした。

　[新] 31条3項は、「権利能力なき社団・財団」の語を用いてはいないが、裁判の場では、いつでも権利能力を付与されたものと同様に扱うことを規定したのである。

（3）　外国法人の登記義務

　平成18(2006)年の一般法人法の制定以前にあっては、改正前民法45条以下に法人の登記にかんする規定がおかれており、同49条が外国法人の登記について

---

[163]　梅謙次郎発言・注2）引用『法典調査会民法総会議事速記録 第壱巻』144丁表（デジタルライブラリー版・コマ番号148／291）、注2）引用『法典調査会民法総会議事速記録』（日本近代立法資料叢書12）78頁以下。
[164]　前掲注46）引用『新版注釈民法（1）』264頁（野村美明執筆部分）。

第2章　権利の主体

規定していたが、それは、内国法人の規定を準用する簡単な規定にすぎなかった。この段階では、民法の法人登記の規定が別段異様なものであったわけではない。

しかし、平成18年の民法改正により、現行民法36条は、内国法人と外国法人にかんする登記について簡単な規定をおいた後、同37条で、外国法人の登記について、きわめて技術的な規定を細部にいたるまで定め、過料までも規定するようになった。法人の章の規律内容をみると、文字数ベースでは、実に条文の内容の77%以上が外国法人にのみ関連するものであり、しかも、外国法人の登記という技術的・周辺的な規範内容のみで、法人規範の60%以上を占めている。一見すると、これらの規定が民法の法人の規定の中心であるかのような印象を与えるにいたってしまったのである。

そこで、本民法改正案では、現行民法37条の外国法人の登記についての規定の技術的な部分を削除して別の法律に移し[165]、原則規定のみを［新］31条5項、6項におくこととした。

ただ、登記の効力を定めた［新］31条6項は、現行民法37条と規定のしかたが微妙に異なっている点については留意する必要がある。前述したように、内国法人については、法人登記の効力は二様に分かれており、設立登記は成立要件、他の登記は対抗要件であった。これに対応して、外国法人の登記を規定した現行民法37条5項は、「外国法人が初めて日本に事務所を設けたときは、その事務所の所在地において登記するまでは、第三者は、その法人の成立を否認することができる」と規定している。そのうえで、同条2項は、登記事項の変更につき、「登記前にあっては、その変更をもって第三者に対抗することができない」と規定する。

このように、文言に差異はあるが、注記するように、民法37条5項の「否認」は「対抗」としての実質をもつものにすぎないとされている。文言に差異を設けたのは、外国法人は外国法にのっとってすでに成立しているので、日本における登記を成立要件とすることはできないが、単なる「対抗」より強いニュアンスをもたせるためではなかったと思われる。そのような立法者の意図はわからなくもないが、その実体は単なる「対抗」と異なるところはないので、［新］31条6項では、外国法人のすべての登記につき、内国法人についての対抗にかんする規定を準用することにした[166]。

165　具体的には、一般法人法に外国法人の登記についての規定をおくこと —— 一般法人法の「第六章　雑則：第四節　登記」の末尾に、「第六款　外国法人の登記の特則」に規定すること —— が考えられるであろう。ただ、これは、同法の性格を多少変ずることとなるので、同法1条の「趣旨」の規定のしかたを含め、若干の工夫を加えることが必要となるであろう。

第一編　総則

（4）　外国法人の法体系的位置

　なお、本民法改正案は、現行民法に倣って、外国法人の規定を民法におくこととした。ただ、立法論的には、外国法人の規定を、特別法の一般法人法に規定することも考えられないわけではない[167]。

　本民法改正案がそのような途をとらなかったのは、自然人についての民法3条2項の規定を削除し、かつ、法人においても、外国法人の規定を削除することが、無用な誤解を生むことをおそれたためである。自然人としての外国人について規定しないことは、前述したように、内外人平等を明らかにするためである。これに対し、外国法人 —— 外国法を準拠法として成立した法人 —— を内国法人と同一に扱うことは必ずしも適切ではなく、民法改正研究会としては、そのような意図をもっていない。それにもかかわらず、外国法人を民法に規定しないと、内外法人平等を規定したとの誤解を生む可能性もあるので、外国法人ついての規定をおくこととした[168]。

166　【「否認」と「対抗」についての議論の経緯】
　　現行民法37条5項の「否認」の語は、一般法人法制定にともなう、民法改正前49条2項の文言を踏襲したものである。私法学会提出案と法曹提示案はこの規定を承継し、国民有志案は、条文の内容を変更しながらも、民法の「否認」の語は承継していた。しかし、民法典の多くの箇所で用いられている「対抗」と実質が異ならないのに、異別の語を用いることはいたずらに混乱を招くので、本民法改正案では、「対抗」の語を用いることにした（この点については、注釈民法にも、判例を引用しつつ、「他人が法人の成立を否認することができるというのは、成立を否認する他人には対抗しえないというにすぎない」としている〔前掲注151〕引用『新版注釈民法（2）』343頁（溜池良夫執筆部分）〕）（於2012年8月4日全体会議）。

167　会社法は、外国会社についての条文をもち、その登記についても規定しているのに対し、現在の一般法人法は、外国法人をその対象としていない。この点のバランスからすると、一般法人法に、外国法人やその登記についての規定をおくことも考えられる。
　　具体的には、一般法人法1条（趣旨）を、外国法人を含みうるかたちに変えたうえで、会社法の「第七編　雑則」の前に、「第六編　外国会社」が規定されているのに倣い、一般法人法でも、「第六章　雑則」の前に、「外国法人」の規定をおいたうえで、前注に述べたのと同様、同法「第六章　雑則：第四節　登記」の末尾に、削除された民法37条の規定を「第六款　外国法人の登記の特則」として規定することが考えられるであろう。

168　【外国法人の規定を民法におくことと、内外法人平等にかんする議論の経緯】
　　外国法人について民法に規定しないと、内外法人平等との誤解を生むおそれがあることは、沖野眞已が強調したところである（於2008年5月5日全体会議）。そこで、私法学会提出案35条1項から国民有志案38条1項にいたるまで、本文で外国法人の権利能力について規定したうえで、「ただし、外国人が享有することができない権利及び法律又は条約中に特別の規定がある権利については、この限りでない」と規定していた。ただ、この表現では、内外人平等の原則が後退することになる印象を与えるので、ただし書の文言を「ただし、法律又は条約中に特別の定めがある場合は、この限りでない」と変更したうえで、このなかに外国

370

第 2 章　権利の主体

人の権利能力を制限する各種の法律と条約を含ませるとの提案があった（於 2012 年 8 月 27 日事務局会議）。この提案が、民法改正研究会で承認され（於 2012 年 9 月 19 日全体会議）、〔新〕31 条 1 項ただし書となった。

第一編　総則

第3章　権利の客体

【前注】

1　「物」——この規定が現行民法総則編におかれた経緯

　旧民法の施行が延期され、現行民法典が編纂されることになった段階における法典編纂の基本方針を確認しておこう。本書230頁にも述べたところであるが、第1回法典調査委員総会で示された「法典調査ノ方針」3条に「民法総則に於ては私権の主格目的得喪及行使等に関する通則を掲ぐ」旨が明記されており、私権の「目的」ないし「客体」に関する規定を総則編に配置することが基本方針とされた。

　この「法典調査ノ方針」が示されたのは、第1回民法総会（明治26〔1893〕年3月16日）においてであった。しかし、その2か月後に開催された第2回民法主査会（同年5月19日）において、民法起草者の冨井政章が具体的に示した規範は、「物とは有体物のみを指し無体物にも物に関する規定を適用すべき場合は特に之を定る事」〔カナ等変更〕という、現行民法の「『物』とは、有体物をいう」と連なる内容となっており、「私権ノ……目的」一般ではなくなっていた。

　しかも、民法起草者間においても規定のおかれる位置についての見解が異なっており、冨井は——人権（債権）の目的は行為であるのに対して、これは所有権その他の物権にかんする規定なので——物権編に規定すべきであると主張し、梅謙次郎と穂積陳重らは総則編に規定すべきであると主張し、採決の結果、総則編に規定されることになった。

　ところが、民法起草者が上記の「物とは有体物のみを指」すという規範を提示した後にあっても、その2か月半後に開催された第3回民法総会（同年7月4日）において、穂積八束が「権利ノ主体・権利ノ目的・権利関係」という構成を採用すべきであることをふたたび主張し、何人かの委員が賛意を表したが、——「権利ノ主体・権利ノ目的」の規定の間に「法人」を規定せざるをえず、「権利ノ主体・権利ノ目的」という構成を貫徹しきれないという——冨井政章らの民法起草者を説得するにはいたらず、民法起草者の提案が維持された。

　しかしながら、その翌年に開催された第13回民法総会（明治26〔1893〕年3月16日）においては「物とは有体物を謂う」〔カナ等変更〕という条文の削除案も複数の委員から主張されている[169]。

　以上の経緯をみると、現行民法85条は、その起草過程においても多くの異

第 3 章　権利の客体

なった見解があるなかで、現在のようなかたちで規定されたものであることがわかるであろう。

2　「第四章 物」から［新］「第三章 権利の客体」へ

本書 228 頁以下にも記したように、本民法改正案の策定にあたっては、総則編の章構成を、民法起草の当初方針に忠実に ―― 「第一章 通則」は別にして ―― 「権利の主体・権利の客体・権利の変動・権利の実現」という構成に変じることとした。その結果、現行民法の「第四章 物」を、本民法改正案では「第三章 権利の客体」と章名を変更した。

そのうえで、第 3 章のなかに「第一節 総則」をおき、そこでは物権・債権・親族・相続の目的について規定し、そのうえで、「第二節 物の分類」の規定をおくこととし、現行民法の「第四章 物」に対応する内容は、本民法改正案では、「第二節 物の分類」で規定することとした[170]。

169　「法典調査ノ方針」が示された第 1 回民法総会については、注 2）引用『日本民法典資料集成・第 1 巻民法典編纂の新方針』（信山社、平成 17 年）882 頁以下、注 2）引用『法典調査会民法総会議事速記録 第壱巻』6 丁表（デジタルライブラリー版・コマ番号 10 ／ 291）、注 2）引用『法典調査会民法総会議事速記録』（日本近代立法資料叢書 12）3 頁、福島・注 2）引用『明治民法の制定と穂積文書』120 頁。

　　第 2 回民法主査会については、『法典調査会民法主査会議事速記録 第壱巻』63 丁裏以下（デジタルライブラリー版コマ番号 69 ／ 225 以下）、特に 70 丁表以下（デジタルライブラリー版コマ番号 75 ／ 225 以下）、注 37）引用『法典調査会民法主査会議事速記録』35 頁以下、特に 39 頁以下。

　　第 3 回民法総会については、注 2）引用『法典調査会民法総会議事速記録 第壱巻』68 丁表以下（デジタルライブラリー版・コマ番号 72 ／ 291 以下）、注 2）引用『法典調査会民法総会議事速記録』37 頁以下。

　　第 13 回民法総会については、注 2）引用『法典調査会民法総会議事速記録 第五巻』3 丁表（デジタルライブラリー版・コマ番号 6 ／ 153）、注 2）引用『法典調査会民法総会議事速記録』467 頁以下。

170　「物」については、まず、民法改正研究会発足当時の準備会の段階 ―― 各分科会を設けて、分担起草する前の段階 ―― においても、民法総則に規定すべきか、物権法等で規定すべきか、意見が分かれた。民法総則の性格から考えると、「物」は、所有権の客体ではあっても、権利一般の客体ではないので、現行民法起草過程において富井政章が主張したように、民法総則編に規定せずに、物権編に規定するという選択肢もありうるであろう（ただ、その場合は債権編にも、債権の目的についての規定をおかないと、バランスを失することになることには留意されたい）。ただ、本民法改正案においては、本文で述べたように、「権利の主体・権利の客体・権利の変動・権利の実現」という構成を貫徹すべく、標題を変更したうえで、民法総則に「権利の客体」の規定をおき、そこに物権・債権の目的の双方を規定するという方針を採用した。

3　無体物と権利の客体

　本民法改正案においては、「第三章　権利の客体」において、物権の客体として「物」(＝有体物)を、債権の客体として「人の作為・不作為」をあげるなどしている。これに対し、無体物を権利の客体として規定するか否か、という問題がある。

　実際、いくつかの民法改正フォーラム等において、無体物の定義の条文をおくべきではないか、という問題提起がなされたが[171]、こと無体物を民法典に規定するか否かは、民法総則をいかに性格づけるか、という観点によって決せられるものであろう。民法総則編には、物権・債権・親族・相続の各則に対する総則としての性格と、商法・民事訴訟法・行政法その他の法律の総則という、二面性が存在しているからである。

　具体的に述べれば、民法総則に規定されている法律行為は、物権法の物権の放棄、債権法の契約、親族法の婚姻、相続法の遺言等に横断的に適用される、民法各則すべてに通じる民法の「総則」的概念である。それと同時に、法律行為という概念を模して、商行為・訴訟行為・行政行為等の概念が商法・民事訴訟法・行政法においてみられる。また、時効等の概念も、物権、債権、相続法にみられると同時に、多くの法律にも規定されている。これらの規定は、民法各則にとっても、多くの法律にとっても、「総則」的役割を果たしているのであり、前段に述べた二面性を具現化したものである。

　しかしながら、無体財産という概念は、民法各則のどこにもあらわれていないので、無体財産についての定義規定は、単に知的財産法の総則的意味合いを帯びるにとどまることになる。また、この概念のひろがりによっては、エネルギー等の無体物をも含む可能性もある。このようなものまで含めて民法に権利の客体の規定としておくと、その規定は、上述の二面的性格を欠き、民法以外の法律にとっての総則という側面のみが浮かびあがることになる。このように民法各則の総則という性格を欠いたまま、他の私法分野の法律の総則性をもつ条文を民法総

171　たとえば、2009年2月3日の「民法改正フォーラム・学界編——星野英一先生を囲んで」において、星野教授から、"知的財産法一般に通じる基本的な部分については、『権利の客体』として『情報』についての規定を民法典におく方がよいのではないか"、との意見が述べられている(中野＝伊藤・注145)引用「民法改正フォーラム・学界編1　星野英一先生を囲んで」民法改正国民有志案24頁)。さらに、2009年3月30日の「民法改正フォーラム——全国、民法研究者の集い」においては、片山直也教授から、「『物』の定義規定に、21世紀社会を見据えて、無体物・包括財産・金銭の価値等も含むべきではないか」という問題提起がなされた(加藤雅信「民法改正一問一答　学界との対話」民法改正国民有志案67頁)。

則に規定することは、従来なかったところである。

したがって、このようなかたちで無体物概念を総則に規定することは、従来の民法総則の性格を逸脱することになるので、避けることとした。

4　包括財産・金銭的価値の規定について

包括財産、「集合物」を無体物として性格づける立場もあるが、これらの概念を「第二節　有体物」に規定するかどうかは、またひとつの問題である。この問題は、さきに3で述べた問題である、知的財産やエネルギー等の無体物を規定することと、若干性格を異にする。

包括財産には、種々のものがありうる。工場抵当法、各種財団抵当を念頭におけば、それは民法ではなく特別法の問題となる。しかし、流動動産としての集合物、流動債権等の担保化は、民法の次元で取り扱われる課題である。ただ、これらも、主として担保法の分野で問題となる。そこで、包括財産にかんしては、民法総則ではなく、担保法ないし各種特別担保法に譲るべきであると考えた。

また、金銭的価値は、不当利得法によって債権的に追及できることは当然のことであり、もし、それを「物」との対比において規定するとすれば、金銭的価値の物権的追及という次元だけで意味をもつのではないかと思われる。そこで、本民法改正案においては、民法総則で金銭的価値について規定することを避け、「第二編　物権」において、「物権的返還請求権」の次に「物権的価値返還請求権」を規定することとした（国民有志案修正案原案138条1号参照）。

5　フランス民法の動向

なお、日本民法の体系とフランス民法の体系は同一でないので、フランスにおける「財の法改正準備草案」の内容を、現行日本民法典総則の「第四章　物」ないし本民法改正案総則編の「第三章　権利の客体」と対比することは、もともと無理な話である。

ただ、上記の叙述との関連で、フランスの「財の法改正準備草案」では、無体財、集合財という観点を含み、改正問題が論じられていることを付言しておきたい。

第一編　総則

第1節　総則

[Ⅰ]　条文案

> （権利の客体）
> 第三十二条　物権の客体は、物（有体物をいう。以下同じ。）とする。ただし、この法律その他の法律に別段の定めがあるときは、この限りでない。
> 2　債権の客体は、人の作為又は不作為とする。
> 3　第四編（親族）及び第五編（相続）に規定する権利の客体は、それぞれの権利についてそれぞれの定めるところによる。

本条1項本文：民法85条（定義）移修
　　　　ただし書：新設
　　2項：新設
　　3項：新設

[Ⅱ]　改正理由

1　総則規定としての「権利の客体」の条文の導入

【前注】にも述べたように、民法総則編の「第四章　物」の内容は、所有権の対象を示してはいても、権利一般の対象をカバーできてはいない。そこで、民法各編の権利の対象を明示したのが、[新] 32条である。

物権の多くにおいては、「物」が権利の対象であるが、担保物権には債権質、一般の先取特権のように、「物」を権利の対象としないものも存在しているので、[新] 32条1項ただし書をおくこととした。

同条2項、3項の内容については、【議論の経緯】を参照されたい[172]。

---

172 【「第三章　権利の客体：第一節　総則」にかんする議論の経緯】
　　[新]「第三章　権利の客体」の規定にかんする当初の事務局案は、民法の標題を大きく変更するものであったが、内容そのものは、基本的に、現行民法を承継していた。具体的には、民法88条、89条の規定を組み替え、[新] 35条、36条にみられるように、天然果実とその帰属、法定果実とその帰属という2か条にしようとするものであった（於2007年2月18日総則分科会）。
　　これに対し、「第三章　権利の客体」という一般的な標題にした以上、物以外の権利の客体も規定すべきではないかという提言が、磯村保からなされた（於2007年9月22日総則分科

第3章　権利の客体

会）。その提言を受けた当初の事務局による条文提案は、権利の客体について、物権の目的、債権の目的、その他の権利の目的、というかたちで3か条を設けるものであった（2008年1月11日事務局案）。しかし、研究会の議論においては、その他の権利の目的の規定は、言わずもがなの感もあるとの意見もあり、最終的には規定しないことに落ち着き、物権・債権を並記するように改められた（この点については後述する）。

　また、現行民法においては、399条に「債権の目的」という語が用いられており、それとの対比から、前段紹介の当初提案、私法学会提出案、法曹提示案においては、それぞれ「物権の目的」、「債権の目的」という標題が用いられていた。

　しかし、その後、弁護士の北澤正明より、「物権の目的」との文言への違和感が表明され（於2009年1月26日企業法務研究会）、さらに、西山温より、債権編をめぐる議論のなかで、「債権の目的」という表現を「債権の内容」と変更するべきである、との提言がなされた（於2009年3月19日市民法研究会）。

　それにともない、国民有志案では、この条文案の標題を「物権の目的」から「物権の客体」と改め、同41条の標題を「債権の目的」から「債権の客体」と改めた。

　その後、2010年末の条文案整備のための事務局会議のさい、中野邦保より、次の指摘がなされた。本民法改正案総則編において、通則・権利の主体・権利の変動・権利の実現の4章は、財産法・家族法をつうじて適用される「総則」の内容が規定されているのが本来のあるべき姿であろう。それにもかかわらず、「第三章　権利の客体」は、国民有志案40条が「物権の客体」を、同41条が「債権の客体」を定めており、財産法編の「総則」ではあっても、家族法を含めた民法全体の「総則」とはなっていない。この点を是正し、家族法を排除しない民法各則の「総則性」を「権利の客体」の箇所でも維持するために、「第一節　総則」を1か条にしたうえで、各号列挙のかたちで規定することが提案された。

（権利の客体・経過案・2010年12月27日中野案）
N条：権利の客体は、次の各号の定めるところによる。
　一　物権の客体は、物（以下「有体物」をいう。）とする（この法律その他の法令に別段の定めがあるときを除く。）。
　二　債権の客体は、人の作為又は不作為とする。
　三　第四編（親族）及び第五編（相続）における権利の客体は、それぞれの権利について定めるところによる。

　上記の3号からもわかるように、民法第4編（親族）、民法第5編（相続）の権利の客体は多様であり、一義的に規定することは難しく、無内容なものとならざるをえない側面がある。しかし、第3章の民法総則性を——総則の他の章と同様に——維持するために、この提案にみられる方針を採用することとした。

　その後、この号構成が項構成へと改められ（於2012年9月19日全体会議）、それが本民法改正案となった（なお、前述した2008年事務局案が3か条構成であったところ、国民有志案段階では、それがその他の権利を削除した「物権の客体」、「債権の客体」の2か条に改められていた。ただ、親族・相続法上の権利を規定する中野案では、かつて削除されたこれらの内容を復活するさい、条文のかたちとしては軽い形態に留めるため、号構成を採用した。しかし、最終案では、中間的な項構成が採用されたことになる）。

　付言するに、債権譲渡においては、債権がいわば処分対象（通常は売買の目的）となるが、このような問題を一般的に条文としてとりこむことは困難なので、規定しないこととした。

2 「物」概念

　[新] 32条1項の「物」の定義は、民法85条の内容を承継しつつ、条文の形態を変更したものである[173]。

　現在の学説では、「物」概念を語るさいに、支配可能性および非人格性を要件としてあげることが多い。具体的には、法的観点からは、日・月・星のように支配可能性がないものは、「物」とはいえず、また、空気・海洋のように誰でも自由に支配・利用しうるものも、「物」とはいえないとされる。非人格性の例としては、生きた人体は「物」とはいえない、といわれる[174]。

　しかしながら、本民法改正案は、支配可能性、非人格性の2点は「物」概念の要件とされる必要はない、という考え方を前提としている。日・月・星も、空気・海洋も、また、生きた人体も、すべて「物」である。ただ、日・月・星に支配可能性がない以上、それは「所有権の対象」とならない。空気・海洋も、「物」ではある。ただし、それが排他的に支配されていない段階では、誰の「所有物」にもならないが、ボンベ・タンク等に空気や海水がいれられ、排他的に支配されるようになった段階で、「所有権の対象」となるにすぎない。また、奴隷制度は過去の産物であり、現行法制において、生きた人体を「所有権の客体」とするのは現代の倫理に反する。

　つまり、「物」概念と「所有権の客体」概念を区別して考えれば、「物」概念と

　　なお、もっとも根本的な問題となるが、水津太郎から、次のような意見が主張された。物権・債権の概念については、対物権と対人権の区別の系譜において捉える立場、権利はすべて人に対する関係でしかなく、権利主張を絶対的（対世的）になしうるか、それとも相対的にしかなしえないか、という観点から捉える立場、さらに両者の視座を結びつける立場があり（小野秀誠『債権総論』〔信山社、2013年〕2頁以下参照）、このような高度に学術的な問題にかんする条文を制定法で規定し、一方の立場を前提とすることには問題があるという意見である。ただ、この規定をおくこと自体は、本書168頁以下にも述べた物権の絶対効と債権の相対効という把握を排除することを目的としたものではない（国民有志案修正案原案338条が、債権の名宛人が債務者であることを明記しているのは、この趣旨である）。そして、この[新] 32条1項、2項には、思考経済的な説明規定としての意味をもつ側面もあるので、この規定を維持することとした（於2013年10月27日全体会議）。

173　現行民法85条の「『物』とは、有体物をいう」という条文は、ドイツ民法90条に類似の条文が存在するが、フランス民法にはこの種の規定は存在しない。ただ、わが国では、この規定の端緒は、ボワソナード民法典の、「物に有体なる有り無体なる有り」（旧民法財産編総則6条）〔カナ等変更〕に始まるものである（なお、「物」概念の系譜的検討につき、田中清「『物』について」法政論集186号〔平成13年〕53頁以下参照）。

174　我妻・注25）引用『民法講義Ⅰ　民法総則』202頁以下、幾代・注25）引用『民法総則』157頁以下。

第3章　権利の客体

所有権対象適格性とがつねに一致する必要はないため、民法の「物」概念自体を改正する必要はないと考える。

なお、以上のように、現行民法では85条におかれた物の定義は、本民法改正案では、「第一節 総則」に移されたので、その結果、次にのべる第2節の標題は「物の分類」とされた[175]。

第2節　物の分類

[Ⅰ] 条文案

> （不動産及び動産）
> 第三十三条　土地及びその定着物は、不動産とする。
> 2　不動産以外の物は、全て動産とする。
> 3　無記名債権は、動産とみなす。

本条1項：民法86条（不動産及び動産）1項に同じ
　　2項：民法86条（不動産及び動産）2項修正
　　3項：民法86条（不動産及び動産）3項に同じ

> （主物及び従物）
> 第三十四条　物の所有者が、その物の常用に供するため、自己の所有に属する他の物をこれに附属させたときは、その附属させた物を従物とする。
> 2　主物の処分は、従物に及ぶ。ただし、法律行為に別段の定めがあるときは、この限りでない。

本条1項：民法87条（主物及び従物）1項に同じ
　　2項本文：民法87条（主物及び従物）2項修正
　　　ただし書：新設

---

[175]【「第二節 物の分類」にかんする議論の経緯】
　　国民有志案では、「第三章 権利の客体：第一節 総則」と「第二節 有体物」の双方に「物」を有体物とする、という規定がおかれていたが、重複を避けるため、本民法改正案では、第2節から削除した。そのうえで、松岡久和の提案により、第2節の標題を「物の分類」とした（於2012年8月4日全体会議）。

第一編　総則

> （天然果実とその帰属）
> 第三十五条　物の用法に従い収取する産出物を天然果実とする。
> 2　天然果実は、その元物から分離する時に、これを収取する権利を有する者に帰属する。

本条1項：民法88条（天然果実及び法定果実）1項移動
　　2項：民法89条（果実の帰属）1項移動

> （法定果実とその帰属）
> 第三十六条　物の使用の対価として受けるべき金銭その他の物を法定果実とする。
> 2　法定果実は、これを収取する権利の存続期間に応じて、日割計算によりこれを取得する。

本条1項：民法88条（天然果実及び法定果実）2項移動
　　2項：民法89条（果実の帰属）2項移動

> （非有体物への準用）
> 第三十七条　前三条の規定は、その性質に反しない限りにおいて、権利その他の物でない利益について準用する。

本条：新設

[Ⅱ] 改正理由

1　動産・不動産

［新］33条は、漢字表記を除き、民法86条をそのまま承継した[176]（［新］33条2項の漢字表記を改めたのは、本民法改正案における漢字表記を全面的に「法令におけ

---

[176] 本民法改正案の総則編においては、現行民法の条文をそのまま承継した規定は［新］33条以外存在していない。さらにいえば、条文のレベルではなく、一つの項をそのまま承継したものも、――現行民法の「四章　物」の規定を除くと――3例にとどまっている（権利の濫用を規定した［新］3条2項、成年年齢を規定した［新］10条1項、法人成立の法律準拠主義を規定した［新］26条1項）。本民法改正案は、現行民法を尊重しながらも、その規範内容を精査しつつ純化した結果、ほとんどの条文が大なり小なり修正を受けていることがここから窺えるであろう。

る漢字使用等について」〔平成22年11月30日〕によることにしたためである〔これは、「常用漢字表」告示（平成22年11月30日付け内閣告示第2号）にともなって定められた「公用文における漢字使用等について」（同日付け内閣訓令第1号）を基礎として内閣法制局長官が発したものである〕）。

　［新］33条1項、2項の動産・不動産の区別は、法的には物権変動や公信の原則等の取扱いの違いに反映されており、現行民法を変更する必要はないと考える。

　それでは、［新］33条3項の無記名債権についてはどうであろうか。無記名債権については、引渡しが対抗要件であるとすると、当事者間においては証券の引渡しがなくても意思表示だけで権利の移転が生ずることになる（証券的債権であっても、指図債権の場合には裏書・交付により権利移転が生じると考えるべきである〔民法469条が、裏書・交付を対抗要件としているのは適切ではなく、これは効力要件とすべきものである〕。また、記名式所持人払債権の場合にも、――ここでの「記名」にはあまり意味がなく、無記名債権との連続性がみられるが、それでも――証券の引渡しがなければ当事者間においても権利が移転しないと考えるべきである）。

　しかし、これらの証券的債権とは異なり、切符、入場券等の無記名債権の譲渡については、債権とはいっても、債権譲渡手続をとるのはいかにも不自然であり、引渡しが対抗要件となる、と考えるのが自然であろう。また、民法の即時取得の規定も適用される、と考えるべきである。そうであれば、無記名債権を動産とみなした民法86条3項を維持すればたりる（ただし、動産扱いされるのは―合意によって「債権」が発生した段階ではなく―証券化された段階なので、［新］33条3項を「無記名証券は、動産とみなす」と修正したほうが、わかりやすいかとも思われる）。

　以上のように考え、本民法改正案は、［新］33条では、民法86条をそのまま承継することとした。

2　主物・従物

　現行民法は、「物」を有体物とし、物理的概念によって定義した。その結果、物理的に別個の物は、それぞれ独立して権利の客体となる。そこから、一物一権主義の観念が生まれる。

　しかしながら、物理的には別のものであっても、通常、「使用・収益・処分」が一体的になされることが多く、経済的取引単位として単一に取り扱われることが通常であるものも少なくない。建物本体と建具等は、その代表的な例である。このように、物理的に定義された「物」を、経済的に修正し、社会的に機能させるための概念が、「主物」、「従物」である。これらの概念は当然に必要なものである。

第一編　総則

　そこで、［新］34条1項は、民法87条1項をそのまま承継し、同条2項は、多少微修正を施してはいるが、内容的には現行民法を踏襲することとした。なお、［新］34条2項ただし書は新設ではあるが、現在異論がない内容[177]を条文化したにとどまる。

3　天然果実・法定果実

　天然果実・法定果実については、現行民法では、その定義規定が88条に、帰属の問題が89条におかれている。しかし、本民法改正案では、要件・効果を一体的に規定する方針をとっているので、現行民法88条と89条を解体し、内容的な変更を加えずに、天然果実の定義と帰属を［新］35条に統合し、これと同様に、法定果実の定義と帰属を［新］36条に統合することとした[178]。

　なお、民法改正研究会では、一時期、有体物の「使用利益」を「法定果実とみなす」という趣旨の規定をおくことも検討された。ただ、両者の扱いが異ならざるをえない部分がある。第1に、有体物の売買契約があった場合等を考えると、一般の法定果実は、特約がないかぎり現行民法89条2項のような日割計算で分配するのが合理的であろう。しかし、使用利益については、引渡時期までは売主が、引渡時期以降は買主が取得するのが当事者の合理的な意思解釈であり、権利の存続期間に応じた日割計算という考え方にそぐわない。第2に、売買契約が無効な場合の返還義務も、現行民法575条の裏返しで考えるべきであるという見解が有力ではあるが、解除については現行民法545条2項との関係をいかに考えるべきかという問題も発生する。

　このように、「使用利益」については問題を個別に考えざるをえないことが多いので、一律に法定果実とみなすことはせず、最終的には規定をおかないこととした。

　ただ、総則には条文をおかないものの、物権法の改正提案においては、実務的な取扱いを明示するために、現行民法189条（善意の占有者による果実の取得

---

[177]　前掲注151）引用『新版注釈民法（2）』638頁（田中整爾執筆部分）。
[178]　【「収取」と「取得」をめぐる議論の経緯】
　　なお、［新］35条2項は、民法89条1項同様、果実を「収取」する権利との文言を用いている。この「収取」という用語は一般的ではないという指摘が弁護士の岩田修一からなされ、また、民法189条の善意占有者の果実の「取得」と平仄をあわせる必要がないか、との問題提起が松岡久和からなされたが（於2009年3月19日市民法研究会）、この［新］35条2項の文脈からは、「取得」という文言が不自然であり、民法190条、297条等の数か条が「収取」という文言を用いていることも考慮し、民法89条の「収取」の文言を維持することとした。

第 3 章　権利の客体

等）1項に対応する規定の後段に、「物の使用利益は果実とみなす」という文言を付加することとした（国民有志案修正案原案 129 条 1 項参照）。

4　非有体物への準用

【前注】で述べたように、現行民法の「第四章　物」の章を、本民法改正案では「第三章　権利の客体」という章に変更している。これは、無体物を含む、権利の客体を規定しようという趣旨ではないものの、規定する範囲を有体物にとどめようとするものでもない。このことを示すため、［新］37 条をおくこととした[179]。

具体的には、複数権利の相互間にも、主物・従物性が認められることがあり、また、特許権等から発生する法定果実についても、［新］36 条 2 項の日割計算の規定が適用される等が、この例となろう。

---

[179] これは、磯村保の提言によるものである（於 2008 年 4 月 19 日総則分科会）。

第一編　総則

第4章　権利の変動

【前注】

　現行民法の総則編では、「第一章　通則」に始まり、権利の主体に関する「第二章　人」と「第三章　法人」が、また、権利の客体に関する「第四章　物」が規定され、その後に、「第五章　法律行為」、「第六章　期間の計算」、「第七章　時効」と続いている。

　本民法改正案では、序章（本書228頁以下）に記したように、「第六章　期間の計算」を削除し、それを「法令の通則に関する法律」に規定することとした。そのうえで、民法の「第五章　法律行為」および「第七章　時効」につき、章から節へと構成を変じ、その上位に、「第四章　権利の変動」をおくこととした。これは、民法総則編の構成を、通則に続いて、権利の主体・権利の客体・権利の変動・権利の実現と、権利本位のものに変じたことのあらわれである。

第1節　総則

[Ⅰ] 条文案

> （権利の変動）
> 第三十八条　権利の発生、変更及び消滅は、次節及び第三節（時効）その他の法律の規定の定めるところによる。

本条：新設

[Ⅱ] 改正理由

　[新] 38条は、権利の変動について、法律行為と時効とを1章にまとめたことから、権利の変動原因がこれらに限定されないことを示すために必要になった条文であり、それ以上の意味があるわけではない。

　具体例をあげれば、権利の発生・変更・消滅の原因としては、所有権の取得原因としての添付その他、あるいは相続等、多様なものが考えられるが、それらを逐一あげることは煩瑣にすぎるので、それらを「法律の定めるところ」とまとめ

て規定することとした[180]。

第2節　法律行為

第1款　総則

[Ⅰ] 条文案

> （法律行為）
> 第三十九条　法律行為は、意思表示を要素として成立し、その意思表示の内容に従って効力を生ずる。

本条：新設

> （法律行為の効力）
> 第四十条　法律行為（意思表示を含む。以下この款及び次款（第四十五条（虚偽表示）を除く。）において同じ。）は、公の秩序又は善良の風俗に反するときは、無効とする。その他の法令中の公の秩序に関する規定に反するときも、同様とする。
> 2　法律行為は、法令中の公の秩序に関しない規定（次条において「任意規定」という。）と異なる内容のものであっても、その効力を妨げられない。

本条1項前段：民法90条（公序良俗）移修
　　　　後段：新設（民法91条（任意規定と異なる意思表示）の反対解釈）
　　2項：民法91条（任意規定と異なる意思表示）移修

> （慣習）
> 第四十一条　任意規定と異なる慣習がある場合において、法律行為の当事者

---

[180] 【「第四章　権利の変動：第一節　総則」にかんする議論の経緯】
　本条については、当初の事務局案から（於2007年12月22日総則分科会）、若干の文言の変遷はあったものの、本民法改正案にいたるまで、基本的骨格は変わることなく維持されている。なお、例示的にあげるものを何にするかにつき、若干の議論――「法律行為」のみをあげる案、「法律行為・時効」をあげる案等々――があったが、最終的には、［新］38条に示した文言となった。

> がその慣習の適用を排除する意思を表示しないときは、その慣習による意思を有するものと推定する。

本条：民法 92 条（任意規定と異なる慣習）修正

[Ⅱ] 改正理由

1 法律行為の冒頭規定

　本民法改正案では、本書 204 頁にも述べたように、民法の法律行為の章が公序良俗違反による法律行為の無効からはじまっている状況を変えることとした。「法律行為」の意味も説明しないまま、その「無効」から始まるというのでは、いかにも国民にわかりにくいからである。その結果、設けられたのが、[新] 39 条の「法律行為」についての冒頭の規定であり、法律行為が意思表示からなりたつことも示している。

　この内容自体は、当然のことを規定したものにすぎない。ただ、現行民法においては、「意思表示」と「法律行為」という言葉が明確に区別されずに[181]、比較的、無造作に用いられている。契約を例に考えると、契約の申込みという「意思表示」レベルで無効が問題となることも、申込みと承諾の合致があった契約という「法律行為」レベルで無効が問題となることもありうるところである。しかし、どのレベルの無効・取消しが問題とされるかは、事案によって一様ではない。多くの規定については双方のレベルで無効・取消しが問題とされうるが、虚偽表示のように、常に法律行為レベルでのみ無効が問題となる規定も存在している。そこで、[新] 39 条の規定では、間接的にではあるがこの構造を示した（なお、[新] 39 条をめぐる【議論の経緯】については、本書 393 頁参照）。

　なお、本民法改正案において、無効・取消しをはじめて規定したのは、[新] 8 条 1 項の規定である。そこでも、正確にいえば、「意思表示又はそれに基づく法律行為の無効・取消し」が問題となるところを「法律行為（意思表示を含む。以下この款及び次款において同じ。）を取り消すことができる」と規定し、意思表示レベルでの取消しと法律行為レベルの取消しの双方が可能であることを示している。

---

[181] この点の問題提起は、磯村保によってなされた（於 2007 年 3 月 4〜5 日総則分科会）。

第 4 章　権利の変動

2　公序良俗・強行規定・任意規定

（1）「法律行為の効力」の規定の構造

　本民法改正案は、［新］39 条で、私的自治の原則に従い、法律行為の効力は意思表示の内容にしたがって発生することを規定したことを受け、まず、［新］40 条 1 項で、その無効事由を規定した。具体的には、同項前段では、法律行為の自由の限界を示す、もっとも大きな原則である公序良俗の問題を規定した。そのうえで、同項後段に、強行規定違反の問題をおいている。また、［新］40 条 2 項で、意思表示が任意規定に優先するという民法 91 条の内容を承継する条文をおいた。
　このように、本民法改正案においては、法文のかたちのうえで、公序良俗・強行規定・任意規定の関係を整序している[182]。

---

182 【公序良俗・強行規定・任意規定の位置づけにかんする議論の経緯】
　最終的な本民法改正案の［新］39 条と［新］40 条をあわせてみると、まず、①"意思表示の内容に従って法律行為の効力が生ずる"という原則が規定され、次に、②公序良俗違反による無効、③強行規定違反による無効、④任意規定の意思表示に対する劣後性の順で規定されている。
　民法改正研究会では、この順序をめぐってかなりの紆余曲折をへた。以下では、本民法改正案にいたる経緯を紹介することとする。なお、いくつもの提案の基礎にあったのは、現行民法が強行規定の基礎づけを反対解釈に委ねているのとは異なり、任意規定・強行規定を対にして条文に明示するという方針であった。
　まず、私法学会提出案、法曹提示案では、法律行為の冒頭の条文で①を規定し、その後に③強行規定と②公序良俗の規定を合体した規定をおいて、その次条で、任意規定（④）と慣習にかんする規定を合体させることによって、体系的に整序することを試みた（この案に対しては、弁護士の大槻健介から、任意規定と強行規定が別条文に分断されるという不体裁を避けるべきとの批判があった〔於 2009 年 2 月 9 日企業法務研究会〕。さらに、①を規定することをせず、②とは別条文で、④と③を合体させた 1 か条を設けるべきであるという提案が、弁護士の片山達、市川充からなされた〔於 2009 年 2 月 9 日企業法務研究会、於 2009 年 3 月 19 日市民法研究会〕）。
　このようなさまざまな提案を受け、国民有志案は、①③②を 1 か条にしたうえで、次条で、任意規定（④）と慣習にかんする規定を合体させたものとなった。
　その後、中野邦保が、「［新］39 条の規定にあらわれている①"意思表示の内容に従って法律行為の効力が生ずる"という原則の外延を画するのが②公序良俗違反の規定である。同じ無効であっても、社会規範違反の無効である公序良俗違反と、③人為的な制定手続による国法違反の強行規定違反とは次元が異なる」との意見を提出した。この考え方によれば、法律行為の冒頭規定で、①と②がセットとして規定され、次条で③の強行規定と④任意規定とが規定されることとなる（於 2011 年 5 月 14 日事務局会議）。
　これに対し、磯村保から、意思表示が効力を有するかどうかという観点からすると、公序良俗違反の場合と強行規定違反の場合を区別することに合理的な理由があるといえるか、との批判が加えられ、②③を 1 か条にする案が提示された（於 2011 年 12 月 17 日全体会議）。
　このような方向性を受け、最終段階で、川﨑政司から、①を冒頭条文としたうえで、次条

（2） 強行規定の明記──根拠法条としての「反対解釈」の回避

現行民法91条は、意思表示が任意規定（「法令中の公の秩序に関しない規定」）に優先することのみを定めている。強行規定、すなわち「法令中の公の秩序に関」する規定が意思表示に優先することは、この反対解釈として導かれる。このように、反対解釈をつうじて強行規定が当事者意思に優先するという結論を導くことは、法律家にとっては自明であるとしても、専門家でない者には技巧的にすぎる。

こうした反対解釈によるルールの抽出というわかりにくさを回避するため、本民法改正案では、強行規定・任意規定の双方につき、正面から規定をもうけるべきでであると考え、それぞれを［新］40条1項後段、2項に規定した。

（3） 「強行規定」の二重の根拠と、その回避

民法の強行規定にかんする規定のしかたは、きわめて混乱している。その理由は、強行規定（「公の秩序に関する規定」）違反の行為が無効であることを、解釈論的には、民法90条および91条の双方から導くことが可能だからである。

まず、前段で述べたように、「強行規定違反＝無効」のルールは、民法91条の反対解釈から引き出すことができる。ところが、公序良俗について規定した現行民法90条は、「公の秩序又は善良の風俗に反する事項を目的とする法律行為は、無効とする」と規定しており、ここにも「公の秩序」という文言がみられる。この結果、民法90条につき、同条が強行規定違反の法律行為の無効の根拠規定となる、との見解もある一方で、同条にいう「公の秩序」は強行規定に限定されるものではなく、国家秩序一般を意味する、という見解も有力である。

このように、現行民法90条と91条の2カ条がそれぞれ強行規定にかんするルールをも含みうるかたちで規定されているが、とりわけ90条において、公序良俗違反と強行規定違反との関係が、曖昧模糊としたものとなっている。

そこで、本民法改正案では、まず、［新］40条1項前段で、公序良俗違反について、「公の秩序又は善良の風俗に反するときは、無効とする」と規定した後、同項後段で、強行規定違反について、「その他の法令中の公の秩序に関する規定に反するときも、同様とする」として、「その他の」という文言を用いることによって、公序良俗との重複を回避した[183]。

の1項に、②を前段、③を後段に規定し、2項に④を規定するかたちに整序する提案があり（於2013年10月27日全体会議）、それが本民法改正案の［新］39条、［新］40条になった。
183 「公の秩序に関する規定」と関連して、いわゆる取締規定に違反する私法上の法律行為の効力を民法典に規定するべきかどうかが問題となるが、解釈論に委ねるべきものとして、本

第4章 権利の変動

(4) 公序良俗違反をめぐる若干の問題

[新] 40条1項前段は、基本的に現行民法90条を承継してはいるが、その文言を微妙に修正している。具体的にいえば、民法90条は、公の秩序又は善良の風俗に反する「事項を目的とする」法律行為は、無効とする、と定めている。この「事項を目的とする」という文言があるため、動機の不法は文言上含まれていないとの解釈もなりたつところである。しかし、今日において、動機の不法を考慮に入れて法律行為が公序良俗に反するかどうかを判断することができることには異論がないことから、[新] 40条1項前段では、この「事項を目的とする」という文言を削除した。

なお、公序良俗違反による無効を、善意・無過失の第三者に対抗できるか否かという問題も研究会では討議されたが、最終的には——現行法においてと同様——対抗できるという結論に達したため、特別な規定をおかないこととした[184]。

(5) 「法律」と「法令」の用法

本書362頁では、本民法改正案において、「法律」と「法令」の用法には一定の留意を払っている旨を述べた。この [新] 40条1項および2項で「法令」の

民法改正案ではとくに規定をおかないこととした。

184 【公序良俗違反による「無効」の射程範囲にかんする議論の経緯】
　　なお、民法改正研究会においては、この [新] 40条に、次のような文言を付加する磯村案も検討された（於2007年3月4〜5日総則分科会）。
　　「前項の無効は、善意・無過失の第三者に対抗することができない。ただし、法律行為の無効を主張する者の利益を特に保護する必要性その他特段の事情が認められる場合には、この限りでない」。
　　この提案にさいしては、公序良俗違反の無効のなかにも種々の態様があり、たとえば私益を保護する場合には相対的無効と考える余地もあることが指摘された。今日において、通説的見解においても、公序良俗違反の無効が絶対的無効であるという命題には一部に例外があるとはされているが、上記提案は、絶対的無効となる場合がむしろ例外で、原則は善意（無過失）の第三者には対抗できない相対的無効であるとみる点で、大きな転換を目指している。
　　民法改正研究会の議論においては、たしかに理論的にはこのような可能性もありうることは認められたが、実際の取引きにおいて、この文言の付加が悪用される危険性があることも指摘された。このような規定をおくと、たとえば、賭博債権を善意・無過失で譲り受けた者が保護されることになり、判例とは逆の結論が導かれることとなる。訴訟においては、立証に失敗することもありうる以上、判決の結論が常に実体的真実を反映したものになるとはかぎらない。そうであるならば、このような文言を付加することには、慎重を期す必要があろう。上述した賭博債権の例などは、まさにその危険性が認められるケースといえるであろう。判例（最判平成9年11月11日民集51巻10号4077頁）が異議なき承諾があっても抗弁の切断を認めなかったことは、善意の第三者の保護や流通保護のための法制度が悪用される可能性を考慮したものと推測される。
　　以上のような議論の結果、最終的には、この文言を付加しないこととした。

語を用いたのは、かつて地代家賃統制令等による規制等があったことに鑑み、今後そのようなことがありえないわけでもないことを考慮したものである。

3　任意規定と異なる慣習

（1）　慣習と任意規定

　民法92条は、任意規定と異なる慣習がある場合に、「当事者がその慣習による意思を有しているものと認められるときは、その慣習に従う」と規定する。その前の91条は、任意規定には当事者の意思が優先すると規定するので、文言だけみれば、92条は、——慣習の有無とかかわりなく——当事者の意思の優位を規定した91条を、「慣習」という文言を付して繰り返していることになる。

　規定の仕方としては無意味そのものなので、判例は、塩釜レール入事件[185]において、民法92条に推定規定としての意味をもたせた。すなわち、慣習が存在する場合に、それを知りながら、「特に反対の意思を表示せざるときは、之に依る意思を有せるものと推定する」としたのである。

　そこで、本民法改正案では、この判例で示された一般理論を条文化することを試みた。そのさい、塩釜レール入事件の判例の上記の「反対の意思」という文言をより明確にするために、[新]41条は、「慣習の適用を排除する意思」を表示しないときは、その慣習による意思を有するものと推定すると規定した[186]。

185　大判大正10年6月2日民集27輯1038頁。
186　【慣習にかんする議論の経緯】
　　本文に述べた民法92条の無意味性を前提とすれば、この規定を民法典におくまでもないという考え方もありうる。このような観点から、鹿野菜穂子、五十川直行は、同条削除案を提案した（於2007年3月4〜5日総則分科会）。
　　この点、鹿野は、次のように説いている。当事者が特段の意思表示をしなかった場合に、慣習が、当事者の意思を補充する機能を有するものであることは一般的に承認されているが（大判大正5年1月21日民録22輯25頁）、意思の補充の基準として、慣習だけをこの箇所に条文化する必要性があるかは疑問であり、解釈に委ねるべきではないか。
　　また、五十川は、この条文の立法経緯に現行法の混乱の源があるとして、次のようにいう。起草当時、任意規定と慣習のどちらを優先するかということで起草者の意見は真っ向から対立した。梅は商慣習を例にして、慣習を優先するという案をだしたが、富井は任意規定を優先するという案をだした。そこで、穂積が「意思」を介在させるという妥協案をだした。その結果が民法92条であるが、現代の状況でどこまでこの規定が意味をもつかを検討し直す必要がある（この点につき、五十川直之「慣習法・事実たる慣習——民法92条論」法学教室235号〔平成12年〕18頁参照）。
　　以上のような削除論はあったが、判例は、「慣習」をめぐって、民法92条を文言どおりに解して、それを無意味化することはしていない。本文で述べた塩釜レール入事件では、——「塩釜レール入」という文言があるので、「意思解釈の資料たるべき事実上の慣習存する」[カナ等変更]として——この条文を根拠として、同時履行の抗弁権が発生しないとの結論

第 4 章　権利の変動

（2）　慣習と慣習法

　民法 92 条については、法の適用に関する通則法 3 条（旧法例 2 条）との関係をいかに解するかをめぐって、種々の議論が戦わされてきた[187]。一時期有力であっ

が認められている。本条をめぐる事務局案（於 2007 年 2 月 18 日総則分科会）は、これを基礎に、任意規定と異なる慣習がある場合に、後者によるものと推定されることを内容とするものであった。これが、基本的には、私法学会提出案から国民有志案へと結実していった（そして、その後に、判例の「反対の意思」という文言を「慣習の適用を排除する意思」に変じた案となり〔於 2011 年 12 月 17 日全体会議〕、それが［新］41 条となったことは、本文に述べたとおりである）。

　ただ、「慣習」をめぐる条文提案としては、判例と同様の推定を基本とする上記の事務局案とは異なる条文案が、磯村保より提案された（於 2007 年 3 月 4 〜 5 日総則分科会）。その内容は、当事者意思と任意規定・慣習との優先関係については、当事者意思がこれらに優先するとするルールをまず明らかにし、ついで、当事者意思が存在しない場合に、任意規定よりも慣習が優先するとするルールをおくとするものであった。

　この両案を比較して、磯村は、以下のように述べる。

　上記の両案をめぐる議論において考え方が分かれたのは、とりわけ地域に特有な「慣習」を知らずに契約を締結した場合に、そのような慣習が当事者を拘束するかどうかである。より具体的にいえば、当該地域の慣習について知らなかった者がいる場合、とりわけ過失なくして知らなかった場合に、慣習の拘束力を認めてよいかどうか、同様に、一定の人的範囲に属する者の間で確立した慣習について、それを知らない者にも慣習の効力が及ぶかについて、考え方が分かれている。その背後には、何を「慣習」と捉え、何を「慣習法」と捉えるかに関する考え方の相違が存在する。

　具体的事例にそくして、両案を対比してみよう。

　磯村案は、両者の区別を重要視せず、地域的に、あるいは一定の集団において確立した慣習が任意法に対して優先して当事者の法律関係を規律することに合理性があると、端的に考えるものである。この案によれば、たとえば一定の地域において確立した慣習（たとえば、敷引特約等）があった場合、たとえそれを知らずにその地域で法律関係を形成した者についても、この慣習が任意規定に優先することになる。

　これに対し、事務局案は、本文の（2）で述べることと関連するが、民法 92 条が規定する「慣習」と、法の適用に関する通則法の規定する「慣習法」は、異なる次元のものであると考える。そして、「慣習法」は、任意規定も存在していないところでのみ、その成立が認められるものとする。この考え方によれば、任意規定に規定されているのとは異なる「慣習」について、まったくこれを認識していない者がそのルールの適用を受けることにつき、否定的に解されることになる（意思表示をした時点で慣習の存在を認識していなかったことを立証すれば、「その慣習による意思を有する」との「推定」を破ることができる）。このように考える理由は、慣習については、任意規定の場合とは異なり、その内容自体について客観的な合理性があるかどうかが担保されておらず、その点でも慣習の効力を広く認めることに問題があると考えるからである。

　なお、このような規定のしかたについては、弁護士の岩田拓朗より、そこに規定された「法律行為の当事者が反対の意思を表示しないとき」という文言は、「推定」を破る事実を示したものにすぎないので不必要である、との指摘があった（於 2009 年 3 月 19 日市民法研究会）。論理的には、岩田の指摘のとおりであるが、わかりやすさ、という観点から、この文言を残すこととした。

た92条の対象を「事実たる慣習」とする説は、いかにも不自然であり、ながらく学界、法曹界の混乱を招いてきた。

ただ、次のように考えれば、上述したような混乱は、別段生じないように思われる。すなわち、まず、民法92条は、「法令中の公の秩序に関しない規定と異なる慣習」についての規定であり、法の適用に関する通則法3条は、「法令に規定されていない事項に関する」慣習を対象とする規定である。換言すれば、このような条文の規定のしかたをみれば、前者は、法令に規定のある事項についての慣習を対象とし、後者は、法令に規定のない事項についての慣習を対象とするというかたちで、適用対象の棲み分けがあることは明らかである。

このことを前提とし、民法92条は、当事者の意思を媒介として、法令に規定されている事項に関する慣習が任意規定に優先すると規定しているにすぎない。このように考えるのであれば、別段、民法92条と法の適用に関する通則法3条には矛盾は存在していないので、本民法改正案でも、この点についての手当はとくにしていない。

4 本民法改正案に規定されなかった法律行為をめぐる改正提案

（1） 単独行為・契約・合同行為

私法学会提出案から国民有志案にいたるまで、法律行為の冒頭規定には、［新］39条の内容に加えて、法律行為には単独行為・契約・合同行為の3種があることを規定する条文案が存在していたが、最終的には、本民法改正案には採用されなかった。その理由と討議の内容につき、［新］39条の内容をめぐるものをも含め、【議論の経緯】として紹介することとする[188][189]。

187　川島武宜＝平井宜雄編『新版注釈民法（3）』（有斐閣、平成15年）259頁（淡路剛久執筆部分）。
188　【法律行為の冒頭規定にかんする議論の経緯】
　　（ⅰ）単独行為・契約・合同行為を規定する当初の方針
　　法律行為の冒頭規定についての当初提案は、磯村保から提示された（於2006年11月23日全体会議）。それに対する対案が、鹿野菜穂子と事務局から提案され、この3案を基礎に民法改正研究会での討論がなされた（於2007年2月18日総則分科会）。この討論をふまえたうえで、当初の3提案をそれぞれの提案者が修正を施し、最終的に事務局が研究会案として統合していくことになった。その結果、法曹提示案48条では、法律行為の冒頭規定は、以下のような2項構成となっていた。また続く49条では、法律行為自由の原則を謳っていた（ただ、冒頭条文案を討議する当初の段階から、紛争解決規範としての意味をもたない以上、この種の冒頭規定をおかないという考え方もありうるとされていた。そこで、民法改正研究会では、同時に、この種の規定をおかないという事務局別案も提示されたが、討議の結果、冒頭規定をおくとの方向が採用された〔於2007年5月6日総則分科〕）。

第 4 章　権利の変動

（法律行為・経過案・法曹提示案）
48 条①：この法律において、法律行為とは、単独行為、契約、合同行為をいう。
　　　②：法律行為は、人の意思表示を要素として成立し、その意思表示の内容に従って効力を生じる。（基本的に、［新］39 条に同じ〔ただし、文言の微修正が施された〕。）
（法律行為自由の原則）
49 条：法律行為は、書面その他の方式を要しない。ただし、法律に別段の定めがある場合又は当事者がこれと異なる合意をした場合には、この限りでない。

　上記の法曹提示案の前の私法学会提出案も、文言は若干異なるものの、内容は上記の法曹提示案と同一である。この両案においては、48 条 1 項で、法律行為には単独行為・契約・合同行為があること、2 項で、法律行為が意思表示からなることが示されていた。そのうえで、49 条で、法律行為の方式の自由が規定されていた。
　これに対し、国民有志案では、冒頭規定の 49 条 1 項は、上記の両案 48 条 1 項を承継するとともに、2 項で「法律行為自由の原則」との関係を示し、3 項で両案の 49 条を承継し、法律行為の方式の自由を規定した（その結果、上記の両案 48 条 2 項の内容は、国民有志案では、冒頭規定に次ぐ 50 条〔法律行為の効力〕1 項におかれることになった）。

（法律行為・経過案・国民有志案）
49 条①：この法律において、法律行為とは、契約、単独行為及び合同行為をいう。
　　　②：法律行為は、以下の各号に定めるところによって、それぞれ行うものとする。
　　　一　契約は、（国民有志案）第四百五十六条（契約自由の原則）の規定に従って、自由に締結することができる。
　　　二　単独行為は、この法律その他の法律に定めるところに従って、行わなければならない。
　　　三　合同行為は、一般社団法人及び一般財団法人に関する法律、会社法その他の法律の定める手続に従って行う。
　　　③：略（法曹提示案 49 条に同じ。）
　しかし、後に、磯村保から、単独行為・契約・合同行為の文言は、法律行為の種類を示すものではあっても、法律行為の内容を示すものではなく、「合同行為」が概念として民法学において異論なく承認されているか否かについても疑問がある等の批判がだされた（於 2011 年 12 月 17 日全体会議）。さらに、市民法研究会、企業法務研究会においても、講学的規定であるという弁護士たちからの否定的な感想があったことを考慮し、法律行為の種類として、単独行為・合同行為・契約を並記する規定を、本民法改正案では削除することとした（その理由の詳細については、次の注で述べることとする）。

(ⅱ) 契約自由の原則と法律行為自由の原則
　標題のテーマも条文からは最終的には削除されたが、この削除にいたるまでの議論を紹介することは、「契約自由の原則」と「法律行為自由の原則」との関係を考えるにあたって一定の意味を有するように思われる。この国民有志案を提示するさいに事務局が下記のような説明を付したところ、磯村保より多くのコメントが寄せられ、研究会で討議がされたので（於 2012 年 8 月 4 日全体会議等）、長くはなるが、そのさいの状況を以下に紹介しておくこととする。

第一編　総則

　契約自由の原則の内容は、契約を締結するか否かの自由、契約締結の相手方選択の自由、契約内容決定の自由、契約方式の自由の4つが含まれる、といわれている。また、「法律行為自由の原則」という言葉が、しばしば語られることがある。この「法律行為自由の原則」の内容について厳密に論じられることは少ないが、契約自由との対比で考えるのであれば、やはり4点、すなわち、「法律行為をするか否かの自由」、「法律行為相手方選択の自由」、「法律行為の内容決定の自由」と「法律行為の方式の自由」が問題となるであろう。
　しかし、第1の「法律行為をするか否かの自由」は、法律行為一般について認められているわけではない。法律行為をしないことは一般に自由であるとしても、法律行為をすることには、法的根拠が必要とされることは少なくないからである。そこで、法律行為の冒頭規定である国民有志案49条2項では、「法律行為をするか否かの自由」がどのようになっているかを、3種の法律行為について対比するかたちで示すこととした。
　まず、契約については、契約自由の原則の一側面である締結するか否かの自由が認められる（この例外として、医師や公証人、電気・ガス・鉄道などの独占的公益事業者の契約締結義務がある）。これに対し、単独行為は、法律の根拠がなければ行うことができない。ある者の一方的な意思表示によって、他者が影響を受けるのは、法律に根拠があってはじめてなしうることだからである。さらに、合同行為としては、国民有志案49条2項では"法人の設立"のみが問題となりうるとされるが、それは、基本的に「一般社団法人及び一般財団法人に関する法律、会社法その他の法律」にもとづいて行うべきであって、実定法に根拠をもたない法人を自由に設立はできない。
　この意味では、法律行為のうち、自由に行うことができるのは、契約のみである。しばしば、「法律行為自由の原則」という言葉が使われるが、単独行為と合同行為については、それをするか否かについての自由が認められないことを、国民有志案49条は示している。
　第2の「法律行為相手方選択の自由」も、基本的に契約についてしか考えられない。なぜなら、単独行為には、意思表示の相手方がいる場合（たとえば取消し）、いない場合（たとえば遺言）の双方があり、合同行為が問題となる法人設立については相手方が問題となるわけではないからである。したがって、「相手方選択自由の原則」が認められるのは基本的に契約についてであり、国民有志案修正案原案では、この点を、456条2項で示している。
　第3の「法律行為の内容決定の自由」を考えると、強行規定や公序良俗違反の問題を別にすれば、契約については、一般に認められるべきであり、この点は、国民有志案（ないしその修正案原案）456条1項においても規定されている。しかし、単独行為の場合は一律でない。遺言のように — 遺留分の制約を別にすれば — 内容決定の自由が認められているものもあるが、取消し、契約解除、債務免除のように、意思表示の内容があらかじめ法定されているものが多い。以上の事務局の説明に対する磯村保のコメントは次のようなものであった。
　「広い意味で債務者の責任を軽減する単独行為は、期限の猶予、債務の一部免除、担保の解放など種々の場合が考えられ、内容の自由があるといえるのではないか。取消しや解除のように、形成権として、相手方の意思に反してその不利益となる法律効果を発生させる場合と、免除や時効利益の放棄など、相手方に有利に働く単独行為では事情が異なるのではないか」。また、「合同行為である法人設立の内容が法定されていることは、明らかであろう」という事務所の説明に対しても、磯村は、「ただ、誰とともに合同行為を行うかという自由 — 共同設立者選択の自由 — がある」とコメントした。
　第4の方式の自由の問題については、次に詳しく述べるように、それが現実に認められているのは、契約についてのみである。
　以上の理由で、国民有志案では、「法律行為自由の原則」を全面的に否定するような規定

第 4 章　権利の変動

まではおかなかったものの、49条でその自由が契約に限定されていることをある程度示すこととした。

「法律行為の方式の自由」について、あらためて詳しく述べておきたい。

私法学会提出案49条、法曹提示案49条は、ともに「法律行為自由の原則」の標題のもとに、法律行為の方式の自由を謳っており、これは、国民有志案49条3項に規定されていた。

しかしながら、法律行為の方式の自由も、必ずしも一般的に認められるものではない。保証契約等の例外を別とすれば、契約、とりわけ有償契約については、契約の方式の自由が一般的に認められる。それに対し、単独行為については、書面性に加えて一定の方式が必要とされる遺言のようなものもあれば、法律行為の取消しその他、方式性を要しないものもある。さらに、合同行為については、法人の設立に定款作成という書面性あるいは電磁的記録によることが必要とされている。

私法学会提出案公表の段階では、「正確にいえば、『契約自由の原則』は一般に認められているが、『単独行為自由の原則』や『合同行為自由の原則』が認められているわけではない。ただ、このような問題があっても、慣用的に『法律行為自由の原則』という表現が用いられているので、ここではそれに従うことにした」と述べたうえで（民法改正研究会起草『日本民法改正試案　第1分冊：総則・物権』（第72回日本私法学会シンポジウム資料）（有斐閣、平成20年、私法学会限定頒布版）第2部　解説54頁）、前述の規定等をおいたが、慣用的に不正確な表現が用いられている場合に、それを法によって追認することには問題があると思われるので、最終的には、法律行為に一般的に方式の自由を認める規定をおくことはしなかった。

ただ、契約についてのみ、国民有志案修正案原案456条に「契約自由の原則」を定め、その3項に、契約の方式の自由についての規定をおくこととした。

189 【合同行為の不規定にかんする議論の経緯】

まず、一般的な背景を述べると、現行民法では、118条「単独行為の無権代理」と872条「未成年被後見人と未成年後見人等との間の契約等の取消し」の1項に、各文の文言上、「単独行為」の語が用いられている。しかし、「合同行為」という用語は法典上には存在していない。

民法典にも規定されている単独行為という概念を用いることについては、学説にも異論がない。一方、合同行為の概念を用いることには批判もある（前掲注187）引用『新版注釈民法（3）』51頁〔平井宜雄執筆部分〕）。ただ、多くの学説は、合同行為概念を肯定し、社団法人の設立行為をその中心として論じているが、それ以外にも、決議や労働協約も合同行為概念に含まれるとする（我妻・前掲注25）引用『民法講義Ⅰ　民法総則』244頁）。しかしながら、近時は、社団設立行為に限定してこの概念を考えるべきであるとの立場もある（前掲『新版注釈民法（3）』52頁、加藤・前掲注11）引用『新民法大系Ⅰ』194頁）。

つまり、多くの学説のように社団法人設立行為としての合同行為概念には一定の意味があるという立場にたつとしても、合同行為概念の外延をどのように画するかは、講学上も必ずしも安定していない、というのが学説の状況である。現に、伝統的な学説も、「これらに関する共通の理論は、まだ必ずしも明らかにされていない」という（我妻・前掲注25）引用『民法講義Ⅰ　民法総則』244頁）。

このような「合同行為」概念をめぐる学説状況を認識しつつも、前注で述べたように、本民法改正案策定過程においては、私法学会提出案48条（法律行為）、法曹提示案48条（法律行為）で、「契約」と並んで、「単独行為」、「合同行為」が法律行為の一部をなすことを規定していた。さらに、国民有志案49条（法律行為）1項は、合同行為の概念を明記すると

第一編　総則

（2）　法律行為の解釈

　本民法改正案に法律行為（とりわけ契約）の解釈につき規定をおくべきか否か、両論があった。最終的には規定をおかない方針が採用されたが、その間、具体的な条文提案もなされているので、それについては【議論の経緯】を参照されたい[190]。

　ともに、同条2項3号では、「合同行為」の概念を社団法人の設立に限定して用いていた。
　しかしながら、最終的には、本民法改正案には「合同行為」という概念を規定しないこととなった。その理由は、①「合同行為」という概念は、社団法人設立については一定程度の妥当性があるとしても、それ以外の外延的な部分では、法的な概念としてじゅうぶんに熟していないこと、②かりに合同行為を法人設立に限定し、国民有志案49条2項3号のように、一般法人法、会社法等による法人設立に焦点を絞って「合同行為」を観念すると、権利能力なき社団を設立する法律行為を「合同行為」から排除することになりかねないこと、③一人会社の設立を「合同行為」といってよいのか、等の問題が残ると考えたからである。

[190]【法律行為、とくに契約の解釈にかんする議論の経緯】
　（ⅰ）法律行為の解釈にかんする規定をおかないという方針の徹底
　民法改正研究会においては、法律行為（とくに契約）の解釈の規定を設けるべきか否かについても議論があったが、規定をおくべきであるという強い積極論が存在していたわけではない。
　具体的な条文提案を試みた鹿野菜穂子も、解釈指針規定をおくべきではないという立場にたちつつも、一応、具体案を提示したにとどまる（於2007年2月18日総則分科会）。また、磯村保も、具体的な条文提案をしたが、民法改正研究会メンバーの意見が内容的に一致しないのであれば、とくにそのような規定をおかなくてもよいのではないか、との前提のうえでの提案であった（於2007年3月4～5日総則分科会）。
　もっとも、五十川直行から世界的にみると解釈についての規定をおくのが一般的である、との指摘がなされたこともあったが（於2007年9月22日総則分科会）、諸外国のこの種の規定をみても、それらによって法律行為の解釈に実際的な指針が与えられているとは思われず、規定をおくべきではない、との事務局の意見がだされた（於2007年2月18日総則分科会。なお、各国ないし種々の提案における「契約の解釈」の規範内容は、その後に公表された法制審議会・民法部会第19回の資料に詳しい〔『民法部会議事録　第1集　第5巻』450頁以下。紹介されているのは、日本旧民法財産編、フランス民法（付カタラ草案・テレ草案・司法省草案〔2008年7月版〕）、ドイツ民法（ただし、約款の解釈）、オランダ民法、ユニドロワ国際商事契約原則、ヨーロッパ契約法原則、共通参照枠草案（DCFR）〕）。
　実務家の意見としても、この種の解釈指針は、裁判所の裁量を奪い、事案に応じた解決をはかることを困難にする、という否定的意見が企業法務系の弁護士の間では圧倒的であった（於2009年2月9日企業法務研究会）（なお、このような企業法務系の弁護士の意見に対しては、具体的に提案されている解釈についての原則規定が、裁判所の裁量を不当に奪うものとは到底思われず、かりにそのようなルールにも反する裁量を行使するのであれば、それは裁判所の解釈として行いうる権限を超えることになるのではないか、との疑問が磯村保から提示されている〔於2011年12月17日全体会議〕）。
　このような議論状況のもとで、本民法改正案では、法律行為の解釈にかんする規定をおかないことが決定された。
　ただ、具体的になされた条文提案自体は貴重なものなので、以下に、鹿野案と磯村案を紹介することとしたい。この具体的な提案の紹介の後に、それにかんする研究会の議論を紹介

第4章　権利の変動

することとする。

(ⅱ) 鹿野案の紹介
　鹿野が提示したのは、下記のような条文案であった。

(法律行為の解釈・経過案・2007年2月18日鹿野案)
　(法律行為の解釈)
N条：法律行為の解釈においては、その文言の字義に拘泥せず、当事者の意思を探究しなければならない。
　(多義的な文言の解釈)
N条の2①：一つの文言に二つ以上の意義があるときは、その法律行為の性質及び目的に最も適する意義に従う。
　　　　②：一つの文言が各地において意義を異にするときは、別段の意思が認められない限り、当事者が住所を有する地において慣用する意義に従う。相手方がある法律行為において、双方の当事者が同一の地に住所を有しないときは法律行為をした地において慣用する意義に従う。
　(有効解釈)
N条の3①：法律行為の各条項は、法律行為全体と最もよく調和する意義に従って解釈する。
　　　　②：一つの条項に複数の意義が存する場合において、その一つが条項を有効ならしめるときには、別段の意思が認められない限り、その有効となる意義に従う。
　(債務者等に有利な解釈)
N条の4①：法律行為の当事者の意思に疑いがあるときは、その解釈は、債務者の有利となる意義に従う。
　　　　②：予め定められた法律行為の条項の意義に疑いがあるときは、その作成者の相手方に有利となる意義に従う。
　(契約の補充)
N条の5：法律行為において明示されていない事項については、その法律行為の性質および目的により推認される当事者の意思に従い、それが明らかでない場合には、慣習および任意規定によって補充される。

　この提案に対する鹿野の説明は、以下のとおりであった。
　第一に、旧民法財産編においては、「合意の解釈」に関する一連の規定がおかれていたが(356～360条)、民法は、法律行為あるいは契約の解釈原理について、とくに明文の規定をもたない。
　第二に、外国の状況をみると、フランス、イタリアをはじめ、諸外国の立法には、民法典の中に、解釈の原則ないし基準に関する規定をおくものもある。
　第三に、以上をふまえると、この点の改正については、次の①から③の考え方がありうる。
　①改正不要論：これは、民法起草者の判断でもある。学説および判例に委ねたほうが、柔軟かつ適切な処理が可能であろう。また、信義則の規定は、法律行為の解釈においても機能を果たしている。
　②改正論(その一：基本原則型)：ドイツ民法のように、約款の解釈における基本原則のみを規定し、契約の解釈一般については規定せず、解釈に委ねることとする。
　③改正論(その二：基本原則＋具体的基準型)：フランス民法のように、法律行為(合意)

第一編　総則

の解釈における基本原則を規定するのみならず、具体的な解釈指針ないし基準についても規定を設ける。

本案提示の趣旨は、かりに③案をとった場合において考えられる具体的な内容を掲げたものであるが、これらのすべてを規定するべきだというものではない。また、ここには掲げていないが、たとえば約款における不意打ち条項の取扱いをどうするかなど、契約の解釈にも関連する問題が他に存在することも意識しておく必要がある。

(iii) 磯村案の紹介

磯村が提示したのは、下記のような条文案であった。
(法律行為の解釈・経過案・2007年2月25日磯村案)
N条①：法律行為の解釈に際しては、当事者の意思表示の内容を明らかにすることを要する。
　　②：当事者の真意が合致している場合には、裁判所はその意思に従う。
　　③：当事者の真意の合致が認められない場合、または当事者の真意が存在しない場合には、法律行為は当該法律行為が行われた事情、取引上の慣習及び信義則を考慮して解釈されることを要する。

この提案に対する磯村の説明は、以下のとおりであった。

法律行為・意思表示の解釈規定を設けることとしたが、意思表示の解釈は法律行為の構成要素となってはじめて意味があることから、法律行為の解釈のなかにとりこんだ。実際上の解釈論的効果には乏しいが、法律行為の効力を問題とする前に、その内容がどのように確定されるかを定めることが必要であるという体裁上の理由も考慮した。

当事者の合致した真意が尊重されることについては、広く一致が認められるところである。また、意思表示の外形的合致があるが、真意の不一致の場合の解釈、当事者がとくに合意していなかった問題についての効果補充のルールなどを一般的・抽象的に定めることにより、裁判所による法律行為解釈の根拠規定を示すこととした。同時に、それらの方法については、種々の学説の対立を考慮し、意識的に曖昧なかたちにとどめている。

ただし、2項は、いわゆる修正的解釈が法律行為の解釈という作業のなかでは認められない趣旨を含むものである。

(iv) 研究会での議論

以上の二つの提案をたたき台として、民法改正研究会では、そもそも解釈規定が必要であるか、また、必要であるとしてもどの程度まで詳細な規定を設けるべきかについて、議論がなされた。規定をおく理由が法典の体裁という点にとどまり、実践的意義が乏しいとすれば、無用な議論を招きかねない規定をあえて設ける必要はないとする消極論、この程度の内容であればおおむね学界の見解も一致しているので、規定をおいてもよいとする積極論の双方があった。そのなかで、鹿野案にあった債務者有利の解釈原則（N条の4）、有効解釈などの解釈ルール（N条の3②）は、ルール相互間の優先関係を一律に決することが困難であるとする点で、ほぼ認識が共有された。ただ、さきに紹介したように、提案者の鹿野は、元来、消極論者であり、磯村も研究会の意見が一致した場合に規定をおこうとするにとどまっていたので、上記のように議論が分かれるなか、研究会は規定をおかないという結論にいたった。

なお、ドイツ民法においても、このような解釈規定をおかないという方針がとられてい

第 4 章　権利の変動

（3）　約款

　本民法改正案の「第一編　総則：第四章　権利の変動：第二節　法律行為」には、約款についての規定をおくことはせず、契約の箇所に譲ることした。約款については、法律行為の箇所に規定するという考え方と、契約の総則に規定するという考え方の双方がありうるが、基本的には契約で問題となるからである。そのため、本民法改正案では、契約の箇所、具体的には、「第三編　債権：第二章　契約：第一節　総則：第二目　契約の成立」に続く、「第三目　約款による契約の成立」として規定することとしたのである。

　なお、民法改正研究会では、総則分科会と債権法分科会の双方で約款について検討したが、総則分科会で検討した内容も、『理由書　第三編　債権』で述べることとする。

（4）　商行為

　本民法改正案では、「商行為」についての定義規定をおいていない。この点については、本書 255 頁以下に述べたように、私法学会提出案から国民有志案にいたるまで、「商人」の定義規定をおいていたので、それとのバランスから商行為の定義規定をおく必要がないのかが問題となった。ただ、最終的には、商人、商行為とも定義規定をおかないことになったので、その間の経緯を注の【議論の経緯】で紹介することにする[191]。

　　るが、その背景について、中山知己「契約の解釈」円谷峻編著（民法改正を考える研究会）民法改正案の検討　第 3 巻（成文堂、平成 25 年）421 頁参照。

[191]　【商行為の定義規定の導入にかんする議論の経緯】
　　さきの「人及び法人の属性」において、本民法改正案がレファレンス方式を導入した結果、消費者・事業者・商人について定義規定をおくことが必要と考えられ、かつ、消費者契約法や商法との連携を確実にするためには、それぞれ消費者契約法や商法の定義規定に依拠する必要があると考えられた旨を述べた（本書 255 頁参照）。
　　一方、本民法改正案では「商行為」という語が用いられることが少なくない（具体的にいえば、[新] 62 条がそれであり、総則編以外については、国民有志案修正案原案を引用することになるが、国民有志案修正案原案 379 条 2 項、434 条、444 条 3 項、568 条、582 条、590 条、599 条がそれである）。そこで、消費者・事業者・商人について手当したのと同様に、商行為の定義規定をおく必要があり、それをおくとすればもっとも自然なのは、法律行為の節、それも「第一款　総則」であろうと考えた。そこで、事務局は、次のような商行為の定義規定を、商人についての定義規定とパラレルなかたちで提案した。

　　（商行為・経過案・2009 年 1 月 6 日事務局案）
　　　N 条：この法律において、商行為とは、商法第五百一条（絶対的商行為）から第五百三条（附属的商行為）までに規定するものをいう。

第一編　総則

第2款　意思表示

【前注】

1　「第二款 意思表示」の構成

本民法改正案「第四章 権利の変動：第二節 法律行為：第二款 意思表示」の条文構成は、[新] 42条以下、順に「意思表示とその効力」、「真意留保」（現行民法の「心裡留保」）、「虚偽表示」、「錯誤」、「不実表示及び情報の不提供」、「詐欺」、「強迫」、「第三者の保護」、「外観法理」となっており、「不実表示及び情報の不提供」、「第三者の保護」、「外観法理」の規定があらたに設けられている（これらを新設した理由については、各規定の改正理由に譲ることとする）。

最初の[新] 42条「意思表示とその効力」は、本款の冒頭規定的な意味をもつよう、民法の「意思表示」の末尾にあった規定を移動し、内容を整備した。これは、「法律行為」の冒頭規定と同様、「意思表示」においても、冒頭規定は無効・取消事由についての条文ではなく、有効な場合の規範内容を示すような「原則──例外」という構成を維持すべきと考えたからである（ただ、この点については、多少、論ずべき問題があるので、本書407頁以下の叙述を参照されたい）。

それ以後の「真意留保」以下の規定は、基本的に、現行民法の順を踏襲している。ただ、新設した「不実表示及び情報の不提供」は、規範の性格が「錯誤」と「詐欺」の中間的なものなので、両者の間に規定することとした（本書424頁注215）参照）。

また、本民法改正案では、条文の文言の定型性に留意しつつ規定した[192]。さら

しかし、民法改正研究会においては、法律行為の総則に上記の条文が規定されることは唐突感を免れないとの意見が強かった。そのため、定義規定は設けず、それぞれの条文で、商法をリファーするよう工夫することになった。国民有志案原案から一例をあげておこう。

（弁済の場所・国民有志案修正案原案）
379条②：商行為によって生じた債務の弁済の場所については、商法第五百十六条（債務の履行の場所）の規定を適用する。

[192] 民法の意思表示の規定は、常に「意思表示は、」を主語とする文型となっており、ある程度、パターン化が意識されているようにみえる。しかし、それ以外の点では、決まった文型で統一されているわけではない。これに対し、本民法改正案の意思表示の規定は、「表意者が……意思表示をしたときは、これに基づく法律行為は、無効とする」、「表意者は、……意思表示をしたときは、これに基づく法律行為を取り消すことができる」という言い回しを基本的なパターンとすることとした。なお、本民法改正案の、このような文言の定型化は、国民有志案公表後に行われたものである。

第 4 章　権利の変動

に、本民法改正案では、民法ではそれぞれの条文ごとに規定されている第三者の保護について、［新］49 条でまとめて規定することにし、動的安全の保護と静的安全の保護の体系を一覧できるようにつとめた。これにともない、現行民法のもとでは、通謀虚偽表示の 94 条 2 項の類推適用として、判例によって発展してきた「外観法理」も、本民法改正案では、この第三者保護規定につづく［新］50 条で規定されている。

　なお、民法以外の特別法でも、無効・取消原因が規定されており、とりわけ消費者契約法上の無効・取消原因は重要である。ただ、本民法改正案では、これらの無効・取消原因は法律行為一般ではなく、契約にのみかかわるので、総則編のこの部分におくのではなく、債権編の契約の章に「契約の無効及び取消し」という 1 か条を設けて規定することとした[193]。

2　意思表示の体系論
——「無効・取消の『原因』の認識基準」論の提示

　現行民法「第二節　意思表示」の 93 条から 96 条までの規定は、伝統的に「意思の欠缺」と「瑕疵ある意思表示」とに二分されてきた。具体的には、心裡留保・虚偽表示・錯誤の 3 種が、内心的効果意思を欠く場合として「意思の欠缺」とされ、詐欺・強迫の 2 種が、表示行為に対応する内心的効果意思は存在するが、その意思形成過程において不当な干渉を受けた場合であるとして「瑕疵ある意思表示」に分類されてきた。そのうえで、前者には「無効」という法律効果が、後者には「取消し」という法律効果が与えられてきたのである。

　後に記すように、本民法改正案では、錯誤の効果を「無効」から「取消し」に変更した。それにともない、前段に述べた伝統的な意思表示理論を維持することができなくなった。そこで、「無効・取消し」をどのように基礎づけるかが問題となった。ただ、この点は、本民法改正案の諸規定についての記述を一読した後

---

[193]　【消費者契約法上の無効・取消原因の規定箇所にかんする議論の経緯】
　　消費者契約法等の特別法の無効・取消原因については、本民法改正案にインデックス機能をもつレファレンス規定をおくことが、早い段階から確定していた（本書 165 頁注 9 ）参照）。法律行為の無効・取消原因を一覧できるのは、民法総則の法律行為の節である。そこで、当初の私法学会提出案、法曹提示案では、総則編の意思表示の箇所に、そのための条文が規定されていた。しかしながら、消費者契約法等に規定されている無効・取消原因の規定は、法律行為一般の無効・取消原因ではなく、「契約」の無効・取消原因の一場合なので、国民有志案修正原案では、「第三編　債権：第二章　契約」の 480 条に、民法、消費者契約法、特定商取引法上の無効・取消原因を一覧する条項が設けを、本民法改正案の総則編には規定しないという方針を採用した。

のほうが理解しやすいと思われるので、本款の「8　意思表示の基礎理論──『無効・取消し』の理論」で述べることとする（本書428頁以下参照）。

3　取消権者の明示

　本書298頁にも述べたところであるが、現行民法は、4条以下の「行為能力」と96条の「詐欺又は強迫」の2か所で取消権の発生を規定しているにもかかわらず、そこでは取消権者を示さず、後の120条でまとめて取消権者を規定している。このように取消権の規定の内容が分断されているため、法制度の透視性が悪くなっていた。

　そこで、本民法改正案では、錯誤、不実表示及び情報不提供、詐欺、強迫のそれぞれの条文につき、取消権者を明記するとともに、［新］76条2項で全体像を確認的に示すこととした。

［Ⅰ］条文案

（意思表示とその効力）
第四十二条　意思表示は、その意思表示に別段の定めがある場合を除き、次の各号に掲げる区分に応じ当該各号に定める時から、その効力を生ずる。
　一　相手方のある意思表示　　　　その意思表示が相手方に到達した時
　二　相手方のない意思表示　　　　その意思表示がされた時
　三　相手方が不明である場合又はその所在が不明である場合にされる公示による意思表示　　　　法令の通則に関する法律（平成○○年法律第○○号）第十二条（公示による意思表示）第三項に規定する時
2　前項第一号の意思表示の発信又は第三号の意思表示の公示がされた後、その到達の前又はその公示による意思表示の効果が生ずる前に、表意者が死亡した場合、意思能力を欠くに至った場合又は制限行為能力者となった場合であっても、その意思表示の効力は妨げられない。ただし、法令又は契約に別段の定めがあるときは、この限りでない。

本条1項柱書：新設
　　　1号：新設（民法97条（隔地者に対する意思表示）1項参照、商法507条（対話者間における契約の申込み）の反対解釈）

第4章　権利の変動

　　　2号：新設
　　　3号：新設（民法98条（公示による意思表示）1項参照）
　　2項本文：民法97条（隔地者に対する意思表示）2項移修
　　　ただし書：新設

（真意留保）
第四十三条　表意者がその真意でないと知りながら意思表示をしたときは、これに基づく法律行為は、そのためにその効力を妨げられない。ただし、相手方が表意者の真意でないことを知っていたとき又は知らなかったことにつき重大な過失があったときは、その法律行為は無効とする。

本条本文：民法93条（心裡留保）本文修正
　ただし書：民法93条（心裡留保）ただし書修正

（虚偽表示）
第四十四条　表意者がその相手方と通謀して虚偽の意思表示をしたときは、これに基づく法律行為は、無効とする。この場合においても、法律行為の当事者が真に意図した他の法律行為としての効力が生ずることを妨げない。

本条前段：民法94条（虚偽表示）1項移修
　　後段：新設

（錯誤）
第四十五条　表意者は、錯誤に陥って意思表示をしたときは、その錯誤が法律行為の重要な部分に関するものである場合に限り、これに基づく法律行為を取り消すことができる。
2　前項の規定にかかわらず、錯誤につき表意者に重大な過失があったときは、表意者は当該意思表示に基づく法律行為を取り消すことができない。ただし、表意者及び相手方の双方が錯誤に陥っていたとき又は表意者が錯誤に陥っていたことを相手方が知っていたときは、この限りでない。
3　表意者は、第一項の規定により法律行為を取り消したときは、相手方が当該取消しによって被った損害を賠償する責任を負う。ただし、前項ただし書に規定する場合は、この限りでない。
4　前項の規定により表意者が賠償すべき損害の範囲は、当該取消しによって相手方にとって無益となった出捐費用及び取引の機会を逸したことによ

る損失に限る。ただし、取引の機会を逸したことによる損失の賠償額は、その法律行為が有効であったならば相手方が得ることができた利益の額を超えないものとする。
5　第二項本文の規定にかかわらず、消費者が行う電子消費者契約（電子消費者契約及び電子承諾通知に関する民法の特例に関する法律（平成十三年法律第九十五号）第二条（定義）第一項に規定する電子消費者契約をいう。）の申込み又はその承諾の意思表示に錯誤があった場合については、同法第三条（電子消費者契約に関する民法の特例）の定めるところによる。

本条1項：民法95条（錯誤）本文移修
　　2項本文：民法95条（錯誤）ただし書移修
　　　　ただし書：新設
　　3項本文：新設
　　　　ただし書：新設
　　4項本文：新設
　　　　ただし書：新設
　　5項：新設

（不実表示及び情報の不提供）
第四十六条　表意者は、相手方が提供した情報が事実と異なり、かつ、その情報が事実であると信じて意思表示をしたときは、これに基づく法律行為を取り消すことができる。ただし、提供された情報の真偽が通常の当事者の判断に影響を及ぼすものでないときは、この限りでない。
2　表意者は、第三者が提供した情報が事実と異なり、かつ、その情報が事実であると信じて意思表示をしたときは、相手方がそのことを知っていたとき又は知らなかったことにつき重大な過失があったときに限り、これに基づく法律行為を取り消すことができる。この場合において、前項ただし書の規定を準用する。
3　相手方が第三条（信義誠実と権利濫用の禁止の原則）第一項の規定に反して行うべき情報の提供又は説明をしなかったことによって、表意者が意思表示をしたときは、第一項に規定する事実と異なる情報に基づく意思表示があったものとみなす。

本条1項本文：新設（消費者契約法4条（消費者契約の申込み又はその承諾の意思表示の取消し）1項1号参照）

第4章　権利の変動

　　　ただし書：新設（消費者契約法4条（消費者契約の申込み又はその承諾の意思表示の取消し）4項柱書参照）
　2項前段：新設（消費者契約法5条（媒介の委託を受けた第三者及び代理人）1項、2項参照）
　　　後段：新設
　3項：新設（消費者契約法4条（消費者契約の申込み又はその承諾の意思表示の取消し）2項本文参照）

（詐欺）
第四十七条　表意者は、詐欺によって意思表示をしたときは、これに基づく法律行為を取り消すことができる。
2　前項の詐欺が第三者により行われたものである場合には、相手方がその事実を知っていたとき又は知らなかったことにつき過失があったときに限り、これに基づく法律行為を取り消すことができる。

本条1項：民法96条（詐欺又は強迫）1項移修
　　2項：民法96条（詐欺又は強迫）2項移修

（強迫）
第四十八条　表意者は、相手方又は第三者の強迫によって意思表示をしたときは、これに基づく法律行為を取り消すことができる。

本条：民法96条（詐欺又は強迫）1項移修

（第三者の保護）
第四十九条　次に掲げる法律行為の無効又は取消しは、これをもってその無効又は取消しの原因につき善意の第三者に対抗することができない。
　一　第四十三条（真意留保）の規定による無効
　二　第四十四条（虚偽表示）本文の規定による無効
　三　第四十五条（錯誤）第一項及び第二項の規定による取消し
2　次に掲げる法律行為の取消しは、その取消しの原因につき善意で過失がない第三者に対抗することができない。
　一　第四十六条（不実表示及び情報の不提供）第一項及び第二項の規定による取消し
　二　第四十七条（詐欺）の規定による取消し

> 3　前条の規定による取消しは、これをもって第三者に対抗することができる。

本条1項柱書：新設
　　　1号：新設
　　　2号：民法94条（虚偽表示）2項移修
　　　3号：新設
　　2項柱書：新設
　　　1号：新設
　　　2号：民法96条（詐欺又は強迫）3項移修
　　3項：新設

> **（外観法理）**
> 第五十条　自ら真実に反する権利の外観を故意に作出した者は、その権利の不存在をもって善意の第三者に対抗することができない。他人が作出した真実に反する権利の外観を承認した者についても、同様とする。
> 2　前項に定めるもののほか、自らが作出した権利の外観の存続について責めに帰すべき事由がある者及び他人が作出した真実に反する権利の外観の存続について重大な責めに帰すべき事由がある者は、その権利の不存在をもって、善意で過失がない第三者に対抗することができない。
> 3　存在していた権利が実体を欠くに至った後における当該権利の外観の存続について責めに帰すべき事由がある者についても、前項の規定を準用する。

本条1項：新設（民法94条（虚偽表示）2項参照）
　　2項：新設
　　3項：新設

［Ⅱ］　改正理由

1　意思表示の効力発生時期──「第二款　意思表示」の冒頭規定

（1）　冒頭規定を、例外規定ではなく原則規定に

　現行民法の「第五章　法律行為：第二節　意思表示」は、意思表示の効力発生にかんする原則規定をもうけることなく、心裡留保があった場合には意思表示が無効となりうるという、例外的な規定からはじまっている。このように、原則なし

第 4 章　権利の変動

に例外からはじまるということは、本書 204 頁で述べたように、民法の「第五章　法律行為：第一節　総則」が「公序良俗」違反という法律行為の無効を規定する例外的な条文からはじまっているのと同じである。そこで、「意思表示」の箇所においてもこの点の是正をはかることとし、原則 ── 例外という順序になるように、冒頭条文の［新］42 条を規定する必要がある。

　ただ、「意思表示」が本来的にどのような効力をもつかについては、すでに［新］39 条で「法律行為は、意思表示を要素として成立し、その意思表示の内容に従って効力を生ずる」として、法律行為との関連で規定したところである。そのため、あらためて意思表示の効力の原則のみを規定すると、［新］39 条と重複する印象を与えかねない。

　これらの点を考慮し、冒頭条文を原則規定としつつ、他の条文との重複を避けるために、［新］42 条では、意思表示とその効力発生時期について規定した[194]。

194　【意思表示の冒頭規定にかんする議論の経緯】
　　本文に述べたように、本民法改正案の「第二款　意思表示」の冒頭規定「意思表示とその効力」は、すべての場合を網羅しており、現行民法 97 条（隔地者に対する意思表示）よりも意思表示にかんする包括的な条文となった。この方針は、私法学会提出案から国民有志案まで一貫していた。
　　ただ、このような規定では、冒頭規定が若干技術的になりすぎるきらいがあった。そこで、冒頭規定のなかに意思表示と法律行為の関係を規定することも試みられた。この点については、本文に「意思表示の効力の原則のみを規定すると、［新］39 条と重複する印象を与え」ると述べたところであるが、より正確にいえば、法律行為は効果を発生させるが、意思表示はそれ自体として当然に効果発生をともなわず、効果発生を意欲する表示行為なので、内容が重複するわけではない。そこで、冒頭規定の 2 項に、意思表示の無効・取消しと法律行為の無効・取消しの関係を規定することを試みた。それが、次の条文案である（なお、わかりやすいように、引用条文は、本民法改正案のそれに改めている）。

（意思表示とその効力・経過案・2011 年 6 月 25 日事務局案）
N 条①：意思表示は、［新］第 39 条（法律行為）の規定に基づき、それを構成要素とする法律行為の内容を規定し、次の各号に定めた時から、その効力を生ずる。
　　　　一～三：略（［新］42 条 1 項 1 号～3 号と内容は同じ）
　　②：構成要素たる意思表示の無効は、法律行為の無効をきたし、意思表示の取消しは、法律行為の取消しをきたす。

　　ただ、この条文案は、冗長感を免れない。そこで、本民法改正案では、意思表示の内容そのものに焦点をあてた上記の N 条 2 項は規定しないこととし、［新］42 条では、上記の 1 項の内容を維持したうえ、規定のしかたを川﨑政司の提案にしたがって変更し、2 項については現行民法 97 条 2 項を修正し、「意思能力を欠くに至った場合」についてあらたに規定し、かつ、現行民法 97 条 2 項の「行為能力を喪失したとき」を「制限行為能力者となった場合」に改める案を採用した。

第一編　総則

　なお、相手方のある意思表示が隔地者間でなされた場合について到達主義を示す現行民法97条は、「意思表示」の款の後半に規定されている。これは、意思表示の有効性を前提としたうえで、その効力発生時期について規定したものであるから、民法改正研究会では隔地者間の意思表示の場合についてのみ規定する条文ではなく、すべての場合につき一体的に規定するほうがふさわしいと考えた。

　そこで、本民法改正案では、その内容を意思表示の冒頭の原則規定にふさわしくなるよう、効力発生規定と改めたうえで、3号構成を採用し、意思表示に相手方がいる場合、いない場合、不明等の場合の3つに分けて、意思表示の効力を規定している[195]。そのそれぞれについて、以下で述べることとする。

　なお、［新］42条1項、2項には、「別段の定め」の文言がおかれているが、

195　【「意思表示」の冒頭規定の1項が3号構成にされるまでの議論の経緯】
　　［新］42条についての当初提案は、磯村保によるものであり、前注に述べた「行為能力の喪失」をめぐる文言修正はなされたものの、基本的には現行民法97条の骨格を承継したものであった（於2007年3月4～5日総則分科会）。しかし、私法学会提出案作成前の事務局による条文案整備の段階で、この条文の内容が大幅に改められ、その条文案が法曹提示案においても維持された。その内容を具体的に示せば、以下のとおりである。
　　まず、1項と2項で、対話者間の意思表示の規定と隔地者間の意思表示の規定を対置する。そのうえで3項に、当初提案の意思表示後の死亡・制限行為能力にかんする規定をおく。最後の4項に、公示による意思表示の原則規定のみをおく。さらに、民法の公示による意思表示の規定のなかの技術的な部分は、法の適用に関する通則法に移動する。
　　その後、2009年3月の『民法改正フォーラム－学会編・奥田昌道教授を囲んで』において、馬場圭太教授から、チャットの存在等々を考えると対話者・隔地者につき、定義規定をおくべきではないかとの提言があり、いったん定義規定がおかれることとなった（なお、この時期には存在していた対話者・隔地者という文言が、以下で説明するように、最終案からは削除された）。
　　さらに、その後、弁護士の岩田修一および杉山真一から、発信主義と意思表示の受領能力との関係を整備する必要がある等の指摘がなされた（於2009年4月6日市民法研究会）。
　　私法学会提出案および法曹提示案においては、対話者間の意思表示につき発信主義、隔地者間の意思表示につき到達主義が規定されていた。しかし、それに対し、弁護士の市川充より、対話者間の意思表示では発信主義と到達主義は区別する意味はなく、対話者と隔地者とを区別する規定はおく必要はない、との指摘があった（於2009年4月6日市民法研究会）。この市川の指摘を受け、国民有志案では、対話者・隔地者の区別をすることなく、「意思表示は、相手方に到達した時からその効力を生ずる」とすることにした。
　　その後、本文410頁に述べたような理由から、中野邦保が「通知」概念の廃棄を提案し、加藤が「相手方がいない意思表示」につき、意思表示がなされた時点を基準とすること――意思表示の相手方が存在しないことを前提とした"発信主義"――を明記することを提案した（於2010年12月23日事務局会議）。さらに、中野が、国民有志案の規定の内容を変更し、冒頭規定の1項を3号構成とすること――1号に相手方がいる場合の到達主義、2号に相手方がいない場合の"発信主義"、3号に公示による意思表示についての規定をおく――を提案した（於2011年2月9日事務局会議）。それが受け入れられ、本民法改正案になった。

第 4 章　権利の変動

これは、条文を参照する者にわかりやすいよう、当然のことを念のために規定したものにすぎない。［新］42 条は任意規定なので、法律に別段の定めがあればもちろんのこと、当事者の合意で別段の定めをしたときも適用されない。

（２）　隔地者間・対話者間の区別の廃止

民法 97 条は、隔地者間に対する意思表示について規定している。しかし、現実の社会において多数を占めるはずの、対話者間の意思表示についての規定はなく、規定のしかたに遺漏がみられるところである。

そこで、本民法改正案においては、冒頭規定となる［新］42 条 1 項 1 号で、対話者間の意思表示と隔地者間の意思表示を区別することなく、一般に、到達主義の原則を規定した。

もちろん、対話者間の意思表示の効力発生時期をめぐって、到達主義か発信主義かという議論ができなくはない。ただ、民法改正研究会では、商法 507 条が「対話者間における契約の申込み」について規定していることを参考にした。すなわち、この条文は、一方が契約の申込みをしたが、相手方が直ちに承諾をしなかった場合にその申込みが失効する旨を定めている。この規定も、到達主義か発信主義かという観点から考えると、契約の申込みの意思表示が —— 事実上、発信と到達とが同時であるという前提のもとに —— 到達によって効力を生ずるものとして解しうるところである。そこで、本民法改正案では、隔地者間と対話者間の意思表示を区別することなく、一律に到達主義の原則を採用することにした。

そして、相手方のない意思表示について、［新］42 条 1 項 2 号では、相手方がいない以上、到達主義は考えられないので、ここでは「発信主義」と同様 —— 意思表示の相手方がいないので、発信主義そのものではないものの ——、「その意思表示がなされた時」に効力が生じるという考え方を採用した。

（３）　公示による意思表示

［新］42 条 1 項 3 号は、規範内容としては、現行民法 98 条 1 項を承継したものである。その中心的な規範内容は、公示による意思表示をなしうるための要件である。ただ、［新］42 条 1 項が、意思表示の効力発生時期の規定であるので、その形態にそくして要件を規定している。

なお、民法 98 条 2 項から 5 項には、「公示による意思表示」の技術的な手続きが規定されている。同条 2 項が、「公示送達に関する民事訴訟法の規定に従い」としていることからもわかるように、これは、民法のみならず他法にも関連する手続きである。そこで、「法令の通則に関する法律」に規定するのが適当であると考え、この部分を民法典から削除し、レフェレンス規定にとどめることとした

第一編　総則

（その具体的な条文案については、本書 689 頁を参照されたい）。

（４）　意思表示における「通知」概念の廃棄

現行民法 97 条は、隔地者間の意思表示につき、「通知」が到達したか発信されたかを問題にしている。しかし、本民法改正案では［新］42 条から「通知」の文言を削除することにした。

なぜなら、本民法改正案では、隔地者間と対話者間を区別することなく規定しており、また、相手方がいる意思表示と相手方がいない意思表示をならべて規定したためである。対話者間での会話による意思表示は、「通知」という文言になじまない場合も少なくなく、相手方がいない意思表示には「通知」を観念することはできないであろう。

（５）　意思表示発信後の死亡、または行為能力の制限

［新］42 条 2 項本文は、表意者が死亡した場合等の意思表示の効力について規定する。これは、発信と到達が事実上同時である対話者間の意思表示の場合には適用される余地がなく、1 号のうち隔地者間の意思表示と、3 号の公示による意思表示についてのみ適用される。そこで、2 項の冒頭で、「前項第一号の意思表示の発信又は第三号の意思表示の公示がされた後」として、適用範囲を明記した。

なお、［新］42 条 1 項 1 号は到達主義をとっており、この 2 項の規定がなければ、到達時に表意者が死亡していた場合の意思表示は効力がない等の結論が容易に導かれることになる。したがって、この規定は必須なものである。

また、問題は多少細部にわたるが、現行民法 97 条 2 項は、「表意者が……行為能力を喪失したとき」の文言を用いている。しかし、平成 12(2000) 年の民法改正により「行為無能力」から「制限行為能力」に制度転換が行われた後には、「行為能力の制限」はあっても、「行為能力の喪失」はありえないはずである。成年被後見人にあっても、日用品の購入その他日常生活に関する行為については、行為能力が認められるからである（現行民法 9 条ただし書き）。そこで、本民法改正案では、この文言を「制限行為能力者となった場合」と改めることにした[196]。

196　【［新］42 条 2 項（意思表示の発信後の表意者の死亡等）にかんする議論の経緯】
　　最終条文案は、［新］42 条 2 項の冒頭に「前項第一号及び第三号の場合において」として、前項 2 号の相手方がいない意思表示については適用がないことを明示した。しかし、とくに明示しなくても、相手方がいない意思表示は「到達」がありえないので、解釈で導きうるという考えもありえないではない。民法改正研究会では、国民有志案では解釈に委ねるとの考え方がとられており、その後も、比較的遅い段階まで、そのような考え方を採用していた。しかし、最終段階で、「国民にわかりやすい民法」という観点からは、解釈に委ねることを避けたほうがよいという考え方のもとに、冒頭の文言を付加することとした（於 2012 年 9

第 4 章　権利の変動

民法改正研究会は、私法学会提示案以来、この点を提言してきたが、国会に上程された債権法改正法案もこの方向を採用した。

2　真意留保

（1）　心裡留保から真意留保へ

　民法は、93 条に「心裡(り)留保」というふりがな付の標題を掲げている（この点は、国会に上程された債権法改正法案でも変更されていない）。日本語として、「心のうちに留保をする」という意味はわかるが、「心裡」という言葉は、一般に用いられるものではない。そうであれば、ふりがなまで付して、この用語を維持しなければならない理由もないように思われる。

　そこで、より簡明かつ内容に直截に表現すべく、［新］43 条の標題を「真意留保」に変更することにした。

（2）　相手方の善意・無過失から、善意・無重過失へ

　現行民法も債権法改正法案も、心裡留保による意思表示を原則有効としながら、ただし書で、相手方が表意者の真意につき悪意または善意・有過失のときは、例外的に無効であるとしている。その理由は、悪意または善意・有過失の相手方には要保護性がないことにある。したがって、相手方が軽過失の場合には、自ら意思と表示の不一致を認識していた表意者が意思表示の効力を争うことができる。しかし、このような取扱いとするのは行き過ぎで、表意者保護にバランスが傾きすぎているのではないかとの疑問を禁じえない。

　そこで、本民法改正案では、真意留保が無効となるのは、相手方が悪意または善意・無重過失の場合に限ることとした。また、このように規定した背後には、次のような比較法的な分析もあった。

　ドイツ民法における広義の真意留保は、以下の 2 つの場合に区別される。第 1 に、ドイツ民法 116 条は、相手方を騙す意図のもとに行った真意留保による意思表示は原則として有効であり、相手方が悪意の場合にかぎって無効となると規定する。第 2 に、ドイツ民法 118 条では、諧謔(かいぎゃく)表示と呼ばれる冗談等の事例を対象に規定がおかれ、そこでは、表意者が、自己の意思表示が真意によらないこと

　　月 19 日全体会議）。下記は、解釈に委ねるとしていた時期の条文案である。

　　（意思表示とその効力・経過案・2011 年 12 月 18 日研究会案）
　　N 条②：意思表示が発信された後、到達する前に、表意者が死亡したとき、意思能力を欠く
　　　　　に至ったとき又は制限行為能力者となったときであっても、その意思表示の効力は
　　　　　妨げられない。

第一編　総則

を相手方も気づくはずだと考えて当該表示行為を行った場合には、当該の意思表示は無効であるとする[197]。なお、後者の謔譃表示の場合には、相手方がそのことに気づかず、かつ気づかないことに過失がなかったときに、表意者は損害賠償義務を負うと解されている。

日本民法の立法過程においては、このような区別がなかったので、民法93条は、ドイツ民法の両者の場合を含むと考えられる[198]。したがって、単純にドイツ民法の一方の規定のみを民法93条と比較することは適切ではない。

このような比較法的考察をふまえ、本民法改正案は、相手方が悪意または重過失の場合にかぎって、真意留保による意思表示が無効となるとした。結果として、ドイツ民法116条と現行日本民法93条との中間的な取扱いがなされることになる[199]。

197　この点につき、2種の真意留保を分けて規定するべきではないか、という提案が中舎寛樹教授からなされたが（於2009年3月30日民法改正フォーラム・学界編）、現行民法との連続性を重視し、本民法改正案では1か条で規定することとした。

198　村田彰「心裡留保無効」椿寿夫編・法律行為無効の研究（日本評論社、平成13年）336頁、村田・前掲注81）引用論稿283頁、山本・注26）引用『民法講義Ⅰ』148頁以下。

199　【「真意留保」にかんする議論の経緯】

　真意留保の規定は、磯村保の提案を基礎としており（於2007年3月4～5日総則分科会）、2項構成からなるものであった。このうち、1項の内容は、ほぼ最後まで維持されており、［新］43条となった。ただ、条文の標題は、国民有志案作成の準備段階で事務局の提案により、「真意留保」に変更された（於2009年8月20日全体会議）。

　磯村の提案の2項は、民法93条の心裡留保規定につき、判例、通説が虚偽表示に関する94条2項の善意の第三者に対する対抗要件規定を類推適用していることをふまえ、心裡留保がただし書によって無効とされた場合でも、その無効を善意の第三者に対して対抗することができないという規定をおくというものであった。この提案が、私法学会提出案、つづく法曹提示案の2項となった。

　しかし、その後、この2項の文言は変更された。まず、弁護士の橋本陽介および岩田修一から、「1項の心裡留保による無効原因は、『相手方が表意者の真意を知り、又は重大な過失によって知らなかったときは、その法律行為は無効とする』として、2つの要素から構成されている。それに対して、2項で単に第三者の『善意』を問題とすると、読む者は混乱するのではないか」との発言があった。この問題提起が受け入れられ、法曹提示案の「善意の第三者」を、「当事者の真意を知らない第三者」に修正する案がいったん採用された（於2009年4月6日市民法研究会）。

　しかし、本民法改正案は、最終的に、第三者保護規定を［新］49条の1か条にまとめることとした。そこでは、無効・取消原因を、善意の第三者に対抗できないものと、善意・無過失の第三者に対抗できないものと、すべての第三者に対抗できるものの3種に区分して規定した。このような枠組のもとで、真意留保についての第三者の保護は、「善意」を問題とするとされたが、規定の箇所は真意留保の条文ではなく、後の［新］49条となったのである（於2011年12月18日全体会議）。

第 4 章　権利の変動

（3）　代理権の濫用事例への対応

　従来、裁判実務上、民法 93 条がもっとも重要な意味をもつのは、代理権濫用事例への類推適用がなされる場面であった。しかし、判例法上確立した民法 93 条ただし書の類推適用理論に対しては、これが仮託的構成にすぎないという批判とともに、同条の類推適用によると相手方が軽過失の場合にも代理行為が無効とされることになるとして、商事代理に判例理論を適用することへの当否が問題とされてきた。とくに商法学者には、判例の立場を批判する者が多い[200]。

　この点につき、本民法改正案においては、代理の要件および効果を定めた［新］53 条 3 項で、代理権濫用の問題について規定した。そこでは、任意代理については、相手方が善意または無重過失の場合に有効となることを明示した。この結果、本民法改正案では、現行法下の判例理論とは異なり、真意留保の規定が代理権濫用事例に用いられることはなくなった。

3　虚偽表示

（1）　虚偽表示の規定

　現行民法では、93 条の心裡留保が単独虚偽表示、94 条が通謀虚偽表示という側面があるが、条文の文言上は、必ずしもその点が意識されていない。そこで、本民法改正案では、［新］43 条の真意留保と、［新］44 条の虚偽表示の文言につき可能な部分をパラレルにすることにより、異なる部分を明らかにすることとした。

　なお、現行民法 94 条 1 項は、「相手方と通じてした虚偽の意思表示は、無効とする」として、法律行為ではなく、意思表示の無効として規定している。しかし、虚偽表示においては、契約の申込み・承諾等の個別の意思表示の無効ではなく、法律行為の無効だけが問題となるので、本民法改正案では、「虚偽の意思表示をしたときは、これに基づく法律行為は、無効とする」として、この点を是正した[201]。

200　竹田省にはじまる商法学説の状況については、福永礼治「代理権の濫用に関する一試論（1）」上智法学論集 22 巻 2 号（昭和 54 年）137 頁以下の引用参照。
201　【虚偽表示にかんする議論の経緯】
　　意思表示の無効と法律行為の無効を区別する必要がある旨は、磯村保によって指摘された（於 2007 年 3 月 4 〜 5 日総則分科会）。また、虚偽表示の規定について、「意思表示の無効」ではなく「法律行為の無効」とする方針は、私法学会提出案以来、本民法改正案にいたるまで一貫して維持された。
　　このような事情もあって、虚偽表示の条文提案は、当初から本文に述べた外観法理を含んだものにすべきか否かをめぐる議論が中心問題であった。

（2） 隠匿行為

　法律行為として「虚偽表示」が行われる場合、通常は何らかの目的をもって「虚偽」の法律行為を行うので、虚偽の法律行為の影には、その目的を達成するための法律行為――「隠匿行為」――も併存している。このような状況があるにもかかわらず、民法 94 条は、「虚偽表示の無効」のみを規定し、隠匿行為には触れず、法律行為の解釈一般に委ねている。その結果、法に習熟していない者は、民法 94 条の規定によって、当事者がした法律行為のすべてが無効になると即断し、「隠匿行為」の効力について考察しないことが多い。

　そこで、本民法改正案では、[新] 44 条後段で、「隠匿行為」についてそれ自体――特有の無効・取消原因がないかぎり――は有効である旨を規定し、上記のような誤解が生じないようにした[202]。

　　　しかし、本民法改正案においては、外観法理は、虚偽表示と切り離したかたちで[新] 50 条に規定されたので、外観法理とそれと関連する議論は、虚偽表示の箇所ではなく、外観法理を論じた本書 437 頁以下で論じることとする。

[202]　【隠匿行為の取扱いにかんする議論の経緯】
　　　隠匿行為については、私法学会提出案には規定がなかったところ、2008 年 10 月 13 日の日本私法学会シンポジウムにさいし、中山布紗准教授より、隠匿行為の有効性を規定するべきである、との提案があった。それを条文化した試案を次に示しておこう。

　　（虚偽表示・経過案・2008 年 11 月 2 日事務局試案）
　　N 条①：相手方と通じてなされた虚偽の意思表示に基づく法律行為は、無効とする。ただし、真意に基づき合致した部分については、この限りでない。
　　　　②：前項の無効は、第三者に対抗することができない。ただし、第三者が悪意であった場合には、この限りでない。

　　　虚偽表示のみに着眼した場合には、上記のような条文案も可能であろう。しかし、虚偽表示の規定は単独に存在しているわけではない。私法学会提出案は、法律行為の節の冒頭となる 48 条で法律行為の効力をまず規定し、意思表示の款の冒頭となる 52 条で意思表示の効力発生を――効力発生時期に着眼しながら――規定していた。そのうえで、53 条以下に、それらの原則規定に対する例外として、無効・取消原因――心裡留保、虚偽表示、錯誤、詐欺・強迫、不実表示――を規定するという構成を採用していた。そのため、上記試案 N 条 1 項ただし書は、私法学会提出案 48 条 2 項――「法律行為は、人の意思表示を要素として成立し、その意思表示の内容に従って効力を生じる。」――を繰り返すことになってしまった。結局のところ、隠匿行為が法的効力をもつことは、合意が効力を有するという基本原則の一環にすぎないという側面がある。そこで、とりたて隠匿行為を規定しないという結論がいったん採用され（於 2008 年 11 月 2 日全体会議）、法曹提示案、国民有志案においては、隠匿行為の規定がおかれなかった。

　　　しかし、その後、磯村保、川﨑政司から、上述のような論理的な重複はあったとしても、「国民にわかりやすい民法」という観点からは、やはり隠匿行為を規定するべきであるという意見が提出された（於 2011 年 12 月 18 日全体会議）。そこで、上記の事務局試案の文言を

第4章　権利の変動

（3）　第三者保護規定と外観法理

なお、民法94条2項が、本来的な虚偽表示の事例に適用されるのは当然のことであるが、現在の判例では、その類推適用の範囲がひろげられており、虚偽の外形を作出する「通謀」がみられない事例や、必ずしも「意思表示」をともなわない事例等にも及んでいる。一般に学説も、このような類推適用の判例法理を「外観法理」として受け入れるにいたっている。しかし、このような外観法理の問題として処理されている事案の多くが、はたして「通謀」虚偽表示の問題といえるのか疑問である。

そこで、本民法改正案は、民法94条1項の虚偽表示の規定を［新］44条に承継しつつ、本来的な第三者保護の問題を、［新］49条1項2号に規定し、その適用範囲を純粋に「通謀」が存在する「意思表示」の事例に限定することとした。

そのうえで、必ずしも「通謀」がなく、あるいは、意思表示によらない事例を対象とした類推適用にかんしては、［新］50条で別途、「外観法理」として規定した。

4　錯誤

（1）　はじめに

①　錯誤規定の現代的課題

最初に、現代社会における錯誤規定のありかたについて考察しておこう。

ローマ法以来、「錯誤」者の保護が認められてきた背景には、意思主義的観点から、想定もしていなかった内容の法律行為に、錯誤に陥った表意者が拘束されることの不当性があったためと思われる。ただ、表意者と意思表示の相手方の利害が対立するなかで、一方的に表意者を保護することはできない。錯誤は、表意者にその意思表示についての拘束力を認めることが、意思による自律の観点から不当と考えられる場合にのみ認められるものと考えるべきであろう。それが、本文の（4）に述べる「要素の錯誤」という、保護の範囲を限定する発想の根底にあったと思われる。

なお、民法の錯誤規定には、第三者保護の規定が存在していない。この背景には、錯誤無効の主張は、表意者保護の要請が非常に強い事例についてのみ認められるべきものなので、善意の第三者との関係でも表意者の保護が優先することになる、という発想がもともとはあったのであろう。繰り返しのきらいはあるが、

そのまま採用することはせず、隠匿行為が一般原則の確認であることを条文のうえで明らかにしたうえで、［新］44条の虚偽表示の後段に規定することとした。

錯誤が静的安全の保護が必須である事案について限定的に認められるものであったために、逆に、動的安全が保護されなくてもやむを得ないと考えられてきたのではないかと思われるのである。

しかしながら、近時のように、表示を重視し、取引の安全を保護するべきであるという要請が強くなると、錯誤に陥った者と法律行為をした相手方の保護をどのように調整するか、すなわち、第三者にとっての取引の安全をいかに考えるかという問題が浮かび上がってくる。ローマ法から形成された錯誤法理を、現代社会にそのまま継承することができるかという課題こそ、錯誤についての民法改正のさいに検討すべきであろう[203]。

② **錯誤規定の概観**

改正をするにあたり、主要な論点は、以下の5点であった[204]。

①錯誤の要件として「要素の錯誤」を維持するべきか否か。
②錯誤の効果を無効とすべきか、取消しとすべきか。
③錯誤者の損害賠償義務を明示的に規定すべきか否か。
④錯誤の無効ないし取消しの効果を善意の第三者に対抗することができない旨を規定すべきか否か。
⑤電子消費者契約法との関係を規定するべきか否か。

これらの点の詳細については（2）以下で順次論じることとして、本民法改正案における錯誤規定の内容を概観してみよう。

まず、［新］45条1項は、法律行為の重要な部分について錯誤があった場合に、表意者に取消権を付与している。これに対し、2項本文で、相手方に対し、表意者に重過失がある旨の抗弁権を与え、さらに、2項ただし書で、表意者に対し、共通錯誤であった場合と相手方が悪意であった場合に再抗弁権を与えている[205]。

---

203 錯誤規程の立法提案として、半田吉信「錯誤規程をどう見直すか――要件論を中心に」椿寿夫＝新美育文＝平野裕之＝河野玄逸編・民法改正を考える（法律時報増刊）（平成20年）72頁以下、滝沢昌彦「錯誤規程をどう見直すか――要件論を中心に」同書76頁以下参照。

204 本文に述べた5つの問題以外にも、錯誤規定と並んで、伝達機関をつうじて行う意思表示の効力についても規定をおくことが考えられる等の問題提起が、磯村保よりなされた（於2007年3月4〜5日総則分科会）。インターネット回線の不調その他でも、同様の問題は発生するが、基本的には、錯誤規定を適用した場合と大きな差異は生じないので、規定をおかないこととした。

205 現行民法95条は、重過失の抗弁までは規定しているが、相手方の再抗弁については規定していない。しかし、民法起草者は、表意者が重過失であるという抗弁は、善意の相手方のみが主張できるとし、ただ、法文にこれを規定しなかったのは、「或は欠点ならんか」と述べている（梅・注69）引用『民法要義　巻之一　総則編』227頁［カナ等変更］）。そこで、本

第4章　権利の変動

　そのうえで、同条3項は、錯誤による取消権を行使した者に相手方に対する損害賠償責任を負わせているが、その例外として、同項ただし書で、共通錯誤の場合と相手方が悪意の場合には、表意者は損害賠償義務を負わない旨を定めている。そして、同条4項は、この損害賠償責任の内容が信頼利益に限られることを規定している。なお、同条5項は、電子消費者契約法についてのレファレンス規定である。

　以上の本民法改正案の内容には、現行法と対比すると2つの大きな相違点がある。第1に、錯誤の効果を無効ではなく取消しとしたことであり、第2に、錯誤にもとづき取消しをした者に、相手方に対する無過失損害賠償責任を認めたことである。

(2)　錯誤の基本規定
① 「要素の錯誤」から「法律行為の重要な部分」へ

　民法の「要素の錯誤」をどのように考えるかについては、学説上争いがあるが[206]、そのうちのいずれかひとつの立場を示唆するような条文化は困難である。また、どのような錯誤をどのような要件のもとで保護するかについては、容易に解決のつかない問題であって、それらは解釈論に委ねざるをえない。

　ただ、民法95条の「要素の錯誤」という用語が不明確であるのみならず、初学者に、法律行為が——法律行為の主体、客体等の——いくつかの「要素」から構成されており、それについてのみ錯誤が認められるとの誤解を導きやすい。そこで、〔新〕45条1項では、「要素」を「法律行為の重要な部分」と表現を改めた。これは、判例が、「民法第95条ニ所謂法律行為ノ要素トハ法律行為ノ主要部分ヲ指称スルモノ」[207]としていることを参考にしたものである。「部分」という表現が条文の用語として熟していないという面もあるが、「内容」とすると人物の同一性や属性の錯誤を適切に取り込むことができないので、あえて「部分」の語を用いることとした[208]。

　　民法改正案においては、この点を条文上明記することとした。
206　この点をめぐる学説状況については、注187）引用『新版注釈民法（3）』406頁以下（川井健執筆部分）、山本・注26）引用『民法講義Ⅰ』208頁以下参照。
207　大判大正7年10月3日民録24輯1852頁〔カナ等変更〕。
208　【「要素の錯誤」をめぐる議論の経緯】
　　民法95条は、「法律行為の要素に錯誤があ」るとの文言を用いている。しかし、本文に述べたように、この用法のせいで法律行為が定型的な「要素」から構成されるとの誤解を導きやすい。そこで、これを「法律行為の重要な部分」に改めることは、民法改正研究会の当初からの方針であった。私法学会提出案から本民法改正案にいたるまで、この点では変更がない。

② 錯誤の効果 —— 無効か取消しか

　錯誤の効果については、民法上、「無効」とされているものの、現在の解釈論としては、「取消的無効」とされており、表意者が自ら無効を主張しない場合に、相手方からの無効主張を認めるものではないとの考え方が判例・学説上確立している。これに対して、［新］45条1項では、錯誤の効果を取消しとした。

　錯誤については、その効果を現行民法同様「無効」とするか、それとも、端的に「取消し」とするか——現在用いられている、「取消的無効」という主張権者を限定した変則的無効概念を廃棄ないし縮小するか——が問題となる。なお、この点は、意思無能力の効果をどう規定するかという問題とも関連する。「錯誤」と「意思能力の欠如」をともに取消しとする可能性もあるが、両者を同じ効果に服せしめることが必然的かどうかについては議論の余地もあろう。ただ、本民法改正案では、「意思能力の欠如」の効果も取消しとし（本書286頁参照）、両者を同様に取り扱っている。

　そもそも民法が錯誤の効果を無効としたのは、意思欠缺型の錯誤類型を前提とするためである。たしかにこのような伝統的な意思欠缺型錯誤のみを前提とすると、その効果を取消しとすることには違和感が生じうる。しかし、他方、動機の錯誤の事例も錯誤の一類型とされていることと、錯誤の裁判例のほとんどが動機の錯誤の事例であり、これは意思欠缺型とされていないという現状[209]を考慮すると、錯誤の中核を意思欠缺事例と考え、その効果として無効という枠組を維持す

　　ただ、民法の「要素の錯誤」という文言との関係で、弁護士の杉山真一、岩田修一から、裁判所が錯誤無効を認めることはきわめて少なく、裁判において錯誤無効の主張をしても、裁判所の釈明によってそれが封ぜられることも多い、という実務の実情が紹介された。この点につき、彦坂浩一より、消費者保護の観点からは、錯誤無効をもう少しひろく認める必要があるのではないか、との疑問が呈された。また、市川充からは、その背景として、裁判官には、錯誤者を相手方の負担において保護しなければならないのか、という問題意識があるのではないか、との指摘があった。

　　なお、このような議論をふまえて、杉山から、実務的には、民法の「要素の錯誤」というよりは、むしろ、「法律行為の根幹性を有する部分にしか錯誤が認められないのが実情」なので、端的に「法律行為の根幹的な部分」についての錯誤に限定するべきではないか、との提案がなされた（以上、於2009年4月20日市民法研究会）。ただ、「根幹的な部分」という表現は、法律用語としてこなれていないとの評価もあるうえ、錯誤者に損害賠償義務を課せば、現在の実務のような錯誤に対する限定的な態度が必ずしも続くとはかぎらない。そこで、私法学会提出案以来用いられている前注引用の判例にそくした「法律行為の重要な部分」という文言を維持することに落ち着いた。

209　動機の錯誤の取扱いをめぐっては、近時、錯誤二元論と一元論の対立があるが、この点は、山本・注26)『民法講義Ⅰ』182頁以下参照。また、別の論点で、共通錯誤の問題については、中松纓子「錯誤」民法講座 第一巻 民法総則（有斐閣、昭和59年）437頁参照。

第4章　権利の変動

る必然性は乏しい。また、条文上、あえて無効という効果を維持しながら、通説、判例のように取消的無効とする解釈を行うことの当否も問われるべきである。さらに比較法的にも、日本民法の意思表示規定に大きな影響を及ぼし、意思欠缺型の錯誤事例を中心に規定するドイツ民法においても、錯誤の効果は取り消しうるものとされている。そのほかにも、各国国内法やユニドロワ原則、ヨーロッパ契約法原則等の立法提案においても、取り消しうる（may avoid, can be annulled）とされている[210]。

このように考えると、「錯誤＝意思の欠缺＝無効」という図式は、必ずしも一般的ではなく、少なくとも改正にあたってまで維持すべき必然性はないといえる。無効か取消しかの相違は、端的に、法律行為の効力を維持するべきか否かを表意者の意思に依存させることが適切かどうかという基準によるべきであろう。

このような観点から、本民法改正案では、錯誤の効果を取消しとした。なお、このような結論にいたった基礎には、意思表示の基礎理論自体の変更がある。すなわち、本書428頁以下に述べるように、本民法改正案においては、「意思表示の基礎理論──『無効・取消し』の理論」として、①無効か取消しかの分水嶺、②法律行為の効果を維持するか否かの分水嶺、③第三者保護の範囲決定の基準を、それぞれ、①無効・取消しの「原因」についての表意者の「認識」、②相手方の「認識」、③第三者と表意者の「認識」ないし「認識可能性」から導かれる要保護性の比較衡量に求めこととしている。この箇所では、錯誤の効果を論ずるにとどめるが、錯誤についての無効・取消しの効果についての改正が、意思表示の基礎理論の変更をともなっていることに留意されたい。

なお、上記のように、錯誤の効果を取消しとすることによって、現行法の解釈として問題となってきた錯誤と詐欺の競合事例についての効果の相違も解消することができる。

（3）　錯誤者の損害賠償義務

現行民法においても、錯誤者が無効を主張できる場合において、錯誤者に過失が認められ、かつ、民法709条の不法行為の要件を充足するときは、錯誤者が損害賠償義務を負うことがありうるのは当然のことである。現行民法にこのことが書かれていないのは、当然のことだからである。本民法改正案においても、錯誤

210　この点につき、日本民法についても、規範の内容と世界の潮流の双方から、錯誤の効果を取消しとするべきことを主張するものもある（滝沢昌彦「錯誤規程のあり方──より柔軟な規定を求めて」円谷峻編著（民法改正を考える研究会）・社会の変容と民法典（成文堂、平成22年）27頁以下）。

第一編　総則

者が取消権を行使した場合に、過失によって錯誤におちいった事案であれば、相手方からの不法行為に基づく損害賠償請求が可能である点は、別段変わるところはない。これに加えて、本民法改正案では、［新］45条3項を規定して、たとえ錯誤者に過失がなかったとしても、損害賠償責任を課すこととした。この場合には、同条4項によって、学説のいう、いわゆる信頼利益の賠償のみが認められる。ただ、いわゆる「信頼利益」概念は、それを主張する学説においても、定義それ自体が安定していないことを考慮し、損害の内容を具体的に条文に明記することにした。

　また、同条3項ただし書により、共通錯誤や法律行為の相手方が表意者の錯誤につき悪意であった場合には、この賠償責任は認められないとした[211]。この理由は、共通錯誤の場合には両当事者の要保護性に差異はなく、また、相手方が悪意であれば相手方に要保護性はないので、損害賠償義務を負わなくてもよいと考えるためである。

　以上のような錯誤規定は、ドイツ民法的な考え方を導入したものなので、日本民法に慣れた読者は──錯誤者に無過失損害賠償責任を認めると、錯誤規定を無意味化するのではないかと考え──多少奇異に思うかもしれない。ただ、このような考え方の背後には、錯誤が、相手方の取引の安全を犠牲にして表意者の保護を実現するものである、という構造がある。本書429頁に記すように、錯誤以外の無効・取消原因によって法律効果が喪失するのは、すべて無効・取消しをもたらす「原因」についての法律行為の相手方の「認識」が存在する場合にかぎられている。この意味では、錯誤のみが例外なので、法律行為を取り消しうるとすることによって表意者を保護する一方、それによって害されることになる相手方に、法律行為にともなう出捐額等についての損害賠償請求権を認め、双方のバランスをとることが必要なのである[212]。むしろ、以上のように錯誤者に損害賠償責任を

211　この点、ドイツ民法122条2項は、相手方が悪意または有過失である場合に、錯誤者の損害賠償義務を否定している。このような立場は、契約締結上の過失責任に関する議論において、相手方に過失がある場合には、その責任が否定されていることと結びついている。しかし、日本法では、契約交渉過程における過失責任については、相手方に過失がある場合にも損害賠償義務を認めたうえで、過失相殺によって利益調整がはかられている。したがって、日本においては、錯誤者の損害賠償義務についても、相手方が悪意の場合にかぎって損害賠償義務を否定することが一貫すると考える。

212　【錯誤者の損害賠償責任にかんする議論の経緯】
　　錯誤の条文に損害賠償責任を規定するべきか否かについては、法曹提示案段階においては、研究会正案と副案との両論があった（具体的な条文案は、『民法改正と世界の民法典』558頁参照）。
　　損害賠償責任を認める提案（法曹提示案・正案）は、本文に述べたように、錯誤がある表

第4章　権利の変動

課すことが、注208）に紹介したような判例にみられる錯誤認定の躊躇をやわらげる役割を担うものと期待される。

（4）　損害賠償の内容と賠償額の上限

損害賠償額について、ドイツ民法122条は、錯誤による取消しをした者は、相手方または第三者が表示が有効であることを信じたために受けた損害を賠償しなければならない、ただし、相手方または第三者が表示の有効であることについて有する利益の額を超えることはできない、と規定している。ここでは、信頼利益

意者に、たとえ無過失の場合であっても、——信頼利益に限定した——損害賠償責任を認め、表意者保護と相手方の取引の安全とのバランスをはかろうとするものであった。

これは、従来の法制を変更するため、錯誤をめぐる実務に影響を与える可能性があった。表意者は、従来であれば、自らの保護を求めて錯誤無効を主張していたような事例にあっても、損害賠償責任を負うことをおそれてその主張を控えるようになるという、錯誤主張に対する萎縮効果をもつ可能性が予想されるからである。

他方、注208）で述べたように、裁判所は錯誤無効の主張を認めることに謙抑的であるとの感覚を、多くの弁護士が抱いている。その背景には、錯誤無効によって表意者が保護される反面、法律行為の相手方の負担（一般的には、取引の安全の犠牲）となることに対する裁判所の配慮があったと思われる。しかし、この研究会正案の内容が実現した暁には、具体的な紛争において、表意者が錯誤無効を主張し、相手方が、表意者の有過失を理由とする履行利益の損害賠償を請求し、予備的に、無過失であっても信頼利益の損害賠償を請求するという訴訟展開が予想される。このような展開になれば、裁判所は、錯誤規定によって、一刀両断的に一方当事者を保護するような結論を導く立場に追い込まれることはない。本民法改正案のような双方の立場を配慮する解決が可能となれば、裁判所は、現在のように錯誤無効の主張を認めることに謙抑的である必要もなくなるであろう。

以上のように、法曹提示案・正案は、民法の錯誤制度の硬直性を緩和する機能をたしかに有している。しかしながら、裁判実務に変更をもたらしうるようなこの提案に対し、より慎重な配慮が必要であるとして、損害賠償規定の導入に反対する立場から主張されたのが、法曹提示案・副案であった。

基本的に、法曹提示案における研究会正案と副案との違いは、正案が、錯誤者に損害賠償義務を課すことによって、錯誤を認める範囲をひろげつつ、相手方の保護をもはかろうとするのに対し、副案は、上に紹介した弁護士の感覚にみる現在の裁判実務と同様、相手方の取引の安全を犠牲にしながら、錯誤を認めることの問題性を意識し、錯誤を認める範囲をひろげることに慎重であるべきであるとするものであった。

ただ、副案の主張は、民法を変更することについての慎重な配慮を求めながらも、正案のもつ柔軟性そのものは評価していたので、国民有志案においては、法曹提示案・正案に一本化されることになった。その後、国民有志案55条3項、4項として規定されていた内容を、3項本文・ただし書に書き改めるという磯村保の修正提案（於2011年12月18日全体会議、）をふまえ、川崎政司の文言にかんする修正提案が受け入れられ（於2013年10月27日全体会議）、本民法改正案となった。

なお、法曹提示案の段階で、中舎寛樹教授から、民法総則の法律行為の効力を規定する箇所に損害賠償の規定をおくことに対する違和感が表明されたことも付言しておきたい（於2009年3月30日民法改正フォーラム）。

の賠償が逸失利益の賠償よりも少額であることが前提とされている。

これに対し、［新］45条4項本文は、賠償の内容を出捐費用と機会利益の喪失に限定しているが、同項ただし書は、機会利益の喪失についての賠償額が逸失利益の賠償を超えることはできない、と規定している。ドイツ民法が、信頼利益の賠償も全体の額を逸失利益の賠償額よりも少額としているのに対し、本民法改正案は、出捐費用の賠償についてはこのような上限を画していないことに留意されたい。その理由は、本民法改正案とドイツ民法とが想定している賠償対象に差異があるためである。

ドイツ民法の出捐費用は、契約準備等の事前投下費用を想定している。このような事前投下費用は、取引当事者が合理的に行動しているような場合には、契約が有効であった場合の逸失利益を超えないことが多いであろう。これに対し、本民法改正案では、契約締結前の事前投下費用に加えて、契約締結された後の事後投下費用をも賠償対象と考えた。たとえば、土地売買契約において売主に錯誤があったとする。買主が、購入地に建物を建設した後に、売主に錯誤があったことを理由にその土地の返還をせざるをえないときに、［新］45条3項、4項にもとづき建物建設費用の賠償を求めることができると考える。このような事後投下費用の賠償は、契約が取り消されたがゆえに必要となったものであるが、これは契約が有効であった場合の逸失利益の額とは無関係に算定せざるをえない。そこで、［新］45条4項は、他の取引きをすることができなかったような機会利益の賠償は、法政策的に逸失利益の賠償額を超えることはできないとするが、投下費用の賠償については、上限を画さないこととしたものである[213]。

---

213 【損害賠償の内容と賠償額の上限にかんする議論の経緯】
　　前注に紹介したように、錯誤による取消しの主張には損害賠償義務がともなうことが明記された後、その賠償の内容と、賠償額の上限が問題となった。これは、ドイツ法学では「信頼利益」の賠償の問題として論じられている。
　　「信頼利益」概念は種々に定義されているが、決して明確な概念ではない。たとえば、瑕疵担保との関係でしばしば引用される柚木説の定義をみると、瑕疵「担保責任の内容は買主の信頼利益の保護に存すべきであり、……その責任は、『買主がかしを知ったならば被ることがなかったであろう損害』の賠償を骨子とするものであって、『目的物にかしが存しなかったならば買主が得たであろう利益』の賠償であるはずはな」い、とされている（柚木馨『売主瑕疵担保責任の研究』〔有斐閣、昭和38年〕192頁）。ここでは、履行利益の賠償額は信頼利益の賠償額を上回ることが当然の前提とされている。もちろん、揚げ足とりのような議論をするつもりはないが、「買主がかしを知ったならば」その目的物を買わなかったはずであり、購入物件よりも上質の瑕疵なきものを購入したであろう。この場合には、「目的物にかしが存しなかったならば買主が得たであろう利益」を獲得できたのではないか、と考えると、履行利益の賠償額と信頼利益の賠償額とはほぼ等しくなってしまう。つまり、この学説は、「信頼利益」概念を言葉として定式化することに成功していないのである。

第4章　権利の変動

（5）　電子消費者契約の特則

本民法改正案においては、本書163頁以下に記したように、民法典の基本法としての性格を保持しつつ、かつ、民法典における私法全体の透視性を確保するために、民法典に民事特別法へのレファレンス規定をおくこととした。錯誤については、電子消費者契約法に特別規定があるので、［新］45条5項には、この法律へのレファレンス条項をおいた[214]。

5　不実表示と情報の不提供

本民法改正案は、［新］46条で、不実表示と情報の不提供による取消権をあらたに規定した。現在、民法にはこのような規定はなく、消費者契約法との関係が問題となる。この点、結論を先取りして述べれば、消費者契約法4条1項の不実告知があった場合における契約取消権の規定は、［新］46条ができればもはや必

　国民有志案は、上記のような状況を受けながら、錯誤取消しの場合の損害賠償の内容についてはじめて規定した。同55条3項は、本文で損害賠償責任を負うと規定した後に、「ただし、その法律行為の履行に代わる損害についてはこの限りでない」と規定した。ここでは、「信頼利益」という文言を用いることを回避して、かつ、「履行利益」の賠償ではない旨を示した。

　ただ、上記の規定では、賠償の内容が具体的であるとはいえないので、その後の検討で、「前項本文の規定に基づき表意者が賠償すべき損害は、その法律行為のために相手方が負担した費用及び取引の機会を失ったことにより被ったものに限る。この場合において、賠償すべき額は、その法律行為が有効であったならば相手方が得ることのできた利益の額を超えないものとする」との文言に改められた。これは、ドイツ民法122条の考え方を参考にしながら、概念が漠然としている「信頼利益」という文言を用いることなく、賠償の内容を具体化し、投下費用の賠償と機会喪失費用の賠償に限定する意図であった。しかし、この段階では、賠償内容の具体化はされているもの、賠償額の上限については、ドイツ民法122条と同様、賠償額全体が逸失利益の賠償を下回るものとされていた。

　その後、本文に述べたような理由から、契約が締結された後の事後投下費用の賠償も規定するべきであるとの指摘が、磯村氏からなされた（於2013年10月27日全体会議）。この指摘を受け、機会喪失費用の賠償は、当事者が契約等の締結を決意したことにともなうものなので、逸失利益の賠償を上限とすることに合理性があるが、事後投下費用については逸失利益の額という上限は意味をもたないとし、本民法改正案にいたったものである。

[214]【電子消費者契約にかんする議論の経緯】
　本書164頁以下でドイツにおける考え方の違いを紹介したが、民法典と民事特別法との関係をどのように規定するかについて、民法改正研究会の方針は、何度も変更された。ただ、錯誤規定のなかに電子消費者契約法との関連性を確保する条項をおくことは、事務局の当初提案から一貫していた（於2007年2月18日総則分科会）。この当初提案が、私法学会提出案となり、文言の微修正をともないつつ国民有志案にいたった。しかし、この国民有志案の規定のしかたには立法技術的な問題があったため、川﨑政司よる大幅な文言修正を受け（於2013年10月27日全体会議）、［新］45条5項にいたった。

423

第一編　総則

要がなく、削除されることになる。しかし、消費者契約法4条2項の「不利益事実の不告知」は、〔新〕46条3項の「情報の不提供」と概念も適用領域も異なるので、存続すべきである（注217）参照）。このような帰結になることの理由を示すことも意図しつつ、以下では、〔新〕46条の内容について説明する。

　〔新〕46条1項では、表意者が、不実告知をした者に対して取消権を行使することができる旨の規定を設けた[215]。この規定の特徴について詐欺や錯誤との関係で述べると、事実と異なる情報にもとづき意思表示をしたが、相手方の故意を立証することが困難で、詐欺による取消しができない場合にも、〔新〕46条1項により表意者が救済を受けることが可能となる。また、相手方の事実と異なる情報提供の結果として錯誤に陥ったが、「法律行為の重要な部分」（〔新〕45条1項）に関する錯誤とはいえず、錯誤の要件をみたさない場合であっても、不実表示にもとづく取消しは可能となる[216]。

215　【不実表示・情報の不提供にかんする議論の経緯】
　　〔新〕46条は、1項で「不実表示」を、2項で「第三者による不実表示」を、3項で「情報の不提供」を規定している。「不実表示」を新設するという方針は、私法学会提出案から本民法改正案にいたるまで一貫していた。これに対し、「第三者による不実表示」と「情報の不提供」については、国民有志案の段階ではじめて新設されたものである。ただ、私法学会提出案の「不実表示」の文言を含め、各項の文言は、その後の検討で、3項すべてにわたり大幅に修正され（於2011年12月18日全体会議）、それが本民法改正案となった。なお、法曹提示案公表後の段階で、第三者の不実表示について規定するべきであるという提言が中舎寛樹教授からなされていたことを付言しておきたい（於2009年3月30日民法改正フォーラム）。
　　また、規定の順序についても変遷があった。「不実表示」は、私法学会提出案、法曹提示案では、錯誤、詐欺・強迫の後に規定されていた。それに対し、国民有志案では、錯誤と詐欺の中間的性格を有するので、両者の間に位置づけられることとなり、それが本民法改正案に承継された。すなわち、錯誤、不実表示及び情報の不提供、詐欺、強迫の順に規定されることになったのである。
　　その変更にさいしては、相手方の悪性という観点から、各種の取消原因を「強迫」、「詐欺」、「不実表示」、「錯誤」という順で規定するほうが、取消しという効果の説得性を示す意味で自然なのではあるまいか、という意見があった（於2009年5月11日市民法研究会）。他方では、そのような構成だと現行法との断絶が極端になるとの意見もあり、結局、前段に述べたような位置づけに変更されることになったのである。
　　また、不実表示の立法提言をするとともに、錯誤と詐欺の関係を検討したものとして、鹿野菜穂子「錯誤規程とその周辺──錯誤・詐欺・不実表示について」池田真朗＝平野裕之＝西原慎治編著・民法（債権法）改正の論理（新青出版、平成22年）233頁以下、とくに262頁以下参照。
　　なお、消費者契約法との関連からは、同条4条3項の困惑型も強迫に準ずる形で取り込む可能性を考えることもできるが、不実告知の場合と異なり、困惑型を一般的に規定すると、その要件に曖昧さが残りかねないので、条文化を避けた。
216　ただ、不実表示は、錯誤と詐欺の両方から抜け落ちるような部分をも救済する規定であ

第4章　権利の変動

　ただ、[新] 46条1項ただし書は、「提供された情報の真偽が通常の当事者の判断に影響を及ぼすものでないときは、この限りでない」と規定している。このただし書は、通常であれば誤信しなかったような種類の誤情報や、また、たとえ誤信しても、通常であれば意思表示に対し実質的な影響を与えない、軽微な誤情報を口実として契約を解消しようとすることを防止している。なお、このただし書は、錯誤についての [新] 45条1項「法律行為の重要な部分」よりも、範囲が広いことを想定している。

　[新] 46条2項では、第三者の提供する不実情報について規定した。このような場合は、悪意の相手方を保護する必要性は乏しいと思われる。ただ、悪意の立証が困難な場合も少なくないので、重過失がある場合についても、表意者を保護することとした。次の 7 (2) に述べる「第三者の詐欺」については、[新] 47条2項にもとづき、相手方が軽過失の場合にも表意者は取消権を有するので、それとくらべると、表意者の保護の範囲が限定されることとなる。

　[新] 46条3項は、相手方に信義則に反する情報の不提供または説明義務違反があった場合に、表意者に取消権を認めるものである。ただ、情報の不提供にもとづく取消権の存在は、悪徳商法に対する武器にもなるが、保険会社等が一般消費者に対する保険金支払い拒否の理由にもなる等、些細な情報の不提供を理由に契約等の取消しが乱発されることも懸念される。そこで、文言上、情報の不提供が当事者間の関係からみて信義則違反になる場合に、取消権の発生を限定することとした。

　なお、判例および学説は、情報格差を利用した不公平取引を防止するため[217]、

るため、両制度と重複して適用される事例はかなり多いことに留意されたい。
217　この点につき興味を引くのは、法制審議会民法（債権法）部会において、不実告知の規定を民法典に設けるべきか否かにつき議論されたときの状況である。そこでの意見分布は、経済界関係者と消費者団体関係車の発言に限定してみても、この規定の必要性が、消費者問題のみならず、事業者間交渉力格差の問題を反映していることを如実に表すものとして興味深い。銀行、電力会社等の大企業に所属する委員や「産業界」の状況に言及しながら発言した経産省の関係官も、事業者間取引にこの規定をおくことに反対したのに対し、企業人でありつつも「従業員5人以下の小規模事業者」等を視野に入れた発言をしている委員や「小企業とか零細企業という方々の相談」を受けている消費者関係の委員は、この規定をおくことに積極的である（『民法部会議事録 第1集 第2巻』247頁以下、252頁、258頁以下。ただし、この規定をおくことに肯定的な情報を提供した企業に在籍する委員は、後の会議ではこの規定をおくべきでないとの意見を述べていることを付言しておきたい〔『民法部会議事録 第2集 第2巻』148頁〕）。
　なお、本文の最後に述べた「情報の不提供」は、事業者間取引交渉のなかで不利益な事実をあえていわないことは当然なので、消費者契約法に規定するのはともかく、広い範囲を適用対象とした規定とすべきではないであろう。[新] 46条3項にもとづく信義則にもとづく

425

第一編　総則

相手方に情報提供義務違反・説明義務違反があった場合に、その法律行為を無効とすることや、損害賠償義務を認めている。この法律行為の無効の問題に対処したのが［新］46条3項であり、損害賠償の問題に対処したのが国民有志案修正案原案458条（契約交渉における説明義務と秘密保持義務）の規定である[218]（なお、［新］46条3項による取消しは、契約のみならず、解除等の単独行為にも適用されるので、契約の箇所ではなく、総則編に規定する必要がある）。

6　詐欺

（1）　詐欺と強迫の分離

民法96条は、詐欺と強迫を1か条にまとめて規定している。そして、同条1項は、両者をともに取消可能であるとしたうえで、2項、3項は、詐欺についてのみ規定している。つまり、1項で詐欺と強迫とを並列的に規定し、2項、3項では、強迫に言及しないことによって、2項または3項の反対解釈により、詐欺の場合とは異なる強迫にかんするルールを導こうとしている。

しかしながら、規範内容が同一でないならば、別の条文を立てて、それぞれの内容にそくしたルールを示したほうがわかりやすい。そこで、本民法改正案においては、［新］47条で詐欺を、［新］48条で強迫をそれぞれ規定することとした[219]。そのうえで、［新］47条1項で意思表示の相手方による詐欺を、同条2項

　情報提供義務の範囲は、事業者間取引と対消費者取引とでは同一ではないからである。

218　錯誤にかんしては、［新］45条3項で、表意者の相手方に対する損害賠償義務を規定した。それとパラレルにするのであれば、この不実表示等についても、［新］46条に損害賠償についての項を設けるべきではないかとの考え方もありうるところである。

　しかしながら、不実表示等については、次の2点で錯誤とは異なる点があるため、損害賠償については、債権編の契約の章の最初に規定することとした。第1に、錯誤の場合の損害賠償義務は、法律行為の取消しがないかぎり認められないが、不実表示等と関連する「契約交渉における説明義務」違反があった場合には、法律行為の取消しの有無にかかわらず、損害賠償が認められる。第2に、不実表示等が関係するような「契約締結上の過失」については、古典的には信頼利益の賠償しか認められないと考えられてきたものの、近時は、履行利益の賠償まで認められる場合もあるとの指摘がある（谷口知平＝五十嵐清編『新版注釈民法(13) 債権(4) 補訂版』〔有斐閣、平成18年〕136頁以下〔潮見佳男執筆部分〕）。

　なお、民法総則による不実表示の効果は取消しであるが、故意・過失がある場合は、不法行為にもとづく損害賠償も可能なはずであり、この場合に、契約総則における情報の不提供による損害賠償とは事案の悪性が異なっているとのコメントが渡辺達徳から示された（於2009年8月20日全体会議）。

219　【詐欺と強迫の分離にかんする議論の経緯】

　本民法改正案においても、私法学会提出案から法曹提示案にいたるまで、民法の規定のしかたを踏襲し、詐欺と強迫を1か条に規定していた。しかし、本文に述べたような観点から、事務局が詐欺と強迫の分離を提案し（於2009年1月21日事務局会議）、それが市民法

第4章　権利の変動

で第三者の詐欺を規定した。

（2）　第三者の詐欺における表意者の保護要件

民法96条2項は、第三者の詐欺につき、相手方が悪意のときに限り、その意思表示を取り消すことができる、としている。

では、第三者の詐欺につき、相手方に過失があった状況を考えてみよう。詐欺の被害者には、何らかの意味で落ち度ともいうべき過失がある場合も少なくないであろう。他方、詐欺をした第三者と意思表示の相手方とが無関係であれば、表意者が第三者に騙されているとも知らずに相手方が意思表示をおこなった場合には、相手方に責められるべき点はないので、取消しができないのが当然である。民法96条2項は、過失ある詐欺被害者と一般に落ち度がないと想定される相手方の要保護性を勘案したルールであると考えれば、自然な規定である。

ただ、現実の取引社会においては、第三者の詐欺を利用しつつ、相手方が法律行為を成立させることも多く、かつ、そのような背後関係の立証が困難な場合が多いのではないかと思われる。いいかえれば、責められるべき点が相手方にも少なくない事案も予想される。そこで、［新］47条2項では、相手方に重過失のみならず、過失があった場合にも、表意者は取消しができるとし、保護のバランスをはかった[220]。

7　強迫

強迫を規定した［新］50条は、民法96条を、①詐欺と分離したこと、②取消権者を明示したこと、③「意思表示の取消し」ではなく、強迫による意思表示にもとづく「法律行為の取消し」としたこと、という3点で修正している。これら

研究会、企業法務研究会、民法改正研究会で受け入れられた。こうして、国民有志案では、詐欺と強迫が別条文とされ、文言の修正を受けつつ、本民法改正案にいたっている。

[220]【第三者の詐欺にかんする議論の経緯】
　第三者の詐欺につき、民法96条2項は、相手方が悪意のときに表意者に取消権を与えている。これに対して、相手方に過失があるときにも取り消せるとすべきであるという提案は、磯村保によるものであった（於2007年3月4～5日総則分科会）。この提案は、私法学会提出案以来、本民法改正案にいたるまで維持されている。
　なお、本民法改正案では、取消しの効果が発生するために、［新］47条2項の第三者の詐欺については相手方の悪意・有過失が要求されているのに対し、［新］46条2項で規定した第三者の不実表示の場合には相手方の悪意・重過失が要件となっている。これは、不実表示は――たんに、情報が正確でない、ということにとどまるので――しばしばありうるものであって、意思表示の相手方と無関係になされることも多いことを考慮し、両者につき、表意者の保護の程度に差異を設けたものである。

は、他の条文の改正点としてすでに述べているので、ここでは繰り返さない[221]。

8　意思表示の基礎理論──「無効・取消し」の理論

（1）　はじめに

　現行民法の意思表示の体系は、意思表示の規定全体を「意思の欠缺」と「瑕疵ある意思表示」とに二分している。具体的には、心裡留保・虚偽表示・錯誤の3種が、内心的効果意思を欠く「意思の欠缺」として無効という効果を与えられ、詐欺・強迫は、表示行為に対応する内心的効果意思は存在するものの、その意思形成過程に問題がある「瑕疵ある意思表示」として取消しという効果が与えられている。

　これに対し、本民法改正案では、錯誤の効果を「取消し」に変更し、また「不実表示」と「情報の不提供」というあらたな取消原因を加えている。その全体像をみると、「真意留保」と「虚偽表示」には無効という法律効果が与えられ、「錯誤」、「不実表示」、「情報の不提供」、「詐欺」、「強迫」には、取消しという法律効果が与えられている。その結果、現在の意思表示の体系を基礎付けている「意思の欠缺」＝無効、「瑕疵ある意思表示」＝取消しという基礎理論をそのまま維持することはできない。本民法改正案では、条文改正に加えて、意思表示の基礎理論の再構築が必要とされるのである。以下では、本民法改正案において無効と取

221　【強迫にかんする議論の経緯】
　　いわゆる絶対的強迫にあたる場合につき、判例（最判昭和33年7月1日民集12巻11号1601頁）は、傍論であるが、絶対的強迫の場合には当然無効であって民法96条の適用の余地がないと判示している。この点を民法典上も明らかにするべきではないか、との意見が磯村保から提出された。ただ、この点は、意思表示といえるものが存在しない以上、当然のことであるとして、条文化することはしなかった（於2007年2月16日総則分科会）。
　　しかし、本文の9に述べる「意思表示の基礎理論」において、無効・取消しの「原因」について、表意者に「認識」がある場合が「無効」とされ、ない場合が「取消し」とされるというシェーマが提示されるに及んで、中野邦保が、前段に述べた絶対的強迫と民法で「強迫」として扱われている相対的無効を一体として、無効事由としての「強迫」を規定するべきではないか、との意見を提示した（於2013年8月18日事務局会議）。本書432頁の【表6】をみれば明らかなように、この提案を受け入れると、表意者の「認識」の有無により、無効・取消しが二分されるという構図が完全に貫徹されることになる。
　　前段の提案は、理論的には説得的ではあるが、学理的観点から現行民法の規定の内容と配置を過度に変更することは実務に無用な混乱をきたすのではないかという事務局内の反対から、全体会議への提案にはいたらなかった。
　　また、絶対的強迫とは方向を逆となるが、不当威圧についての規定をおくべきであるとの提言として、笠井修「強迫と行為の任意性を疑わせる事項（不当威圧）をどのように関連づけて規定すべきか」椿寿夫＝新美育文＝平野裕之＝河野玄逸編・民法改正を考える（法律時報増刊）（平成20年）78頁参照。

第4章　権利の変動

消しとをどのように理論的に基礎付けているのかを述べることとしたい。
　なお、意思表示についての規定の改正と「意思能力の欠如」の効果を取消しとしたことがあいまって、本民法改正案では、無効の主張は誰でもなしうるのが基本となり、取消しの主張は取消権者のみがなしうるという構造が、現行民法と較べて、より強く貫徹されていることに留意されたい。

（２）　取消しの基礎としての取消権者の「認識」
　最初に取消原因について検討しよう。「強迫」を除く4つの取消原因、すなわち、「錯誤」、「不実表示」・「情報の不提供」、「詐欺」においては、取消権者はそれぞれの取消原因の存在を知らずに意思表示を行っているという共通項がある。そして、取消権者は、それぞれの取消原因を知った後に、"それならば、そのような意思表示をするのではなかった"と思い直す可能性がある。そのような場合にのみ、その者を保護するため、法的効力の有無を選択できることにすればじゅうぶんである。つまり、これらの者の「認識」の欠如に、この4つの原因について、「取消権付与」という法律効果を与える基礎が存在している。
　これに対して、「強迫」においては、取消権者は取消原因の存在を知悉しているが、強迫下でやむなくした意思表示であるという特徴がある。そこで、取消原因から自由になった後に、"そのような意思表示をするのではなかった"と思ったときに保護するという発想が生まれる。若干、背景事情は異なるが、意思表示後に本来の状況に「気付いた」のが先の4つの取消原因であり、強迫は意思表示後に本来の「意思決定の自由」を回復したことになり、根底において共通する部分がある。

（３）　有効・無効の分水嶺としての表意者と相手方の「認識」
　次に無効原因について検討する。
　「虚偽表示」の場合にも、「真意留保」の場合にも、表示行為と対応する内心的効果意思が存在しておらず、かつ、表意者がそれを「認識」している。取消原因がある場合には、意思表示をした後に自らの意思表示の問題性を認識するのが基本であるのに対し、無効原因の場合には意思表示をした時点でその意思表示の問題性を認識していることになる。
　しかし、「虚偽表示」の効果は無効であるのに対し、「真意留保」は有効と無効の双方がある。それは、なぜか。
　「虚偽表示」の場合、表意者のみならず、意思表示の相手方も、表示行為と対応する内心的効果意思が存在していないことを「認識」している。双方当事者ともに、表示行為どおりの効果が発生するのは本意ではなく、自分たちは表示行為

に拘束されるつもりはなく、法律効果は「無効」でなければ困るのである。内心的効果意思と異なる表示行為は、あくまで法律行為の外にいる第三者向けのものにすぎない。

　これに対し、「真意留保」の場合、表意者は、表示行為に対応する内心的効果意思が存在していないことを常に知っている。他方、意思表示の相手方は、①そのことを知らない（すなわち、善意の）場合と、②知っているかまたはそれと同視できる（すなわち、悪意または善意・重過失の）場合とがある。①では、相手方に「認識」がなく、②では「認識」がある。②の相手方にも「認識」がある場合には、法律効果は無効でよいが、①の相手方に「認識」がない場合にまで無効であるとすると、相手方の予期は害される。①の場合、取引の安全のためには、法律行為を有効として取り扱わざるをえない。

　このことからわかるように、無効をもたらす「原因」を相手方が「認識」していれば、法律行為の効力を喪失させてよく、相手方に「認識」がなければ、取引の安全のために、法律行為の効力を維持しなければならない、という構造がある。そして、この構造は、第2款の「意思表示」全体を貫いており、実は（2）に述べた「取消し」についても同様のことがいえる。具体的には、「不実表示」・「情報の不提供」、「詐欺」、「強迫」においては、（2）にいう「取消権者」は問題（「取消原因」）を含む意思表示の相手方にほかならない。そこで、「強迫」を除いて考えると、それぞれの「取消原因」につき、意思表示を受けた相手方に認識がなかった場合には、取消しが認められ、法律行為の効力を失わせることができる。

　しかし、「第三者の不実表示」、「第三者の詐欺」等の場合には、問題（「取消原因」）を含む意思表示をした者の「認識」が問題となり、その者に「認識」がある場合には、取消しが認められるが、「認識」がない場合には、取消しは認められない[222]。

（4）錯誤の例外

　表意者の「認識」だけでなく、相手方の「認識」も加味して法律効果が決定されるという構造の例外が、実は錯誤である。錯誤では、表意者保護のために相手方に「認識」がない場合ですら、取消しが認められる（[新]45条1項）。そこで、

---

[222] 第三者の不実表示のように、取消原因を内包する意思表示をした者に重過失がある場合は、「認識」がある場合と同視してよいであろうが、事案の性質上、第三者の詐欺では、これを「重過失」ではなく、「過失」としていることにつき、注220）参照。また、「不実表示」には取消原因を内包する意思表示をした者が「原因」を認識していない場合も含まれるが、その場合であっても、少なくとも相手方がこの「原因」を発生させたとはいえるので、法的効果を喪失させる基礎があると考えてよい。

第4章　権利の変動

「認識」がない相手方を保護するために、表意者は損害賠償責任を負うという、緩衝機能を果たす規定が必要となる（［新］45条3項）。また、この錯誤主張は、表意者に重過失がある場合には認められない。しかし、この場合も相手方に同条1項に規定された「原因」についての「認識」がある——すなわち、悪意の——ときは取消しが認められ、法律行為の効力を失わせることが可能なのである[223]。

以上のようにみると、錯誤のように損害賠償義務を負わせつつ例外的な取扱いをしている例もあるが、法律行為の効力を維持するか失わせるかの分水嶺は、基本的に、表意者と相手方が、表意者による意思表示に無効・取消「原因」があることを認識しているか否かにあるといえるであろう。

（5）　総括

以上のように考えると、意思表示の効力については、無効・取消しの「原因」についての当事者の「認識」という要素が問題となる。

無効・取消原因のある意思表示の表意者に、意思表示の時点でその無効・取消原因についての「認識」があり、かつ相手方にもその認識ないし認識可能性がある場合には、法律行為を無効としてよい。取消しについていえば、錯誤にかんしては表意者に、「不実表示」、「情報の不提供」、「詐欺」にかんしては意思表示の相手方に、その「認識」がない場合、認識が生じた時点で、後発的に法律行為の効力を維持するか否かの選択権を付与する、これが「取消権付与」の基礎である（「強迫」を含めていえば、認識があっても、意思表示の自由がない場合に、自由の回復があった時点で、後発的に法律行為の効力を維持するか否かの選択権を付与することになる）。つまり、法律行為の「無効」・「取消し」を分かつのは、これらの効果が与えられる「原因」についての、当事者の「認識」の有無である。

以上述べた内容を——次に述べる「第三者保護の体系」をも含めて——まとめると、次の【表6】のようになる。

9　善意の第三者、善意・無過失の第三者保護の規定の統合

（1）　第三者保護規定の統合

無効・取消しがあった場合の第三者の保護にかんし、民法は、虚偽表示（94条2項）と詐欺（96条3項）についてのみ規定をおき、他の無効・取消原因については規定をおいていない。

そこで、本民法改正案では、この点を是正し、すべての無効・取消原因につい

---

[223]　この意思表示の相手方が悪意の場合に加えて、双方当事者が錯誤に陥った共通錯誤の場合にも、双方当事者の要保護性に差異がないので、取消しが可能である。

第一編　総則

【表6　意思表示における本人・相手方・第三者保護の体系】

			無効・取消原因の認識の有無		効果	第三者保護
			表意者	相手方		
低 ↑ 要保護性 ↓ 高	真意留保	［新］43条本文	有	無	有効	—
		同条ただし書		有（悪意・重過失）	無効	善意の第三者
	虚偽表示	［新］44条前段	有	有	無効	善意の第三者
	錯誤	［新］45条1項	無（法律行為の重要な部分について）	無	取消し（相手方悪意・共通錯誤の場合を除き、損害賠償責任を負う）	善意の第三者
		同条2項		無	有効（取消不可）	—
		同条同項ただし書（共通錯誤）	「有」に近似（重過失）	無	取消し	善意の第三者
		同条同項ただし書（相手方悪意）		有	取消し	
	不実表示	［新］46条1項	無（通常の当事者の判断に影響を及ぼすものについて）	有・無	取消し	善意・無過失の第三者
	第三者の不実表示	同条2項		有（悪意・重過失）	取消し	善意・無過失の第三者
				無	有効（取消不可）	—
	情報の不提供	同条3項		有（故意）	取消し	善意・無過失の第三者
	詐欺	［新］47条1項	無	有	取消し	善意・無過失の第三者
	第三者の詐欺	同条2項	無	有（悪意・有過失）	取消し	善意・無過失の第三者
				無	有効（取消不可）	—
	強迫	［新］48条	有	有	取消し	保護されない

て、第三者保護にかんする規定をおくこととした（さらに、民法には存在しておらず、本民法改正案においてあらたに規定された「不実表示」・「情報の不提供」についても、第三者保護の規定をおいている）。そのうえで、第三者保護の範囲のバランスをとり、かつ、その内容を一覧できるように、第三者保護にかんする規定を──現行民法のように、無効・取消原因の規定に個別におく方式はとらず──［新］49条1か条に統一して規定することとした。

なお、94条2項の類推適用事例、学説がしばしば「外観法理」と名付ける問題は、次の［新］50条に規定しているので、11で述べることとする。

（2） 取引の安全における第三者の「認識」

従来、意思表示の無効・取消しをめぐる第三者保護の問題は、静的安全と動的安全──すなわち、表意者保護と第三者保護──とのバランスと呼ばれ、それぞれの要保護性の比較衡量を基礎にするものと考えられてきた。このような考え方自体は踏襲すべきものであるが、本民法改正案においては、さきの9で述べたように、要保護性という裸の利益衡量ではなく、表意者と相手方それぞれの認識を指標として、意思表示理論の体系を再構築した。

実は、このような枠組は、表意者、意思表示の相手方という法律行為の当事者を超えて、第三者にも及ぶ。なぜなら、第三者の保護の範囲も、表意者と第三者の双方の「認識」と「認識可能性」から導かれる要保護性の比較衡量によって決定されるからである。その内容を次に検討しよう。

（3） 第三者保護の体系の3段階構造

表意者保護か第三者保護か、換言すれば、静的安全と動的安全のいずれを重視するかは、体系としては、段階構造をとっている。本民法改正案では、前頁に記載した【表6】をみれば明らかなように、次の3段階構造が問題となる。

①表意者保護がもっとも狭い（逆に第三者保護がもっとも広い）のは、第三者が善意であれば保護される事例である（「真意留保」、「虚偽表示」、「錯誤」）。

②中間に、善意・無過失の第三者が保護される事例がある（「不実表示」・「情報の不提供」、「詐欺」）。

③最後に、第三者の善意・悪意にかかわらず、すべて表意者が保護される事例がある（「強迫」）。

本民法改正案では、上記の①、②、③を［新］49条で3項構成にして示したうえ、具体的な条文例をそれぞれの項に各号列挙のかたちで示すこととした[224]。

---

[224] 【第三者の保護の規定にかんする議論の経緯】

論理的には、①と②の間に、善意・無重過失の第三者を保護する法的枠組もありうるところである。しかし、本民法改正案は ―― 現行民法も同様であるが ―― この種の枠組を認めていない。

さきの【表6】を前提として、以下で個別の無効・取消原因ごとに検討することとしよう。

（4） 真意留保・虚偽表示の場合

［新］49条1項に規定した、「真意留保」または「虚偽表示」にもとづく無効の場合は、意思表示をした本人が効果意思と異なった表示をしているのを知っているので、本人の要保護性はそれほど大きくない。したがって、第三者が善意であれば、過失がある場合であっても、本人保護の必要はなく、取引の安全を確保するのが相当であろう。ただ、第三者が悪意の場合にまで本人を犠牲にする必要はないので、本人を保護すべきと考える。

なお、悪意の立証が困難なことは、しばしば指摘される。いくつかの立法例は、その立証の困難を救うため、悪意・重過失を要件としている。［新］49条のなかにこのような要件をとりいれるとすれば、(3)に述べた、①と②の間に、善意・無重過失の第三者を保護するという枠組を採用することになるであろう。しかし、真意留保・虚偽表示の場合には、本人自身が悪意なので、第三者の悪意の立証ができないような事例について、とくに本人を保護する必要はないと考えた。

（5） 錯誤の場合

本書418頁注208)に述べたように、錯誤における第三者保護規定のあり方を考えるには、錯誤それ自体をいかにとらえるか、という問題が重要である。

現行民法は、錯誤については詐欺の場合のような第三者保護規定をとくにおいていない。これは、伝統的な錯誤論が、表意者の保護の要請が非常に強い「要素の錯誤」について無効主張を限定的に認めた反面、そのような限定的なケースでは第三者の保護（動的安全の保護）が等閑視されざるをえなかったためであろう。

しかしながら、本民法改正案では、錯誤におちいった表意者に無過失損害賠償義務を課したので、従来以上に、錯誤の主張が認められる範囲が広くなることが予想される。この点では、本来的な錯誤についての基本姿勢が、民法と本民法改

国民有志案の段階では、本文に述べた3項構成は採用されていたが、それぞれの項内の各号列挙の体裁まではできあがっていなかった。国民有志案を各号構成に再構成したのは、その後の事務局提案であり（於2011年5月14日事務局会議）、川﨑政司がその文言を修正したものが（於2011年12月18日全体会議）、その後の数回の討議を経て、本民法改正案として採用された（於2013年10月27日全体会議）。

第 4 章　権利の変動

正案では同一ではないので、第三者保護規定のあり方も変わるのが自然である。錯誤それ自体についての現行民法と本民法改正案の基本姿勢の相違と、動機の錯誤における詐欺との対比の双方を考えれば、錯誤についても、第三者保護を規定すべきであろう。

　それでは、具体的に、善意の第三者に対抗できないと規定するべきか、それとも、善意・無過失の第三者に対抗できないと規定するべきか。これは、かなりデリケートな問題である。詐欺の場合の被欺罔者、また不実表示や情報の不提供があった場合の表意者よりも、錯誤におちいった表意者のほうが非難される要素──なんらかの意味での帰責性──があると考える立場からは、善意の第三者を保護するとの考え方がでてくるであろう。しかし、虚偽表示のように意図的な外観作出ではないこと、しかも、判例理論によれば、動機の錯誤が保護に値する錯誤となるためには、動機が表示され、意思表示の内容となっていることが必要であることからすると、虚偽表示の場合より、錯誤におちいった表意者がより保護されてよい──善意・無過失を要件とする──という考え方がでてくることになろう[225]。

　8 の「意思表示の基礎理論──『無効・取消し』の理論」、そしてこの 9 の「善意の第三者、善意・無過失の第三者保護の規定の統合」の全体をつうじて、「認識」をメルクマールとしてきた。それは、認識ないし認識可能性が帰責性評価の基礎になると考えたからであった。ただ、その「認識」を出発点とすることなく端的に帰責性を考えれば、真意留保・虚偽表示・錯誤のグループと、不実表示及び情報の不提供・詐欺・強迫のグループは、無効・取消しの原因が、前者にあっては表意者の側にあることが多く、後者にあっては意思表示の相手方の側にあることが多い、という点で二分される。そして、第三者保護の体系は、表意者の側に原因があるものは善意の第三者が保護され、意思表示の相手方の側に原因があるものについては善意・無過失の第三者が保護される、と考えることもできる。このように考えれば、錯誤については、真意留保・虚偽表示と同様、善意の第三者が保護され、第三者の無過失を要求しない、という結論がスムーズに導かれることになる[226]。

---

[225] 民法の錯誤の解釈として、詐欺の第三者保護規定の類推適用を主張する我妻説等の学説の紹介については、前掲注 187)引用『新版注釈民法（3）』404 頁（川井健執筆部分）参照。

[226] 【錯誤があった場合の第三者保護にかんする議論の経緯】
　錯誤の場合の第三者保護の問題については、磯村保から、錯誤取消しの効果を善意の第三者に対抗することができないとする提案がなされ（於 2007 年 3 月 4 〜 5 日総則分科会）、それが私法学会提出案、法曹提示案となった。これはその後も維持され、第三者保護の 1 か条

（6） 不実表示および情報の不提供

「不実表示及び情報の不提供」の場合は、取消権者はある意味で、次に述べる詐欺の場合に準じた「被害者」的立場にあることが多い。これらの場合には、被害者であるぶん、保護の要請が強いので、第三者が「善意」であっても「過失」がある場合には、取消権者が保護されてよいと考えるべきであろう。

そこで、本民法改正案は、善意・無過失の第三者には対抗できないと規定した。

（7） 詐欺

「詐欺」の場合には、表意者は「被害者」の立場にある。そこで、本民法改正案は、善意・無過失の第三者には対抗できないと規定した[227]。

（8） 強迫

「強迫」の場合の表意者の「被害者性」は、（6）の「不実表示および情報不提供」、（7）の「詐欺」の場合以上に強いので、第三者がたとえ善意・無過失であっても保護されるべきであるという、現行民法の考え方をそのまま維持するべきであろう。ただ、現行民法はこのような趣旨を、詐欺についての規定の「反対解釈」によって導いているが、［新］49条3項では、すべての第三者に対抗できることを明文で規定することとした[228]。

　　に統合することとなった国民有志案59条となった。ただ、磯村保自身、当初より、善意の第三者とすべきか、善意・無過失の第三者とすべきかについては、双方の考え方がありうる旨を述べていた。その後、研究会では両論が対立するなど紆余曲折もあったが、最終的には、本文で述べた理由により、国民有志案どおり、善意の第三者保護に落ち着いた。

227　民法96条3項は、「前二項の規定による詐欺による意思表示の取消しは、善意の第三者に対抗することができない」と規定している。判例、学説は、同項で対抗が問題となるのは、詐欺にあった表意者が取消しの意思表示をした前に法律行為を行った第三者のみである、としている。議論の過程においては、この「取消しの意思表示をした前の第三者」であることを条文に明記したほうが、条文を読む者にわかりやすいのではないか、という考えも磯村保から示された。ただ、この問題は、詐欺のみならず、第三者保護が問題となる取消し一般にあてはまるところ、［新］49条1項では、無効事由と取消事由の双方が規定されているため、取消しについてのみ「前」という時的限定を付すことは規定の体裁上困難であった。この問題は現在でも解釈により解決されているので、本民法改正案でも解釈による解決にゆだねることとした（於2011年12月18日全体会議）。

228　【詐欺・強迫の「第三者」にかんする議論の経緯】

　　詐欺・強迫について、当初、磯村保によってなされた提案は、民法96条2項、3項とは異なり、被欺罔者と被強迫者の非難可能性に差異を設けず、詐欺と同様の規律を強迫にも導入しようとするものであった。この提案は、現行規定の立法としての当否に疑問を呈する学説（我妻・注25）引用『民法講義Ⅰ 民法総則』315頁）を考慮したものであった。

　　しかし、民法改正研究会においては、被欺罔者と被強迫者を区別する現行法の立場を支持する意見が多数であった。そこで、前述したように、最終的には、民法と同様、両者の区別

第 4 章　権利の変動

10　二重効等について

　さきにも、意思能力の欠如による取消しと制限行為能力を理由とする取消しの競合等を問題にした。同様に、錯誤無効と詐欺による取消しの競合等も問題となる。これは、二重効と呼ばれているが、未成年者が詐欺の被害にあった場合には、錯誤をも加えた三重効が問題となるところである。さらに、本民法改正案では、従来の無効・取消原因に加えて、「不実表示及び情報の不提供」という取消原因が規定されたので、未成年者が被害者となったような場合には、事案によっては、錯誤・詐欺・不実表示・未成年を理由とする四重効等も問題になりえないではない。

　こうした二重効、三重効、四重効とは、表意者と意思表示の相手方との紛争においては、請求権競合ないし原因競合の問題である。そして、以上の 2 ないし 4 原因の競合にかんするかぎりは、紛争当事者は、どの原因を主張するのも、すべての原因を主張するのも自由であり、裁判所もどの原因について取消権を認めるかは、自由に判断してよいであろう。ただ、［新］76 条 3 項による現存利益のみの返還義務が問題となる等、結果に差異が生じるときには、どの原因にもとづく取消しを認めるかについて慎重な判断が必要とされる。

　なお、第三者がこの四重効を主張するような場合には、保護要件に差異が生じる可能性を顧慮する必要がある。具体的には、未成年を理由とする取消しの場合には第三者保護は問題とならず、錯誤を理由とする取消しの場合には善意の第三者が保護され、不実表示と詐欺を理由とする取消しをした場合には善意・無過失の第三者が保護されるからである。そこで、紛争当事者にとっては争い方の巧拙が問われることになるが、裁判所は、複数の事由による取消しが主張・立証されている場合には、その事案において争われている実態に留意したうえで、どの取消原因についての判断をなすべきか、慎重な考慮をする必要がある。

11　外観法理

（1）　はじめに　94 条 2 項の類推適用

　通謀虚偽表示の第三者保護規定である民法 94 条 2 項は、判例では取引の安全のために類推適用されており、通謀を欠く事案、あるいは、意思表示を欠く事案

　を維持することとなった（以上、於 2007 年 3 月 4 ～ 5 日総則分科会）。
　　もっとも、詐欺については、民法 96 条 3 項は、第三者の善意のみを要件としているが、軽過失のある第三者を被欺罔者の犠牲において保護する必要はないと考えられる。そこで、本民法改正案においては、第三者の無過失を保護の要件とすることとなった。

であっても、真実に反する外観を作出した者その他に、その外観に対応する責任を負わせる機能を担っている。これは外観法理とよばれ、判例の集積によってその適用範囲が大きく拡大されてきているが、その全容は、現行民法の条文からは読み取ることができない。

そこで、本民法改正案では、94条2項の類推適用をめぐる判例法理をふまえ、外観法理を［新］50条で規定することとした。

［新］50条1項前段は、故意に「自ら真実に反する権利の外観を作出した者」の責任であり、同項後段は、「他人が作出した真実に反する権利の外観」を積極的または消極的に「承認した者」の責任である。これらにおいては、善意の第三者は、過失があっても保護される。

これに対し、同条2項は、権利者が「過失」によって自ら真実の反する外観を作出した場合、および他人が作出した真実に反する権利の外観を ── 権利者が承認したとまではいえないものの ── 重大な帰責事由によって存続させた場合を念頭においている。この場合には、第三者は善意であり、かつ過失がない場合にのみ保護される。

要するに、［新］50条1項と2項とでは、権利者の外観作出にかんする帰責性の大きさが異なっているので、第三者の保護要件が異なることになる。

（2） 本民法改正案と判例法理との関係

［新］50条1項の内容は、判例法理との関係も順接であり、比較的簡明であろう。以下では、第三者の善意・無過失を必要とする［新］50条2項の適用例につき、判例との関係で述べておくことにしよう。

昭和43年の判例は、権利者が通謀虚偽表示によって仮登記名義を相手方に与えた事案で、その相手方が虚偽の委任状にもとづき、本登記手続をしたうえで、第三者に売却したところ、94条2項と110条の法意に照らし、善意・無過失の第三者が保護されるとした[229]。昭和45年の判例も、本登記を得られる立場にいる権利者が、通謀虚偽表示により、仮登記権利者に甘んじた事案であった[230]。さらに平成18年の判例は、日本道路公団に土地を売却する際に仲介したある県の土地開発公社の職員にだまされ、権利者が登記済書、印鑑登録証明書、実印等をその職員に渡し、また、土地の売買契約書にも署名捺印されてしまった事案であった[231]。これらの事案は、［新］50条2項によって保護されると考えてよい。

229　最判昭和43年10月17日民集22巻10号2188頁。
230　最判昭和45年11月19日民集24巻12号1916頁。
231　最判平成18年2月23日民集60巻2号546頁。

他方、昭和48年判例の事案は、廃品回収業を営む女性所有の建物が夫名義で固定資産台帳に登録された事案であったが、その登録は、区役所の職員が課税のために固定資産台帳にしたものであって、権利者による真実に反する外観の作出があったとはいえない[232]。原審判決は、この女性が夫名義の固定資産税を支払ってきたことをもって「黙示の承認」があったとしたが、夫婦間での権利の主張が困難であることは、現行民法159条が「夫婦間の権利の時効の停止」を規定していることからも明らかであり、この原審判決は、難きを強いるものと思われる。そのため、民法改正研究会では、この昭和48年の事案には外観法理を適用すべきではないとして、[新] 50条のいずれの項にも該当しないという評価となった。具体的には、同条1項後段の「他人が作出した権利の外観」の「承認」があったとは考えられず、同条2項の「重大な責めに帰すべき事由」も存在しないと評価されることになる[233]。

(3) 登記の対抗力と外観法理

次に、[新] 50条3項について述べる。この項は、判例法理そのものではなく、「法律行為の取消しと登記」、あるいは「法律行為の解除と登記」において問題とされる幾代説[234]が提唱したような考え方——さらには、取得時効についても、この外観法理によって処理しようとする考え方——を、本民法改正案が排除しないために設けられたものである。

ただ、本民法改正案は、登記の対抗力の問題を、法律行為の取消し、解除、取得時効、相続等の「意思表示以外の物権変動」に及ぼすべきか否かの問題に、立法的に対処しようとするものではない。しかし、他方で、幾代説を嚆矢とする、外観法理を積極的に利用することによって意思表示以外の物権変動の問題に対処しようとする説を立法的に排除する意図をもつものでもない。現行民法典のもとで、双方の立場が主張されている状況をそのまま維持し、判例、学説の長期的な動向に問題の解決をゆだねようと考えているにすぎない。このような態度を前提として、「取消しと登記」の問題を例に、現在の判例と学説の状況を整理しながら、[新] 50条3項の意義を考えてみよう。

Ａ－Ｂ間の不動産売買契約が取り消されたが、登記名義がＢに残されていたた

232　最判昭和48年6月28日民集27巻6号724頁。
233　民法改正研究会において、外観法理の規定をめぐる議論は判例をめぐってなされることが多かったが、本文に述べた諸判例と規定との関係は、この規定をめぐる民法改正研究会の最終段階において確認されたものである（於2013年12月1日全体会議）。
234　幾代通「法律行為の取消と登記」於保還暦 民法学の基礎的課題 上（有斐閣、昭和46年）53頁以下。

第一編　総則

め、B－C間の売買契約が行われた場合につき、判例は、Aの取消しの意思表示を物権変動と構成し、Bを起点とする、A－B間の復帰的物権変動とB－C間の売買契約との対抗問題であると構成する。これに対し、幾代説等は、遡及的無効となるはずの取消しを復帰的物権変動ととらえるのは擬制がすぎるとして、通謀虚偽表示の類推適用により解決しようとする。また、法律行為が無効であった場合には、──取消しの意思表示に相当するものが存在しないので──判例のように復帰的物権変動を認めにくいという問題があるが、幾代説的な立場ではこれも解消されることになる。

　かりに幾代説的な立場をとった場合に、本民法改正案のもとでも、法律行為が無効であるときには［新］50条2項で対処することが可能であろう。しかし、法律行為の取消しの場合は、［新］50条2項によってはカバーされない。この場合、取消しの意思表示がなされる前の段階では、Bのもとにある登記は、真実の権利を反映しているからである。［新］50条2項にいう「権利の外観」の文言が"実際には権利が存在しない"というニュアンスをもっていることを考えると、取り消されるまでは（あるいは追認されれば）真実と扱うべき外観に対する信頼保護の問題については、［新］50条2項では対処することが困難なのである。

　そこで、本民法改正案では、［新］50条3項を設け、こうした事例に対処できるようにした[235]（もちろん、［新］50条2項の「他人が作出した」という文言を削除すれば、［新］50条2項は、幾代説が考える場合をも含むことになるが、この場合には同条同項の規範内容が不明確となるきらいがあるので、このような方策はとらないこととした）。

（4）［新］50条の位置づけ

　最後に、「外観法理」全体の規定の位置について述べると、民法94条2項の類推適用規定として判例によって発展してきた外観法理は、第三者保護規定が1か条にまとめられた以上、その次の条文におくのが適当であると考え、ここに規定することにした[236]。

---

[235] 本文に、意思表示によらない物権変動の問題を、登記による対抗の問題として処理するか、外観法理によって処理するかについては、本民法改正案は立ち入らないとの態度を示した。もちろん、［新］50条3項は、幾代説的な解釈をとらない場合には無用の長物となるので、この項を設けることによって幾代説的な解釈に傾斜するのではないか、との批判はありうるであろう。しかし、この項を設けないと、幾代説的な解釈を封じることになりかねないので、前文のような批判はありうることを意識しながら、あえてこの項を設けることとした次第である。

[236] 【外観法理の体系的位置をめぐる議論の経緯】

第4章　権利の変動

（ⅰ）議論の流れ

外観法理については、以下で紹介するように、当初提案から本民法改正案にいたるまで、きわめて錯綜した議論が展開された。以下、問題の枠組を示すとともに、時系列にそくして大きな流れを述べておこう。

民法94条2項の類推適用については判例が集積してきており、それが外観法理として性格づけられるという点については、民法改正研究会内で異論がなかった。しかし、①外観法理を本民法改正案に規定する、②規定しない、という立場の対立があった。さらに、①の立場にも、外観法理をどこに規定するかにつきさまざまな意見があった。

（ⅱ）外観法理を規定することの是非をめぐって

（a）虚偽表示および外観法理をめぐっては、民法改正研究会では、当初、事務局による提案（於2007年2月18日総則分科会）と、磯村保による提案（於2007年3月4～5日総則分科会）の2つがあった。

（b）事務局案は、虚偽表示の規定を3項構成にし、そのなかに外観法理をも規定するものであった。具体的には、1項本文で現行民法94条1項の内容を、同項ただし書で現行民法94条2項のそれを規定したうえで、2項で外形作出型の外観法理を、3項で外形放置型の外観法理を規定した。

この案の趣旨は、次のようなものであった。権利外観の作出にも、権利者が積極的に作出した場合と、消極的な黙認の場合、すなわち、他者によって作出された外観を否定しないにとどまる場合の双方がある。権利者の"悪性"は、前者のほうがより強い。権利外観法理は、基本的に、権利者の静的安全と、取引に入った第三者の動的安全のいずれを優先させるかという問題であるから、ある種のバランス論にもとづく政策決定という側面がある。以上のように考え、積極的な権利外観の作出を1項に規定し、意図的ではない権利外観の作出を2項で、実体をともなっていない権利外観の放置を3項で規定した。そのうえで、第三者保護の要件を、第1項については善意、第2項と第3項については善意・無過失を要求し、バランスをとることとした。

（c）これに対する磯村案は、外観法理については規定せず、従前と同様、類推適用理論を判例、学説の展開に委ねるとの前提のもとに、現行民法と類似した虚偽表示の条文を提案した（この案は、外観法理の規定否定論であると同時に、立証責任について現行民法の変更を目指していた。すなわち、民法94条2項が「善意の第三者に対抗することができない」と規定しているところを、「前項の無効は、第三者に対抗することができない。ただし、第三者が悪意であった場合にはこの限りでない」とし、第三者であることと悪意であることの立証責任を分離するものであった）。

外観法理を規定しない理由につき、磯村は次のように述べる。

「事務局案は、外形作出型と外形放置型が区別できることを前提とするが、虚偽の外形が作出される事情はさまざまであり、いずれかの類型に明確に区別できるかどうかは疑問である。また、判例理論における第三者保護要件の区別は、作出された外観と真正権利者の承認した外観とが対応しているかどうかを基準とするものであり、外観作出に対する真正権利者の積極性如何によって区別する事務局案とは趣旨を異にしている。判例理論のリステイトを超えた事務局案が、実務的に安定した基準となりうるかどうかについては、問題が残されている。かつての判例が第三者の善意・無過失を要件とした類型には、外観拡大型のほか、過小公示型というべき類型も含まれていた。これに対し、近時の判例は、故意の外観作出に比肩すべき重大な帰責性がある場合について、94条2項と110条の重畳適用による類推適用

第一編　総則

を認め、善意・無過失の第三者が保護されるとした（最判平成 18 年 2 月 23 日民集 60 巻 2 号 546 頁）。この判例をどのように位置づけるかについては評価が分かれうる。
　これらの事情を考慮すると、民法 94 条 2 項の類推適用理論、とくに善意・無過失を要件とする類推適用理論については、条文の形でルールを明確化することができるかどうか疑問の余地があり、これらは判例、学説に委ねることが相当である」。
（d）このような 2 つの案があるなか、私法学会提出案においては、磯村案が私法学会提出案・正案 54 条とされ、事務局案が私法学会提出案・副案 54 条として公表された。

(iii) 外観法理の非法律行為的性格をめぐって —— 日本私法学会での議論
　2008 年 10 月 13 日の日本私法学会シンポジウムで、山本敬三教授が、「94 条 2 項類推適用法理すら明文化しないのが研究会正案とされるのは、民法典をみるだけではこのような重要な原則がわからないことになり、『国民にわかる民法典』という研究会の基本方針と合致しないのではないか」と述べ、外観法理を規定することに積極的な姿勢を示した。
　この指摘は、民法改正研究会でも受け入れられ、外観法理を規定する方向での検討が続けられた。

(iv) 外観法理を「物権編」に規定する案
　上記の指摘と同時に、山本教授は、外観法理には法律行為とは異質のものが包含されていることを強調していた。これは、外観法理を物権変動の箇所に規定するべきであることを示唆するものであった。具体的には、現行民法 177 条についての判例の変動原因無制限説は、公信保護的な意味を有しているが、外観法理が判例法理として確立した現在、変動原因制限説に立ち返えるという考え方はよく理解できる。ただ、変動原因制限説の立場を貫くのであれば、外観法理が物権総論的な意味をもつことを見逃してはならない、との趣旨であった。
　山本教授の指摘自体は貴重であるが、同時に、外観法理が、物権変動との関係以外においても機能していることは否定できない。そこで、民法改正研究会では、民法総則に外観法理を規定する一方で、私法学会提出案の物権総論の「114 条　第三者の例外」の後に、総則の外観法理の規定を準用しつつ、不実登記等をめぐる条文を付加することが検討された（不実の対抗要件・経過案・2008 年 11 月 2 日事務局試案）。
　ただ、このような外観法理を認める規定を物権法におくことにより、「何人も自己の有する以上の権利を他人に与えることはできない」とのローマ法以来の基本原則が不必要に軽視されることに対する懸念が強く示され、法曹提示案に取り入れられるにはいたらなかった（於 2008 年 11 月 2 日全体会議）
　ただし、その後も、中舎寛樹教授から、外観法理の規定を不動産登記に限定して物権法で規定すべきではないか、との意見が法曹提示案に対して提示され（於 2009 年 3 月 30 日民法改正フォーラム）、その後も、同様の見解が示されている（武川幸嗣「第三者保護制度の改正について考える ―― 不動産取引における第三者保護法理はどうあるべきか」円谷峻編著（民法改正を考える研究会）・社会の変容と民法典（成文堂、平成 22 年）99 頁以下、同「虚偽表示」円谷峻編著（民法改正を考える研究会）・民法改正案の検討　第 2 巻（成文堂、平成 25 年）292 頁以下参照）。

(v) 外観法理を「虚偽表示」の次条に規定する案 —— 法曹提示案・正案
　物権編に規定するという立場が不採用となった結果、虚偽表示の次に「外観法理」の規定を独立した条文としておくことが有力案となった。

第4章　権利の変動

　ただ、このように規定すると、法律行為の節に、法律行為としての性格をもたない規定が混在するという問題は残る。しかしながら、判例法理が虚偽表示の類推適用として確立された以上はやむを得ない、というのが民法改正研究会の結論であり（於 2008 年 11 月 2 日全体会議）、これが法曹提示案・正案 55 条となった。

(vi) 外観法理を「第二節　法律行為」の次節に規定する案 ── 法曹提示案・副案
　法曹提示案・副案は、(iv) で紹介した山本教授による外観法理の非法律行為的性格という指摘を正面から受け止めて立案された。そこでは、次のような考え方がとられた。
　権利外観の作出それ自体は権利変動をもたらすものではないが、それを信じて取引関係に入った第三者に対し、権利変動がないこと、あるいは、権利不存在そのものを主張することができないことになる。このかぎりにおいて、権利外観の作出が「無」から「有」を生ずるというかたちで権利変動を発生させることになる。この意味では、変則的ではあるものの、「第四章　権利の変動」の一場面といえる。
　そこで、法曹提示案・副案は、外観法理を、「第四章　権利の変動」の「第二節　法律行為」と「第四節　時効」間に、独立の節として「第三節　例外的権利変動」として位置づけ、95条の 2 として規定したのである（於 2008 年 11 月 2 日全体会議）。

(vii) 外観法理を「第二款　意思表示」の末尾に規定する案 ── 国民有志案
　法曹提示案においては、正案 55 条・副案 95 条の 2 とも、その 2 項は、「真実に反する権利の外形を黙示に承認した者」は善意・無過失の第三者に対抗できない、という内容であった。しかし、法曹提示案公表後に、この文言では本人の帰責性が判断される枠組になっていないことが、杉山真一、市川充、加戸茂樹、宮下修一、中野邦保らから問題とされた。また、杉山は、帰責性の要素を条文にとりいれるべく、「真実に反する権利の外形の存在に責に帰すべき事由を有する者」に改めることを提案した（於 2009 年 4 月 20 日市民法研究会）。その提案が、最終的に国民有志案 60 条 2 項とされ、「第二節　法律行為：第二款　意思表示」の末尾に「外観法理」が規定されることとなった。
　判例には、仮登記をすることについて通謀虚偽表示が存在するが、本登記をすることについては、通謀もなく、また黙示の承認すらない事案につき、110 条の法意に照らして第三者が善意・無過失の場合に、権利者に本登記に対応する責任を認めたものがある（最判昭和 43 年 10 月 17 日民集 22 巻 10 号 2188 頁）。法曹提示案の正案・副案の 2 項の文言のままだと、この種の事案については射程が及ばない、という問題がある（於 2009 年 8 月 20 日全体会議）。しかし、杉山が提案したように文言を改めれば、仮登記について通謀虚偽表示をしたことが、本登記についての帰責性として認められるか否かという問題となると思われる。

(viii) 外観法理を「第三者の保護」条文の一部として規定する案と、分離案
　以上のように、国民有志案においては、外観法理が第三者保護の規定の次に別条文として規定されていた。しかし、外観法理には、意思表示や法律行為と関係しない事案が相当数含まれていることは否定できず、「第二節　法律行為：第二款　意思表示」に規定することがはたして適当であるのかという問題に答えきれていなかった。
　ただ、外観法理は、94 条 2 項の拡張として発展してきたものである。そこでも、外観法理を意思表示の款にある虚偽表示の類推適用から導くことの適否は問題となりうるところであったが、民法 94 条 2 項との連続性ゆえに、その問題はそれほど意識されてこなかった。
　このような状況にあったところ、中野邦保が、事務局会議で以下の提案を行った。第三者

443

第一編　総則

12　本民法改正案に規定されなかった「複合的取消権」
——複合的瑕疵による意思表示の取消し

　本民法改正案起草作業の中間段階において、複合的瑕疵——単独では無効・取消しの要件をみたさないものの、そのような要因が複数累積している瑕疵——による意思表示の取消権を本民法改正案ないし消費者契約法に規定することが検討された。最終的に、本民法改正案に規定しないとされたものの、さきざき、消費者契約法のあり方を検討するさいに資するところもあろうと考える。そこで、そ

　　保護規定である国民有志案59条と、外観法理を規定した60条とを統合すれば、意思表示の款に規定された法律行為の無効・取消しと第三者保護の延長に外観法理があることが示され、前段に述べたのと同じ状況は確保されるので、外観法理がここに規定されることの不自然さが解消するのではないか。この提案では、第三者保護規定の3項構成——善意の第三者、善意・無過失の第三者、第三者無保護——の後に、4項、5項として、外観法理の2つの項が付加されることになる（於2011年7月15日事務局会議）。
　　しかし、最終的に、この提案は両者の性格が異なるという理由から受け入れられず、「第三者の保護」を一覧する規定とは別に、「外観法理」を規定することが、最終的に確認された（於2012年1月21日全体会議）。

　（ix）外観法理3項構成へ
　　このように（viii）に紹介した中野の提案は受け入れられなかったため、その後の議論も（vii）に紹介した国民有志案を基礎に進められた。下記の案は、外観法理の条項が、国民有志案がとっていた2項構成から3項構成に改められる直前に研究会に提出されたものである（於2013年10月27日全体会議）。

　（外観法理・経過案・国民有志案微修正案）
　　N条①：自ら真実に反する権利の外形を作出した者は、その権利の不存在を善意の第三者に対抗することができない。
　　　　②：前項に定める場合のほか、真実に反する権利の外形の存在について責めに帰すべき事由がある者は、自ら真実に反する権利の外形を作出していない場合でも、その権利の不存在を善意であり、かつ過失がない第三者に対抗することができない。

　　1項は、外観法理の典型例である、虚偽の外形を権利者自身が作出した事案を念頭においたものであり、2項の虚偽の外形に帰責事由があるという一般的な枠組は、相当数存在している通謀虚偽表示の拡大事例を包括的にとらえようとしたものであった。しかし、磯村保は、判例には多様な事案が現れているので、2項を他人が作出した虚偽の外形を権利者が承認した事案であることを明示し、3項でそれ以外の事案に対応すべきであると主張した。また、事務局は、その3項に幾説かが考える「法律行為の取消し」の問題も含まれるべきであると主張した。この考え方を受けて作成されたものが、〔新〕50条となった（於2013年10月27日全体会議、2013年12月1日全体会議）。
　　なお、磯村は、この外観法理を規定することに、磯村当初提案紹介の箇所に述べた理由により、強く反対していたことを付記しておきたい。

第 4 章　権利の変動

の内容等につき、【議論の経緯】として注で述べることとしよう[237]。

---

237 【複合的取消権にかんする議論の経緯】
　（ⅰ）複合的取消権の提案
　　法曹提示案の公表後、民法の「意思表示」の末尾に、「複合的取消権」を新設することが提案された（於 2009 年 5 月 4 日事務局会議）。これは、学界において主張されている「合わせて一本論」――単独では無効・取消しにはいたらない要因が複数累積した場合に、総合して無効または取消しとすべきであるという見解（河上正二「契約の成否と同意の範囲についての序論的考察（4・完）」ＮＢＬ472 号〔平成 3 年〕41 頁）――と、その内容の法的根拠を民法 90 条に求める「合わせ技的公序良俗違反論」（加藤・前掲注 11）引用『新民法大系Ⅰ』235 頁参照）を参考にしつつ、それに解釈論を超えた実定法的な根拠を与えようとするものであった。民法典に規定しようとする理由は、消費者保護を実効性あらしめるものにするにとどまらず、事業者間でも、一部のフランチャイズ契約等にみられるような、当事者間の力のアンバランスを背景とした不公平取引を防止することを目的としていたからである。

　（複合的取消権・経過案・2009 年 5 月 4 日事務局案）
Ｎ条：意思表示が、この法律の法律行為の無効、取消しの規定の要件を完全には充足しない場合であっても、以下の各号に掲げる要件の複数に当たり、（法曹提示案）第三条（信義誠実の原則）によればその意思表示に基づく法律行為の効力を認めることが相当でないときは、裁判所はその法律行為の取消しを認めることができる。
　　　〔一～七：条文案自体は長いので、規定の内容の骨子を以下に紹介することにする
　　　　　　　　（原文については、国民有志案・副案Ｎ条の 2 を参照されたい）。〕
　　　1 号：「意思能力の欠如」、「制限行為能力」にはあたらないが判断能力低下の要素。
　　　2 号：「公序良俗」の暴利行為とはいえないが対価の不均衡という要素。
　　　3 号：「錯誤」とはいえないが錯誤を誘因しやすい要素。
　　　4 号・5 号：「不実表示及び情報不提供」、「詐欺」とはいえないが冷静に判断させないような欺罔的要素。
　　　6 号：「強迫」とはいえないが意思表示の拒絶を困難にする要素。
　　　7 号：いわゆる「適合性の原則」にあたる要素。

　　上記の条文案は、意思表示が民法典に規定された個別の無効・取消原因を充足しないものの、1 号から 7 号までに規定した要素のいくつかが複合的に重なった意思表示がなされ、その意思表示にもとづく法律行為の効力を維持することが信義則に反する場合の取消権を規定するものであった。
　　この事務局案の柱書の、「相当でないときは、裁判所はその法律行為の取消しを認めることができる」という文言に対する疑問が弁護士の岩田拓朗からだされた結果、「裁判所」の文言を削除した。
　　また、7 号にかんしても、同じく岩田から、本号は適合性原則を規定しているが、適合性だけで法律行為の効力は否定されないのか、また、この規定が複数要因を要求することによって、判例法からの後退とならないか、との疑問がだされた。これに対し、事務局は、金融商品取引法 40 条は「適合性の原則等」を規定しているが、これは行政法的な規定にすぎず、適合性原則によって法律行為の効力を否定したと理解されることもある判例（最判昭和 61 年 5 月 29 日判時 1196 号 102 頁）の事案も、実は多くの要因が複合した結果、公序良俗違反とされたものであり、実質的には「合わせ技的公序良俗違反」にあたる事案と理解でき

ると述べた（上記の判例の理解については、加藤・前掲注11）引用『新民法大系Ⅰ』234頁以下参照）。また、この点につき、弁護士の嶋村那生および岡孝から、判例では適合性原則が適用されるさいに、多くは無効・取消しではなく、不法行為にもとづく損害賠償請求が問題となっているとの指摘もなされた。さらに、杉山真一および牧野友香子から、適合性原則そのものを連想させる文言を避けたほうがより柔軟性があるので、実務的に適用しやすくなるのではないか、との指摘があり、文言を一部修正した（以上、於2009年5月19日市民法研究会）。

　体系的な観点から一言すれば、以上のような条文案をかりに民法に規定した場合、さきに述べた「錯誤」、「不実表示及び情報の不提供」、「詐欺」、「強迫」、「複合的取消権」のそれぞれの適用範囲の棲み分けが比較的明瞭となる。「錯誤」取消しの主張は、法律行為の重要な部分についてしか認められない。これに対し、「不実表示及び情報の不提供」が認められる範囲はより広いものであり、さらに「詐欺」による取消しは、意思表示の内容一般について認められる。また、前者は、情報提供者の過失・無過失の場合をカバーするが、後者は故意である場合に限定される。「強迫」は、以上とは異なった概念である。

　これに対し、「複合的取消権」は、上述した規定をも含め、種々の無効・取消原因の要素がある程度は存在するものの、完全には無効・取消原因の規定を充足しない場合にのみ認められるものである。

　付言するに、上記の事務局案が呈示される以前に、錯誤につき、杉山真一より、次のような指摘がなされていた（於2009年4月20日市民法研究会）。「錯誤の規定については、一方で『要素の錯誤』の要件を緩和して（法律行為の重要な部分という制約はおかず、間口を広くして）、他方で無効ないし取消主張の範囲を相手方や第三者の主観的要件で制限をする方向がよいのではないか。具体例として、かりに消費者保護は消費者保護法制に委ねるとしても、消費者とはいえない中小事業者が詐欺的手法（しかし詐欺とまではいえない）により契約を結んだような場合に（ただ法律行為の重要な部分に錯誤があるとまではいえない）、相手方の主観的態様によって錯誤無効（ないし取消し）を認める余地を残す必要がある」。錯誤についての上記の指摘は、この「複合的取消権」によって救済が可能とされ、正案とはならなかった。

（ⅱ）民法の規定から消費者契約法の規定へ

　（ⅰ）に述べた「複合的取消権」は、民法にあらたに規定を設けようとする提案であり、消費者問題に限定したものではなかったが、現在社会問題化している消費者問題の相当部分に対応しうる条文案であって、市民法研究会において根強い支持があった。

　しかし、同研究会においても、この規定が濫用される危険性が大きいとの意見も多く、最終的には、民法典には規定せず、複合的要因が存在する事案については、公序良俗違反の一場合として、解釈論によって、無効を導くことに委ねることとした。もっとも、民法典には規定しないものの、消費者契約法にこの種の規定が必要であるという点については意見の一致をみた。

　なお、このような結論が導かれる過程の議論において、「複合的取消権」を民法の規定とするための工夫として、弁護士の加戸茂樹を中心に、種々の提案がなされた。たとえば、加戸試案として、取消請求を訴訟外では認めないという詐害行為取消権方式、また、一般の私人間取引には適用されないよう、情報の偏在を要件として加える等の提言がなされた。しかし、議論の結果、裁判上のみ行使しうる法律行為の取消権という考え方は、法律行為の一般枠組からいって突出感を免れないこと、また、対等当事者間の法律関係を規律する民法に、

第4章　権利の変動

第3款　代理

【前注】

1　代理制度の基本構造

(1)　代理の規定の分節化

　現行民法の代理の節には、本書197頁以下に述べたように、多数の条文が並置されており、必ずしも見やすくはない。「条文群の体系化」をはかるべく、そこで、本民法改正案では、「第3款 代理」を3つの目――「第一目 有権代理」、「第二目 無権代理」、「第三目 表見代理」――に分けて規定することとした[238]。

　さらに、(2)以下に述べる種々の問題があり、代理の条文それ自体の位置づけも、現行民法ではじゅうぶんに整備されているとはいえないので単に「目」に分記するだけでは、透視性が確保しにくい。そこで、本民法改正案では、それぞれの目において、条文を整序することにした。その具体的な問題点と整序の概要を、有権代理、無権代理、表見代理の順に述べておこう。

(2)　有権代理の規定の整序

　「有権代理」の諸規定にかんしては、①代理権の発生根拠が規定されておらず、②復代理の規定も錯綜しており、③代理権の消滅についての規定が表見代理の規

　情報の偏在という非対称性を規定するのには違和感があること等を理由に、上述のとおり、「複合的取消権」の概念は、民法典に規定するまでに熟していないとの結論に落ち着いた（以上、於2009年6月29日市民法研究会）。
　その後、民法改正研究会においてもこの点の検討がおこなわれたが、この規定は、消費者契約法においてはともかく、対等当事者間の関係を規律する民法にはふさわしくない、との意見が多数を占めた。その結果、複合的取消権は、消費者契約法の改正提案として、国民有志案・副案N条の2となった（冒頭に紹介した事務局案が、民法の規定なので柱書に当事者の属性についての制限がないのに対し、この案では、事業者と消費者という当事者の属性を前提とした規定となっている）（民法改正国民有志案138頁以下参照）。
　なお、ここでは、当初提案の「複合的取消権」という標題を用いたが、標題自体については、その後、「複合的瑕疵による意思表示」、「複合的要因に基づく瑕疵」等の変更提案があり（於2009年5月19日市民法研究会）、最終的に「不公正要素の累積による取消し」と題され（於2009年6月15日市民法研究会）、それが国民有志案・副案の標題とされた。

238　【代理を目構成に分化することにかんする議論の経緯】
　代理を「目」に分けて構成すべきことは、早い段階から事務局より提案された（於2007年2月18日総則分科会）。この方針は、民法改正研究会の討論をへて、本文に述べた順の3目構成となり（於2008年5月4日全体会議）、私法学会提出案以来、維持されている。
　なお、本民法改正案における表見代理の「目」は、国民有志案までとは異なり、名義貸与者の責任を別条文として規定した。そのため、標題を「表見代理等」と改めた。

第一編　総則

定のなかに割って入っているという問題点がある（現行民法起草当時は、代理権の消滅とその対抗という枠組で考えられていたので、③の規定のしかたにも一定の合理性があったと考えられるが、その後、現行民法109条、110条、112条が表見代理の規定として統一的に理解されるようになった[239]結果、この点が問題視されることになった）。

そこで、本民法改正案では、大綱、代理権の「発生とその範囲―要件・効果―（代理行為の）無効・取消原因の判断基準―消滅」の順に規定し、代理権の消滅の前に、特殊な代理として代理人がさらに代理人を選任する「復代理」を規定した。

（3）　無権代理の規定の整序

次に、「無権代理」の条文群については、現行民法では、単独行為の無権代理を除いて113条から117条までに規定されているが、本人の追認権にかんする条文が離れたかたちで2か条に規定されているという問題がある。すなわち、最初に113条で「本人の追認権」が規定されているものの、その次の114条と115条で「無権代理人の相手方の権利」が規定されており、116条で再び「本人の追認権」が規定された後、117条で「無権代理人の責任」が規定されていることになる。

そこで、本民法改正案では、無権代理関係の三当事者の権利義務にそくした規定とすべく、「本人の追認」、「相手方の権利」、「無権代理人の責任」として3か条に整序し直した。

（4）　表見代理の規定の再構成

さらに、「表見代理」の条文群については、（2）の③として掲げた問題もさることながら、表見代理行為がなされた場合の代理行為の相手方の保護の態様についての規範内容と立証責任が一様ではないという問題がある。具体的にみると、まず、「代理権授与の表示による表見代理」では、相手方の「善意・無過失」が抗弁事由とされている。次に、「権限外の行為の表見代理」では、相手方に「正当な理由」が必要とされているが、条文の文言からは立証責任が定かではなく、正面から立証責任について判示した判例も存在していない。さらに、「代理権消滅後の表見代理」では、相手方の「善意」と「無過失」の立証責任が条文上分けて規定されている。

そこで、本民法改正案では、相手方保護をめぐる立証責任を明確に規定するこ

---

[239]　本文に述べたような表見代理についての理解は、中島玉吉「表見代理論」京都法学会雑誌5巻2号（明治43年）1頁以下（中島玉吉『民法論文集』〔金刺芳流堂、大正11年〕175頁以下所収）に始まったものである。

第 4 章　権利の変動

ととした。詳細は後に述べるが、「越権行為による表見代理」(現行民法の「権限外の行為の表見代理」)と「代理権消滅後の表見代理」とは相手方保護をめぐる立証責任をパラレルとし、「代理権授与(の)表示による表見代理」とは異ならしめた。

　また、規定の順序については、有権代理との近似性と立証責任を考慮しつつ、もっとも頻繁に法的紛争が発生する「越権行為による表見代理」を最初に規定したうえで、「代理権消滅後の表見代理」、「代理権授与(の)表示による表見代理」の順に規定した。

　これらの変更点に加えて、「表見代理」の目には、表見代理の重畳適用の規定を新たに設けるとともに、「名義貸与者の責任」を新設し、表見代理制度とそれと関連する規範をまとめて規定することとした。

2　無権代理・表見代理の順序

　前述したように、現行民法は、現在では表見代理として考えられている3つの条文を必ずしも同種の性格を有する連続的な規定群としてとらえておらず、代理規定の後半部分に散在するかたちで規定し (109条、110条、112条)、その後に無権代理を規定している (113条～118条)。ここでは、規定の配置上、表見代理が広義の無権代理の一部であるという構造が見失われている。

　無権代理行為は、原則として、本人に対する法律効果は発生しないが、例外的に、取引の安全のために無権代理行為の相手方を保護して、本人に対する効果を認める場合がある (表見代理)。そこで、本民法改正案では、表見代理が無権代理の例外的な場合であるという観点を明示するため、それぞれ独立の「目」として構成し、無権代理を先に規定し、「第二目　無権代理」、「第三目　表見代理」という順に並べた[240]。

3　用語法の統一

　民法の代理の節の条文においては、「相手方」と「第三者」という文言が混在している (具体的にいえば、「相手方」の文言を用いるのは、100条、108条、113条2項、114条、115条、117条1項、2項、118条である。「第三者」の文言を用いるのは、99条2項、107条2項、109条、110条、112条、116条である)。ここでは、「第

---

[240]　なお、本文に述べた順のほかに、民法改正研究会では、代理が効力を有する場合として、有権代理と表見代理をまず規定し、その後に無権代理を規定する仕方も検討されたが、最終的には、その考え方はとらなかった (於2007年3月4日～5日総則分科会)。

三者」が相手方の意味をもつものがほとんどであって、純粋な意味での「第三者」(当事者以外の第三者)を意味するのは、「無権代理人の追認」を規定した民法116条だけである。このように、現行民法には「相手方」と「第三者」という文言の用い方に混乱がみられる。

そこで、本民法改正案においては、「第三者」の文言は、純粋な意味で「第三者」が用いられている現行民法116条を承継する条文においてのみ用い、それ以外の条文では、すべて「相手方」という文言で統一した。

第1目　有権代理

[Ⅰ] 条文案

(代理権の発生)
第五十一条　任意代理権は、本人と代理人となる者との間で締結される委任その他の契約に基づいて発生する。
2　法定代理権は、法律の規定に基づいて発生する。

本条1項：新設
　　2項：新設

(代理権の範囲)
第五十二条　任意代理権の範囲は、法律に別段の定めがある場合を除き、委任その他の代理権を発生させる契約の内容に従って定まる。
2　前項の契約に任意代理権の範囲の定めがないときは、任意代理人は次に掲げる法律行為のみをする権限を有する。
　一　保存行為
　二　代理の目的である物又は権利の性質を変えない範囲内において、その利用又は改良を目的とする法律行為
3　法定代理権の範囲は、法律の規定又は裁判所の決定によって定まる。

本条1項：新設
　　2項柱書：民法103条(権限の定めのない代理人の権限)柱書修正
　　　　1号：民法103条(権限の定めのない代理人の権限)1号に同じ
　　　　2号：民法103条(権限の定めのない代理人の権限)2号修正

第4章　権利の変動

3項：新設

> **（代理行為の要件及び効果）**
> 第五十三条　代理人がその権限の範囲内において本人のためにすることを示してした意思表示は、本人に対して直接にその効力を生ずる。
> 2　前項の規定は、相手方が代理人に対してした意思表示について準用する。
> 3　代理人が本人の利益に反して自己又は代理行為の相手方若しくは第三者の利益を図るためにその権限を行使した場合であっても、その代理行為の効力は妨げられない。ただし、任意代理にあっては、代理行為の相手方が、その事情を知っていたとき又は知らなかったことにつき過失があったとき、法定代理にあっては、代理行為の相手方が、その事情を知っていたとき又は知らなかったことにつき重大な過失があったときは、代理行為の効力を主張することができない。

本条1項：民法99条（代理行為の要件及び効果）1項修正
　　2項：民法99条（代理行為の要件及び効果）2項修正
　　3項本文：新設
　　　ただし書：新設

> **（本人のためにすることを示さない意思表示）**
> 第五十四条　代理人が本人のためにすることを示さないでした意思表示は、自己のためにしたものとみなす。ただし、代理行為の相手方が、代理人が本人のためにするものであることを知っていたとき又は知らなかったことにつき過失があったときは、前条第一項の規定を準用する。
> 2　前項本文の場合において、代理人は、その意思表示に際して自ら法律行為の当事者となる意思がなかったことを理由として法律行為の無効を主張することができない。

本条1項本文：民法100条（本人のためにすることを示さない意思表示）本文に同じ
　　　ただし書：民法100条（本人のためにすることを示さない意思表示）ただし書修正
　　2項：新設

> **（自己契約及び双方代理等）**

第一編　総則

> 第五十五条　代理人は、自己を相手方として法律行為をする権限及び同一の法律行為について当事者双方の代理行為をする権限を有しない。ただし、債務の履行及び本人があらかじめ許諾した法律行為については、この限りでない。
> 2　外形上本人と代理人との利益が相反する法律行為については、前項の規定を準用する。同一の者が相異なる複数の当事者の代理行為をする場合において、一方の当事者と他方の当事者の利益が外形上相反する法律行為についても、同様とする。

本条1項本文：民法108条（自己契約及び双方代理）本文修正
　　　ただし書：民法108条（自己契約及び双方代理）ただし書修正
　　2項前段：新設
　　　後段：新設

> （代理人の行為能力等）
> 第五十六条　任意代理人は、行為能力者であることを要しない。
> 2　家庭裁判所は、制限行為能力者を法定代理人に選任することができない。
> 3　制限行為能力者は、親権者となったときは、自らが単独ですることができる行為の範囲内においてのみ親権を行使することができる。制限行為能力者が単独ですることができない行為については、その制限行為能力者の法定代理人又は同意権者が、その制限行為能力者の未成年の子のために、制限行為能力者に対して有する同意権、代理権又は取消権を行使することができる。
> 4　前項の規定にかかわらず、未成年の子が親権者となったときは、第八百三十三条（子に代わる親権の行使）及び第八百六十七条（未成年被後見人に代わる親権の行使）第一項の定めるところによる。
> 5　第八百三十九条（未成年後見人の指定）第一項又は第二項の規定により制限行為能力者が未成年後見人に指定されたときは、第三項の規定を準用する。

本条1項：民法102条（代理人の行為能力）修正
　　2項：新設
　　3項前段：新設
　　　後段：新設
　　4項：新設

第4章　権利の変動

5項：新設

(代理人に係る事由の効力)
第五十七条　代理行為に係る次に掲げる事実は、代理人について決するものとする。
　一　意思能力の欠如、真意留保、虚偽表示、錯誤、不実表示若しくは情報の不提供、詐欺又は強迫
　二　ある事情についての善意若しくは悪意又はその事情を知らなかったことについての過失の有無及び程度
２　任意代理人が特定の法律行為をすることを委託されたとき又は本人の指図に従って代理行為をしたときは、本人は、自らが知り、又は過失によって知らなかった事情について、代理人が善意であったこと又は代理人に過失がなかったことを主張することができない。

本条1項柱書：民法101条（代理行為の瑕疵）1項移修
　　　1号：民法101条（代理行為の瑕疵）1項移修
　　　2号：民法101条（代理行為の瑕疵）1項移修
　　2項：民法101条（代理行為の瑕疵）2項前段、後段移修

(復代理人とその権限)
第五十八条　復代理人（代理人が自己の名で選任する本人の代理人をいう。次項、次条及び第六十条（法定代理人の選任による復代理）において同じ。）は、代理人から授与された権限の範囲内において、本人を代理する権限を有する。
２　復代理人は、本人及び代理行為の相手方に対して、代理人と同一の権利を有し、義務を負う。

本条1項：民法107条（復代理人の権限等）1項修正
　　2項：民法107条（復代理人の権限等）2項修正

(任意代理人の選任による復代理)
第五十九条　任意代理人は、復代理人を選任することができない。ただし、本人の許諾を得たとき又はやむを得ない事由があるときは、この限りでない。
２　任意代理人は、復代理人を選任した場合は、復代理人の行為につき本人

に対してその責任を負う。ただし、代理人が復代理人の選任及び監督について相当の注意をしたとき又は相当の注意をしても損害が生ずべきであったときは、この限りでない。
3　任意代理人は、本人の指名に従って復代理人を選任したときは、復代理人の行為につき本人に対して前項の責任を負わない。ただし、その代理人が、復代理人が不適任又は不誠実であることを知りながら、その旨を本人に通知せず、又は復代理人を解任する権限を付与されているにもかかわらず解任を不当に怠ったときは、この限りでない。

本条１項本文：民法104条（任意代理人による復代理人の選任）移修
　　　ただし書：民法104条（任意代理人による復代理人の選任）移修
　２項本文：民法105条（復代理人を選任した代理人の責任）１項移修
　　　ただし書：民法105条（復代理人を選任した代理人の責任）１項移修
　　　　（民法715条（使用者等の責任）１項ただし書参照）
　３項本文：民法105条（復代理人を選任した代理人の責任）２項本文移修
　　　ただし書：民法105条（復代理人を選任した代理人の責任）２項ただし書移修

（法定代理人の選任による復代理）
第六十条　法定代理人は、その法定代理の性質に反しない限り、復代理人を選任することができる。
2　法定代理人は、復代理人を選任した場合は、復代理人の行為につき本人に対してその責任を負う。ただし、復代理人を選任したことについてやむを得ない事由があるときは、前条第二項ただし書の規定を準用する。

本条１項：民法106条（法定代理人による復代理人の選任）前段移修
　２項本文：民法106条（法定代理人による復代理人の選任）前段移修
　　　ただし書：民法106条（法定代理人による復代理人の選任）後段移修

（代理権の消滅事由）
第六十一条　代理権は、次に掲げる事由によって消滅する。ただし、契約若しくは法律に別段の定めがある場合又はその権限の性質がこれを許さない場合は、この限りでない。
一　本人の死亡
二　代理人の死亡又は代理人が破産手続開始の決定若しくは後見開始の審

第 4 章　権利の変動

>　　判を受けたこと。
> 2　任意代理権は、前項各号に掲げる事由のほか、委任その他の代理権を発生させた契約の終了によって消滅する。

本条 1 項柱書本文：民法 111 条（代理権の消滅事由）1 項本文に同じ
　　　　ただし書：新設
　　　1 号：民法 111 条（代理権の消滅事由）1 項 1 号に同じ
　　　2 号：民法 111 条（代理権の消滅事由）1 項 2 号に同じ
　　2 項：民法 111 条（代理権の消滅事由）2 項修正

>　**（商行為の代理）**
> 第六十二条　商行為の代理については、この法律に定めるもののほか、商法（明治三十二年法律第四十八号）第五百四条（商行為の代理）から第五百六条（商行為の委任による代理権の消滅事由の特例）までに定めるところによる。

本条：新設

[Ⅱ] 改正理由

1　有権代理の全体構造

有権代理制度について、本民法改正案では、①代理の総則、②代理の効力、③復代理、④代理権の消滅事由、⑤商行為の代理にかんするレファレンスという 5 つの条文群に分けて規定している。

具体的に述べると、まず①について、代理の冒頭規定の［新］51 条では、現行民法には存在しない「代理権の発生」を規定し、代理には任意代理と法定代理とがあることを明示した。つづいて［新］52 条では、「代理権の範囲」の問題を——任意代理と法定代理のそれぞれについて——規定した。［新］53 条には、「代理行為の要件及び効果」を定めた。同条では、現行民法 99 条と同様に顕名代理が前提とされており、つづく［新］54 条では、現行民法にならって、「本人のためにすることを示さない意思表示」として、顕名がない場合について規定した。

次に②の代理行為の効力について述べると、［新］55 条では、「自己契約及び双方代理等」について規定したが、さらにそれを利益相反行為についても準用している。次の［新］56 条は、「代理人の行為能力等」の問題を規定し、［新］57 条は、代理行為の瑕疵等にかかわる規定を「代理人に係る事由の効力」としてお

いた。具体的には、代理行為の無効・取消事由、善意・悪意等について、本人と代理人のいずれを基準に判断するかを規定したものである。

以上のように有権代理一般について条文おいた後、特殊な代理である③の復代理について規定した。具体的には、まず、最初の［新］58条は、「復代理人とその権限」との標題のもとに、復代理とは何かを条文に明記した。そのうえで、［新］59条、［新］60条は、それぞれ「任意代理人の選任による復代理」と「法定代理人の選任による復代理」とを規定し、この3つの条文で復代理制度を概観できるようにした。

有権代理の末尾近くの［新］61条では、④の代理権の消滅事由を規定し、最後に［新］62条で、⑤の商行為の代理のレファレンス規定をおいた。

2　代理権の発生原因

現行民法では、冒頭に置かれる99条が代理権の行使のしかたを定めているものの、そもそも代理権がどのようにして発生するのかを規定していない（もちろん、他の箇所に制限行為能力の法定代理人、不在者についての管理人等、個別の法定代理についての規定は存在しているが、代理の箇所に一般的な規定はおかれていない）。さらに、契約法に目を移すと、委任契約にかんする民法643条で、「委任は、当事者の一方が法律行為をすることを相手方に委託し、……」と規定しているが、ここには、代理のみならず間接代理も含まれると一般に解されているため、純粋に委任契約によって代理権が発生するということだけを規定しているわけではない。結局、民法全体において、委任契約によって代理権が発生するという構造は、総則編に「委任による代理人」（104条）、「委任による代理権」（111条2項）との文言がみられるだけで、あいまいなままである。しかも、現行民法で任意代理と法定代理の区別がはじめて明示されるのは、復代理関連の104条以下と106条の対比においてであり、それ以外、111条2項の代理権の消滅事由に、委任による代理権の特則が規定されているにとどまっている。

このように、現行民法では代理権の発生事由が明示されておらず、任意代理と法定代理の区別は示されてはいるものの、その体系的位置づけは明らかでない。

そこで、本民法改正案においては、［新］51条で、代理権の発生原因を、任意代理と法定代理とを分けて明記することとした。このように、［新］51条という冒頭規定を読むだけで、最初に代理制度を概観することができ、法典の透視性を高めることができるであろう。

また、任意代理の発生原因を「委任その他の契約に基づいて」としたのは、現在の通説を一定程度反映したものであるが、この点の詳細は【議論の経緯】に譲

第 4 章　権利の変動

る[241]。

　なお、[新] 51 条の検討にさいしては、【議論の経緯】で紹介するように、法人代表について特別の項を設けることも検討されたが、最終的には見送られた[242]。

---

241 【「契約による代理権の発生」にかんする議論の経緯】
　　代理についての改正条文案の当初提案は、本条にかぎらず、鹿野菜穂子により行われ、それを基礎に民法改正研究会で議論が行われた（於 2007 年 3 月 4 日～5 日総則分科会。討議は、2007 年 3 月 18 日全体会議にもちこされた）。
　　この [新] 51 条をめぐる鹿野の提案は、第 1 案が、「代理権は、契約によるほか、この法律その他の法律の規定に基づいて発生する」というものであり、第 2 案が、「契約によるほか」という文言を「委任によるほか」とするものであり、第 3 案が「本人の意思表示によるほか」とするものであった。
　　わが国の代理をめぐる学説状況を素描すれば、かつては、代理権発生のためには、委任等とは別に代理権発生それ自体を目的とする、「代理権授与行為」と呼ばれる独自の法律行為が必要であると考えられてきた（この説のなかにも、この「代理権授与行為」を無名契約と考える説と、単独行為と考える説との双方があった）。ただ、現在では、代理権発生そのものを目的とする独自の法律行為としての「代理権授与行為」を観念する説は、ほとんど主張されておらず、委任等の契約から代理権が発生すると考える説が主流である。ただ、現在も、その契約内容の性質を、委任契約であると考える立場と、委任以外の雇用契約・組合契約・請負契約等の事務処理契約からも代理権が発生すると考える立場が主張されている。
　　前記の鹿野提案は、第 1 案が代理権の発生は委任契約に限定されないという立場をとるものであり、第 2 案は委任契約説をとり、第 3 案はかつて一部に主張されていた「代理権授与行為」が単独行為であるという説をも排除しない文言にしたうえで、あとは解釈に委ねようとするものであった。
　　最終的には第 1 案が採用されたが、民法改正研究会では、次の 2 つの理由から、第 2 案を支持する事務局の立場もあった。第 1 の理由は、委任契約説は民法起草者の立場であって、現行民法も 104 条等で「委任による代理」と規定しているように委任契約説を前提としているので、それとの連続性を維持できることである。第 2 の理由は、事務処理契約説が、法的規律の実体的側面を見逃しているという実質論にあった。具体的には、無名契約説が「無名契約」と考えているものは、実は、委任契約と他の契約（雇用契約・請負契約・組合契約等）との混合契約にすぎない、ということである（この内容を多少具体的に述べると、代理権が発生するときには、単独のかたちであれ、混合契約のかたちであれ、常に委任契約が存在しているので、代理権の発生根拠は委任契約と考えるほうが適切である。たとえば、被用者の代理権のように、従来、雇用契約にもとづき代理権が発生すると考えられてきた事例にあっても、代理権を有する被用者は委任契約の規定である民法 654 条の「受任者による報告」義務を負い、同 644 条の「受取物の引渡等」の義務を負うと考えざるをえない。したがって、この場合にも、代理関係の基礎には雇用契約しかないとは考えず、雇用契約と委任契約との混合契約であると考えざるをえない。）。
　　上記の混合契約説に対して、磯村保は、支配従属関係にある雇用契約のもとで、代理権の部分についてだけ、これと異質的な委任契約を認めることに疑問を呈した。
　　以上のように両論があったが、学界の動向としては、[新] 51 条のような「事務処理契約説」が有力である点も考慮し、本民法改正案では、委任契約、無名契約という観点をとくに明示せず、単に「委任その他の契約に基づいて」と規定することにした。これにより、通説的見解との接合性も維持されると思われるからである。

457

第一編　総則

242 【「法人代表」等、任意代理権に対する法的制約にかんする議論の経緯】
（ⅰ）国民有志案にいたるまで
　民法改正研究会の初期の段階において、任意代理人にあっても、法人の理事、会社の代表取締役等の場合は、その地位にともなって当然に一定の権限が認められることがあるので、「任意代理人の権限は、別段の定めがないかぎり、代理権を発生させる合意に従って定まる」と規定するべきであるという提案が、磯村保よりなされた（於2007年2月18日総則分科会）。この提案は、私法学会提出案、法曹提示案まで維持されたが、国民有志案公表の段階では、いったん、代表権を授与する委任契約には「定款の定めるところに従い」という趣旨が含意されていると考えられるとして、「委任契約の内容に従って」という文言とすることとされた。そのさい、法人の代表者にかぎらず、組織において一定の役職に従って与えられる代理権についても、その組織内の規約等に従うことが当然に含意されていることも、このように変更された理由であった。

（ⅱ）法人代表についての特別規定の設置と、ドイツの法状況の検討
　ただ、その後にあっても、代理権の発生については、法人の代表についての条文を規定する磯村案も検討された。そこで提案されたのは、下記のような案であった（於2012年1月21日全体会議）。

（代理権の発生・経過案・2012年1月21日民法改正研究会検討案）
N条①：［新］51条1項に同じ。
　　②：前項の規定にかかわらず、法人の代表権の発生については、契約に加えて、それぞれの法人を規律する法律に定められた手続を経なければならない。
　　③：［新］51条2項に同じ。

　この条文案について、民法改正研究会では、次のような議論がなされた。
　法人の代表権の発生にかんしては、委任契約による代理権の発生に加えて、他の諸々の要素が加わる。たとえば、法人の代表者にかんしていえば、一般法人法77条1項の代表については、上記のN条1項の文言が妥当するものの、一般法人法77条3項、同法90条3項等により、代表理事が選任された場合には、理事になるにさいしての委任契約の締結に加えて、理事の互選または社員総会の決議等の手続が付加されることになる。また、既存の法人ではなく、法人の設立にさいしての代表者を、代表理事、代表取締役がいる例にそくして考えてみると、一般社団法人であれば、設立時理事がその中から代表理事を選任することになるし（一般法人法21条1項）、会社のなかの取締役会設置会社（委員会設置会社を除く）の場合にあっては、発起人から選任された設立時取締役が設立しようとする株式会社の設立時代表取締役を選任することになる（会社法38条1項、48条1項）。ここでは、代表者の選任は、本人ではなく、設立時理事ないし設立時取締役が行っているのであり、本人との委任契約ではない。また、地方自治体等の公法人にあっては、代表者が選挙で選出されるという状況もある。
　これらの状況を正確に条文に反映させるべく、N条2項を加えた3項立ての上記N条のような条文化が試みられた。しかし、N条2項では法状況は正確に反映されるものの、任意代理と決定代理の構造が不明確になり、法の透視性が悪くなるとともに規範内容の具体性に欠けるという問題がある。そこで、民法改正研究会では、最終的には任意代理（［新］51条1項）と法定代理（同条2項）のみについての規定をおくこととした。

第4章　権利の変動

　なお、上記の議論にさいして、磯村保は、ドイツ民法学の状況について、ラーレンツ＝ヴォルフの『民法総則』を要約的に紹介し、次のように述べた（Karl Larenz/Manfred Wolf, Allgemeiner Teil des Bürgerlichen Rechts, 9 Aufl., 2004, S. 831ff.）。
　「代理権は、ドイツ民法167条に従い、本人が、その意思表示によって代理人に代理権を授与することにより、または、法律によって代理人に一定の行為権限が法定代理権（gesetzliche Vertretungsmacht）として付与されることにより発生する。同法162条2項は、前者を任意代理（Vollmacht）と呼んでいる。もっとも、法定代理については、たとえば両親の代理権のように、その発生が法律にもとづいている場合と、その発生が高権的な（hoheitlich）命令あるいは団体法・会社法上の行為にもとづき、代理人が法律上定められた包括的な代理権をもつ法定代理人の地位を有するにすぎない場合とを区別する必要がある（具体的にいえば、両親は、行為能力の制限を受ける子のために法律それ自体によって付与される包括的な代理権を有し、本来的な意味での法定代理人である。これに対し、後見人の代理権は、その内容と範囲の点で両親と同様の代理権を有するが、その発生根拠は後見裁判所による選任である）。
　法人の代表である法人の理事（Vorstand）は、ドイツ民法26条2項──磯村注：これは、26条1項2文とすべきであり、引用の誤りではないかと思われる〔下記の26条1項の訳文を参照〕──により、法定代理人と同視される。しかし、その代理権の発生は、団体法上の選任行為、たとえば投票にもとづくものである。株式会社や有限会社の代表者についても、会社法上の選任行為が必要であり、合名会社、合資会社についても同様である。

ドイツ民法26条1項：社団には理事をおくことを要する。理事は、裁判上および裁判外において社団を代理し、法定代理人の地位を有する。定款によって加えた代理権の制限を第三者に対抗することができる。

　上記のとおり、ドイツ法における任意代理と法定代理の区別は、日本法における考え方とはかなり異なっているが、その一つの理由は「Vollmacht」（任意代理権）の概念にあると思われる。ドイツ民法において、「Vollmacht」においては代理権授与が単独行為で行われ、かつ、いわゆる内部授権と外部授権の双方が認められているが、法人の代表については、このような形での代理権授与行為を認めることが不可能である。
　しかし、法人の代表が法定代理人と「同視される」ことの意味については注意が必要である。上記の紹介においても、「本来的な意味での」法定代理人という言い方をしているのは、両親の法定代理権と後見人の代理権は、法人代表者の法定代理権と異なる性質をもつことを前提とするものと考えられる。また、代理権濫用が問題となる場面においては、本来の法定代理と法人の代表者の代理権濫用とは区別して議論されることが少なくない。
　このように見ると、ドイツ民法26条1項2文の規定にもかかわらず、法人の代表者を単純に法定代理として任意代理と対比することもできない。
　なお、ドイツ民法26条1項3文は、一見すると、定款による制限が自由であるかにみえるが、定款による代理権制限が登記された場合でも、その制限を知らず、知らなかったことについて過失がない第三者には対抗することができない（ドイツ民法70条、68条）」。

(iii)　本民法改正案の条文へ
　前述したように、国民有志案66条にはN条2項のような法人代表を意識した文言はおかないこととなった。それに対し、磯村保は、［新］52条1項の「任意代理権の範囲は、委任

第一編　総則

3　代理権の範囲

　民法103条は、任意代理につき、それも「権限の定めのない代理人の権限」についてのみ規定する。これに対し、［新］52条は、代理人の権限一般についての規定を、任意代理人と法定代理人とを区別しておくこととした。これは、本民法改正案の法制度全体の透視性を確保するという基本方針に従ったものである。

　［新］52条1項は、任意代理人の権限が代理権を発生させる契約によって定まるという当然のことを規定したものである。なお、この「代理権を発生させる契約」は、［新］51条の「委任その他契約」をさすものであって、ドイツ法学由来の「代理権授与行為論」や、かつての日本の通説であった無名契約説に与するものではない。

　同条2項は、現行民法103条の「権限の定めのない代理人の権限」を、文言を若干変更しつつ承継したものである。

　なお、［新］52条1項の「法律に別段の定めがある場合を除き」という文言は、任意代理のなかでも、法人代表や支配人等、代表権や代理権に法的制約が加えられているものがあり、完全に私的自治に委ねられているわけではないので、この文言を付加したものである（法人代表につき、一般法人法77条4項、5項、197条、会社法349条4項、5項、481条以下、599条4項、5項等、また、［新］28条2項ただし書参照。支配人につき、商法21条、会社法11条参照)[243]。

　また、同条3項は、法定代理人の権限を規定を新設したものであるが、内容的

　　その他の……契約の内容に従って定まる」という文言に、「法律で別段の定めがある場合を除いて」という文言を付加することを提案した（於2014年3月4日意見書）。その理由は、第1に、法人の代表権については、現行法でも一定の法的な規制が加えられているにとどまらず、本民法改正案においても規定が加えられていることである。第2に、任意代理権に法的な制約が加えられている例は、上述した法人代表者の代理権ばかりではなく、支配人の代理権のように、他にも存在することである。討議の結果、この提案が了承され、［新］52条1項の文言が決定された（於2014年3月7日全体会議）。
243　法人の代表者の権限については、［新］52条1項の規定にかかわらず、一般法人法77条4項は、「代表理事は、一般社団法人の業務に関する一切の裁判上又は裁判外の行為をする権限を有する」と定め、また、同条5項は、「前項の権限に加えた制限は、善意の第三者に対抗することができない」と定めている。この一般社団法人にかんする規定は、一般財団法人についても、同法197条で準用されている。また、株式会社についても同様である（会社法349条4項、5項）。以上のように、法人の代表者の権限は、包括的なものであることが法定されており、個別の定款または委任契約等によって制限することは可能ではあるものの、それは善意の第三者に対抗できないものであるにすぎない。ただ、この点を［新］52条に規定することは、［新］51条の「代理権の発生」の規定において、法人代表について規定しなかったこととバランスを失することになるので、条文に明記しなかった。

第 4 章　権利の変動

には当然のものであろう。

4　代理行為の要件および効果

（1）　顕名主義の原則

　［新］53条1項、2項は、── 能働代理と受働代理について ── 代理行為の要件と効果を規定したものであり、顕名主義を前提としている[244]。ただ、これらは、文言の微修正を別にすれば、現行民法99条を承継したものであり、とくにここで説明する必要もないであろう。

　なお、代理については、「『意思表示代理』か『法律行為代理』か」[245]が問題となる。民法99条は、「意思表示」の代理を規定し、この点はドイツ民法164条も同様である。本民法改正案も、この「意思表示代理」を承継したことを確認しておきたい。

（2）　代理権の濫用

①　心裡留保論からの脱却

　これらに加えて、［新］53条3項で、代理権の濫用について規定した。このような規定は現行民法にはなく、判例は、この問題につき心裡留保にかんする民法93条ただし書を類推適用することによって対処している[246]。ただ、先例を踏襲した昭和42年判例における大隅健一郎裁判官の意見においても、このような心裡留保の類推適用を認める多数意見の見解が仮託理論にすぎないことが指摘され

---

[244]　本民法改正案も、現在の判例、通説と同様、代理の基本構造として、①本人－代理人間の代理権の存在、②代理人－相手方間での法律行為、③相手方－本人間での法律効果の発生、という代理の三面関係を前提としている。
　　これに対し、ミュラー＝フライエンフェルスの代理についての統一的要件論がある（この説およびその日本の学説への影響を検討したものとして、伊藤進『代理法理の探究』〔日本評論社、平成23年〕157頁以下、253頁以下参照）。これは、任意代理においては、本人の代理権授与行為と代理人の代理行為とが一体となって一方の意思表示を形成し、それぞれは、ひとつの意思表示の要素にすぎないと考える説である。したがって、この説によれば、一方の意思表示（本人の代理権授与＋代理人の行為）と他方の意思表示の合致によって契約が成立する。この結果、本人と相手方の意思表示の合致によって法律行為が成立するという法律行為の一般図式に、代理関係もそのまま適合することとなる。この説をとれば、少なくとも任意代理は法律行為の一般的な枠組のなかに含まれることになるが、民法改正によって、現在の学説状況を過度に混乱させることは避けるべきである、との考慮により、この考え方をとることはしなかった。

[245]　伊藤進「『代理・授権』規定案の検討 ── 代理の法的構成論からみて」円谷峻編著（民法改正を考える研究会・社会の変容と民法典（成文堂、平成22年）67頁以下参照。

[246]　最判昭和38年9月5日民集17巻8号909頁。

ている[247]。また、学説においても、このような処理が実際的ではあっても、心裡留保の本来的な適用ではないことについては異論をみない。

そこで、本民法改正案では、［新］53条3項本文で、代理権の濫用があっても、原則として有権代理として有効であることを明記したうえで、ただし書でその例外として、どのような場合に代理権の効力を主張することができないかについて規定した。現在の学説状況の対比との関係でいえば、同条同項ただし書の「代理行為の効力を主張することができない」という文言は、信義則違反説に近い立場を採用したものといえるであろう。

② 信義則違反説と、無権代理行為論

もっとも、代理権の効力を主張できないので、代理行為の効果を相手方が本人に主張して履行等を求めることができないという観点からは、代理権の濫用事例を無権代理と考える立場もあろう。しかし、代理については代理権が付与された「事項」を客観的に確定することが通例であることを考えると、［新］53条3項本文が示すように、付与された代理権の客観的な枠内では代理権が濫用された行為自体は有権代理なので、3項ただし書の規定により、代理人および相手方の主観的態様によって無権代理となると考えるのは適切ではないであろう。

それにもかかわらず、代理権濫用の事例において、無権代理の規定の適用を考えるべき場合がないわけではない。たとえば、本人が、代理権の濫用においてその利益がはかられた相手方との将来の関係を維持するために、代理人に対しては責任を追及するかたわら、相手方との関係では3項ただし書の主張・立証をしない場合、［新］64条の追認をすることによって法律関係を確定的に有効としたいと考えることもありうるであろう。また、代理権の濫用による代理行為が無権代理と評価されることで、濫用した代理人に対する責任追及を説明しやすくなるというメリットもある。また、［新］66条のもとでは、相手方は、自らが悪意・重過失のときは、無権代理人の責任を追及する余地はないが、軽過失のときは責任追及が可能である。これと同様、この代理権の濫用の事例では、任意代理の場合には相手方に軽過失しか認められない場合でも相手方が代理行為の効力を主張できないので、この場合には、［新］66条1号もとづき、無権代理人の責任を追及する余地がありえてもよいように思われる。

このような考え方を条文上明記するとすれば、［新］53条に4項を設け、「前項ただし書の場合において、［新］64条および［新］66条の規定はこれを準用する」等の趣旨の規定をおくことも考えられないではない。しかし、この種の規定

247　最判昭和42年4月20日民集21巻3号697頁。

をおくことは、代理権の濫用があたかも無権代理の一場合であるかのような印象を与えかねず、無用な混乱を招くおそれもある。そこで、この点は条文上明記することはせず、この解説において、無権代理の規定の一部につき類推適用の可能性のありうることを書くにとどめることとした。

また、信義則違反説のメリットとしては、無権代理構成をとった場合には転得者の保護はありえないが、信義則違反説をとれば、代理権濫用の相手方から代理行為による取得物を取得した転得者等が当然に保護されることをあげることができるであろう。

③ 任意代理権の濫用と法定代理権の濫用

[新] 53条3項ただし書の内容は、相手方の主観的要件いかんにより、代理権の濫用があった場合の代理権の効力の主張を制限するものであるが、その要件は、任意代理と法定代理とで異なっている。具体的には、任意代理については代理権濫用についての相手方の悪意・有過失の場合に代理行為の効力を主張することができないが、法定代理については悪意・重過失の場合に代理行為の効力を主張することができないとしている。

このような規定の仕方により、代理権濫用があった場合、任意代理は本人保護の範囲が狭く、取引の安全がひろく保護されるのに対し、法定代理は本人保護の範囲がひろく、取引の安全が保護される範囲が狭くなる。このような差異を投げるのは、任意代理の場合には、代理権を濫用する代理人を選任したのは本人であり、代理権濫用のリスクを原則として本人が自ら負担すべきであるのに対して、法定代理権の発生は本人の意思に基づくものではないから、相手方が代理行為の効力を主張できる範囲をより限定的に解してよいと考えられるからである[248]。

---

248 【代理権の濫用にかんする議論の経緯】

「代理行為の要件及び効果」についての規定の当初提案は、鹿野菜穂子からなされ（於2007年2月18日総則分科会）、基本的に、それが現在にいたるまで維持されている。その提案にさいし、鹿野は、1項、2項で要件・効果を規定したうえで、3項として代理権濫用についての規定を新設すべきか否かという問題を提起した。

この問題提起を受けた議論においては、代理権濫用をめぐる考え方として、以下の3つの意見が鼎立した。

第1の考え方は、磯村保からだされ、注246) 引用の昭和38年判例と注247) 引用の昭和42年判例の事実認定が、ともに相手方の悪意を認定したうえで、代理行為の効力が否定されていることに着眼し、代理権の濫用によって代理行為が効力を失うための相手方の主観的要件を一般的に悪意・重過失とするものであった（於2007年3月4日～5日総則分科会）。この案は、私法学会提出案、法曹提示案とされた。

これに対し、第2の考え方は、さきの2つの判例が判決理由で民法93条ただし書を類推適用していることを重視し、重過失ではなく、単に悪意・有過失を要件として代理行為の無

第一編　総則

5　本人のためにすることを示さない意思表示

　現行民法は、99 条が顕名主義の原則をとり、100 条がその例外を定めている。本民法改正案も、その構成を踏襲した。[新] 54 条は、顕名主義を前提とする [新] 53 条とは異なり、「本人のためにするすることを示さない」、非顕名型の代理行為について規定している。

　顕名なしに代理行為がなされた場合には、代理行為のつもりで代理人が行う意思表示は、相手方からは代理人自身の意思表示と解される。これに対し、代理人の内心的効果意思はあくまでも本人のためにする意思表示であるから、顕名なしになされた代理人の意思表示には、表示と内心的効果意思との不一致が発生する。したがって、この場合には、本人に効果が帰属しないことはもとより、相手方が代理人に対して表示にしたがった法律行為の実理を請求をしても、代理人がその意思表示の効力（したがって、法律行為の効力）を争う余地が発生してしまう。

　そこで、これを防止するために規定されたのが民法 100 条本文であり、本民法改正案においても、[新] 54 条 1 項本文で、このような場合に、代理人の「ためにしたものとみなす」とし、この趣旨を踏襲している。

　[新] 54 条 1 項の規定の内容は、代理人の側は本人のためにする意図のもとに意思表示を行い、相手方は、代理人を当事者として意思表示を行っているので、

効を導こうとするものであった（於 2007 年 12 月 22 日総則分科会）。
　第 3 の考え方は、第 1 または第 2 の考え方が、任意代理と法定代理を区別することなく、相手方の主観的要件を同一に考えてよいのかという問題意識にもとづくものである。この背景には、親権の濫用をめぐる平成 4 年判例の存在がある（最判平成 4 年 12 月 10 日民集 46 巻 9 号 2727 頁）。この判例は、親族間で、叔父の好誼にもとづき子が相続により取得した財産を、法定代理人である親がその叔父のために担保に供したという事案において、代理権の濫用を認めなかったものである。したがって、相手方の主観的要件について判示したものではないが、紛争となった代理行為だけに着眼すると、本人である子に不利益を与える親権者の代理行為であるにもかかわらず、代理行為の背景事情まで顧慮したためか、「代理権の濫用」とは認定されずに、代理行為の有効性が認められている。
　ここでは、「代理人の権限濫用」該当性が厳しく認定されている。事案によっては、このような例もあることを考慮にいれれば、代理権が濫用された事案において、任意代理と法定代理とを同一に取り扱ってよいのかという問題が浮かびあがってくる。実際、法人代表等を除けば、任意代理権の付与の場合は権限が限定されることが多いのに対し、法定代理の場合には権限の範囲がひろく、それだけ代理行為の背景事情も顧慮しなければならない事例が多いかと思われる。このような裁判における取扱いの差異を条文に反映させるべく相手方の主観的要件を考えると、法定代理にあっては、代理行為が有効となる範囲をひろくして相手方を保護するために相手方の悪意・有過失を抗弁事由とし、法定代理にあっては、代理行為を有効とする範囲を狭く認めたほうが適切な事案もあろうかと思われるので、相手方の悪意・重過失を抗弁事由とすることにした（於 2013 年 10 月 27 日全体会議）。

第4章　権利の変動

意思表示の合致があるわけではない。この意味では、意思表示理論を超えた法定責任であるが、これについて、錯誤無効 —— 本民法改正案では取消し —— 等を主張する余地はないと現在も考えられているので[249]、この点を同条2項で明示することとした[250]。

なお、商法は、同504条（商行為の代理）で、顕名主義に対する例外を広い範囲で認めているため、民法と商法とのこの規律の違いの調整が一応問題となる。ただ、この点については、商法の学説のなかにも、商法の規定の側の問題とするものもあるものの[251]、本民法改正研究会では、とくに調整のための規定をおく必要もないと考え、［新］62条に、商法504条が商行為に適用されることを明記し、現在の法状況との同一性を保つこととした[252]。

6　自己契約・双方代理および利益相反行為

［新］55条は、1項で、自己契約と双方代理について規定し、2項で利益相反行為について規定した[253]。

249　我妻・注25）引用『民法講義Ⅰ　民法総則』348頁、山本・注26）引用『民法講義Ⅰ』354頁等参照。
250　この提案は、ドイツ民法164条2項を参考にしながら、磯村保からなされたものである（於2013年10月27日全体会議）。なお、この問題については、磯村保「契約当事者の確定をめぐって」Law&Practice 7号（平成25年）91頁以下、とりわけ102頁以下参照。
251　西原寛一『商行為法』（法律学全集29）（有斐閣、昭和35年）123頁。
252　民法の原則と商行為の代理との連続性を説くものとして、平野裕之「代理における顕名主義について－民法100条と商法504条の横断的考察」法律論叢75巻2＝3号（平成14年）49頁がある。
253　【自己契約・双方代理等にかんする議論の経緯】
　本条については、民法改正研究会では、当初提案は、鹿野菜穂子による民法108条の内容を維持する案であった（於2007年2月18日総則分科会）。これに対し、磯村保より、次の案が提案された（於2007年3月4日〜5日総則分科会）。その内容は、民法108条を、無権代理構成に修正しつつ、民法では本文とただし書とされている内容を、1項と2項に書き分け、それではカバーしきれない、本人と代理人間における利益相反の場合を3項として規定するものであった。この案が私法学会提出案となり、さらに法曹提示案に承継された。

　（自己契約及び双方代理等・経過案・法曹提示案）
66条①：代理人は、相手方の代理人として自己を相手とする法律行為を行い、または同一の法律行為について当事者双方の代理人となる権限を有しない。
　②：前項の規定は、債務の履行および本人があらかじめ許諾した行為については、適用しない。ただし、代理人の権限の性質がこれを許さない場合にはこの限りでない。
　③：代理人の行う法律行為が本人の利益と相反する場合には、前二項の規定を準用する。

第一編　総則

　その後、国民有志案公表直前の条文案整備のさいに、上記の法曹提示案 66 条 2 項で本人の許諾があった場合には効力が発生するという構成は、「あらかじめの許諾」であり、無権代理の追認ではないから、無権代理構成を維持しきれないのではないか、という疑問が呈された。そこで、国民有志案においては、以下の伝統的な本人の主張が封ぜられるかたちの条文案とされた。

（自己契約及び双方代理等・経過案・国民有志案）
67 条①：代理人が相手方の代理人として自己を相手とする法律行為を行い、又は同一の法律行為について当事者双方の代理人となったときは、本人は自己に対しその行為の効力が生じないことを主張することができる。
　　　②：前項の規定は、債務の履行及び本人があらかじめ許諾した代理行為については、適用しない。ただし、代理人の権限の性質がこれを許さないときは、この限りでない。
　　　③：代理人と本人の利益が相反する行為又は同一の代理人によって代理される本人相互の利益が相反する行為については、前二項の規定を準用する。

　しかし、その後の議論において、法曹提示案 66 条 1 項は、「自己契約、双方代理」という形式に該当するときには類型的に代理権は存在しないが、事後的な承認のときには無権代理行為の追認となり、「あらかじめの許諾」があれば、それらの形式に該当する場合であっても、実質的に代理権の授与があると考えることも可能である、との理解のもとに、当初の案を維持することとなった。基本的には、1 項で形式的な観点から代理権の有無を判断し、2 項で実質的な観点から補完するという法形式を採用することにした。
　以上の諸提案に規定された 2 項ただし書は、自己契約、双方代理が形式的に許容される 2 つの場合、すなわち、①債務の履行と、②本人の許諾についても、一定の場合には実質的な考慮をして、禁止すべき必要があるのではないか、という問題意識にもとづくものである。
　具体的な例にそくして述べると、まず、②にかんしてであるが、弁護士の双方代理は、本人の許諾があっても認めるべきではないであろう（ただし、弁護士法 25 条 1 号――「相手方の協議を受けて賛助し、又はその依頼を承諾した事件」の受任禁止――違反の訴訟行為は、相手方が口頭弁論終結時までに異議を述べなければ有効とするのが判例である〔最大判昭和 38 年 10 月 30 日民集 17 巻 9 号 1266 頁〕）。弁護士の双方代理の利益相反性は、本人に深刻な結果をもたらしかねないからである（なお、企業法務研究会のメンバーには大手法律事務所に所属する者が多く、日常的にいわゆる"コンフリクトチェック"を行うなど、利益相反の問題を扱っていることもあり、法曹提示案の利益相反の項につき、活発な意見が交換されたことを付記しておきたい）。また、①の債務の履行についても、司法書士の登記手続のように、一見すると、単なる債務の履行にみえても、その履行過程において、たとえば売主の利益のためには登記を移転すべきであるが、買主のリスクを考慮すると、そのまま登記手続を進めることに疑問を感じるという場合もある。
　以上のように、一方の立場の利益を専門家として顧慮する義務を負う者は、それと対立する利益を有しうる者の代理人となることが許されないのではないかを、①債務の履行についても、また、②本人の許諾があろうとも、常に考慮する必要がある。
　この考え方に対し、実質判断としてはたしかにそのとおりであるが、このような問題が存在する場合には、「許諾」の有効性、あるいは「債務の履行」の該当性の解釈で処理するこ

第 4 章　権利の変動

　現行民法 108 条の「代理人となることはできない」との文言は、自己契約、双方代理の場合に代理行為の効力が生じないとするものの、その法的根拠は必ずしも明確ではない。伝統的には、無権代理論、利益相反論、一個の意思表示論[254]が、その根拠としてあげられており、民法 108 条の規定は、いずれとも理解しうるものとなっている。

　ただ、このうち、一個の意思表示論は概念法学的であり、現代のわが国で主張する説は見当たらない。また、無権代理論と利益相反論とは、微妙な適用範囲のずれをみせながら、ほとんどの場合には、オーバーラップするものである。

　そこで、[新] 55 条 1 項は、自己契約、双方代理の無効の根拠を、判例が採用し、通説的な理解[255]でもある無権代理論にそくして明示した。

　なお、[新] 55 条 1 項ただし書の「債務の履行」は、必ずしも法律行為でないことも多いが、現行民法 108 条ですでに認められている例外であり、とくにこれを変更する必要はないと考え、承継することとした。

　また、そのうえで、[新] 55 条 2 項で、利益相反行為の場合についてもこの規定を準用することとし[256]、同項前段では自己契約型の利益相反行為について、同

とが可能と思われるので、この文言を入れる必要はないとされ、結局、このただし書は削除され、1 項と 2 項とを統合した本民法改正案となった。

　その後、条文文言は一時、「同一の者が二人以上の者を代理する場合」に修正されたが、これに対し、磯村保から、後段の双方代理型の利益相反行為についての文言は、一方当事者に複数の法主体が存在する場合も文言上含まれかねないという問題点が指摘され、最終的に本民法改正案の文言となった（於 2013 年 12 月 26 日付意見書）。

　以上の規範内容の問題とは別に、規定の位置づけにつき、磯村保より、[新] 55 条の自己契約・双方代理等の規定を、[新] 52 条の「代理権の範囲」の後、顕名主義を規定した[新] 53 条の前におくべきであるという見解が示された（於 2013 年 10 月 27 日全体会議）。たしかに、「代理権の範囲」という意味では、この 2 つの条文には連続性があるが、「自己契約」が代理権の範囲からはずれるのは、「代理人が……本人のためにすることを示して」意思表示をするという顕名の精神の根底に反しているからという側面もある。この意味では、双方の規定のしかたがありうるところであるが、議論の結果、当初案どおり、顕名主義と非顕名代理の例外を規定した後に、この規定をおくこととした。

254　ドイツでは、かつて自己契約、双方代理の場合には、意思表示は 1 個しか存在せず、2 個の意思表示による合致がありえないために、概念的、論理的に契約の成立が不可能だとする考え方があった（高橋三知雄『代理理論の研究』〔有斐閣、昭和 51 年〕121 頁以下参照）。

255　我妻・注 25）引用『民法講義 I 民法総則』343 頁。大判大正 7 年 5 月 23 日民録 24 輯 1027 頁、最判平成 16 年 7 月 13 日民集 58 巻 5 号 1368 頁。

256　[新] 55 条 2 項の利益相反行為と、[新] 53 条 3 項の代理権の濫用にかんする規定との関係が問題となりうる。たしかに、利益相反行為についての実質判断説をとると規定の重複が生じるが、通説、判例によって採用されている形式判断説に従えば、重複はしない。[新] 55 条 2 項では、形式的に代理人に権限があるか否かが判断され、[新] 53 条 3 項の代理権の濫用については、形式的には代理権がある場合に、代理人の権限濫用があるか否かを判断す

項後段では双方代理型の利益相反行為について、分けて規定することとした。

7　代理人の行為能力等

（1）　この規定の適用範囲——任意代理への限定

　［新］56条1項は、現行民法102条を基本的には承継しながら、その適用範囲を「任意代理」に限定することとした。

　任意代理権は、あくまで本人の意思にもとづき発生するので、本人が制限行為能力者をあえて代理人に選任した場合、代理人の判断能力がじゅうぶんでないことの不利益を本人に帰せしめることに、とくに問題はないであろう。また、本人が制限行為能力者であることを認識せずに代理人に選任することもありうるが、代理人の選任にさいしてその適性を吟味すべき立場にあるのは本人であって、代理行為の相手方ではないことを考えると、不利益を本人に帰せしめてよいと思われる（制限行為能力者であることを認識せずに代理人に選任した場合の錯誤の問題については、注記257参照。また意思能力を欠如した者を代理人に選任した場合については、注263）参照）。

　ただ、法定代理については、現行民法をそのまま維持することには問題があると思われるので、その点を次に検討することとし、その一環として［新］56条2項についても説明することとしよう。

　　ることとなる。
　　　本民法改正案では、この点についての疑念が生じないよう、［新］55条2項の冒頭で、「『外形上』本人と代理人との利益が相反する法律行為」についての規定であることを文言上明記している。

257　現行民法102条が「代理人は、行為能力者であることを要しない」と定めたのは、基本的に本文に述べたような理由によると思われる。しかしながら、制限行為能力者であることに気づかず代理人を選任した場合には、委任契約についての錯誤が問題となりうるところである。本民法改正案のもとでは、［新］49条1項3号で錯誤による取消しは善意の第三者に対抗することはできないとされているので、代理行為の相手方が善意であるかぎりにおいては、［新］49条1項3号と［新］56条1項との間に齟齬は生じない。しかしながら、代理行為の相手方が悪意の場合には2つの条文の食い違いが問題になる。
　　　［新］56条1項の基礎には、本文に説明したような理由があることを考えれば、本人が制限行為能力者であることに気づかず、その者を代理人に選任し、かつ相手方が悪意であった場合には、［新］56条1項の趣旨が優先すると考えるべきであろう。典型的な一般法対特別法の関係とは若干ずれることは否定できないものの、錯誤による取消しの第三者効一般を定めた［新］49条1項3号に対し、［新］56条1項は代理人選任にさいしての錯誤を定めたものと考えられるからである。

第 4 章　権利の変動

（２）　法定代理の場合
①　問題の所在
　現行民法 102 条は、「代理人は、行為能力者であることを要しない」と規定している。この規定によれば、未成年者の親が制限行為能力者であっても、法定代理人となりうることになる（ただし、民法 833 条〔子に代わる親権の行使〕の適用がある場合を除く）。かりにそのような事態が生じた場合には、法定代理人となった制限行為能力者自身は行為能力にかんする種々の規定によって保護されるのにもかかわらず、その制限行為能力者が行った法律行為の効果はそのまま子に帰するから、その子は保護されないおそれがある。

　この点を考慮すると、民法 102 条が、法定代理を含む代理一般にかんする規定となっていたことの意味を、ここで再考する必要がある。平成 11 年の成年後見制度改正前においては、②で述べるように、親族法の規定と解釈論により、この問題が発生する状況への対処がなされていたからである。

　しかしながら、成年後見制度改正後、この問題への対処がなされない状況が続いていた。そこで、本民法改正案では、④で詳述するように、この問題が発生しないように規定を整備した。以下、改正前後の状況を整理しつつ、説明しよう。

②　平成 11 年の成年後見制度改正以前の法状況
　平成 11 年の成年後見制度改正前にあっては、改正前民法 846 条は、後見人の欠格事由として、1 号に未成年者を、2 号に禁治産者、準禁治産者をあげていた。したがって、改正前民法 102 条が「代理人は能力者たることを要せず」（〔カナ等変更〕）と規定していても、基本的に、改正前民法 846 条により、改正前民法 102 条は任意代理人にのみ適用されることとなっていた。

　ただ、その当時にあっても、禁治産者の子、準禁治産者の子については、未成年者のもとに生まれた子についての民法 833 条の「子の親権の代行」に相当する規定はおかれていなかった。そのため、改正前民法 102 条との関係で、禁治産者、準禁治産者が法定代理人たる親権者となる余地が、民法典の文言上は残されていた。

　ただ、当時の学説は、禁治産者に親権行使をさせるのは困難であるから、他方配偶者による単独親権行使によるか、そうでない場合は、子のための後見が開始するとの解釈論を述べていた[258]。この説は、民法典上に確固たる条文上の根拠を

---
[258]　当時の学説は、次のように述べる。「禁治産者の後見人は、被後見人たる禁治産者に未成年の子があっても親権を代行しない（859 条参照）。配偶者の子であれば、配偶者の単独親権となり、それ以外の場合には、その子のために後見が開始する」（我妻栄『親族法』〔法律学全集 23〕〔有斐閣、昭和 36 年〕377 頁）。さらに、この引用文につづき、この説は、（親権

もっていたわけではないが、民法838条1号の「未成年者に対して親権を行う者がいないとき」に該当するという「解釈論」にたったのである。

③　平成11年の成年後見制度改正後の法状況

平成11年改正により、民法846条2号の「禁治産者及び準禁治産者」を後見人の欠格事由とする文言は削除された。改正当時に強調されていた制限行為能力者についての「ノーマライゼーション等の現代的な理念に対する配慮」からすると[259]、この規定を維持することが時代逆行的であり、一般に、家庭裁判所があえて後見人として、成年被後見人、被保佐人を選任することはないであろうから、この規定を削除しても問題がないと考えたためではないかと思われる。

ただ、この規定を削除した精神のもとで、成年被後見人、被保佐人は、その子に対し、(ⅰ) 親権をもたない、また、(ⅱ) 他方配偶者の親権行使がない場合には、民法838条の「親権を行う者がないとき」に該当し、後見開始の原因となるという。②に紹介した解釈論を維持できるか否かは疑問であろう。

この点については、平成11年の成年後見制度の導入あるいは平成16年の民法の現代語化にさいし、なんらかの手当がなされるべきであったが、実際には、対処されていないのが現状である。

④　本民法改正案の方向

上記のような現行民法の欠陥を是正するために、[新] 56条2項では、家庭裁判所は、制限行為能力者を法定代理人に選任できない旨を規定した。その後に、同条3項前段で、成年被後見人、被保佐人、被補助人自体は親権を有することを前提とする規定をおいたうえで、同項後段で、成年被後見人、被保佐人、被補助人自体が与えられている保護と同一の保護が、それらの者の子にも与えられることを規定した。

を行使する配偶者が存在しないことを前提として)「また、被後見人たる禁治産者の氏の変更（791条2項）、縁組・離縁の代諾（797条）などについては適用をみる事例はおそらくないであろう（理論上は後見人が代わってするというべきであろう）」と述べる（本注引用書377頁）。ここでは、禁治産者の子につき、他方配偶者の親権行使という状況がないにもかかわらず、後見開始手続がなされなかった場合については、後見人の親権代行という結論を「理論」にもとづいて導いていることになる。

なお、この説は、準禁治産者についてはとくに述べてはいない。ただ、民法は、「保佐という観念を認めていないようである」として、「これについて統一した規定もなく、後見の章で僅かな規定を挿入しているだけである。制度というほどまとまった内容をもたないからであろう」と述べ、民法の規定が後見人に準ずるないし後見と同一であることを強調しているので（本注引用書378頁以下）、上述の考え方が準禁治産者にもあてはまると考えてよいと思われる。

259　小林＝大門編著・注92) 引用『新成年後見制度の解説』はしがき1頁。

第 4 章　権利の変動

　かりに、前述した［新］56 条 2 項の規定が存在しなくても、家庭裁判所が制限行為能力者を法定代理人に選任することはないであろう。しかしながら、制限行為能力者が子を出生することはありうることであるが、現行民法はそのための規定として未成年者についてのみ対処しているにとどまっている（民法 833 条、867 条 1 項）。

　被後見人については、親権を行う能力に非常に問題があるから、その子について独立して後見開始が可能となるよう、民法 838 条にこの場合を追加するべきであるという立法論もありうるであろう（本書 293 頁以下に述べたように、本民法改正案では「成年被後見人」という概念は廃棄されたことに留意されたい）。しかしながら、被後見人につき、親権の行使を全面的に遮断することには賛成できない。それは、親子関係の全面的な遮断にもつながりかねず、やはり被後見人が自分自身でなしうること —— 日常必需品の購入その他日常生活上に必要な法律行為 —— については、子を代理してもできると考えたほうが、親子関係の維持という観点から望ましいのではないかと考えられる。

　さらに、事理弁識能力を欠く程度が少ない制限行為能力者である被保佐人、被補助人、とりわけ被補助人について、それらの者が子を出生した場合に、その子について後見が開始されるのが適当であるとも思われない。このような場合には、被補助人である親権者は、親権にもとづき子に対する代理権、同意権、取消権を基本的には行使しうるものとし、自分自身に対して行使することができない問題が子について生じた場合についてのみ、補助人の同意権、取消権、ときによっては代理権によって、子の保護がはかられるのが適当であると考えられる。［新］56 条 3 項は、このような考え方のもとに規定されたものである[260]。

⑤　**未成年者等のもとに生まれた子の取扱い**

　未成年者等のもとに生まれた子については、民法 833 条（子に代わる親権の行使）、867 条（未成年被後見人に代わる親権の行使）の規定が存在している。これらの規定は、ここで問題としている法律行為についての同意権および代理権、取消権についてはもとより、それ以外の親権、すなわち監護・養育権等々についても

---

[260]　平成 11 年の成年後見制度の改正にさいし、それまでの民法 846 条 2 号が削除され、かつ、民法 102 条についてはなんらの手当てもなされなかった結果、制限行為能力者のもとに生まれた未成年者の保護についての法的規定がなくなってしまったことについては、その改正後から警鐘を鳴らしてきたところであり（加藤・注 11）引用『新民法大系 I』300 頁以下）、民法改正研究会では、私法学会提出案以来、この点についての手当てを提案してきた（同案 63 条 2 項）。国会に提出された債権法改正法案も、この点についての手当てをおいているが、この点については、現在執筆中の「債権法改正法案の総合的検討」（加藤雅信『債権法改正史・私論 上巻』〔信山社、近刊〕第 2 章）で評論する予定である。

第一編　総則

カバーしている。そこで、［新］56条4項では、親族法の箇所にこれらの親権代行の規定があり、それらによる対処がなされることを注意的に示すこととした。

なお、［新］56条3項前段が、未成年者以外の制限行為能力者の親権行使を認めていることは、未成年者の親権が全面的に制限されていることとバランスを失しているように思えるかもしれない。しかし、未成年者については、①いずれは成年になること、また、②親が未成年者の間は、生まれてきた子からみれば祖父母という直系親族の関係にある者の保護を受けることがそれほど不当とは思われないことの2点を考慮し、あえて同条4項で未成年についてのみ例外的な取扱いを認めることとした。

⑥　制限行為能力者が法定代理人になる可能性

現行法のもとでも、制限行為能力者が法定代理人になる可能性は、⑤で検討した場面、すなわち、制限行為能力者が子を産んだケースを除けば、きわめて少ないと考えられる。なぜなら、親権者等を欠いたために法定代理人を裁判所が選任するケースでは、通常であれば、裁判所は、制限行為能力者を法定代理人に選任することを避けるであろうからである。また、本民法改正案のもとでは、［新］56条2項、3項で基本的に問題は生じない。

ただ、現行法のもとで制限行為能力者が法定代理人になるケースとしては、民法839条1項にもとづき、未成年者に対し最後に親権を行う者が遺言で未成年後見人を指定する場合に、身内の制限行為能力者等を指定する可能性も考える必要があるであろう。そこで、［新］56条5項では、この場合に対処するために、同条3項の規定を準用することとした[261]。

---

[261]　【「代理人の行為能力等」と制限行為能力者にかんする議論の経緯】
　　現行民法102条のもとでは、制限行為能力者も親権者となりうるので、制限行為能力者自身は取消権や同意権によって保護されるにもかかわらず、制限行為能力者が親権者となった場合の子は保護されないという問題提起が、まず事務局よりなされた。そこで、ノーマライゼーションの要請をも考慮し、子をもつ制限行為能力者に基本的には法定代理権を認めつつ、その範囲を限定する、次の条文案が提示された（於2007年2月18日総則分科会）。

　　（代理人の行為能力・経過案・2007年2月18日事務局案）
　　N条：代理人は、行為能力者であることを要しない。ただし、法定代理人が制限行為能力者である場合には、その自らの行為を取り消すことができる範囲において、法定代理人または本人はその代理行為を取り消すことができる。

　　この条文案に対し、民法改正研究会では反対論が強かった。鹿野菜穂子は民法102条を維持することを主張し、磯村保は次のように主張した（於2007年3月4日〜5日総則分科会）。行為能力の制限を受ける者が法定代理人となる可能性を認めることが必要ないし適当か。この可能性を認めたうえで不利益を受ける本人の保護を考えるよりも、その可能性を排除する

第 4 章　権利の変動

方がより直截ではないか。このような観点からは、事務局案のただし書を削除するべきである。

これらの反対論に対しては、制限行為能力者がその子に対して親権を行使できないとすることが一種の差別に当たらないかという懸念が、事務局から示された。また、鹿野や磯村が主張するような方向性をとるのであるのならば、未成年者の子については、民法833条で祖父母の孫に対する親権代行が規定されているので、それと同様、制限行為能力者の子一般についての法定代理人制度を定めることが必要なことも指摘された。

また、松岡久和は、代理の箇所ではなく、親族法に事務局案と同種の規定をおくことを提案した（於2008年5月5日全体会議）。そこで、事務局は、[新] 56条3項と同じ内容の条文を民法833条1項に規定し、そのうえで民法867条の後見の箇所でその規定を準用する等、2種の親族法の改正条文案を提示したが、研究会での多くの賛成を得るにはいたらなかった（於2008年5月5日全体会議）。

以上のような議論をへて、当初提案は、1項は民法の条文を承継したうえで、ただし書を2項とする方向がとられることとなり、それが私法学会提出案として提示された。法曹提示案はそれに微修正を施したものであった。その後も、条文案を簡明化する方向で改正提案が重ねられ、市民法研究会では具体的な修正案等も提示され（於2009年5月18日市民法研究会）、次の国民有志案にいたった。

（代理人の行為能力等・国民有志案微修正案）
64条①：任意代理人は、行為能力者であることを要しない。
　　②：制限行為能力者が法定代理人となった場合においては、その代理権の範囲は、自らが単独ですることができる行為に限られる。
　　③：前項の場合において、その制限行為能力者の後見人、保佐人及び補助人は、その制限行為能力者に対して有する同意権、代理権又は取消権をその者の子のために行使することができる。
　　④：親権者によるその未成年の子の親権の行使については、第八百三十三条（子に代わる親権の行使）及び第八百六十七条（未成年被後見人に代わる親権の行使）第一項の定めるところによる。

磯村保は、その後も一貫して、この条文案が代理の款におかれた規定であることを考えると、同条で法定代理権について規定するのみならず、同意権についてまで規定すること、さらに親権の問題一般について規定していることは、法体系的な位置づけとして問題があるとの見解を示していた（於2012年1月22日全体会議等）。

磯村の指摘はもっともではあるが、行為能力の款では代理権と同意権をパラレルに規定したことを考慮すると、ここで法定代理権のみを規定し、同意権を別途規定することは、法体系全体のバランスを崩すこととなり、また、同意権を規定する場所にも窮することとなる。そこで、最終的には、本民法改正案では、[新] 56条3項で法定代理権も同意権も規定することとした（於2013年12月1日全体会議）。

なお、本文⑥で述べた [新] 56条5項は、国民有志案公表後、2012年1月22日の全体会議における討議を受けて、事務局が整備し、新設したものである（於2012年1月30日事務局会議）。

8　代理人に係る事由の効力

（1）　はじめに —— 標題と規定の順序

　［新］57条は、現行民法101条を基本的に承継しているが、民法101条の「代理行為の瑕疵」という標題を、「代理人に係る事由の効力」と改めている。

　たしかに、民法101条が規定する内容のうち、「意思の不存在、詐欺、強迫」は、代理行為の無効・取消しをきたすことになるので、現行民法の標題である「代理行為の瑕疵」がふさわしい。また、「ある事情を知っていたこと」、「過失があったこと」も、代理行為の効力につき本人に不利な影響を与えるので、「代理行為の瑕疵」といっても問題はない。

　しかしながら、同条は、前段に述べた事項の「有無」を代理人について決すると規定している。その結果、本条には、「意思の不存在、詐欺、強迫」および「過失」がなかったこと、また、「ある事情を……知らなかったこと」までもが含まれることになる。これらは、代理行為にそくした事実が多くの場合本人に有利な結果をもたらすものであるから、「代理行為の瑕疵」という標題は、不適当であろう。このように現行民法の標題は、101条が規定している内容の半面のみに焦点をあてたものなのである。

　そこで、本民法改正案では、［新］57条の標題を、「代理人に係る事由の効力」と改め、不利な結果のみを想起させない、いわばニュートラルなものとした。

　なお、規定の順序について述べると、現行民法は、まず「代理行為の瑕疵」を101条で規定し、その次に「代理人の行為能力」を102条で規定している。本民法改正案では、この順序を逆転させた。その理由は、民法総則の規定の順序と平仄をあわせるためである。

（2）　代理人にそくした、「代理行為の瑕疵」の影響の判断

①　規範内容

　［新］57条1項は、民法101条1項の文言および構成を大幅に変更したものとなっているが、それは、法形式と文言を一読してわかりやすくなるようにしたからであって、規範内容は —— 後述する意思能力の欠如を除き —— 現行民法を承継している[262]。

---

[262] ただ、子細にみるのであれば、現行民法101条1項は、「意思の不存在、詐欺、強迫……」と規定した結果として、「意思の不存在」とはいえない錯誤、すなわち動機の錯誤についての規定を欠いている状態にある。これに対し、［新］57条1項では、「意思の不存在」ではなく、具体的に「錯誤」と規定した結果、この問題が解消したことを付言しておきたい。

第4章　権利の変動

　民法101条1項は、無効・取消事由と、主観的要件（善意・悪意および過失の有無）を一文で規定している。これに対し、［新］57条1項では、1号で無効・取消事由を、2号で善意・悪意や過失の有無等の主観的要件を分離して規定した。そのうえで、現行民法と同様、これらを代理人にそくして判断するものとした。

　また、現行民法101条は、無効・取消事由を「意思の不存在、詐欺、強迫」という文言を用いて列挙している。しかしながら、民法の現代語化にさいし採用された「意思の不存在」という文言が、それ以前のテクニカルタームとしての「意思の欠缺」に対応するような言語表現であるか否かについては疑問なしとしない。なぜなら、「意思の不存在」という文言は、伝統的な心裡留保・虚偽表示・錯誤類型以外に、意思が存在していない場合一般をも含意するからである。

　そこで、本民法改正案では、「意思の不存在」という文言を避け、具体的に、無効・取消事由 —— 意思能力の欠如、真意留保（現行民法の心裡留保）、虚偽表示、錯誤、不実表示、情報の不提供、詐欺又は強迫 —— を列挙することとした。

　さらに、民法101条1項が「ある事情を知っていたこと若しくは知らなかったことにつき過失があったことによって影響を受けるべき場合には、その事実の有無」と規定しているところを、［新］57条1項2号は、「ある事情についての善意若しくは悪意又はその事情を知らなかったことについての過失の有無」と簡明な文言に改めたうえで、過失の「程度」もここに規定した。これは、錯誤や代理権濫用における重過失等、代理関係で過失の程度が問題となるものも存在しているので、この点を念頭にこの文言を付加したものである。

②　意思能力を欠如した者についての取扱い

　なお、［新］56条では「代理人の行為能力等」について規定し、［新］57条1項1号では「意思能力の欠如」を現行民法101条に付加している。

　制限行為能力者となっていないが意思能力を欠如している者であっても、一定程度の行為をなしうる場合がある。そのような者を、本人があえて代理人に選んだ場合には、［新］56条1項での取扱いと同様、本人は、［新］57条1項1号にもとづき取消しを主張することが可能であるものの、［新］57条1項1号にもとづく取消権の行使が信義則に反すると認定されうる余地があると考えてよいであろう。本民法改正案では、意思能力の欠如については、定型的な規定を設けることは困難と考えたので、このような解釈を前提とし、［新］56条においては、意思能力の欠如については規定せず[263]、単に［新］57条1項1号に規定するにと

---

[263] 信義則違反の問題はとりあえずおいて、意思能力を欠如している者を代理人に選任した場合についてどのように考えるべきか、ここで一般論を述べておこう。もちろん、代理権を

どめることとした。

　なお、本人が代理人の選任さいし、その者が意思能力を欠如していることを知らなかった場合には、信義則違反の程度は若干弱くはなるものの、やはり信義則違反が問題となる余地がある。本書468頁に述べたように、代理人の適正を判断すべきは本人であるからである。

（3） 代理人にそくした、「代理行為の瑕疵」の影響の判断の例外

　（2）では、「代理行為の瑕疵」──無効・取消事由と主観的要件（善意・悪意および過失の有無・程度）──等は、代理人にそくして判断されるのが原則であると述べた。ただ、これには例外がある。

　この点につき、現行民法101条2項は、①本人からの代理行為の委託が特定されており、かつ、②本人の指図にしたがって代理行為がなされた場合には、本人は、自ら、悪意の事項につき、代理人の善意を主張できない旨を規定している。

　これに対し、本民法改正案では、［新］57条2項で、現行民法の①と②の関係を「又は」に改めた。ひろい範囲の代理権を有する場合があっても、②「代理人が本人の指図に従って代理行為をしたとき」は、代理行為についての瑕疵を代理人にそくしてではなく、本人にそくして判断すべきであると規定した。その理由は、本人が代理人を指図して代理行為をさせた場合にあっては、委託対象が特定されているか否かにかかわらず、本人は、代理人をコントロールできるから、代理行為に存する「瑕疵」の影響を免れることができると考えたからである[264]。

　　　発生させる基礎になる委任契約等の締結時に意思能力が欠如していれば、当然のこととしてその委任契約等は取り消しうることとなる。しかし、取消しの意思表示が最後までなされない場合もありうるし、たまたま委任契約等の締結のさいには意思能力を有していることもありうる。このような場合には、個別の代理行為がなされるさいに、代理人が意思能力を有していれば、その代理行為の法律効果は本人に対して発生する。逆に、個別の代理行為がなされるさいに、代理人が意思能力を欠いていれば、［新］57条1項1号にもとづき、その意思表示を取り消すことができることになる。

264 【代理人に係る事由の効力にかんする議論の経緯】
　　　［新］57条の規定をめぐっては、1項については──規定の形式、および「意思能力の欠如」以外の──規範内容にかんし、民法改正研究会では大きな意見の対立はなかった。現行民法101条1項の「意思の不存在、詐欺、強迫」を、無効・取消事由の具体的な列挙に変えることは、私法学会提出案から一貫していた。これが法曹提示案、国民有志案に受け継がれ、その後に、法形式が各号列挙に変更され、また、「意思能力の欠如」が付加された。
　　　また、2項については、現行民法101条2項の要件を緩和するという方向性は当初より一貫していたが、どこまで緩和するかについては議論があった。
　　　この現行民法101条2項の改正について最初に提案した鹿野菜穂子は、次のような問題提起をしている（於2007年3月18日全体会議）。
　　　「特定の法律行為の委託」はあるが具体的な「指図」がない場合であっても、本人が知っ

第 4 章　権利の変動

ていた事情により、代理人を適切にコントロールできたときには、たとえ代理人に錯誤や詐欺を受けたという事情があるとしても、無効や取消しを認める必要はないのではないか。また、特定の法律行為についての委託と指図がある場合には、本人が「自ら知っていた事情」と「過失によって知らなかった事情」についてだけではなく、意思の欠缺や瑕疵ある意思表示の判断についても、本人の事情を斟酌してよいのではないか。すなわち、「特定の法律行為の委託」と「指図」がない場合でも、本人が知っていた事情により、無効や取消しを認める必要は必ずしもないのではないか。

このような問題提起を受け、私法学会提出案とそれを承継した下記の法曹提示案が提案された。

(代理行為の瑕疵・経過案・法曹提示案)
63条①：意思表示の効力が心裡留保、虚偽表示、錯誤、詐欺、強迫、不実表示又はある事情の知・不知若しくはそれについての過失の有無及び程度によって影響を受けるべき場合には、その事実の有無は、代理人について決するものとする。
　　②：特定の法律行為をすることを委託された場合において、代理人が本人の指図に従ってその法律行為をしたときは、本人は、自ら知っていた事情について代理人が知らなかったことを主張することができない。本人が過失によって知らなかった事情についても、同様とする。
　　③：前項の規定は、本人がその指図により代理行為の瑕疵を防ぐことができた場合に、これを準用する。

その後、市民法研究会の議論において、「ある事情の知・不知」が端的に「善意悪意」と改められ(於 2009 年 5 月 18 日市民法研究会)、国民有志案においては、上記の2項と3項が入れ替えられ、さらに、現行民法 101 条 2 項に対応する項が削除された。

ただ、法曹提示案 63 条 1 項はそのまま維持したうえで、後の [新] 57 条 2 項に対応する規定の要件をより緩和する下記の別案の提示が試みられた。その趣旨は、以下のようなものであった。

法曹提示案 63 条 1 項の代理行為の瑕疵がある場合においても、①本人がその瑕疵の影響を免れており、かつ、②委任事務の処理につき代理人に対する本人の適切な指示を期待できる場合にあっては、③そのような適切な指示があったとすれば代理人がその瑕疵を脱することはできたような場合には、本人は前項の主張をすることはできない。法曹提示案 63 条 1 項に該当する事実によって不利益を受けるであろう場合に、代理人を用いることによってその不利益を免れることはできないからである。

【別案】
N 条②：前項の規定は、代理行為に瑕疵があった場合においても、次の各号に該る事実がある場合には適用しない。
　一　本人自身はその瑕疵の影響を免れていること
　二　本人、代理人間の状況からみて、当該代理行為をなすさいに本人が代理人に対して適切な指示を期待できたこと
　三　本人の適切な指示があったとすれば、代理人がその瑕疵を脱することはできたこと

ただ、このような別案に対して、磯村保は、代理人を基準として判断するというルールはできるだけ維持するべきであり、例外的に、本人が代理人を基準として判断することを

第一編　総則

　なお、[新] 57条2項は、現行民法105条2項が「代理人」と規定しているところを、「任意代理人」と変更している。[新] 57条2項に「特定の法律行為をすることを委託されたとき」という文言がある以上、任意代理の場合に限られるのは解釈上当然ではあるが、「国民に分かりやすい民法」にするために、この点を明記したものである。

9　復代理

（1）　基本構造と冒頭規定

　現行民法は、復代理について4カ条を設けているが、復代理とはなにかは最後の条文である107条（復代理人の権限等）をみてはじめてわかるような構成となっている。

　そこで、本民法改正案は、復代理制度をわかりやすいものにするために、復代理の最初の条文である [新] 58条で、現行民法107条の内容を規定することとし、その標題を「復代理人とその権限」とした（細かな話であるが、現行民法は「復代理人の権限等」という標題を付しているが、本民法改正案では、「の」を「と」に変じ、かつ、「等」を削除した。現行民法の標題は、107条1項が復代理人の「権限」について規定し、同条2項がその他の事項（すなわち「等」）について規定しているとの趣旨であろう。これに対し、本民法改正案の標題を「復代理人とその権限」とした趣旨は、前半の「復代理人」の文言によって1項と2項を含む [新] 58条全体が復代理の規定であることを示し、後半の「その権限」の文言によって重要な問題——復代理人の本人代理権限——を際だたせることにあった。「の」を「と」に変じ、かつ、「等」を削除するという微妙な変更は上記のような意図のもとになされたものである）。

　[新] 58条では、全体として復代理とは何かを示すとともに、2項で復代理人の権利義務を規定している。この条文は、1項に復代理の定義をおいたこと——および民法の「代表」の文言を「代理」に改めたこと——以外にも、現行民法と規定の性格を異ならしめたことにも留意されたい。

　そのうえで、[新] 59条で任意代理の復代理、[新] 60条で法定代理の復代理にかんする規範を、それぞれまとめて規定した。

　以上のように、本民法改正案では、現行民法の条文構成をいれかえたことになるが、復代理の規定を3か条に集約することとし、透視性を高めている（なお、

　　主張することが信義則に反するような場合に、1項の適用を排除すると考えるべきである旨を主張した。そして、討議の結果、上記の別案が採用されるにはいたらなかった（於2012年1月21日全体会議）。

第4章 権利の変動

本民法改正案では、復代理が代理のなかの特殊形態であるという位置づけを明らかにするために、代理人の権限の末尾に規定した）。

（2） 任意代理の復代理
① 原則と例外の明確化

［新］59 条は、現行民法 104 条と 105 条とを統合し、任意代理人の復任権と、それを行使した場合の責任を規定した。

まず［新］59 条 1 項について述べると、同項は、現行民法 104 条の規範内容を承継しているが、構成は異なったものとなっている。現行民法は、「委任による代理人は、本人の許諾を得たとき、又はやむを得ない事由があるときでなければ、復代理人を選任することができない」と規定している。これに対し、［新］59 条 1 項本文において、任意代理人が復任権を有しないという原則を示し、ただし書で、「本人の許諾を得たとき」または「やむを得ない事由があるとき」という例外があることを規定した。

なお、些細なことではあるが、現行民法 105 条 1 項冒頭の「代理人」につき、通説は、任意代理人であると解しているので[265]、本民法改正案では、その点を条文上も明記した。

② 帰責事由の抗弁的性格

［新］59 条 2 項は、現行民法 105 条 1 項の規範内容を承継しているが、構成は現行民法とは異なったものとなっている。現行民法は、「代理人は、前条の規定により復代理人を選任したときは、その選任及び監督について、本人に対してその責任を負う。」と規定している。当然ながら、選任・監督に過失があった場合には責任を負うと解するべきではあるが、条文上、「責めに帰すべき事由」等の文言は明記されていないから、過失責任であることが形式上明確でない。

それのみならず、この条文の文言を前提として法律要件分類説にそくして立証責任を考えると、本人は、復代理人を選任した代理人に対して責任追及するにさいし、「選任・監督について」（帰責事由があること）を立証すべきこととなる。しかし、任意代理権は委任その他の契約によって発生するが、復代理人の選任・監督に過失があったことは、民法 105 条 1 項の責任を発生させるとともに、415 条の債務不履行責任を発生させるはずである。判例、通説によれば、この契約債務不履行があったことについての立証責任は本人が負い[266]、帰責事由がなかった

---

265 我妻・注 25）引用『民法講義 I 民法総則』355 頁以下、於保不二雄編『注釈民法（4）総則（4）』（有斐閣、昭和 42 年）63 頁以下（太田武男執筆部分）。
266 学説は本文に述べたように考えているものの、要件事実論の側からは異論があることに

479

ことの立証責任は代理人が負うはずである。

このような問題を解消するため、［新］59条2項は、本文において、任意代理人が1項ただし書に規定された例外的な復任権を行使したときには本人に対して責任を負うとしたうえで、ただし書で、選任及び監督について帰責事由がないときに免責されるとして、帰責事由の不存在が抗弁であることを明記した。ここでも、現行民法105条の——立証責任の観点からは曖昧な文言を用いた——規範内容につき、原則と例外を、本文とただし書のかたちで、より明確に書き分けている。

③ 「代理人と復代理人」と「使用者と被用者」の関係

②には、原則と例外とを、本文とただし書として書き分けたことのみを述べた。この観点だけからいうのであれば、［新］59条2項ただし書の文言は、「ただし、復代理人の選任及び監督について責めに帰すべき事由がないときは、この限りでない」というものでよいであろう。そうしなかったのは、使用者責任（民法715条）を意識したからである。

代理人−復代理人は、使用者−被用者という関係とは完全に同一ではないとしても、代理人が復代理人に、使用者が被用者に、ともに「監督」義務を負う点で類似している側面があることは否定できない[267]。そうであれば、両者の免責事由も一定の共通性を有すべきであろう。そこで、［新］59条2項ただし書の免責事由の文言を、使用者責任と同一に規定する方針を採用した。

ただ、現段階では、本民法改正案において使用者責任の規定をどのようにするかにつき最終的な決定が下されているわけではない。そこで、以下の叙述は、国民有志案修正案原案670条1項の使用者責任の規定を前提としたものとしてとらえていただきたい。そこでは、現在の判例が民法715条1項ただし書による免責をほとんど認めていないことを反映し、現行民法715条1項ただし書の免責事由

つき、潮見佳男『プラクティス債権総論 第4版』（信山社、平成24年）197頁参照。

[267] 代理人と復代理人の契約は、第三者（本人）のためにする、第三者のための委任契約という性格を有している。これに対し、現行民法715条の使用者責任は、雇用契約がある場合に限定されるものではないと解されてはいるが、雇用契約がその典型例となることは否定できない。この典型例のレベルで比較すると、委任契約のもつ裁量的性格と、雇用契約のもつ従属労働的性格という相違が浮かびあがる。

しかしながら、使用者責任については、使用関係の有無は、雇用関係の存否ではなく、「使用関係の有無は、事実上の指揮監督関係の存否によって判断される」とされている（加藤雅信『新民法大系Ⅴ 第2版』〔有斐閣、平成17年〕339頁等参照）。他方、現行民法105条1項は、代理人が復代理人に対して「選任及び監督」をすべきものとしているので、両者にはともに「監督」義務が発生し、類似性が存することになる。

第 4 章　権利の変動

を承継していない。しかしながら、国民有志案修正案原案 670 条 3 項の代理監督者の規定は、現行民法 715 条 1 項の免責事由の文言を基本的に承継し、「ただし、代理監督者が被用者の選任及びその事業の監督について相当の注意をしたとき、又は相当の注意をしても損害が生ずべきであったときは、この限りでない」と規定している。そこで、［新］59 条 2 項の免責事由も、これとパラレルに規定することとし、現行民法 715 条 1 項ただし書と類似の免責事由の文言がおかれることとなった。

④　本人が復代理人を指名した場合

［新］59 条 3 項本文は、現行民法 105 条 2 項の「代理人」を「任意代理人」と変更するとともに、規範内容は現行民法 105 条 2 項を承継し、本人の指名にしたがって代理人が復代理人を選任したときには、代理人は本人に対して責任を負わない、と規定している。

このように、本文だけをみると、現行民法 105 条 2 項と［新］59 条 3 項とは骨格が同一であるが、そのただし書の内容は両者でまったく異なっている。［新］59 条 3 項ただし書では、代理人が「復代理人を解任する権限を付与されているにもかかわらず、解任を不当に怠ったときは、この限りでない」と変更したが、現行民法には解任権限の有無についての文言がないため、一般論として解任懈怠の責任を問われるかたちになっている。

本民法改正案がこのような変更をした理由は、代理人が本人の指名に従って復代理人を選任したときは、代理人が復代理人の不適任性、不誠実性を知ったとしても、特別の取決め等がなされている場合は別として、一般には、解任権を有していると解することが困難なことが多いと思われるからである。そうであれば、このような場合には、代理人は本人に通知すればじゅうぶんに本人に対する義務をつくしているといえるであろう。そして、例外的に代理人が本人から復代理人を解任する権限を与えられている場合にのみ、代理人の「不当な」解任権の不行使があったときに、代理人は本人に対して責任を負うと考えるべきであろう。

この点については、現行民法の制定過程においても、法典調査会で磯部四郎が、本人が指名した復代理人については、代理人に解任権限がないはずであり、「解任することを怠り」という文言を削除すべきであると主張していた[268]。本民法改正案では、磯部四郎提案の趣旨を実質的には斟酌しつつ、現行民法とも磯部提案

268　『法典調査会民法議事速記録 第壱巻』151 丁表（デジタルライブラリー版・コマ番号 157／266）以下、法務大臣官房司法法制調査部監修『法典調査会民法議事速記録 1』（日本近代立法資料叢書 1）（商事法務、昭和 58 年）82 頁以下。

とも異なる規定をおく途を選択したものである。

　次に、用語法について述べると、［新］59条3項ただし書の文言を「解任を……怠った」としても、解任権不行使の不当性というニュアンスがくみとれるところである。それにもかかわらず、このただし書にわざわざ「不当に」という文言を付加したのは、代理人が復代理人の不適任性または不誠実性を知った場合においても、解任権の行使が常に求められるわけではないと考えたからである。

　かりに代理人が復代理人の不誠実性を知った後にあっても、注意指導その他の処分により対応できるときは、解任権を行使する必要がない場合も多いと思われる。解任権は、いわば最後の手段という性格を有している点を考慮し、［新］59条3項ただし書では、解任権不行使の不当性が非常に高い程度に達した場合にのみ代理人が責任を負うという趣旨を明確にするために、「不当に」という文言を付加した。

（3）　法定代理の復代理
①　法定代理人の復任権の範囲
　［新］60条は、法定代理の復代理についての規定である。

　任意代理の場合は、自己執行義務が原則であり、復任権が認められる範囲は例外的であるのに対し、法定代理については、多くの場合、復任権が一般的に認められてしかるべきであろう。その理由として、現行民法の起草者は、法定代理には包括的なものが少なくないので、一人の代理人がすべてのことを処理するのが困難なことが多いことがあげている[269]。また、立法者意思を離れて考えると、現在の法定代理人以外の代理人選任が必要になっても、本人がその意思で選任することはできないという事情もかかわっているといえるであろう。

　ただ、民法起草者があげる立法理由を裏返せば、委任事項が具体的で、包括性を欠く場合には、法定代理人とはいえ復任権を認めるべきでないこともある。たとえば、家庭裁判所が現行民法25条1項、26条にもとづき不在者のために選任した管理人（本民法改正案では債権編に移動された「不在者の法定管理人」）、あるいは法定代理人が本人と利益相反行為を行う必要上選任された特別代理人等は、権限が狭い範囲で具体化されているので、復任権を有しないと考えるべきである。

　以上のような考察から、［新］60条1項は、「法定代理人は、その法定代理の性質に反しない限り、復代理人を選任することができる」として、原則と例外をともに規定することにした。現行民法106条には、例外についての規定が欠けて

---

[269]　梅・注69）引用『民法要義　巻之一　総則編』272頁。

いるが、現行民法の規定と本民法改正案の規定との関係の詳細は、叙述の便宜上、
③で述べることとする。

② 復任権を行使した法定代理人の責任

［新］60条2項では、法定代理人が復任権を行使した場合の責任を規定した。

一般に、法定代理人は広範な復任権を有する反面、復代理人の行為につき、選任・監督に過失がなくても責任を負うという意味での無過失責任を課せられるのが原則であるとされている（ただし、復代理人が過失なくして行った行為からの損害については責任を負うものではない）[270]。

しかし、法定代理人の自己執行が困難な場合にまで、法定代理人に無過失責任を課すのは酷である。そこで、復代理人を選任するにつき「やむを得ない事由」があるときは、法定代理人は、選任・監督に過失がある場合にのみ責任を負うとすべきであろう。

つまり、［新］60条2項は、本文で上記の無過失責任の原則を、ただし書で前段に述べた例外を規定したものである。

③ 現行民法の規定と本民法改正案の規定

以上に述べたように、［新］60条は、その1項で、（ⅰ）法定代理人の復任権と、（ⅱ）その例外を規定している。そのうえで、（ⅲ）同条2項本文で、法定代理人の無過失責任を、（ⅳ）同項ただし書で、その例外を規定した。

他方、現行民法106条は、性質が異なる複数の規範内容をまとめて規定しようとしたきらいがある。民法106条は、前段と後段に分かれるが、前段では、法定代理人の復任権と無過失責任——（ⅰ）と（ⅲ）——をまとめて規定し、後段では無過失責任の例外——（ⅳ）——を規定しているため、分かりにくくなっている（なお、（ⅱ）については規定していない）。その結果、後段の無過失責任の例外規定は、前段の無過失責任の規定部分に対する例外ではあっても、復任権を規定した部分に対する例外ではなくなっている。このように、現行民法106条の前段と後段とは、一部が逆説関係、一部が無関係となったため「ただし書」の形式が回避されることになったものである。

そこで、本民法改正案では、条文の規範関係の構造をより論理的なものにすべく、現行民法106条の構成を変更し、冒頭に述べたような構成を採用した[271]。

---

270 梅・注69）引用『民法要義 巻之一 総則編』272頁、我妻・注29）引用『民法講義Ⅰ 民法総則』356頁。
271 【復代理にかんする議論の経緯】
（ⅰ）前提問題と体系的位置づけ
復代理制度については、前提問題として、そもそもどのような場合に復代理が機能するか、

これにかんする条文を存続させることに意味があるか否かを含めて議論がなされたが、最終的には、現行民法同様、規定をおく方針がとられた。

そのうえで、復代理の位置づけが問題となった。民法改正研究会では最終的には有権代理の後半部分に位置づけるという結論に達したが、その間かなりの議論がなされたので、それについて紹介する。

まず、民法の復代理の内容はかなり錯綜しており、また、代理全体のなかでの復代理の位置づけも明確ではなく、立法技術的には難のある規定群である、という問題提起がなされた。とくに、代理人の名で選任された復代理人が、本人と直接の権利・義務関係にたつという、——とりわけ任意代理の場合には——私的自治の枠組をはみだしかねない特異な制度であることから、有権代理としても特殊な制度ではないのかが問題とされた。その特殊性を明示するために、当初、有権代理の内部の構成を、本文に述べた最終案とは若干異なるものとしたうえで、さらに、復代理についてはその後に別個に一目を立てて規定するのが事務局提案であった（於 2007 年 2 月 18 日総則分科会）。

この提案に対し、沖野眞已から、代理権の範囲のなかには代理人の名で復代理人を選任できる権限があるという理解のもとに、代理人の権限を規定した条文の次に、復代理についての規定をおくべきではないか、という意見が提出された。つまり、現行法同様、代理人の権限の次に復代理を規定することとなる。また、大塚直から、有権代理のなかで復代理を別扱いすることへの疑問が提出された。

このような議論の結果、民法改正研究会では、本文に紹介したように、独立の「目」とすることはなく、有権代理の末尾の代理権の消滅前に規定するという構成に落ち着いた（於 2007 年 3 月 18 日全体会議）。

(ⅱ) 条文案の検討

（ⅰ）の提案がなされたのと同時期に、鹿野菜穂子から下記の提案がなされた。この案の特徴は、復代理の冒頭規定のN条（またはその別案）で、復代理の意義——とくに、「自己の名」で選任する場合を復代理ということ——を明らかにしたうえで、復任権と責任につき、任意代理と法定代理のそれぞれを、N条の2、N条の3にまとめて規定するものであった。

また、N条の4は、民法107条に対応するものではあったが、同条1項に、あらたな内容を規定したうえで、2項、3項に民法107条1項、2項の内容を承継している。なお、この鹿野の提案の段階から、民法107条の「代表」の文言は「代理」に改められた。

（復代理の定義・経過案・2007 年 2 月 18 日鹿野案）
N条：代理人が自己の名で選任する本人の代理人を復代理人という。
　（〔N条別案〕：復代理人の権限は、代理人が自己の名で本人の代理人を選任することによって生ずる。）
（復代理人を選任した代理人の責任・経過案・2007 年 2 月 18 日鹿野案）
N条の2①：任意代理人は、本人の許諾を得たとき、又はやむを得ない事由があるときでなければ、復代理人を選任することができない。
　　　　②：任意代理人が、前項の規定により復代理人を選任したときは、その選任及び監督について、本人に対して責任を負う。
　　　　③：任意代理人は、本人の指名に従って復代理人を選任したときは、前項の責任を負わない。ただし、その代理人が、復代理人が不適任又は不誠実であることを知りながら、その旨を本人に通知し又は復代理人を解任することを怠ったとき

第4章　権利の変動

は、この限りでない。
(法定代理人による復代理人の選任・経過案・2007年2月18日鹿野案)
N条の3：法定代理人は、自己の責任で復代理人を選任することができる。この場合において、やむを得ない事由があるときは、前条2項の責任のみを負う。
(復代理人の権限等・経過案・2007年2月18日鹿野案)
N条の4①：復代理人の権限は、代理人の委任により定まる。ただし、代理人の代理権の範囲を超えることはできない。
　　　　②：復代理人は、その権限内の行為について、本人を代理する。
　　　　③：(民法107条2項に同じ)復代理人は、本人及び第三者に対して、代理人と同一の権利を有し、義務を負う。

　この提案の直後に、磯村保から条文提案があった。それは、鹿野案のような復代理についての総論的な冒頭規定をおくことなく、現行法の条文構成を承継しつつ、かつ、現行民法104条を本文・ただし書——任意代理人は、復代理人を選任することができない。ただし、本人の許諾を得たときは、またはやむを得ない事由があるときはこのかぎりではない——のかたちにする等、条文の構成の仕方を整序しようとするものであった(於2007年3月4日総則分科会)。
　この鹿野案と磯村案に対し、可能なかぎり任意代理と法定代理とに区別せずに復代理についての共通規定をおいたうえで、特則として、任意代理と法定代理について規定しようとする案が事務局から提出された(於2008年4月19日総則分科会。その後の文言修正は、於2008年6月21日債権法分科会)。その内容は、復代理の冒頭規定となるN条1項で復代理の意義を明らかにし、同条2項において、現行民法104条と106条前段を統合して復任権の範囲を定め、N条の2において、復代理人の選任にともなう代理人の責任の範囲を定めた後に、N条の3で復代理人の権限と責任を規定することとしようとするものであった。これは、民法105条1項、2項、106条を大幅に組み替え、再構成したものである。
　以上の3提案をたたき台にして議論がかわされた結果、いずれの案においても末尾にあった規定の内容を復代理の冒頭規定とする私法学会提出案が提案された。この条文案は、法曹提示案にほぼ受け継がれた。
　これらの私法学会提出案、法曹提示案は、いずれも復代理を一般的に規定したうえで、その後に、特則的に任意代理の復代理、法定代理の復代理を規定するものであった。しかし、加藤のゼミナールでこの案を検討したさいに、学生たちから、一般的に規定している冒頭規定の文言の射程範囲が不明確であるとの声があったため、「わかりやすさ」を重視し、国民有志案の段階では、次に示すように法定代理と任意代理とのすみわけをはかるようにした。

(復代理・経過案・国民有志案)
68条①：法定代理人は、自己の権限の範囲内において、復代理人(代理人が自己の名で選任する本人の代理人をいう。以下同じ。)を選任することができる。
　　　②：任意代理人は、代理権を発生させる契約の趣旨がそれを許すとき、又はやむを得ない事由があるときに限り、復代理人を選任することができる。
　　　③：復代理人は、代理人から付与された権限の範囲内において、本人及び第三者に対して、代理人と同一の権利を有し、義務を負う。
(復代理人を選任した場合の代理人の責任)
69条：代理人は、復代理人を選任した場合には、本人に対して責任を負う。ただし、次の

485

第一編　総則

10　代理権の消滅

　代理権の消滅事由を規定した［新］61条は、基本的には、現行民法111条を承継した。ただ、代理法全体のなかの位置づけは、——現行民法においては、表見代理の規定群に割って入るかたちでおかれているが——【前注】で述べたように、「第一目　有権代理」の末尾の規定とし、無権代理や有権代理の前に位置づけるという変更を加えた。このように規定したのは、「第一目　有権代理」を、代理権の「発生・行使・消滅」という大きな枠組のなかで規定するためである。

　次に、［新］61条の構成について述べると、同条1項では、任意代理権、法定代理権に共通する原則的な消滅事由について規定している。これは、現行民法111条1項を承継したものであるが、本民法改正案では、通説的な解釈を明文で示すために、ただし書を新設し、任意代理と法定代理のそれぞれにつき、例外が

	各号に掲げるときは、その定めに従い、責任を負う。	
一	本人の指名に従って復代理人を選任した場合	代理人が、復代理人が不適任又は不誠実であることを知りながら、その旨を本人に通知し又は復代理人を解任することを怠ったとき。
二	代理人がやむを得ない事由によって復代理人を選任した場合又は任意代理人が代理権発生の趣旨に従い復代理人を選任した場合	復代理人の選任又は監督について過失があるとき。

　ただ、この国民有志案69条については、川﨑政司より、「各号で定めることにより、民法105条及び106条よりもかなり分かりにくい規定となってしまっているのではないか。各号で定める方式はやめるべきではないか」との提言があった。それを受けて、事務局は、ここまでの条文案では、一般に任意代理・法定代理の順に規定してきたにもかかわらず、復代理については順序が逆転している点等をも補正しつつ、当初の鹿野案、磯村案、私法学会提出案等の従来の経過案をもふまえた条文案を提案した。それは、「復代理」の冒頭規定で、復代理人の定義と、権利・義務を規定し、さらに任意代理人と法定代理人のそれぞれの復任権の範囲を規定したうえで、次条で、復任権を行使した任意代理人と法定代理人の責任を規定するものであった。

　しかし、この案でも、復代理制度全体の透視性がじゅうぶんはかられていなかったため、冒頭に、復代理の総論規定をおき、つづいて、任意代理人による復代理人の選任および責任、法定代理人による復代理人の選任および責任の規定をおく本民法改正案にいたった。

　なお、磯村保から民法改正研究会で議論されていた現行民法105条2項ただし書の問題性——代理人が復代理人の不適任性、不誠実性を知りながら「解任することを怠ったとき」に責任を問うことの問題性——を回避するために、条文上に代理人の解任権の有無を明示すべきであるという提言がなされ、［新］59条3項ただし書の文言にいたった（於2014年3月7日全体会議）。

あることを明記した。なお、同条2項は、文言を微修正しただけで、民法111条2項を承継した。

11　商行為の代理

本書208頁に述べたように、本民法改正案では、商事的色彩を有する規範は、あくまで商法に規定したうえで、民法典には商法その他の法律に特則があることをレファレンス条文のなかで示すことにした。

この種の規定は契約各則に多いが、民法総則においても、代理の末尾となる〔新〕62条に「商行為の代理」にかんする規定をおき、「商行為の代理については、この法律に定めるもののほか、商法（明治三十二年法律第四十八号）第五百四条（商行為の代理）から第五百六条（商行為の委任による代理権の消滅事由の特例）までの定めるところによる」として、商法に特則があることを示した。

とくに、代理権の消滅事由を定めた〔新〕61条1項1号との関係で付言すれば、同項には「法律に別段の定めがある場合」との文言が柱書にあるものの、〔新〕62条で、商行為の委任による代理の場合はその例外であることを明示したものである。

第2目　無権代理

【前注】

1　はじめに —— 無権代理の位置づけ

本民法改正案では、表見代理が無権代理の一つの場合として位置づけられることを明示するため、無権代理を規定したうえで、表見代理を規定している（この点については、すでに本書449頁に述べた）。

2　「契約」の無権代理か、「意思表示」一般の無権代理か

現行民法の無権代理の規定は、かなりユニークな構造となっている。それは、民法113条以下に規定されている無権代理の最初の5か条は、「契約の無権代理」についての規定であり、最後の118条が「単独行為の無権代理」についての規定であり、契約・単独行為・合同行為からなる法律行為一般について無権代理がどのような意味をもつかについての条文は存在しないということである（実は、民法において、条文上に「契約」という文言がはじめてあらわれるのは、この無権代理の

箇所であり〔ただし、条文の標題としては、108条の「自己契約」が最初である〕、「単独行為」の文言がはじめて現われるのも、この無権代理の箇所においてである）。このように、無権代理の箇所では、契約と単独行為の無権代理のみが規定されているため、法人設立等のいわゆる合同行為の無権代理については、根拠規定が存在しないことになる。

　無権代理以外の規定に目を向けてみよう。民法総則の「第五章　法律行為」においては、まさに法律行為一般が取り扱われており、その「第三節　代理」に入っても、99条以下の多くの条文は「意思表示の代理」一般が問題となっている。この点は、109条以下の表見代理についても同様である。

　こうした無権代理の規定群についてのみみられるユニークな状況を是正するために、本民法改正案においては、冒頭規定で意思を含む法律行為一般についての無権代理の効果として、無権代理行為によっては本人に対して法律効果が発生しないことを規定した。これにより、合同行為の無権代理行為がなされた場合には、本条を根拠に、本人に対する法律効果の不発生が導かれることになる（なお、合同行為の無権代理の条文をおかないこととした理由については、本書506頁以下の【議論の経緯】参照）。

　無権代理の規定のしかたとしては、①契約の無権代理、単独行為の無権代理、合同行為の無権代理というように、3つを個別に規定するパターン、②3つを包摂する通則規定をおき、例外となるものを個別に規定するパターンが考えられる。

　現行民法は①のパターンをとりながら、合同行為について規定することがなかったのであろう。それに対し本民法改正案は、②のパターンをとりつつ、合同行為の無権代理は通則規定で吸収し、その後に、契約と単独行為について別途規定したことになる。

3　契約の無権代理をめぐって
——民法の無秩序な規定のしかたの整序

　前述したように、現行民法の無権代理の規定は、113条〜118条の6か条にわたって規定されており、最後の118条を除くと契約の無権代理をめぐる規定となっている。そして、契約の無権代理にかんする現行民法の条文は、順不同ともいえるほど無規則に並べられている。具体的にいえば、本人に対する契約の法律効果の不発生＋本人の追認（113条1項）、追認と追認の拒絶（113条2項）、無権代理の相手方の催告権（114条）、相手方の取消権（115条）、本人の追認の効果（116条）、無権代理人の責任（117条）となっている。

　しかしながら、無権代理をめぐっては3つの法主体——本人・相手方・無権代

第4章　権利の変動

理人——が存在するだけである。この3つの法主体にそくして前段の条文群を整理すると、本人の追認権（113条と116条）、相手方の権利（114条と115条）、無権代理人の責任（117条）の3か条の内容となるはずである。

そこで、本民法改正案では、契約の無権代理をめぐる条文を、上記のような3か条に規定し直すこととした。

4　単独行為の無権代理をめぐって
　　——民法の無秩序な規定のしかたの整序

現行民法118条の単独行為の無権代理の条文は、原則であるはずの本人に対する法律効果の不発生——すなわち、本人の追認不可——について規定することなく、例外的に認められるものであるはずの本人の追認可能な場合についてのみ規定している。この結果、この118条は非常にわかりにくいものとなっている。

そこで本民法改正案の単独行為の無権代理の規定は、項を分けて、1項と2項とに分けて、本人に対する法律効果の不発生という原則を規定したうえで、2項で、例外的な追認可能性を規定することとした。

[I] 条文案

> （無権代理）
> 第六十三条　その法律行為（意思表示を含む。以下この項において同じ。）をする代理権を有しない者（以下この目において「無権代理人」という。）が本人の代理人としてした法律行為（以下この目及び次目において「無権代理行為」という。）は、本人に対してその効力を生じない。
> 2　前項の規定は、相手方が無権代理人に対してした意思表示について準用する。

本条1項：民法113条（無権代理）1項移修
　　2項：新設

> （本人の追認）
> 第六十四条　無権代理人が締結した契約は、本人の追認により有効となり、また、追認の拒絶によって確定的に無効となる。
> 2　前項の追認は、本人が相手方の同意を得て別段の意思表示をしない限り、契約の時に遡って効力を生ずる。ただし、第三者の権利を害することはで

きない。
３　第一項の追認及び追認の拒絶は、相手方に対してしなければ、これをもってその相手方に対抗することができない。ただし、相手方がその事実を知ったときは、この限りでない。

本条１項：民法113条（無権代理）１項移修
　２項本文：116条（無権代理行為の追認）本文移修
　　ただし書：民法116条（無権代理行為の追認）ただし書移動
　３項本文：民法113条（無権代理）２項本文移修
　　ただし書：民法113条（無権代理）２項ただし書移動

（相手方の権利）
第六十五条　無権代理人が締結した契約の相手方は、本人に対し、相当の期間を定めて、その期間内に追認をするかどうかを確答すべき旨の催告をすることができる。この場合において、本人がその期間内に確答をしないときは、追認を拒絶したものとみなす。
２　無権代理人が締結した契約の相手方は、本人が追認をしない間は、自らの契約の申込み又は承諾を撤回することができる。ただし、その相手方が契約を締結した時において代理権を有しないことについて悪意であったときは、この限りでない。

本条１項前段：民法114条（無権代理の相手方の催告権）前段移修
　　　後段：民法114条（無権代理の相手方の催告権）後段移動
　２項本文：民法115条（無権代理の相手方の取消権）本文移修
　　ただし書：民法115条（無権代理の相手方の取消権）ただし書移修

（無権代理人の責任）
第六十六条　代理人として契約を締結した者は、本人と相手方との間に有効に契約が存在していることを証明できない限り、相手方の選択に従い、相手方に対して履行又は履行に代わる損害賠償の責任を負う。ただし、次に掲げる場合は、この限りでない。
　一　相手方が無権代理人による意思表示であることを知り、又は重大な過失によって知らなかったとき。
　二　無権代理人が意思能力を欠いていたとき（第八条（意思能力の欠如）第三項本文に規定する場合に該当するときを除く。）。

第4章　権利の変動

　三　無権代理人が制限行為能力者であったとき（第二十四条（制限行為能力者の詐術）に規定する場合に該当するときを除く。）。

本条本文：民法117条（無権代理人の責任）1項移修
　ただし書：新設
　1号：民法117条（無権代理人の責任）2項移修
　2号：新設
　3号：民法117条（無権代理人の責任）2項移修

（単独行為の無権代理）
第六十七条　無権代理人がした単独行為について、本人は追認をすることができない。
2　前項の規定にかかわらず、相手方のある単独行為において、次の各号のいずれかに該当するときは、前三条の規定を準用する。
　一　単独行為の相手方が無権代理行為をすることに同意していたとき。
　二　単独行為の相手方が、当該単独行為につき代理権を有しないことについて争わなかったとき。
3　相手方が無権代理人に対して単独行為をしたときも、第一項と同様とする。ただし、相手方が無権代理人の同意を得て単独行為をしたときは、前項と同様とする。

本条1項：新設
　2項柱書：民法118条（単独行為の無権代理）前段移修
　　1号：民法118条（単独行為の無権代理）前段移修
　　2号：民法118条（単独行為の無権代理）前段移修
　3項本文：新設
　　ただし書：民法118条（単独行為の無権代理）後段移修

第一編　総則

[Ⅱ] 改正理由

1　無権代理による法律効果の不発生

(1)　法律行為の無権代理

　本書487頁以下で述べたように、無権代理の冒頭規定である［新］63条では、契約・単独行為・合同行為をつうじて、無権代理行為によって意思表示の効果が本人に対して生ずることはないという原則を規定した。一方、有権代理の要件・効果を定めた［新］53条1項では、「代理人がその権限の範囲内において本人のためにすることを示してした意思表示は、本人に対して直接にその効力を生ずる」と規定している。これは、民法の代理の冒頭規定である99条の内容を承継したものである。

　この［新］53条1項の規定を反対解釈すると、「代理人がその権限の範囲を超えて、又は代理人でない者が、本人のためにすることを示してした意思表示は、本人に対してその効力を生じない」となるので、［新］63条がなくても支障はない。そのため［新］63条不要論もだされるかもしれないが、無権代理の基本を有権代理の原則規定の反対解釈から導くのでは、民法典を読む者にわかりやすいとはいえないであろう。現行民法も、無権代理の冒頭規定である113条で――契約にそくしてではあるが――無権代理の原則規定をおいている。そこで、［新］63条でも、無権代理の原則規定をおくこととした。

　なお、無権代理の冒頭規定の現行民法113条では、契約については能働代理と受働代理を区別することなく規定し、118条の単独行為については両者を区別して規定している。また、有権代理の冒頭規定の99条では1項で能働代理、2項で受働代理について規定している。

　この能働代理と受働代理とをパラレルに規定するという形態は、本民法改正案でも、［新］53条（代理の要件及び効果）、［新］67条（単独行為の無権代理）に承継されている。そこで［新］63条でも、無権代理について、1項と2項でそれぞれ能働代理と受働代理とを規定することとした[272]。

272　【「能働代理」と「受働代理」の対置にかんする議論の経緯】
　　国民有志案の段階では、現行民法113条と同様、能働代理としての無権代理のみを規定し、受働代理としての無権代理が規定されていなかった。この点が問題となり、［新］63条後段に受働代理についての規定が追加された（於2012年1月21日全体会議）。
　　その後、中野邦保から、本文に述べた有権代理についての［新］53条では、1項で能働代理を、2項で受働代理を規定しており、また、単独行為の無権代理についても、［新］67

第 4 章　権利の変動

(2)　文言の新設と用語法の変更
① 定義文言の新設 —— 無権代理人・無権代理行為

　本民法改正案では、無権代理の冒頭規定である［新］63条1項で、「代理権を有しない者（以下この目において「無権代理人」という。）が、本人の代理人としてした法律行為（以下この目及び次目において「無権代理行為」という。）」と規定することで、現行民法とは異なり、「無権代理人」、「無権代理行為」についての定義をおいた[273]。

　条2項が能働代理を、同条3項が受働代理を規定しているのに対し、無権代理についての［新］63条は前段・後段で規定しているが、それはバランスを失していないか、という問題提起があった（於2014年1月7日付意見書）。そこで、［新］63条も、他と同様、2項構成を採用することとした（於2014年3月7日全体会議）。
　さらに、中野からは、相手方から解除の意思表示を受ける前に代理権が消滅していた、というような事例もあることを考えると、表見代理についても能働代理・受働代理を規定した方が、わかりやすさや他のルールとのバランスがよい、との問題提起もあった（於2014年1月7日付意見書）。
　表見代理が契約について問題となるさいには、能働代理と受働代理をとくに区別する必要はない。なぜなら、受働代理が問題となる場合には、相手方の申込みの意思表示に対し、無権代理人の承諾の意思表示についての表見代理が問題となるだけので、特別な規定をおく必要はないからである。しかし、中野が指摘するとおり、解除等の単独行為があった場合の受働代理については、現行民法の表見代理の規定も本民法改正案の表見代理の規定も、厳格な文言解釈からはカバーできない。
　しかしながら、この点に対処するためには、3種の表見代理、表見代理の重畳適用、名義貸与者の責任の5か条のすべてに受働代理についての項を追加するか、あるいは、この5か条のに後に受働代理の表見代理についての1か条をおくか、いずれかしかないと思われる（具体的は、［新］72条の次に、「受働代理の表見代理」と題する次のような規定をおくことになる。「第六十八から七十一条までの規定は、相手方が無権代理人に対してした意思表示について準用する。前条の規定は、相手方が前条の名義を使用した者に対してした意思表示について準用する。」）。
　しかし、5か条のすべてに受働代理の項を追加するのは煩雑にすぎ、また、表見代理の最後に「受働代理の表見代理」と題する条文をおくことも、現実にその規定の適用頻度が少ないことを考えると、物々しすぎる感を免れない。そこで、事務局としては、全体会議に対し、この点をめぐる新条文等の提案を行わないことを決定した（於2014年1月9日事務局会議）。したがって、本民法改正案においても、受働代理についても［新］68条以下の5か条の規定を類推適用するという解釈論に委ねられることとなる（現行民法においても、類推適用に委ねざるをえないので、この点では結局のところ現行民法における取扱いと同一となる）。

273　【「無権代理人」と「無権代理行為」にかんする議論の経緯】
　現行民法113条をめぐる当初の議論の過程では、民法113条の「代理権を有しない者が……」という文言を「代理権を有しない者（以下「無権代理人」という。）が……」と定義文言を挿入する等の文言修正が施されており（於2007年3月4日～5日総則分科会）、それが、私法学会提出案、法曹提示案でも維持された。そして、国民有志案公表後に、無権代理と表見代理との関係を整序するために、「無権代理行為」についての定義文言を挿入する修

493

まず、「無権代理人」について述べると、現行民法は、無権代理規定の冒頭の113条1項で、「代理権を有しない者」について規定している。そして、この文言を実質的に繰り返す文脈で、「代理権を有しない者がした契約」(115条)、「代理人と称する者」(118条)等の表現を用いている。条文としては回りくどく、わかりにくいので、本民法改正案では、無権代理の冒頭規定である［新］63条1項に、「代理権を有しない者（以下この目において「無権代理人」という。）」との文言をおき、基本的に現行民法にみられる繰り返しをさけることとした。

　また、「無権代理行為」については、無権代理人と同様に、無権代理の目で繰り返しを避けるという目的もあるが、それ以上に、次の目に規定された「表見代理」の条文の簡明化をはかるとともに、表見代理と無権代理の関係性を明示するため、定義文言をおくこととした。

　② 用語法の変更 ——「他人」vs.「本人」

　現行民法113条は、「代理権を有しない者が他人の代理人としてした契約は、本人がその追認をしなければ、本人に対してその効力を生じない」と規定している。そして、引用条文に下線を引いた「他人」について、次からは「本人」という文言が用いられている。この点、一読したさいには若干の混乱を与える可能性があるので、本民法改正案では、同一の用語に統一することとし、最初から「本人」の語を用いることとした。ただ、端的に「本人」の語を用いると、無権代理人であるにもかかわらず、「本人」たりうるのかという問題は生じるので、「無権代理人……が本人の代理人としてした意思表示」という表現によって、上記の問題を回避した。

（3）　現行民法との異同

　現行民法は、113条1項で、契約の無権代理についての原則である「本人に対する法律効果の不発生」を規定するなかで、その例外としての「本人の追認による効果の発生」を同時に規定した。そこではあたかも本人が追認しないことが、法律効果不発生の要件であるかのような表現がされている。さらに、同条2項では「追認および追認拒絶の方法」、116条で「追認の遡及効」を規定している。

　上記の規定は、体系性、透視性に欠けるきらいがあるので、本民法改正案は現行民法の構成を次のように組み直した[274]。まず、無権代理の冒頭規定となる

　正が施された（於2011年12月17日全体会議）。
　　これらの修正が、本民法改正案においても承継されたが、ここにいう「本人の代理人としてした意思表示に基づく法律行為」は、法的効力をもたないので、厳密な意味での「法律行為」とは異なることを付言しておきたい。

第4章　権利の変動

274 【無権代理の原則規定と本人の追認権の統合・分離にかんする議論の経緯】

　無権代理の冒頭規定である［新］63条と追認について規定した［新］64条については、民法改正研究会で種々の議論がなされた。以下では、できるだけ時系列に忠実に議論の状況を紹介することとする。

　まず、無権代理については、鹿野菜穂子、磯村保および事務局からの当初提案があった。それらの提案は、いずれも民法113条を無権代理の原則規定として承継したものであり、契約の無権代理についての「本人に対する法律効果の不発生」の問題と、「本人の追認権」の問題が一体として規定されていた（於2007年2月18日総則分科会）。

　また、この3つの当初提案は、無権代理の他の条文についての提案をも含んでおり、そこでは現行民法116条が規定している「追認の遡及効」の問題についての提案もあったが、いずれの提案も、「本人の追認による法律効果の発生」の問題と「追認の遡及効」の問題を別条文で規定しようとしていた点では、現行民法の枠組と同様であった。

　ただし、鹿野提案は、以下のように、遡及効を否定するために「相手方の同意」を必要とする点で、現行民法と異なる特徴を有していた（於2007年2月18日総則分科会）。

（無権代理行為の追認・経過案・2007年2月18日鹿野案）
N条：追認は、本人が相手方の同意を得て別段の意思表示をしない限り、契約の時にさかのぼってその効力を生ずる。ただし、第三者の権利を害することはできない。

　その後、いずれの当初提案とも異なり、無権代理の原則規定（「本人に対する法律効果の不発生」と「本人の追認による法律効果の発生」）と、「追認の遡及効」の問題につき、私法学会提出案を整備する直前に1か条に統合することとなり（於2008年8月16日全体会議）、それが私法学会提出案、法曹提示案ともなった。

　なお、私法学会提出案等においては、上記の鹿野案にあった「相手方の同意」を要件とする考え方は採用されなかった。その理由は、無権代理の原則規定である民法113条と116条とが統合された結果、「相手方の同意」という文言が、無権代理行為の「本人の追認による法律効果の発生」と「追認の遡及効」の双方の要件となったことにあった（この点を明確に指摘するのが、鹿野案の復活が論じられたさいの磯村保発言である〔於2012年8月4日全体会議〕）。

　しかし、「遡及効」を否定するためには相手方の同意が必要であるということが通説である（注277）参照）。また、当初の鹿野提案も「追認の遡及効」の問題に限定した提案であったのに対し、後発的に民法113条と116条の統合がなされたために、それが不採用になった側面がある。そこで、本民法改正案では、明確性をはかるため、遡及効に限定したうえでその文言を復活させることとし（於2013年10月27日全体会議）、「本人の追認による法律効果の発生」の問題を［新］64条1項に、「追認の遡及効」の問題を同条2項に、分離して規定することとなった。

　時系列的な叙述の順序は先後するが、この冒頭の2条文については、法曹提示案後も、川﨑政司の指摘等により、何度となく文言修正が繰り返された。法曹提示案までの無権代理人がした「契約」という文言を、単独行為や合同行為をも含めうるよう、「意思表示」に変更すべきであるという提案もあり、国民有志案71条1項では「代理権を有しない者（以下「無権代理人」という。）が他人の代理人としてした意思表示は、本人に対してその効力を生じない」とされた。

　ただ、国民有志案においては、無権代理の冒頭条文が「意思表示一般」についての規定と

［新］63条で、無権代理の原則としての「本人に対する法律効果の不発生」を規定した。そのうえで、つづく［新］64条1項で「本人の追認の効果と追認拒絶の効果」を、2項で「追認の遡及効」を、3項で「追認および追認拒絶の方法」を規定した。

2　本人の立場からみた契約の無権代理

（1）追認および追認拒絶の効果

［新］64条は、無権代理が行われた場合における本人の権利を規定したものである。現行民法では113条と116条とに規定されている内容を、本民法改正案では1か条に統合した。

まず、契約の無権代理行為がなされた場合、本人は追認権を有する。すなわち、本人に対する法律効果が発生しないのが原則ではあるが（［新］63条）、本人がその効果の発生を望むのであれば、本人が追認権を行使することにより（［新］64条1項）、無権代理行為の相手方の予期も保護されることになる。

もちろん、本人としては追認を拒絶することも可能である。その点も、「追認の拒絶」[275]の語をもって［新］64条1項に明示した。なお、講学上説かれていたように、追認拒絶権行使の効果は、追認権の喪失である。追認の拒絶によって、無権代理による法律行為につき、法的効果の変動が生じるわけではない。無権代理は、本人が放置しておけば本人に対する法律効果は発生しないからである。ただ、追認の拒絶があれば、それ以後の追認はありえず、本人に対する法律効果の不発生が確定することになる。

この点につき、現行民法との関係を述べると、民法113条2項には追認拒絶権の行使方法について規定されているものの、追認拒絶権行使の効果はどこにも規定されていない。そのうえ、民法114条——これは［新］65条1項に承継されている——では、「本人がその期間内に確答をしないときは、追認を拒絶したも

なったのに加えて、その後に契約・単独行為・合同行為のすべてにつき、無権代理の規定がおかれていた。それに対し、本民法改正案では、合同行為の無権代理の規定が削除されるにいたった（理由については、本書506頁注288）参照）。その結果、無権代理の冒頭規定で、法律行為一般についての無権代理の原則を定め、すべての類型の法律行為について法律効果が本人に対して発生しないことを明記することとし（於2013年10月27日全体会議）、それが、［新］63条となった。

なお、私法学会提出案では、本人による無権代理行為の「追認の方法」についても、「無効・取消し」の取消し及び追認の方法一般の箇所で取り扱おうとしていたが、かえってわかりにくいので、法曹提示案から改めた。

275　前掲注265）引用『注釈民法（4）』199頁（中川淳執筆部分）。

のとみなす」と規定されているにもかかわらず、そのようにみなされた結果いかなる効果が生じるのか、現行民法では明らかではない。そこで、本民法改正案では、[新] 64条1項に追認拒絶の効果も規定したものである[276]。

（2）追認の遡及効、追認拒絶の方法

[新] 64条2項本文で、追認には原則として遡及効があるものとした。相手方としては、無権代理行為が行われたときに、その効力が生じることを予期していると考えられるためである（ただ、本人としては、相手方の同意を得られれば、追認による契約の効力の発生の時期を無権代理時にさかのぼらせないことも可能である）。なお、本人の追認による契約の効力の発生には、無権代理行為の相手方以外に、第三者の利害が絡むこともあるので、[新] 64条2項ただし書で、現行民法116条ただし書を承継し、第三者保護の規定をおくこととした。

このように、[新] 64条2項の規範内容は、現行民法116条をほぼ承継しているが、本文については、現行民法の以下の点を修正している。現行民法116条は、「別段の意思表示がないとき」に追認の遡及効を認めているので、文言上からは、本人の意思表示によって遡及効を変更することができることになる。しかし、相手方は契約締結時に効力があるものと考えていたはずなので、本人の追認によって効力が発生すること自体は、相手方の予期に反するわけではないが、異なる時期に契約の効力が発生するのは相手方の当初の意思に反することになる。そのため、遡及効の時期を変更させることには、相手方の同意が必要であるとするのが通説である[277]。そこで、本民法改正案でも、相手方の同意を要件とした。

[新] 64条3項は、1項に規定した追認および追認拒絶の意思表示をすべき相手方について規定した。規範内容は、現行民法113条2項を承継している。

3　相手方の立場からみた契約の無権代理

現行民法では、無権代理行為の相手方には、「催告権」（114条）と「取消権」（115条）とが与えられている。本民法改正案では、これらの相手方の権利を [新] 65条の1か条に統合し、それぞれを1項と2項とに規定し、そのうえで、[新] 65条2項では、現行民法の文言を──無権代理人の相手方が「契約」を

---

[276] 国民有志案の公表後、民法に追認拒絶の効果が規定されていないことが問題とされ（於 2012年1月21日全体会議）、本民法改正案では、この点を [新] 64条1項で規定することとした。
[277] 我妻・注29）引用『民法講義Ⅰ 民法総則』378頁、前掲注265）引用『注釈民法（4）』203頁（中川淳執筆部分）。

「取り消す」というものから──「自らの契約の申込み又は承諾」を「撤回する」と、2点にわたって改めた（〔新〕65条1項の規範内容は、現行民法114条を承継している）。

第1の点については、本人が追認する以前にあっては、いまだ「契約」は成立していないので[278]、「契約の取消し」は問題にならず、自らの意思表示──具体的には、契約の申込みか承諾のいずれか──を対象として、その効力を否定するものでしかありえないため、文言を改めることとした[279]。

第2の点については、本書303頁以下に述べたように、本民法改正案では、「取消し」を法律行為の取消しにみられるように、取消対象に取消原因が内在する場合に限定して用いている。このような観点からすると、無権代理人の相手方がした意思表示には何らの瑕疵はなく、取消しではありえない。

一方、無権代理人と締結した契約は、本人からの追認がない段階では本人に対する効果が発生していないものの、かりに将来本人の追認があれば効果が発生するという不確定な状況となっている。したがって、相手方には、追認があった場合に成立する契約につき、潜在的な構成要素となる申込みあるいは承諾を本人の追認にさきだって「撤回」し、確定的に本人に契約の効果が発生するのを防止するニーズがありうる。こうした考え方に基づいて、申込み承諾の「撤回」という用語を採用した[280]。

---

278 この点につき、代理人と相手方との間での申込みと承諾の合致によって「契約」は成立しており、ただ本人にそれが帰属していないという、「効果不帰属論」という見解がある。ただ、本書ではそもそも契約が成立していないと考えた。別段、誰にも帰属していない「契約」が成立していると考える必要はないからである（なお、効果不帰属論をとる論者も、効果不帰属の「効力は、取消に準ずる無効（意思無能力・錯誤の場合）とほとんど同じで、無効の一種とはいえないこともない」と述べていることを付言しておきたい〔四宮・注26〕引用『民法総則　第4版』260頁〕）。

279 この点につき、民法が規定する「取消し」は「撤回に他ならない」とするものの、「契約」が対象となることを正当化するために、次のように述べるものもある。「取り消しうべき行為の取消は、直接には法律行為の構成要素たる自己のなした意思表示の効力を消滅させ、ただその結果としての法律行為の効力を失わせるものであるが、ここにいう取消は、直接、法律行為そのものの効力を不発生に確定する行為である」（前掲注265）引用『注釈民法（4）』202頁〔中川淳執筆部分〕）。

　　しかし、現行民法115条で、きわめて特殊な用語法が採用されていると考えるよりも、一般的な枠組を前提としたうえで、現行民法では多少不注意に「契約の取消し」という表現が用いられていると考えたほうが素直であろう。

280 【「相手方の権利」にかんする議論の経緯】
　　現行民法114条と115条についての当初提案は、まず鹿野菜穂子によって（於2008年2月18日総則分科会）、次に磯村保によってなされ（於2008年3月5日総則分科会）、いずれも民法114条、115条の2か条構成を維持するものであった。また、磯村提案では、115条

第4章　権利の変動

4　無権代理人の責任

(1)　無権代理人の責任の規定の構造

　無権代理人の責任を規定した［新］66条では、まず同条柱書本文で、民法117条1項の内容を──文言変更をともないつつ──承継したうえで、相手方の選択権により、無権代理人が履行責任または損害賠償責任を負う旨を定めた（そのさい、現行法の「損害賠償の責任」という文言を「履行に代わる損害賠償の責任」とすることによって塡補賠償であることを明示した）。

　そして、同条ただし書において、この責任を免れるための例外を規定した。具体的には、まず、民法117条2項の内容を各号列挙のかたちに編成し直し、［新］66条ただし書の1号、3号にそれぞれおくとともに、無権代理人の意思能力の欠如という免責事由を同条ただし書の2号であらたに規定した（なお、形式のみならず規範内容としても、無権代理人が免責される要件を現行民法の相手方の軽過失免責から重過失免責に改めているが、この点は後述する）。

　このような規定にするにあたっては、いくつかの選択肢が存在していた。民法117条の内容が、次に詳論するようにかなり錯綜しているためである。

(2)　抗弁事由の要件化をめぐる問題

　現行民法117条は、1項で、無権代理人が相手方に対して履行責任または損害賠償責任を負うという「基本原則」を規定し、2項で、無権代理人の「免責事由」を規定している。この構成自体は、きわめて一般的な規定のしかたである。

　しかしながら、同条1項本文は、相手方に対して履行責任または損害賠償責任を負うという法律効果を発生させる要件（基本原則）のなかに、「自己の代理権を証明することができず、かつ、本人の追認を得ることができなかったとき」という文言をおいている。「自己の代理権を証明することができず」、すなわち有権代理でなかったことの証明責任は、無権代理人の責任を追及する者にあるから、

の「取消し」の文言は、可能なかぎり遡及的無効の場合に限定して用いることが適当であるとの理由により、「撤回」に変更されていた。
　その後、事務局により、それらを1か条に統合し、「無権代理人の相手方の権利」として、1項に催告権を、2項に撤回権を規定することが提案され（於2008年8月16日全体会議）、それが私法学会提出案70条となった。そのさい、同条2項の民法115条に対応する内容は、「意思表示の撤回」とされ、それが法曹提示案、国民有志案にそのまま受け継がれた。ただ、その後、川﨑政司による条文案の文言修正を受けるとともに、前述の「意思表示」の文言がより具体的に「契約の申込み又は承諾」の撤回と修正され（於2013年10月27日全体会議）、［新］65条2項に規定された。

現行民法117条1項本文は、あたかも要件と抗弁事由とが混在して規定されているかのような観を呈する条文となっている。

このような問題があることを意識しながらも、本民法改正案では、現行法の条文の構造を踏襲した。その理由を以下に述べておこう。

かりに、立証責任という観点から単純に割り切るのであれば、現行民法117条の要件・効果は次のようになる。まず、原則規定として、「他人の代理人として契約をした者は、相手方の選択に従い、相手方に対して履行又は損害賠償の責任を負う」という規範が存在している。その責任を免れるための抗弁事由は、以下の4点である。①本人から代理権を授与されていること、②本人の追認があること、③自己に代理権がないことを相手方が知っていたこと又は過失によって知らなかったこと、④代理行為をした時に制限行為能力者であったこと。

したがって、単純な立証責任論から規範内容を規定するのであれば、[新]66条1項に前段の「　」内に記した文言をおき、免責のためのただし書の各号列挙に上記①から④の4点を規定すればたりるであろう（なお、より正確にいうのであれば、本民法改正案が「意思能力の欠如」を規定していることにともない、この点を含めた5点の各号列挙が必要となる）。

ただ、このような体裁を採用すると、[新]66条の標題は、「無権代理人の責任」ではなく、有権代理と無権代理とを区別することのない、「代理人として契約をした者の責任」がふさわしく、規定の位置も変更されるべきことになる。それに加えて、「代理人として契約をした者」がいる場合には、有権代理であっても、相手方は本人と代理人とのいずれに請求してもよいという法構造となり、代理制度の根幹が崩れかねないのである。

現行民法117条1項で要件を規定するさいにあたかも抗弁事由が存在しないことを要件とせざるをえなかった理由は、ここに存在する。論理的には立証責任を重視する案も考えられるにもかかわらず[281]、最終的に現行民法117条の枠組を踏襲したのは、立証責任の問題を重視しすぎると生じてしまう前段に述べた問題——有権代理の場合に、相手方が本人と代理人のいずれに対しても当初請求をすることが可能であるという事態[282]——が生じるのを避けたいと考えたからである。

---

[281] 本文に述べた抗弁事由を5号にわたって規定する案参照。
[282] 本文に述べた、二つの請求につき、具体的に説明しておこう。まず、相手方の本人に対する当初請求は、契約にもとづく履行請求である（したがって、現行民法99条1項〔[新]53条1項〕にもとづく代理行為にもとづく契約の成立につき、①代理権の授与＋②顕名＋③意思表示の合致の3点を主張・立証する）。他方、代理人に対する当初請求としては、相手方が、代理人と相手方との間での意思表示の合致のみを主張・立証し、代理人が抗弁とし

第4章　権利の変動

　以上のように考え、[新] 66条では、現行民法117条1項の「自己の代理権を証明することができず、かつ、本人の追認を得ることができなかったとき」という文言に代えて、「本人と相手方との間に有効に契約が成立していることを証明できない限り」という文言をおくことにした。このように文言を変えても、立証責任のねじれの問題が解消されるわけではないし、また、「有効に契約が成立」するのは、有権代理の場合と本人の追認を得たときなので、規範内容に変更があるわけでもない（なお、表見代理は、[新] 66条以下で──民法109条の文言と同様──「責任を負う」という法律効果が与えられており、本人との間での「契約の成立」という法律効果は与えられていないので、この文言には含まれない[283]）。

　このように、現行民法と実質的な規範内容の変更がないにもかかわらず、文言を変更したのは、次の二つの利点があると考えたからである。第1は、[新] 66条によって、本人との間で契約が有効に成立しなかった場合において代理行為をした者の責任を規定したことが文言上明示されるので、現行民法よりも、「無権代理人の責任」という標題に条文の内容が近づくというメリットをあげることができる。第2は、現行民法と比べて、2種の免責事由の性格の差が条文上明示されることである。

　この点を若干補足的に説明すれば、民法117条1項は、本人に対する関係で契約を有効に成立させるための要件として、①有権代理であること、または②本人の追認があることの証明の2点をあげている。この2つの免責事由と、同条2項に掲げられた免責事由との差異がどこにあるのか、現行民法の文言からは一見して明らかではない。しかしながら、現行民法117条2項の免責事由は、本人との

　　て現行民法99条1項（[新] 53条1項）の顕名の要件を満たしていることを主張・立証する（この顕名の抗弁につき相手方が否認した場合には、100条本文 [新] 54条1項本文］の規定が適用されるが、それに対する予備的抗弁として、代理人は100条ただし書〔[新] 54条1項ただし書〕の内容を主張・立証することとなる）。

283　なお、我妻説は、表見代理の規定が無権代理の規定に先立って適用され、かりに表見代理が成立する場合には、無権代理行為の相手方は無権代理人の責任を問いえないとする（我妻・前掲注25）引用『民法講義Ⅰ 民法総則』381頁）。このような立場からは、表見代理も無権代理人に対する請求の免責事由として取り扱われることになる。しかし、この我妻説の考え方は、後に判例で否定された（最判昭和62年7月7日民集41巻5号1133頁）。無権代理行為があった場合に、それと関連する三当事者のなかで、最終的に責任をとるべきは無権代理人である。相手方が、その最終的な責任者である無権代理人に請求しているにもかかわらず、その請求を否定すると、相手方は本人にまず請求し、次いで、本人が表見代理をした無権代理人の責任を問うことになる。相手方が直裁に無権代理人に請求しているにもかかわらず、我妻説が説くような迂回路を当事者に強いる実益は何も存在しない。そこで、本民法改正案は、この判例の立場を是とし、表見代理の成立による免責は認めないこととした。

契約が成立しなくても、無権代理人と相手方の要保護性の比較から、相手方が悪意・有過失の場合には相手方の保護必要性を否定し、また、無権代理人が制限行為能力者であるときには無権代理人を保護しようとするものにすぎず、同条1項の免責事由が、より本来的な次元での「無責性」──「他人の代理人として契約をした者」は、代理行為の効果が本人に帰属する以上、無権代理人としての責任を追及される理由はないという──を規定したものであることとくらべると、両者は大きな性格の違いがある。この「無責性」は、「有効に契約が成立」していることから導かれるものであるが、民法117条1項は、この大本の「有効に契約が成立」する原因として①、②を列挙したので、同条2項との差異がみえにくくなったのである。

以上の点を考慮し、［新］66条のような文言に変更することとしたが、端的に、「契約が成立していることを証明できない限り」の文言にすると、「有権代理による契約の成立」以外の、無権代理行為がなされた後の、本人の「追認による契約の成立」が含まれるというニュアンスが読みとりにくいので、あえて「有効に契約が存在していることを証明できない限り」との文言を選択することとした。

(3) その他の変更点
① 「過失」から「重過失」へ

［新］66条では、民法117条2項の内容を1号に規定するにさいして──相手方の「過失」──を「重大な過失」に変更した。

民法117条2項は、相手方が無権代理であることを「過失」により知らなかったときは無権代理人の責任を問えないものと規定している。これを「重過失」に限定した下級審判決に対し、最高裁判例は、「民法は、過失と重大な過失とを明らかに区別して規定して」いるので、ここでも民法の文言に忠実であるべきであり、また、民法117条は「相手方の保護と取引の安全並びに代理制度の信用保持のために、法律が特別に認めた無過失責任」であることを理由に、相手方の「過失」要件を維持している[284]。

しかし、この民法117条の無権代理人の責任は無過失責任である[285]とはいえ、

---

284 最判昭和62年7月7日民集41巻5号1133頁。
285 多様な事例のなかには、無権代理人が、自分に代理権がないことにつき悪意の場合も有過失の場合も無過失の場合もありうるところである。学説には、次のような事例をあげて、民法117条の無過失責任性に疑問を呈するものもある。すなわち、授権のもととなった委任契約が第三者の強迫等を理由に取り消された等の場合にあっては、無権代理人が無過失であることもじゅうぶんありうる。このような無権代理人に無過失責任を課すことが合理的であるのか（佐久間・注29）引用『民法の基礎1』292頁）。

第4章　権利の変動

多くの事例では、無権代理人は、自分自身が無権代理行為を行っていることを知っているであろう。そうであれば、相手方の軽過失の場合には、無権代理人の責任を認めてよい、という考え方のほうが自然であると思われる。以上のように考え、[新] 66条1号において、相手方に「重過失」がある場合には、無権代理人の責任を追及できないものとした。

② 「意思能力の欠如」についての号の新設

現行民法117条2項は無権代理人が行為能力を有していない場合の免責についても規定しているが、本民法改正案においては、これに加えて意思能力を欠如した場合についても規定することとした（[新] 66条2号）。これは、[新] 8条に意思能力の欠如による法律行為の取消しを規定したことに対応したものである。この理由は、意思能力を欠如した者は ── 制限行為能力者と同様 ── 自ら法律行為をしたときに取消権を行使すれば、その責任を負わないことからすると、無権代理人として法律行為をおこなったときにも、制限行為能力者と同様に責任を負う必要はないことにある[286]。

　　多くの事例のなかには、佐久間説が指摘するような無権代理人に無過失責任を負わせることが酷な事例も、少数ながら存在することは事実である。ただ、そのような事例においては無権代理人に責任を認めないという解釈論 ── 無過失責任否定論 ── をとった場合には、代理人相手に取引をした者は、本人に対しても代理人に対しても請求できないというリスクを意識せざるをえないことになる。そして、社会における商取引のほとんどが代理制度を利用しながら行われていることを考えると、前注引用の昭和62年判例が述べるように、民法117条が「取引の安全並びに代理制度の信用保持のために、法律が特別に認めた無過失責任」であるという側面は無視しがたい。民法117条のもとでは、代理制度の信用保持をつうじて取引の円滑な運用を維持するために、数が少ない事案における個別当事者の要保護性のバランス論が視野の外におかれていると考えるべきであろう。この観点からは、現行民法が採用している無権代理人の無過失責任制度は維持されるべきものと考える。

　　取引の安全を重視する立場からは、とりあえず代理人と取引きをした相手方については、本人または代理人のいずれかの責任は追及しうるという枠組は維持したうえで、本人と代理人、あるいは強迫者と代理人との間でこのような問題が生じた場合の責任分担を考えるのが適切であると考える。

286【無権代理人の責任にかんする議論の経緯】

　　無権代理人の責任についての当初提案は、磯村保によってなされた（於2007年3月4日～5日総則分科会）。この提案は、民法117条を基本的には受け継ぎながら、無権代理人が責任を負う原則的場合と責任を免れる例外的場合を、証明責任を考慮して1項・2項で書き分けることとして、117条1項に規定されている本人の追認の問題を2項に移動させていた。

　　この磯村案は、若干の文言修正のほか、私法学会提案公表の直前に、無権代理人の免責の要件が相手方の「有過失」から「重過失」に修正されることになった。これは、岡孝からの、無権代理人は、通例であれば、無権代理行為であることを知っているのに、相手方が軽過失でも無権代理人が責任を免れるのはおかしい、との指摘を容れたものであった（於2008年9月15日の個別提案）。この「重過失」の免責要件は、私法学会提出案、法曹提示

第一編　総則

5　単独行為の無権代理

単独行為の無権代理の取扱いは、4段階に分かれる。

第1に、単独行為の無権代理では、本人に効力が生じないのが大原則である。

第2に、本人による追認も認められない。なぜなら、契約の無権代理については、本人による追認があれば相手方の予期も保護されるのに対し、単独行為の無権代理においては、本人の追認を認めると、本人は都合のよいときだけ追認をすることができ、本人の利益を偏重することになるためである。

単独行為には、相手方が存在するものと、存在しないものの2種がある。たとえば所有権の放棄、相続の承認・放棄等は、相手方のない単独行為であり、取消しうべき行為の追認・取消し、契約の解除等は相手方のある単独行為である。相手方が存在しない単独行為については、以上の2つの原則を貫徹すればじゅうぶんである。本民法改正案では、第1の原則については、無権代理の目の冒頭規定

案となり、本民法改正案にいたるまで維持されている。

　上記の磯村提案と岡の指摘をふまえた法曹提示案は、現行民法と同様、2項構成であった。しかし、後にそれを1項構成とし、免責事由をただし書の各号列挙のかたちに書き改めた事務局案が国民有志案となった。

　国民有志案公表後には、意思能力の欠如を抗弁事由に加え、それに［新］8条2項本文に該当する「原因において自由な行為」を例外事由として付加すべきこととされた（於2012年8月4日全体会議）。この修正を受けて、本人・相手方・無権代理人をめぐる抗弁事由の順にならべられ、①本人の追認、②相手方の悪意・重過失、③無権代理人の意思能力の欠如、④無権代理人が制限行為能力者であったこと、の4号構成とされた。

　しかし、上記のような変遷を遂げたが、1項は依然として「代理人として意思表示をした者は、自己の代理権を証明した場合を除き、相手方の選択に従い、相手方に対して履行又は損害賠償の責任を負う。ただし、次に掲げる場合は、この限りでない」とされていた。ここでは、本文の原則とただし書による免責という構成がとられているにもかかわらず、有権代理であることによる免責は、本文におかれたままである。民法117条が、1項が原則、2項が免責事由という構成をとりながら、1項の原則のなかに、有権代理による免責と本人の追認を得たことによる免責を規定しているところ、この段階の案は、本人の追認の部分だけを移動したかたちとなっていた。

　もちろん、立証責任を条文の形式のうえでも明示することのみを重視するのであれば、［新］66条柱書本文を「他人の代理人として契約をした者は、相手方の選択に従い、相手方に対して履行又は損害賠償の責任を負う」としておいて、抗弁事由に「意思能力の欠如」を加えた5号を列挙するという案も、論理的にはありうるであろう。しかしながら、有権代理による免責を原則規定からはずすことは、本文に述べたように、代理制度の根幹を揺るがすことになりかねない。そこで、民法117条が、立証責任の観点からは5つ存在する免責事由のうちの2つを原則規定のなかにおいたことの意味を再考し、この2つの免責事由を、本人との間での「契約の存在」という根源的無責性を導くものとして、本民法改正案でも原則規定におくこととし（於2013年10月27日全体会議）、それが［新］66条となった。

第 4 章　権利の変動

である［新］63条において、法律行為一般の無権代理——すなわち、契約、単独行為、合同行為の無権代理——についての大原則として、すでに規定した。したがって、［新］67条が規定するのは、第2の原則からであり、上述した第2の原則は、同条1項に規定されている。

　第3は、第2のルールの例外である。たしかに、相手方がいる単独行為は、契約と利益状況が類似する可能性がある[287]。しかし、両者は次の点で異なっている。契約の場合、申込みを受けた相手方は、承諾をするか否かという選択権を常に与えられている。しかしながら、単独行為にあっては、相手方にこのような選択権が与えられている場合と与えられていない場合の双方がある。相手方が、自分自身に対して無権代理人が意思表示をすることに同意した場合、あるいは、意思表示をした者が代理権を有していない点を争わない場合には、この種の選択権を与えられると考えてよいので、契約の無権代理と同様に扱ってよいことになる。

　上記のような利益状況を念頭におき、［新］67条2項1号、2号を規定した。この2つの号のいずれかに該当する場合には、追認権をはじめとする契約の無権代理の規定を、相手方がいる単独行為にも準用することとした。

　前段に述べた内容は、現行民法118条前段にも規定されている。しかしながら、現行民法118条前段は、第2の原則には触れることなく、第3のルールを規定したので、条文の文言からは、これが例外にすぎないということが明らかでない。その結果、一見しただけでは、118条の条文の意味がわかりにくくなっている。そこで、本民法改正案では、まず、［新］67条1項に第2の原則を規定したうえで、同条2項の冒頭には「前項の規定にかかわらず」という文言をおくことによって、2項の規定の内容が1項の第2の原則の例外であることを明示した。

　第4は、単独行為の無権代理の受働代理についての規定である。受働代理にあっても、無権代理人に対する意思表示が効力は生じない。このことは［新］63条2項にすでに規定したところであるから、重ねて規定をおく意味はない。［新］67条4項をおく意味は、次段に述べるような場合に、例外的な取扱いの必要がわずかながら生じるからである。

　単独行為の無権代理の受働代理であっても、単独行為の相手方が、無権代理人であることを知りながらその無権代理人に対して解除の意思表示をした等の場合は、能働代理の場合とパラレルに取り扱って差し支えないケースもあるであろう。しかしながら、無権代理人が、無関係の者から意思表示を受けた場合に、常に代

---

[287] 相手方がいない単独行為であれば、たとえ無権代理がなされても、無権代理人の責任を追及する必要がある当事者は存在しないので、無権代理人の責任を認める必要もない。

第一編　総則

理権がないことを無関係の者に告知しなければならないとするのは酷というべきである。したがって、[新] 67条4項では、単独行為の無権代理の受働代理について、[新] 67条2項1号、2号のうち、1号に対応する場合にのみ、契約の無権代理と同様の取扱いをすることを規定した[288]。

---

288 【単独行為の無権代理と合同行為の無権代理をめぐる議論の経緯】
(ⅰ) 当初模索された2つの方向性
　本民法改正案の策定過程においては、単独行為の無権代理と合同行為の無権代理をいかに取り扱うかが大きな問題であった。考え方として、当初、次の2つの方向が模索された。1つは、無権代理についても ── 前に規定された有権代理、次に規定される表見代理の規定と同様 ── 法律行為一般について規定し、契約、単独行為、合同行為についての個別の規定はおかない、という方向である。もう1つは、契約、単独行為、合同行為のそれぞれについて無権代理を個別に規定するという方向である。研究会での議論には紆余曲折があり、最終的にはこの2つの考え方の折衷案が採用されたが、議論の大きな流れから述べることにしよう。
　まず、第1の方向性は、単独行為の無権代理について貫徹できないことが明らかとなった。なぜなら、①単独行為の無権代理については、本人に対する法律効果の不発生が原則であり、②一般には、本人による追認も認められないが、③現行民法118条が規定する、相手方がある単独行為の一部につき例外を認めるという規範内容となるところ、この規範内容を法律行為一般の無権代理という枠組のなかで規定することは困難であったからである（この点の詳細は、項を改めて (ⅵ) で紹介することとする）。
　そこで、単独行為の無権代理を別個に規定をおくというもう1つの方向が模索され、現行民法にはない合同行為の無権代理を規定することも試みられた。議論の過程では、単独行為の無権代理の問題と合同行為の無権代理を、ときに分離して、ときに統合して規定する、という条文案が提示された。さまざまな提案がなされたが、この【議論の経緯】においては、両者をまとめて、時系列的に紹介することとする。

(ⅱ) 単独行為の無権代理についての当初提案
　民法改正研究会における、単独行為の無権代理についての当初提案は、鹿野菜穂子によるものであり（於2007年2月18日総則分科会）、それに対し、磯村保による現行法維持案が提案された（於2007年3月4日〜5日総則分科会）。それから間もなく、鹿野自身による修正案が提案された。ここでは、規範内容がわかりやすい、この修正案を紹介することとしたい。

（単独行為の無権代理・経過案・2007年3月15日鹿野案）
N条①：代理権を有しない者が他人の代理人としてなした単独行為は、本人に対してその効力を生じない。
　　②：前項の規定にかかわらず、相手方のある単独行為において、相手方が、代理人と称する者が代理権を有しないで行為をすることに同意し、又はその代理権を争わなかったときについては、第N条（無権代理）から前条（無権代理人の責任）までの規定を準用する。
　　③：相手方が無権代理人の同意を得て単独行為をしたときも、前項と同様とする。
　上記に示した鹿野案は、まず1項で、民法118条が省略した原則（単独行為の無権代理の場合の法律効果の不発生）を明示し、2項では、その例外が相手方のある単独行為について

第4章 権利の変動

のみ認められることも明記し、3項で受働代理について規定するものであった。これによって、現行民法118条にみられる不透明感を払拭することが試みられたのである。

(iii)「単独行為と合同行為の無権代理」へ
　私法学会提出案においては、法律行為の冒頭規定である48条1項は、「本法において、法律行為とは、単独行為、契約、合同行為をいう。」と規定した（なお、私法学会提出案の次の法曹提示案についてであるが、本書393頁参照）。そこで、無権代理についても、私法学会提出案72条では、上記鹿野案の単独行為の無権代理の規定に、4項として合同行為にかんする条文が追加され、「単独行為と合同行為の無権代理」との標題が付された。

（単独行為と合同行為の無権代理・経過案・私法学会提出案微修正案）
72条④：第一項、第二項の規定は、合同行為に準用する。ただし、（私法学会提出案）第七十条（無権代理の相手方の権利）第二項の撤回は、裁判所が相当と認めるときに限る。

　私法学会提出案における法律行為の箇所の合同行為の規定は、条文上は明示されていなかったものの、社団設立行為を念頭においたものであった。そこで、合同行為の無権代理についても、基本的には、相手方のある単独行為の無権代理についての規定が準用されているが、無権代理の相手方の撤回権（私法学会提出案70条2項〔現行民法115条に対応〕）には限定を加え、社団設立行為の安定性を確保しようとした（民法改正研究会起草・前掲注195）引用『日本民法改正試案 第1分冊：総則・物権』74頁の解説参照）。この規定は、法曹提示案73条に承継された。

(iv)「単独行為の無権代理」と「合同行為の無権代理」の分離
　その後、文言の大幅な修正がなされ、私法学会提出案、法曹提示案の4項の構成は、国民有志案では、「単独行為の無権代理」、「合同行為の無権代理」の2か条に分離された。その国民有志案に、川﨑政司による種々の指摘がなされ、その修正が加えられたものが、以下の条文案である。

（単独行為の無権代理・経過案・国民有志案修正案）
74条①：無権代理人が他人の代理人としてした単独行為は、その行為に相手方がいないときは、本人に対してその効力を生じない。この場合において、本人は、追認することができない。
　　②：無権代理人が他人の代理人としてした単独行為に相手方がいる場合において、相手方が、その行為の時においてその無権代理人が代理権を有しないで行為をすることに同意し、又はその代理権を争わなかったときは、前三条の規定を準用する。相手方が無権代理人に対してその同意を得て単独行為をしたときも、同様とする。

（合同行為の無権代理・経過案・国民有志案修正案）
75条①：無権代理人が他人の代理人としてした合同行為は、本人に対してその効力を生じない。
　　②：前項の場合において本人が合同行為をしたいずれかの者（無権代理人を除く。）に無権代理行為を追認したときは、合同行為の時にさかのぼって有効な代理行為と

第一編　総則

③：本人による無権代理行為の追認拒絶は、合同行為をした者全員に対してしなければ、その効力を生じない。
④：無権代理人が他人の代理人として合同行為をした場合において、合同行為の他の当事者全員が、その行為の時において代理人と称する者が代理権を有しないで行為をすることに同意し、又はその代理権を争わなかったときは、(国民有志案) 第七十一条 (無権代理と本人の追認) から (国民有志案) 第七十三条 (無権代理人の責任) までの規定を準用する。ただし、(国民有志案) 第七十二条 (無権代理の相手方の権利) 第二項の撤回は、裁判所が相当と認めるときに限り、行うことができる。

(v) 「合同行為の無権代理」の規定の削除

注188)、注189) に述べたように、国民有志案公表後、法律行為の箇所に、契約・単独行為・合同行為について規定するという方針は放棄された。この変更によって、無権代理の箇所だけに「合同行為の無権代理」についての規定をおくことには、違和感が生じることになった。

さらに、国民有志案の「合同行為の無権代理」は、法人の設立行為を主として念頭において規定したものであった。しかしながら、同じく合同行為とされる、「総会の決議」等にその規範内容をそのまま適用すると、追認による総会決議内容の変更等も生じうることとなり、この規範内容は、合同行為のうちの法人設立行為にのみ妥当するままでよいのか、という点も問題となった。

このようにして、「合同行為」一般についての無権代理の規定をおくことは困難であるとの結論に達した (於2011年12月17日全体会議)。

(vi) 単独行為の無権代理の削除案の再検討

国民有志案公表後、(v) で述べた最終結論にいたる過程では、方向性の再検討 (ゆりもどし) も実はあった。単に「合同行為の無権代理」を削除するばかりでなく、「契約の無権代理」も「単独行為の無権代理」も削除し、「意思表示一般の無権代理」を規定することによって、法律行為の箇所と、有権代理・表見代理の箇所との平仄をとるための提案が試みられたのである。

そのさい、民法113条以下の「契約」の無権代理の規定については、「契約」の文言を「意思表示」におきかえても、特段の問題は生じないとの考えで、研究会の意見は一致した。しかしながら、もっとも問題とされたのが、「単独行為の無権代理」の規定を削除することの影響である。その間の事情を以下に紹介することにする。

まず、さきに紹介した「単独行為の無権代理」についての国民有志案74条1項を規定する必要があるか否かを検討した。結論を最初に述べれば、法技術論を駆使することをいとわなければ、すなわち、国民にわかりやすい民法という視点を重視しなければ、同条1項の削除は可能であった。

その理由は、国民有志案71条 (無権代理と本人の追認) では、「契約」についてではなく「意思表示」一般についての無権代理が規定していることにある。この結果、同74条1項前段が規定している、単独行為の無権代理の場合の法律効果の不発生は、同71条1項に含まれることになるので、特別の規定は不要となる。

これに対して、同項後段の「本人は、追認することができない」という規定は必須である

第 4 章　権利の変動

かのようにみえる。しかし、法技術論としては、同 71 条 3 項で、「追認……は、意思表示の相手方に対してしなければ効力を生じない」と規定しているので、相手方がいない以上、追認の余地はない、と解することができる。また、「相手方」がいない以上、「無権代理の相手方の権利」（同 72 条）も問題となることはありえないし、「無権代理人の責任」（同 73 条）を問う法主体も存在しない。このような検討の結果、国民有志案 74 条 1 項が規定している相手方がいない単独行為については、法技術論を駆使するのであれば、特別の規定をおく必要はないとの結論にいたった。

　次に、国民有志案 74 条 2 項が規定している相手方がいる単独行為について検討した。その当時検討中の改正案では、民法の「契約」の文言を「意思表示」一般に改める予定であった。そうである以上、単独行為の無権代理についても、同 71 条（無権代理人と本人の追認）、同 72 条（無権代理人の相手方の権利）、同 73 条（無権代理人の責任）本文の規定が適用されるので、とくに準用規定をおく必要はないことになる。

　ただ、多少問題となるのは、無権代理人の単独行為に対する相手方の撤回権（同 72 条 2 項）が適用されるかという点であるが、相手方が無権代理人に意思表示をしたという受働代理の場合については少なくとも適用があるといえるであろう。

　また、同項が規定する「相手方が、その行為の時において代理人と称する者が代理権を有しないで行為をすることに同意」していたときに、同 73 条（無権代理人の責任）の規定が適用されるのはきわめて奇妙なようにみえるが、この場合には、同条 1 号の「相手方が無権代理行為であることを知っていたとき」に該当するので、無権代理人の責任は発生しないことになる。

　以上に述べた点は、法技術論を一定程度身につければ、解釈で導きだせる内容であるから、単独行為について独自の規定は不要である。しかし、一見すると、現行民法 118 条、国民有志案 74 条 2 項が意味を有するのではないかと思われる場合として、次の例が検討された。かりに同 74 条 2 項が削除されると、単独行為の相手方が代理人と称している者の代理権を争っている場合に、本人が追認できる、ということになりかねない。現行民法のもとであれば、113 条 1 項は契約についての規定であって単独行為に適用されないので、本人は追認できない。また、国民有志案においても、同 74 条を削除しなければ同一の結果が導かれる。ところが、国民有志案 74 条 2 項を削除してしまうと、逆の結論が導かれてしまうのである。

　もちろん、多少詭弁性がある議論であることは否定できないが、次のような論理を展開して反論することも可能である。かりに、本人が追認できないと規定しても、本人がその無権代理行為の結果を自己との関係で発生させることを欲するのであれば、追認をする代わりに、代理人と称している者にその点の代理権を授与したうえで単独行為の代理をさせれば、それは有効な代理行為として効力を有することになる。唯一の違いは、追認の遡及効はこの場合に適用されないので、効力発生時期に差異が生じるだけである。以上のように考えると、国民有志案 74 条 2 項も基本的には不要な規定であるとの結論を導くことも可能である。

　なお、民法 118 条後段、国民有志案 74 条 3 項（(iv) で紹介した国民有志案修正案 74 条 2 項後段に対応）について検討すれば、これは、受働代理としてなされた単独行為の無権代理の規定なので、以上の検討した理由が基本的にあてはまると考える。

　以上のような考察から、無権代理の規定すべてにおいて、契約、単独行為、合同行為の文言をおくことなく、意思表示ないし法律行為一般の無権代理とするための次のような条文案が作成された。

　その条文提案の内容を、本民法改正案の規定にそくして説明すれば、以下のようになる。まず、[新] 63 条に対応する規定を、そのまま無権代理の冒頭規定としたうえで、[新] 67

第一編　総則

第3目　表見代理等

【前注】

1　表見代理の目の創設

（1）　目の新設と標題の変更

　民法109条の「代理権授与の表示による表見代理」、110条の「権限外の行為の表見代理」、112条の「代理権消滅後の表見代理」の3か条は、講学上、一つの規定群と考えられている。それは、しばしば、表現代理には3種あるとも説明されることからも明らかである。ただ、前述したように、これらの3か条の間に、民法111条の「代理権の消滅事由」の規定がおかれており、現在の理解を前提とすると、表見代理規定が分断されている。そこで、本民法改正案では、この3か条を1つの目として規定しなおした。

　また、小さな問題ではあるが、これらの条文の標題について、本民法改正案では、民法110条の「権限外の行為の表見代理」を「越権行為による表見代理」に変更し、109条の標題も「代理権授与の表示による表見代理」を「代理権授与表

条に対応する規定をおかないことにする。そのうえで、本民法改正案の文言を以下のように変更する。［新］64条1項につき、「無権代理人が締結した契約」を「無権代理人がした法律行為」に変更し、同条2項の「契約」を「法律行為」に、［新］65条1項、2項の「無権代理人が締結した契約」を「無権代理人がした法律行為」に、同条2項の「自らの契約の申込み又は承諾」を「自らの意思表示」、「契約を締結した時」を「法律行為をした時」に、［新］66条1項の「契約を締結した」を「法律行為をした」、「契約が存在」を「法律行為が存在」に変更する。

(vii)　本民法改正案の構成の選択
　(vi)に述べたように規定すれば、有権代理・無権代理・表見代理の区別なく、代理法全体を法律行為一般についての規定とすることが可能となり、契約・単独行為・合同行為の区分を代理法の一部である無権代理に持ち込む必要もなくなることは事実である。
　しかしながら、(vi)に紹介した条文案が国民にわかりやすい民法となるのかについては疑問があった。また、日本のみならず、ドイツ民法180条にも単独行為の無権代理についての規定がおかれており、そのもとで安定的な法運用が行われてきている。そのような状況のもとで、法技術論を駆使することによって、代理法全体の統一性を確保することが可能であるとしても、国民のわかりやすさという観点からは、国民有志案74条の規定に明示された内容を削除することが社会的に望ましいか否かはまた別問題であろう。
　以上のような考慮のもと、本民法改正案の無権代理の目の構成——最初に、意思表示一般の無権代理を規定したうえで、その後に契約、単独行為の無権代理を規定する構成——が採用されることとなった（於2012年8月4日全体会議）。

示による表見代理」に微修正している。前者については、規範内容をより的確に示すためであり、後者については、講学上、しばしば「の」を削除して用いられていることを考慮したためである。

（２）　３種の表見代理の規定の順序

現行民法の表見代理の規定は、すでに述べたように、現行民法111条と112条は、代理権の消滅とその対抗という理解でまとめられている。本書448頁に述べたように、現行民法起草当時には、現在、表見代理といわれている規定は、もともと一群の規定としてとらえられてはいなかったので、その順序も特定の考えのもとに配置されたものではない。ただ、それらの規定の内容を考えると、①「越権行為による表見代理」（民法110条に相当）と②「代理権消滅後の表見代理」（民法112条に相当）は、「有効な基本代理権を有している者」と「代理権を有していた者」による無権代理を取り扱い、③「代理権授与表示による表見代理」（民法109条に相当）は、そもそも代理権が与えられていない者による無権代理を取り扱い、それらに表見代理として本人に対する効力を一定の場合に与えようとするものである。この３種の表見代理と通常の有権代理との距離を考えると、①②③の順でより有権代理に近い。

また、表見代理のうち、裁判でもっとも問題となる頻度が高いのは、①の「越権行為による表見代理」である[289]。

さらに、２で述べるように、この３種の表見代理における本人帰責性の違いが、本人の抗弁事由の内容に——本人の抗弁事由は、①②が同一であり、③が異なるというかたちで——影響を与えることになる。

以上の３点を考慮し、本民法改正案では、表見代理の規定を①②③の順におくことにした。

（３）　表見代理の重畳適用の規定と名義貸与規定の新設

本民法改正案では、表見代理の目に、「表見代理の重畳適用」と「名義貸与者の責任」の規定もあらたにおくこととした。

---

[289] 公表された判例数を指標としてみると、民法110条の表見代理が判例数にして589件あるのに対し、109条は146件、112条は59件と、他を圧している（判例数については、加藤・注11）引用『新民法大系Ⅰ』431頁参照）。

2　3種の表見代理における要保護性の相違

（1）　本人の帰責性の検討

　3つの表見代理は、いずれも無権代理であるにもかかわらず、本人が代理行為の結果を引き受けるという意味では共通の内容となっている。しかし、本人・無権代理人・相手方の3者の要保護性程度は必ずしも同一ではない。

　①②は、ともに代理人が無権代理行為を ── ①にあっては権限を越えて、②にあっては権限消滅後に ── 行ったもので、ほとんどの場合には、責められるべきは無権代理人であり、ともにある意味「被害者」とも評することができる本人と相手方のいずれを保護するかという問題である。

　これに対し、③は、無権代理人の帰責性とともに、実体をともなわない代理権授与表示をした本人にも無権代理行為が行われた責任を帰せられる場合が多いと思われる。この規定にあっては、本人を常に、相手方と同じような「被害者」として位置づけることは必ずしも適切ではない。

　また、無権代理行為が行われてしまったことに対する本人の関与の度合いを、任意代理に限定したうえで考えると、①の「越権行為による表見代理」と②の「代理権消滅後の表見代理」とでは、本人が結果として無権代理行為をするような代理人を選んだという、いわば過失はありえても故意は考えられないレベルにすぎない。それに対し、③の「代理権授与表示による表見代理」では、本人が、実際には代理権を与えていないことを知っている事案も多く、そこでは故意も考えられるところである。

　本民法改正案において3種の表見代理を規定するにあたっては、この外観作出にかんする本人の関与の度合いの違いを考慮する必要がある[290]。

（2）　現行民法の規定と、規定のあるべき方向

　現行民法においては、表見代理の3つの条文の形式はきわめて不統一である。この不統一性は、条文の体裁に如実に表われている。

　具体的にいえば、民法109条は、代理権授与の表示を与えた者が責任を負う限界につき、そのただし書で、表示を与えた者が「第三者」の悪意・有過失を立証すべきものと規定している。また、民法110条の「権限外の行為の表見代理」は、「第三者」の善意・無過失を意味するとされる「権限ありと信ずべき正当な理由」

---

[290]　近時の議論においても、代理権授与表示による表見代理は、他の表見代理の類型とは、第三者保護の要請に違いがあるとの指摘が中舎寛樹教授よりなされていることに留意されたい（於2009年3月30日民法改正フォーラム・学界編）。

第 4 章　権利の変動

が、形式としては要件として本文に規定されているが、学説には一様ではないものの、これを抗弁として扱うものも少なくない[291]。これに対し、112 条の「代理権消滅後の表見代理」は、形式的には代理権の消滅を第三者に対抗することができるかという問題としたうえで、本文で「第三者」の善意を要件として、ただし書では「第三者」の過失が免責事由として、それぞれ立証責任が異なるものとして規定している。

　はたして、このような不統一な規定の仕方が適切なのであろうか。この 3 つの表見代理の条文において、本人の帰責性を考慮して、いかに抗弁等を規定すべきかは、それぞれの条文が念頭においている状況にそくして具体的に検討する必要があるので、詳細は、各論的な検討に譲り、ここでは枠組だけを示しておくことにする。

　①の「越権行為による表見代理」と②の「代理権消滅後の表見代理」とについて、相手方の保護されるべき範囲と立証責任を考えてみよう。これらの事案においては、本人は、無権代理行為が行なわれていることを知らないことが多い。ただ、そのような行為をする無権代理人を選任したのは本人である。そして、相手方にとっても、代理行為が無権代理であることを知ることが困難なことが多い。そこで、相手方は自己の善意のみを主張・立証すればよく、本人は相手方の過失の立証責任を負うのが適切ではないかと思われる。

　これに対し、③は、代理権を与えていないにもかかわらず、代理権授与の表示をおこなったのは本人である。代理権授与の表示を、（ⅰ）代理権を与えていないことを本人が知りながら故意に行う場合が多いであろうが、（ⅱ）過失または無過失で行う場合もありうるであろう。

　（ⅰ）の故意に行った場合には、基本的に本人が相手方に責任を負うと考えてよいであろうが、相手方が無権代理行為であることを知っていたときは、相手方にも要保護性はない。（ⅱ）の過失または無過失で行った場合は、本人の要保護性は、過失であれば、①②と極端には変らないことになろう[292]。

　このような利益状況の相違をふまえると、①②と③とでは、無権代理人と法律行為を行った相手方が保護される範囲は同一ではないから、立証責任も同一に考

291　学説は、多岐にのぼるうえに中間的な立場をとるものもあるが、詳細については、前掲注 265) 引用『注釈民法（4）』145 頁（椿寿夫執筆部分）参照。
292　109 条型の表見代理を考えるさいの故意の内容について一言しておこう。109 条型の表見代理が問題となる場合には、2 種の故意が考えられる。ひとつは、代理権授与表示を行ったことの認識であり、他方は授与表示を行っているにもかかわらず、現実には代理権が授与されていないことの認識であるが、本文が問題にしているのは、後者についてである。

第一編　総則

えるべきではない。したがって、より細分化した立証責任ルールが求められる。
　このような観点から、本民法改正案における３つの表見代理の規定の内容と順序は、現行民法のそれとは異なっているが、その点の詳細は、【議論の経緯】とそれぞれの条文についての解説に譲ることとする[293]。

---

293 【表見代理の規定の順序にかんする議論の経緯】
　（ⅰ）当初提案から国民有志案まで
　　表見代理の構成については、当初の段階から、現行民法とは異なり、表見代理についての３か条をまとめて「第三目　表見代理」としてまとめておくという方針が確認され、それが私法学会提出案以降、本民法改正案にいたるまで承継されている（ただし、本文に述べたように、名義貸与者の責任を別条文として規定したことにともない、本民法改正案では、第三目の標題を「表見代理等」と変更している）。
　　表見代理にかんする当初提案は、鹿野菜穂子によるものであり（於 2007 年 2 月 18 日総則分科会、2007 年 3 月 18 日全体会議）、そのかなりの部分が――途中、紆余曲折があったものの――本民法改正案に採用された。
　　鹿野の提案のもっとも特徴的な点は、まず、民法 109 条に該当する規定を冒頭においた後、それに続く、民法 110 条、112 条に該当する規定は、冒頭条文を準用するという形式をとり、体裁を統一しようとすることにあった。私法学会提出案および法曹提示案は、この形式を採用したが、国民有志案において大きく変更された。その理由は、民法 109 条に該当する規定と、110 条、112 条に該当する規定では、責任を負う者の帰責の程度が異なっており、また、責任を負う主体が、自ら本人らしき外観を作り出した者と、本人（ないし本人であった者）と異なっているので、３か条は、それぞれ規範内容が異なるべきで、冒頭条文（109 条に該当）の準用規定としてくくるべきではない、という点にあった。

　（ⅱ）表見代理単一条文案の試み
　　なお、国民有志案公表後、表見代理をより簡明なかたちで規定することができないかにつき、事務局がいくつかの条文提案を試みた。さまざまな試案があったが、そのうちの１つは、下記のように、１項で３つの表見代理を各号列挙にしてまとめて本文に規定したうえで、ただし書で相手方の悪意・有過失を本人の各号共通の抗弁としつつ、さらに、２項で、表見代理の重畳適用の規定をおくという、かなり特徴的な案であった。

（表見代理とその重畳適用・経過案・2012 年 1 月 24 日事務局案）
Ｎ条①：(国民有志案) 第七十一条（無権代理と本人の追認）第一項の規定にかかわらず、本人又は代理権授与の表示をした者は、次の各号のいずれかに該当する表見代理行為について、相手方に対してその責任を負う。ただし、相手方が、無権代理であることにつき、悪意又は過失があるときは、この限りでない。
　　一　越権行為による表見代理行為（与えられた基本代理権の範囲を超えて、代理人がした無権代理行為をいう。）
　　二　代理権消滅後の表見代理行為（与えられた代理権消滅後に、代理人であった者がした無権代理行為をいう。）
　　三　代理権授与表示による表見代理行為（表示上、代理権を授与された者がした無権代理行為をいう。）
　②：本人又は代理権授与の表示を与えた者は、前項の規定に基づく責任を負わない場合

第4章　権利の変動

であっても、次の各号のいずれかに該当する場合は、相手方に対してその責任を負う。この場合においては、前項ただし書の規定を準用する。
一　代理権を有していた者がその代理権の消滅後に、基本代理権の範囲を超えた無権理行為がなされたとき
二　前項三号の代理権授与の範囲を超えた無権代理行為がなされたとき
三　前項三号により表示上授与された権限消滅後に無権代理行為がなされたとき
四　前項三号により表示上授与された権限消滅後に、表示された権限の範囲を超えた無権代理行為がなされたとき

　この提案の趣旨は、民法では各条の標題となっている表見代理の類型を指示する文言をいかしつつ、かつ、表見代理の3類型を1つの項にまとめ、それによって、ただし書——相手方の悪意・有過失——を繰り返すことなく、条文を簡明にすることにあった。
　ただ、以上の試案に対し、磯村保より各表見代理規定の性質の相違を考慮することなく証明責任を統一することには無理があるという批判がなされるとともに（於2012年1月12日全体会議）、川﨑政司より立法技術的な観点からも次のような指摘がなされた（於2012年2月9日付意見書）。川﨑の指摘は、定義を欠いたまま、「表見代理行為」という文言を使用することに無理があること、また、柱書の「表見代理行為」と各号列挙された「表見代理行為」との関係が明確でない等の問題があること、さらに、この試案においては、ただし書——相手方の悪意・有過失——の立証責任が、表見代理の3類型を規定した1項と、表見代理規定の重畳適用を規定した2項とで同一となっているが、そうであるとすれば、2項において代理権を授与した者が消滅した代理権の範囲外の行為についても責任を負うことになるので、そもそも1項2号において消滅した代理権の範囲内に限定する必要はないということになってきかねないという問題がある、ということにあった。これらの指摘を受けて、この1条に統合する方式は放棄された。
　なお、［新］71条の「表見代理規定の重畳適用」は、具体的な条文案としては、この試案においてはじめて提示された。ただ、この点をめぐっても、川﨑政司による立法技術的な観点から種々の指摘がなされたことを受け（於2012年2月16日付意見書）、表見代理の本体規定と分離した条文案が検討されることになったが、それについては、注318）の叙述に譲る。

(ⅲ)　3つの表見代理の内容と順序の変更
　1か条に統合する方式が断念された後、各条方式に戻ったものの、表見代理の3か条の内容はかなり変更された。その変更は、責任発生をめぐる本文だけでなく、ただし書の免責事由にも及んだが、その免責事由——本人と相手方（ないし第三者）の保護のバランス——にそくして、規定の順序も変更するべきであると考え、現行民法とは異なり、「越権行為による表見代理」、「代理権消滅後の表見代理」、「代理権授与表示による表見代理」の順に配置されることとなった（於2013年10月27日全体会議）。
　なお、表見代理の各条文の規定のしかたおよび無権代理人の責任についての立法提案として、難波譲治「無権代理および表見代理をどのように規定するか」椿寿夫＝新美育文＝平野裕之＝・河野玄逸編・民法改正を考える（法律時報増刊）（日本評論社、平成20年）87頁以下参照。

第一編　総則

3　「第三者」から「無権代理行為の相手方」へ

　民法は、117条等の無権代理の条文では、基本的に無権代理の「相手方」という文言を用いているのに対し、109条、110条、112条においては、無権代理行為の相手方を「第三者」と表現している。これは、用語法として混乱を招きやすいので、本民法改正案では、「本人」、「代理人」、「相手方」の文言を用いることとした[294]。

［Ⅰ］条文案

>　**（越権行為による表見代理）**
> 第六十八条　本人は、代理人が代理権の範囲を超えてした無権代理行為について、善意の相手方に対して責任を負う。ただし、代理権の範囲を超えて無権代理行為をしたことを相手方が過失によって知らなかったときは、この限りでない。

本条本文：民法110条（権限外の行為の表見代理）移修
　　ただし書：民法110条（権限外の行為の表見代理）移修

>　**（代理権消滅後の表見代理）**
> 第六十九条　本人は、代理人が代理権の消滅後に無権代理行為をした場合には、その代理権の消滅について、善意の相手方に対して責任を負う。ただし、相手方が代理権が消滅していることを過失によって知らなかったときは、この限りでない。

---

[294]　民法110条の権限外の表見代理を例にとった場合は、「第三者」が善意・無過失であれば保護される。この「第三者」には、代理行為の「相手方」はもちろん含まれるが、「転得者」その他も文言上含まれる可能性がある。これに対し、［新］68条では、本人の「無権代理行為の相手方」に対する責任のみが規定されている。その結果、「無権代理行為の相手方」が［新］68条の「越権行為による表見代理」にもとづく責任を主張・立証していない段階で、転得者等の保護をいかにするかが問題となる。考え方としては、転得者が直接［新］68条にもとづく前主の保護を主張・立証したうえで、権利者となった前主から承継取得したと主張・立証することもありうるであろうし、また、動産であれば国民有志案116条（善意取得）、不動産であれば本民法改正案のもとでは［新］50条（外観法理）による保護を主張・立証する余地もありうるであろう。

第4章　権利の変動

本条本文：民法 112 条（代理権消滅後の表見代理）本文修正
　　ただし書：民法 112 条（代理権消滅後の表見代理）ただし書修正

（代理権授与表示による表見代理）
第七十条　代理権を与えていないにもかかわらず、他人に代理権を与えた旨の表示をした者は、その他人がした法律行為の相手方に対し、表示した代理権の範囲内で責任を負う。ただし、その代理権が与えられていないことを相手方が知り、又は過失により知らなかったときは、この限りでない。
2　代理権を与えていないことを知りながら前項の表示をした者は、同項ただし書の場合であって、その代理権が与えられていないことについて相手方が悪意であるときに限り、その責任を免れることができる。

本条 1 項本文：民法 109 条（代理権授与の表示による表見代理）本文修正
　　　　ただし書：民法 109 条（代理権授与の表示による表見代理）ただし書修正
　　 2 項：新設

（表見代理の重畳適用）
第七十一条　第六十九条（代理権消滅後の表見代理）の無権代理行為に該当する行為が、消滅前に存在していた代理権の範囲を超えてなされた場合には、第六十八条（越権行為による表見代理）の規定を準用する。
2　前条第一項に規定する代理権授与表示による無権代理行為に該当する行為が、その表示された代理権の範囲を超えてなされたときは、第六十八条（越権行為による表見代理）の規定を準用する。
3　前条第一項に規定する代理権授与表示による無権代理行為に該当する行為が、その表示された代理権が消滅した後になされたときは、第六十九条（代理権消滅後の表見代理）の規定を準用する。この場合において、当該代理行為がその表示された代理権の範囲を超えて行われた場合には、第一項の規定を準用する。

本条 1 項：新設
　　 2 項：新設
　　 3 項前段：新設
　　 3 項後段：新設

第一編　総則

> **（名義貸与者の責任）**
> **第七十二条**　自己の氏名、名称その他の名義を使用することを他人に許諾した者は、その他人を名義人本人と信じて法律行為を行った相手方に対し、その法律行為によって生じた債務につき、その名義を使用した他人と連帯して責任を負う。ただし、その相手方が名義貸与がなされていたことを知り、又は重大な過失によって知らなかったときは、この限りでない。

本条本文：新設
　　ただし書：新設

[Ⅱ] 改正理由

1　越権行為による表見代理

(1)　「正当な理由」とは何か

　[新] 68条の「越権行為による表見代理」は、民法110条の「権限外の行為による表見代理」の標題を改めたうえで、その規範内容を承継したものである。

　ただ、民法110条の「正当な理由」の内容および立証責任の所在については、学説上争いがあるため、従来の学説、判例をふまえ、本民法研究会でも多くの議論がかわされた。

　まず、伝統的な通説は、「正当な理由」を善意・無過失と理解している[295]。これに対し、近時、「正当な理由」という表現から、これを双方の事情を判断した総合判断であるとする立場（総合判断説）も少なくない[296]。

　判例は、「民法110条にいう『正当ノ理由ヲ有セシトキ』とは、無権代理行為がされた当時存した諸般の事情を客観的に観察して、通常人において右行為が代理権に基づいてされたと信ずるのがもっともだと思われる場合、すなわち、第三者が代理権があると信じたことが過失とはいえない（無過失な）場合をいい、右諸般の事情には、本人の言動を含むものと解すべきである」としている[297]。このことから、判例は、一般命題として、「正当な理由」を善意・無過失と理解していると考えられる。ただ、上記の一般命題を述べたあとに、諸々の事情を考慮に

---

[295] 以下本文で述べる学説の状況については、前掲注265) 引用『注釈民法（4）』145頁（椿寿夫執筆部分）参照。
[296] 近時の学説については、山本・注26) 引用『民法講義Ⅰ』424頁参照。
[297] 最判昭和44年6月24日判時570号48頁。

入れたうえで、過失の有無を判示しているので、総合判断説からは、判例が総合判断しているとの理解もなされている。

次に、立証責任の所在についても従来の考え方を確認しておこう。現行民法110条の文言からは、「〜とき」との文言となっているから、「正当な理由がある」ことが責任発生の要件となっているので、その立証責任は相手方にあると考えるのが素直であろう（ただ、「正当な理由」という文言は、一般条項的なものなので、評価根拠事実の立証責任を相手方が、評価障碍事実の立証責任を本人が負うことになるであろう）。

（２） 立証内容の具体化へ ── 「善意」の立証と「過失」の立証

ただ、【前注】でも述べたことではあるが、越権行為による表見代理の成否は、── 代理権消滅後の表見代理においてと同様に ── 無権代理人の行為によってもたらされた結果を、ともに被害者である本人と相手方とのいずれが負担するか、という問題である。そうであるならば、表見代理の成立を認め、本人が責任をとるにいたるまでの立証責任も被害者同士の間で分属させるべきであるという判断は、それなりの合理性を有するであろう。

そこで、本民法改正案では、相手方が自己の「善意」について立証責任を負い、本人が相手方の「過失」について立証責任を負う、という分配方法を採用することとした[298]（現行民法110条のもとでも、「正当な理由」は一般条項であるとして、評価根拠事実と評価障碍事実の立証責任を異ならしめれば、立証責任の分属は実現できるが、この枠組のもとでは、それぞれの当事者が立証すべき内容は茫漠としている。これに対し、本民法改正案では、立証対象が具体化されていることになる）。

以上に述べた立証責任の違いを明確にするために、現行民法110条と［新］68条のもとでの訴訟の展開を注に示しておくこととしよう[299][300]。

---

[298] この点との関連で、学説には、次のように述べるものがあることを紹介しておきたい。民法110条の「正当な理由については、厳密な意味での証明責任は観念できないことになる。ただ、一応の指針としては、相手方が基本権限の存在と外観の存在を証明すれば、本人の側で相手方の悪意ないし過失を証明しなければならないということができる」（山本・注26）引用『民法講義Ⅰ』424頁）。なお、「正当な理由」と「善意・無過失」との関係についての学説上の論議については、前掲注265）引用『注釈民法（４）』145頁（椿寿夫執筆部分）参照。

[299] 現行民法と本民法改正案のもとでの、典型的なケースについての訴訟展開は、以下のようになると考えられる。
【訴訟の展開】
［請求］　　相手方は、本人に対し契約にもとづく履行請求をする。
　　　　　　（民法99条1項にもとづく代理行為による契約の成立につき、①代理権の授

第一編　総則

2　代理権消滅後の表見代理

　［新］69条の「代理権消滅後の表見代理」の規定は、民法112条の規定を基本的には承継したものである。

　［新］69条本文は、前条の［新］68条の「越権行為による表見代理」と形式をそろえ、本人が相手方に対し責任を負うことを規定した。前条とのパラレル性を重視した結果、現行民法112条本文が、代理権消滅についての「第三者」への対抗問題として規定されているのとは、形式を異にすることとなった（また、【前

	与＋②顕名＋③意思表示の合致の3点を主張・立証する）
［否認］	本人は、相手方の請求のうちの、①について、代理人が当該契約をする「権限」を有していなかったとして、代理権を否認する。

〈現行民法の場合〉
［予備的請求］	相手方は、民法110条の「権限外の行為」の表見代理の成立を主張・立証する。そのさい、相手方は、代理人に権限があると信ずべき「正当な理由がある」ことを主張・立証する。

〈本民法改正案の場合〉
［予備的請求］	相手方は、［新］68条の「越権行為による表見代理」の成立を主張・立証する。そのさい、「代理権の範囲を超えて無権代理行為をした」ことを知らなかったと主張・立証する（自己の「善意」の主張・立証）。
［抗弁］	本人は、相手方に知らなかったことについての「過失」があったことを主張・立証する。

300　【「越権行為による表見代理」にかんする議論の経緯】

　民法110条の「権限外の行為による表見代理」という標題は、平成16年の改正によって採用された。しかし、その示すところの範囲が際限なくひろがるというきらいがあり、改正前に一般にいわれていた「権限踰越の表見代理」のほうが規範内容を端的に表現しているように思われる。そこで、私法学会提出案、法曹提示案では、かつての「権限踰越」という標題に戻すこととした。しかし、国民有志案以降、それをよりわかりやすいように「越権行為による表見代理」と改め、本民法改正案にいたっている。

　また、民法110条の「正当な理由」について、この文言を善意・無過失としたうえで、ただし書で規定するという鹿野提案と、「正当な理由」という民法の文言を──帰責事由の総合判断を可能にするという観点から──維持するべきではないかという磯村提案とがあった（於2007年3月4日、5日総則分科会）。ただ、本文に述べたように、「正当な理由」という文言は立証対象が茫漠としているので、善意・無過失という文言を採用し、それが、私法学会提出案、法曹提示案に受け継がれた。なお、鹿野提案の免責事由をただし書にするという方式は、私法学会提出案、法曹提示案に受け継がれたものの、国民有志案では、ただし書という形式をとらず、本文に規定する方式が採用された。しかし、その後、立証責任の分配を再考した結果、再度、ただし書形式に戻したうえで、国民有志案までの、善意・無過失を一体として取り扱う方針が放棄され、善意の立証責任を相手方に、過失の立証責任を本人に負わせる方針が採用された（於2013年10月27日全体会議）。それが、［新］68条となった。

第4章　権利の変動

注】で述べたような混乱を避けるため、現行民法112条が用いている「第三者」の文言ではなく、「相手方」の文言を用いている）。

　本民法改正案では、［新］69条本文で「相手方」の善意を要件とし、ただし書に過失を抗弁とする条文の形式をとっている。この形式も、前条の［新］68条の「越権行為による表見代理」と同一であるが、注299）において［新］68条について述べたのと同様の【訴訟の展開】が、［新］69条においても展開されることを考慮したことによるものである。

　なお、結果として、善意を要件とし、過失を抗弁とする条文の形式は、現行民法112条と同一となる。ただ、通説は、条文の形式からすると素直な立証責任の分配とは異なり、本人が「相手方」の悪意または有過失を立証すべきものとしており[301]、判例も同様である[302]。このような解釈は、109条、110条の通説的な理解と統一したものとなっている。しかしながら、代理権の消滅は、本人と代理人間の事情なので、相手方に明らかでないことが多いという状況を考慮すれば、相手方が自己の「善意」について立証責任を負い、本人が相手方の「過失」の立証責任を負うという、民法の条文の形式どおりに立証責任を分配するほうが適切であると思われる。

　以上のように［新］68条と［新］69条をパラレルに規定したのは、前にも述べたように、この2か条においては、無権代理人の行為によってもたらされた結果を、ともに被害者である本人と相手方とのいずれが負担するか、という問題であって、関係当事者の利益状況が類似しているにもかかわらず、現行民法においては立証責任の所在が異なって規定されているので、その不統一性を解消するためである。

　もちろん、これら二つの条文がそれぞれ適用される場面で、無権代理行為の起こりやすさに差異がまったくないわけではない。代理の場合には委任状が発行されることが通例で、その委任状には代理権の範囲は —— 代理人と相手方との取引交渉において、相手方から譲歩できる限界を見透かされないために —— 規定されていないことが多い。そのため、越権行為による表見代理は比較的起こりやすい。これに対し、代理権授与の期間は委任状に明示しても差し支えないことが多く、また、期間を明示しないことが少なくない商業使用人等の場合には、使用人の職務の変更により代理権の消滅が明らかになることが多いであろう（その結果、

301　佐久間毅『代理取引の保護法理』（有斐閣、平成13年）274頁以下、前掲注265）引用『注釈民法（4）』189頁（椿寿夫執筆部分）、近時の学説については、山本・注26）引用『民法講義Ⅰ』431頁参照。
302　大判明治38年12月26日民録11輯1877頁。

［新］68 条と［新］69 条——現行民法 110 条と 112 条——とが問題となる頻度も、注289）に示したように、前者が圧倒的に多い）。ただ、この点の差異は、立証責任のあり方に反映されるべきものというより、相手方の「過失」立証のしやすさの違いとして現われてくるものと思われる[303]。

3　代理権授与表示による表見代理等

（1）　民法 109 条の法的性格 —— その史的変遷

①　はじめに

［新］70 条が規定する代理権授与表示による表見代理の規定は、現行民法 109 条を承継するものであるが、この条文をどのようにとらえるべきかという問題には、若干複雑な要素がからんでいる。それは、民法起草時点から現在にいたるまでの、この条文の性格についての理解に変遷があるのみならず、民法起草者間でも、必ずしも理解が統一されていなかったからである。その結果、この条文の典型的な適用事案がいかなるものかも、必ずしもはっきりしていない。

そこで、まずこの条文についての背景事情を素描したうえで、本民法改正案がどのような事案を念頭におきながら［新］70 条を起案したのか、その点を述べることとしたい。

②　民法起草者の考えた現行民法 109 条 —— 有権代理の一事例

現行民法 109 条の文言からは、典型事例をイメージしにくいが、法典調査会で修正を受ける前の原案をみれば、この規定が何を念頭においたものであったかは、一目瞭然である。それは、次のような提案であった。「或人ガ第三者ニ対シテ他人ニ或事ヲ委任シタル旨ヲ表示シタルトキハ委任契約ナキ場合ト雖ドモ其他人ガ委任ノ範囲内ニ於テ為シタル行為ニ付キ履行ノ責ニ任ズ」。ここで意図されていたのは、代理権授与行為（提案条文における"或事ヲ委任シタル旨ノ表示"）があれば、委任契約が存在しなくても本人は代理行為の相手方に責任を負う、というも

---

[303]　【「代理権消滅後の表見代理」にかんする議論の経緯】
　　「代理権消滅後の表見代理」については、鹿野菜穂子より、民法が代理権の消滅を「対抗することができない」という、他の 2 つの表見代理とはまったく異なった形式をとっているのを、他の表見代理の規定と類似の形式に変更することが提案された。ただ、この鹿野提案では、第三者が自己の善意・無過失を立証するという要件とされていたところ、磯村保が、本人が第三者の悪意・有過失を立証するというただし書のかたちにすることを提案し（於2007 年 3 月 4 日～5 日総則分科会）、この磯村提案が、私法学会提出案に採用され、国民有志案まで維持された。しかし、その後、立証責任の分配を再考した結果、民法 112 条と同様、善意の立証責任を相手方に、過失の立証責任を本人に負わせることなり（於 2013 年 10 月 27 日全体会議）、それが［新］69 条となった。

第4章　権利の変動

のであった。提案者の冨井政章は、ドイツ型の代理権授与行為論を日本に導入するための条文を、ここに規定しようとしたのである。ところが、法典調査会における議論の過程で、「委任契約なき場合と雖ども」という文言の削除論が提案され、それが多数意見となった。その結果、原案では明らかであった、提案者の冨井の考えでは、代理の本来のかたちとして代理権授与行為と委任契約の双方の存在が予定されているという構造が見失われることとなった（なお、この原案と修正案がともに、「他人に或事を委任したる旨を表示したる」等、「委任」の文言を用いていたが、それが後に「代理権」の文言に変更され、民法制定段階では、民法109条の「他人に代理権を与えたる旨を表示したる」［カナ等変更］という条文に変更された）。

　このように、法典調査会における修正によって、代理権授与行為論が多少不鮮明になったとはいえ、この条文が念頭においていたのは、代理人に代理権が授与されている有権代理の事案であった。そうであるからこそ、前述した修正提案に、提案者の冨井は賛成意見を述べたのである[304]。

　以上のように、民法109条が有権代理を念頭においている以上、本人が代理行為の相手方に責任を負うのは当然である。民法起草当時、109条で代理行為の相手方の主観的要件が規定されていなかったのは、本条が有権代理の一態様と考えられていたからである。これに対し、表見代理の規定として109条とひとくくりにされている他の条文においては、基本的には無権代理であるから、本人が代理行為の相手方に責任を負うのは、代理行為の相手方が民法110条では代理行為の相手方が「権限ありと信ずべき正当な理由を有せしとき」（平成16年改正前民法110条［カナ等変更］）に限定され、112条では代理行為の相手方が善意・無過失のときに限定されていた。これらの3つの条文を起草した冨井が、これらが性格を異にすると考えていたことの反映である。

③　**民法起草当初からの混乱 ── 民法起草委員間の見解の不統一**

　民法起草委員のうち、現行民法109条等の起草にあたった冨井とは異なり、梅謙次郎は、必ずしも代理権授与行為論に与してはいなかった。このことは、②に

304　冨井政章111条（現行民法109条）冒頭説明・『法典調査会民法議事速記録 第壱巻』192丁以下（デジタルライブラリー版・コマ番号198／266以下）、注268）引用『法典調査会民法議事速記録1』104頁、高木豊三修正提案・同209丁、冨井賛成発言・同209丁（ともに、デジタルライブラリー版、コマ番号215／266、注268）引用『法典調査会民法議事速記録1』114頁）（［カナ等変更］）。

　なお、冨井は、ここでは修正案に賛意を表しながら、本文で後に述べるように、修正された本条はもはや代理権授与行為論を示す規定ではなくなったと後には考えている。民法起草者のなかでも、穂積陳重がこの修正案に反対しているのとくらべ、冨井はこの点については一貫した姿勢を示していないと評価できるであろう。

523

第一編　総則

紹介した提案者の冨井の冒頭説明に続く梅謙次郎の発言からも窺えるところであるが、梅の教科書では、「本条は独逸民法に於けるが如く本人の単独行為を以て代理権を授与することを得べき旨を定めたるものなりと是れ謬れり」と述べ、正面から代理権授与行為論を否定している[305]。そうすると、この109条が何のための規定であるかが問題となるが、梅は、第三者保護のための公益規定であると述べる。しかし、第三者保護規定であれば、悪意者を保護する理由はなくなるが、梅は、善意・悪意を区別するのは実際上困難である、本人からの通知がある以上第三者を保護する必要がある等、若干苦しい説明を行っている[306]。

④　その後の学説状況

民法起草委員の冨井の意に反し、代理権授与行為論は日本では根付くことはなかった。注釈民法は、このような見解につき、「異説的理解」との表現のもとに、次のように述べる。「すでに古く、本条は、第三者への意思表示による代理権授与を定めた規定だ、とする見解があった（岡松・理由 242 − 244 参照）。しかし、これに対しては、梅説が本条の文言その他を理由に反駁を詳論し（梅 279 − 282 参照）、……中島説（さらに、中島・「表見代理論」京法 5 巻 2 号：民法論文集 181）のほか多数の学者もそれに倣って（冨井 500、鳩山 452、穂積・改訂 385 − 386 など）、この点は主流派的体系書では問題とされなくなった」。その後も、このような理解が存在しないわけではないが[307]、現在、代理権授与行為論ないし109条を有権代理と考える見方は学界においても実務においても影響力をもっているとはいえない状況にある。

305　梅謙次郎発言・前注引用書 105 頁。梅・注 69）引用『民法要義 巻之一 総則編』277 頁以下［カナ等変更］。
306　民法起草時における起草者間の考え方の対立、およびそれが与えたその後の学説への影響につき、佐久間・注 301）引用『代理取引の保護法理』92 頁以下参照。
307　引用文を含め、前掲注 265）引用『注釈民法（4）』100 頁以下（椿寿夫執筆部分）参照（なお、引用文中の「中島・「表見代理論」京法 5 巻 2 号：民法論文集 181」は、原文では「中島・前掲民法論文集」である）。
　　この引用文に、民法起草者の冨井も、代理権授与行為論の反対論者としてあげられていることに留意されたい。冨井は、法典調査会においては修正意見に賛意を表したことは前述したところであるが、後の体系書においては、日本民法が代理権授与行為論にみられる授権の観念を容れなかったことを「一大欠点」と評し、民法109条の規定は、一見単独行為による代理権授与行為を認めた観はあるものの、文面と前後の規定からは第三者保護の規定であると述べ、条文起草当時の姿勢を放棄している（冨井政章『民法原論 第 1 巻』〔有斐閣書房、明治 37 年〕421 頁以下）。結局のところ、冨井は、授権法制の立法論レベルでのあるべき形態としては代理権授与行為論に与し、梅とは立場を異にしたが、現行民法109条の解釈論としては、梅と同じ立場にたったことになる。

第 4 章　権利の変動

⑤　代理行為の相手方の主観的要件

　民法 109 条を有権代理であると考える学説が影響力を失い、民法施行後の学説の大勢が、109 条の法意を第三者保護にある、すなわち、無権代理人と法律行為をした相手方の保護が目的であると解する以上、どの範囲の相手方を保護するかが次の問題となる。以下に、この点の学説史を素描してみよう。

　初期には、民法起草者の梅謙次郎や岡松参太郎は、民法 109 条の責任を問うさいに「相手方」の善意・無過失をは必要ないとしていた。起草当時の民法 109 条に相手方の主観的要件が規定されていない以上、忠実な文言解釈として、民法典制定直後にこのような主張がでてくるのは自然なことであった。しかし、その後、中島玉吉、鳩山秀夫らが善意を要件とする見解を主張し、さらに時代がくだって、我妻栄等が善意・無過失を要件とする見解を主張するにいたり、それが「今日では通説といってよいであろう」という状況となった[308]。また、判例は、上記の学説の大勢を受け、代理権授与表示による表見代理の立証責任につき、「民法 109 条にいう代理権授与表示者は、代理行為の相手方の悪意または過失を主張・立証することにより、同条所定の責任を免れることができるものと解すべきである」とした[309]。

⑥　平成 16 年民法改正

　平成 16 年の民法改正にさいし、従前の 109 条は、一部文言を現代的に改めたうえで、民法 109 条本文とされた。そのうえでただし書が付加され、「第三者が、その他人が代理権を与えられていないことを知り、又は過失によって知らなかったときは、この限りでない」という文言が付加され、代理権授与表示者が免責される旨が明示されるようになった。

　これは、⑤に述べた判例、通説を条文化したものであった。また、この改正により、表見代理の 3 か条の規範内容は比較的近似したものとなった。この意味では、自然な改正ともいえるが、はたして、かつての中島説、鳩山説が主張した、無権代理の相手方の善意のみを要求するという学説を全面的に無視してよいのか──すなわち、過失がある相手方は、代理権授与の表示をした者より保護されるべきではないか──は、一個の問題として残るところである。

308　学説の変遷については、前掲注 265) 引用『注釈民法 (4)』117 頁以下、引用文は 118 頁（椿寿夫執筆部分）参照。近時の学説については、伊藤進『代理法理の探求』（日本評論社、平成 23 年）710 頁以下、佐久間・注 301) 引用『代理取引の保護法理』93 頁以下参照。
309　最判昭和 41 年 4 月 22 日民集 20 巻 4 号 752 頁。

（2） 代理権授与表示による表見代理の典型例

　以上、民法109条については、起草の最初の段階で意図されていた法的性格が維持されてきたわけではないことが明らかとなった。

　このような背景があるためか、現行民法109条がどのような事例に適用されるかについては、その文言からは明らかになりにくい。判例を前提としても、あるいは学説の論じるところをみても、「民法109条が適用される典型例は何か」ということについて、現在でも共通了解がえられにくい状況にあるように思われる。そこで、あえて典型例を1つに絞ることなく、この規定の適用が考えられる4つの事例を想定し、それらの紛争類型を解決しうるものとして改正条文案を考えた。

　①　まず第1は、外形容認型の事例である。多くの教科書・体系書等では、東京地裁厚生部事件[310]が、109条の典型例としてあげられている。この事件は、109条が規定する、本人が「第三者に対して他人に代理権を与えたる旨を表示」したものではないが、本人が預かり知らぬところでできあがってきた代理権授与が存在するかにみえる外形を本人が容認している状況のもとで、本人の責任が追及されたものであり、この種の裁判例は他にもみられる[311]。教科書等では、いわば、109条の文言からは周辺的な事例とされるべき紛争類型が裁判実務にあがってくる典型例として、論じられていることになる。

　②　第2は、白紙委任状の発行があり、代理人が現実に授権された内容以外の代理権の内容をその委任状に補充したような場合に、その補充された代理権について109条が適用される事案である。ただ、この種の紛争類型においては110条の要件も充足する。そのため、いわゆる表見代理の重畳適用ではなく、109条の要件も110条の要件もともに充足している点が特徴である[312]。

　③　第3に、110条で処理されがちな委任状交付型、あるいは112条で処理されがちな委任状放置型の事案にも、同時に109条の適用可能性がある事例も存在する。

　②では、白紙委任状が授権事項を超えて補充された例をあげたが、白紙委任状ではない通常の有権代理においても、委任状を交付するさいに、授権の範囲を委任状に記載しないことが多い。それを具体的に記すと代理行為の相手方との交渉のさいに足元をみられやすいからである。このような場合には、委任状からは広

310　最判昭和35年10月21日民集14巻12号2661頁。
311　最判昭和41年5月17日最高裁判所裁判集（民事）83号531頁。
312　最判昭和45年7月28日民集24巻7号1203頁（ただし、本件においては —— 本文に述べたところとは異なり —— 白紙委任状の補充はなされないまま、無権代理行為が行われている）。

第4章　権利の変動

い範囲の代理権が授与されているようにみえるが、現実に授与された権限外の表見代理という110条の問題と、委任状に表示されている代理権が実は与えられていないという109条の問題がオーバーラップすることとなる。これが、委任状交付型と呼ぶ紛争類型である。

　また、有権代理を前提に交付された委任状に授権期間を表示しておかなかった場合には、代理人に対する授権期間が満了した後にまで委任状を回収することなく放置しておけば、その事案には109条と112条がオーバーラップして適用されることとなる。これが委任状放置型と呼ぶ紛争類型である。このような委任状交付型、委任状放置型の事案が裁判例において目立たないのは、民法110条と112条を主張することによって解決されることが多いからではないかと思われる。先に掲げた①②が裁判実務にしばしば現れるのとは好対照をなすが、これら以外にも、委任状放置にともない、民法109条の適用が問題となる事案は潜在的にはありうるところであろう[313]。

　④　第4に、事実行為としての委任状の付与等が錯誤によってなされた場合においても、民法109条の文言解釈から、同条によって問題が処理されるべきは当然であろう。

（3）　代理権授与表示の2類型 —— 故意型と過失型

　民法改正研究会では、現行民法109条をどのように改正するかを考えるにあたり、①から④の事案において本人の帰責性が典型的にはいかなる状況にあるのかを考慮した。

　まず、①の東京地裁厚生部型の事件を考えると、本人はいわば黙認というかたちであって、意図を有しているような種類の故意ではないとしても、刑法にいう未必の故意型の故意を有しているといえるであろう。また、②の白紙委任状発行型の場合には故意があると考えて差し支えないであろうし、かりに故意がないケースでもその過失は重過失であろうから、故意と同視されても仕方がないと考える。③の委任状交付型の場合には、委任状に授権範囲を明示しないことは無理からぬ場合が多いので、本人に帰責性がない事例が多いと思われる。これに対し、

---

[313]　たとえば、委任状の交付をともなう代理権授与を目的とする委任その他の契約の無効、取消しが問題となったとき、その第三者に対する効力は現行民法では93条以下によって規律され、本民法改正案では［新］49条によって規律されることとなる。したがって、相手方が保護されるかどうかは、第三者保護の問題に解消される。しかしながら、それらの事案においても、本人は同時にその委任状の存続を放置することに対する責任を負い、相手方が保護される場合もありうる。このような場合には、現行民法では109条、本民法改正案では［新］70条によって規律されることになる。

同じ③でも、委任状放置型の場合には、本人が委任状が放置されていることを認識している場合には故意があるが、忘れている場合には過失であるし、委任状を所持している相手方の所在が不明で、回収が不能である等の場合は無過失となり、状況は必ずしも一様ではない。また、④の錯誤によって事実行為として委任状を発行した場合には、これは過失であることが多いというべきであろう[314]。

以上検討したように、民法109条の改正案を考えるにあたっては、故意型のものと過失型——以下、無過失の場合も含めて非故意型という——のものの双方が存在していることを念頭におく必要がある。

（4） 代理権授与表示による表見代理の特殊性——故意型表見代理の存在

［新］70条が規定する代理権授与表示による表見代理は、3種の表見代理のなかで、かなり特異なものといわなければならない。越権行為による表見代理にしても、代理権消滅後の表見代理にしても、本人は、その種の表見代理が起こることを予期していないのが通常である。しかし、代理権授与表示による表見代理の場合には、本人は、代理権授与表示を行ったことを認識していることが多く、表見代理が起こることを一定程度予期し、認容する立場にある。このように、本人に故意があると評価される場合には、本人と、無権代理人と法律行為をした相手方との保護のバランスは、大きく相手方に傾くのも当然であろう。

これに対し、故意でない場合の代理権授与表示による表見代理における当事者の要保護性のバランスは、越権行為による表見代理、代理権消滅後の表見代理と大きく異なることはない。

（5） 2種の規範と、規定の順序

それでは、具体的な規範内容は、どうあるべきか。立法論としては、代理権授与表示による表見代理の規定は、下記のような2本立てで考えるべきものである。

まず本人に代理権授与表示を行っているにもかかわらず、現実には代理権を授与していないことの認識がある場合には、現行民法109条ただし書が規定してい

---

[314] 注292)に述べたことと重複するが、誤解を避けるために一言すると、現行民法109条型の表見代理が問題となる場合には、故意は2つの要素から成り立っている。ひとつは、代理権授与表示を行ったことの認識であり、他方は授与表示を行っているにもかかわらず、現実には代理権が授与されていないことの認識である。109条型の表見代理において問題となるのは、後者である。④の錯誤によって事実行為として委任状を発行した場合には、委任状の発行という第1の要素は認識しているものの、現実には代理権は授与していないという第2の要素の認識を欠くために、④の事例は過失と評価すべきであって、故意を評価すべきではないのである。

る抗弁事由のうち、相手方が「代理権を与えられていないことを……過失によって知らなかったとき」といえども、本人を免責させる必要はないであろう。

この場合、本人は、代理権を授与していないのに授与したかのような表示をしているという、「自ら真実に反する権利の外観を作出した者」という、外観法理を規定した［新］50条1項と同一の利益状況下にある。［新］50条1項では、「その権利の不存在を善意の第三者に対抗することができない」とされている。したがって、故意による代理権授与表示も、善意者に対抗できないと考えればじゅうぶんなはずであり、本人が有する抗弁の内容は、悪意に限られるべきであろう。

これに対し、現実に代理権を授与していると信じて過失で委任状を発行した等、故意以外の場合には、本人と相手方の要保護性のバランスは上記と異なるから、現行民法109条ただし書と同様、悪意・有過失の者との関係では免責されると考えてよい。

このように、109条がカバーする紛争類型には故意型か非故意型かの違いがあるところ、2つの規範を、どのような順で規定すべきであろうか。代理権授与表示による表見代理の場合、本人に故意がある事例と、故意がない事例とを比較すれば、前者のほうが多いと思われる。そうであれば、紛争数が多い故意型の規範を最初に規定し、少ない非故意型の規範を後に規定するのが通例であろう。しかしながら、本民法改正案ではそのような途はとっていない。その理由は、一般的な訴訟の展開を考えると、外観作出にかんする"故意性"が争われるのは、訴訟の最後の段階ではないかと思われるからである。

（6） 訴訟の展開

現行民法109条（［新］70条）にもとづく訴訟が具体的にどのように展開するのか、それを──［新］70条の規定を前提に──考えてみよう。この訴訟の展開の解説が、そのまま［新］70条の規定の解説となるからである。

【訴訟の展開】

［請求］　　　相手方は、契約にもとづく履行請求をする。
　　　　　　（代理行為にもとづく契約の成立につき、①代理権の授与＋②顕名＋③意思表示の合致の3点を主張・立証する）
［否認］　　　本人は、相手方の請求のうちの、①「代理権の授与」の事実を否定する。
　　　　　　（ただ、一般に、相手方は、［請求］において①の「代理権の授与」を

主張・立証するさい、委任状その他の代理権を与えた旨の「表示」を根拠に、代理権授与の事実を主張・立証することがほとんどであると思われる。このように「代理権を与えた旨の『表示』」の存在についての主張・立証があれば、代理権が授与されたことの「事実上の推定」が働くので、本人は、「否認」するために、何らかの間接反証事実につき、主張・立証をする必要に迫られることに留意されたい。)

［予備的請求］　相手方は、［新］70条1項本文の「代理権授与表示」があったことにもとづき、本人に責任があることを主張・立証する。
（この予備的主張のための要件事実は、通例の場合、前述した［否認］のなかで、本人が「間接反証事実」として主張・立証した内容となると思われるので、相手方があらたに主張・立証しなければならない点はあまりないと思われる。)

［抗弁］　本人は、［新］70条1項ただし書にもとづき、相手方の①悪意または②有過失を主張・立証する。

［再抗弁］　相手方は、——①の抗弁が成立した場合には再抗弁事由がないが——②の抗弁に対し、［新］70条2項にもとづき、本人が、「代理権を与えていないことを知りながら前項の表示をした」ことを主張・立証する。

［再々抗弁］　本人は、［抗弁］の段階では主張・立証していなかった、相手方に［新］70条2項の「悪意」があったことを主張・立証する。

以上に示したとおり、本人の故意性は、［再抗弁］の段階でようやく論じられることになり、それ以前の［抗弁］の段階で、紛争類型が故意型であるか否かにかかわらず、相手方の故意または有過失が問われるというのが通常の訴訟の展開である。したがって、この順に合わせ、先に1項で非故意型の、そして2項で故意型にかんする規範を規定することとした。

（7）　従来の議論との関係

以上に述べたことで、［新］70条1項が基本的には現行民法109条を承継しながら、本民法改正案が［新］70条2項を新設した意味は明らかであろう。後者の代理権授与表示をした者が代理権を授与していなかったことを自ら知っていた場合（すなわち故意型）の規範の導入が、本民法改正案における改正の中心点である。

さきに、現行民法109条の起草過程と学説史の変遷を素描したが、本民法改正

第 4 章　権利の変動

案においては、[新] 70 条 1 項が、我妻説等の主張を受けた平成 16 年改正後の免責のただし書が付された民法 109 条を承継し、故意型を念頭においた [新] 70 条 2 項が、相手方の善意のみを免責事由とする中島説、鳩山説の説いたところを承継していることもわかるであろう。

　代理権授与表示による表見代理には、故意型と非故意型の双方があるところ、これまでの学説は一方に偏した主張を展開してきたように思われる。そこで、本改正案では、双方の立場を 1 項と 2 項のそれぞれにとりいれた条文案にしたものである[315]。

---

315 【「代理権授与表示による表見代理」にかんする議論の経緯】
　「代理権授与表示による表見代理等」の内容は、文言の微修正がなされたものの、私法学会提出案の段階、国民有志案の段階、そして国民有志案までは、基本的には民法 109 条の規定を受け継いできた。
　しかし、その後、川﨑政司の提案により条文が大幅に書き直され、また、本文で述べたように、静的安全と動的安全のバランスを考慮した結果、まず、次に紹介するように、第三者の保護要件を善意・無重過失に変更することになった。これは、本文にも示したとおり、代理権授与表示の場合、本人が故意の場合が多いので、第三者保護の範囲をひろげてよいという考え方であった（於 2013 年 10 月 27 日全体会議）。

（代理権授与表示による表見代理・経過案・2013 年 10 月 27 日全体会議提出事務局案）
N 条：代理権を与えていないにもかかわらず、第三者に対して他人に代理権を与えた旨の表示をした者は、その他人が第三者とした無権代理行為について、表示した代理権の範囲内で責任を負う。ただし、第三者がその他人に代理権が与えられていないことを知り又は重大な過失によって知らなかったときは、この限りでない。

　ところが、同日の研究会において、磯村保から、代理権授与表示の場合も常に本人に故意があるとは限らないので、場合分けをする必要がある旨が主張された。その考え方を容れて、事務局は次の案を用意した。

（代理権授与表示による表見代理・経過案・磯村提言を受けた事務局案）
N 条：代理権を与えていないにもかかわらず、第三者に対して他人に代理権を与えた旨の表示をした者は、その他人が第三者とした無権代理行為について、表示した代理権の範囲内で責任を負う。ただし、次に掲げる場合は、この限りでない。
一　他人に代理権を与えた旨を表示したことにつき故意又は過失があり、第三者がその他人に代理権が与えられていないことを知り又は重大な過失によって知らなかったとき。
二　他人に代理権を与えた旨を表示したことにつき過失がなく、かつ、第三者がその他人に代理権が与えられていないことを知り又は過失によって知らなかったとき。

　この後、何度となく繰り返された事務局会議において、代理権授与表示による表見代理の案はたびたび修正されることとなった。上記の案では、本人に帰責性がある場合が 1 号、ない場合が 2 号に規定されているものの、本人が責任を負うべき範囲は、代理権授与表示を行ったことにつき、①本人に故意がある場合と、②過失がある場合＋無過失の場合の 2 類型

第一編　総則

に分かれるのではないかが問題となったためである。
　この二分法は、本民法改正案にいたるまで維持されたが、この2類型をどのように条文化するのが適切かをめぐり、条文案はたびたび修正された。そのもっとも大きな問題は、本人の故意という内心の問題を相手方が立証するのは困難なのではないか、という点にあった。そこで、「本人に故意がなかったこと」の立証責任を本人に負担させるための条文案が策定されたが、「本人に故意がなかったこと」の立証は要証事実を確定しにくいので、「本人に故意がなかったこと」＝「本人に過失があったか、無過失であったか」という図式のもとに、次のような条文案が策定された。

（代理権授与表示による表見代理・経過案・2013年12月25日事務局案）
N条①：代理権を与えていないにもかかわらず、他人に代理権を与えた旨の表示をした者（以下この条において「表示者」という。）は、その他人（以下この条において「表示上の代理人」という。）がした法律行為の相手方に対し、表示した代理権の範囲内で責任を負う。ただし、表示者が、過失により若しくは過失なくして代理権を与えた旨の表示をしたことを証明したとき、又は相手方が代理権の不存在を知っていたことを証明したときは、この限りでない。
　　②：表示者が過失により又は過失なくして他人に代理権を与えた旨の表示をしたときは、表示上の代理人と法律行為をした相手方が、代理権が与えられてないことを知らず又は過失によって知らなかったことを証明したときに、表示者は前項本文の責任を負う。

　上記の案では、1項本文で、相手方が代理権授与表示をした者にその責任を追及し、1項ただし書で、表示者が、（ⅰ）自己に故意がなかった（＝自分は過失、無過失のいずれかであった）こと、（ⅱ）相手方の悪意、このいずれかを立証したときに、1項の責任を免れるとの趣旨を規定している。
　仮に、（ⅱ）の抗弁が立証されたときには、相手方は、1項にもとづく責任追及も2項にもとづく責任追及もできなくなる。しかし、（ⅰ）の抗弁が成立したとしても、相手方は2項による責任追及の途が残されており、この場合に、表示者としては、相手方が善意・無過失であれば、なお、責任を負うことになる。
　ただ、条文のかたちとしては、2項を1項ただし書と連関させるかたちの規定としなかった。その理由は、訴訟展開としては、1項本文にもとづく相手方の請求→1項ただし書（ⅰ）の抗弁→2項による責任追及という途も可能であるが、はじめから2項を根拠として相手方が表示者に責任追及する途も残そうとしたためである。
　上記の提案は、いかにも回りくどい条文案であるが、このような回りくどい規定としたのは、先にも述べたとおり、表意者の「故意」の立証責任を相手方に負担させないためであった。しかし、条文案としてはわかりにくすぎるので、最終的には［新］70条の文言となった（於2014年3月7日全体会議）。

第4章　権利の変動

4　表見代理規定の重畳適用

　本民法改正案においては、[新] 71 条で、「表見代理規定の重畳適用」についてあらたに規定することとした。

　民法の3種の表見代理につき重畳適用がありうることは、判例、学説の認めるところである。しかしながら、現行民法のように、3か条しか規定がおかれないと、論理的にはその反対解釈も類推適用もありうるところであり、重畳適用がされなければ相手方の保護がかなわない事例では、反対解釈により、本人または代理権授与の表示をした者は責任を負わない、との判断になる可能性もありうる。

　そこで、民法典を読めば現在の法状況がわかるべきであるという本民法改正案策定の基本方針に従い、本民法改正案では、表見代理の重畳適用が問題となる4つの場合についても、それぞれ本人が責任を負う旨の規定をおくこととした。

　まず、[新] 71 条1 項は、代理権消滅後の越権行為による表見代理を規定しているので、二つの規定（[新] 68 条と 69 条）の重畳適用が問題になることを条文上明示することが必要となる。この場合、本人が保護されるのは、2つの表見代理に共通に規定されている相手方が「悪意または有過失」のときだけである[316]。

　また、同条2項は、代理権授与表示と越権行為による表見代理の重畳適用、同条3項前段は、代理権授与表示と代理権消滅後の表見代理の重畳適用、同項後段は、3つの表見代理の重畳適用を規定している。

　実は、表見代理の重畳適用の規定は、要件事実を考えるとかなり込み入ったものである。これを詳細に解説することは煩瑣に過ぎる嫌いもあるので、議論が錯綜しやすい [新] 68 条の越権行為による表見代理と [新] 70 条の代理権授与表示による表見代理の重畳適用を例にとりながら、訴訟の展開を注で紹介するにとどめることとする[317][318]。

---

[316] 2つの規範の枠組が共通しているので、立証責任としては、相手方が自らの「善意」、本人が相手方の「過失」を立証すべきことになるものの、「何についての」善意と過失が問題となるかが異なることに留意されたい。

[317] [新] 68 条と [新] 70 条の表見代理の重畳適用が問題となる場合、訴訟展開としては、以下のようなかたちが一例として考えられる。
　[請求]　　相手方は、契約にもとづき契約の履行を請求する。
　　　　　　（具体的には、①代理権の授与＋②顕名＋③意思表示の合致の3点を主張・立証する）
　[否認]　　本人は、代理権がなかったとして、①を否認する。
　　　　　　（否認の仕方としては、越権行為による代理権を念頭におきながら、当該意思表示に対応する基本代理権が存在しなかったという否認のしかたと、代理権授与表示による表見代理を念頭におきながら、代理権がまったく存在しな

第一編　総則

　　　　　　　　かったという全面的な否認のしかたの双方がありうる。後者の方が強い主張
　　　　　　　　なので、ここでは後者をとりあげて訴訟の展開を考えることとする）
［予備的主張］　相手方は、代理権が与えられないとしても代理権の授与表示があったとして、
　　　　　　　　［新］70条の表見代理を主張・立証する。
［抗弁］　　　　本人は、［新］70条1項の相手方の悪意または有過失の抗弁を主張・立証す
　　　　　　　　る。
［予備的抗弁］　本人は、かりにさきの抗弁が成立しないとしても、予備的抗弁として代理権
　　　　　　　　授与表示に表れていた基本権限を越えて代理行為がなされたとして、無権代
　　　　　　　　理であることを主張・立証する。
［再抗弁］　　　相手方は、上記予備的抗弁に対する再抗弁として、自己の善意を主張・立証
　　　　　　　　する。
［再々抗弁］　　本人は、相手方に過失があったことを主張・立証する。

318　【「表見代理の重畳適用」規定にかんする議論の経緯】
　前述したように、表見代理の重畳適用の規定をおくための具体的な条文提案は、注293）
の（ⅱ）に紹介したように、3つの表見代理を1つの条文に統合し、それを1項としたうえ
で、2項に重畳適用の条文をおくことからはじまった（於2012年1月24日事務局会議）。
しかしながら、それには立法技術的な問題があるとの川﨑政司の指摘を受け、別のかたちで
一覧性を確保することを試みた。具体的には、下記に示す、表見代理の重畳適用の4場合を
4つの号に規定するとともに、民事訴訟法にときにみられる（同法3条の3、5条、6条1
項、104条3項、107条1項等）、上段に標目、下段に内容を記す方式であった（なお、本書
202頁以下参照）。

（表見代理規定の重畳適用・経過案・2012年9月1日事務局案）
N条：次の各号に掲げる者は、他人が第三者との間でしたそれぞれ当該各号に定める無権代
理行為について、その第三者が善意であり、かつ、過失がなかったことを証明したときは、
その第三者に対して責任を負う。

一	代理権消滅前にその代理権を与えた者	代理権消滅後にその代理権の範囲を超えてなされた無権代理行為
二	代理権を授与していないにもかかわらず、第三者に対し、他人に代理権を与えた旨の表示をした者	与えられた表示上の代理権の範囲を超えてなされた無権代理行為
三	代理権を授与していないにもかかわらず、第三者に対し、他人に代理権を与えた旨の表示をした者	与えられた表示上の代理権消滅後になされた無権代理行為
四	代理権を授与していないにもかかわらず、第三者に対し、他人に代理権を与えた旨の表示をした者	与えられた表示上の代理権消滅後にその表示上の代理権の範囲を超えてなされた無権代理行為

　しかし、上記の案についても、川﨑政司より、「表示上の代理権」という表現が適切なの
か、「代理権の消滅」ということを観念してよいのか、代理権の消滅後に代理権の
範囲を超えると表現することは妥当なのか等々、多岐にわたる疑問が提示された。そのうえ、
上記の案がはたしてわかりやすい規定なのかも疑問とされた（於2012年9月19日全体会
議）。
　そこで、表見代理の重畳適用の事案を文言化する次の提案がなされた（於2012年9月19

第 4 章　権利の変動

日全体会議)。ここでは、重畳適用の 4 つの場合が、それぞれ 1 項に「代理権消滅後の越権行為による表見代理」、2 項に「代理権授与表示があった場合の越権行為による表見代理」、3 項に「代理権授与表示があった場合の表示された代理権消滅後の表見代理」、4 項に「代理権授与表示があった場合の表示された代理権消滅後の越権行為による表見代理」と順次規定されている（ただ、下記の案では、上記の案とくらべて免責事由の範囲が大きく変更されていることに留意されたい。免責事由の範囲のありかたについては、本書 512 頁以下参照)。

（表見代理の重畳適用・経過案・2012 年 9 月 19 日事務局案修正案）
N 条①：本人は、代理人が代理権の消滅後にした、代理権の範囲を超えてした無権代理行為について、善意の無権代理行為の相手方に対して責任を負う。ただし、相手方が代理権の消滅及び代理権の範囲を超えていることを知らなかったときは、この限りでない。
　②：代理権を与えていないにもかかわらず、第三者に対して他人に代理権を与えた旨の表示をした者は、その他人が第三者とした表示した代理権の範囲を超えてした無権代理行為について、第三者に対して責任を負う。ただし、第三者がその他人に代理権を与えていないこと及び表示した代理権の範囲を超えていることを知り又は重大な過失によって知らなかったときは、この限りでない。
　③：代理権を与えていないにもかかわらず、第三者に対して他人に代理権を与えた旨の表示をした者は、その他人が第三者とした表示した代理権の消滅後にした無権代理行為について、第三者に対して責任を負う。ただし、第三者がその他人に代理権を与えていないこと及び表示した代理権が消滅していることを知り又は重大な過失によって知らなかったときは、この限りでない。
　④：代理権を与えていないにもかかわらず、第三者に対して他人に代理権を与えた旨の表示をした者は、その他人が第三者とした表示した代理権の消滅後にその表示した代理権の範囲を超えてした無権代理行為について、第三者に対して責任を負う。ただし、第三者がその他人に代理権を与えていないこと、表示した代理権が消滅していること及び表示した代理権の範囲を超えていることを知り又は重大な過失によって知らなかったときは、この限りでない。

内容の基本方向は上記の案で問題がないとしても、これがわかりやすいものであるとは、とても思われない。そこで、磯村保から、実際に重畳適用が認められるケースはごくまれであり、特別規定を設ける必要はなく、解釈に委ねてもよいのではないか、との意見もだされた。ただ、これに対しては、条文をおかずに解釈に委ねると、立証責任の転換等の提言ができないとの懸念が示された（於 2012 年 9 月 19 日全体会議）。
なお、前述した 2012 年 9 月 1 日事務局案の提示にさいしては、この 4 つの表見代理の重畳適用は、基本的には、A＋B、B＋C、A＋C、A＋B＋C というパターンにすぎないので、A＋（B、C、B＋C）と B＋C の 2 つに収斂させることが可能であるとして、4 号列挙ではなく、2 号列挙とする別案も用意されていた。
その後、このような表見代理の重畳適用の 4 つの場合を 3 項に収斂させる考え方にもとづき、中野邦保から、2012 年 9 月 19 日案の簡明化をはかった条文案が提案され、それが承認され（於 2013 年 10 月 27 日全体会議）、［新］71 条となった。

5　名義貸与者の責任

[新] 72条の「名義貸与者の責任」も、現行行法にはない条文をあらたに規定したものである。判例は、名義貸、名板貸について民法109条を根拠に名義貸与者の責任を認めている[319]。この判例では、民法109条にもとづき、当該取引につき本人にのみ責任がある旨が判示されており、名義貸等を受けた行為者の責任は追及されていないようである。

しかし、[新] 72条は、商法14条、537条と同様、「氏名又は名称」の貸与をした者の責任（「名義貸与者の責任」）を、名義借用人である行為者との連帯責任とした。

また、そのうえで、名義貸与者の免責事由を、相手方が悪意または重大な過失がある場合に限定した。名板貸は他人に信用を付与するものであるが、その他人に対し好意で行うことが多いという意味においては、事務管理をする者の主観的態様と似たところもみられる。かりに事務管理者が無権代理行為を行い、かつ本人の追認を得られなかったような場合には、[新] 66条1号にもとづき相手方が悪意または重過失であった場合を除き、責任を負う。これとパラレルに考えれば、名義貸与者も、名義借用人と取引をした相手方が悪意・重過失であった場合を除き、責任を負うとすべきであろう。

なお、商法14条には、免責規定は特段おかれていないが、判例は、相手方が悪意または重過失の場合には名義貸与者も免責されるとしているので[320]、名板貸をめぐる取扱いは、[新] 72条と商法14条とでパラレルである[321][322]。

319　大判昭和16年12月6日大審院判決全集9輯3頁。
320　最判昭和41年1月27日民集20巻1号111頁。
321　商法14条の適用がある名板貸が行われた場合の法律関係の主体については、次のようにいわれている（神作裕之「名板貸責任の要件」法学教室216号〔1998年〕16頁）。
　「名板貸しにおいては、名義借用者は法律効果を自己に帰属させる意思を有しているのであるから、錯誤の問題は生じうるにせよ、一般的には第三者と名義借用者とが契約当事者であるといえよう」。
　[新] 72条は、商法14条等の考え方を一般化したものなので、法律関係の主体は名義借用者であって、名義貸与者は担保的な意味で連帯責任を負うにすぎない。
322　【名義貸与者の責任にかんする議論の経緯】
　「名義貸与者の責任」を無権代理との関係で規定するという提案は、鹿野菜穂子によるものであり、当初は、「代理権授与の表示による表見代理」の2項として位置づけられていた（於2007年3月18日全体会議）。この形式は、私法学会提出案から国民有志案まで踏襲されたが、国民有志案公表後に、「名義貸与者の責任」と「代理権授与の表示による表見代理」性格が異なることから、「名義貸与者の責任」については独立させて、表見代理の最後の条文とすることとされた（於2013年10月27日全体会議）。それがこの[新] 72条である。

第4章　権利の変動

第4款　無効及び取消し

【前注】

1　規定の分節化

現行民法典においては、「第五章 法律行為：第四節 無効及び取消し」として、無効についての1か条、取消しについての7か条がおかれている。現行民法は単純な条文並置にとどまっているので、透視を高めるために、本民法改正案では、「第一目 無効」、「第二目 取消し」とわけて規定することとした。また、内容も改正し、無効については3か条、取消しについては4か条の条文をおくこととした。

2　無効の基本構造

現行民法の、無効にかんする規定は119条の1か条のみであり、それも「無効

　以上の議論の過程において、法定代理の場合と署名代行型の無権代理の場合につき、表見代理規定の適用を認めるべきか否かの検討がなされた。しかし、条文に盛りこむことは頻雑にすぎるので、それらの点は解釈に委ね、条文化しないこととした。
　［新］72条の名義貸与者の責任の規定は、本文および【前注】に記したように、名義借用者が法律関係の主体になる、という前提で規定されたものである。しかし、磯村保は、このような考え方は、「なりすまし」を認めることになりかねないうえ、また、名義借用者は履行請求権をもつべきではないと批判した。磯村はこのような考え方にもとづき、名義貸与者が法律関係の主体となり、名義借用者は担保的な意味での連帯責任を負う、という次のような条文案を提案した。

（名義貸与者の責任・経過案・2013年12月1日磯村案）
第N条①：自己の氏名、名称その他の名義を使用することを他人に許諾した者は、その他人が行った法律行為について本人として責任を負う。ただし、法律行為の相手方が、名義貸与がなされていたことを知り、又は過失によって知らなかったときは、この限りでない。
　　　②：前項本文の場合において、他人の名義を使用した行為者は、法律行為の相手方に対して連帯して責任を負う。

　このように規定すると、名義貸与者の責任の規定は、商法14条と異なった規範内容となる。この点につき、磯村は、商法14条の規定自体も問題であり、契約当事者の確定の問題としては、名義人が当事者として責任を負うのが当然であって、実際に法律行為を行った名義使用者が、自分が契約当事者だと主張できること自体に問題がある、とする（於2013年10月27日全体会議、2013年12月1日全体会議）。
　ただ、当日の研究会での議論の結果、商法14条も含め、名板貸をめぐる通説的な理解は、【前注】引用の神作論稿に述べられている内容なので、最終的には、［新］72条に規定した条文案を採用することとなった。

行為の追認」(119条)という、無効の特殊な一場面について定めたものでしかない。無効の規範的な原則は、現行民法にはまったく規定されていないのである。

そこで、本民法改正案においては、まず、無効の目の冒頭規定において、無効とは何かを示す原則的な条文を規定することとした。そのうえで、あらたに一部無効についても規定し、法制度の全体像を具体的に示して透視性を高めた。次いで、無効の特殊な場合として、「無効な法律行為の転換」の規定を新設し、その後に「無効な法律行為の追認」をおいた。

3　取消しの基本構造

現行民法には、取消しについて7か条の規定があり、120条と121条というはじめの2か条において、取消権者と取消しの原則的な効果が定められている。しかし、120条1項の規定のしかたがやや茫漠としているため、「取消原因」の全体像が明らかになるまでにはいたっていない。

そこで、本民法改正案においては、冒頭の1か条で、「取消し」の原則的効果を明記したうえで、取消権者をすべて列挙することによって取消原因の全体像を示し、あわせて取消しの意思表示の方法も規定した。その後、3か条にわたり、「追認による取消権の消滅」、「取消権の消滅事由」、「取消権の行使期間」を規定することとした。

第1目　無効

[I] 条文案

（無効）

第七十三条　法律行為が無効であるときは、その法律行為に基づく履行を請求することができない。

2　無効な法律行為により給付が既になされているときは、第N条（所有権に基づく物権的請求権）又は第N条（不当利得）の規定に従い、その給付されたものの返還を請求することができる。

3　法律行為の一部が無効であるときは、その無効な部分についてのみ前二項の規定を適用する。

第 4 章　権利の変動

本条 1 項：新設
　　 2 項：新設
　　 3 項：新設

（無効な法律行為の転換）
第七十四条　ある法律行為が無効である場合であっても、当該法律行為の効果と類似の法律上の効果が生ずる他の法律行為の要件を満たしているときは、当該他の法律行為としての効力を有することを妨げない。

本条：新設

（無効な法律行為の追認）
第七十五条　無効な法律行為（意思表示を含む。次項及び第三項において同じ。）は、追認によっても、その効力を生じない。
2　前項の規定にかかわらず、当事者がその法律行為が無効であることを知りながら追認をしたときは、新たな法律行為をしたものとみなす。
3　前項の場合において、当事者は、その合意により、新たな法律行為の効力が当初の法律行為の時点に遡って生ずるものとすることができる。ただし、第三者の権利を害することはできない。

本条 1 項：民法 119 条（無効な行為の追認）本文移修
　　 2 項：民法 119 条（無効な行為の追認）ただし書移修
　　 3 項本文：新設
　　　　ただし書：新設

[Ⅱ]　改正理由

1　法律行為の無効

【前注】で述べたように、現行民法典には、無効の原則的効果については何も規定されていない。

そこで、本民法改正案においては、無効の冒頭規定となる [新] 73 条で、法律行為が無効である場合、その法律行為の効力が一切生じないことを明記した。具体的には、1 項では、未履行の場合には履行請求ができないことを、2 項では、既履行の場合の返還請求権を規定している。なお、2 項では、給付返還の根拠規定となるのが、物権的請求権または不当利得返還請求権であることも条文上明示

した。
　また、［新］73条3項では、学説、判例で認められている一部無効について新たに規定した[323]。ちなみに、ドイツ民法139条は、法律行為の一部が無効な場合には、その無効な部分がないとしても法律行為がなされたであろう場合にのみ、一部無効を認める旨を規定している。これは、推定的当事者意思を基礎に考えるかぎり、もっともな規範内容であるが、新設した本民法改正案の条文には、こうした内容を含めないことにした。
　なぜなら、わが国の一部無効論には様々な類型の事案があるが、そのうちのひとつで著名な価格統制令違反の例を前提とした場合、この種の規範はうまく機能しないと考えたためである。これにかんする判例では、価格統制がひかれている品目の売買契約につき、売買契約それ自体は有効としながら、統制価格を超える価格約定のみを無効しているが[324]、当事者は —— 少なくとも、売主の側は —— 統制価格では売買するつもりがなかったので、統制価格を超えた価格を付したのであろうから、単なる推定的当事者意思という枠組のもとで考えるのであれば、当然、全部無効とされるべき事案となってしまう[325]。わが国の下級審裁判例のなかにも、賃貸借契約の締結後に、知事が約定賃料額より低額な賃料をもって統制額とした事案において、その賃貸借契約は「原則的には一応全部的に無効であり、後に家賃の額の認可あるのを待つてその額の範囲内で有効に存続するというようなものでない」と判示したものもあり[326]、地代家賃統制令違反をめぐる下級審裁判例は判断が分かれている[327]。

---

[323] わが国における一部無効の問題をめぐる学説の状況については、山本敬三「一部無効の判断構造（1）（2）—— 契約における法律効果確定過程の構造化に向けて」法学論叢127巻4号（以上1990年）20頁以下参照。

[324] 戦時中、価格統制がひかれていた洋服等をめぐる売買について一部無効を認めたものとして、大判昭和20年11月12日民集24巻115頁、臨時農地価格統制令違反の農地売買について一部無効を認めたものとして、最判昭和31年5月18日民集10巻5号532頁。学説も、判例は「価格統制の場合、違反契約は有効（一部無効）という処理をしてきた」という（川井健『無効の研究』〔一粒社、昭和54年〕26頁）。なお、このような判例の考え方は、判決のなされた当時は学説に支持されていたが、その後の学説は批判的である、という見方もある（大村敦志『契約法から消費者法へ』〔東京大学出版会、平成11年〕183頁）。

[325] この点につき、磯村保は、ドイツにおいても、ドイツ民法139条の文言のみが決定的な基準なのではなく、強行規定違反の場合に、全体を無効とすることがかえって強行規定によって保護しようとする者の利益を害する結果となる場合、法律行為の全部無効は認められていない、という（Medicus, Allgemeiner Teil des BGB, 10. Auflage (2010), S. 213）。

[326] 甲府地判昭和26年6月30日下民集2巻6号840頁。

[327] 裁判例については、平野裕之「一部無効」椿寿夫編・法律行為無効の研究（日本評論社、平成13年）193頁参照。

第 4 章　権利の変動

　このような価格統制令違反の判例および下級審裁判例の状況をふまえると、日本の実務では、一方で、公定価格での流通を促進しようとする経済政策を尊重する姿勢がみられるとともに、他方で、推定的当事者意思を重視する姿勢も一部にみられ、必ずしも一律の基準で律せられてはいないように思われる。このような分析が正しいとすれば、一部無効を限定的にしか認めないドイツ民法のあり方は、少々窮屈に思えるのである。

　そこで、本民法改正案においては、［新］73 条 3 項で、一部無効については、要件論には踏み込むことなく、効果論のみを規定することとした。

　なお一部無効論と関連する問題として、一部取消しと一部追認という問題がある。しかし、これらについては「ほとんど論じられることがない」といわれており[328]、いまだ議論が熟していない問題なので、本民法改正案に規定することはしなかった[329][330]。

328　道垣内弘人「一部の追認・一部の取消」星野古稀 日本民法学の形成と課題 上（有斐閣、平成 8 年）295 頁。
329　一部取消しを認めた判例として、2 種の目的物にかんする売買契約のうち、一方の目的物にかんする売買契約の一部のみの取消しを、可分性を理由として認めたものがある（大判大正 12 年 6 月 7 日民集 2 巻 385 頁）。このような結論は解釈論からもじゅうぶん導きうるものなので、とくに規定を設けることはしなかった。
330　【無効の冒頭規定にかんする議論の経緯】
　　民法改正研究会の初期の段階で、事務局は、無効の冒頭規定の提案を行った（於 2007 年 2 月 18 日総則分科会）。この当初提案は、無効の原則的効果が、①無効な法律行為にもとづく履行請求が認められないこと、および②既履行の給付の返還にあることを示した 2 項構成の条文案であった。
　　この提案に対し、磯村保が、一部無効を規定することを提案した（於 2007 年 8 月 5 日総則分科会）。なお、この磯村提案は多岐にわたるものであり、他にも以下のような内容を含んでいた。①錯誤の効果を取消しとし、意思能力の欠如を条文化し、その効果を取消しとすることに対応して、種々の修正が必要となる。②広義の「無効」には多様なバリエーションが考えられるが、これをどこまで取り込むことができるか。③法律行為の一部が無効となる場合に、それが法律行為全体の無効をもたらすかどうか。一部無効に関する一般規定をおくべきか。④無効行為の転換にかんする規定を設ける必要があるか。⑤潜脱行為の禁止規定を設ける必要があるか。⑥取消権の期間制限をどのように定めるか。取消権自体の期間制限と取消しによって発生する返還請求権の期間制限との関係をどう考えるか。⑦無効の主張ないし無効の効果として発生する返還請求権の期間制限をどう考えるか。⑧抗弁権の永久性という考え方をどのように評価するか。
　　上記の一部無効を付加すべきであるという磯村提案が受け入れられ、3 項構成の条文案が、無効の冒頭規定として、私法学会提出案、法曹提示案となった（国民有志案では、これに無効行為の転換が第 4 項として付加されたが、この点は叙述の便宜上注 335)【無効な法律行為の転換にかんする議論の経緯】で述べることとする）。
　　その後、国民有志案公表後の事務局による条文案整備のさいに、無効とは何かを明示するための原則規定として、「法律行為が無効であるときは、N 条（法律行為：［新］39 条に対

2　無効な法律行為の転換

　本民法改正案においては、[新] 74条で、「無効な法律行為の転換」についての条文も新設した。「無効な法律行為の転換」については、現行民法には一般的な規定はないが、学説によれば、「意思表示が当事者の企図したとおりの法律効果を生じない場合に、その行為が他の法律効果を生ずる要件を備えるとき」に当該他の法律効果の発生を認めるものである[331]。わが国でも、無効行為の転換を認めるのが多数説であり[332]、後述するように判例も認めていることを考慮し、本民法改正案でも、この点を条文上明記することとした。

　なお、遺言については民法971条があり、無効行為の転換の例が定められており、秘密証書としての方式を欠く遺言が、自筆証書としての方式を具備しているときは、自筆証書による遺言としての効力を有するものとしている。これは、無効であることが判明した時点で、遺言者の真意を確認することができないことが多いという状況を考慮した規定であろう。これに対して、[新] 74条は、推定的当事者意思を基礎にしたものである。

　[新] 74条が適用される具体例として、地上権設定契約が締結されたが、使用目的が「工作物又は、竹木を所有するため」でなかった事例が考えられる。この場合、民法265条の要件をみたさないため、民法175条の物権法定主義の規定により、地上権設定契約それ自体は無効となるが、土地利用にかんする合意は認められることが多い。そうであれば、土地賃貸借契約の要件をみたしているので、[新] 74条を根拠として、賃貸借契約の成立を認めることができるのではないかと思われる。

　ただ、不要式行為への転換については、取引の安全を害しないかぎり、ひろく認めても問題はないと思われるが、要式行為への転換については、その方式を要求する法の趣旨と当事者の意図とを考慮して慎重に決すべきであると考える。

　学説には、要式行為を二分し、①「一定の方式を備えていること自体が目的とされる場合」には転換は認められないが、②「意思表示が確定的に行われることを保障するために方式が要求される場合」には転換が認められやすい、とするも

　応）による意思表示の内容に従った効力を生じない」という規定を付加し、無効の冒頭規定である国民有志案79条1項とすることも検討された（於2012年2月4日事務局会議）。しかし、あまりにも当然すぎる規定であるので、この条項は削除され（於2012年8月5日全体会議）、本民法改正案の規定に落ちついた。

331　我妻・注25）引用『民法講義Ⅰ 民法総則』391頁。
332　注265）引用『注釈民法（4）』240頁（奥田昌道執筆部分）。

第4章　権利の変動

のがある。手形行為は①の例であり、民法971条が秘密証書遺言から自筆証書遺言への転換を認めているのは②の例である[333]。

また、判例が、父とその妾との間に出生した子を、父が妻との間の嫡出子として戸籍に届出をした事案において、その届出に認知としての効力を認めた[334]のは、②の趣旨から首肯しうるところである。しかし、いわゆる「藁の上からの養子」に養子縁組としての効果を認めない判例等を考えると、判例が全面的に②の趣旨のもとに判断しているとも言い切れない側面がある。

このように、判例が安定的な状況にあるとは必ずしも言い切れないので、本民法改正案では、条文上、無効行為の転換として、別の法律行為として「効力を有することを妨げない」と規定し、個々の事案ごとに異なる結論を導きうるように規定することとした[335]。

333　山本敬三・注26）引用『民法講義Ⅰ』326頁。
334　大判大正15年10月11日民集5巻703頁。
335　【無効な法律行為の転換にかんする議論の経緯】
　　民法改正研究会においても、磯村保が、無効行為の転換をいかに取り扱うかという問題提起をしたが（於2007年8月5日総則分科会）、とくに条文化はされていなかった。しかし、法曹提示案公表後に、弁護士の小町谷育子は、一部無効を規定するならば、無効行為の転換についても規定し、無効制度全体を見渡せるように規定するべきであるとの意見をだした（於2009年7月21日市民法研究会）。なお、この提言にさいし、小町谷は、民法971条に、「無効な法律行為の転換」の文言を付加し、次のようにあらためることを提言した。「秘密証書による遺言は、前条に定める方式を欠いて無効である場合にも、第968条に定める方式を具備しているときは、無効な法律行為の転換により、自筆証書による遺言としてその効力を有する。」
　　この提言を受け、国民有志案では、無効の冒頭規定の4項として、次のような規定をおくこととした。

（無効・経過案・国民有志案）
79条④：ある法律行為が無効なときであっても、それと類似の法律効果が生ずる別の法律行為の要件を満たしているときは、その別の法律行為としての効力を認めることができる（以下「無効行為の転換」という。）。

　　このように、「無効な法律行為の転換」という定義規定をおくこととしたのは、本民法改正案においては、判例ないし講学上、一般的に用いられている本概念は、可能であれば法典用語とする方針を採用していたためであった。
　　しかしながら、国民有志案公表後の川﨑政司による立法技術的な観点からの条文案の精査にさいし、ここで4項に無理をして定義規定をおいたうえで民法971条でその用語を繰り返すよりも、別条文として規定して「無効な法律行為の転換」を標題とするほうが自然なのではないか、との指摘がなされた（於2010年8月16日付意見書）。そこで、最終的に、「無効な法律行為の転換」について、独立条文として、［新］74条で規定することとした。
　　なお、本文では、要式行為への転換については是々非々々で考える立場をとった旨を述べた

543

第一編　総則

3　無効な法律行為の追認

　[新] 75 条 1 項は現行民法 119 条本文を、同条 2 項は現行民法 119 条ただし書を基本的に承継し、ともに文言を微修正したものとなっている。

　ただ、現行民法 119 条本文は「無効な行為」の追認について規定しているところ、[新] 75 条 1 項は「無効な法律行為」の追認という文言を採用したので、法律行為の要素としての「意思表示を含む」ことも明記した。なぜなら、契約の申込みに無効事由があったときにも、相手からの承諾の意思表示がなされる前の時点では、その無効な契約の申込みを追認できること等を明示する必要があるからである。

　なお、[新] 75 条 2 項によって「新たな法律行為をした」とみなされる場合においても、当初に存在した瑕疵（たとえば、公序良俗違反、強行規定違反による無効等）が治癒されていない場合には、当然ながら、あらたな法律行為も無効となる。ただ、このことは解釈によって導くことができると考えられるので、とくに規定することはしなかった。

　以上のとおり、[新] 75 条 1 項および 2 項が現行民法を基本的に承継したものであるのに対し、[新] 75 条 3 項は新設規定である。その 3 項本文では、当事者間の合意によって、新たな法律行為の効力の発生時期を当初の無効な法律行為がなされた時点にさかのぼらせることができる旨を規定した。これは、通謀虚偽表示（[新] 44 条）あるいは真意留保（[新] 43 条）による無効等の場合に、当事者が遡及効を求める場合が少なくないことに配慮した規定である。ただ、この遡及効によって転得者等の第三者が影響を受けるのは妥当ではないので、ただし書で、第三者を害することができない旨を規定した[336]。

　　が、議論の過程においては、要式行為への転換を否定する立場から、本条に要式行為についての次のようなただし書を付加する試みもなされた。「ただし、法律行為に一定の形式が必要とされているもの（以下「要式行為」という。）については、この限りでない」（於 2012 年 2 月 5 日事務局会議）。しかし、本文に述べたとおり、一律に考えるのではなく、個別問題ごとに対処すべきであるという理由から、最終的にはただし書は削除された。

336　【無効な法律行為の追認にかんする議論の経緯】
　　実は、無効な法律行為が追認によって効力を生ずるか否かについては、無効原因によって異なるところがある。この条文の策定過程において、途中まではこの問題意識を反映したかなり詳細な改正案が構想されていた。しかし、論理的に導きうる結論を個別に規定すると、かえって法規範全体の透明性が失われかねないので、無効原因ごとに規定する考え方は採用されないことになった。この間の経緯を、不採用となった条文案とともに示しておこう。
　　「無効な法律行為の追認」については、当初、現行民法 119 条を承継するという事務局提

第4章　権利の変動

案が提出され（於2007年3月4日～5日総則分科会）、これに対し、現行民法119条本文・ただし書を、1項、2項に書き分けるという提案が磯村保から、また、無効原因ごとの違いを意識したかなり特徴的な提案が鹿野菜穂子からなされた（於2007年3月18日全体会議）。

（無効な行為の追認・経過案・2007年3月18日鹿野案）
N条①：心裡留保及び虚偽表示により無効な行為は、当事者がその無効であることを知って追認したときは、別段の意思表示がない限り、行為の時に遡ってその効力を生ずる。ただし、第三者の権利を害することはできない。
　②（第1案）：公の秩序に関する規定により無効な行為は、追認によっても、その効力を生じない。
　②（第2案）：前項の場合を除くほか、無効な行為は、追認によっても、その効力を生じない。

この提案理由として、鹿野は、心裡留保、虚偽表示等の私益的無効の場合には、遡及的追認を認めてもよいのではないかと述べた（なお、この提案にさいし、鹿野は、錯誤と意思能力について以下のように述べている。錯誤の効果を無効ではなく取り消しうるものと規定するのであれば、その限度で、無効の遡及的追認の問題は生じない。また、意思能力による無効をどのように取り扱うかはペンディング状態だが、何らかのかたちでこれも規定のうえに盛り込む必要がある）。

このような無効原因ごとに規範内容を異ならしめる提案に加え、鹿野は、無効につき、法定追認に相当するような規定をおくべきか否かにつき検討を要するという問題提起も行った。
その後、上に紹介した鹿野案の方向性を受け継ぎながら、次に紹介する私法学会提出案がまとめられた。

（無効な法律行為の追認・経過案・私法学会提出案）
77条①：（私法学会提出案）第五十条（強行規定と公序良俗）に違反し、無効な法律行為は、無効原因が解消しない限り、追認によっても、その効力を生じない。
　　②：無効な法律行為につき、次の各号に掲げる場合において追認がなされたときは、別段の意思表示がない限り、当該各号に定める時に、新たな法律行為をしたものとみなす。ただし、その法律行為の時にさかのぼってその効力を生ずる場合においては、第三者の権利を害することはできない。
　一　意思能力の欠缺により無効な法律行為は、意思能力を回復した当事者がその法律行為の内容を了知し、かつ、無効であることを知って追認した時（注＊）
　二　心裡留保により無効な法律行為は、心裡留保をした当事者がその無効であることを知って追認したときは、最初の法律行為の時
　三　虚偽表示により無効な法律行為は、法律行為の全ての当事者が表示した行為を有効とするために、虚偽の表示を追認した時

（注＊）この私法学会提出案においては、意思能力の欠缺は、法律行為の無効を導くとされており（8条）、最終的な提案である［新］8条（意思能力の欠如）のような取消しという効果ではなかったため、無効な法律行為の追認についても言及されている。

その後も、個別の無効原因ごとに問題を考察していく作業が続けられたものの、国民有志案公表直前の事務局会議において、このような条文案は、規定全体が細部にわたりすぎて基

第一編　総則

第2目　取消し

[Ⅰ] 条文案

> （取消し）
> 第七十六条　法律行為（意思表示を含む。以下この目（第三項及び第七十八条（取消権の消滅事由）を除く。）において同じ。）が取り消されたときは、当該法律行為はその行為の時に遡って無効であったものとみなす。
> 2　法律行為の取消しの意思表示は、次に掲げる取消権を行使することができる者（次条第一項において「取消権者」という。）及びその承継人が行うことができる。
> 　一　第八条（意思能力の欠如）の規定による取消権
> 　二　第十条（未成年者）第三項の規定による取消権
> 　三　第十四条（被後見人の法律行為等）第一項の規定による取消権
> 　四　第十七条（被保佐人の法律行為等）第四項の規定による取消権
> 　五　第二十条（被補助人の法律行為等）第三項の規定による取消権
> 　六　第四十五条（錯誤）の規定による取消権
> 　七　第四十六条（不実表示及び情報の不提供）の規定による取消権
> 　八　第四十七条（詐欺）の規定による取消権
> 　九　第四十八条（強迫）の規定による取消権
> 3　第七十三条（無効）第二項の規定にかかわらず、前項第一号から第五号までに掲げる取消権の行使により法律行為の取消しがあった場合には、意思能力を欠く者及び制限行為能力者は、その法律行為によって得た利益が現に存する限度においてのみ、返還の義務を負う。

本原則がかえってわかりにくくなっているので、現行民法典や当初提案のように、むしろ、基本原則のみを規定するべきではないか、という提案がなされ（於 2009 年 9 月 16 日事務局会議）、それが全体会議で承認された（於 2009 年 9 月 27 日全体会議）。以上のようにして、結果として、国民有志案 80 条は、現行民法 119 条を承継する内容の条文案となった。

　その後、本民法改正案を最終的に検討するさいに、上記の私法学会提出案 77 条 2 項ただし書のように、遡及的追認が可能であることを前提とし、それが第三者の権利を害することができない旨も規定するべきではないか、との意見がだされた（於 2012 年 2 月 5 日事務局会議）。ただ、いったんは [新] 75 条項後段にその内容が規定されたが、その後の条文精査によって [新] 75 条 3 項ただし書に規定される案が策定され（於 2014 年 3 月 2 日事務局会議）、それが全体会議で承認された（於 2014 年 3 月 7 日全体会議）。

第4章　権利の変動

4　法律行為の取消しの意思表示は、取り消すことができる法律行為の相手方が確定しているときは、その相手方に対してしなければならない。

本条1項：民法121条（取消しの効果）本文移修
　　2項柱書：新設（民法120条（取消権者）1項、2項参照）
　　　　1号：新設
　　　　2号：民法120条（取消権者）1項移修
　　　　3号：民法120条（取消権者）1項移修
　　　　4号：民法120条（取消権者）1項移修
　　　　5号：民法120条（取消権者）1項移修
　　　　6号：新設
　　　　7号：新設
　　　　8号：民法120条（取消権者）2項移修
　　　　9号：民法120条（取消権者）2項移修
　　3項：民法121条（取消しの効果）ただし書移修
　　4項：民法123条（取消し及び追認の方法）移修

（追認による取消権の消滅）
第七十七条　取消権は、取り消すことができる法律行為について取消権者又はその承継人が追認をしたときは、消滅する。
2　前項の追認は、取消しの原因となっていた状況が消滅した後にしなければ、その効力を生じない。ただし、意思能力を欠いていた者又は被後見人による追認は、取消しの原因となっていた状況が消滅した後にしたものであっても、これらの者が当該法律行為の内容を了知していないときは、その効力を生じない。
3　前項の規定は、法定代理人又は保佐人若しくは補助人が追認をする場合には、適用しない。
4　追認の意思表示は、取り消すことができる法律行為の相手方が確定しているときは、その相手方に対してしなければならない。

本条1項：民法122条（取り消すことができる行為の追認）本文移修
　　2項本文：民法124条（追認の要件）1項移修
　　　ただし書：民法124条（追認の要件）2項移修
　　3項：民法124条（追認の要件）3項移修
　　4項：民法123条（取消し及び追認の方法）移修

第一編　総則

（取消権の消滅事由）
第七十八条　取消権は、前条の定めるところにより追認をすることができる時以後に、取り消すことができる法律行為について次に掲げる事実があったときは、消滅する。
　一　履行の請求
　二　取り消すことができる<u>法律行為</u>によって取得した権利の全部又は一部の譲渡
　三　全部若しくは一部の履行又は相手方の履行の受領
　四　担保権又は用益権の設定の合意
　五　更改契約の締結
　六　強制執行
２　前項の規定は、同項各号に掲げる事実に係る行為をするに際して将来の取消権の行使を留保したときは、適用しない。

本条1項柱書：民法125条（法定追認）本文移修
　　　　1号：民法125条（法定追認）2号移動
　　　　2号：民法125条（法定追認）5号移修
　　　　3号：民法125条（法定追認）1号移修
　　　　4号：民法125条（法定追認）4号修正
　　　　5号：民法125条（法定追認）3号移修
　　　　6号：民法125条（法定追認）6号に同じ
　　　2項：民法125条（法定追認）ただし書移修

（取消権の行使期間）
第七十九条　取消権は、追認をすることができる時から二年間行使しないときは、消滅する。法律行為の時から十年を経過したときも、同様とする。
２　前項の規定により制限行為能力者の法定代理人又は代理権を有しない保佐人若しくは補助人についてその取消権が消滅したときは、制限行為能力者が有する取消権も消滅する。

本条1項前段：民法126条（取消権の期間の制限）前段修正
　　　　後段：民法126条（取消権の期間の制限）後段修正
　　　2項：新設

第4章　権利の変動

[Ⅱ] 改正理由

1　取消しの冒頭規定

（1）　冒頭規定の全体構造

　[新] 76条は、1項で「取消しの効果」を、2項で「取消権者」を、3項で返還義務についての「意思能力を欠く者と制限行為能力者の特則」を、4項で「取消しの方法」について規定した。

　現行民法との関係をみると、[新] 76条1項は民法121条本文、2項は民法120条、3項は民法121条ただし書、4項は民法123条に規定されている規範内容をそれぞれ承継しているが、いずれも文言を大幅に修正し、また、[新] 8条（意思能力の欠如）、[新] 46条（不実表示及び情報の不提供）等の新設規定その他、本民法改正案の改正点を反映させている。

　現行民法の内容を承継しつつも、規定の順序を変更した理由は次のとおりである。現行民法は、取消しの冒頭規定である120条では取消権者についてのみ規定しているので、取消しの冒頭規定をみた段階では、取消しとは何かが明らかでなく、つづく121条本文でようやくそれがわかる順序となっている。そこで、本民法改正案においては、この2か条の順序を逆転させ、取消しの冒頭規定の[新] 76条1項で、まず取消しとは何かが明らかとなるよう、取消しの効果について規定し、つづく2項で取消権者を列挙することとした。そのうえで、関連する規範を3項と4項とに規定した。

　以上のように、現行民法では3か条にまたがって規定されている「取消しの効果・取消権者・制限行為能力者等の特則・取消しの方法」を、本民法改正案では、順序を変えたうえで1か条にまとめて規定することにより、取消しの冒頭規定をみれば、──無効の冒頭規定同様──取消しとは何かがわかるような条文構成に改めた。

（2）　取消しの効果

　[新] 76条1項は、（1）に述べた規定の順序変更に加えて、現行民法121条の「取り消された行為は、初めから無効であったものとみなす」という文言を、「法律行為……が取り消されたときは、当該法律行為はその行為の時に遡って無効であったものとみなす」と文言を改めた。規範内容に変更はないが、法律効果を直截に示すためである。

549

第一編　総則

（3）　取消権者
①　取消原因・取消権者の各号列挙

現行民法では、「行為能力」の節の5条以下で「制限行為能力による取消し」を規定し、また96条で「詐欺・強迫による取消し」を規定している。そこでは、単に「取消し」という効果のみが規定されているにとどまり、民法5条以下や96条をみても、誰が取消権者であるかはわからない。そして、取消原因を規定した上記の条文と民法120条の双方をあわせ読んではじめて取消権者が誰かがわかる構造となっている。このように、取消しの要件および効果と、取消権者とを分離して規定する現行民法の構造は、読む者にとって非常にわかりにくくなっている。

そこで、本民法改正案では、取消しが問題となる個々の条文において、取消権の発生要件とともに誰が取消権者であるかをもあわせて明記することとした。それとともに、現行民法120条に対応する［新］76条2項では、すでに規定されている取消権者を一覧できるように、レファレンス規定としてこれまで規定した取消権者の個別の規定をまとめて規定し、取消制度全体の透視性を高めることとした。

もちろん、レファレンス規定にすぎないのであれば、この「第二目　取消し」に、「取消権者」についての規定をおかないことも考えられる。ただ、そのようにすると、追認の規定に追認権者を列挙することが必要となる。追認は、取り消しうる行為を前提とした規範であるのに、そこではじめて追認権者（＝取消権者）が示されるという転倒した状況は避けたいと考えた。こうした点を考慮し、また、次の②に述べる「承継人」の問題があることをも考え、取消原因と取消権者とを［新］76条2項に各号列挙のかたちで網羅的に示すこととした。この点、取消しについての個別規定と重複するきらいはある。しかし、［新］76条のような規定をまとめておいたほうが、取消しの全体像を把握しやすいと思われる[337]。

---

[337] 【取消しの冒頭規定にかんする議論の経緯】
　（ⅰ）冒頭規定
　　取消しについては、現行民法では、冒頭の120条が取消権者、121条が取消しの効果の規定となっている。これに対して、民法改正研究会では、民法に散在する各取消事由を定めた規定に取消権者を明記したので、現行民法120条を承継する必然性はなくなった。このような前提のもとに、そうであっても現行民法120条を承継すべきであるという鹿野菜穂子の提案や、不当利得規定への言及も取消しの箇所ですべきではないか等の磯村保からの提案もあった。ただ、それらは民法改正研究会の案とはならず、当初の段階では現行民法120条は削除することとなった（於2007年3月18日全体会議）。
　　その後、民法121条の「初めから無効であったものとみなす」との表現につき、この規定

第 4 章　権利の変動

の規範内容がはたして「みなす」というべきものであるか否かという疑問が事務局から呈され、「初めから無効であったものとする」と表現を改めることとなり（於 2008 年 8 月 16 日全体会議）、それが、次に紹介する私法学会提出案となった。

（取消し・経過案・私法学会提出案）
78 条①：法律行為が取り消された場合には、その法律行為は初めから無効であったものとする。
　　　②：前項及び（私法学会提出案）第七十六条（無効）第二項の規定にかかわらず、制限行為能力者は、その法律行為によって現に利益を受けている限度においてのみ、返還の義務を負う。

（ⅱ）取消権者の各号列挙
　上記の私法学会提出案は、法曹提示案にも受け継がれた。ただ、（ⅰ）に述べたように、「第 4 款　無効及び取消し」の取消しにかんする規定群には重複して取消権者を規定しないという方針を採用した結果、法曹提示案 80 条の追認の条文に追認権者を列挙せざるをえないことになった。その理由は、各取消権についての条文に取消権者を規定してあるものの、それらの条文においては追認権者には言及していないため、法曹提示案 80 条に明記する必要があるのではないかという問題が浮上してきたためである。
　しかしながら、ゼミナールで学生たちに法曹提示案をみせたさいに、追認権者を列挙した法曹提示案 80 条の規定のしかたが煩瑣でわかりにくい、との学生の声が強かった。そこで、取消しの箇所には取消権者の規定をおかないという方針を変え、国民有志案では、取消しについての冒頭規定の 2 項として、取消権者についてのレファレンス規定をおき、追認の箇所ではそれをふまえて単に「前条第二項にかかげる追認権者が追認をした時」、という文言をおくこととし、それが国民有志案 81 条 2 項および 83 条 1 項となった。そのうえで、前述した学生たちのわかりにくいという感想を受けて、その後に取消権者を単純に羅列する形式を改め、2 項を各号列挙に変更し（於 2011 年 7 月 26 日事務局会議）、それが民法改正研究会で採用された（於 2012 年 8 月 46 日全体会議）。

（ⅲ）取消規定の 4 項構成へ
　法曹提示案公表直後、市民法研究会および企業法務研究会に提出する条文案整備の段階において、追認にかんする規定を 1 か条に統合し、より透視性を確保することとなった（従前は、現行民法典が 122 条、123 条、124 条の 3 か条としていることにならい、法曹提示案においても、それに対応した 3 か条構成となっていた）。
　それと同時に、取消しの規定の冒頭規定の 2 項に、レファレンス規定として、取消権者についての規定をおくことが提案された。その結果、私法学会提出案および法曹提示案では、2 項に規定されていた制限行為能力者の返還義務の範囲の縮減は、3 項に繰り下げることとなった。また、これとともに、返還義務の範囲を縮減する対象として、制限行為能力者に加えて、意思能力を欠いた者を並置することも提案された。
　以上のように、取消しと追認の規定を体系的に整序した結果、現行民法 123 条および法曹提示案 81 条のように「取消し及び追認の方法」という、取消しと追認の両者が混在している規定となるのを避けるべく、これを「取消しの方法」と「追認の方法」に二分して、それぞれ取消しと追認の規定の一部としてとりこむこととなり、「取消しの方法」は、4 項に位置づけられた。

第一編　総則

② **承継人**

　現行民法典は、前述したように、個別の取消原因を規定する条文（たとえば民法5条）と取消権者を規定する条文（民法120条）を分離したうえで、取消権者として、制限行為能力者・瑕疵ある意思表示をした者等と並べて、現行民法120条に「承継人」も掲げている。

　これに対し、本民法改正案においては、個別の取消原因の箇所に取消権者も必ず明記しているものの、そこにひとつひとつ「承継人」を併記するのは煩雑である。そこで、〔新〕76条2項の柱書において、「承継人」も取消権者に含まれることを示すこととした。

　なお、この「承継人」について、学説は、これに包括承継人と特定承継人の双方が含まれるとする。包括承継人に取消権が認められるのは当然のことであろう。また、特定承継人としては、事業譲渡を受けた者等がこれに該当するのは当然である。〔新〕76条2項にいうて「承継人」とは、基本的には学説と同じ趣旨であるが、特殊な事例も存在していることにも注意されたい[338]。

　　以上の3点の提案が事務局からなされ（於2009年1月12日事務局会議）、その後に全体会議において承認され（於2009年8月20日全体会議）、国民有志案となった。
　　このようにして成立した国民有志案に対し、川﨑政司が立法技術的な観点から文言を一部修正し（於2010年8月12日修正案送付）、それが何度かの全体会議での討論をへたうえで、本民法改正案〔新〕76条という最終案に結実した（於2012年9月19日全体会議）。
[338]　本文に述べた事例以外にも、鳩山説は、所有者が欺罔されて地上権を設定した後に、その土地を譲り受けた者等をあげている（鳩山秀夫『法律行為乃至時効』〔巌松堂、明治45年（合本初版）〕406頁）。この設例は必ずしも誤りではないが、このような理解を一般化することはできない。なぜなら、これは、賃借権に特有な問題があるためである。一般には、土地等の譲渡にともない取消権は移転しないのが原則であるが、この原則に対する例外として、賃借権の場合には地位の譲渡が問題となるため、これにともなって取消権が移転すると考えることができ、地上権の場合にもこれを類推できると考えられるからである。多少、錯綜した議論なので、次に敷衍しておこう。
　　所有権譲渡等を含め物権は公示されたかぎりにおいて絶対効を有するにすぎない。したがって、物権の取得者が欺罔されてその物権を取得した場合に、その後の転得者は物権そのものを取得しても、公示されていない前主の取消権までを当然に承継するものではない。取消権を承継するのは、その目的物の転得にさいして契約に取消権の譲渡までが明記された場合に限られる。
　　しかしながら、賃借権や地上権が譲渡目的物に付着している場合については、別に考える必要がある。賃貸目的物の所有者がその目的物を譲渡した場合に、状態債務論その他を根拠に賃貸人の地位の譲渡が認められている。この場合に、この土地を譲り受けた貸主は、解除権その他の形成権も承継することになるので、取消権のみを別に考える必要はない。したがって、賃借権の場合には取消権の承継が認められることになる。また、借地借家法等では土地賃借権も地上権も区別することなく取り扱われていることを前提とすると、地上権についても賃借権と同様に考えてよい。さらに、借地借家法の適用がない賃借権や地上権につい

552

第 4 章　権利の変動

③　代理人

現行民法 120 条 2 項には、「瑕疵ある意思表示をした者又はその代理人若しくは承継人」と定められており、取消権者には「代理人」も含まれる旨、明記されている。

しかしながら、学説が指摘するように、「取消は、一の意思表示であるから、原則として、代理人がこれをなすことのできるのは当然である」[339]ので、本民法改正案では、「代理人」の語を削除することとした。

(4)　意思能力を欠如した者と制限行為能力者の特則

［新］76 条 3 項は、現行民法 121 条ただし書を承継したものである。ただ、現行民法は、この 121 条（取消しの効果）と 703 条（不当利得）とで現存利益の返還についてを規定しているが、いずれも同じ「現存利益」を規定したものと解されているものの、文言は統一されていない（121 条では「現に利益を受けている限度」と規定され、703 条では「その利益の存する限度」と規定されている）。それがためにこの文言の異同について無用な議論を招きかねない。

そこで、本民法改正案においては、［新］76 条 3 項と債権編で規定する不当利得の条文――国民有志案修正案原案 653 条 2 項 1 号――の文言を統一し、ともに「利益が現に存する限度」と規定することとした。

なお、本民法改正案では、現行民法とは異なり、意思能力の欠如についての条文を［新］8 条に規定したので、［新］76 条 3 項にそれも含めることとした[340]。

(5)　取消しの方法

［新］76 条 4 項は、現行民法 123 条を承継したものである。

現行民法典は、取消しと追認にかんする規定が入り乱れている。具体的には、①取消し（120 条、121 条）、②追認（122 条）、③「取消し及び追認の方法」（123 条）、④追認（124 条、125 条）、⑤「取消権の期間の制限」（128 条）としており、いささか整然さに欠ける。それに対し、本民法改正案では、①取消し（［新］76 条）、②追認（［新］77 条）、③取消権の消滅事由（［新］78 条）、④取消権の行使期

　てはこの考え方が適用されないと考えることにも多少突出感があるので、一般的にこのように考えてよいと思われる。このかぎりにおいて鳩山説の説くところは正当ではあるものの、所有権譲渡にともなって常に取消権が移転するものではないという一般枠組を離れた特異な事例をとりあげている点は留意すべきであろう。

339　我妻・注 25）引用『民法講義 I　民法総則』394 頁。
340　［新］76 条 3 項は、国民有志案 81 条 4 項の文言を修正しているが、この点は川﨑政司の立法技術的な観点からの指摘によるものである。

間（［新］76条）として、追認にかんするルールを［新］77条の1か条に集約した。その結果、現行民法123条の「取消し及び追認の方法」の内容は、［新］76条4項と［新］77条4項とにわけて規定することとなった。

なお、本民法改正案では、［新］42条において、「意思表示とその効力」と題して、同条1項1号では、相手方のある意思表示はその意思表示が相手方に到達した時からその効力を生ずると定めている。そのため、相手方に対して意思表示がされるべきことを定めた［新］76条4項は、この点だけにかんしては［新］42条1項1号と重複する感もある。しかし、［新］76条1項は、取消しの意思表示の遡及効を定め、［新］42条1項1号の到達主義の例外を規定しているので、同条1項と［新］76条4項とをあわせみると、相手方のある取消しの意思表示は、［新］42条1項1号の例外であることがわかるようになっている。

2　追認による取消権の消滅

［新］77条の内容は、現行民法の法定追認を除く追認関係の3か条を合体し、その文言を一部修正したものである。

具体的には、［新］77条1項は、現行民法122条本文を承継しつつ、「以後、取り消すことができない」としている現行法の文言を、本民法改正案では「取消権は、……取消権者又はその承継人が追認したときは、消滅する」と改め、取消権の消滅構成をより明確にしている。他方、現行民法122条ただし書は、本民法改正案では削除した。学説では、この「但書は適用の余地のない規定」[341]であるとされ、「第三者が権利を取得するかは、対抗問題に関する規定によって解決される」[342]と考えられていることを考慮したものである[343]。

341　我妻・注25）引用『民法講義Ⅰ　民法総則』401頁。
342　山本・注26）引用『民法講義Ⅰ』329頁。
343　民法起草者の梅は、このただし書が機能する場合として、保証の例をあげる（梅・注69）引用『民法要義　巻之一　総則編』316頁）。梅の考えを前提とすれば、主たる債務が取り消すべき場合に、善意で保証した保証人がいるときは、主たる債務者も保証人もそれぞれ取消権を有しているが、主たる債務者が追認した場合に、このただし書が存在していれば保証人は取消権を失うことはないが、ただし書を削除すると、本人の追認によって保証人は取消権を喪失することになる。
　しかし、近時の学説は、主たる債務につき取消権がある場合に、梅のように保証人に主たる債務の取消権の援用を認めることなく、保証人は単に履行拒絶権を有するにとどまるとしている（我妻栄『民法講義Ⅳ　新訂　債権総論』〔岩波書店、昭和39年〕483頁以下、奥田昌道『債権総論　増補版』〔悠々社、平成4年〕397頁以下、）。したがって、主たる債務者の追認があれば、保証人はその履行拒絶権を失うことになる。本民法改正案は、近時の学説と同様に考え、現行民法122条ただし書を削除したものである。

第 4 章　権利の変動

　［新］77 条 2 項は、現行民法 124 条 1 項と 2 項を合体して、本文・ただし書のかたちとした。さらに、本民法改正案が現行民法には規定されていない意思能力の欠如を規定したことにともない、［新］77 条 2 項で、意思能力を欠いていた者についても規定した。
　［新］77 条 3 項も現行民法 124 条 3 項の承継規定である。［新］76 条 4 項については、1（5）で述べたところを参照されたい[344]。

3　取消権の消滅事由

（1）「法定追認」から「取消権の消滅事由」へ

　現行民法 125 条の標題は「法定追認」とされている。ただ、同条に列挙されている事由には、取消権者の追認の意思を推認しうる行為として、いわば、「追認の推定」的な意味を有する事由と、相手方の行為をきっかけとする事由のように取消権者の意思と無関係なものの双方が存在している[345]。前者は黙示の追認にも

344　【「追認による取消権の消滅」にかんする議論の経緯】
　　追認の規定については、私法学会提出案および法曹提示案では、現行民法の規範内容を──一部に文言修正をともないつつ──承継していたが、その後、この点については、追認関係の規定を統合することが提案され、次の国民有志案となった（叙述の便宜上、注 337）【取消しの冒頭規定にかんする議論の経緯】（ⅲ）に述べたところも参照されたい。

　（取り消すことができる法律行為の追認・経過案・国民有志案微修正案）
　83 条①：取り消すことができる法律行為は、第八十一条第二項に掲げる取消権者が追認をした時以後は、取り消すことができない。
　　　②：追認は、取り消すことができる法律行為の相手方が確定しているときは、相手方に対する意思表示によってしなければならない。
　　　③：第一項の追認は、取消しの原因となっていた状況が消滅した後にしなければ、その効力を生じない。
　　　④：前項の規定にかかわらず、制限行為能力者による追認は、行為能力者となった後にあってもその法律行為の内容を了知した後でなければ、その効力を生じない。
　　　⑤：前項の規定は、法定代理人又は制限行為能力者の保佐人若しくは補助人が追認をする場合には、適用しない。

　この国民有志案に対し、立法技術的な観点から、川﨑政司によって文言の整備が行われた（於 2010 年 8 月 12 日修正案送付）。さらにその後、事務局会議において、［新］79 条「取消権の行使期間」の法的効果が「取消権の消滅」という構成となっていることと平仄をあわせ、追認および法定追認をともに「取消権の消滅」という構成にするという観点から全面的に書き改めることが提案された。それにともない、国民有志案の追認の規定が 5 項構成となっていたところを、一部を統合・削除し、3 項構成にすることとした（2012 年 2 月 5 日事務局会議）。この案につき、何度かの全体会議での討論をへて、文言等の微修正と項の構成の変更がなされたうえで、本民法改正案にいたった（於 2012 年 9 月 19 日全体会議）。

近いものであるから、追認したものと「みなす」という取扱いには違和感が拭えない。その意味で「法定追認」というべきは取消権者の意思に還元することができない後者のみであろう。このように、現行民法には、「追認の推定」的性格と「法定追認」という性格の双方のものが混在しているといえるので、両者を包摂する標題としてよりふさわしいのは「取消権の消滅事由」であると考えた。

（2） 各号の内容と現行民法との異同

　［新］78条1項柱書は、現行民法125条柱書の本文を承継しつつ、その「追認をしたものとみなす」の文言を──［新］77条1項と同様──「取消権は、……消滅する」に改めたものである。そのうえで、同項の各号の規定については、一定の事由を追加するとともに、その順序を入れ替えた。

　具体的にいえば、［新］78条1項1号、2号、6号の内容は、現行民法と同一であるが、3号は、現行民法125条1号の「全部又は一部の履行」に、「相手方の履行の受領」を付加している。その理由は、通説、判例[346]は、取消権者が債権者として相手方の履行を受領しても法定追認──取消権の消滅事由──としているので、その内容を条文上に明記し、わかりやすくしたものである[347]。

　また、［新］78条1項4号では、現行民法の文言である「担保の供与」にやはり一定の文言を付加し、本民法改正案では「担保又は用益権設定の合意」とした。その理由は、用益物権の設定および賃貸借契約の締結を、「法定追認」事由──本民法改正案にいう「取消権の消滅事由」──に加えるためである。用益物権の

345　なお、民法起草者の梅、富井らは、本条を黙示の追認と考えていたのに対し、鳩山がこれを批判して「法定追認と解するを正当」としていたこと、また、平成16年の民法の現代語化にさいし、鳩山の見解に依拠して本条の標題が「法定追認」とされたことが指摘されていることを紹介しておきたい（大村・注11）引用『民法読解 総則編』428頁以下）。

346　我妻・注25）引用『民法講義Ⅰ 民法総則』401頁、前掲注265）引用『注釈民法（4）』289頁（奥田昌道執筆部分）。大判昭和8年4月28日民集12巻11号1040頁。

347　ただ、取消権者が取り消すべき法律行為から生じた債務の「全部又は一部の履行」をした場合には、ただちに取消権は消滅するが、取り消すべき法律行為の相手方が債務の「全部又は一部の履行」をした場合には、ただちに取消権が消滅するとはかぎらないことに留意されたい。後者にあっては、取消権者の側が相手方の履行を"受領したか否か"という問題が残るからである。たとえば、相手方が金銭債務を銀行振込みによって送金した等の場合は、取消権者自ら指示して振込みをしてもらった場合には「履行の受領」とはなるが、取消権者が知らない間に銀行振込みがなされていたような場合には「履行の受領」があったとはいえず、取消権の消滅事由にならないというべきであろう。また、消費者相手の取引等において、悪質な業者が、消費者が取消権の存在を了知した後に、取り消すべき法律行為から生じた債務を履行することによって取消権者を困惑させたような場合にも、意思的な受領があったとはいえないであろう。

第4章　権利の変動

設定は同項2号にいう「権利の……一部の譲渡」と解する余地もあるが、賃借権契約の締結をそこに含めることは文言上困難と思われる。しかし、賃貸借契約の締結がなされた場合には、用益物権の設定と同様に追認の推定をしてもよいと思われるので、この文言を付加したものである。

なお、「担保権設定の合意」には、後発的に担保物権を設定することおよび保証人をたてることを含むが、この点は、現行民法においても変わりはない。ただ、[新]78条1項4号は、現行民法では「担保の供与」とされているところを、「担保権……設定の合意」と変更していることに留意されたい。現行民法の「担保の供与」という文言からは、①取消権者が債務者として物的または人的担保を供与したときにかぎって法定追認となると読むのが素直であろうが、②取消権者が債権者として担保の供与を受けたときも、法定追認となるとするのが通説である[348]。そこで、本民法改正案では、①②双方ともに条文の文言に含まれるよう、「担保権……設定の合意」と文言を変更した。

[新]77条1項5号では、現行民法の「更改」を「更改契約の締結」と改めた。これは、4号を「担保権又は用益権の設定の合意」としたことと平仄を合わせたものであって、規範内容の変更ではない。なお、6号の「強制執行」については、民法125条6号を承継している。

以上、[新]78条1項1号から6号について、内容上の変更点等を述べたが、本民法改正案は、その並び順にも一定の考慮が反映されている。現行民法125条の1号から6号までの取消権の法定追認事由の順序は、どのような考え方のもとに規定されたか一見して明らかではないのに対し、本民法改正案では、6つの取消権の消滅事由を、次の2つの観点から並べ替えることとしたのである。

まず第1に、各事由のうち、取消権者がする場合にかぎって取消権消滅の効果が認められるもの、言葉を換えれば相手方がしても取消権の消滅事由とならないものを規定した。具体的には、「履行の請求」[349]、「取り消すことができる法律行為によって取得した権利の全部又は一部の譲渡」を1号、2号に規定した。そのうえで、3号から5号までに、取消権者がしても、取り消しうべき行為の相手方がしても、取消権消滅の効果が生じるものを規定した。

ただ、「強制執行」については、本民法改正案でも規定されてはいるが、他の法律である民事執行法上の問題であるという観点と、相手方の強制執行を「取消

348　我妻・注25)引用『民法講義Ⅰ　民法総則』401頁、前掲注265)引用『注釈民法（4）』289頁（奥田昌道執筆部分）参照。
349　判例は、取消権者が履行の請求を受けることは、法定追認にならないとする（大判明治39年5月17日民録12輯837頁）。

権の消滅事由」と考えるか否かにつき解釈の余地を残す必要があるという観点から、末尾の6号におくこととした[350]。

　第2の観点として、その行為がなされたときに、もはや取り消すつもりがなかった——言葉を換えれば、追認してもよいと考えていた——と推定させる程度が強い順に並べることとした。前段に述べた1号、2号もこの当事者の推定的意思という観点から順序づけたものであるが、3号以下では、更改の位置を下げる等の順序の変更を行っている（なお、3号の「全部若しくは一部の履行又は相手方の履行の受領」は、第2の観点からは冒頭に規定されるべきものであろうが、第1の観点を優先させたため、3号に規定したものである）。

（3）　取消権の留保

　[新] 78条2項は、現行民法125条ただし書を独立条文としたものである。なお、現行民法では、「ただし、異議をとどめたときは、この限りでない」とされているが、取消権者が債務の履行をしながら「異議をとどめる」のは、自己の行為を否定するかのような表現なので、本民法改正案では、「将来の取消権の行使を留保したとき」と改めることにした[351]。

350　取消権者が債権者として強制執行したときには、取消権の消滅事由となるのは当然である。ただ、学説では、取消権者が債務者として強制執行を受けたときでも、訴訟上可能な異議の主張をしなかった以上、法定追認——取消権の消滅事由——になると考える立場が有力である（我妻・注25）引用『民法講義Ⅰ　民法総則』401頁、注265）引用『注釈民法（4）』289頁〔奥田昌道執筆部分〕参照）。これに対し、判例は、取り消しうる行為の相手方が提起した訴訟で未成年者が敗訴し、その判決にもとづく執行がなされた場合にも、それは法定追認にはならないとして、その執行後の取消しを認めている（大判昭和4年11月22日新聞3060号16頁）。民法改正研究会では、基本的には有力説の立場にたち、取消権者または取消しの相手方のどちらが行っても消滅事由となりうる事由を列挙した3号以下に規定することとはしたものの、事案によっては判例のような結論を認める余地を残すべきものもありうることを考慮し、明確な立場を打ち出すことは避け、現行民法の文言を変更しないこととした。

351　【取消権の消滅事由にかんする議論の経緯】
　　取消権の消滅事由については、現行民法125条の法定追認の規定を修正しつつ、最終案が策定された。
　　民法改正研究会の初期の段階で、現行民法125条柱書のただし書が「ただし、異議をとどめたときは、この限りでない」と規定しているところ、磯村保より、「法定追認に当たる各号の行為が、錯誤や詐欺・強迫などによって行われたものである場合に、法定追認の効果をそのまま認めてよいかどうか問題がある」との問題提起がなされた（於2007年3月18日全体会議）。この問題提起を受け、私法学会提出案では、この柱書のただし書を次のようなかたちに改めた。「ただし、これらの行為が相手方の詐欺若しくは強迫によってなされたとき、又は異議をとどめたときは、この限りでない」。
　　私法学会提出案は、法曹提示案でも維持されたが、この法曹提示案の規定に対し、弁護士

第 4 章　権利の変動

4　取消権の行使期間

（1）　行使期間 2 年案

　取消権の行使期間については、現行民法 126 条では、短期 5 年・長期 20 年とされているが、［新］79 条 1 項では、それぞれ 2 年・10 年に改めた。これは、法律関係を早期に安定させる観点から、次の「第三節　時効」の個所で詳述するように、一般の債権の時効期間を短縮したことに平仄を合わせたものである。

　なお、現行民法 126 条は、5 年間の取消権の不行使があれば、取消権は「時効によって消滅する」と規定し、20 年の期間についても「同様とする」としているので、双方ともに消滅時効であるように読める。しかしながら、裁判外で行使

の井桁大介、嶋村那生から、「ただし書の趣旨が明確でない、詐欺・強迫のみならず、錯誤の場合もありうるし、詐欺、強迫の主体によっても取扱いは異なるのではないか」との問題提起がなされた。議論の結果、法定追認を主張する者の行為が信義則違反にあたる場合を定式化し、あるいは柔軟化する必要があるため、ただし書構成よりは、2 項として別項にすることが提案された（於 2009 年 7 月 21 日市民法研究会）。この提案が民法改正研究会においても承認され、国民有志案の段階では、現行民法 125 条において 1 項構成であった規定を、そのただし書を 2 項前段としたうえで、信義則違反の文言を後段に付け加えるかたちに修正された。もちろん、信義誠実の原則の規定は一般的に適用されるものであり、この文言は、注意的な意味しかもたないが、上述のとおり、詐欺・強迫等によって法定追認をしてしまうことは少なくなく、このことがこれまであまり意識されてこなかったこともあって、とくに規定をおこうとしたものであった。

　しかしながら、元来の問題提起者であった磯村保から、国民有志案のように一般条項のかたちで規定することは意味が乏しく、また、時効の援用権放棄や債務承認の場合について同様の規定が必要になってしまうので、むしろ削除すべきであるとの提案があり、この趣旨の文言は削除された（於 2012 年 8 月 5 日全体会議）。

　また、現行民法 125 条の 1 号から 6 号にわたって規定された法定追認事由の順序が、いわば順不同にみえることから、それを整備するべきであるという提案がなされ、各号に規定されている内容のうちより頻繁に起こると思われる事実をさきに規定するようにした（於 2012 年 2 月 5 日事務局会議）。

　その後、松岡久和から、これらの法定追認事由には、取消権者がした場合にのみ法定追認となるものと、相手方からした場合にも法定追認となるものの双方があるので、その点に留意する必要はないかという問題提起があった。ただ、これに対して、本文にも述べたことであるが、強制執行については見解が分かれるうえ、取消権者が相手方の履行を受領したことを常に法定追認事由と考えてよいのか、という疑問が磯村保から提起されるとともに、平林美紀から消費者問題についても考慮する必要があるのではないか等の発言があり、この段階では研究会としての明確な立場決定がなされないままに終った（於 2012 年 8 月 5 日全体会議）。なお、標題については、この時に「取消権の消滅事由」へと変更された（於 2012 年 8 月 5 日全体会議）。

　しかし、その後、上記の議論に留意した事務局の修正案が全体会議で承認され、本民法改正案にいたった（於 2014 年 3 月 8 日全体会議）。

しうる一般の形成権については、意思表示をするだけで法律関係の変動を生じさせることができ、形政権行使のための裁判所の保護は必要ではない。取消権等の形成権を有する者は、裁判所を介することなく形成権を行使できるので、期間の経過によるその権利の消滅をおそれて、時効の中断を求める必要はない。したがって、裁判外で行使しうる一般の形成権は、除斥期間であると考えるべきである（ただ、詐害行為取消権のように裁判上でしか行使できない形成権については、相手方の承認等の時効の中断──本民法改正案の用語法を前提とすれば、権利の承認による時効の新たな進行〔〔新〕95条2項〕──を考える必要があるので、期間制限を消滅時効と考えてよい）[352]。

本書631頁に述べるように、本民法改正案においては、消滅時効と除斥期間を条文の文言によって書き分けているので、〔新〕79条1項では、現行民法126条の「時効によって」の文言を削除した。

（2）　二段階構成説の不採用

取消権の行使期間の制限については、現在でも二段階構成説と一体的構成説とが対立している。現在の判例は、取消権がその行使期間内に行使された後、それによって発生した不当利得返還請求権については、独立した消滅時効が考えられるとして、いわゆる二段階構成説を採用している[353]。ただ、この点については、有力説からも、このように「解しては、取消権を早く消滅させて、法律関係を確定しようとする趣旨が破れる」[354]との批判があるところである。

かりに、この批判を条文に反映させるのであれば、現行民法126条の「取消権は」を「取消権（取消しによって発生する請求権を含む。）は」に改めることで期間制限の対象を拡大し、一体的構成説の立場を明示すればじゅうぶんである。

ただ、本民法改正案では、債権の消滅時効期間を原則として5年とした（〔新〕91条2項）。ところが、取消権は2年間で消滅するので（〔新〕79条1項）、一体的構成説をとると、取消権もそこから発生する不当利得返還請求権も、通常の債権とくらべて半分以下の期間で消滅することになり、不均衡感が残ることは否めない。とりわけ、一体的構成説をとり、取消権が行使されただけで返還請求は行使されなかった場合に、不当利得返還請求権が消滅するのはともかく、所有権者の物権的返還請求権も自動的に消滅すると考えてよいのか、という問題も残る[355]。

352　加藤・注11）引用『新民法大系Ⅰ　民法総則』414頁。
353　大判大正7年4月13日民録24輯681頁。
354　我妻・注25）引用『民法講義Ⅰ　民法総則』404頁。
355　ただ、この問題は両刃の剣であって、二段階構成説をとっても、期間内に取消権を行使

第4章　権利の変動

　取消権の短期消滅期間を2年とすることを前提に、上記の問題と、判例が二段階構成説を採用していることを考慮して、本民法改正案のもとでも二段階構成説にたつこととした。結果として、取消しによる法律行為についての不確定的有効状態を2年ないし10年で解消し、その後は一般の債権の消滅時効の規定に委ねられることになる。

（3）　複数の取消権者

　［新］79条2項は、新設規定である。制限行為能力者と法定代理人がそれぞれ取消権を有する等、取消権者が複数存在するときは、多くの場合、1項の「追認をすることができる時」が同一ではないので、それぞれの取消権者により2年間の「取消権の行使期間」の満了時が異なることになる。そのことによる混乱を避けるため、この点を条文上明記することとした[356]。

しさえすれば、後は永久に物権的返還請求権を行使しうるのか、という問題が残る。もちろん、過度に遅れた物権的返還請求権の行使につき、権利濫用の規定を適用するのは可能であろうが、その場合には、一つの物についての所有と占有の分離状況が発生するという別の問題が残る（これを回避するためには、不法原因給付について反射的所有権取得をみとめた判例〔最判昭和45年10月21日民集24巻11号1560頁〕を拡張し、この場合にも反射的所有権取得を認めざるをえないことになる）。なお、本注に述べた反射的所有権取得の適用範囲の拡張という問題は、一体的構成説をとり、所有者の物権的返還請求権が消滅する、と考えた場合にも発生することを付言しておきたい。

[356]【取消権の行使期間にかんする議論の経緯】
　（ⅰ）行使期間
　　現行民法126条の「取消権の期間の制限」の規定につき、その5年・20年の期間を短縮することでは、当初の段階から研究会全員の意見の一致をみていた。ただ、磯村保が2年・10年という提案をしたのに対し、鹿野菜穂子が3年・10年という提案をしていたが（於2007年3月18日全体会議）、私法学会提出案の段階では、2年・10年案に落ち着いた。この2年・10年案は、その後も維持され、最終案にいたっている。次に述べるように、最終的に二段階構成説をとるのであれば、取消権の行使期間は短めに設定するのが妥当であると思われる。

　（ⅱ）二段階構成説と一体的構成説
　　取消権の行使期間と取消権行使によって発生した請求権の存続期間の関係をどのように取り扱うかについては、民法改正研究会ではかなり早い段階から問題とされていた。まず、磯村保は、取消権の行使期間を「追認可能時から2年・法律行為時から10年」としたうえで、不当利得返還請求権の行使期間を「追認可能時から5年」とする条文案を提案した（於2007年3月18日全体会議）。ここでは、所有権は消滅時効にかからないという考え方を前提に、物権的返還請求権は行使期間の制限の適用を受けないとされていた。しかしながら、この規範内容は、多少錯綜していたため、私法学会提出案から国民有志案にいたるまで、取消権の期間制限とは別に返還請求権の存続期間の関係を規律するための規定はおかれないままに終わっていた。

第一編　総則

第5款　条件及び期限

【前注】

「第五款　条件及び期限」については、本民法改正案は、基本的に民法の規範内

　　ただ、上記の提案内容からもわかるように、磯村は二段階構成説の立場を考えていたのに対し、事務局は次に述べるように一体的構成説の採用を考えていた。
　　国民有志案公表後に、加藤がゼミナールで本条のわかりやすさを問うたさい、学生から二段階構成説をとるのか一体的構成説をとるのかについての質問が相当数発せられた。そこで、この条文につき、「取消権」のみならず「取消権（取消しによって発生する請求権を含む）」について行使期間の制限があることを条文上明記する案を策定した。この案は、全体会議に提案されたが、磯村保は一般の消滅時効期間以上に短い期間制限になることを理由に反対した。その結果、二段階構成説の判例を前提にしつつ、条文にはこの問題についての規定をおかないこととなった（於2012年8月5日全体会議）。

　(iii) 複数の取消権者
　　この問題については、当初、［新］79条1項に2年と10年の取消権の行使期間が規定された後に、次のような規定がおかれていた。「前項の規定により、取消権者の一人について、その取消権が消滅したときは、他の者が有する取消権も消滅する」。これに対し、磯村保は、上記の文言では適用範囲が広すぎ、次のような事案について不都合が生じるとの問題提起を行った（於2014年3月8日全体会議）。
　　この規定は、親権を含むような共同代理の場合に適用されることが問題であるのみならず、共同相続等についても同じ問題がある。具体的にいえば、詐欺の被害者として取消権を有する者が死亡した後、その取消権が共同相続された場合に、共同相続人の一人のみが詐欺の事実を知り追認可能にいたったが、他の共同相続人は被相続人が欺されていたことを知らなかった場合、取消権の行使期間の起算点が異なってくる。この場合に、一人につき取消権が消滅しても他の者の取消権が消滅することは適切とは思われない。
　　そこで、学説が論じている制限行為能力をめぐる問題に限定した［新］79条2項の規定がおかれることとなった（注265）引用『注釈民法（4）』294頁〔奥田昌道執筆部分〕、山本・注26）引用『民法講義I』332頁以下）。

　(iv) 抗弁権の永久性
　　なお、後に本書631頁の時効の箇所で述べるように、本民法改正案に抗弁権の永久性について一般的に規定するか否かもいったんは問題となった。最終的には規定されないことになったが、その議論の過程では、取消権についてのみ抗弁権の永久性を明示する規定をおくことが検討された。そのさい、その規定を時効の箇所におくか、それとも取消しの箇所におくかの両案があり、国民有志案では次に紹介するように、後者の立場が採用された。そこでは、取消権の行使期間を定めた1項につづいて次のような規定がおかれていた。

（取消権の行使期間・経過案・国民有志案）
82条②：取消権は、それを有する者が、法律行為の相手方からの履行請求に対し、取消権
　　　　を行使してその履行を免れようとするときは、いつでも行使することができる。

第4章　権利の変動

容を維持しているものの、款全体の体系的な透視性を高めるため、「第一目　条件」と、「第二目　期限」とに分離して規定することとした。

また、現行民法の「第五節　条件及び期限」で規定されているそれぞれの条文の規範内容はそれほど複雑ではないものの、とりわけ条件の部分は、全体として無機的な条文の羅列にとどまっている感が強い。そこで、条件、期限とも、冒頭に、定義をも含めて条件・期限の原則規定をおき、規範内容をより簡明に記すとともに、それぞれの目におかれた条文群を整序した。とくに条件の部分については、冒頭規定の次に条件付権利一般についての2か条をおいたうえで、その後に条件の特殊な成就のしかたと、条件の内容が特異なものであったときの取扱いについての特別規定をおくこととした。

第1目　条件

［Ⅰ］条文案

> **（条件）**
> 第八十条　法律行為には、条件（将来発生するか否かが不確実な事実をいう。以下、同じ。）を付することができる。ただし、法律行為の性質がこれを許さない場合は、この限りでない。
> 2　条件を付した法律行為の効力は、次の各号に定めるところによる。
> 　一　停止条件を付した法律行為は、条件成就（条件とした事実が発生することをいう。以下この条及び第八十二条（条件成就の妨害等）において同じ。）の時からその効力を生じる。
> 　二　解除条件を付した法律行為は、条件成就の時からその効力を失う。
> 3　前項の規定にかかわらず、当事者は、その合意により条件成就の効果を条件成就の時以前に遡らせることができる。

本条1項本文：新設
　　　ただし書：新設
　2項柱書：新設
　　　1号：民法127条（条件が成就した場合の効果）1項移修
　　　2号：民法127条（条件が成就した場合の効果）2項移修
　3項：民法127条（条件が成就した場合の効果）3項移修

(条件付権利の保護と処分等)
第八十一条　条件を付した法律行為の各当事者は、その条件の成否が未定である間は、条件が成就した場合にその法律行為から生ずべき相手方の利益を害することができない。
2　条件を付した法律行為に基づく各当事者の権利義務は、その条件の成否が未定である間においても、一般の規定に従い、保存し、若しくは処分し、又はそのために担保を供することができる。

本条1項：民法128条（条件の成否未定の間における相手方の利益の侵害の禁止）移修
　　2項：民法129条（条件の成否未定の間における権利の処分等）移修

(条件成就の妨害等)
第八十二条　条件成就によって不利益を受ける当事者が故意にその条件成就を妨げたときは、相手方は、その条件が成就したものとみなすことができる。
2　条件成就によって利益を受ける当事者が第三条（信義誠実と権利濫用の禁止の原則）第一項の規定に反してその条件を成就させたときは、相手方は、その条件が成就しなかったものとみなすことができる。

本条1項：民法130条（条件の成就の妨害）修正
　　2項：新設

(確定条件)
第八十三条　確定条件が付された法律行為の効力は、次の各号に定めるところによる。
　一　法律行為をする時に停止条件が成就することが既に確定していたときは、無条件とする。
　二　法律行為をする時に停止条件が成就しないことが既に確定していたときは、無効とする。
　三　法律行為をする時に解除条件が成就することが既に確定していたときは、無効とする。
　四　法律行為をする時に解除条件が成就しないことが既に確定していたときは、無条件とする。

第4章　権利の変動

本条柱書：新設
　1号：民法131条（既成条件）1項移修
　2号：民法131条（既成条件）2項移修
　3号：民法131条（既成条件）1項移修
　4号：民法131条（既成条件）2項移修

> （不能条件）
> 第八十四条　不能条件が付された法律行為の効力は、次の各号に定めるところによる。
> 　一　法律行為をする時に停止条件が不能であったときは、無効とする。
> 　二　法律行為をする時に解除条件が不能であったときは、無条件とする。

本条柱書：新設
　1号：民法133条（不能条件）1項移修
　2号：民法133条（不能条件）2項移修

> （随意条件）
> 第八十五条　法律行為に付した停止条件の成否が単に債務者の意思のみに係る随意条件であるときは、その法律行為に基づいて履行を裁判所に請求することはできない。

本条：民法134条（随意条件）修正

[Ⅱ]　改正理由

1　条件の冒頭規定

（1）　条件とは何か

　現行民法において、条件の冒頭規定である民法127条では、条件とは何かが条文上明示されておらず、1項で停止条件、2項で解除条件がいきなり規定されており、突如、技術的説明から始まっている。
　そこで、本民法改正案においては、条件とは何かが明らかになるように、条件の冒頭規定である［新］80条1項本文に、条件についての定義を規定した。

（2）　条件の付加とその限界

　条件の定義規定をおいた［新］80条1項本文では、法律行為に条件を付すこ

とができるという原則を定めるとともに、ただし書で、「法律行為の性質がこれを許さない場合」には条件を付すことは許されない旨を規定し、条件付加には限界があることを明示した。「法律行為の性質」が条件の付加を許さない具体例としては、「単独行為、その他法律行為に条件を付すことにより相手方の地位を不安定にする場合」が典型的であろう。

これは、従来の学説が「条件に親しまない行為」の存在を認めており、それを公益的観点と私益的観点の双方から説明しているところ、後者の私益的観点の一部のみをとりあげて条文化したものである。

この点を敷衍すると、従来の学説は、一般的に、条件に親しまない行為として、①公益的観点からのものと、②私益的観点からのものの２種があるとして、次のように説明していた[357]。

「（１）公益上の不許可　条件をつけることが、強行規定または公序良俗に反する結果となる場合には、条件をつけることは、絶対に許されない。婚姻、縁組、認知、相続の承認もしくは放棄などはその例である。

（２）私益上の不許可　単独行為に条件を付することは、相手方の地位を著しく不利益にするおそれがあるから、一般に許されないと解されている。相殺には明文がある（506条）。解除（540条以下）、取消、追認、買戻（579条）、選択債権の選択（407条）などもこれに属する。ただし、この場合には、相手方の同意があるか、または条件の内容がそのために相手方をとくに不利におとし入れるものでないときは、条件を付することが許される。一週間内に履行しないときには、改めて解除の意思表示をすることを要せずに、解除の効果を生ずる、という停止条件付解除はその適例であって、多くの場合に行われている」。

別段、この叙述に大きな問題があるわけではないが、ここにいう「公益上の不許可」については、[新]40条1項前段（現行民法90条に相当する）により、公序良俗違反の法律行為は無効であるとして、同一の結論を導きうるので、後者の「私益上の不許可」としてあげられる単独行為という問題が重要となる。しかも、前段に紹介した議論では、単独行為に対する条件の付加が一般的に問題となるわけではなく、相手方に不利益を及ぼさない合理的な範囲であれば条件を付すことが許される、とされている。そこで、本民法改正案では私益的観点の一部のみを念頭においてただし書を規定したものである。

---

[357] 我妻・注25）引用『民法講義Ⅰ　民法総則』409頁以下。

第 4 章　権利の変動

（3）　停止条件と解除条件

本民法改正案では、まず［新］80 条 1 項で条件の大枠を示したうえで、［新］80 条 2 項 1 号に停止条件を、2 号に解除条件を規定した。後者は、現行民法 127 条 1 項、2 項に規定されているものであるが、本民法改正案では、規定の体裁は変更されているものの、規範内容には変わるところはない。

ただ、現行民法では「条件が成就」という文言がでてくるところ、［新］80 条 2 項では、「条件成就」の定義をおくことによって、よりわかりやすい規範となるように努めている。

（4）　遡及効を与える合意

［新］80 条 3 項は、条件成就の効果は、原則として遡及しないが、合意により遡及効を付与することが可能であることを規定した。これは、現行民法 127 条 3 項を承継したものであるが、現行民法では、「意思表示による遡及効」とされているところを、「合意による遡及効」に改めている。これは、前述したように、単独行為に条件を付加することが原則としては許されないことを前提とした規定である（なお、例外的に単独行為に条件を付加することができる場合にあっても、単独行為という一方的な意思表示による遡及効を認めることはできない）。

なお、ドイツ民法 159 条は、条件成就に遡及効が認められる場合には、その効果は債権的であることを規定している。これに対し、現行民法 127 条 3 項は、遡及効が債権的効力にとどまるのか、それとも物権的効力を有するのかにつき、とくに規定していない。この点では、現行民法 116 条ただし書と 122 条ただし書が「第三者の権利を害することはできない」と規定しているのとは、条文の体裁が異なっている[358]。そこで、本民法改正案においても、条文上、遡及効の債権的効力を明示し、第三者効がないことを示す必要があるか否かを検討する必要がある。

一般論として考えると、合意は、本来的に合意した契約当事者以外の者を拘束

---

[358] ただ、現行民法 122 条については、この「但書は適用の余地のない規定だといわねばならない」（我妻・注 25）引用『民法講義 I 民法総則』401 頁）として、無用の文言とされており、本民法改正案では、本書 554 頁に述べたように、現行民法 122 条に対応する［新］77 条 1 項ではこの文言を削除した。これに対し、現行民法 116 条については、無権代理の追認の遡及効の第三者効の制限の文言が意味を有する判例が存在している（大判昭和 5 年 3 月 4 日民集 9 巻 229 頁）。この判例と類似の事案において条件の遡及効が問題となった場合には、合意による条件成就の遡及効は、合意者当事者間で効力を生じるにすぎないので、差押債務者と第三者債務者間では債権は消滅するが、その効力は差押債権者に及ばないと解することで、第三者である差押債権者の立場が守られることになる。そこで、現行民法 116 条に対応する［新］64 条 2 項ただし書には、「ただし、第三者の権利を害することはできない」という文言を残すこととした。

することはありえず、合意による遡及効についても、合意した契約当事者のみを拘束するはずである。もちろん、物権変動をめぐる条件付きの合意がある場合に、あらかじめ仮登記をしておけば、条件成就の遡及効が第三者効を有するのは当然であるが、それは仮登記の一般理論から導かれる結果であって、条文上の根拠を必要とするものではない[359]。そこで、［新］80条3項に、──現行民法122条に対応する［新］77条1項と同様──第三者効にかんするただし書をおくことはせず、債権の相対効という一般原則に委ねることとした。

2　条件付権利の取扱い

　［新］81条は、「条件付権利の保護と処分等」という標題のもとに、条件の成否未定の間における条件付権利の取扱いを規定した。同条1項は、期待権保護の規定といわれる現行民法128条の「条件の成否未定の間における相手方の利益の侵害の禁止」を、2項は、現行民法129条の「条件の成否未定の間における権利の処分等」を承継し、文言を一部修正した。

　なお、［新］81条2項は、現行民法129条が、処分・相続・保存・担保供与の4点を規定しているところ、相続の文言を削除した。なぜなら、相続の文言をおくことは、条件付権利も相続の対象となることを示すという意味しかもたないが、相続は包括承継なので、一身専属的でもない権利が条件付きというだけで相続の対象外となるはずもないため、相続という文言を本条におくとかえって奇異な感を与えかねないと考え、この文言を削除した。

　実は、現行民法129条の規定をめぐっては、民法起草過程においてかなり議論が紛糾し、法典調査会の第6回、第7回の2回の期日にわたって議論がなされた。その議論の中心点ではなかったが、第7回の会期に、箕作麟祥は、この条文の原案から「相続」の文言を削除することを提案し、この条文の原案を起草した穂積陳重も、それでいっこうに不都合はない、と述べた経緯がある[360]。最終的には採決で決せられ、採決の結果──「相続」の削除が中心的な争点ではなかったものの──賛否が同数となり、議長決定によって「相続」の文言は残ることになった。

359　注265）引用『注釈民法（4）』331頁以下（金山正信執筆部分）。
360　箕作麟祥発言・『法典調査会民法議事速記録 第参巻』82丁表（デジタルライブラリー版・コマ番号85／166）以下、穂積陳重発言・同書コマ番号86／166（丁付がない）。また、採決の結果については、同書・コマ番号94／166（丁付がない）。箕作麟祥発言・注268）引用『法典調査会民法議事速記録1』286頁、穂積陳重発言・同書286頁。また、採決の結果については、同書290頁。なお、民法起草過程での議論については、宮下修一の指摘に負うものである（於2012年8月5日全体会議）。

第4章　権利の変動

本民法改正案が「相続」の文言を削除したのは、1世紀以上前の民法起草段階の議論に決着をつけた側面があることを付言しておきたい。

　相続を除いて考えると、現行民法の規定する順は、処分・保存・担保供与となるが、担保供与の中心となるであろう制限物権の設定は、処分の一形態に他ならない。保存としては、登記等を考えることができるが、本民法改正案では現状を変更する色彩が希薄な保存をまず規定したうえで、次に処分を規定し、さらに処分に近接する担保供与をそれに並べて規定することとした。

3　条件の「みなし成就・不成就」
　　　――「みなし条件不成就」条項の新設

　[新] 82条は、1項で、現行民法130条の「条件成就の妨害」の規定を承継し、2項で、「条件不成就の妨害」の規定を新設した。

　同条1項は、条件成就することによって不利益を受ける当事者が故意に条件成就を妨げた場合に、条件が成就したものとみなすことを規定したもので、規範内容は現行民法と変わるところはない。

　同条2項について述べると、現行民法は、「条件成就の妨害」とは逆の関係ともいうべき、条件を成就することによって利益を受ける当事者が信義誠実の原則に反して条件を成就させた場合についてはとくに規定をおいていないが、判例は、このような場合についても、条件不成就であったものとして取り扱っている[361]。また、商事の分野においては、保険法17条1項前段は、「保険者は、保険契約者又は被保険者の故意又は重大な過失によって生じた損害をてん補する責任を負わない」との規定をおいている（これは保険法が制定される以前の、平成20年改正前商法641条の規定を承継したものである）。

　そこで、本民法改正案は、[新] 82条2項で、この点についてもあらたに条文上明記することとした。

　なお、[新] 82条1項の条件成就の妨害については、妨害者の「故意」を要件としたのに対し、同条2項の条件不成就の妨害については、「故意」ではなく、信義誠実の原則に反することを要件としている。これは、次のような理由による。条件が付された場合に、条件成就によって利益を受ける者が、条件成就のために努力するのは当然である。たとえば、「試験に合格すれば、○○をあげる」といわれた者が、合格のために努力した場合には、見方によっては、意図して（「故

---

[361] アートネーチャーとアデランスとの間の特許権侵害紛争をめぐる和解契約違反事件が争われた最判平成6年5月31日民集48巻4号1029頁参照。

意」に）条件成就の事態をもたらしたともいえなくもないが、合格に向けて努力するのは正当な行動であって、この場合に条件が成就しなかった——合格しなかった——とみなすのは適当ではない。しかし、カンニングによって試験に合格した場合には、合格している以上たしかに条件は成就しているものの、その成就の仕方が信義則違反なので、相手方からすれば、それは条件不成就とみなすのが相当となろう。このように考えると、条件不成就については、故意ではなく信義誠実の原則に反するか否かが判断基準となるのが適当であると考える[362]。

---

362 【条件の総論的規定についての議論の経緯】
　（ｉ）当初の改正の方針 —— 現行民法の規定の承継
　　当初、民法改正研究会では、条件の規定については、現行民法の規範内容の修正が必要とされるところはそれほど多くはないとの認識のもとに、現行民法の規定を基本的には承継する方針が採用された。具体的に述べると、私法学会提出案から国民有志案までの段階では、現行民法の変更点は、（ａ）構成の変更（現行民法では、「第五章　法律行為：第五節　条件及び期限」となっているところを「第四章　権利の変動：第二節　法律行為：第五款　条件及び期限」と変更する）、（ｂ）現行民法128条の標題の変更（「条件の成否未定の間における相手方の利益の侵害の禁止」を「期待権の侵害の禁止」と変更する）と、（ｃ）現行民法130条の「条件の成就の妨害」の規定に、2項として、次に述べるように、注361）引用の平成6年判例にそくして「条件の不成就の妨害」の規定を付加したほかは、（ｄ）引用条文に標題を付加する等の技術的修正が施されただけである。

（ⅱ）条件不成就の妨害の規定の新設
（ⅰ）（ｃ）に述べた、現行民法の条件成就の妨害の規定に判例にそくして条件不成就の規定を付加するという方針は、民法改正研究会の早い段階で決定され、それが私法学会提出案となったが、その内容は次のようなものであった。

　（条件の成就・不成就の妨害・経過案・私法学会提出案）
87条①：（現行民法130条に同じ）条件が成就することによって不利益を受ける当事者が故意にその条件の成就を妨げたときは、相手方は、その条件が成就したものとみなすことができる。
　　②：条件が成就することによって利益を受ける当事者が故意にその条件を成就させたときは、相手方は、その条件が成就しなかったものとみなすことができる。

　ここでは、1項の条件成就の妨害も、2項の条件不成就の妨害も、ともに「故意」が要件とされていた。これは、法曹提示案においても同様であった。ところが、前頁の本文に紹介したように「試験に合格すれば、○○をあげる」といわれた者が、合格のために努力して、意図して（「故意」に）条件成就の事態をもたらすのは当然のことであるから、2項で故意を要件とするのは妥当でないと考え、条件不成就については、故意ではなく「信義誠実の原則」に反するか否かが判断基準とされることになり、それが国民有志案88条2項に反映された。その後、文言の精査をへて、［新］82条2項の規定にいたった。

（ⅲ）現行民法の改正へ

第 4 章　権利の変動

　しかしながら、国民有志案が完成した段階になると、民法の財産法の他の分野の透視性が増し、かなりわかりやすくなっているのに対し、この箇所では無機的な条文の羅列が続いていることが目に付くようになった。そこで、この箇所の条文の整序だけでも試みることはできないかが検討され、その結果、次の 4 つの提案がなされた（於 2012 年 2 月 11 日事務局会議。第 4 提案については、注 364）参照）。

（ａ）　本民法改正案の「第五款　条件及び期限」を、「第一目　条件」、「第二目　期限」に細分して規定することが提案され、この提案は、そのまま民法改正研究会で承認された（於 2012 年 8 月 5 日全体会議）。

（ｂ）　現行民法では条件の冒頭規定がいきなり停止条件・解除条件となっているところを、次のような条件の一般規定をおくことが提案された。

（条件・経過案・2012 年 2 月 11 日事務局 A 案）
N 条①：法律行為には、将来発生するか否かが不確定な事実の成否を条件として付すことが
　　　　できる。ただし、法律行為の性質がこれを許さないときは、この限りでない。
　　②：条件の効力は、以下の各号に定めるところによる。
　　一　停止条件を付した法律行為は、その条件が成就した時からその効力を生じる。
　　二　解除条件を付した法律行為は、その条件が成就した時からその効力を失う。
　　③：前項の規定にかかわらず、当事者は、合意により条件成就の効果を条件が成就した
　　　　時以前に遡らせることができる。ただし、第三者の権利を害することはできない。

　なお、この（ｂ）の提案については、上記の N 条 1 項の「法律行為の性質がこれを許さない」という内容を具体化するために、次のような別案も存在した。

（条件・経過案・2012 年 2 月 11 日事務局 B 案）
N 条①：略（事務局 A 案 1 項本文と同じ）
　　②：前項の条件を付した法律行為は、以下の各号に掲げるときは、無効とする。
　　一　当該条件を付することにより、その法律行為が（国民有志案）第五十条（法律行為の
　　　　効力）第三項の公の秩序若しくは善良の風俗に反するとき、又は同条第二項の強行
　　　　法規に反するとき
　　二　その法律行為が単独行為のとき（当該条件を付することにより、相手方を不当に害す
　　　　るおそれがないものを除く）
　　③：略（事務局 A 案 2 項と同じ）
　　④：略（事務局 A 案 3 項と同じ）

　しかし、事務局 B 案の 2 項 1 号は、566 頁に述べたように、現行民法 90 条の公序良俗の規定を承継した［新］40 条 1 項前段に吸収されるという理由により削除され、事務局 A 案 N 条 1 項ただし書の具体化がはかられた。具体的には、同ただし書は、いったん、「単独行為その他法律行為の性質がこれを許さないときは、この限りでない」と修正されていたが、単独行為のすべてにつき条件付加が認められないわけではないので、次の修正では「ただし、法律行為に条件を付することにより相手方の地位を不安定にする等、法律行為の性質がこれを許さない場合は、この限りでない」とすることに変更され（於 2014 年 4 月 20 日全体会議）、

第一編　総則

4　特殊な条件が付された法律行為の効力

（1）　はじめに

　現行民法は、特殊な条件として、既成条件（131条）、不法条件（132条）、不能条件（133条）、随意条件（134条）の4つを定めている。本民法改正案は、不法条件については規定しなかったものの（理由については（4）参照）、それ以外の3つの条件については、[新] 83条〜85条でそれぞれ規定しているので、この点につき、以下、順次述べることとする。

（2）　確定条件・不能条件

　[新] 83条および [新] 84条は、現行民法131条の「既成条件」と133条の「不能条件」をそれぞれ承継したものであるが、改正点、規定の仕方が類似しているので、ここであわせて述べることとする。

　まず、標題から述べると、[新] 83条は、——言葉のわかりやすさという観点から——現行民法131条の「既成条件」という標題を「確定条件」と改めることにした。これに対し、[新] 84条は、現行民法の標題をそのまま承継している。

　次に、規範内容をみると、現行民法の「既成条件」は法律行為の時点で条件の成就・不成就がすでに確定していた場合について、また「不能条件」は条件成就が不能な場合について、論理的に導かれる結果を、法律行為が無条件となるまたは無効となると確認的に規定したにすぎない。したがって、これらの規定はいわば注意規定的な性格を有している。

　本民法改正案においては、規範の透視性を確保し、わかりやすくするために、[新] 83条と [新] 84条とで、視覚的に規範内容が対比可能となるよう、現行民法の規定を各号列挙のかたちに改めることとした。

　なお、[新] 83条のみに関係するが、既成条件を規定した現行民法131条3項は、本民法改正案では削除した。この規定は、既成条件につき、「当事者が条件が成就したこと又は成就しなかったことを知らない間は、第百二十八条及び第百二十九条の規定を準用する」として、期待権の侵害と条件付権利の処分を準用している。しかしながら、既成条件の規定は、法律行為を無効とするか無条件とす

　最終的にこの文言の下線部分を削除したものが [新] 80条ただし書となった。

　（c）　条件の成否未定の間の条件付権利の取扱いを規定している現行民法128条と129条とを1か条に統合するとともに、若干の微修正を加えることが提案された。この提案も、全体会議で何度か文言の微修正はなされたものの、基本的にその構成は維持され、[新] 81条に承継された。

第 4 章　権利の変動

るか、二者択一の効果を定めている。無効な法律行為から発生しなかった権利につき、「期待権の侵害」やその「処分」等を考える余地はない。また、無条件に権利が発生した場合は、その侵害は権利侵害そのものであって、「期待権の侵害」ではないし、その「処分」は確定した権利の処分以外の何ものでもありえない。そのため、通説もこの条文を「無意味な空文」であると評価してきた[363]。そこで、本民法改正案では、この規定を削除することとした。

（3）　随意条件

次に、［新］85条の「随意条件」について述べる。この規定が念頭においている事案は、「気が向いたら、これをあげよう」等の「停止条件の成否が単に債務者の意思のみに係る」条件付きの法律行為である。この種の事案につき、相手方が訴求してみても、「気が向かない」といわれてしまえば請求は棄却されざるをえないものである。この種の条件付きの法律行為も社会的には存在するが、裁判上の請求を認めることは無意味である。そこで、現行民法134条は、このような法律行為を無効としている。

しかしながら、この種の法律行為であっても、債務者が「気が向いた」として履行した場合には、その法律行為が有効なものとして「法律上の原因」になるため、不当利得返還請求は認められないはずである。ここでは、この種の法律行為は有効として扱われることになる。このように考えると、随意条件付きの法律行為から発生する債務は、自然債務となるにすぎない。要するに、債権者が履行請求をしても、債務者が拒否すればそれ以上の手立てはないので、私的に請求することは――ねだることも含めて――許すことは考えられるが、裁判上の履行請求権の付与は無意味である。このように考えると、現行民法の「無効」という考え方は正確ではないので、［新］85条では、現行民法の「無効とする」を「履行を裁判所に請求することはできない」と改めた。

（4）　不法条件の規定の削除

「不法条件」の例を考えると、"ある人を殺せば"一定の金員を給付するという条件付きの法律行為は、現行民法132条前段に該当し、助命嘆願合意となる"自分を殺さないでくれれば"一定の金員を給付するという条件付きの法律行為は、現行民法132条後段に該当する。しかし、別段、現行民法132条の規定がなくても、これらの条件付きの法律行為が一般原則である現行民法90条によって公序

363　我妻・注25）引用『民法講義Ⅰ　民法総則』415頁、前掲注265）引用『注釈民法（4）』327頁以下（金山正信執筆部分）。

良俗違反として無効となるのは明らかであり、両条文は内容的には重なることとなる。また、一般原則が規定されているにもかかわらず、「不法条件」として別途規定すると、民法を読む者をかえって混乱させるおそれもある。

　そこで、民法90条に相当する公序良俗の規定は、本民法改正案では［新］40条1項前段に規定されているので、不法条件についてはとくに規定を設けないこととした[364]。

364　【特殊な条件についての議論の経緯】
　条件の規定の改正が本格化したのは国民有志案公表後であったことは、注362）に述べたが、条件の総論的規定を設けると同時に、特殊な条件についての現行民法131条以下に規定されている既成条件・不法条件・不能条件・随意条件の4か条を、規範内容を整序したうえで、次のような1か条に統合することが提案された。

（特殊な条件が付された法律行為の効力・経過案・2012年2月11日事務局案）
N条①：条件の成就又は不成就が法律行為の時に既に成就していた確定条件を付した法律行為の効力は、次の各号の定めるところによる。
　一　停止条件が成就していたときは、無条件
　二　停止条件が不成就のときは、無効
　三　解除条件が成就していたときは、無効
　四　解除条件が不成就のときは、無条件
②：次の各号に掲げる不能条件、不法条件及び随意条件（条件の成就が単に債務者の意思のみにかかる条件をいう。）を付した法律行為の効力は、それぞれ当該各号の定めるところによる。
　一　停止条件が不能なときは、無効
　二　解除条件が不能なときは、無条件
　三　不法な条件又は不法な行為をしないという内容の条件のときは、無効
　四　停止条件が単に債務者の意思のみに係るときは、無効

　上記の条文案については、その後、何回かの事務局会議および全体会議において条文の文言が相当修正された。しかし、磯村保は、その修正された条文案でも各号の内容が分かりやすくなったとはいえず、条件がどのような場合にどうなるかを分けて規定する方が該当条文を探しやすいという意見を述べた。最終的にはこの意見が受け入れられて、この条文を分解し、確定条件・不能条件・随意条件に分けて規定することとなった（於2012年8月5日全体会議）。
　なお、このように条文が分解されたさいに、現行民法131条の「既成条件」という標題は「確定条件」と改められたが、ここに紹介した2012年2月11日事務局案のN条1項柱書において、すでに「既成条件」が「確定条件」に変更されていることに留意されたい。
　また、磯村保から、随意条件について、自然債務概念との関係が問題となりうるので、無効ではなく、訴求可能性がないとすることは考えられないかとの指摘がなされ、現行民法134条の「無効」という効果は、裁判所に履行を請求できないという文言に変更された（於2012年8月5日全体会議）。
　さらに、不法条件の規定が削除された経緯は、次のようであった。
　時系列的には、注362）(ⅲ)（b）に紹介した「条件・経過案・2012年2月11日事務局

第4章　権利の変動

第2目　期限

[Ⅰ] 条文案

> （期限）
> 第八十六条　法律行為には、期限（将来到来することが確実な時期をいう。以下この条、次条及び第八十八条（期限の利益の喪失）において同じ。）を付すことができる。
> 2　期限を付した法律行為の効力又は履行の時期は、次の各号に定めるところによる。
> 　一　法律行為に始期を付したときは、期限が到来した時から、その法律行為の効力の発生を主張し、又は履行を請求することができる。
> 　二　法律行為に終期を付したときは、その法律行為の効力は、期限が到来した時に消滅する。
> 3　期限は、到来する時期が確定しているかどうかを問わない。

本条1項：新設
　2項柱書：新設
　　1号：民法135条（期限の到来の効果）1項移修
　　2号：民法135条（期限の到来の効果）2項移動

B案」N条2項の修正として、次の案が示されたことがあった。

（条件・経過案・2012年2月14日事務局B案〔2月11日事務局B案の修正案〕）
N条①：2012年2月11日事務局A案1項に同じ。（本書571頁参照）
　　②：前項の条件を付した法律行為は、以下の各号に掲げる場合には無効とする。
　　一　当該条件を付することにより、その法律行為が［その時期の条文案の］第四十九条（法律行為の効力）第一項の公の秩序若しくは善良の風俗に反する場合、又は同条第二項の強行法規に反する場合
　　二　条件が不法な行為をしないことを内容としている場合
　　三　単独行為その他条件に親しまない法律行為に条件が付された場合

　この別案をめぐる議論の過程で、2項2号の不法条件（現行民法132条）の内容は、その前の1号が規定している公序良俗違反と重複していることが確認され、本民法改正案に公序良俗についての一般規定がある以上（［新］40条1項前段）、条件の箇所に不法条件についての規定をおく必要はないとして現行民法132条の削除案が作成され（於2012年2月16日事務局会議）、この考え方が最終的にも承認された（於2012年8月5日全体会議）。

3項:新設

> (期限の利益とその放棄)
> 第八十七条　期限は、債務者の利益のために定めたものと推定する。
> 2　期限の利益(<u>当事者が始期又は終期が到来しないことによって受ける利益をいう。次条において同じ。</u>)は、放棄することができる。ただし、放棄によって相手方に損失が生じるときは、その損失を填補する義務を負う。

本条1項:民法 136 条(期限の利益及びその放棄)1 項に同じ
　　 2 項本文:民法 136 条(期限の利益及びその放棄)2 項本文修正
　　　　ただし書:民法 136 条(期限の利益及びその放棄)2 項ただし書修正

> (期限の利益の喪失)
> 第八十八条　債務者は、次に掲げる事由が生じた場合には、期限の利益を主張することができない。
> 　一　債務者が破産手続開始の決定を受けたとき。
> 　二　債務者が担保を滅失させ、損傷させ、又は減少させたとき。
> 　三　債務者が担保を供する義務を負う場合において、これを供しないとき。

本条柱書:民法 137 条(期限の利益の喪失)柱書修正
　　 1 号:民法 137 条(期限の利益の喪失)1 号に同じ
　　 2 号:民法 137 条(期限の利益の喪失)2 号に同じ
　　 3 号:民法 137 条(期限の利益の喪失)3 号に同じ

[Ⅱ] 改正理由

1　期限の冒頭規定

　期限については、冒頭規定の[新]86 条で、期限の基本構造を示した。まず、同条1項で、期限の内容を示したうえで、2項の1号および2号に、始期・終期について規定した。また、同条3項で、期限には確定期限と不確定期限の双方とがあることを明示した。

　[新]86 条は、基本的には現行民法 135 条の内容を承継しているものの、規定の構成のしかたをより簡明にし、号を用いた構成にしたうえで、3項を新設しており、とくに[新]86 条2項1号は現行民法の内容を変更しているので、この点につき述べておくことにしよう。

第4章　権利の変動

　一般に、「期限は、法律行為の効力の発生・消滅または債務の履行を将来到来することの確実な事実の発生にかからしめる附款である」[365]とされている。しかし、現行民法135条1項は、「法律行為に始期を付したときは、その法律行為の履行は、期限が到来するまで、これを請求することができない」と規定しているにとどまり、「法律行為の効力の発生」については規定していない。そのため、この文言によると、「代金を○月○日に払う」という約定はカバーできても、「賃貸借契約を○月○日に開始する」という約定をカバーできないこととなる。「法律行為の効力の発生」にかんする規範は、現行民法からは抜け落ちているのである。

　そこで、本民法改正案の［新］86条2項1号では、始期として法律行為の効力の発生も含みうるよう、「法律行為に始期を付したときは、期限が到来した時から、その法律行為の効力の発生を主張し、又は履行を請求することができる」と規定することにした。

　付言するに、期限の冒頭規定の［新］86条1項および2項は、条件の冒頭規定の［新］80条1項および2項の規定のしかたとほぼ対応したものであり、また規範内容を各号列挙にしている。

　また、新設された［新］86条3項は、期限には確定期限と不確定期限の2種があることを念頭においた規定である。なお、現行民法412条、そして同条を参照しながら規範内容を変容した国民有志案修正案原案341条等には、確定期限、不確定期限という文言が用いられていることを付言しておきたい。

2　期限の利益とその放棄およびその喪失

　［新］87条1項は、現行民法136条（期限の利益及びその放棄）1項を承継したものである。

　また、［新］87条2項本文も、——「期限の利益」についての定義文言を付加したほかは——現行民法136条2項本文を承継した。

　しかしながら、［新］87条2項ただし書は、現行民法136条2項ただし書の文言を全面的に改めたものである。現行民法136条2項全体は、「期限の利益は、放棄することができる。ただし、これによって相手方の利益を害することはできない」という規定となっている。この条文は、論理的には、①期限の利益の放棄によって相手方の利益が害されるときには、"期限の利益を放棄することができない"と解する余地もあり、現に、かつてはそのような学説も存在していた[366]。

365　我妻・注25）引用『民法講義I　民法総則』418頁。

第一編　総則

　これに対し、②期限の利益の放棄によって相手方の利益が害されるときにも、「相手方の損失を賠償して放棄することができる」とする説が唱えられ[367]、それが現在の判例、通説となっている。本民法改正案では、この現在の判例、通説を条文に反映し、他の解釈を封ずることとした。
　ただ、文言としては、「ただし、放棄によって相手方に損失が生じるときは、その損失を填補する義務を負う」ものとして、「賠償」ないし「損害賠償」という文言は避けることとした。期限の利益を放棄する弁済等にあっては、不法行為的な意味での加害性に乏しいので、「損害賠償」とは性格を異にする「損失補償」的な性格を文言上も明示したものである[368]。
　［新］88条は、現行民法137条の「期限の利益の喪失」を、期限の利益の定義を付加し、若干の文言を修正しつつも、その規範内容を基本的に承継している。このように、この条文については内容的な改正はなされておらず、現行民法とその規範内容は変わらないので、説明は省略する[369]。

366　鳩山秀夫『増訂改版　日本民法総論』（岩波書店、昭和5年）571頁、中島玉吉『民法釈義　巻之一　改訂増補18版』（金刺芳流堂、大正14年）791頁。
367　我妻・前掲注25）引用『民法講義Ⅰ　民法総則』422頁。
368　現行民法においても、650条3項のように、加害性がみられない行為にともなう損失につき、「損害」の「賠償」という文言を用いている例もある。このような規定については、本民法改正案では、先々、次のような規定に変更することを予定している。

　　N条③：受任者は、委任事務を処理する際に自己に過失なくして損失が生じたときは、委任者に対し、その損失の填補を請求することができる。

369　【期限についての議論の経緯】
　　期限についても、私法学会提出案から国民有志案にいたるまで、現行民法の条文が承継されていた。ただ、国民有志案公表後に、期限についての現行民法の3か条構成を2か条構成にする案──現行民法136条と137条とを統合する案──その他が検討された。しかしながら、最終的には、現行民法の構成を変更する案等は放棄され、期限の冒頭規定の［新］86条を、条件の冒頭規定とパラレルにするかたちで大幅に修正し（於2012年2月16日事務局会議）、その後、川﨑政司により文言等の精査がなされ、それが［新］86条となった。
　　また、［新］87条および［新］88条についても、現行民法に微修正を施す事務局原案が提示されたが（於2012年2月16日事務局会議）、その後、磯村保から［新］87条2項ただし書を、現在の判例、学説を反映した内容に変更し、解釈がより明確となるようにすべきであるという提案がなされ、研究会での議論をへて、「損失補償」的性格を文言に明示した条文案が採用された（於2014年6月15日全体会議）。

第4章　権利の変動

第3節　時効

【前注】

1　本民法改正案の時効制度の特色

（1）　はじめに

時効制度の改正についてはいろいろな考え方があるが[370]、本民法改正案の時効制度は、現行民法と比較した場合、4点——①時効制度全体の構成、②「当事者の援用」と時効の効果としての「権利変動」との関係の明確化、③消滅時効期間の変更、④「時効の中断」と「時効の停止」という概念の廃棄とその再構成——で大きな特色を有している。以下、それぞれの点につき説明する。

（2）　時効制度全体の構成

まず第1点は、制度の構成そのものが大きく異なっていることである。現行民法は、時効総則・取得時効・消滅時効の3節構成をとり、枝番号を含めると、32条の規定から成り立ち、規範内容も羅列的であって、法制度としての透視性に欠けている。そこで、本民法改正案では、時効制度全体を一体としてとらえ、条数を7か条に再構成した。この4分の1以下に減少した条数をもって、現行民法の時効制度の内容は基本的にすべてカバーされている。なお、この時効制度再編の過程で、現行民法では、時効各論として時効の後半で規定されている取得時効および消滅時効についての規定を、本民法改正案では時効の冒頭規定の次に規定したことにも留意されたい。

（3）　「当事者の援用」と時効の効果としての「権利変動」との関係の明確化

①　本民法の改正案の立場——実体法説

第2点は、時効の効果の発生をどのように構成するかについての違いである。

現行民法は、一方で、「時効は、当事者が援用しなければ、裁判所がこれによって裁判をすることができない」と規定するが（145条）、他方で、時効の効果として、時効期間の満了（時効の完成）により、当然に権利の「取得」（162条、163条）あるいは「消滅」（167条）という権利変動が生じるかのような規定のし

---

[370] 法務省の債権法改正法案以外にも、時効についての全面改正案として、時効研究会による改正提案である金山直樹編『消滅時効法の現状と改正提言』（別冊NBL122号）（商事法務、平成20年）があり、詳細な比較法的検討も加えられているので、参照されたい。

かたをしている。

　このような条文を前提にして、"当事者の援用"と時効期間の満了による"権利の変動"という2つの要件を矛盾なく統一的に説明するために、ながらく学説が対立してきた。具体的には、裁判における援用手続を重視する訴訟法説と、実体法上の権利変動という効果を重視する実体法説の対立が問題となった。

　判例は、当初、時効期間の満了により権利変動が確定的に生じるという確定効果説の立場をとったうえで、民法145条が規定する時効の援用は、訴訟における攻撃防御方法であるとしていた。しかし、後には、不確定効果説のうちの停止条件説を採用することを明らかにしており[371]、現在の判例は、実体法説にたっていることになる。

　このように学説の対立と判例の変遷があったなかで、本民法改正案は、現在の判例、通説がとっている不確定効果説のうちの停止条件説の立場がもっとも安定的であると考えて、その説を採用することを条文上明らかにした。

②　訴訟法説と実体法説の関係

　本書は、学説の対立構造を分析することを目的とするものではないが、本民法改正案の位置づけを明らかにするために、訴訟法説を実体法説の関係について一言しておくこととしよう。

　実は、しばしば二分的なものとしてとらえられる訴訟法説と実体法説の関係は、連続的な側面もあることにも留意すべきであろう。

　純粋訴訟法説といえるのは、法定証拠説[372]——時効とは、時効期間の完成があれば、他の証拠によってそれと異なる事実を証明してもそれを覆すことができないとする説——であろう。この説では、民法145条の「時効の援用」は、裁判所に対する証拠提出行為ということになる[373]。ただ、この説には、現行民法との関係では、民法162条、167条が権利の取得・消滅と規定しているのと正面から矛盾するという弱点がある。本民法改正案が、時効の効果としての権利変動構成を廃止すれば、この弱点を解消することも可能である。しかし、変更するだけのメリットが存在するとは思われないので、法定証拠説にもとづく改正条文案を作成することはしなかった。

　訴訟法説と実体法説の双方の側面をもつ中間的な考え方は、昭和61年より前の判例の立場である。この考え方は、時効期間の満了により確定的に権利変動が

371　最判昭和61年3月17日民集40巻2号420頁。
372　川島・注25) 引用『民法総則』446頁以下。
373　吾妻光俊「私法に於ける時効制度の意義」法学協会雑誌48巻2号（昭和5年）210頁以下。

第4章　権利の変動

生じるという意味では実体法説的あるが、民法145条による援用を攻撃防御ととらえるかぎりにおいては訴訟法説的であり、双方の側面をもっている。ただ、民法145条を弁論主義的に把握するこの考え方は、①裁判外での時効の援用が認められないという点、②時効の援用権者でない者の攻撃防御のなかで時効完成の事実が現れた場合にどのように処理するかという点、等が弱点となる。そこで、本民法改正案ではこの立場をとることもしなかった。

純粋実体法説といえるのは、現在の判例、通説の立場——不確定効果説かつ停止条件説をとる立場——である。この考え方には、前述した2つの考え方とは異なり、とくに問題はないので、本民法改正案はこの立場を採用することにした。

従来の学説の対立は、紛争解決のあり方をめぐる対立というものではなく、もっぱら民法の文言をどのように整合的に解するかというものでしかなかったので、本民法改正案では立法的に解釈の余地が残らないようにした。

本民法改正案の内容を具体的にいえば、時効制度とは、時効完成（＝時効期間の満了）＋当事者の援用により、権利の取得・消滅の効果が発生することを明示している。そのうえで、現行民法145条の"裁判上の援用"という構成を、「裁判」という文言を削除して単に"当事者の援用"とし、裁判外でも援用がありうることを明記し、純粋実体法説の立場をとることを明らかにした。

（4）　消滅時効期間の変更

第3点は、消滅時効期間の変更である。取得時効にかんしては、本民法改正案は、現行民法の10年、20年の時効期間を変更していない。しかしながら、消滅時効にかんしては、一般債権の消滅時効の期間を現行民法の10年から5年に変更したうえ、かつ、3年、2年、1年の短期消滅時効期間を定めた特別規定を廃止し、すべて5年に統一している。また、債権以外の財産権の消滅時効の期間は、現行民法の20年から10年に変更している。

債権についての消滅時効の期間の短縮は、欧米にもみられるところであるが、これは、契約によって発生する債権、とりわけビジネスによって発生する債権の短期決済を促進するという効果をもつものと思われる。

このことは、反面、従来、時効制度の存在理由として論じられていた永続した事実関係の保護、あるいは訴訟上の立証の困難を救うという観点を、債権の消滅時効の分野については転換する側面があるという留意する必要がある。

なお、このことは、さきのビジネスの短期決済の要請という表現からもわかるように、契約債権についてあてはまることであり、法定債権については別途考慮することが必要である。本民法改正案では、法定債権のうち事務管理、不当利得

等による債権は契約債権と平仄を合わせたが、不法行為による損害賠償債権については、現行民法の3年、20年の期間の制限を維持する一方、故意による生命・身体侵害の不法行為から発生した損害賠償債権の消滅時効期間は30年に延長していることに留意されたい（国民有志案修正案原案669条3項参照）。

（5）「時効の中断」と「時効の停止」という概念の廃棄とその再構成

第4点は、現行民法の「時効の中断」と「時効の停止」という概念を廃棄し、新たな名称のもとに再構成した点である。

まず、現行民法の「時効の中断」という用語法については、次のような批判がある。「中断という言葉は、進行が止まった後に、再開してその続きがあるという語感を持っている。そのため、それまで進行してきた時効期間が意味を失い、あらたな時効期間が進行を開始するという制度の名称として、かならずしもふさわしくない」[374]。

現行民法の「時効の中断」には、2種の効果が付与されている。第1は、時効中断以前に進行してきた時効期間が中断によって意味を失い、これまでの時効期間が満了しても、もはや時効の援用ができないという効果である。第2は、時効の中断事由としてあげられた事実が終了して、再び権利の不行使状況に戻った場合には、時効中断事由があった時から、再度の時効の進行の開始が認められるという効果である。

本民法改正案では、このような伝統的な「時効の中断」という概念を廃止し、上記の2種の効果にそくし、「時効の援用の制限」および「新たな時効の進行」として別条文に規定することとした（前者は、前述した、「時効の援用」を時効の効果発生の要件としたこととも連動している）。

さらに、現行民法の「時効の停止」という用語法についても、次のような批判がある。「停止という言葉は、進行が一時止まるという語感をもっている。そのため、時効期間が進行するものの、本来ならば時効が完成するとされている時になっても時効が完成したとせず、一定の時点まで時効期間を延長するという制度の名称として、ふさわしいとはいいがたい」[375]。そこで、本民法改正案では、「時効の停止」という法制度に、その効果を端的にあらわす「時効完成の猶予」という名称を付すこととした。

374　山本・注26）引用『民法講義Ⅰ』591頁以下。
375　山本・注26）引用『民法講義Ⅰ』592頁。

第 4 章　権利の変動

2　時効制度の再構成 ── その全体像

（1）　時効規定の冒頭 3 か条

　現行民法は、時効の「総則」において、「時効の効力」（144 条）、「時効の援用」（145 条）、「時効の利益の放棄」（146 条）をまず規定し、その後に、「時効の中断」（147 条〜157 条）と「時効の停止」（158 条〜161 条）を規定している。

　このうち、時効総則の冒頭 2 か条（「時効の効力」、「時効の採用」）は、時効の原則的な規定であるものの、「時効の利益の放棄」、「時効の中断」や「時効の停止」は、時効において常に問題となる規定ではない。

　そこで、本民法改正案では、時効の冒頭規定で、現行民法の冒頭 2 か条（144 条および 145 条）を 1 か条にまとめて規定し、それを時効総論として位置づけた（［新］89 条）。

　また、現行民法では時効各論として「取得時効」の節に 4 か条の規定が、「消滅時効」の節に 10 か条の規定がおかれている。これら、とりわけ消滅時効の規定は、冗長きわまりなく、細分化されたものである。そのうえ、「総則」の数多くの条文の後に取得時効と消滅時効が規定されている結果、時効の「総則」の冒頭規定に謳われている「時効の効力」の内容も、具体的なイメージがつきにくいものとなっている。

　そこで、本民法改正案では、「取得時効」と「消滅時効」をそれぞれ 1 か条に収斂させたうえで、それらを冒頭規定の次におくことにした（［新］90 条、［新］91 条）。このような規定のしかたによって、本民法改正案の冒頭の 3 か条をみるだけで、冒頭規定の［新］89 条 1 項にいう、時効により「権利の取得又は消滅の効果が生じる」ことの具体的イメージが明確になるであろう[376]。

---

[376]【時効制度の枠組にかんする議論の経緯】
　　本民法改正案においては、注 5）で述べたように、現行民法総則編の「第七章 時効」は独立の章とはされず、「第四章 権利の変動：第三節 時効」とされることとなった。
　　時系列的な観点をとりあえずおき、まず枠組について述べると、この「第三節」の標題を「期間の経過による権利の変動」と改め、「第一款 時効」、「第二款 除斥期間」とする提案が磯村保からなされた（於 2007 年 12 月 22 日総則分科会）。しかし、最終的には、「除斥期間」については個別に規定せず、さらに「抗弁権の永久性」についても規定をしないこととなった（注 449）、450）参照）。
　　また、時効制度の改正案には、小規模改正案と大規模改正案とがあった。
　　小規模改正案には、本書 205 頁以下でも問題とした民法の倒錯した文言等を是正し、現行時効制度を整備した事務局案と（於 2007 年 2 月 18 日総則分科会）、ドイツ民法その他の国際的動向をも考慮しつつ作成された岡孝案とがあった（於 2007 年 5 月 6 日総則分科会）。前者は、私法学会提出案、法曹提示案における「研究会副案」として示されたものとほぼ同内

第一編　総則

（2）　時効の完成にかんする法律行為の効力

　時効をめぐっては、時効の利益を受けることができる当事者が、あらかじめ時効の援用をしないという法律行為（現行民法 146 条「時効の利益の放棄」）、あるいは時効期間の延長その他を目的とする法律行為をすることもある。そのような法律行為の効力を規定したのが、[新] 92 条である（詳細は、本書 610 頁以下参照）。

（3）　「時効の中断」と「時効の停止」の再構成

　前述したように、現行民法では、「第一節　総則」に「時効の中断事由」についての 11 か条、次いで「時効の停止」についての 4 か条の規定を設けている。

　現行民法では、上記のとおり「時効の中断」－「時効の停止」という順に規定しているところを、本民法改正案では、その順序を逆転させた。その理由は、現行民法で「時効の停止」とされている内容は、時効完成期間の延長であり、その延長期間内に現行民法でいう「時効の中断」が可能であるからにほかならない。

　また、煩雑な条文群であったそれぞれの規定を整序し、再構成した。

　具体的には、「時効の停止」については、現行民法において「……の時効の停止」と題されている 4 か条を——その標題を「時効の完成の猶予」と改めたうえで——1 か条にまとめて規定した（[新] 93 条）。このように、条文を 1 か条に収斂するにさいしては、各号構成にする手法を採用している。

　また、「時効の中断」については、現行民法 147 条から 157 条までで規定されているが、本民法改正案では、それを裁判外における私人間の行為に着眼した条文と、裁判所の手続き等を利用した行為に着眼した条文の 2 つに収斂させた。裁判外での私人間の行為については、現行民法では「催告」としてのみ規定されているところ（153 条）、本民法改正案では、それに「交渉」をあらたに付加し、

容である。

　これらとは別に、消滅時効期間の統一、現行民法の「時効の停止」および「時効の中断」概念の廃止を含む大規模改正案が事務局から提案された（於 2007 年 12 月 22 日総則分科会）。この大規模改正案をめぐっては議論が重ねられ、いくつかの修正をへたが（於 2008 年 1 月 13 日総則分科会等）、私法学会提出案、法曹提示案における「研究会正案」として示されたものとほぼ同内容であり、その後国民有志案となったものである（なお、この国民有志案における時効改正提案を詳細に検討、分析するとともに、それを民法起草過程における議論、また、日本民法が影響をあたえた中華民国民法典、満州国民法典、韓国民法典等の時効制度と入念に比較、検討したものとして、五十川直行「時効法の改正」法政研究 77 巻 2 号〔平成 22 年〕442 頁以下がある）。

　なお、本民法改正案における時効をめぐる条文提案は、国民有志案を基礎とはしているが、注 410）で紹介する年度末時効を削除したのみならず、他の点でも国民有志案を大幅に書き改めている。

第4章　権利の変動

「催告又は交渉による時効の援用の制限」として［新］94条に規定した。裁判所の手続き等を利用した行為については、「訴訟手続等による時効の援用の制限」として［新］95条に規定した。なお、現行民法に規定されている内容は、基本的にすべて盛り込まれているが、ここでは各号構成を採用することで条文群の収斂をはかった。

なお、現行民法の「時効の中断」の規定は、以上に述べた一定の手続きがなされたさいに、その手続きの進行中、時効の援用ができないという効果に加え、その手続きのなかで権利義務が確定されたときは、その時点からあらたに時効が進行するという効果の2つを含んでいる。本民法改正案においては、後者の効果である、時効のあらたな進行を［新］96条で別途規定することにした。そこには、現行民法156条の「承認」についても規定している。また、［新］96条のなかには、現行民法では消滅時効の異物扱いされていた、166条2項の条件付権利についての承認の問題も規定されている。

また、これにつづく［新］97条は、現行民法148条の時効中断の効力が及ぶ「承継人」を規定している。

［I］条文案

（時効）

第八十九条　時効は、この法律その他の法律の定める時効期間の満了によって完成し、その完成後に時効の利益を受けることができる当事者（次項において「援用権者」という。）が援用することによって、権利の取得又は消滅の効果が生じる。この場合において、時効の効果は、その起算日に遡る。

2　援用権者が複数いる場合において、その一人による時効の援用の効果は、他の援用権者に影響を及ぼさない。

本条1項前段：民法145条（時効の援用）移修
　　　　後段：民法144条（時効の効力）移修
　　2項：新設

（取得時効の完成）

第九十条　所有権の取得時効は、物の占有者が、二十年間、所有の意思を

もって、平穏に、かつ、公然と占有を継続することによって完成する。その占有者が、占有の開始の時に、その物が他人の物であることにつき善意で過失がなかったときは、時効期間は十年とする。

2　所有権以外の財産権の取得時効は、その財産権を行使する者が、前項の区別に従い、二十年間又は十年間、自己のためにする意思をもって、平穏に、かつ、公然とその権利の行使を継続することによって完成する。

3　第一項の規定による取得時効については、占有者が任意にその占有を中止し、又は他人によってその占有を奪われたときは、その時効期間の進行は終了し、その後に占有者が再びその占有を開始したときは、新たに時効期間が進行する。ただし、第Ｎ条（占有の消滅の例外）の規定の適用がある場合は、その占有は継続していたものとみなす。

4　前項の規定は、第二項の規定による所有権以外の財産権の取得時効について準用する。

5　不動産その他登記又は登録を対抗要件とする物に関する第一項の規定による取得時効については、時効の完成前に占有されている物につき占有者以外の者により登記又は登録がなされたときは、その時効期間の進行は終了し、その登記又は登録の時から新たに時効期間が進行する。ただし、所有権又は財産権の取得時効が隣地間において争われている場合には、この限りでない。

本条１項前段：民法 162 条（所有権の取得時効）１項移修
　　　　後段：民法 162 条（所有権の取得時効）２項移修
　　２項：民法 163 条（所有権以外の財産権の取得時効）移修
　　３項本文：民法 164 条（占有の中止等による取得時効の中断）移修
　　　ただし書：新設
　　４項：民法 165 条（前条の標題（占有の中止等による取得時効の中断）承継）移修
　　５項：新設

（消滅時効の完成）

第九十一条　財産権の消滅時効は、その権利を有する者が十年間行使しないことによって完成する。ただし、所有権及び所有権に基づいて発生する請求権は、時効によって消滅しない。

2　前項の規定にかかわらず、債権の消滅時効は、五年間その債権を行使し

第4章　権利の変動

ないことによって完成する。ただし、政令で定める額未満の額の少額債権（確定判決又は裁判上の和解、調停その他確定判決と同一の効力を有する裁判手続等によって確定し、かつ、弁済期が到来したものを除く。）の消滅時効は、二年間その債権を行使しないことによって完成する。
3　前二項の規定による消滅時効は、権利を行使することができる時から、その時効期間が進行する。

本条1項本文：民法167条（債権等の消滅時効）2項移修
　　　　ただし書：民法167条（債権等の消滅時効）2項移修
　2項本文：民法167条（債権等の消滅時効）1項移修
　　　　ただし書：新設、（　）内は、民法174条の2（判決で確定した権利の消滅時効）1項前段、後段、2項移修
　3項：民法166条（消滅時効の進行等）1項移修

（時効の完成に関する法律行為の効力）
第九十二条　時効の完成前にした次に掲げる法律行為は、無効とする。
　一　時効の完成後に時効の援用をしない旨の合意又は単独行為
　二　この法律その他の法律の定める時効期間を延長する合意その他時効の完成を困難にする合意

本条柱書：新設
　1号：民法146条（時効の利益の放棄）移修
　2号：新設

（時効の完成の猶予）
第九十三条　時効は、次の各号に掲げる場合には、当該各号に定める時から六か月を経過するまでの間は、完成しない。

一	未成年者又は被後見人に時効完成前六か月以内の間に法定代理人がいない場合	それらの者が行為能力者となった時又は法定代理人が選任された時
二	時効が相続財産に関するものである場合	相続人が確定した時、管理人が選任された時又は破産手続開始の決定があった時
三	天災その他避けることのできない事変による障害があった場合（次条	その事変による障害が消滅した時

第一項の催告、同条第二項の交渉若しくは第九十五条（訴訟手続等による時効の援用の制限）第一項各号に掲げる手続を行うことができない場合又は第九十六条（時効の新たな進行と権利の承認）第二項の承認を求める行為ができない場合に限る。）

2　時効は、次の各号に掲げる権利については、当該各号に定める時から六か月を経過するまでの間は、完成しない。

| 一　未成年者又は被後見人が法定代理人に対して有する権利 | それらの者が行為能力者となった時又は後任の法定代理人が選任された時 |
| 二　夫婦の一方が他の一方に対して有する権利 | 婚姻が解消された時 |

本条1項柱書：新設
　　　　　1号：民法158条（未成年者又は成年被後見人と時効の停止）1項移修
　　　　　2号：民法160条（相続財産に関する時効の停止）移修
　　　　　3号：民法161条（天災等による時効の停止）移修
　　2項柱書：新設
　　　　　1号：民法158条（未成年者又は成年被後見人と時効の停止）2項移修
　　　　　2号：民法159条（夫婦間の権利の時効の停止）移修

（催告又は交渉による時効の援用の制限）
第九十四条　催告が時効完成前六か月以内になされたときは、時効完成後六か月を経過するまでの間は、その催告の当事者の間では、時効の援用があっても、時効の効果は確定しない。

2　時効完成前六か月以内に権利を主張する者と相手方との間でその権利に関して交渉がなされたときは、時効完成後六か月以内又はその後に引き続いてなされた交渉のうち最後の交渉が行われた時から六か月を経過するまでの間は、その交渉の当事者の間では、時効の援用があっても、時効の効果は確定しない。ただし、この期間を経過した後であっても、交渉の当事者の間では、第三条（信義誠実と権利濫用の禁止の原則）の規定に反して、時効を援用することができない。

第4章　権利の変動

> 3　前項の交渉がなされている場合において、交渉の一方の当事者が、文書又は電磁的記録によって交渉の打切りを宣言したとき又は交渉の継続がこの条に規定する時効の援用の制限の効果をもたらさない旨を通知したときは、その宣言した時又は通知した時を交渉の最後のときとみなす。
> 4　時効完成前六か月以内になされた第二項の交渉の申込みは、それが拒絶されたときは、第一項の催告とみなす。
> 5　第一項の催告又は第二項の交渉がなされた場合において、時効が完成すべき時又はその後六か月以内に引き続いてなされた交渉の最後の時から六か月以内に、次条第一項各号に掲げる手続があったときは、時効完成前にそれらの手続が開始されたものとみなす。

本条1項：民法153条（催告）移修
　　2項本文：新設
　　　ただし書：新設
　　3項：新設
　　4項：新設
　　5項：新設（民法153条（催告）参照）

> （訴訟手続等による時効の援用の制限）
> 第九十五条　時効の完成前から次に掲げる権利の行使又は実現のための手続が継続しているときは、その手続の当事者の間では、時効の援用があっても、時効の効果は確定しない。ただし、当該手続において権利の存在が認められるに至らなかったとき、支払督促が民事訴訟法（平成八年法律第百九号）第三百九十二条（期間の徒過による支払督促の失効）の規定により効力を失ったとき又は差押え、仮差押え若しくは仮処分が取り消されたときは、この限りでない。
> 一　訴訟手続
> 二　支払督促
> 三　裁判所による和解手続若しくは調停手続、仲裁手続又は裁判外紛争解決手続の利用の促進に関する法律（平成十六年法律第百五十一号）第二条（定義）第三号に規定する認証紛争解決手続
> 四　破産手続参加、再生手続参加又は更生手続参加
> 五　差押え、仮差押え又は仮処分
> 2　前項第三号に掲げる手続については、裁判所による和解若しくは調停が

第一編　総則

不成立となり、若しくは和解の成立の見込みがないことにより認証紛争解決手続が終了した場合又はこれらの申立ての取下げがあった場合であっても、その時から一か月以内に訴えが提起されたときは、同号に掲げる手続の申立ての時に、同項第一号に掲げる訴訟手続の開始があったものとみなす。
3　第一項第五号に掲げる手続については、差押え、仮差押え又は仮処分が時効の利益を受ける者以外の者に対してなされたときは、時効の利益を受ける者にその旨を通知した後に限り、第一項の規定を適用する。

本条1項柱書本文：新設
　　　　ただし書：新設
　　　1号：民法149条（裁判上の請求）移修
　　　2号：民法150条（支払督促）移修
　　　3号：民法151条（和解及び調停の申立て）移修
　　　4号：民法152条（破産手続参加等）移修
　　　5号：民法154条（差押え、仮差押え及び仮処分）移修
　　2項：民法151条（和解及び調停の申立て）移修
　　3項：民法155条（前条の標題（差押え、仮差押え及び仮処分）承継）移修

（時効の新たな進行と権利の承認）
第九十六条　時効の完成前に、前条第一項各号に掲げる手続において権利の存在が認められたときは、その手続の当事者の間では、その権利については、次に掲げる時から、新たに時効期間が進行する。
一　訴訟手続にあっては、権利の存在を認める判決が確定した時
二　支払督促、裁判上の和解又は調停、破産債権の確定その他確定判決と同一の効力を有する手続にあっては、それらの手続が確定した時
三　差押え、仮差押え又は仮処分にあっては、その手続が終了した時
2　時効の完成前に、時効の完成によって利益を受ける当事者が相手方の権利を承認したときは、その手続の当事者の間では、その承認の時から新たに時効期間が進行する。時効の完成によって利益を受ける当事者の代理人であってその権利についての処分権を有しない者が、相手方の権利を承認したときも、同様とする。
3　意思能力を欠く者、未成年者又は被後見人が前項の承認をしたときは、その効力を生じない。ただし、未成年者が法定代理人の同意を得て同項の

第4章 権利の変動

承認をしたときは、この限りでない。
4 他人が占有している物につき、始期付権利又は停止条件付権利を有する者は、占有者に対し、時効の完成前の承認をいつでも求めることができる。この場合において、当該承認がなされたときは、第二項の承認があったものとみなす。

本条1項柱書：民法157条（中断後の時効の進行）1項移修
　　　1号：民法157条（中断後の時効の進行）2項移修
　　　2号：新設（民法157条（中断後の時効の進行）1項参照）
　　　3号：新設（民法157条（中断後の時効の進行）1項参照）
　2項前段：民法147条（時効の中断事由）3号、157条（中断後の時効の進行）1項移修
　　　後段：民法156条（承認）移修
　3項本文：民法156条（承認）移修
　　ただし書：新設
　4項前段：民法166条（消滅時効の進行等）2項ただし書移修
　　　後段：新設

（時効の援用の制限及び時効の新たな進行が適用される当事者の範囲）
第九十七条　第九十四条（催告又は交渉による時効の援用の制限）第一項及び第二項、第九十五条（訴訟手続等による時効の援用の制限）第一項並びに前条第一項及び第二項の当事者には、当該当事者の承継人を含むものとする。

本条：民法148条（時効の中断の効力が及ぶ者の範囲）移修

[Ⅱ] 改正理由

1　時効の一般原則

（1）　時効制度の基本枠組の提示

　時効の冒頭規定である現行民法144条は、「時効の効力は、その起算日に遡る」といきなり遡及効について規定しており、遡及した結果、いったい、時効によっていかなる効力が発生するのかが明確でない。国民が読んでわかる民法典からほど遠いものであることを示す典型例のひとつといえるかもしれない。
　そこで、本民法改正案では、まず冒頭規定の［新］89条1項で、時効制度と

は、「時効期間の満了（＝時効の完成）＋当事者の援用」により、権利の取得・消滅の効果が発生することを明示した（これは、【前注】ですでに述べたところであるが、判例[377]、通説でもある、不確定効果説のうちの停止条件説を条文上明示したものでもある）。

（２）　時効の援用と援用権者

（１）に述べたように、時効の効果は「時効期間の満了（＝時効の完成）＋当事者の援用」によって発生するが、当事者の援用を要件とするのは、良心的な者は、自己が無権利者であることを知りながら取得時効を援用したり、自己が本来義務を負っていることを知りながら消滅時効を援用したりしないだろう、という紳士的な行動を期待したためである。これは、逆にいえば、「時効期間の満了（＝時効の完成）」のみを要件とすることによって、良心的な者が、自己の望まない利益を押しつけられることを防止することにもなる。

しかし、すべての者が良心的であることを期待することはできない。時効の完成があれば、実体的権利義務と異なった援用がなされうるのは、時効制度が画一的な制度である以上、一定程度はやむをえない側面もある。ただ、時効制度の「存在意義は結局は正義によって制約される。正義に著しく反する場合には時効の援用が信義則違反ないし権利濫用であるとする……幾つかの判決」[378]が現れることになる。このような裁判例は一定数にのぼるが、当然のことながら、これらは当該裁判例の事案によるところが大きいので、条文案には反映していない。

次に、援用権者について述べると、［新］89条１項では、単に「時効の利益を受けることができる当事者」による「援用」を規定しているのみで、誰が「援用権者」たりうるかについては規定していない。

現行民法145条は、「当事者が援用しなければ」裁判所は時効によって裁判をすることができない、と規定しており、この「当事者」をめぐる解釈が、援用権者の範囲を画する議論であった。明治期の大審院判例は、この当事者を、取得時効による権利取得者、消滅時効による義務免脱者等の「時効に因り直接に利益を受くべき者」［カナ等変更］）に限定し、抵当権者に被担保債権の消滅時効の援用を認めないという、制限的な解釈を示した[379]。しかし、このような考え方に対しては学説の批判が強く、戦後の最高裁は──この「直接受益者基準」の文言を維

377　最判昭和61年３月17日民集40巻２号420頁。
378　松本克美『時効と正義』（日本評論社、平成14年）７頁。なお、裁判例の具体的な例として、同書143頁以下参照。
379　大判明治43年１月25日民録16輯22頁。

第 4 章　権利の変動

持しつつも —— 受益者をかなりひろく認めるにいたっている。

　ただ、この方向での援用権者の範囲をめぐる多くの判例が存在しているものの[380]、判例規範の定式化は不可能に近い。また、学説は、一般に、現在の判例規範の内容を表現しているとはいいがたい「直接受益者基準」の文言に批判的ではあるが、それに代わって提唱する「一般的基準の内容はまさに十人十色といえ、収束に向かうきざしはみられ」ず[381]、「学説は実に多彩であり、通説的地位はなお流動的である」[382]といわれている。そのうえで、「これまでの判例上承認されてきた援用の諸場面については、学説上も圧倒的に支持を受けていることもあり、今後も維持されていくであろう」[383]ともいわれている。

　本民法改正案において、可能であれば、「援用権者」の定式化をすることが望ましいことはいうまでもない。しかし、援用権者の範囲をめぐる判例の個別判断は学界の圧倒的な支持を受けており、かつ、その個別判断を包摂する一般命題を立てることがほぼ不可能な状況があるなかで、無理な定式化を試みることは、かえって法規範の混乱を招くように思われる。そこで、［新］89 条 1 項には、「時効の利益を受けることができる当事者が援用する」という一般的な文言をおくにとどめ、無理な定式化を避けることとした。この問題は、これまで同様、判例、学説に委ねられることとなる。

　なお、微細な用語法の問題に立ち入ると、［新］89 条 1 項は、現行民法 145 条が用いている「当事者」という文言をそのまま踏襲している。この点につき、現行民法 145 条は、「時効は、当事者が援用しなければ、裁判所がこれによって裁判をすることができない」と規定しているので、「裁判所」に対置する文言として「当事者」という文言が用いられるのは自然であろう。しかし、【前注】で述べたように（本書 581 頁参照）、［新］89 条 1 項を含め、本民法改正案では「裁判」という文言を時効の基本枠組において用いることを避けているので、「当事者」ではなく、単に、「時効の利益を受ける者」という文言を用いるほうが自然

---

[380]　山本豊「民法 145 条（時効の援用の意味および援用権者の範囲）」民法典の百年Ⅱ（有斐閣、昭和 63 年）276 頁以下参照。
[381]　判例の詳細については、山本・前注引用論稿 297 頁参照。
[382]　松久三四彦『時効制度と構造の解釈』（有斐閣、平成 23 年）181 頁。
[383]　山本・注380）引用「民法 145 条（時効の援用の意味および援用権者の範囲）」民法典の百年Ⅱ 297 頁。ただし、判例がすべての点において学説の支持を受けているわけではない。たとえば、抵当目的物件の第三取得者に時効取得の援用を認めると、結果として棚ぼた的な利益を受けることになる。そこで、第三取得者に援用権を認める通説に反対する学説も主張されている（星野英一「判例研究」法学協会雑誌 83 巻 1 号〔昭和 41 年〕60 頁以下、とくに 68 頁）。

なのではないかという見方もありうるところである。

　しかし、本項で「時効の利益を受ける者」と規定すると、援用権者が際限なく広がる感もある。たとえば、債務者の一般債権者も消滅時効の援用ができるのであれば、責任財産の回復による利益を受けるが、時効援用権をもつとはされていない。このような一般債権者は、消滅時効による利益を受けるが、時効の対象となった権利・義務についての「当事者」性に乏しいといえる。そこで、「当事者」という文言によって、一般債権者を排除する等、時効の援用権者の範囲を一定の者に限定することとした。このように、［新］89 条 1 項に「当事者」という文言を用いたのは、現行民法 145 条のように裁判所に対置する概念としての「当事者」ではなく、時効の援用権者の範囲を限定するためであることをおことわりしておきたい。

（3）　時効の遡及効

　［新］89 条 1 項後段では、時効の遡及効を規定した。これは、現行民法 144 条を承継したものであり、そこにいう時効の「起算日」は、取得時効にあっては［新］90 条 1 項から 4 項に、消滅時効にあっては［新］91 条（消滅時効）3 項に定めるところに譲っている。

（4）　時効の援用の相対効

　［新］89 条 2 項は、時効の援用権者が複数存在する場合に、一人の援用は他の援用権者の援用に影響を及ぼさないという時効の援用の相対効を規定した。

　時効の援用の相対効については、判例が認め[384]、また、学説上も異論をみないとされている[385]。しかしながら、現行民法は、148 条で時効の中断の相対効を規定しているものの、その前提となる時効の援用の相対効は規定しておらず、いかにもアンバランスである。

　そこで、本民法改正案では、まず時効の援用の相対効を条文上明記することにした。もちろん、連帯債務者間での時効の絶対効を定めた民法 439 条のような規定がある場合には、この例外となる。［新］89 条 2 項は援用の効果の相対効を定めた一般条項であり、民法 439 条がその特則となるので、別段問題は生じない。

2　取得時効

384　大判大正 8 年 6 月 24 日民録 25 輯 1095 頁。
385　川島武宜編『注釈民法（5）総則（5）』（有斐閣、昭和 42 年）54 頁（川井健執筆部分）。

第4章　権利の変動

（１）　取得時効の完成

【前注】に述べたように、本民法改正案においては、取得時効の規定の体系的位置付けが大きく変更されたものの、規範の内容については、現行民法162条から165条の規定を基本的に承継しながら、それを1か条にまとめたものとなっている。

ただ、現行民法162条から165条の規定は、取得時効の効果として、時効期間の満了による「権利取得」を規定している。その結果、現行民法145条の「時効の援用」との関係で議論を呼んだので、前述したように、［新］89条1項は、「時効期間の満了（＝時効の完成）＋当事者の援用」により、権利の取得・消滅の効果が発生することを規定している。このような枠組のもとで、［新］90条は、「取得時効の完成」に焦点をあてた規定となっている[386]。

386　【時効の一般原則にかんする議論の経緯】
　　時効の冒頭規定の内容は、当初の事務局提案の段階では2か条構成であり（於2007年12月22日総則分科会）、その後、字句、構成の微修正はあったものの、基本的にはそれが下記に示すような私法学会提出案となった。

（時効の要件及び効果・私法学会提出案微修正案）
95条①：時効は、時効期間満了後に、時効の利益を受ける当事者が援用した時に、その当事者間において効力が発生する。
　　　②：時効の効力は、その起算日にさかのぼる。
（時効の利益の放棄及時効特約の効力）
96条①：時効の利益は、あらかじめ放棄することができない。
　　　②：時効の完成を困難にする特約は、無効とする。

　この規範内容は、その後国民有志案まで大きく変更されることはなかった。
　国民有志案公表後、時効についてさまざまな議論がなされ、時効の冒頭規定において権利取得・権利消滅を明示する方向が模索された。具体的に、冒頭条文に、①時効期間の満了による時効の完成＋②時効の援用、その結果としての③権利の取得または消滅の効果発生の3点を規定するものであった。議論の最終段階においても、事務局は正案および副案の双方を示したが（於2014年6月15日全体会議）、ここではその副案を紹介することにしよう（正案は、時効の冒頭条文の［新］89条と――微細な文言の相違はあるものの――規範内容は同様である）。

（取得時効・経過案・2014年6月15日事務局副案）
89条①：時効は、この法律その他の法律の定める時効期間の満了によって完成し、その完成後に時効の利益を受ける当事者が援用することによって、権利の取得又は消滅の効果が生じる。
　　　②：《略》
　　　③：《略》
　　　④：《略》

第一編　総則

（2）　所有権の取得時効

以下、各項ごとに説明しよう。

まず、［新］90条1項前段では、所有権の20年の取得時効の要件を規定し、同項後段では、占有開始時に善意無過失であった者の10年の取得時効について規定している。現行民法が162条1項、2項において、ほぼ同一の文言を繰り返しながら長期と短期の取得時効を規定しているのと比べ、本民法改正案では、文言の簡略化をはかっている[387]。

90条①：所有権の取得時効は、二十年間、所有の意思をもって、平穏に、かつ、公然と物の占有を継続することによって完成し、占有をした者は、時効を援用することによって、その物の所有権を取得する。その者が、占有の開始の時に、その物が自己の物でないことにつき善意であり、かつ、過失がなかったときは、その期間は十年間とする。
　　②：所有権以外の財産権の取得時効は、自己のためにする意思をもって、平穏に、かつ、公然と行使する状況が、前項の区別に従い二十年間又は十年間継続することによって完成し、その準占有をした者は、時効を援用することによって、その財産権を取得する。
　　③：本民法改正案に同じ
　　④：同上
　　⑤：同上
（消滅時効・経過案・2014年6月15日事務局副案）
91条①：財産権の消滅時効は、その権利を有する者が十年間行使しないことによって完成し、その権利の消滅により利益を受ける当事者が時効を援用することによって、その財産権は消滅する。ただし、所有権及び所有権に基づいて発生する請求権は、時効によって消滅しない。
　　②：本民法改正案に同じ
　　③：同上

この副案は、取得時効、消滅時効とも、権利の得喪という法律効果が明示されているので、条文それ自体はわかりやすいものである。ただ、副案の89条と90条の双方に「援用条項」が規定されている点で重複がある。そのうえ、占有者による時効の援用は90条によるが、占有者が登記簿上の名義人であった場合に、その者との間で制限物権を設定した者が自己の制限物権を維持するために占有者の取得時効を援用する場合には、その根拠法条は副案89条となり、どちらも占有者による時効の援用のケースなのに根拠条文が異なる結果になってしまう。

このような規定の重複と援用の根拠法条の分裂という問題を避けるために、副案は採用せず、正案を採用することとし、本民法改正案は、［新］89条において時効の基本枠組を規定し、［新］90条、［新］91条が、それぞれ取得時効と消滅時効についての「時効の完成」のみを規定するという構造とすることにした。

[387] 立法論的には、不動産の取得時効としてドイツ民法のような登記簿取得時効という法制度を採用することは、有力な選択肢であると考える。しかしながら、この制度の不採用は早い段階で決定された（於2007年12月22日総則分科会）。その理由は、民法の制定ではなく

第4章　権利の変動

なお、現行民法162条は、取得時効の対象を「他人の物」に限定しているが、判例は、「自己の物」についても取得時効を認めている[388]。これには、学説上異論がないわけではないが、判例の趣旨を本民法改正案に反映させることとし、単純に「物の占有者」という文言とすることで自己の物の占有者を排除しない規定とした。

所有権の時効取得に関連して、［新］90条1項の要件をみたす占有者が登記簿上の所有者である場合には、その者との間で制限物権の設定を受けた者も、［新］90条1項にもとづき占有者が時効取得をしていることを主張することができる。なぜなら、その制限物権の設定を受けた者は［新］89条1項の「時効の利益を受けることができる当事者」（援用権者）に含まれると解釈されるからである。その結果、その制限物権の設定を受けた者は、その占有者が時効取得しえた所有権を──論理的な──前提として、自己の制限物権を正当化することができる。

（3）　所有権以外の財産権の取得時効

次に、［新］90条2項は、所有権以外の財産権の取得時効を規定した。現行民法163条の文言を若干変更しているものの、基本的には現行民法の内容を承継している。

（4）　占有喪失による時効期間の進行の終了

［新］90条3項は、現行民法164条の「占有の中止等による取得時効の中断」を、占有喪失時点での時効期間の進行の終了に変更した。これは、【前注】で述べた、「時効の中断」という現行民法の用語法が実態から乖離していることを是

改正においてこの種のラディカルな制度変革をすることは必ずしも望ましくなく、また、現実の時効がらみの紛争として相当数を占める隣人間の境界地の取得時効にいかに対処するかという問題が残るからである。そこで、後述する［新］90条5項で一定の対応をするにとどめた。

なお、登記簿取得時効制度を導入した場合、わが国でながらく問題とされてきている取得時効と登記の問題は解消する。ただ、この問題につき、幾代説は、現行民法94条2項の通謀虚偽表示の規定の類推適用をもって解決するべきであるとしていた（幾代通「法律行為の取消と登記」於保還暦　民法学の基礎的課題　上〔有斐閣、昭和46年〕53頁以下）。本民法改正案のもとでも、権利外観法理を定める［新］50条3項によれば、登記簿取得時効制度を導入しなくても、少なくともこの問題は解決できることになる。そこで、登記簿取得時効を規定することはせず、［新］90条5項に、登記・登録による"新たな時効の進行"──現行民法の用語法にそくしていえば、"登記・登録による時効の中断と、新たな時効の進行"──として規定するにとどめることとした。

388　最判昭和42年7月21日民集21巻6号1643頁、最判昭和44年12月18日民集23巻12号2467頁。

第一編　総則

正したことの一環である。これに加えて、[新] 90条3項にただし書を新設し、占有回収の訴え――本民法改正案では「占有に基づく物権的返還請求」――の適用がある場合には、物権編に規定する予定の「占有の消滅の例外」の規定[389]によって時効期間が継続することを注意的に示すこととした。

また、[新] 90条4項は、文言は変更したものの、内容は現行民法165条を承継して [新] 90条3項を所有権以外の財産権の取得時効に準用している。ただ、権利行使についての準占有が中止されることは一般に考えられるであろうが、その侵奪がありうるか否かは、財産権の内容によって異なるところである。そうであれば、同条3項ただし書の適用がありうる場合とありえない場合とがある。この点を考えると、同条4項ただし書において、「ただし、第N条（占有の消滅の例外）の適用がないときは、この限りでない」という文言が必要なようにも思われる。しかし、[新] 90条3項ただし書の適用がありえない場合については、現実にはその準用もありえないので、この文言は不要を考え規定しなかった[390]。

389　国民有志案公表後の検討において、国民有志案修正案原案133条の2（占有の消滅の例外）として、下記の条文案をおくことが予定されていた。

（占有の消滅の例外・経過案・2011年6月7日事務局案）
N条：[国民有志案修正案原案] 第百三十二条（直接占有の消滅）及び前条第三号の規定にかかわらず、占有者が占有に基づく物権的返還請求権を行使し、かつ、失った占有物を取り戻したときは、占有は継続したものとみなす。

390　【取得時効にかんする議論の経緯】
　時効については、当初「総則・取得時効・消滅時効」という3款構成が提案されており、取得時効についての提案は、現行民法162条、163条を基本的に承継するものであった（於2007年12月22日総則分科会）。それが、私法学会提出案から国民有志案にいたるまで受け継がれた。
　このような現行民法を継承する提案内容は、下記の提案を契機に抜本的に変更された。

（取得時効・経過案・2012年8月5日事務局案修正案））
N条①：物の占有者は、二十年間、所有の意思をもって、平穏、かつ、公然にその物を占有した場合は、その物の所有権を時効によって取得する。この者が、占有の開始の時に、自己の物でないことにつき、善意であり、かつ、過失がなかったときは、十年間その占有を継続したことにより、時効を援用することができる。
　②：前項の規定は、所有権以外の財産権を占有し、国民有志案第百三十四条（準占有）に従ってこれを行使する場合について準用する。

　この提案を契機に、「取得時効」を独立の「款」とすることなく、単一の条文としたうえで、時効総論の条文を一か条にまとめたうえで冒頭に規定し、その次に取得時効の条文をおくという方向が模索されるようになった。上記の条文案は、その後の討議で何回となく変更されるとともに、磯村保の提案によって第5項が追加され（於2014年4月20日全体会議）、

第 4 章　権利の変動

（5）　二重譲渡における不動産の時効取得と登記の優劣

　最後に、[新] 90 条 5 項は、新設規定であり、過去数十年にわたる学説の問題提起に対処したものである。

　現在の通説、判例では、二重譲渡がなされ、Aが未登記のまま 9 年間占有した段階で、Bが第二譲受人となり、登記をしても、1 年経つとAの時効取得が完成し、Bに優先することになる（判例は、B所有の不動産につき、Aの取得時効が完成すると考える[391]）。その結果、不動産の取得時効にかんする裁判例には、二重譲渡において登記を得た譲受人が占有を続けてきた者に敗れたものが多いが、それが妥当かという問題提起であった[392]。この問題は、[新] 90 条 5 項の新設によって解決されることになる[393]。

　　最終的に川崎政司による文言精査をへて、[新] 90 条にいたった。
[391]　大判大正 13 年 10 月 29 日新聞 2331 号 21 頁。
[392]　本段落の叙述は、我妻栄＝有泉亨補訂『新訂　物権法（民法講義Ⅱ）』（岩波書店、昭和 58 年）117 頁以下による。なお、学説についても同書参照。
[393]　なお、[新] 90 条 5 項は、時効完成前に登記移転があった場合についての規定であるが、時効完成後に登記移転がなされた場合につき ── 別の問題ではあるが、これも登記と関連するので、叙述の便宜上 ── ここで記しておこう。
　　この問題につき、現在の判例は、時効完成後に目的不動産を原所有者から譲り受けた第三者と、時効取得者との関係は対抗問題として、先に登記を取得した者が完全な所有権を取得するとしている（大連判大正 14 年 7 月 8 日民集 4 巻 412 頁）。ただし、物権法改正の理由書で詳述するように、学説のなかには、── 現行民法 177 条の登記による対抗の問題の適用の射程を、同条が前提としている民法 176 条の意思表示による物権変動に限定し ── この問題を現行民法 94 条 2 項の類推適用による外観法理によって解決すべきである、との立場もある。本民法改正案は、この問題についての法改正による態度決定はしておらず、判例の立場を排除するものではないし、また、外観法理にかんする [新] 50 条は、前述のような学説を排除するものでもない（同条 3 項後段参照）。ただ、以下では、判例の立場を前提に叙述を進めることにしよう。
　　判例は、前述したように、時効完成後の譲受人が登記を具備すれば、その者は完全な所有権を取得するとするが、さらに、占有者がその後も引き続き再度時効完成に必要な期間占有を継続した場合には、登記なしに時効取得をその譲受人に対抗できるとする（最判昭和 36 年 7 月 20 日民集 15 巻 7 号 1903 頁）。また、この考え方は、時効完成後に抵当権が設定され、登記の具備があった後、時効完成に必要な期間占有の継続があった場合にも維持されている（最判平成 24 年 3 月 16 日民集 66 巻 5 号 2327 頁）。ただし、この抵当権の登記がなされた後、その状況のもとで、時効取得者が所有権移転登記をした場合には、再度の時効取得の主張は許されない（最判平成 15 年 11 月 30 日判時 1846 号 7 頁）。この理由については、抵当権登記後に時効取得者による所有権の移転登記がなされた結果、ここでの占有の継続は、抵当権の存在を認容したもとでなされたものであるからであるとの理解もある（後掲・石田）。
　　なお、[新] 90 条 1 項によって、これらの事案を判例と同様に解決することもできるので、本民法改正案には、再度の時効取得の主張が可能であることについて、とくに規定をおくことはしなかった（時効取得者と、原所有者から抵当権の設定を受けた者との対抗関係をめ

599

ただ、境界紛争型の時効については、占有が問題となるだけで、登記は別段関係ない。したがって、登記を占有よりも優先させることは問題があるので、ただし書を設けることによって、この種の事案においては占有が登記に優先することを明らかにした。

3 消滅時効

（1） 消滅時効の体系

時効制度全体の中での消滅時効規定の体系的位置づけについてはすでに【前注】で述べたので、ここでは、消滅時効内部での体系について述べることとしよう。

現行民法の消滅時効の規定の仕方は、体系的にはかなり奇妙なものである。

この点について、消滅時効の冒頭に、現行民法166条1項として消滅時効開始時期の規定がおかれていることそれ自体は、それほど不自然ではない。しかしながら、同条2項には、消滅時効とは関係せず、取得時効の中断事由としてのみ実質的に機能する規定がおかれている。この規定については、法典調査会でも削除が提案されたが、結果として残存した場違いのものである[394]。

これに加えて、つづく現行民法167条は、まず1項で債権の消滅時効を規定し、2項で「債権又は所有権以外の財産権」の消滅時効を規定する。しかし、財産権一般には、債権と所有権の双方が含まれているはずなのに、所有権についてはどこにも規定されていない。そのため、所有権が消滅時効にかからないという趣旨が理解しにくいものとなっている。

そこで、本民法改正案では、まず［新］91条1項本文で財産権一般の消滅時効を、ただし書で所有権の取扱いを、2項で債権の取扱いを規定することとした。その内容を、以下で順次述べることとする。

（2） 財産権の消滅時効

［新］91条1項本文は、現行民法167条2項を承継し、財産権一般の消滅時効を規定したものである。消滅時効の対象は、比較法的にはさまざまであり、権利

ぐっては学説上さまざまな議論があり、平成24年判例には補足意見もあるが、本民法改正案は特定の立場に与するものではないことを付言しておきたい〔学説については、五十川直行「判例解説」ジュリスト増刊・平成24年度重要判例解説69頁以下、石田剛「判例評論」法律時報別冊・私法判例リマークス46号（2013年 上）18頁以下等参照〕）。

394 横田國臣発言、井上正一発言、磯部四郎発言等・『法典調査会民法議事速記録 第五巻』155丁表（デジタルライブラリー版・コマ番号158／228）以下、注2）引用『法典調査会民法総会議事速記録』532頁以下。

第4章　権利の変動

一般、訴権、請求権、債権等々多様であるが[395]、消滅時効の対象については、現行法を承継することとした。

ただ、財産権一般の時効期間については、現行法の20年を10年に短縮した。その理由は以下によるものである。

現在、（4）に述べるように、社会変動の激しさが増していくなかで、債権、とりわけ契約債権の消滅時効の期間が短縮化されつつあるという比較法的な傾向がある。そして、この社会変動の激しさは、債権のみならず、知的財産権、法人をめぐる社員権等、他の財産権にもみられるところであろう。また、安定性が比較的重視される不動産にかんする物権について考えても、用益物権については、地上権等にかんしては権利存続の安定性が必要ではあろうが、── 現行民法の用語にそくしていえば、「時効の中断」措置をとらないような ── 不行使状態を長期間保護する必要があるとも考えにくい。地役権の不行使状態も長期間保護すべきものでもないであろう。そうであれば、債権のみならず、財産権一般の消滅時効を短縮する必要性が生じているといえる。ただ、財産権一般の時効期間については、現行民法では民事債権一般の時効期間の2倍となっていることを考慮し、財産権の内容は多様であるが、用益物権等、権利者の行使・不行使の自由を過度に阻害しないため、債権一般の時効期間5年（［新］の1条2項本文）の2倍として10年とすることとした。

（3）　所有権の消滅時効

所有権や所有権から発生する物権的請求権は、消滅時効にかからないとされる。しかし、現行民法167条2項の規定の仕方は、「債権又は所有権以外の財産権は、二十年間行使しないときは、消滅する」というものである。これだけであれば、財産権一般は20年間で消滅時効にかかるが、債権と所有権は消滅時効にかからない、という誤解も生じかねず、規定の仕方に明晰性が欠けている。そこで、本民法改正案では、［新］91条1項ただし書で、所有権および所有権にもとづいて発生する請求権は消滅時効にかからないことを明記し、2項で別途債権の消滅時効について規定した[396]。

395　金山編・注370) 引用『消滅時効法の現状と改正提言』196頁（松久三四彦執筆部分）参照。

396　現行法のもとでは、所有権は消滅時効にかからず、取得時効の反射効による消滅だけが問題となるとされている。これに対し、土地の不使用による所有権の消滅と国家への帰属を規定したものとして、かつてのタイ土地法典があるが、この点については、加藤雅信『新民法大系Ⅱ　物権法　第2版』（有斐閣、平成17年）251頁参照。

601

（4） 債権の消滅時効
① 消滅時効期間の統一

　債権の消滅時効につき、現行民法は 166 条から 174 条の 2 までの 10 か条に規定している。具体的には、170 条以下で、債権の属性に着眼しつつ、3 年・2 年・1 年の短期消滅時効を定めている。これは、ボワソナード法典における消滅時効の規定が、債権の種類によって消滅時効期間を異ならしめていたことを承継したものである。　このボワソナード民法の規定は、「フランス民法を範として起草されたものである」が、「民法の基本となったフランス民法の規定は勅令・慣習法を基礎とするものであるといわれている……。すなわち、2277 条の規定する定期給付債権の時効は、1510 年のルイ 15 世の勅令に始まるものであり、医師等の債権に関する 2271 条 1 号はパリの慣習に、弁護士の責任に関する 2276 条・2273 条はいずれも旧法や慣習に、商人の訴権に関する 2273 条はルイ 12 世の勅法やパリの慣習に、労働者や工芸人の債権に関する 2272 条はパリの慣習に、それぞれ由来するものといわれている。これに対し、日本民法は、フランス民法の規定をもっぱら立法的に継受したにとどまり、短期時効を規定するに際し、取引慣習を顧慮した形跡はそれほど見出されないようである（全く見出されないわけではないが〔法典調査会速記録（学術振興会版）5 巻 190 - 191 参照〕、民事慣例類集にもこの点に関する記述がないようである）」。「しかし、そもそも短期消滅時効制度は現在でもその存在理由を主張できるものなのであろうか。学者は、この制度のつぎのような欠陥を指摘する。まず、規定の形式がきわめて複雑で種々の困難な問題を生ぜしめやすいことである。このことは、日本民法よりもはるかに複雑な規定を有するフランス民法のもとで強く主張されているところである……。わが国においても、このような批判は妥当しうるであろう」[397]。

　そこで、本民法改正案においては、［新］91 条 2 項で、これらの消滅時効期間の差異をすべてなくし、債権の属性にかかわることなく時効期間を統一すること

---

[397] 以上、前掲注 385) 引用『注釈民法（5）』332 頁以下（平井宜雄執筆）。なお、次の叙述も参照されたい。「歴史的には、たとえば商人等は『卑賤な者』とされていたという事情があるし、さらに居酒屋での飲み代に関してそもそも訴権が認められていなかったのは、そのような場所が胡散臭く、債務の原因も好ましくなく、また放蕩によって身を持ち崩すことがないように、という理由からであった。根本にはそれらの階層の人々に対する不信用・軽蔑の念があったことは、見逃してはならない。換言すれば、これらの規定は、債権者の社会的・階級的地位が直接に債権の差異をもたらしていた時代の産物であり、その名残なのである。したがって、近代において封建社会の階級制が除去され、債権の等質的・平等的扱いが貫徹されるようになると、〈名残としての差異〉はその正当性を認め難くならざるをえない」（金山直樹『時効における理論と解釈』〔有斐閣、平成 21 年〕7 頁以下）。

第4章　権利の変動

とした。その結果、現行民法の10か条の消滅時効の規定は、1つに収斂することとなった（現行民法168条および169条の定期金債権等の問題については、⑤で述べる）。

② 5年の消滅時効期間

では、何年に統一されるべきだろうか。この答えは、なかなか困難である。近時、世界各国において、消滅時効期間の短期化という傾向がみられる[398]。比較法的にみると、時効期間は、10年、6年、5年、4年、3年等かなりばらつきがあるものの、「モデル法をいれると、今や3年が多数である」[399]との見方もなされている。ただ、起算点のとりかたは一律ではなく、日本と同様、権利の行使が可能なときを起算点とするものもあれば、権利行使が可能であることを知り、または知るべきであった時等の主観的な要素を加味する複線的な起算点を考えるもの——いわゆる「時効の二重期間」論——もある[400]。また、もし、「一般的に時効期間を短くするのであれば、それだけ債権者の権利を制限することになる以上、その制限が過剰なものにならないようにする必要がある」との指摘もなされている[401]。

これらの点をも考慮しつつも、後述するように、起算点につき主観的要素をも加味する複線化した規定の仕方に対する実務的な要請があるとも思われないので、本民法改正案では、現行民法同様、客観的起算点を採用し、通常の債権についてはやや長めの時効期間である5年が適当であると考え、これを［新］91条2項本文で規定した[402]。

---

[398] 平野裕之「消滅時効——世界における単純化と短期化の流れのなかで」円谷峻編著（民法改正を考える研究会）・社会の変容と民法典（成文堂、平成22年）79頁。

[399] 金山編・注370）引用『消滅時効法の改正提言』199頁（松久三四彦執筆部分）。

[400] 比較法的な具体的な考察の内容については、金山編・注370）引用『消滅時効法の改正提言』23頁以下、196頁以下（平野裕之、松久三四彦執筆部分）参照（引用文は、松久論稿）。

[401] 山本・注26）引用『民法講義Ⅰ』565頁。また、時効期間の短期化、統一化に反対するものとして、松本克美『続・時効と正義』（日本評論社、平成24年）283頁以下。

[402] 磯村保は、時効期間の問題について次のように述べ、消滅時効期間の短期化一般に反対した。まず、日本社会において時効期間の短縮化に対する実務的な要請があったとも思われず、銀行預金債権が5年で消滅時効に服することには大きな疑問がある。また、西欧の場合とは異なり、訴えの提起にいたるまでに相当の年限が経過していることもまれではないという日本社会特有の事情も考慮するべきである。

さらに、個別問題としても、不当利得返還請求権等のように、法的には権利行使の可能性はあっても債権者がその可能性に気づかないことがありうるもの、契約債権においても、瑕疵担保責任等のように、瑕疵の存在に気づかないことがありうるものにつき、一律に時効期間の短期化をはかることに問題はないかという問題提起を行った（於2014年6月15日全体

第一編　総則

　また、すでに第2部で述べたところであるが、民法以外でも、商事債権が商法522条で5年の消滅時効、国および地方自体の金銭債権・債務が会計法30条および地方自治法236条で5年の消滅時効にかかるとされているので、本民法改正案のもとでは、消滅時効については、民事債権・商事債権、私人の債権・債務と上記の公的債権・債務の区別もなくなることになる[403]。

③　少額債権の特則

　企業その他、債権管理が組織的になされているところにあっても、債権管理にもコストがかかる以上、少額債権については短期的に処理しうるほうが望ましい。また、一般市民の家庭生活における債権管理も視野にいれ、債権弁済時の受取証書の保管等を考えると、少額債権については、5年もの間、受取証書の保管を考える家庭は少ないであろう。そこで、本民法改正案では、一般的には5年間の消滅時効期間としながら、少額債権については、[新] 91条2項ただし書で2年間の消滅時効期間を規定した[404]。

　具体的に、少額債権の額をいくらにするかについては、政令に委ねた。考え方として、民事訴訟法368条の「少額訴訟の要件等」にあわせて60万円を基本とする方法[405]と、家計感覚を重視して10万円程度を基準とする方法とが考えられ

　会議）。
　　ただ、民法改正研究会では、短期消滅時効期間の差異を解消し、本文で述べるように、民法、商法、行政法をつうじて時効期間の画一化をはかろうという意見も強かったため、最終的に [新] 91条2項の規定が採用された。
[403] 従来、消滅時効が民事債権につき10年、商事債権につき5年とされるのは、企業取引の迅速性の要請によると説明されることが多かった。しかしながら、民事債権でも169条以下に掲げられる債権は5年、3年、2年、1年で消滅時効にかかるとされていた。このようにみると、民事債権一般につき長期保全の要請があり、商事債権については企業取引の迅速性の要請ゆえに短期消滅を考えるべきであるという命題がどこまで普遍性を有するかは疑問といわなければならない。また、退職金債権を例にとっても、一般企業の場合は民事債権として10年の消滅時効にかかり、公務員の場合は会計法30条の適用により5年の消滅時効にかかることの合理性があるか否かも疑わしい。そこで、民事債権についての多くの短期消滅時効の規定と一般債権の消滅時効の規定との平準化をはかるさいに、民事債権・商事債権・公法上の債権による区別もなくすこととしたものである。
[404] 少額債権の特例があることを悪用し、取引通念上は一括取引と考えられているものを、個別商品ごとに債権を分割し、少額債権としたうえで、短期間で債務を時効消滅させ、弁済を免れようとする事例もありえないではないと思われる。しかし、そのような債権の少額化に人為性がみられる事例については、時効の援用につき信義則違反、権利濫用の適用によって対応しうると考える。
[405] 民事訴訟法の簡易裁判所の管轄にあわせるといっても、民訴368条は金銭債権にしか適用されない一方、民法の少額債権については、債権の内容の価値にそくして、金銭債権以外にも拡張していく必要がある。

第4章　権利の変動

るであろう[406]。民法改正研究会としては、後者のほうが適当ではないかと考えている。

④　**判決等で確定した権利の消滅時効**

現行民法では、債権の消滅時効期間は10年が原則ではあるが、短期（5年以下）の消滅時効期間の適用がある債権は比較的多い。この種の債権は、現行民法174条の2で、判決によって確定した場合には時効期間は10年とされている。これは、短期の消滅時効期間の適用がある債権であっても、裁判という公的紛争解決の場で確定された場合には、安定した権利として取り扱おうとする考え方の表れであろう。

本民法改正案でもこの考え方を承継し、［新］91条2項ただし書中に、少額債権の短期消滅時効の例外として少額債権が判決等で確定した場合を規定した[407]。現行民法では、多くの短期消滅時効が規定されていたので、174条の2が一定の機能を果たしていたが、本民法改正案では、少額債権を除きすべての債権が5年間の時効消滅期間であるとされているので、現行民法174条の2の考え方の適用範囲が少額債権のみに限定されたことに留意されたい。

⑤　**定期金債権等の問題**

本民法改正案では、以上に加えて現行民法168条の定期金債権、169条の定期給付債権の消滅時効の規定も削除した。

定期金債権の消滅時効を規定した現行民法168条前段は、基本権たる定期金債権の消滅時効期間20年と定め、支分権としての債権は一般の消滅時効にかからしめている。

---

[406] 発生した債権が本来的には少額債権であっても、現行民法405条の「利息の元本への組入れ」──国民有志案修正案原案354条（利息債権）3項はこれを承継している──により、少額債権の限界額を超える場合がありうるという問題がある。この問題に対処するためには、施行令に次の条項を規定する必要があるであろう。

民法施行令
「（目的）
　第一条　内閣は、民法の委任に基づく事項その他法の施行に必要な事項を定めることを目的としてこの政令を制定する。
　第N条①：法第九十一条第二項の政令で定める額は、N万円とする。
　　　　②：前項の額には、（国民有志案）第三百五十四条（利息債権）第三項に基づき元本に組み入れられた利息は、含まれないものとする。」

[407] 判決、裁判上の和解その他で確定した少額債権であっても、それらが確定した時に弁済期の到来していないものは［新］91条2項ただし書の（）内の除外例に該当せず、時効期間は2年とはならない。

ただ、現行民法168条の定期金債権の消滅時効の規定がこれまで公刊されている判例集にあらわれたのは6件にとどまり[408]、また、それらの事案の内容をみてもこの規定の意義が大きいとは思われない。さらに、判例集での公表を要しないような特異性を欠く判決が多いとも、裁判外でこの規定がとくに用いられているとも思われない。したがって、現行民法のように、基本権たる定期金債権について一般債権よりも長い消滅時効を規定するだけの社会的需要は、ほとんど存在していないと思われる。

そうであれば、現行民法168条のように、基本権たる定期金債権と支分権たる定期金債権と消滅時効を二重に規定する必要もないことになる。なぜなら、最初の支分権としての債権の弁済期が到来した段階で、支分権としての債権のみならず基本権たる定期金債権も、次に検討する［新］91条3項に規定する「権利を行使することができる時」が到来したことになり、その最初の支分権としての債権を弁済期から5年間行使しないと、支分権たる債権も基本権たる定期金債権も同時に時効消滅することとなるからである[409]。

このような構造をもっていることから、時効の箇所に「定期金債権の消滅時効」を規定する必要はないと考えられる。

さらに、現実の社会における具体例を考えても、定期金債権の代表例として説かれるものは年金であるが、公的年金については、国民年金法102条等が5年間の消滅時効を規定しているため、民法の定期金債権の適用はない。他の典型例として、民法の典型契約のひとつである民法689条以下の終身定期金契約がしばしばあげられるが、わが国では終身定期金契約はほとんど使われることはないといわれている。

このような状況を前提として、本民法改正案では、現行民法168条に対応する「定期金債権の消滅時効」の規定を削除することとした。

なお、現行民法168条2項には、定期金債権について、「時効中断の証拠を得るため、……債務者に対して承認書の交付を求める」ための規定もある。しかし、これも過去の裁判例にはほとんど現れておらず、裁判の内外でほかに用いられて

---

408 LEX/DBインターネットによる（2014年11月1日現在）。
409 定期金債権における「基本権たる定期金債権」は、抽象的な権利であって、それが具現化するのは支分権の発生によってである。その結果、「基本権たる定期金債権」が行使可能になるのは、そこから現実に発生した「支分権たる定期金債権」の行使をつうじてでしかない。したがって、「基本権たる定期金債権」の「権利を行使することができる時」は、最初に発生した「支分権たる定期金債権」の「権利を行使することができる時」と一致することになる。

第4章　権利の変動

いるとも思われないため、やはり、社会的需要が乏しいと考えられるので、削除することに問題はないと思われる。

これに対し、現行民法169条の「定期給付債権の短期消滅時効」については、多数とはいえないものの、168条の定期金債権の消滅時効にくらべて数倍の裁判例が存在しており、社会的需要はないとまではいえない。ただ、現行民法典は、これにつき5年間の短期消滅時効を定めているので、[新] 91条2項において債権額によって区別された5年・2年の消滅時効のなかに吸収しうると考え、とくにこの問題についての規定を設けることはしないこととした。

（5）　消滅時効の起算点

消滅時効の起算点については、さきにも触れたように、比較法的には、客観的起算点とともに権利者の主観的要件を加味した主観的起算点をも考える複線的な考え方が存在している。

しかし、これは主として学界からの提案にとどまっており、日本社会に消滅時効の起算点の複線化を求める実務的要請があるとは思われない。

そこで、消滅時効の起算点を規定した[新] 91条3項は、一般的にはそのような制度を採用せず、現行民法166条1項を承継し、客観的起算点を採用することとした。ただ、例外として、不法行為のように、被害者（＝債権者）が債権の存在を把握しにくかったり、行使しにくかったりするものについては、消滅時効の起算点を複線的に考える必要があるであろう（現行民法724条、国民有志案修正案原案669条1項参照）。また、瑕疵担保責任のように、請求権発生の原因となるものが「隠れた瑕疵」である等、請求権者がそれを知ることが困難であることが通常である場合には、「買主が瑕疵を知った時」から起算する等、主観的起算点を考える必要があると思われる（現行民法570条が準用する566条3項、国民有志案修正案原案499条3項参照）[410]。

---

[410]【消滅時効にかんする議論の経緯 ── 消滅時効期間の統一と年度末時効】
（ⅰ）「消滅時効期間の統一」提案
　注376）に紹介したように、民法改正研究会では、2007年から時効制度の改正の検討を開始した。そのさい、岡孝は、国際的動向を参照して、債権の消滅時効期間を3年間に短縮することを提案した（於2007年5月6日総則分科会）。岡の改正提案の後も、研究会では、テオドシウス勅令以来30年の時効期間が主流であったヨーロッパの各国民法も、ドイツ法が3年、フランス法の草案も3年と、短期化の傾向にあることが検討された（於2007年8月5日総則分科会）。民法改正研究会は、上記のような海外の状況をも視野に入れつつ、現行法のように多くの短期消滅時効の規定をおくことの問題性と、民事消滅時効を商事時効や会計法、地方自治法等の時効と平仄をあわせることの必要性の2点から、債権の消滅時効期間を5年間に統一することが提案された。5年間という期間は、民事債権の消滅時効期間の短

607

第一編　総則

期化という観点と、商事消滅時効期間が5年、国や地方公共団体をめぐる金銭債権についての消滅時効期間も5年であることを考慮した結果である（商法522条、会計法30条、地方自治法236条1項）。

（ⅱ）「年度末時効の導入」提案
　（ⅰ）で紹介したとおり、岡孝が消滅時効期間の統一を提案したさい、事務局は、磯村保によって紹介されていたドイツの年末時効制度を日本風にアレンジし、年度末時効を導入することを提案した（於2007年8月5日総則分科会）。
　その趣旨は、大綱、次のようなものであった。
　現行民法のもとで債権の消滅時効を考えるさいには、まず、債権の消滅時効期間を確定するために、その債権がどのような種類のものであるかを調べる必要があり、さらに、消滅時効の起算点となる個々の債権の発生年月を記録にとどめたうえで、1年、2年、3年、5年、10年と異なる期間の債権管理を考える必要がある。
　これに対し、ドイツでは、債権の消滅時効は、基本的に債権が成立した年の終了とともに進行するとされている（改正ドイツ民法199条1項）。この結果、時効の起算点が年始となるため時効期間の算定が容易であり、すべての債権管理を一時点で行えばよいことになる（なお、ドイツ民法は請求権時効という構成を採用しているが、ここではとりあえずこの点の差異を度外視して法制度を紹介した）。
　民法改正研究会では、わが国でもこれと同様の制度を導入することを検討し、そのさい、正月を控えて忙しい年末の債権管理を避けるために、会計年度に合わせて毎年4月1日という年度初めを時効の起算点とすることを提案した。このようにすれば、毎年度末に消滅時効が完成するものとして債権の一括管理を行い、必要に応じて「時効の停止」、あるいは「催告による時効完成の猶予」のための手段をとることはできる。そのうえ、（ⅰ）で述べたように、債権の消滅時効を5年に統一すれば、個別の債権の種類もその発生の月日も気にする必要はなくなり、債権管理コストを大幅に縮減することができるので、民法の改正によって、債権管理のありかたが劇的に変わり、私人・企業を問わず、現行民法のもとで費やされている無駄なエネルギーを不要にし、社会全体のコスト縮減をはかることができるのではないかと考えた。

（ⅲ）私法学会提出案へ
　上記の消滅時効期間の統一および年度末時効の導入の2点の提案に対し、民法改正研究会では賛否両論があり、慎重論も強かった（於2007年8月5日総則分科会）。ただ、上記2点をふまえた現行民法の時効制度の大幅改正案がその後提示され（於2007年12月22日総則分科会、その修正案提示は、於2008年1月13日総則分科会）、それが大きく内容を変じることなく、次の私法学会提出案となった。

（消滅時効の進行等・経過案・私法学会提出案）
105条①：消滅時効は、権利を行使することができる時から進行する。
　　　　②：前項の規定は、始期付権利又は停止条件付権利の目的物を占有する第三者のために、その占有の開始の時から取得時効が進行することを妨げない。ただし、権利者は、いつでも占有者の承認を求め、それ以前に進行した時効期間の法的効力を否定することができる。
（消滅時効期間・経過案・私法学会提出案）

第 4 章　権利の変動

106 条①：財産権は、十年間行使しないときは、消滅する。
　　　②：前項の規定にかかわらず、物権は、その行使がなくとも消滅しない。ただし、用益物権については、この限りでない。
　　　③：第一項の規定にかかわらず、債権は、五年の期間満了日以降の最初の年度末まで行使しないときは、その年度末に消滅する。この場合において、［私法学会提出案］第九十七条（権利行使による時効の停止）及び［私法学会提出案］第九十八条（交渉による時効の停止）の時効の停止の期間並びに（私法学会提出案）第九十九条（催告による時効完成の猶予）及び［新］第百条（権利行使の障害による時効完成の猶予）により時効の完成が猶予される期間は、この五年の期間に算入しない。
　　　④：元本が政令（省令）に定める額に満たない債権については、前項の期間を二年とする。ただし、判決及び判決と同一の効力を有するものが確定したときに弁済期が到来している債権について、［私法学会提出案］第百一条（時効の新たな進行）第一項第一号及び第二号に掲げる新たな時効の進行があったときは、この限りでない。

　この私法学会提出案の段階では ―― 本民法改正案とは異なり ―― 、消滅時効は、時効の内部の 1 つの「款」として位置づけられていた。この後、文言の精査や構成の多少の変更はあったものの、国民有志案まで、上記の方向での改正案が維持された。
　なお、現行民法では、財産権の消滅時効の適用例としては、債権と所有権が除かれている。しかし、現実には、所有権以外の物権にも消滅時効にかからないものは少なくない。具体的に述べると、我妻説は、占有権は、事実状態とともにその存否が決まるので、消滅時効にかかる余地はない、と述べる。また、物権的請求権、相隣権、共有物分割請求権等も、一定の法律関係が存続する場合には必ずそれにともなって存続する権利なので、消滅時効にかからない、とする。そして、担保物権も、債権が存続するにもかかわらず、担保物権だけが消滅時効にかかるわけはない、とする（以上、我妻・注25）引用『民法講義Ⅰ 民法総則』500頁）。したがって、残るのは用益物権だけなので、私法学会提出案では、106 条 2 項で物権一般につき消滅時効を否定したうえで、同項ただし書で用益物権を例外的な取扱いとした。用益物権については、106 条 1 項により 10 年間の消滅時効にかかることになる。

(ⅳ)「年度末時効導入」提案の不採用
　この年度末時効という枠組は、国民有志案の発表後に、中野邦保がその枠組を廃棄することを提案した（於 2012 年 7 月 14 日事務局会議）。その理由は、次の点にあった。
　はじめて民法典を制定するのであれば、債権の一括管理という観点からは年度末時効の考え方が優れているかもしれない。しかしながら、この提案は、民法の「改正」であって、「制定」ではない。現在の債権の消滅時効期間は、債権を行使することができる時から N 年であるという枠組を前提に、社会での債権管理がなされている状況のもとで、新たな枠組を導入することの意味を再考する必要がある。民法改正がなされた場合、改正法と旧法との双方の適用がありうる移行期が存在するが、その時期の債権管理の混乱を考えると、たとえ改正法が内容的にはどれだけ優れていても、国民のための民法改正という観点からは、混乱をともないかねないドラスティックな改正は避けなければならない。法の改正はすべからく謙抑的でなければならない。
　この提案を容れ、「年度末時効」の考え方を採用しない次のような提案がなされ、それが

第一編　総則

4　時効の完成にかんする法律行為の効力

次に、［新］92 条柱書および 1 号は、「時効の完成前にした」、「時効の完成後に時効の援用をしない旨の合意又は単独行為」を無効としている。

これは、現行民法 146 条を承継するものであるが、現行民法は同条で、「時効の利益は、あらかじめ放棄することができない」と規定している。しかし、事実として放棄という行為がなされたときに、その事実をどのように法的に評価するか、という問題にすぎないので、学説は、この点を「時効が完成する前に、時効が完成してもその利益を受けない旨を予め約束しても、効力を生じない」と解している[411]。そうであるとすれば、「時効完成前のあらかじめ時効の援用をしない旨の合意は、無効とする」と規定したほうが適切であると思われるので、当初は、合意を無効とすることを考えた。

ただ、合意の無効という条文にすると、単独行為はどうなるのかという問題が発生する。権利の放棄は一般に単独行為とされるので、その一般的な枠組のもとでは、あらかじめの援用権の放棄を有効とすることも可能であろう。ただ、時効援用権の放棄の合意は無効であるが、同趣旨の単独行為は有効であるとすると、

───────

全体会議で承認された（於 2012 年 9 月 19 日全体会議）。

（消滅時効・経過案・2012 年 9 月 19 日事務局案）
N 条①：財産権は、権利を有する者が十年間行使しないときは、その消滅により利益を受ける者が時効を援用することによって消滅する。ただし、所有権は消滅時効にかからない。
　　②：前項の規定にかかわらず、債権は、次の各号の定める期間行使しないときは、債務者が時効を援用することによって消滅する。
　一　一般の債権は、五年
　二　少額債権は、二年（この少額債権の額は政令で定める）
　三　前号の規定にかかわらず、確定判決及び裁判上の和解、調停その他確定判決と同一の効力を有する裁判手続等によって確定された少額債権は、五年（それらが確定した時に弁済期の到来していない少額債権を除く）
　　③：前二項の消滅時効は、権利を行使することができる時からその時効期間が進行する。

上記の提案が、その後、文言等の変更をへて、最終的にその内容が［新］91 条に受け継がれた。

なお、故意による生命・身体侵害をめぐる不法行為による損害賠償請求権については、30 年の除斥期間を予定していたがその規定は、国民有志案では不法行為の箇所におかれていた。（国民有志案修正案原案 669 条 3 項）。他方、岡孝は、この種の規定を時効の箇所におくことを主張していた（於 2007 年 5 月 6 日総則分科会）。

411　我妻・注 25) 引用『民法講義 I　民法総則』452 頁。

第4章　権利の変動

相手方の事実上の圧力のもとに、この種の単独行為を行う者が出てきて、時効制度が骨抜きになるおそれもある。そこで、あらかじめ時効の援用権を放棄する趣旨の単独行為も無効とすることとした[412]。

　もっとも、上記のような規定をおくと、それが悪用される可能性も考えておく必要がある。合意にせよ単独行為にせよ、あらかじめの援用権の放棄の意思表示があった場合には、相手方は、現行民法にいうところの時効の中断——本民法改正案でいう、[新]94条の「催告又は交渉による時効の援用の制限」、[新]95条の「訴訟手続等による時効の援用の制限」——をする必要を感じないであろう。このように、相手方が「時効の中断」等の対応をしなかったところ、その後に、時効援用権の放棄の効力がないと主張されると、相手方の予期が害される可能性もある。このように、相手方の予期を不当に害するようなかたちで、自らの時効援用権の放棄の意思表示が無効であるとの主張がなされた場合には、そのような主張は信義則違反とされるべきであろう。

　次に、時効完成後の時効援用権の放棄の意思表示について考えてみよう。この点は、[新]92条には規定されていないものの、時効完成後に、時効を援用しない旨の合意をすることは、本条柱書の反対解釈として有効であることは論をまたない。また、時効援用権者が、時効完成後に時効を援用しない旨の意思表示を単独行為として行った場合は、その者が時効完成の事実を知っていれば、一般の権利放棄の意思表示と変わることなく、その意思表示が有効とされることは当然のことである。

　これに対し、時効完成の事実を知らずに債務の減額、期限の猶予の申し入れ等をした場合であっても、信義則違反の観点から、もはや時効の援用権の行使ができないとするのが判例である[413]。このことは、本民法改正案においても、[新]

412　このような規定をおいたとしても、相手方の事実上の圧力のもとに「債務の承認」（[新]96条2項）がなされるようなことがあれば、単独行為によるあらかじめの時効の利益の放棄を無効とする規定をおいたことが骨抜きとなることは否定できない。

　しかし、元来、「あらかじめの時効の利益の放棄」を無効とする趣旨は、①債権発生時にこの種の意思表示をさせることがありうることを念頭におき、それを封ずるためである。ただ、債権発生時の意思表示に限定して規定すると、時効の援用により不利益を受ける者が、②相手方に時期をずらした意思表示を求める可能性があるので、一般的に「あらかじめの時効の利益の放棄」を規制したものである。つまり、「あらかじめの時効の利益の放棄」を無効とする規定は、①の場合を中核的規制対象とし、②の場合を周辺的規制対象としているといえる。

　これに対し、本注の冒頭に述べた「債務の承認」は、債務発生から一定の期間が経過した——前段に述べた、②の——時期にしか行われない。このことを考えると、周辺的規制対象の時期において潜脱的な行為が起りうることはいたしかたがないと考える。

611

3条1項の信義則の規定から導きうると考える。そのため、[新] 92条には、時効完成後の意思表示については規定しないこととした[414]。なお、この問題はあくまで信義則の問題であるため、具体的な事案にそくして考える必要があるが、この点については、本書623頁で述べることとする。

また、同条2号は、1号の時効の利益を事前に放棄する法律行為の代わりに、時効期間を延長する合意等の時効の完成を困難にする合意(現行民法の時効の中断、停止——[新] 93条から[新] 95条——の排斥等)を禁止した。現行民法には、この点についての規定はなく、新設規定であるが、学説が一般に説くところを明文にしたものである。この反対解釈として、時効の完成を容易にする、時効期間を短縮する旨の合意は有効とされる[415]。

なお、同条柱書は、この合意を「時効の完成前にした」ことを要求している。この反対解釈として、時効の完成後に時効期間を延長する合意をすることは——合意による時効の利益の一部放棄なので——有効であると考えてよいであろう。この点につき、現行民法のもとでも、通説は、146条の反対解釈として、時効完成後の時効の利益の放棄は有効であると認めていることを付言しておこう[416]。

5 「時効の停止」から「時効の完成の猶予」へ

[新] 93条は、現行民法の「時効の停止」にかんする158条から161条までの規定を1か条にまとめ、それぞれの規範内容を号という構成にして規定したものである(なお、[新] 93条の各号構成を採用するさい、視覚的な一覧性を確保するために表形式をとることとしたが、この点は本書202頁以下に譲る)。また、標題を「時効の停止」から「時効の完成の猶予」に変じているが、その理由については、【前注】で述べたところである。

本条は、上記の構成の変更と名称の変更はあるものの、基本的に現行民法を承継しているので、以下では内容的な変更点のみを紹介することとする。

現行民法は、時効の停止期間につき、一般には6か月としているなかで、天災

---

413 最大判昭和41年4月20日民集20巻4号702頁。
414 かりに、本民法改正案の立場とは異なり、時効完成後の時効援用権の放棄の意思表示について規定するとすれば、次のような規定をおくことが考えられる。「時効完成後に、その事実を知らずに時効を援用しない旨の意思表示をした者は、それ以後、時効の援用権を行使することができない」。しかしながら、前注に引用した判例は、このような結論を信義則の原則から導いており、これは一般に「時効援用権の喪失」といわれている。したがって、結論自体は共通するものの、判例の理論構成を尊重し、特段の規定はおかないこととした。
415 前掲注385)引用『注釈民法(5)』56頁(川井健執筆)。
416 我妻・注25)引用『民法講義Ⅰ 民法総則』453頁。

第4章　権利の変動

等の場合には2週間としている。しかし、天災の内容いかんではあるが、東日本大震災のような大災害の場合を考えると、親族や関係者の生死の確認に時間を要するほか、連絡手段等々の復旧にも時間がかかるので、2週間という短期間の猶予では、現実には被災者を救うことができないと思われる。また、もう少し小規模な事変等でも、遭遇した者にとっては時効管理が第一義的な仕事であるとは思われず、多少落ち着きを取り戻してから時効管理を考えることになるであろう。いずれにしても、現行民法の2週間は短きに失し、延長する必要があると考えたので、[新] 93条1項3号では天災についても、他の事由と同様、6か月とすることにした。

なお、[新] 93条は2項構成となっているが、1項は、天災等を原因とする場合等、通常であれば猶予期間がそれほど長期間にならないことが予想されるものを規定し、2項は、夫婦間の権利等、猶予期間が長期にわたる場合が比較的多いものを規定している[417]。

417　【「時効完成の猶予」（時効の停止）にかんする議論の経緯】
　　本書579頁、585頁に述べた、現行民法の「時効の停止」についての4か条（158条～161条）を、「時効完成の猶予」という標題のもとに1か条に収斂させ、各号構成にするという事務局提案は、下記に示す私法学会提出案に受け継がれた（なお、下記の5号に規定した天災等の場合の「時効完成の猶予」は、現行民法161条では2週間となっている。この点につき、岡孝は、2週間は比較法的にも異例と思われ、ヨーロッパ契約法原則（ＰＥＣＬ）14-303条では、時効期間の最後の6か月内に債権行使に障害があれば、その障害存続期間だけ時効の進行が停止すると述べ、期間の変更を主張した〔於2007年5月6日総則分科会〕）。

　　（権利行使の障害による時効完成の猶予・経過案・私法学会提出案）
　　100条：時効は、次の各号に掲げる場合において、当該各号に定める時から六か月を経過するまでは、完成しない。
　　　一　未成年者又は成年被後見人に法定代理人がいない場合におけるそれらの者が有する権利の消滅時効、並びにそれらの者に対する[私法学会提出案]第百三条（所有権の取得時効）及び[私法学会提出案]第百四条（所有権以外の財産権の取得時効）の取得時効については、それらの者が行為能力者となった時又は法定代理人が就職した時
　　　二　未成年者又は成年被後見人が法定代理人に対して権利を有する場合におけるそれらの権利の消滅時効については、それらの者が行為能力者となった時又は後任の法定代理人が就職した時
　　　三　夫婦の一方が他の一方に対して有する権利を有する場合においては、婚姻が解消した時
　　　四　相続財産に関し時効が問題となる場合においては、相続人が確定した時、管理人が選任された時又は破産手続開始の決定があった時
　　　五　天災等の不可抗力により、[私法学会提出案]第九十七条（権利行使による時効

第一編　総則

6　「時効の中断」の再構成——「時効の援用の制限」と「時効の新たな進行と権利の承認」へ

（1）　はじめに

　現行民法は、147条から157条までに、「時効の中断」にかんする規定をおいている。これに対し、本民法改正案は、これらの内容を、［新］94条の「催告又は交渉による時効の援用の制限」、［新］95条の「訴訟手続等による時効の援用の制限」、また、［新］96条の「時効の新たな進行と権利の承認」とに分けて規定した。

　［新］94条は私人間の行為による時効援用の制限について規定し、［新］95条は裁判所等の手続きを利用した行為による時効の制限を規定したものである。

　なお、現行民法148条は「時効の中断」の相対効を規定しているが、本民法改正案では、［新］94条では「催告の当事者間」および「交渉の当事者間」において、［新］95条ではその手続きの当事者間において、「時効の援用制限」という効果が生ずると規定することによって、相対効を明示した[418]。

　以下で、上記の3か条についてより詳細な説明をすることとしよう。

（2）　催告または交渉による時効の援用の制限

　　　　　　　の停止）又は［私法学会提出案］第九十八条（交渉による時効の停止）の時効期間の停止若しくは［私法学会提出案］第九十九条（催告による時効完成の猶予）の時効の時効完成の猶予ができない場合においては、その不可抗力となった事由が消滅した時

　上記の案は、法曹提示案においても維持されたが、国民有志案の段階で、文言の修正が施され、猶予期間の短縮がはかられるとともに、それぞれの号を上下（本書では左右）に書き分ける構成が採用された。ただ、この段階までは、現行民法の規定の順序——まず時効の中断を規定し、その後に時効の停止を規定する——は、維持されていた。また、現行民法が規定する「時効の停止」事由の順序も、号の順序に反映していた。

　その後、本民法改正案では、文言を整序し、検事（当時、司法修習生）の中北裕士からの標題の変更提案（於2009年9月3日市民法研究会）、さらに、川﨑政司からの単なる5号列挙でよいのかという問題提起を受け（於2012年7月6日付意見書）、猶予期間が長期になるのが通例か否かという観点から5つの号を1項と2項に分けることとし（於2012年8月4日全体会議）、現行民法の規定の順序とは異なるかたちの規定となった。

418　具体的には、［新］94条と［新］95条では条文の文言上、援用権の制限を受ける主体が、催告・交渉・訴訟等の手続きの「当事者」に限定されており、かつ、［新］97条によって「承継人」も制限を受けることになるが、これらの規定の反対解釈として、その他の主体には「時効援用の制限」は及ばないこととなる。

614

第4章　権利の変動

①　はじめに

　［新］94条は、1項で現行民法153条の「催告」の規定を承継し、2項から4項で新設規定として「交渉」の時効援用への影響を規定している。

　また、同条5項は、現行民法153条が催告から6か月以内に「裁判上の請求」その他の措置をとる必要を規定している点を、催告と交渉に共通する規定として、また、④で述べるように、起算点を異ならしめたうえで規定した。

②　催告

　［新］94条1項は、時効の完成前6か月以内に催告がなされた場合、相手方は時効完成後6か月間は時効の援用があっても、その効果は確定しないと規定する。

　上記の「催告」には、「権利行使のための催告」が含まれるのは当然のことであるが、判例は、訴訟提起等を「裁判上の催告」として、訴訟手続中は継続的に催告が行われていると解している（訴訟提起後に訴えの却下または取下げがあり、現行民法149条によって「時効中断の効力が生じない」とされた場合にも、訴訟係属の最後の段階まで催告が行われることになる）。また、訴訟手続等でなされた防御的主張のなかに存している「権利主張」にも、「催告」の趣旨が含まれていると解すべきであろう。この点にかんして、判例は、物権的返還請求権の訴えに対して留置権の抗弁を提出することを被担保債権の催告と同視し、訴訟手続係属中は催告が継続的に行われているとする[419]。

　このような解釈は、［新］94条1項のもとでも維持されることになる。なお、概念が明確になるように、［新］94条1項に「権利行使のための催告」という文言を用いることも検討したが、上記のような解釈を可能にするため、最終的には、単なる「催告」という文言を用いることにした。

　なお、通説、判例は、催告による効果は一回に限り生ずるとし、「一度催告をした後六ヶ月内に再び催告し、その後六ヶ月内にまた催告をするというように催告をくり返しても、この効力はない」と述べる[420]。しかしながら、本民法改正案では、時効完成前に催告をする必要があり、かつ、その効果は、時効完成時から6か月は時効の援用ができないとするものであるから、一回限りという限定は意味を失うので、本民法改正案にこの点を規定することはしなかった。

③　交渉

　本民法改正案では、現行民法では中断事由とされていない「交渉」についても、［新］94条2項以下であらたに規定することとした。

---

[419]　最大判昭和38年10月30日民集17巻9号1252頁。
[420]　我妻・注25）引用『民法講義Ⅰ　民法総則』465頁。大判大正8年6月30日民録1200頁。

第一編　総則

　「交渉」を加えた理由について、具体例を用いて説明しよう。現行民法のもとで、時効完成前に、債務者が債権者と、あるいは占有者が所有者と交渉を開始し、相手方の権利行使を事実上阻止した状況のまま、時効完成後6か月以上交渉を継続した後に、時効を援用したとしよう。たとえ、裁判所がこの「交渉」中には「催告」が継続していたと認定したとしても、遅くとも時効完成後6ヶ月以内に裁判上の請求等の手続きをとっていない以上、現行民法153条にもとづく本格的な時効の中断はもはや不可能である。そうすると、交渉に応じた権利者を救済する途は、この時効の援用を信義則違反として封ずる以外にはない。

　そこで、［新］94条2項は、交渉の継続中はもちろんのこと、交渉終了後一定の期間は、時効の援用を認めないこととした。

　ただ、交渉には、当事者間でのやりとりを「交渉」と評価してよいか否か、微妙な事案もある。この点を考慮し、当事者間のやりとりが「催告」と認定されても「交渉」と認定されても法的効果に差異がでないよう、両者を［新］94条の1項と2項とに連続的に規定した。

　また、従来、学説、判例では、催告にかんして次のようにいわれることがあった。「問題となるのは、催告に対して相手方が請求権の存否について調査するために一定期間の猶予を求めたような場合である。請求権の承認とならないことはいうまでもないが、6か月は猶予期間満了の時から起算するのを正当とするであろう。立法の趣旨に適するからである（大判昭和3・6・28民519頁（判民五一事件小町谷評釈）」[421]。このような学説および判例の問題意識は、［新］94条2項前段に、交渉による時効援用権の制限の規定をおいたことによって、立法的に解決できることになる。

　なお、交渉には間断なく続くものもあれば、間があくものもあり、交渉が継続しているか否かの判断が困難な場合も少なくない[422]。そこで、この点を考慮し、［新］94条2項前段では、時効完成前に交渉が終了したときには、時効完成後6か月以内、時効完成後にも――6か月を超える空白期間をおくことなく――交渉がなされた場合には、最後の交渉の時から6か月間の援用の制限を規定した。

---

[421]　我妻・注25）引用『民法講義I　民法総則』465頁。
[422]　催告の有無は、文書による催告等があれば一義的に認定することが比較的容易であるのに対し、交渉の有無は、明確に認定できる場合もある一方、交渉が開始されたのか否か、交渉が終了したのか否か、認定が困難な場合も少なくない。そこで、本書627頁に紹介する国民有志案微修正案100条のように、交渉継続についての書面による合意がある場合と、事実上の交渉継続がある場合とを分けて規定する等の方法もありうるところであるが、最終的には裁判所の認定事項として裁判官の判断に委ねざるをえないので、条文上の場合分けはしないこととした。

第 4 章　権利の変動

　さらに、最後の交渉の時から 6 か月を超える空白期間があった場合でも、事案によっては、なお、時効援用を禁止するのが適当な場合もありうるので、その点は裁判所の信義則にそくした判断に委ねる旨を［新］94 条 2 項後段で規定した。

　また、本民法改正案が「交渉」を時効の援用の制限事由として規定したことにともない、時効の援用による不利益を免れようとする者が延々と交渉を続けるという戦術を採用することを封ずるために、［新］94 条 3 項に「交渉の打切宣言」および「それ以後の交渉の継続が時効の援用の制限の効果をもたらさない旨の通知」を規定した。また、［新］94 条 4 項に「交渉の申込みに対する拒絶」があった場合に、その交渉の申込みを「催告」とみなす旨を規定した。

　なお、改正ドイツ民法 203 条は、この問題について、次のように消滅時効にかんしてのみ規定している。「債務者と債権者の間で請求権又はそれを基礎づける事情について交渉が継続している間は、消滅時効は、当事者の一方が交渉の継続を拒絶するまで停止する。消滅時効は、停止の終了後 3 か月して進行する」[423]。

　これに対し、［新］94 条 2 項は、「交渉による時効の援用の制限」という効果を、消滅時効のみならず、取得時効についても認めている。

　なお、前述したように、本民法改正案が［新］94 条で「催告」と「交渉」とを並べて規定し、双方に「時効の援用の制限」を認めた理由は、「催告」か「交渉」かが微妙な事案もありうるからである。もちろん、当事者間での一定のやりとりにつき、双方当事者が「交渉」しているという認識を共有している場合もあろう。しかし、一方当事者は「交渉」をしているという認識であっても、他方当事者は「いいがかり」をつけられているので、相手にすることなく「聞き置いている」という状況も少なくないと思われる。日本人のメンタリティーとして、ドイツ民法が規定するような「交渉の継続を拒絶する意思表示」――また、［新］94 条 3 項、4 項が規定するような「交渉の打切宣言」および「交渉の拒絶」――をすることは少ないのではないかと推測されるからである。しかし、このような曖昧な状況であっても、そこに、一方当事者の「催告」という認定をする余地はあるので、［新］94 条で、「交渉」と「催告」とに同一の法的効果を与えるという、連続的な規定としたものである。

④　**「前段階行動」としての催告と交渉、猶予期間の「起算点」**

　［新］94 条が規定する「催告」も「交渉」も、［新］95 条 1 項に規定する裁判所の手続き等を利用した行為をとるための猶予期間を確保するための前段階行動としての意味を有するものである。この点についての考え方は、催告について規

423　岡孝編『契約法における現代化の課題』（法政大学出版局、2002 年）185 頁。

定している現行民法153条も同一である。

　しかしながら、この猶予期間の「起算点」の考え方は、現行民法と本民法改正案とでは異なっている。現行民法153条は、催告がなされた場合、「催告の時点」から6か月間の時効中断効が生じ、その間に、裁判所の手続き等を利用した行為をとれば、本格的な時効中断効が発生する。これに対し、［新］94条1項は、時効完成前6か月以内に催告がなされた場合は、「時効完成時」を起点として6か月間は時効の援用があっても時効の効果は生じないとし、この間に裁判所の手続き等を利用した行為をとればよいことになる。

　要するに、この猶予期間の「起算点」は、現行民法のもとでは「催告がなされた時点」であるのに対し、本民法改正案では「時効完成時」とされている。その結果、時効完成後になされる訴訟手続等の行為が法的な意味を有するためには、現行民法のもとでは、「催告」という事実があったことの立証に加えて、「催告の時点」の立証も必要となるが、本民法改正案では後者の立証を不要となるのである（ただし、本民法改正案のもとでも、ピンポイントでの催告の時点の立証は不要であるが、「催告が時効の完成前六か月以内になされた」ことの立証は必要となる）。

　なお、交渉についても、時効完成前6か月以内になされた交渉が、①時効完成前に終了したときは、「時効完成時」が猶予期間の起算点となり、猶予期間は時効完成時点から6か月後に満了する。しかし、その交渉が、②時効完成後も継続していた場合には、「最後の交渉の時」が起算点となり、それから6か月以内に訴訟提起その他、裁判所の手続き等を利用した行為がとられれば、それは［新］94条5項の要件を充足することになる。

（3）　訴訟手続等を利用した行為による時効の援用の制限

　［新］95条は、現行民法が規定する中断事由のうち、裁判所の手続き等を利用した行為による時効の援用の制限を「訴訟手続等による時効の援用の制限」と題して規定している。現行民法では6か条にわたって規定されている内容を、本民法改正案では、各号構成を採用することによって1か条に収斂した。

　具体的には、［新］95条1項は、1号で「訴訟手続」（現行民法149条）を、2号で「支払督促」（現行民法150条）を、3号で「和解手続又は調停の手続等」（現行民法151条）[424]を、4号で「破産手続参加等」（現行民法152条）を、5号で

---

[424] 現行民法151条は民事調停、家事調停のみを規定しているが、それに対応する［新］94条1項3号は、これに加えて、仲裁手続と、いわゆるADR法（裁判外紛争解決手続の利用の促進に関する法律）による民間事業者の行う和解の仲介（いわゆるあっせん・調停）をも規定している。また、これにともない、本文で次に述べる［新］95条2項の規定ができた

第 4 章　権利の変動

「差押え、仮差押え又は仮処分」（現行民法154条）[425]を規定している。

　これらのなかの［新］95条1項1号にかんして、現行民法149条は「裁判上の請求」という文言を用いているところを、［新］95条1項1号では「訴訟手続」に文言が変更されている。その理由は、次の点にある。

　従来、「裁判上の請求」という文言によって、時効の中断は「訴訟物として訴えが提起され」、「判決の既判力の効果である」と解される立場が導かれることがあった[426]。これはいわゆる訴訟法説をとる学説[427]と親和性のある立場であったが、実体法説をとる学説には、このような立場を批判し、「中断される権利そのものについての訴に限らず、それを当然の基礎とするものにも拡張して解すべきものと考えるが、判例の態度はすこぶる狭い」とするものもあった[428]。しかし、現在では、「判例はかつてはこの点を厳格に考えていたが、ある時期からは学説に沿った方向を示している」[429]といわれることもあるように、判例も訴訟物との関連性をかなり緩和するようになってきている（ただし、次々段に紹介するように、判例は、一部請求については訴訟物となっているか否かという基準を維持している）。

　本民法改正案では、このような現状を条文の文言に反映させるべく、現行民法の「裁判上の請求」を「訴訟手続」と改めることとした[430]。この結果、訴訟手続において主張がなされれば、それは判決理由中の判断にとどまるものであっても、時効の援用は制限されることになる。たとえば、反訴としてではなく、抗弁として訴訟手続中に「所有権を有する」との権利主張をした場合[431]、また、占有者に

　　　以上、いわゆるＡＤＲ法25条1項は、削除してよいことになる。
- [425] 【「差押え」をめぐる議論の経緯】
　　　［新］95条1項5号は、民事執行法を前提とした規定なので、国税徴収法にもとづく差押え等がこれによってカバーされるかということが問題とされた（於2009年9月3日市民法研究会）。この点については、これによって国税債権等の時効の停止を認める必要がある場合には、国税徴収法に［新］95条1項5号の準用規定をおけば足りるであろうとして、本民法改正案において対処することは見送った。
- [426] 学説状況の紹介であって、必ずしも執筆者自身の主張ではないが、前掲注385）引用『注釈民法（5）』83頁（岡本坦執筆）。
- [427] 川島・注25）引用『民法総則』476頁以下。
- [428] 我妻・注25）引用『民法講義Ⅰ　民法総則』459頁。
- [429] 大村・注3）引用『民法読解』502頁。
- [430] 【「裁判上の請求」を「訴訟手続」に変更した議論の経緯】
　　　本文に述べたような趣旨にもとづく文言変更の必要性は、かなり初期の段階から意識されており（於2007年12月22日総則分科会）、私法学会提出案、法曹提示案では「訴訟継続中」の文言が用いられ、国民有志案から「訴訟手続」の文言が用いられるようになった。
- [431] 最判昭和43年11月13日民集22巻12号2510頁。なお、本文に述べた、「所有権」をめぐる争いとは事案を異にするが、請求棄却を求める答弁書の提出時点で時効の中断効を認め

対して所有権にもとづく物権的返還請求権が裁判で争われた場合[432]には、「所有権」の有無は、訴訟物ではなく判決理由中の判断となるが、これらも「訴訟手続」中の権利主張なので、占有者は取得時効の援用をすることができない。

なお、判例は、一部請求については訴訟物を基準に時効中断の及ぶ範囲を考えている。具体的には、昭和34年の判例では、一部請求であることを明示して訴えを提起した場合には、「残部についての時効は、拡張の書面を裁判所に提出したとき中断する」とされるが[433]、昭和45年の判例では、訴えの提起の段階で一部請求であることを明示していない場合には、後に請求の拡張があっても、拡張された部分を含め、「債権の同一性の範囲内において、その全部につき時効中断の効力を生ずる」とされている[434]。

しかしながら、上記の昭和34年判決における藤田八郎裁判官の反対意見は、「同一債権が訴訟物とされてその存否が訴訟上争われ、その訴訟が現に進行中であるにかかわらず、その一部が時効によつて消滅するという考え方のごときは著しく……常識に反する」として、このような場合には「時効中断の効力は、後に請求の趣旨拡張によつて拡張された請求の部分についても訴提起のときに生ずる」としている。現在の判例のように、一部請求であることが明示されているか否かによって扱いを異にするよりも、債権の同一性に基礎をおくこの反対意見のほうが説得的であると思われる。そこで、[新]95条1項1号の解釈としては、この反対意見によるべきであると考えている。

なお、[新]95条1項5号の「差押え」は、強制執行にもとづく差押えと、抵当権等の担保権の実行としての競売手続にもとづく差押えの双方が含まれると考えてよいであろう[435]。

次に、[新]95条2項について述べることとしよう。現行民法の時効中断事由の文言の書き方は変則的なため、その分、理解しにくいものとなっている。たとえば、裁判上の請求を時効中断事由とする現行民法149条は、次のような条文となっている。「裁判上の請求は、訴えの却下又は取下げの場合には、時効の中断の効力を生じない」。この条文を、通常の条文規定の書き方にそくして書き直す

　　　　た判例として、大連判昭和14年3月22日民集18巻238頁。
432　本文では、物権的返還請求権の例をあげたが、登記抹消請求が争われた事案において、所有権移転登記の抹消請求は、その土地の「所有権を基礎として」おり、「所有権確認の請求と均しく右土地に対する取得時効中断の効力」があると判示したものとして、大判昭和13年5月11日民集17巻901頁［カナ等変更］。
433　最判昭和34年2月20日民集13巻2号209頁。
434　最判昭和45年7月24日民集24巻7号1177頁。
435　次注引用の判例参照。

第4章　権利の変動

と、「時効は、裁判上の請求によって中断する。ただし、後に訴えの却下又は取下げがあったときは、この限りでない」。つまり、現行民法149条は、本来、ただし書で書くべき内容を本文に取り込んだので、一読して分かりにくい条文となっているのである。そして、このような変則的な条文の書き方は、現行民法のすべての時効中断事由に共通しているため、現行民法の時効の規定が一般的に分かりにくくなっている。

これにもまして、現行民法151条の「和解及び調停の申立て」は、次のように、他の時効中断事由以上に変則的な条文構成となっている。「和解の申立て又は民事調停法（昭和二十六年法律第二百二十二号）若しくは家事事件手続法（平成二十三年法律第五十二号）による調停の申立ては、相手方が出頭せず、又は和解若しくは調停が調わないときは、一箇月以内に訴えを提起しなければ、時効の中断の効力を生じない」。この規定を、法令番号を省略したうえで、通常の条文構成としてリライトしてみると、「時効は、和解の申立て又は民事調停法若しくは家事事件手続法による調停の申立てによって中断する。ただし、相手方が出頭せず、又は和解若しくは調停が調わない場合は、この限りでない」となるが、さらに、このただし書の例外として、「1箇月以内に訴えの提起があれば、このただし書の適用はない」という内容も、現行民法151条には含まれている。つまり、現行民法151条は、原則－例外－例外の例外、をすべて一文に規定していることになる。

現行民法の条文は、2文構成までが一般的である（ただし、税法等には、例外的ではあるが、前段・中段・後段という3文構成の条文も存在している）。本民法改正案では、この現行民法151条の実質的な3文構成のうち、［新］95条1項柱書本文とただし書で原則－例外を規定し──それが同条同項3号に適用される──、つづく［新］95条2項で「例外の例外」を規定した。

最後に、［新］95条3項は、現行民法155条の内容を、文言を若干修正したうえで基本的に承継している[436]。

---

[436] 判例は、物上保証人に対する競売申立がなされた事件において、「債権者より物上保証人に対し、その被担保債権の実行として任意競売の申立がされ、競売裁判所がその競売開始決定をしたうえ、競売手続の利害関係人である債務者に対する告知方法として同決定正本を当該債務者に送達した場合には、債務者は、民法155条により、当該被担保債権の消滅時効の中断の効果を受けると解するのが相当である」と判示している（最判昭和50年11月21日民集29巻10号1573頁）。

抵当権にもとづく競売手続を考えると、基本的に不動産に対する強制競売の規定が準用される（民事執行法188条）。その結果、①競売開始決定にさいして、「執行裁判所は、……債権者のために不動産を差し押さえる旨を宣言しなければならない」が、その宣言を含む開始

第一編　総則

（4）「新たな時効の進行」と「権利の承認」への再構成

　［新］96条は、まず、1項で現行民法157条の内容を規定し、2項で承認の効果を一般的に定めたうえで、つづく3項で民法156条の内容を承継した規範を規定している。そして4項で、現行民法においては場違いな感のあった166条2項ただし書をここに規定した。全体としては、「新たな時効の進行」および「権利の承認」という枠組のもとに、統一的な規定となっている。以下、個々の規定の具体的な内容について説明しよう。

　まず、［新］96条1項は、現行民法157条を承継したものである。ただ、現行民法157条はやや茫漠としたかたちで規定しているので、本民法改正案では規範内容を具体化し、それぞれの手続きの特性ごとに、判決等のように確定時から時効の再進行がはじまるものを最初に ── まず、1号に典型となる確定判決を、2号にそれ以外の手続きを ── 規定し、差押え等のように手続き終了時から時効の再進行がはじまるものを3号に規定することとした。

　次に、［新］96条2項は、承認について規定した。［新］96条2項前段は時効完成前の承認の効果を規定している。この点、現行民法147条3号は、承認を時効の中断事由としてあげている。

　本書582頁に述べたように、現行民法の「時効の中断」には、中断事由があると、①もはや時効の援用ができないという効果と、②再び権利の不行使状況に戻ったときには、時効中断事由があった時から、再度の時効の進行の開始が認められるという2種の効果がある。そして、「承認」についても、この2種の効果があることは、［新］94条と［新］95条に規定したものと変わるところはない。ただ、「承認」につき、①の効果を規定すると、「時効完成前に、時効により不利益を受ける者の権利を承認した者は、その権利者に対して時効を援用することができない」等の条文になり、これは、［新］3条1項1号が規定するエストッペルの原則がそのままあてはまる内容となるため、個別に規定する必要はないと考えた。そこで、「承認」については、①の効果はとくに規定することをせず、［新］96条2項前段には、②の効果についてのみ規定することとした。

　なお、［新］96条2項前段は、時効完成前の承認についてのみ規定し、時効完成後の承認については規定していないため、以下、時効完成後の承認についての

　　決定が送達されることになる（民事執行法45条1項、2項）。
　　　このような競売手続の構造を前提とすれば、判例のいう競売「開始決定の正本を……債務者に送達した場合」には、そこには"不動産を差し押えた旨の通知"が含まれているので、現行民法155条、［新］95条3項が規定する物上保証人への差押えの通知も同時になされていると考えてよいであろう。

第4章　権利の変動

考え方を述べる。

　時効完成後の承認にも2種のもの——①時効完成の事実を知りつつした承認と、②知らずにした承認——がある。さきにも［新］92条にそくして述べたように、①の時効完成の事実を知りつつ承認をした者は、援用権の放棄をしたと同視されてもしかたがなく、このような場合については、とくに規定をおかなくても、信義則上、その後に時効の援用ができないことは当然であろう。

　他方、②の時効完成の事実を知らずに承認した者は、時効の援用権の放棄をしたと同視することはできないであろう。しかし、そうではあっても、相手方の権利をいったん承認した後に時効の援用を認めることは、やはり一般に信義則に反すると考える立場もあり、判例は、このような場合にはもはや時効を援用することはできないとする[437]。この考え方は「時効の援用権の喪失」と呼ばれている。

　ただ、②の時効の完成を知らずにした承認につき、一般的に「時効の援用権の喪失」を認めてよいか否かは議論のありうるところである。民法改正研究会では、むしろそれぞれの事案にそくして信義則違反となるか否かを判断することが望ましいと考え、「時効の援用権の喪失」を本改正の民法典に規定することはしなかった[438]。

437　最大判昭和41年4月20日民集20巻4号702頁。なお、この判例が出される以前の判例の状況については、我妻・注25）引用『民法講義Ⅰ　民法総則』454頁以下参照。

438　【「時効完成後の承認」をめぐる議論の経緯】
　　前注引用の判例は、時効完成の事実を知らずに期限の猶予を求める等により債務の存在を自認した後は、時効を援用するのは信義則違反となるということを一般論として認めている。ただ、この考え方については、民法改正研究会では、賛否両論があった。
　　時効は、過去の事実の立証の困難を救うために機能するのが本来の姿であり、非所有者であることを知りながら取得時効を援用したり、債務を負担していることを知りながら消滅時効を援用したりするのは、時効制度の病理的現象であって、時効制度の本来の利用され方ではない、という見方からは、この判例は当然のことを判示したものといえるであろう。事務局は、この立場から、［新］96条にこの判例の趣旨——時効完成の事実を知らずに期限の猶予を求めた後は、時効を援用することは一般に信義則違反となるので認められない、という考え方——を盛り込むことを主張した。
　　しかし、時効完成後に時効を主張することは、一つの権利であると考えるのであれば、広い範囲にわたって信義則違反を認めることには問題がある、という見方もありうるところである。磯村保は、債務者が期限の猶予の申入れをした段階で、時効の完成の事実を債務者は知らず、債権者が知っていたような場合には、その後の債務者による時効の援用を信義則違反と考えるべきではない、と主張した。この立場からは、信義則違反となるか否かは事案によって異なるので、前述した判例を規定に盛り込む必要はないこととなる。また、この議論にさいして、磯村は、ドイツ法のもとでは、消滅時効の完成を知らずに給付をしたときは、その給付をしたものの返還ができないとされているにとどまることを紹介した（ドイツ民法214条2項）。

[新]96条2項後段は、処分権限を有せず、管理権限のみを有する代理人の承認について規定している。現行民法156条が、承認につき、「相手方の権利についての処分につき行為能力又は権限があることを要しない」と規定しているうちの、権限の問題だけを規定したものである。

　この規定につき、学説は、代理人が処分権限を有していなくても、管理権限を有していればよいと解し、現行民法28条の不在者の財産管理人や、民法103条が規定する権限の定めのない代理人も承認をなしうるとする[439]。

　この点にかんして、承認があると、将来の時効完成後の援用権を喪失するので、処分権限がない代理人の承認には法的効果が生じないという考え方もありうるところであろう。ただ、時効の完成前に代理人が承認をした場合、それは権利義務の存在についての確認的な意味を有すると考えるのであれば、管理権限のみしか有していない代理人の承認に法的効果を与えても、別段、問題は生じないと思われる[440]。そこで、[新]96条2項後段は、管理権を有する代理人による時効の完成前の承認について、本人の承認と同一の効果を与えることとした。

　[新]96条3項は、制限行為能力者の「承認」があった場合について規定している。同項は、現行民法156条が、承認につき「相手方の権利についての処分につき行為能力又は権限があることを要しない」と規定しているうちの、行為能力の問題だけを —— 規定の仕方を変更しつつ —— 規定し、意思能力を欠く者も付加したものである。

　現在、多くの学説が述べているように、ここでの「承認」は観念の通知という準法律行為であって、法律行為ではない[441]。ただ、準法律行為であっても、前述したように、承認があると将来の時効完成後の援用権を喪失するので、処分能力と同じレベルでの「行為能力」を要するという考え方もありえなくはない。しかし、現行民法は「管理能力」さえあればよいとしている。そこで、学説も[442]、判例も[443]、「少なくとも管理の能力……は必要」であるとの前提のもとに、「未成年者が法定代理人を得ないでなした承認」および平成11年民法改正前の「禁治産

　　研究会での議論の結果、上記判例の趣旨には問題があるという理解のもとに、本民法改正案にはこの点を規定しないこととなった（於2014年4月20日全体会議）。
439　前掲注385)引用『注釈民法（5）』124頁（川井健執筆部分）。
440　判例が、妻に管理権限のみを授与していた事例において、妻が取引先からの売掛代金の債権に猶予を求めた場合に、その猶予を求めた行為が債務の承認にあたるとするのは、この趣旨であろう（大判昭和10年10月10日判決全集1輯23号4頁）。
441　前掲注385)引用『注釈民法（5）』119頁（川井健執筆部分）。
442　前掲注385)引用『注釈民法（5）』123頁以下（川井健執筆部分）。
443　大判大正13年2月4日民集17巻87頁。

第4章　権利の変動

者の場合」には、承認による時効中断の効力は発生しないとしている。

この点を端的に明らかにするために、[新] 96 条 3 項は、意思能力を欠く者、未成年者（ただし、法定代理人の同意を得た場合を除く）および被後見人が同条 2 項の承認をした場合には、承認としての効力は生じないことを正面から規定した。なお、被保佐人については若干の問題があるが、その点は注に譲る[444]。

[新] 96 条 4 項前段は、現行民法 166 条 2 項ただし書を承継したものである。現行民法 166 条 2 項は、前項の消滅時効の進行の「規定は、始期付権利又は停止条件付権利の目的物を占有する第三者のために、その占有の開始の時から取得時効が進行することを妨げない。ただし、権利者は、その時効を中断するため、いつでも占有者の承認を求めることができる」と規定する。

この条文の本文については、すでに 3 で紹介したように、民法起草当時から無意味な規定であるとして削除論も強かったが、ただし書を規定する必要があったために、本文も残ったといってよいものである。そこで、本民法改正案では、現行民法 166 条 2 項本文は削除し[445]、ただし書のみを残すこととした。また、条文の位置も、本文ですら、現在規定されている「消滅時効の起算点と直接の関係はなく、むしろ取得時効の進行に関する規定であ」り、現行民法のような消滅時効の冒頭規定でありうるはずもない[446]。そのうえ、ただし書は、もっぱら現行民法でいう「時効の中断」（本民法改正案でいう「時効の新たな進行」）と関係するので、条文の位置をこの箇所に変更した[447]。

---

[444] 判例は、被保佐人について——準禁治産者と呼ばれた時代のものであるが——、時効完成前の承認が法的効果をもつものとしている（大判大正 7 年 10 月 9 日民録 24 輯 1886 頁）。本民法改正案は、これを承継し、被保佐人の承認の法的効力を認めたものの、異論はありうるところである。この判例を踏襲することなく、被保佐人の承認も——保佐人の同意を得た場合をのぞき——[新] 96 条 2 項の効果を生じないとする案も考えられないではない。なぜなら、現行民法のもとでは、被保佐人は、「不動産その他重要な財産に関する権利の得喪を目的とする行為をすること」（民法 13 条 1 項 3 号）、「借財又は保証をすること」（同項 2 号）については、保佐人の同意なくしてしたときには取り消しうるとされている。そして、本民法改正案においても、[新] 17 条 1 号、4 号もこれを承継している。時効については、取得時効が「不動産その他重要な財産」以外について成立することもあり、消滅時効が「借財又は保証」以外から生じる債務について完成することもあるものの、前述した規定の精神から、時効完成後の承認については、保佐人の同意がないかぎり、法的効力が生じないとするのも一つの考え方だからである。このように、考え方が分かれうる問題ではあるが、本民法改正案は、最終的には判例の立場を踏襲することとした。

[445] 第三者の占有する物が始期付権利又は停止条件付権利の目的物であったとしても、取得時効の規定の適用が排除される理由はない。そこで、本民法改正案では、現行民法 166 条 2 項本文の内容は無意味と考え、規定しないことにした。

[446] 前掲注 385) 引用『注釈民法（5）』280 頁（森島昭夫＝平井宜雄執筆部分）。

第一編　総則

447　【「時効の援用の制限」(時効の中断) にかんする議論の経緯】
（ⅰ）改正の方向性
　現行民法の「時効の中断」について、本民法改正案では、本文に述べたように、①標題を「時効の援用の制限」と変更し、②援用制限事由（伝統的な用語法に従えば、中断事由）に、ドイツ民法を参考にして「交渉」による援用の制限を加え、③現行民法147条から157条までの11か条が3か条に集約している（この点については、本文のほか、本書579頁、582頁参照。なお、現行民法では、時効の中断事由ごとに1か条があてられているが、これを集約することは、岡孝の提案であった〔於2007年5月6日総則分科会〕）。
　上記の3点の方向性の追求は、すでに下記の私法学会提出案においてみられる（ただし、下記の紹介では、私法学会提出案101条1項3号を削除し、4号を3号としている。また、現行民法の「時効の中断」という標題が、私法学会提出案では「時効の停止」——現行民法では他の概念につき用いられている標題——に変更されたため、混乱を避けるため、国民有志案の段階では「時効完成の猶予」にいったん改められ、その後の検討で、最終的に「時効の援用の制限」とされるにいたった）。

（権利行使による時効の停止・経過案・私法学会提出案）
97条①：次の各号に掲げる権利行使の期間は、時効は進行しない。
　一　訴訟係属中
　二　督促手続進行中
　三　裁判所及び認証紛争解決事業者による和解手続又は調停手続進行中もしくは仲裁手続進行中
　四　破産手続参加中、再生手続参加中又は更生手続参加中
　五　強制執行又は保全処分実施中
　②：前項第五号の強制執行又は保全処分が時効の利益を受ける者以外に対してなされたときは、時効の利益を受ける者に通知をした後でなければ、時効の停止の効力を生じない。
（交渉による時効の停止・経過案・私法学会提出案）
98条①：義務の履行について、権利者と相手方との交渉継続の合意がある間は時効は進行しない。この合意は、三か月間協議が行われなかったときは、失効したものとみなす。
　②：前項の合意による交渉継続期間の満了又は失効が、時効期間満了前一月以内に生じたときは、その満了又は失効時から三か月後に時効期間は満了する。
（催告による時効完成の猶予・経過案・私法学会提出案）
99条①：時効期間の満了前三か月以内に権利行使のための催告がなされた場合には、その時から三か月間、時効は完成しない。
　②：この催告による時効完成の猶予の効果は、一回のみ生じる。
（時効の新たな進行・経過案・私法学会提出案微修正案）
101条①：時効は、次の各号に定める時から新たに進行する。
　一　確定判決によって権利が認められた時
　二　［私法学会提出案］第九十七条（権利行使による時効の停止）第二号、第三号、第四号に定める支払督促、裁判上の和解、調停、破産債権の確定その他確定判決と同一の効力を有するものによって権利が認められた時
　三　権利について相手方の承認があった時。この場合において、承認をする者の行

第4章　権利の変動

　　　為能力又は処分権限があることを要しない。
　　②：［私法学会提出案］第百三条（所有権の取得時効）の規定による時効は、占有者が任意にその占有を中止し、又は他人によってその占有を奪われた場合には、占有者が再度その占有を開始した時から新たに進行する。
　　③：前項の規定は、所有権以外の財産権を占有し又は［私法学会提出案］第百三十三条（準占有）に従って行使する場合について準用する。

　この案は、そのまま法曹提示案として維持されたが、法曹提示案には、弁護士の井桁大介、横山佳枝、橋本陽一、検事の中北裕士からの文言修正提案等もあり（於 2009 年 9 月 3 日市民法研究会）、その後の検討で少しずつ変更されていった。

（ⅱ）交渉をめぐる検討等
　交渉についての最初の提案は、次に示す岡孝によるものであった。

（交渉による時効の停止・経過案・2007 年 5 月 6 日岡案）
N 条：債務者と債権者との間で請求権又はそれを基礎づける事情について交渉が継続していたときは、当事者の一方が交渉の継続を拒絶した時から一年を経過するまでの間は、時効は、完成しない。

　これが、（ⅰ）に紹介した私法学会提出案 98 条となっていったが、その後、交渉の状況に応じて取扱いを異にする国民有志案となった。下記に紹介するその微修正案は、書面をともなうことなく交渉が間遠に行われていた場合に、交渉の有無の認定が困難なこともあるので、裁判所の裁量をひろく認めようとするものであった。

（交渉による時効の完成の猶予・経過案・国民有志案微修正案）
100 条①：義務の履行について、権利者と相手方との間に交渉を継続する旨の書面による合意がある間は、時効は完成しない。この合意に期間の定めがない場合において、三か月間交渉のための協議が行われなかったときは、その時に、当該合意は終了したものとみなすことができる。
　　②：権利者と相手方との間で明示の合意がないまま事実上交渉が継続していたときは、裁判所は、当事者間の諸事情を考慮し、前項の合意があったものとみなすことができる。
　　③：前二項の規定にかかわらず、交渉を継続している当事者の一方が相手方に対しその交渉の継続が時効の完成の猶予の効果をもたらさない旨を書面によって通知した場合には、その通知の時から三か月が経過したときに、前二項の規定による時効の完成の猶予の効果は消滅する。

　ただ、上記の案は、書面をともなわない交渉について、規範内容が曖昧になりすぎるきらいがあるので、本民法改正案に採用されるにはいたらなかった。
　その後、催告・交渉・承認をまとめて「私的行為による時効援用の制限と権利の承認」とし、それ以外の、訴訟手続等をまとめて「公的行為による時効援用の制限」とする案も一旦検討された（於 2012 年 7 月 6 日事務局会議案）。これに対しては「公的行為という表現は、『公法的な行為』というイメージにならないか」という磯村保からの批判があり（於 2012 年

第一編　総則

（5）　当事者の「承継人」

　現行民法では、時効の中断は147条に総論的な規定がおかれたのち、148条に「時効の中断の効力が及ぶ者の範囲」についての規定があり、具体的には、①「中断の事由が生じた当事者」と、②「その承継人」に中断の効力が及ぶものとされている。

　その後に、現行民法149条から157条にわたって、時効中断の各論的な規定がおかれている。この各論的な規定は、本民法改正案では［新］94条から［新］97条に集約されて規定されている。しかしながら、この3か条には、前段に述べた現行民法の①「中断の事由が生じた当事者」に対応するものについてのみ規定され、結果として、②の「承継人」についての規定が存在していない。そこで、［新］97条に「承継人」についての規定をおくこととした。もちろん、［新］94条以下の各条において「○○の相手方及びその承継人」、あるいは「相手方（そ

7月6日付意見書）、最終的に本民法改正案の標題に落ち着いた。

(ⅲ)　現行民法148条の時効の中断の相対効をめぐって

　現行民法148条に規定されている、時効の中断の相対効に対応する規定は、私法学会提出案102条、法曹提示案105条2項、国民有志案103条に存在していた。しかし、その後の議論において、これを時効の援用権の制限が及ぶ当事者として、注418）に記したように条文本体に組み込むこととした（於2012年9月19日全体会議）。

(ⅳ)　時効完成後の承認について

　現行民法147条、156条は、「承認」を時効の中断事由としてあげるが、それは時効完成前になされるものであって、時効完成後については、とくに規定は存在していない。この「時効完成後の承認」を規定することが事務局会議において提案されたさい、いくつかの条文案が提示されたが、そのうちのひとつは、次のようなものであった。

（時効の対象となる権利の確定と新たな時効の進行・経過案・2011年7月26日事務局案）
N条①：時効完成前に、時効援用権者が相手方の権利を承認したときは、その者と権利者との間において、権利の存在が確定し、その時から再び新たな時効が進行する。この場合において、この承認をする者に行為能力又は処分権限があることを要しない。
　　②：時効完成後に、その事実を知りながら相手方の権利について承認がなされたときは、時効援用権の放棄とみなす。相手方の権利を承認した場合において、時効の援用権者が時効の完成の事実を知らなかったときは、［新］第三条（信義誠実及び権利濫用の禁止の原則）の規定に基づき、時効の援用権をもはや行使することはできない。

　この案は、時効完成前の承認と時効完成後の承認とでは、法的性格が違うことが明記されている。ただ、この案に対しては、N条2項後段のように法的根拠を条文に記すと、援用権が行使できない根拠を上記のN条2項後段と［新］3条に二重に求めることになることについての疑義もあり、最終的に［新］95条2項の規定に落ちついた（於2013年12月1日全体会議）。

第4章　権利の変動

の承継人を含む。)」等と規定する途もあるが、そのようにするとこの文言を11か所において繰り返すこととなり煩瑣なので、この［新］97条にまとめて規定することとした。

7　採用されなかった時効に関する改正提案

　本民法改正案の時効規定は、規範内容そのものは現行民法を相当程度承継しているものの、条文数では現行民法の32か条を7か条に減少し、また、現行民法が3節構成になっているのに対し、時効の規定の分節化をはかることなく、単純・簡明に合理化した条文案となっている。

　しかし、検討の過程では、このような大幅変更をしない場合の時効改正案も──「副案」としてではあるが──日本私法学会提出案および法曹提示案において示されていた。これは、できるだけ現行民法の規定の内容を承継しながら、現行民法ではわかりにくくなっている条文をわかりやすく整序することに主眼をおいて策定したものであった（ただし、消滅時効については年度末時効を採用しており、この点では現行民法とは大きく異なっている）。本書205頁以下にもその一部を紹介したが、注で全体像を示しておくこととしよう[448]。

448　【時効制度副案にかんする議論の経緯】
　　現行の時効制度の文言修正を中心とした条文提案は、以下のようなものであった。

　　（時効制度・経過案・法曹提示案副案）
　　第一節　総則
　　（時効の要件及び効果）
　　96条①：時効は、時効期間満了後に、当事者が援用した時に、その効力が発生する。
　　　　②：（現行144条に同じ）時効の効力は、その起算日にさかのぼる。
　　（時効の利益の放棄）
　　97条：（現行146条に同じ）時効の利益は、あらかじめ放棄することができない。
　　（裁判上の請求）
　　98条：時効は、裁判上の請求によって中断する。ただし、後に訴えの却下又は取下げがあったときは、この限りでない。
　　（支払督促の申立て）
　　99条：時効は、支払督促の申立てによって中断する。ただし、債権者が民事訴訟法（平成八年六月法律第百九号）第三百九十二条に規定する期間内に仮執行の宣言の申立てをしないことによりその効力を失うときは、この限りでない。
　　（和解及び調停の申立て）
　　100条：時効は、和解の申立て又は民事調停法（昭和二十六年法律第二百二十二号）若しくは家事審判法（昭和二十二年法律第百五十二号）による調停の申立てによって中断する。ただし、相手方が出頭せず、又は和解若しくは調停が調わない場合において、一か月以内に訴えの提起がないときは、この限りでない。

第一編　総則

なお、除斥期間[449]、抗弁権の永久性[450]については本民法改正案では規定してい

（破産手続参加等）
101条：時効は、破産手続参加、再生手続参加又は更生手続参加によって中断する。ただし、債権者がその届出を取り下げ、又はその届出が却下されたときは、この限りでない。
（差押え、仮差押え及び仮処分）
102条①：時効は、差押え、仮差押え及び仮処分によって中断する。ただし、権利者の請求により又は法律の規定に従わないことにより取り消されたときは、この限りでない。
　　　②：（現行155条に同じ）差押え、仮差押え及び仮処分は、時効の利益を受ける者に対してしないときは、その者に通知をした後でなければ、時効の中断の効力を生じない。
（催告）
103条：時効は、催告によって中断する。ただし、三か月以内に、前五条の規定による時効の中断がなされないときは、この限りでない。
（承認）
104条①：時効は、承認によって中断する。
　　　②：（現行156条に同じ）時効の中断の効力を生ずべき承認をするには、相手方の権利についての処分につき行為能力又は権限があることを要しない。
（中断の効果）
105条①：時効の中断により、すでに進行した時効期間は効力を失う。
　　　②：前項の時効の中断は、その中断の事由が生じた当事者及びその承継人の間においてのみ、その効力を有する。
　　　③：（現行157条1項に同じ）中断した時効は、その中断の事由が終了した時から、新たにその進行を始める。
　　　④：（現行157条2項に同じ）裁判上の請求によって中断した時効は、裁判が確定した時から、新たにその進行を始める。

　法曹提示案副案106条からの「時効の停止」、その後の「取得時効」の条文は、現行民法と同一であり、また、「消滅時効」については法曹提示案正案と同一なので、省略する。
　なお、弁護士の大西一成、飛岡和明から、現行民法149条も、法曹提示案副案98条も、訴えの取下げという文言をおいているが、民事訴訟法262条1項が、「訴訟は、訴えの取下げがあった部分については、初めから係属していなかったものとみなす」と規定していることを前提とすれば、無用の文言ではないかとの指摘がなされた（於2009年4月27日企業法務研究会）。民法と民事訴訟法の規定に重複があることは事実であるが、国民にとってのわかりやすさという観点から、「訴えの取下げ」という文言を維持することにした。

449　【「除斥期間」の不規定にかんする議論の経緯】
　除斥期間については、判例および学説で必ずしも細部にわたってまで統一的な理解ができているわけではない。そこで、本民法改正案においては、総則編に通則的な規定をおかずに、現行民法の各所に規定されている条文を、基本的にそれぞれの関連箇所に規定するにとどめることとした（於2007年12月22日総則分科会）。ただ、平林美紀が、除斥期間が権利の存続期間であるという理解は学界においても実務においても共有されているので、条文の文言を書き分けることによってそれを明示することを提案し、それが承認された（於2008年1月13日総則分科会）。

第4章　権利の変動

　平林提案の骨子は、①除斥期間か時効かは、権利または請求権が「消滅する」と「時効によって消滅する」とに書き分ける。また、②「請求権」の消滅か「権利」の消滅かは、前者は、消滅した後の義務の履行が「自然債務の履行」として是認されるが、後者は、不当利得返還請求の対象となることによって区別する、というものであった。この平林提案に対して、大塚直は、時効による権利消滅のみならず、除斥期間満了後の権利消滅についても自然債務となることもあると解し、任意の履行については不当利得とならないと解することがあるとの考え方を述べ、それが研究会で承認された（於 2008 年 8 月 16 日全体会議）。
　この議論をふまえて、現行民法の規定を修正した国民有志案の条文例を、現行民法と対比しながら具体的に示しておこう。

（不法行為による損害賠償請求権の期間の制限・現行民法）
724 条：不法行為による損害賠償の請求権は、被害者又はその法定代理人が損害及び加害者を知った時から三年間行使しないときは、時効によって消滅する。不法行為の時から二十年を経過したときも、同様とする。

（不法行為による損害賠償請求権の期間の制限・経過案・国民有志案）
665 条①：不法行為による損害賠償請求権は、被害者又はその法定代理人が損害及び賠償義務者を知った時から三年間行使しないときは、時効によって消滅する。
　　　②：不法行為による損害賠償請求権は、損害発生の時から二十年を経過したときは、消滅する。
　　　③、④　《略》

450　【「抗弁権の永久性」の不規定にかんする議論の経緯】
　民法改正研究会では、抗弁権の永久性について、最終的には規定しないということで落ちついたものの、次のような議論が展開された。
　まず、磯村保から、イタリア民法には抗弁権の永久性が規定されていることの紹介があり、抗弁権の永久性を規定すべきか否か検討するべきではないか、との問題提起がなされた。しかし、抗弁権の永久性を規定すると紛争解決が硬直的になるおそれがあり、むしろ権利の濫用で柔軟に対処するほうがよいのではないか、という見解もあり、後者が多数であった（於 2007 年 8 月 5 日総則分科会）。
　鹿野菜穂子も、必ずしも規定をおく必要はないとの立場ではあったが、かりに条文をおくとした場合の条文案として、後に次のような提案を示した。

（抗弁権の永久性・経過案・2008 年 4 月 19 日鹿野案）
　Ｎ条：権利が抗弁として主張されるときには、相手方は、その権利の消滅時効を援用することはできない。

　ただ、この提案にさいし、鹿野自身は次のような意見を述べた。「抗弁として主張されるとき」というのが、どのような場合を含むのかは明確性を欠き、上記のように条文で定めると、広がりすぎるおそれがある。また、権利の性質により、抗弁権の永久性の妥当性が異なるので、その意味でも、上記のような一般的な条文をおくことは危険である。抗弁権の永久性の法理により時効の効果が否定されるのは例外的な場合であり、それは、むしろ信義則の適用に委ねたほうが妥当な解決がはかられうる。したがって、抗弁権の永久性にかんする規定は設けないほうがよい（於 2008 年 4 月 19 日総則分科会）。

また、問題提起をした磯村自身は、上記の条文案に対し、次のような見解を述べた（於 2008 年 4 月 21 日付意見書）。
　権利が防御的に機能する場合にはかかる権利には消滅時効の効果が生じないとする一般論には、やはり問題があると思われる。たとえば、売買契約において目的物に瑕疵があり、買主がその瑕疵を発見したが、瑕疵発見から 1 年経過した後に売主から代金の支払請求を受けたという場合、買主が、防御的に代金減額請求権を主張したり、損害賠償請求権を行使しうるか、あるいは契約目的の達成不能を理由として契約を解除できるかといえば、これを否定すべきものと思われる。このようなケースにおいては、権利の救済を受けようとする買主は、1 年以内に積極的に自ら権利を行使すべきものと考えられるからである（なお、この事例は除斥期間の問題ではあるが、考え方としては共通するという理解にもとづく）。このようにいえるとすれば、売主の代金支払請求に対する抗弁として主張されるだけで、権利行使の期間が徒過していてもなお権利行使が可能であり、相手方の権利の消滅の主張が許されないということにはならない。
　これに対し、意思表示の瑕疵や行為能力の制限を理由とする取消権について、契約が取り消されないまま権利行使の期間が過ぎたという場合に、相手方が突如として契約の有効を前提に履行請求をしてきたのに対して、これに応ずる必要があるかどうかは疑問である。取消権者としては、自ら給付を行っている場合を除いて、相手方が積極的に履行を求めてこない以上、現状を変更する必要性に乏しく、取消しの意思表示をしていなかったとしても、相手方の履行請求を阻止する必要性は大きいように考えられる。
　上記の磯村意見に対し、鹿野は、第 1 の瑕疵担保の事例は、買主が売主から目的物を受領している場合であるのに対して、第 2 の取消しの事例は、契約は締結されたが未だ双方の債務が履行されていない場合にかんするものであることに着目したうえで、抗弁権の永久性を取消権に限定する方向性を模索するという観点から、次のような条文案を提示した。

（抗弁権の永久性・経過案・2008 年 4 月 21 日鹿野修正案）
N 条：取消権は、その消滅時効期間満了後においても、取消権者がその未履行の債務を免れるために行使することを妨げない。

　ただ、上記の提案にさいし、鹿野は、上記の条文案でも「なお広すぎる場合がある」として、次のように述べる（於 2008 年 4 月 21 日付意見書）。
　たとえば、A が B からある財産を購入する旨の売買契約を締結したが、A の意思表示には瑕疵があった。A は、B から目的物の引渡しをうけたが（追認しうる状態になる前で、法定追認は生じなかったものとする）、代金については支払わないまま時が経過し、A の取消権の行使期間が過ぎてしまった。その後、B があらためて A に対して代金の支払いを請求してきた場合、A はこれに応ずる義務があるか、あるいは、取消権をなお行使することができるか。
　この場合には、A はたしかに自己の未履行の債務を免れるために取消権を行使することになるが、追認可能な状態になる前とはいえ、自らは B から反対給付を得ている。この場合、（単純な現状維持とはとらえられないので）期間が過ぎた以上、原則通り、A はもはや取消権を行使できないと解すべきように思われる。
　このような鹿野の留保を受け、磯村が鹿野提案に次のただし書を付加することを提案した（於 2008 年 4 月 21 日付意見書）。「ただし、取消権者が双務契約に基づく反対給付の一部または全部を受領していた場合には、この限りでない。」

第 4 章　権利の変動

ないが、議論の過程においてかなりの検討がなされ、具体的な条文案の提案もあったので、それを注で紹介しておこう。

　　上記のような議論はなされたものの、──いずれも、積極的に抗弁権の永久性を規定しようとする立場でもなかったので──私法学会提出案、法曹提示案の段階では、抗弁権の永久性を規定しない案を正案とし、磯村、鹿野両名の起草による下記の案が副案とされた。

（抗弁権の永久性・経過案・私法学会提出案副案）
N条：取消権は、その消滅時効期間満了後においても、取消権者がその未履行の債務を免れるために行使することを妨げない。ただし、取消権者が双務契約に基づく反対給付の一部又は全部を受領していた場合には、この限りでない。

　なお、この提案は、時効の規定の末尾にこの条文をおこうとするものであった。これに対し、条文の射程が取消しに限定されるので、規定の場所を時効ではなく、取消しの箇所にすべきであるという事務局提案もあり、国民有志案では、時効の箇所では抗弁権の永久性については規定しないまま、取消しの箇所に次のような規定がおかれた。

（取消権の行使期間・経過案・国民有志案）
82条①：取消権は、追認をすることができる時から二年間行使しないときは、時効によって消滅する。法律行為の時から十年を経過したときも、同様とする。
　　②：取消権は、それを有する者が、法律行為の相手方からの履行請求に対し、取消権を行使してその履行を免れようとするときは、いつでも行使することができる。

　しかし、最終的には、この問題は権利濫用で処理するべきであるとされ、本民法改正案では上記の案も採用されなかった。

第5章　権利の実現

【前注】

　本民法改正案では、民法総則編を権利の主体・客体・変動・実現という構成としたため、総則編の最終章が「第五章　権利の実現」となった。この理由の詳細は、序章（本書231頁以下）ですでに述べたが、ドイツ民法も、「第1編　総則」に「第6章　権利の行使、自己防衛及び自力救済」を設けているので、ドイツ民法との異同をここで述べておこう。

　ドイツ民法第6章は、その冒頭規定で、わが国の権利の濫用にあたる規範を——「権利の行使は、他人に損害を加える目的のみでなされたと思われるときは、許されない」（同法226条）と、シカーネ禁止を正面から謳いつつ——規定している。そのうえで、次に自己防衛——具体的には、正当防衛と緊急避難——を規定し、その後に、自力救済について規定している。

　これに対し、本民法改正案は、総則編の「第一章　通則」に権利濫用の禁止を規定する一方、正当防衛と緊急避難は、債権編の不法行為の章に規定しており、ドイツ民法総則編の構成とは異なった内容となっている[451]。この理由は、権利濫用禁止の規定は、権利の行使の限界という意味があるので、——現行民法と同様——総則編の通則に規定されるべきであると考えるからである。さらに、正当防衛と緊急避難の規定の法的効果は、不法行為の効果が及ぶ範囲を画するだけのものであり、一般性を有していない。そこで、総則編ではなく、不法行為の箇所に規定するのがその内容にふさわしいというべきであろう。

　本民法改正案においては、総則編の章構成が現行ドイツ民法以上に権利の体系に純化していることは、本書230頁注3）に記したが、この「第五章　権利の実現」の内容についても、「自力救済」を規定している点で同一なだけで、他の規定は異なっている。

---

[451] この点に加えて、ドイツ民法では、信義則規定が債権編におかれていることも、現行民法ないし本民法改正案との相違点である。なお、債権法改正法案の策定過程において、日本民法では、総則編の信義則規定に加えて、債権編にも信義則規定をおこうとする試みがなされたことにつき、『基本方針』90頁以下参照。

第5章　権利の実現

[Ⅰ] 条文案

> （権利の実現）
> 第九十八条　権利又はこれに基づく請求権は、その権利の義務者又はその請求権の相手方による履行があったときは、消滅する。その権利若しくは請求権の性質又は当事者の意思に反しない限り、権利の義務者又は請求権の相手方以外の者による履行があったときも、同様とする。
> 2　権利又はこれに基づく請求権につき、その履行が任意になされなかった場合には、権利者は、民事執行法その他の法律の定めるところに従い、裁判所にその権利の性質に則した履行の強制を求めることができる。ただし、権利の性質が履行の強制を許さないときはこの限りでない。
> 3　権利者が、法律の定める手続によることなく、自力によって権利を実現することは、これを許さない。ただし、緊急やむを得ない事情が存在し、かつ、必要な限度を超えない場合は、この限りでない。
> 4　形成権については、前三項の規定を適用しない。

本条1項前段：新設
　　　後段：新設（民法474条（第三者の弁済）1項本文、ただし書参照）
　　2項本文：民法414条（履行の強制）1項本文移修
　　　ただし書：民法414条（履行の強制）1項ただし書移修
　　3項本文：新設
　　　ただし書：新設
　　4項：新設

[Ⅱ] 改正理由

1　規定の全体的構造と現行民法典との関連

[新] 98条は、現行民法典にはない「権利の実現」を規定した。まず、同条1項では義務者等による任意の履行について規定し、同条2項で、その任意の履行がないときに、国家による強制実現は許されることを規定した。そのうえで、同条3項本文で、同条1項の任意の履行がないときにも自力救済は許されないことを規定し、同条3項ただし書でその例外を規定した。同条4項については後述する。

現行民法との関連をみると、[新]98条1項は、基本的には新設規定である（もっとも、現行民法474条の「第三者の弁済」の規定は、[新]98条1項の後段に含まれるが、この点は後述する）。

　また、[新]98条2項も、現行民法には権利一般についての規定としては存在していない（現行民法414条は、債権についての「履行の強制」を一般的に規定している。[新]98条2項は、この現行民法414条の規定を債権以外の権利を含めて一般化したうえで、総則編に移動させたものである）。

　[新]98条2項とは異なり、同条3項の自力救済の禁止の規定は、現行民法にはまったく存在しておらず、後述する判例法理を条文化したものである。

　[新]98条4項に規定する形成権は、後述するように、上記の規範と無関係か、その例外となるかのいずれかなので、その点を明確にした。

2　任意の履行による権利と請求権の消滅

（1）　履行による権利の消滅と、債権の消滅

　まず、[新]98条1項について述べる。

　債権が弁済によって消滅するのはもちろんである。この点、現行民法474条は、債務者ではなく、第三者による債務の弁済という例外的場面について規定するが、この場合も債権は当然消滅する。ただ、債権のみならず、物権法上の権利である物権的請求権も、請求内容が履行されれば消滅する。また、親族法上の「認知の訴え」（民法787条）にもとづく認知請求権も、認知されれば消滅する。さらに、相続債権者や受遺者による相続財産分離についての請求権（民法941条）も、財産分離が履践されれば消滅する。

　以上のように考えると、義務の履行がなされると、その義務に対応する権利ないし請求権一般が消滅するのであって、債権の消滅についてのみ規定をおくのは適切ではないであろう[452]。そこで、民法総則編にこの規定をおくこととした。

（2）　義務者の履行と、第三者による履行

　[新]98条1項後段が第三者の弁済についての現行民法474条を一般化したも

---

[452] ただ、総則編のこの規定に加えて、国民有志案修正案原案では、債権編にも弁済による債権の消滅についての規定をおいている（国民有志案修正案原案378条1項）。このように規定すると、その規定と[新]98条1項との重複感があることは免れない。ただ債権編に弁済関連の規定――弁済の場所（国民有志案修正案原案379条）、弁済の時間（国民有志案修正案原案380条）、弁済の費用（国民有志案修正案原案381条）等――を10か条以上おく必要があることを考えると、これらの冒頭規定として国民有志案修正案原案378条のような「弁済」についての規定をおくことが適切ではないかと思われる。

第 5 章　権利の実現

のであることは、すでに述べた。この現行民法 474 条は、上述のとおり債務の弁済について第三者の弁済のみを規定し、債務者による債務の弁済という通常の形態を規定していない。これは、現行民法が当然のことは規定しないという方針を採用した結果、例外的な状況のみが法典にあらわれている例の一つといえるであろう。そこで、「弁済」を規定した国民有志案修正案原案 378 条 1 項本文は、「債務者による弁済」と「第三者の弁済」の双方を規定した[453]。

　義務の履行一般についても、第三者の履行が可能なものがあることは否定できない。物権的返還請求権を例にとれば、この返還請求権が主張されている段階で、被請求者以外の者が目的物を請求権者のもとにもってくれば、物権的返還請求権も目的の到達によって消滅することになる。

　そこで、[新] 98 条 1 項後段に「その権利若しくは請求権の性質又は当事者の意思に反しない限り、権利の義務者又は請求権の相手方以外の者による履行があったときも」、その権利又は請求権が消滅することを規定した。

（3）　権利と請求権の関係

　[新] 98 条 1 項は、権利と請求権を並列的に規定している。そこで、両者の関係について一言しておくこととする。

　権利が、義務者の作為を目的とし、かつ、賃借権のように多様な内容を含む複合的な権利ではないときは、権利と請求権の内容はほぼ重なることになる。たとえば、不法行為にもとづく債権と不法行為にもとづく損害賠償請求権とは、ともに金銭の支払いを目的とするものであり、別段両者に相違はない（ただし、名誉毀損について民法 723 条の例外がある）。

　しかし、債権の内容が複合的であるときは、そこから派生する個別の作為義務に対応して請求権が発生することが多く、債権が個別の請求権の集合体という構造になることもある。たとえば、賃借権という賃借人の権利は、所有者である賃貸人に対する、賃貸目的物の①使用受忍請求権（民法 601 条）、②修繕請求権（民法 606 条 1 項）、③費用償還請求権（民法 608 条）、④賃料減額請求権（民法 609 条、611 条）等を包含する包括的な権利である。

　以上は、権利の内容が作為義務の場合についての記述であるが、権利の内容が不作為義務の場合は、具体的な不作為義務違反にもとづき個別の請求権が発生す

---

[453] なお、国民有志案の段階では、その 378 条は、1 項で債務者の弁済を、2 項で第三者の弁済を規定していたが、現段階での国民有志案修正案原案は、1 項と 2 項を統合している。この規定のしかたであれば、[新] 98 条 1 項前段・後段と、債務の弁済の規定とはパラレルになるからである。

るという構造がみられる。たとえば、所有権等の物権を、ヴィントシャイトがいうように、万人に対する不作為請求権として考えてみよう[454]。物権に対する万人の不作為義務が履行されている状況では、「物権的請求権」はあくまで潜在的なものにとどまっており、上記の不作為義務違反があると、具体的な個別の「物権的請求権」が顕在化するという構造となっている。この具体的な「物権的請求権」は、義務者等による具体的な作為 —— 返還・妨害の除去ないし停止・予防 —— によって消滅する。権利が不作為義務の場合、同じような構造は夫婦間の貞操義務等にもみられる[455]。

権利が不作為義務の場合、権利者による権利の主張は、義務者の義務違反を契機として行われるので、履行による権利の消滅は観念しにくく、具体的な不作為義務違反から個別に発生する請求権についてのみ履行による消滅が顕在化することが多い。

そこで、権利または義務の内容によって発生しうる個別の請求権に配慮するために、［新］98条1項に権利と請求権を並列的に規定した。

3　履行の強制

（1）　権利の履行強制と、債権の履行強制

次に、履行の強制にかんする［新］98条2項について述べると、履行による権利等の消滅と同様、「履行の強制」も、債権・債務のみならず、物権的請求権、

454　奥田昌道『請求権概念の生成と展開』（創文社、昭和54年）92頁。なお、所有権等の物権の内実を、万人に対する不作為請求権という手段的権利に着眼する見方に対し、物権によって実質的に保護される利益に着眼する、イェーリング的な権利利益説が対置され、このような2つの見方が現在の学説に継承されていることにつき、川角由和「物権的請求権の独自性・序説 —— ヴィントシャイト請求権論の『光と影』」原島重寿・市民法学の歴史的・思想的展開（信山社、平成18年）403頁以下参照。

455　本文では、物権的請求権は「潜在的なもの」と述べたが、ヴィントシャイト自身は、「所有権は、万人に対する一般的な請求権たる性質……をもつ」が、この万人に対する請求権が、「所有権侵害によって特定人に対する特別な請求権に」転化するという（川角・前注引用論稿412頁）。

　上記のように一般的請求権と特別な請求権といっても、本文に述べたように、潜在的な請求権が不作為義務違反によって個別的請求権として顕在化するといっても、どちらでもよいが、この構造が不作為義務一般についてみられることに留意されたい。たとえば、夫婦間の貞操義務は、一般的な不作為義務であるが、不作為義務違反があると、個別的な請求権 —— 損害賠償請求権、あるいは履行強制力を欠く差止請求権 —— として顕在化する。また、騒音防止協定を締結すれば、協定どおりに約定期間に騒音をたてなければ一般的不作為義務が履行されており、約定期間の経過とともにその一般的な「権利」が消滅するが、違反行為があれば、個別的な請求権 —— 損害賠償請求権あるいは差止請求権 —— が発生することになる。

第 5 章　権利の実現

親族・相続法上の一定の権利等、権利一般につき、国家機関による強制実現が必要である[456]。

2で検討した［新］98 条 1 項について、現行民法が債務の弁済のみを規定し、権利一般についての規定を欠くことについてはこれまで議論されてきていない。しかし、同条 2 項が規定する履行の強制については、本書 231 頁以下に述べたように石坂音四郎がはやくから問題にしており、次のようにいわれている。「強制執行は、債権のみに適用あるものにあらず、物権的請求権、其他一般の請求権の実行に適用あり。然るに今之を債権実行の方法として債権法に規定せるは、其当を得ず」[457]。そこで、本民法改正案では、この考え方にしたがい、現行民法 414 条の規定の内容を一般化したうえで、総則編に移動させることにした[458]。

(2)　民法典と民事執行法

現行民法 414 条は、通説的な理解によれば、「履行の強制」について、直接強制と代替的強制のみを規定しているものの、間接強制についての規定を欠いており、それは民事執行法 172 条に委ねられている。しかも、民法典と民事執行法の履行の強制についての規定が、必ずしも統一がとれていないという状況があった。

そこで、本民法改正案では、履行強制が可能であるという親規定をおき、履行強制の方法は権利の性質に応じて異なることを明示したうえで、履行強制の具体的な内容にかんする規定は民事執行法におくことによって、現行民法と民事執行法との齟齬を解消することとした。

4　自力救済の禁止の規定の新設

［新］98 条 3 項は、完全な新設規定であるが、判例[459]が認めている自力救済禁止の規範内容を条文化したものである。すなわち、判例は、一般に自力救済を禁止するものの、2 つの要件——①法定手続によったのでは違法な権利侵害に対抗

---

[456] より正確を期すために付言すると、「履行の強制」が人権侵害になるような種類の権利については、国家機関による強制実現は許されないし、私人の意思のみで実現しうるような形成権のように、国家機関の手を借りる必要がないものも存在する。したがって、国家機関による強制実現は、「権利一般」とはいってもすべての権利についてではないが、債権以外についても必要であるということはいえるであろう。

[457] 石坂音四郎『日本民法 第三編 債権 第一巻』（有斐閣、明治 44 年）76 頁［カナ等変更］。

[458] 注 452）に述べたように、［新］98 条 1 項の規定にかかわらず、弁済による債権の消滅の規定は債権編にもおく予定であるが、同条 2 項の履行の強制の規定は、もはや債権編におく意味はないので、債権編から削除する予定である（国民有志案修正案原案〔加藤雅信『迫りつつある債権法改正完全版』（信山社、平成 27 年）463 頁〕参照）。

[459] 最判昭和 40 年 12 月 7 日民集 19 巻 9 号 201 頁。

して現状を維持することが不可能ないし著しく困難な「緊急やむを得ない特別の事情が存する場合」で、②自力救済が「必要の限度を超えない範囲内」であること──がみたされた場合には、例外的に自力救済が許されるとしている[460]。

---

460 【「権利の実現」にかんする議論の経緯】
　（ⅰ）複数の条文から単一の条文へ
　　総則編の最後に「権利の実現」の章をおくことになった当初の経緯については、注5）に述べた。「権利の実現」の章は、私法学会提出案の段階からすでにおかれていたものの、それは、「任意の履行」と「履行の強制」の2か条からなるもので、単一の条文ではなかった。この私法学会提出案の「権利の実現」の章の規定は、法曹提示案に承継された。その後、国民有志案では条文の内容が大幅に変更されたものの（これらの具体的条文および変更の内容は、次の（ⅱ）に紹介する）、条文構成は、2か条のままであった。一方、2009年10月4日の「民法改正学際シンポジウム：民法と他法との対話──学際的民法改正のために」において、自力救済の禁止の規定を「権利の実現」の章におくことが磯村保によって提案され、それが承認された結果、この章は3か条構成となった（ただし、この提案は国民有志案公表の直前であり、すでに脱稿されていた国民有志案に反映することはできなかった）。
　　このように自力救済の禁止の規定を「第五章 権利の実現」に移動した後に、中野邦保から、「任意の履行」、「履行の強制」、「自力救済禁止」の規定が、「任意の履行」がなされなかった場合に、国家による強制（「履行の強制」）が可能になり、かつ、権利者による強制（「自力救済」）が原則として禁止される、という内容的連関が指摘され、すべてを統合して1か条にすることが提案された（於2012年9月1日事務局会議）。それが、民法改正研究会で承認され（於2012年9月19日全体会議）、〔新〕98条の規定となった。

　（ⅱ）履行強制の民法の条文と民事執行法との関係の整備
　　本文に述べたとおり、履行の強制を規定する現行民法414条は──通説的な理解によれば──、直接強制と代替的強制のみを規定しているものの、間接強制についての規定を欠いており、それは民事執行法172条に委ねられている。しかも、民法典と民事執行法の履行の強制についての規定は、必ずしも統一がとれていない。そこで、民法改正研究会の初期の段階では、上記の不統一の是正をはかり、かつ、間接強制も民法に規定することとし、私法学会提出案および法曹提示案では、履行の強制についての具体的な内容を5項にわたって規定した条文案を起草した。そこでは、下記に示したように、1項において間接強制は、──金銭債権の場合を除き──直接強制や代替執行と選択的に行うことができるということを前提にして規定されていた。叙述の便宜上、「任意の履行」と「履行の強制」の2か条につき、私法学会提出案を紹介することとする。

（任意の履行・経過案・私法学会提出案）
107条：権利又はそれに基づく請求権は、義務者による履行があったときは、消滅する。ただし、法律に規定があるときは、義務者以外の者による履行を妨げない。
（履行の強制・経過案・私法学会提出案）
108条①：権利者は、義務者がその義務の履行をしない場合において、相当と認める一定の期間内に履行がないときは、相当と認められる一定の金額を権利者に支払うべきことを、裁判所に請求することができる。ただし、金銭の支払いを目的とする義務については、この限りでない。
　　　②：権利者は、義務者が任意に義務の履行をしないときは、その履行の直接強制を裁

第 5 章　権利の実現

　　　判所に請求することができる。ただし、権利の性質がこれを許さないときは、この限りでない。
　③：前項ただし書の場合において、権利者は、その義務が代替的な作為を目的とするときは、義務者の費用で第三者にこれをさせることを裁判所に請求することができる。ただし、法律行為を目的とする義務については、裁判をもって義務者の意思表示に代えることができる。
　④：権利者は、不作為を目的とする義務については、義務者の費用で義務者がした行為の結果を除去し、又は将来のため適当な処分をすることを裁判所に請求することができる。
　⑤：前四項の規定は、損害賠償の請求を妨げない。

　ただ、いったんこのような案を提示した後、規定の内容を民法と民事執行法とで矛盾がないよう統一するのであれば、むしろいずれかの法典のみに規定したほうが法体系としては簡明であり、規定の性質からすると、民法よりも民事執行法に規定するほうが適切である、との意見が沖野眞已から述べられ（於 2009 年 5 月 13 日企業法務研究会）、それを受けて、国民有志案 109 条の「履行の強制」は、1 項のみの条文に改め、「任意の履行」についての規定と同様、「履行の強制」についての規定も下記のように簡明なものとなった。

（履行の強制・経過案・国民有志案）
109 条：権利又はそれに基づく請求権から発生する義務が任意に履行されなかった場合には、権利者は、裁判所にその履行の強制を求めることができる。

　この条文がその後微修正され、［新］98 条 2 項となった。

(ⅲ) 自力救済の禁止
　自力救済の禁止の規定は、現行民法では規定されていないが、早い段階から自力救済の禁止の規定を本民法改正案に規定することが事務局から提案された（於 2006 年 11 月 23 日全体会議）。そして、その段階では、この条文は、法治国家性の宣言を、その限界を見極めながら規定した通則的な性格を有するものとして、「第一章　通則」の末尾におかれていた（於 2006 年 11 月 23 日全体会議）。
　この規範内容および位置づけは、当初の事務局案が下記の私法学会提出案から国民有志案まで基本的に維持され、大きな変更が加えられることはなかった。

（自力救済の禁止・経過案・私法学会提出案）
5 条：自力救済は、これを許さない。ただし、緊急やむを得ない事情が存在し、かつ、必要な限度を超えない場合は、この限りでない。

　ただ、その後、川﨑政司の指摘を受け、文言の微修正がなされ、さらにその後、磯村保による文言修正提案があり（於 2011 年 2 月 5 日全体会議）、国民有志案では、本文の文言が「権利者が、法律上の手続きを踏むことなく、自力によって権利を実現することは、これを許さない」と修正された。
　この自力救済の禁止の規定は、私法学会提出案以来、国民有志案にいたるまで、一貫して、「第一編　総則：第一章　通則」の末尾におかれていた。ところが、前述したように、「民法改

5　形成権の規定

　［新］98条4項は、形成権についての規定である。形成権については、義務の履行を観念できないので、同条1項および2項の規定は関係しない。また、形成権の行使は、常に「自力によって権利を実現すること」にはなるが、形成権は常に法定されており、「法律の定める手続による」ことになるので、自力救済の禁止を定めた同条3項の対象外となる。そこで、これらの点をここに規定した。

正学際シンポジウム」において、磯村保が、総則編末尾の「第五章　権利の実現」に規定しなおすべきであると提言し、同シンポジウムの後に、任意の履行・履行の強制・自力救済の禁止の3か条からなる「第五章　権利の実現」の条文案が検討された。その後、最終的には（ⅰ）に述べたように、この3か条を統合して1か条にすることとなり（於2012年9月19日全体会議）、現在の［新］98条3項の規定が成立した。

　これらの規定が確定した後、最終段階で、形成権はこれらの規定の例外となることを磯村保が指摘し、［新］98条4項の規定をおくこととなった（於2014年6月15日全体会議）。

第6章 「付表 定義用語一覧」の新設

【前注】

　法律は、ときに専門的・技術的な用語法を前提とすることがある。そのようなものについては、しばしば法律の冒頭に定義規定がおかれることが少なくない。たとえば、平成17年に公布され、翌18年に施行された会社法が「第二条　定義」として34項目にわたって用語の定義を規定しているのは、その一例である。

　ただ、民法典は、法律学習者が初期に接する法律科目であることを考慮すると、法典の冒頭に、規範内容の脈略と無関係に定義が羅列されることは、法律学には――理解することに先立って――暗記が必要であるとの、無用なメッセージを与えかねない。

　そこで、本民法改正案では、定義そのものは、その用語が最初にでてくる条文のなかで規定することを基本とし、法規の規範内容の脈略のなかで「定義」が理解されるよう努めた。ただ、どの条文に定義が規定されているかの一覧がないのは不便なので、改正民法典の末尾に五十音順の定義用語一覧の付表をおき、インデックスとしての役割をもたせることにした（なお、今回公刊するのは、『民法総則』についての改正条文案なので、ここには民法総則について規定された定義のみが一覧として載せられている。当然のことではあるが、今回示した付表に物権編、債権編を含めたすべての編におけるの定義が付加され、民法典全体の末尾におかれる予定であることをお断りしておきたい）[461]。

461　【定義別表方式の導入にかんする議論の経緯】
　　本民法改正案において、当初の段階では、積極的に定義規定をおくとの方針は採用されておらず、定義を規定した条文の数もそれほど多くはなかった。しかし、法曹提示案を公表した後に、弁護士の彦坂浩一から、善意・悪意等、日常用語と法律用語が異なっている文言については、国民にわかりやすい民法典という本民法改正案の基本方針から、積極的に定義規定をおくべきではないか、との意見がだされた（於2009年5月19日市民法研究会）。その提案は、代理の規定をめぐってなされたものであったが、この提案を受け、その語が最初に出てくる条文に定義をおくこととし、国民有志案では、「善意」、「悪意」の定義が7条2項におかれることととなった（最終的に、本民法改正案では「善意」と「悪意」の定義はそれぞれ7条3項と30条5項におかれている）。
　　前段の議論にさいし、全体の透視性をよくするためには、定義一覧をどこかにおくべきである、との意見がだされ、それが民法改正研究会でも支持された。ただ、事務局は、会社法等、多くの法律では定義が法律の冒頭におかれているが、規範の文脈と無関係に法律の冒頭に定義規定をおくことは、法を不必要に暗記すべきものとのメッセージを初学者に与えかねないので、法律の冒頭に規定しないことを提案し、その方向性が了承された。

以上の議論を受けて、総則の末尾に1章を設けて定義を規定する案と、法典の末尾に付表として規定する案の2つが用意された（於2011年5月4日事務局会議）。前者の案は、総則編に「第六章　法の適用に関する一般規定」との章の標題のもとに、「第一節　法の適用に関する定義規定」として、そこに「住所」の規定もおいたうえで、さらに「第二節　法の適用に関する期間計算」、「第三節　公示による意思表示」をおき、民法とは別の法律に「住所」、「期間計算」および「公示による意思表示」についての規定を移行することはしないという考え方とセットになっていた。
　しかし、その後、川﨑政司より、立法技術的な観点からみると、定義規定が「法の適用に関する」ものであるという位置づけは、理論的にも立法技術的にも問題があるとの意見が述べられた（於2011年5月17日付意見書）。その結果、いったんは、「第一章　通則」の末尾に、「第四条　定義」という条文をおき、「第四条　この法律において、用語の意義は、それぞれ当該用語が用いられている条文に定めるほか、付表においてその用語の一覧を示した」と、定義一覧の付表があることを民法典の最初をみればわかるような工夫がなされた。しかしながら、六法全書等では、最初に目次が付せられており、その目次で「付表　定義用語一覧」の存在が明らかにされる以上、規範的意味を欠いたこのような条文をおく意味は乏しいとの指摘が川﨑政司からなされた。こうして、最終的に、上記の「第四条　定義」は削除することとし、「定義用語一覧」のみを「本民法改正案」の末尾におく方式に落ち着いた（於2013年10月27日全体会議）。
　なお、本書公刊の段階では、本民法改正案で確定している条文は総則編のみであるため、「定義用語一覧」は総則編の後におかれているが、本来は民法5編の後におかれるべきものである（「住所」および「期間の計算」についての取扱いについては、本書682頁注502)参照）。

第6章 「付表 定義用語一覧」の新設

付表　定義用語一覧

この法律において、次の表の左欄に掲げる用語の意義は、中欄に掲げるとおりとする。

用語	意義	関係条文
悪意	一定の事実を知っていること	第三〇条（法人の登記）第五項
意思能力	事理を弁識する能力	第八条（意思能力の欠如）第一項
期限	将来到来することが確実な時期	第八六条（期限）第一項
期限の利益	当事者が始期又は終期が到来しないことによって受ける利益	第八七条（期限の利益とその放棄）第二項
権利能力	権利義務の主体となり得る地位	第四条（人の権利能力）第一項
行為能力	単独で確定的に有効な法律行為をする能力	第一一条（単独でなし得る法律行為）第二項
（時効の）援用権者	時効の利益を受けることができる当事者	第八九条（時効）第一項
条件	将来発生するか否かが不確実な事実	第八〇条（条件）第一項
条件成就	条件とした事実が発生すること	第八〇条（条件）第二項第一号
制限行為能力者	未成年者、被後見人、被保佐人及び同意権付与の審判を受けた被補助人	第二三条（制限行為能力者の相手方の催告権）第一項
善意	一定の事実を知らないこと	第七条（失踪宣告の取消しの審判とその効果）第三項
代理権付与の審判	被補助人のために特定の法律行為についてその補助人に代理権を付与する旨の審判	第一九条（補助開始の審判等）第三項第二号
同意権付与の審判	被補助人が第一七条（被保佐人の法律行為等）第一項各号に掲げる行為の内一部の行為をするためにはその補助人の同意を必要とする旨の審判	第一九条（補助開始の審判等）第三項第一号
電磁的記録	電子的方式、磁気的方式その他人の知覚によっては認識することができない方式で作られる記録であって、電子計算機による情報処理の用に供されるものとして法務省令で定めるもの	第二七条（法人の設立）第二項
任意規定	公の秩序に関しない規定	第四〇条（法律行為の効力）第二項
被後見人	後見開始の審判を受けた者	第一三条（後見開始の審判）第二項
被保佐人	保佐開始の審判を受けた者	第一六条（保佐開始の審判）第二項
被補助人	補助開始の審判を受けた者	第一九条（補助開始の審判）第二項
表意者	意思表示をした者	第八条（意思能力の欠如）第二項
復代理人	代理人が自己の名で選任する本人の代理人	第五八条（復代理人とその権限）第一項
不在者	従来の住所又は居所を去った者	第七〇二条の二（受任管理人と家庭裁判所の関与）第一項
無権代理行為	無権代理人が本人の代理人としてした意思表示又は法律行為	第六三条（無権代理）第一項

| 無権代理人 | その意思表示又は法律行為をする代理権を有しない者 | 第六三条（無権代理）第一項 |
| 物 | 有体物 | 第三二条（権利の客体）第一項 |

　この「定義用語一覧」は、「日本民法典改正案」の各条文に規定された定義をアイウエオ順に示すことによって、民法典をみる者の便をはかるために作成された。用語の定義そのものは「日本民法典改正案」に規定されているので、本表はあくまでインデックス的な意味を有するものである（多くの法律にみられる、法律の冒頭部分に定義一覧を示す条文をおくことを避け、このような形式をとった理由については注461）の記述を参照されたい）。ここに掲げた表には、民法総則編に規定された定義用語のみを収録しているが、最終的には、民法5編に規定される定義用語をすべて収録したうえで、民法典の末尾に付せられることになる。なお、「日本民法典改正案」に規定されている定義のうち、用語としての一般性を欠くもの等は、この表には収録していないことを了とされたい。

　また、「日本民法典改正案」における「定義」のおきかたは、一般ルールに従っており、後の条文で繰り返し現れる文言についてのみ「定義」がおかれている。その結果、本表でも「任意規定」についての定義は存在するが、それと対をなす「強行規定」についての定義は存在していない等の状況になっていることをお断りしておきたい。

付　論

日本民法典改正条文案
改 正 理 由
【総則編以外】

「第三編 債権：第三章 事務管理等：第二節 法定財産管理」の新設
および
「法令の通則に関する法律」の制定の提案

第1章　序論：民法総則編の改正にともなう法改正
―― 債権編の改正、および「法令の通則に関する法律」の制定

1　はじめに

「日本民法典改正条文案 改正理由 総則編」は、以上の前5章までの叙述をもって終了する。しかしながら、序章の本書232頁以下で述べたように、本民法改正案においては、現行民法の総則編から削除・移動した条文が存在する。

当然のことながら、それらの条文も無用なものではない。そこで、ここでは、それらの条文をどこでどのように規定するべきか、改正条文案とその改正理由について述べることとする。

最初に、削除条文の改正にかんする2つの方向性を示しておくと、一部の削除条文は、民法の他の編に規定し、一部の削除条文は、「法令の通則に関する法律」と題する新法に規定した。それぞれの提案内容を、2と3で述べることとしよう。

2　「不在者の財産の管理」の改正提案

本民法改正案では、現行民法総則編の「第二章 人」に規定されている「不在者の財産の管理」の条文を、「第三編 債権」に規定することとした。以下ではその理由について述べる。

現行民法では、「不在者の財産の管理」にかんする規定は、「失踪の宣告」にかんする規定とともに「第二章 人」のなかの一つの款に規定されている。この点につき、本民法改正案では、失踪の宣言については「第一編 総則：第二章 権利の主体：第一節 人：第一款 権利能力」に規定した。しかし、「不在者の財産の管理」が規定している内容は、失踪の宣言と異なり、権利能力とは直接関係しないので、この箇所に規定することはふさわしくない。では、どこに位置づけられるのが適切なのであろうか。

債権編に規定されている事務管理の起源は、ローマ法にさかのぼる。その頃の法規範については、「ローマ法においては、官吏や軍人が公務のために、また後には、商人が商用のために不在となる場合に、その財産を管理する者として、事務管理人（negotiorum gestor）が考えられていた。本人の委任に基づくとその他の法律上の義務に基づくとを問わなかった」[462]といわれている。

この「法律上の義務に基づく」場合も含まれるという記述によれば、現行民法

---

[462] 松坂佐一『事務管理・不当利得 新版』（法律学全集22－Ⅰ）（有斐閣、昭和48年）3頁。

第 1 章 序論：民法総則編の改正にともなう法改正

の「不在者の財産の管理」は、ローマ法上の事務管理制度の一部と内容的には重なるものとなる。そうであれば、現行民法が規定している家庭裁判所が関与する不在者の財産管理は、私人等による事務管理に隣接する制度として規定するのが、沿革的には自然であろう。

そこで、本民法改正案では、「不在者の財産管理」の条文を総則編から削除して、債権編 —— 具体的には、事務管理の後 —— に移すこととした。具体的な構成としては、現行民法「第三編 債権」の「第三章 事務管理」の標題を、「第三章 事務管理等」と改めたうえで、「第一節 事務管理」、「第二節 法定財産管理」と構成し、後者に、現行民法総則編の「不在者の財産の管理」にかんする規定をおくこととした。そのさい、単なる規定の移動にとどまらず、規定の内容も全面的に改めている[463]。

詳細は、第 2 章に譲る。

3 「法令の通則に関する法律」の制定の提案

本民法改正案では、「住所」（民法 22 条から 24 条）、「公示による意思表示」（民法 98 条）、「期間の計算」（民法 138 条から 143 条）の規定は、民法のみならず多くの法律にかかわる規定なので、民法典から削除し、より一般的な法律に規定することとした。

そのさい、単に、一定の条文群を民法から他の法律に移動するだけでなく、規定の内容を大幅に改正するとともに、法の公布、施行についての一般原則を規定した法律 —— 「法令の通則に関する法律」 —— のなかに位置づけることとした。この点をやや具体的に説明することとしたい。

明治憲法下では、「公式令」（こうしきれい、明治 40 年 1 月 31 日勅令第 6 号）という、大日本帝国憲法に定められた天皇の行為により作成される文書の様式・基準 —— 法令の公布にかんする一般規定を含む —— を定めた勅令が存在していた[464]。

---

[463] 本書で以下に記述する「不在者の財産管理」に相当する改正条文案と改正理由は、『日本民法典改正案 第一編 総則』を公表するにあたり、現段階での民法改正研究会の最終提案を紹介するものである。もちろん、最終条文案と確定しうるよう文言等を含め精査してはいるものの、将来、『日本民法典改正案 第三編 債権』を公刊し、そこで「第三編 債権」の条文案と改正理由として再掲載するさいに、再レビューされる可能性がありうることを念のためお断りしておきたい。

なお、『日本民法典改正案 第三編 債権』を公刊するさいには、「不在者の財産管理」の条文の条数番号も、その改正条文案における事務管理の最終条文数と連続するものとなるが、『日本民法典改正案 第一編 総則』を公表する段階では、現行民法の条文を前提として、枝番の条数番号としていることを付言しておきたい。

649

この公式令は昭和22年5月3日の日本国憲法施行当日に廃止されたが、廃止される前に、当時の政府は、それに代わる「公文方式令」を制定することを試みた。しかし、連合軍総司令部は、その「各条文を見ると、天皇の地位に関連してあまりに旧憲法的な匂いが濃厚である」として強く反対し、結局、その後に呈示された「公文方式法案」も制定されることなく終わった（なお、その頃、やはり連合軍総司令部の反対で、「元号法案」も廃案になったことを付言しておきたい）[465]。

　その結果、現在の法体系は、法令の公布にかんする一般規定を欠いたままの状況になっている。そして、この法令の公布法制の不備ゆえに法的な紛争が発生し、後述するように若干の判例が存在している。しかし、これらは古い判例で、しかも後述するようにその判例にはかなり問題がある。そこで、現在の法の欠缺状況を是正するために、あらたに法令の公布法制等を定める「法令の通則に関する法律」の制定を提案する次第である。

　また、現在、「法の適用に関する通則法」が存在しているが、その第2条「法律の施行期日」、および第3条「法律と同一の効力を有する慣習」の2か条は、後に検討するように、第4条以下の40か条にわたる国際私法の規定と明らかに異質である[466]。「法律の施行期日」の規定は、法律の「公布」と連続性を有する規定であって、国際的な抵触法規範とは無縁であり、また、慣習法も、国際的な抵触法規範とは無縁だからである。

　そこで、「法の適用に関する通則法」の改正を行い、同法を二つに分け、同法4条以下に規定されている国際私法的な条文を新法——法律名は、端的に「国際私法」あるいは「渉外私法」とすることが望ましいと考える——に規定し、同法に含まれている「法の通則」的な規定を「法令の通則に関する法律」におくこと

464　明治憲法下での公布法制については、佐藤達夫「法律の公布について」自治研究26巻10号（昭和25年）4頁以下参照。また、簡にして要をえたかたちで紹介したものとして、大石眞「法令の公布」ジュリスト増刊・憲法の争点（新版）法律学の争点シリーズ2）（昭和60年）256頁、本多滝夫「政令の公布」行政判例百選Ⅰ　第6版（別冊ジュリスト211号）（平成24年）101頁参照。なお、法令の公示方法を含め、日本と世界についての「法の認識」方法の変遷の通史的叙述として、穂積陳重『法律進化論　第二冊』（岩波書店、大正13年）69頁以下参照。

465　この間の経緯については、佐藤達夫「立法批評："公式法"制定の注文」ジュリスト75号（昭和30年）34頁、同「公文方式法案の中絶」レファレンス72号（昭和32年）2頁以下参照。

466　「法の適用に関する通則法」は、かつての「法例」が改正された法律である。その「法例」も、1条に法律の施行時期を、2条に慣習法について規定したうえで、3条以下に国際私法的な内容を規定していた。現在の「法の適用に関する通則法」は、「法例」におけるこのような性格を異にする2種の規範群の無理な合体をそのまま承継していることになる。

第 1 章　序論：民法総則編の改正にともなう法改正

を提案したい。

　そのうえで、3 の冒頭に述べた、現行民法典に規定されているものの、公法・私法をつうじて多くの法律で問題となるいくつかの法概念と法的な手続きを ── 現行民法典の規範内容を改めたうえで ──「法令の通則に関する法律」に規定することを提案する次第である。

　詳細は、第 3 章に譲る。

第 2 章　債権編「第三章 事務管理等：第二節 法定財産管理」の新設

【前注】

1　現行民法の「不在者の財産の管理」制度の問題点と、その事務管理的性格

　現行民法は、不平等条約改正のために急いで作成された法典であるが、わが国の法律学の開闢期に時間的制約のもとで策定されたにもかかわらず、全体としてはかなりよくできた法典といえるであろう。しかし、民法 25 条以下の「不在者の財産の管理」制度はその例外の一つで、法制度として洗練されておらず、具体的な問題点は多岐にわたる。

　第 1 に、現行民法のように不在者にかんする条文を住所と失踪との間に規定することが、法制度の内容からみて果たして適切であったのか、という問題がある。現行民法典総則編の「第二章 人：第四節 不在者の財産の管理及び失踪の宣告」には、8 か条の規定がおかれているが、そのなかに 2 種の異なった内容が含まれている。すなわち、「失踪」は失踪者の旧来の住所地における権利能力の喪失をもたらすものである一方、「不在者の財産の管理」は権利能力の問題とはまったく関係しない。現行民法典が、「住所・不在者・失踪宣告」の順に規定したのは、ボワソナード民法典を踏襲したものと思われるが[467]、現行民法の起草者の梅謙次郎も、この節に「純然たる失踪の規定のみならず、失踪に関係あるもの、即ち不在者に関するものも規定せり。……此の如く不在者と失踪者とを併せて規定したるは、一見、其当を得ざるが如き感ありと雖も……」と述べていることに留意されたい[468]。

---

[467]　岡孝は、本文に述べたことに加えて、次のようにいう（2011 年 12 月 17 日全体会議における岡発言を文書化した 2014 年 2 月 20 日付岡意見書）。
　　失踪については、ボワソナードは、日本の慣習等を参考にすることなく、フランス式の失踪法をもって旧民法を起草したといわれている（大谷美隆『失踪法論』〔明治大学出版部、昭和 8 年〕173 頁）。そのボワソナード民法人事編の章と節の構成をみると、「住所・失踪・不在者」の順の標題となっている。しかし、「失踪」の箇所には、「失踪ノ推定」と「失踪ノ宣告」が規定されており、前者は現行民法の不在者に対応する内容なので、民法起草者は、民法起草にさいし、ボワソナード法典に倣って総則編の第 1 章に不在者関連の条文を規定したと思われる（本注引用の大谷論稿は、不在者の財産管理は旧民法を踏襲し、その後の失踪についてはドイツ民法の考え方を採用したという〔同書 176 頁以下〕）。そして、その標題が、平成 16 年の民法の現代化のさいに「第四節 不在者の財産の管理及び失踪の宣告」と改められた。

第 2 章　債権編「第三章　事務管理等：第二節　法定財産管理」の新設

　なお、比較法的にみると、不在者の制度は、ドイツでは失踪法という単行法で規定されているほか、ドイツ民法の「第 4 編　親族法」の末尾に監護にかんする規定がおかれており[469]、フランス民法では「第 1 編　人」の住所の章と婚姻の章の間に規定されている。このドイツ法やフランス法の紹介からわかるように、わが国の現行民法典における不在者の位置づけが一般的というわけではない。

　第 2 に、上述したとおり、この制度の事務管理との親近性が無視されている。
　そこで、本民法改正案においては、上記の現行民法典の「第四節」の内容を、「不在者の財産の管理」と「失踪宣告」とに二分し、前者を債権編の「事務管理等」の章に、後者を総則編の「権利の主体」の章の、人の「権利能力」の款に規定することとした。このようにすることによって、民法典の体系的透視性がより高められ、全体として理解しやすいものになると考える。

2　不在者の財産管理制度と事務管理との連続性と異質性
── 1 つの章の 2 つの節という構成の背景

　1 の末尾では、「不在者の財産管理」と事務管理との親近性について言及したが、この 2 つの制度は完全に同質というわけではない。では、どのように異なるのかにつき以下検討する。

　第 1 に、現行民法 697 条以下の事務管理においては、「義務なく他人のために事務の管理」が行われる。しかし、現行民法の「不在者の財産の管理」をかりに「事務管理」になぞらえて考えた場合、その「事務管理者」は、家庭裁判所それ自体と考えるか、それとも家庭裁判所が選任する「管理者」と考えるかいずれかになる。そして、家庭裁判所と考えるにしても家庭裁判所が選任する「管理者」と考えるにしても、家庭裁判所は不在者の「財産の管理について必要な処分を命ずる」（現行民法 25 条 1 項）必要があり[470]、また、家庭裁判所が選任する「管理

---

[468]　梅謙次郎『民法原理　総則編　巻之一』（和仏法律学校・明法堂、明治 36 年）144 頁以下［カナ等変更］。

[469]　民法起草過程においては、ドイツ民法の第 1 草案 1740 条が参照されたが（注 37）引用『法典調査会民法主査会議事速記録　第参巻』194 丁裏（デジタルライブラリー版・コマ番号 197 ／ 282）、注 37）引用『法典調査会民法主査会議事速記録』（日本近代立法資料叢書 13）344 頁）、実際に成立したドイツ民法では、親族編の末尾の、後見の「監護」の節の 1911 条に規定された（大谷・注 467）引用『失踪法論』276 頁以下参照）。

[470]　現行民法 25 条 1 項は、「財産の管理について必要な処分を命ずることができる」と規定しているが、この「できる」は権限付与を意味するものであって、家庭裁判所に裁量権を与えていると解すべきではないであろう。不在者の財産管理が必要な状況のもとで、家庭裁判所が裁量的に財産の管理をしないことができると解するのでは、この法制度の存在意義が半減してしまうからである。

者」も民法が規定する種々の義務を履行しているのであって、いずれも「義務なく」の要件をみたしていない。

　第2に、民法697条以下の事務管理では、多数説によれば、事務管理者は代理権をもつことはないが、「不在者の財産管理」においては、家庭裁判所が選任する「管理者」は代理権を有している。

　このような差異はあるものの、民法697条以下の事務管理と家庭裁判所が関与する「不在者の財産管理」とは、ともに委任類似の規範によって規律されており、法制度の規範内容がパラレルになる側面がある。

　そこで、本民法改正案では、両者に同質性と差異性がともに存在することを直視し、同一の章の二つの節として規定するのが適切であると考えた[471][472]。

---

471 【規定の位置──「不在者」規定の、債権編の事務管理の章への移動をめぐる議論の経緯】
　　不在者の規定を債権法に移動させるという提案は、実は、他の規定の移動と密接に関連している。
　　民法総則編の「第三節 住所」は、詳しくは本書682頁以下に述べるように、早い段階から民法典から削除し、民法典以外の法律に移動することが検討されはじめ（於2006年11月23日全体会議）、1年半後には民法典からの削除が決まった（於2008年4月19日総則分科会）。また、「第五節 同時死亡の推定」の規定も、権利能力の終期として、本民法改正案の「人」の節の「第一款 権利能力」に規定すべきであるとの方針が、当初の事務局提案から（於2006年11月23日全体会議）本民法改正案まで一貫して維持された（注52）参照）。
　　これに対し、民法の「人」の章の「第四節 不在者の財産の管理及び失踪の宣告」については、とくに移動が検討されることがないまま、私法学会提出案から国民有志案にいたるまで、「第一節 自然人」──ただし、現段階では「第一節 人」に変更されている──のなかの一つの款として規定されていた。しかしながら、国民有志案公表後に、失踪宣告の規定も権利能力の終期に関連する規定なので「第一款 権利能力」の箇所に移動することが決定された（於2011年2月6日全体会議。本書270頁注54）参照）。
　　ただ、すでに「住所」の規定が民法典から削除されている状況のなかで、「同時死亡の推定」に続いて「失踪宣告」も「第一款 権利能力」に規定すると、不在者の規定のみが総則の「自然人」ないし「人」の規定の箇所に存在することがいかにも不自然との感を免れない。
　　そこで、本文に述べたようなローマ法以来の伝統を顧慮しつつ、民法の債権法の「第三章 事務管理」を二つの節にわけ、現行の事務管理を「第一節 自発的事務管理」として、不在者関係の規定を「第二節 法定事務管理」として規定することを事務局が提案し、それが研究会で受け入れられた（於2011年12月17日全体会議）。その後、上記の2つの節の標題が改められることになったが、その点は次の注の末尾に譲る。

472 【規定の内容──法定財産管理の節にかんする議論の経緯】
　（ⅰ）国民有志案にいたるまで
　　不在者制度をめぐる当初の事務局提案は、文言の一部修正、条文の位置の組み替えはあったものの、現行民法典の不在者を規定した25条から29条までの枠組を大きく変更するものではなかった（於2007年2月18日総則分科会）。その後も、一部文言修正等はあったものの（2008年5月5日全体会議における松岡久和による文言修正提案）、基本的には、私法学

第2章　債権編「第三章 事務管理等：第二節 法定財産管理」の新設

会提出案から法曹提示案まで変わることなく、同案 26 条〜30 条として維持された。

ところが、法曹提示案公表後、弁護士の山本晋平より、その当時の家事審判法 16 条（現行家事事件手続法 125 条 6 項）が準用している民法の規定 ―― 現行民法 644 条（受任者の注意義務）、646 条（受任者による受取物の引渡し等）、647 条（受任者の金銭の消費についての責任）および 650 条（受任者による費用等の償還請求等） ―― は、民法に規定すべきであるとの提言がなされ、現行民法 28 条の管理人の権限の規定とその当時の家事審判法 16 条の規定を統合した規定がおかれることとなった（於 2009 年 3 月 2 日市民法研究会。この規定は、下記に示す国民有志案 28 条の内容にほぼ対応するものであった）。これにより、不在者関連の規定のなかに善管注意義務その他の実体的な規範が規定されることとなった。

この市民法研究会の改正提言を前提としたうえで、現行民法典の「管理人」を、不在者が選任したものと、家庭裁判所の選任によるものに峻別し、前者を「管理人」、後者を「管財人」とすべきではないか、との提言が川﨑政司からなされた（於 2009 年 8 月 19 日全体会議）。この提言を受けて、国民有志案公表直前の条文案整備のさいに、事務局が規定の順序を大幅に変更し、条文の標題も変更する等の提案をし、それが市民法研究会、企業法務研究会、民法改正研究会で承認され、下記に紹介する国民有志案 26 条〜30 条までの規定となった。この案は、①「管理人」と「管財人」を区別したうえで、「管財人」を中心に不在者の制度を組み立てたことと、② 28 条で「管財人」の職務を明示する規定をおくことにその狙いがあった。

第5款　不在者の財産管理及び失踪の宣告（経過案・国民有志案）
（不在者の財産の管理）
26 条①：従来の住所又は居所を去った者（以下「不在者」という。）がその財産の管理人（以下この款において「管理人」という。）を置かなかったときは、家庭裁判所は、利害関係人又は検察官の請求により、その財産の管理のために、財産管理人（以下この款において「管財人」という。）を置く審判をすることができる。本人の不在中に管理人の権限が消滅したときも、同様とする。
　②：前項の規定による審判の後、本人が管理人を置いたときは、家庭裁判所は、その管財人、利害関係人又は検察官の請求により、前項の命令を失効させる旨の審判をしなければならない。
（管理人の権限とその解任）
27 条①：管理人は、不在者の生死が明らかでない場合において、不在者が定めた権限を超える代理行為をすることが必要なときは、家庭裁判所の許可を得てその代理行為をしなければならない。
　②：家庭裁判所は、不在者の生死が明らかでないときは、利害関係人又は検察官の請求により、管理人を解任し、管財人を置くことができる。
（管財人の職務）
28 条①：管財人は、善良な管理者の注意をもって、不在者の財産を管理する義務を負う。
　②：管財人は、前項の義務を行うために、（国民有志案）第六十六条（代理人の権限）第二項に規定する権限を有する。その権限を越える代理行為を必要とするときは、家庭裁判所の許可を得て、その代理行為しなければならない。
　③：（国民有志案）第五百七十三条（受任者による受取物の引渡し等）、（国民有志案）第五百七十四条（受任者の金銭の消費についての責任）及び（国民有志案）第五百七十七条（受任者の費用償還請求権等）の規定は、管財人にこれを準用する。

655

（財産目録の作成等）
29条①：管理人は、不在者の生死が明らかでない場合において、利害関係人又は検察官の請求により家庭裁判所が管理すべき財産の目録の作成を命ずる審判をしたときは、その目録を作成しなければならない。
　　②：管財人は、管理すべき財産の目録を作成しなければならない。この場合において、その費用は、不在者の財産から支払うものとする。
　　③：前二項に定めるもののほか、家庭裁判所は、管理人又は管財人に対し、不在者の財産の保存に必要と認める処分を命ずる審判をすることができる。
（管財人の担保提供及び報酬）
30条①：（現行民法29条1項に同じ）家庭裁判所は、管財人に財産の管理及び返還について相当の担保を立てさせることができる。
　　②：（現行民法29条2項に同じ）家庭裁判所は、管財人と不在者との関係その他の事情により、不在者の財産の中から、相当の報酬を管財人に与えることができる。
　　③：前二項の規定は、不在者の生死が明らかでない場合において、管理人に準用する。

(ⅱ) 国民有志案公表後の展開

　さらにその後、国民有志案における管理人・管財人の峻別構造が必ずしも徹底していなかったため、本書出版準備のための事務局による条文案整備の段階で、再度、条文の大幅な組み直しがはかられた（於2010年11月21日事務局会議）。そして、その後も事務局による不在者の条文の組み直し作業が続いた。それから1年半後の事務局案を次に紹介する（2012年8月4日第27回研究会提出事務局案）。

　この案の特色は、不在者の財産管理の3段階構造にそくして順次規定をおいたことである。すなわち、冒頭に①委任による財産管理について、次に②管理人に対する家庭裁判所の後見的関与について、その後に③家庭裁判所による管財人の選任、管財人の職務について規定し、最後に④管理人と管財人に共通する規定として、財産目録の作成、担保提供・報酬の規定をおいている。

　この段階で、規範内容だけに着眼すれば、ほぼ本民法改正案の条文の原型ができあがっている。

第5款　不在者（経過案・2012年8月4日第27回研究会提出事務局案）
　第1目　不在者の財産管理
（管理人による不在者の財産管理）
25条：従来の住所又は居所を去った者（以下「不在者」という。）がその財産の管理人（以下この款において単に「管理人」という。）を置いた場合には、管理人は、委任に関する規定に従い、不在者の財産管理を行うものとする。
（管理人に対する家庭裁判所の監督）
26条①：管理人が、前条の委任事務の処理にあたり、本人との協議又はその指示を求めることが困難となった場合には、家庭裁判所は、管理人の請求により、不在者の財産の保存に必要な処分をする権限を付与する審判をすることができる。
　　②：不在者の生死が明らかでなくなった場合に、管理人が、委任契約に定められた権限を超える事務を処理する必要があるときは、家庭裁判所は、管理人、利害関係人又は検察官の請求により、それに必要な行為をする権限を付与する審判をすることができる。

第 2 章　債権編「第三章 事務管理等：第二節 法定財産管理」の新設

(管財人の選任及び終了の審判)
27条①：不在者が管理人を置かなかったときは、家庭裁判所は、利害関係人又は検察官の請求により、その財産の管理のために、財産管理人（以下この款において「管財人」という。）を置く審判をすることができる。本人の不在中に管理人の権限が消滅したときも、同様とする。
　　②：不在者が管理人を置いた場合であっても、その不在者の生死が明らかでなくなったときは、家庭裁判所は、利害関係人又は検察官の請求により、管理人を解任し、管財人を置くことができる。
　　③：前二項の規定による審判の後、本人が管理人を置いたときは、家庭裁判所は、その管財人、利害関係人又は検察官の請求により、当該審判を終了する審判をしなければならない。
(管財人の職務)
28条①：管財人は、善良な管理者の注意をもって、不在者の財産を管理しなければならない。
　　②：管財人は、第六十六条（代理人の権限）第二項に規定する範囲内において、不在者の財産を管理する権限を有する。
　　③：管財人が前項に定める権限を越える行為をする必要があるときは、家庭裁判所は、管財人の請求により、それに必要な行為をする権限を付与する審判をすることができる。
　　④：第五百七十三条（受任者による受取物の引渡し等）、第五百七十四条（受任者の金銭の消費についての責任）及び第五百七十七条（受任者の費用償還請求権等）の規定は、管財人について準用する。
(管理人及び管財人の財産目録の作成)
29条①：家庭裁判所は、不在者の生死が明らかでなくなった場合には、利害関係人又は検察官の請求により、管理人に対し、管理すべき財産の目録の作成を命ずる審判をすることができる。
　　②：管財人は、管理すべき財産の目録を作成しなければならない。
　　③：前二項のために必要な費用は、不在者の財産の中から支払うものとする。
(管理人及び管財人の担保提供及び報酬)
30条①：家庭裁判所は、管理人（第二十六条（管理人に対する家庭裁判所の監督）の規定の適用がある場合に限る。）及び管財人に対し、財産の管理及び返還について相当の担保を立てさせることができる。
　　②：家庭裁判所は、管理人（第二十六条（管理人に対する家庭裁判所の監督）の規定の適用がある場合に限る。）及び管財人に対し、不在者との関係その他の事情を考慮し、不在者の財産の中から、相当な報酬を与える審判をすることができる。
　　第2目　失踪宣告
《以下略》

(iii)「不在者の財産の管理」から「法定財産管理」へ
　時系列的には話が前後するが、前注に述べたように、「第二目 失踪宣告」が権利能力の終期に関連する規定であるとして、「第一款 権利能力」の箇所に移動することが決定された結果（於2011年2月6日全体会議）、「第二章 権利の主体：第一節 自然人」の構成は、「第一款 権利能力」、「第二款 意思能力」、「第三款 制限行為能力」、「第四款 意思表示の受領能

3　不在者の財産管理の中核となる規範をどこに規定するか
　　──民法典か、家事手続法か

　「不在者の財産の管理」という法制度の中核をなすのは、管理者がどのようにして財産を管理するかという問題である。しかし、それは現行民法には何ら規定されておらず、実体法ではなく手続法であるはずの家事事件手続法に、管理人の善管注意義務等が規定されている。しかも、その規定を具体的にみると、家事事件手続法146条6項は、「民法第六百四十四条、第六百四十六条、第六百四十七条及び第六百五十条の規定は、家庭裁判所が選任した管理人について準用する」として、委任契約における受任者の善管注意義務を規定した民法644条が不在者の管理人に準用されている。

　このように、現行法のもとでは、不在者の財産の管理についての善管注意義務等の不在者の財産管理制度の中核となる実体規範が、民法に規定されることなく、手続法である家事事件手続法において準用というかたちで規定されているため、必ずしも不在者の財産管理制度の構造・枠組が理解しやすいものとなっていない。

　そこで、本民法改正案ではこの点を是正することとした。

4　不在者の財産の管理の3段階構造──法定管理人と受任管理人

　1と2では、不在者の「財産管理」と事務管理との連続性について述べた。こ

力」、「第五款　不在者の財産管理」となり、不在者関連の規定が「第一節　自然人」全体にとって異物であるとの印象が強くなった。そこで、「不在者」制度を再度見直し、ローマ法以来の伝統、比較法的分析、およびわが国での「不在者」制度の立法過程を考慮し、民法の債権法の「第三章　事務管理」を二つの節にわけ、現行の事務管理を「第一節　自発的事務管理」とし、不在者関係の条文を「第二節　法定事務管理」として規定することを中野邦保が提案し、これが研究会で受け入れられた（於2011年12月17日全体会議）。

　その後、磯村保より、「管理人」と「管財人」という用語法によって、委任契約にもとづく財産管理と家庭裁判所から選任された者による財産管理を区分するのは紛らわしいとの指摘があり、現在の「受任管理人」と「法定管理人」という用語法に改められた（於2013年12月1日全体会議）。

　さらに、中野邦保の発案により、国民有志案の条文の組み立ての順序につき、冒頭の2条文を「受任管理人」関係の規定と「法定管理人」関係の規定としたうえで、その後の規定を、受任管理人および法定管理人の共通規定として、「財産管理」・「財産目録の作成」・「担保提供及び報酬」の規定とする方針が提案されることになった（於2014年2月26日事務局会議）。その後、その内容が民法改正研究会で承認されたが、標題も「第二節　法定事務管理」から「法定財産管理」に改められることになり、それが本民法改正案となった。それにともない、第1節の標題も、単に「事務管理」とすることとなった（於2014年4月20日全体会議）。

第2章　債権編「第三章　事務管理等：第二節　法定財産管理」の新設

こでは、このような視点を離れ、契約法をも視野に入れて、問題を考えることとしよう。

このような枠組で考えた場合、不在者の「財産管理」には、①純粋の「私的自治」── 委任契約 ── による財産管理、②「私的自治」＋「家庭裁判所の関与」による財産管理、③全面的な「家庭裁判所の関与」による財産管理という3種の異なるものが存在している。①は私的財産管理、③は公的財産管理、②が両者の混合形態ないし中間形態である。①から③まで、私的自治から公的管理へと段階的なグラデュエーションを描くこととなる。

①の第1段階は、私的自治のもと、当事者間の関係は、すべて委任契約によって規律されるので、家庭裁判所が関与する余地はない。これは、純粋に契約関係なので、とくに説明する必要はないであろう。

②の第2段階は、不在者と管理人との間で委任契約は締結されたが、後に不在者の生死が明らかでなくなり、本人が受任した財産管理人等に指示を与えることが困難となった場合の財産管理制度である。このような場合には、当事者間の私的自治を尊重し、受任管理人による財産管理体制を維持しつつも、家庭裁判所による後見的、補充的な関与が必要とされることもある。

③の第3段階は、（ⅰ）不在者が管理人をおいていなかった場合、および（ⅱ）管理人をおいてはいたものの不在者が生死不明の状態になり、それまで受任していた財産管理人を解任することによって私的自治による管理体制を解消したうえで、あらたに家庭裁判所が財産管理人を選任した方がよい場合である。この場合が、法定財産管理の中核をなす分野となる。

第1段階のものは、委任契約そのものであって事務管理ではないが、第2段階と第3段階においては、家庭裁判所が一定の役割を果たすことになる。前述したように、第2段階は、受任管理人による管理、すなわち私的自治を前提としたうえでの家庭裁判所の後見的な関与なので、家庭裁判所の果たす公的な財産管理の役割は部分的である。これに対して、第3段階は、（ⅰ）不在者が管理人をおいていなかった場合（[新] 702条の3第1項）にあっては不在者本人の予期していなかった公的な財産管理であり、次の（ⅱ）管理人をおいてはいたものの不在者が生死不明の状態になり、それまで受任していた財産管理人を解任する場合（[新] 702条の3第2項）にあっては、不在者本人の当初の意思に反した私的自治による財産管理を解消したうえでの公的な財産管理となる。いずれの場合も、全面的な公的財産管理となる。

現行民法の不在者にかんする25条から29条までには、第2段階と第3段階にかんする規定が混在している。すなわち、現行民法は、第2段階の私的自治によ

659

る財産管理に家庭裁判所が後見的に関与する場合と、第3段階の家庭裁判所が選任した管理人による公的財産管理とを区別することなく、両者をともに「管理人」による財産管理として規定している。そのため、現行民法の「不在者の財産の管理」の規定は、性格が異なるものが混在した状況になっている。

　本民法改正案では、このような状況を改めるために、2種の財産管理を区別し、不在者本人が選任した財産管理人を「受任管理人」、家庭裁判所が選任した財産管理人を「法定管理人」と名付け、2種類の財産管理制度として規定することとした。

5　「審判」性の明示

　不在者についての現行民法25条から29条までの規定は、すべて家庭裁判所の関与を規定しているが、そこに規定されている家庭裁判所の関与の内容は、以下に掲げるように、きわめて多様なものとなっている。

- ・25条1項：「家庭裁判所は、……その財産の管理について必要な処分を命ずることができる」。
- ・25条2項：「家庭裁判所は、……その命令を取り消さなければならない」。
- ・26条　　：「家庭裁判所は、……管理人を改任することができる」。
- ・27条2項：「家庭裁判所は、……目録の作成を命ずることができる」。
- ・27条3項：「家庭裁判所は、……不在者の財産の保存に必要と認める処分を命ずることができる」。
- ・28条　　：「管理人は、……家庭裁判所の許可を得て、その行為をすることができる」。
- ・29条1項：「家庭裁判所は、……相当の担保を立てさせることができる」。
- ・29条2項：「家庭裁判所は、……相当な報酬を管理人に与えることができる」。

　この点について、家事事件手続法をみると、同法145条および同条があげる別表第1の55の項は、「民法第二十五条から第二十九条まで」の「不在者の財産の管理に関する処分」について、「家庭裁判所の管轄に属する」「審判事件」である旨を規定している。このように、現行法のもとでは、実体法としての現行民法典で多様な文言を用いて規定されている、命令・取消し・改任・目録作成命令・許可・担保提供命令・報酬付与等々は、手続法である家事事件手続法をみて、はじめて「審判」であることが明らかとなる構造となっている。

　この点を民法のみで明らかとなるようにすべく、本民法改正案では、以上の内容のすべてが「審判」であることを条文上明記した。

[I] 条文案

第三編　債権

第3章　事務管理等

第1節　事務管理

第2節　法定財産管理

（受任管理人と家庭裁判所の関与）
第七百二条の二　従来の住所又は居所を去った者（以下「不在者」という。）がその財産の管理人（以下この節において「受任管理人」という。）を置いた場合には、受任管理人は、委任に関するこの法律の規定に従い、不在者の財産管理を行うものとする。
2　家庭裁判所は、不在者の生死が明らかでなくなった場合その他不在者が受任管理人に指示を与えることが困難となった場合において、委任契約に定められた受任管理人の権限を変更する必要があるときは、受任管理人、利害関係人又は検察官の請求により、不在者の財産の適切な管理を行うために、受任管理人の権限に新たな権限を付加する審判、その権限を制限する審判その他必要な処分をするための審判をすることができる。

本条1項：新設
　2項：民法28条（管理人の権限）後段移修

（法定管理人の選任とその権限）
第七百二条の三　不在者が受任管理人を置かなかったとき又は本人の指示を得ることができない間に受任管理人の権限が消滅したときは、家庭裁判所は、利害関係人又は検察官の請求により、その財産の管理のために管理人

第三編　債権

(以下この節において「法定管理人」という。)を置く審判その他必要な処分をするための審判をすることができる。
2　不在者が受任管理人を置いた場合において、その不在者の生死が明らかでなくなったときその他不在者が適切な措置をとることが困難となったときは、家庭裁判所は、利害関係人又は検察官の請求により、受任管理人を解任して法定管理人を置く審判その他必要な処分をするための審判をすることができる。
3　前二項の規定により家庭裁判所が選任した法定管理人の権限が消滅したときは、家庭裁判所は、利害関係人若しくは検察官の請求により又は職権で、新たな法定管理人を選任する審判をしなければならない。
4　法定管理人は、第五十二条（代理権の範囲）第二項に規定する権限の範囲内において、不在者の財産を管理する権限を有する。
5　家庭裁判所は、必要があると認めるときは、法定管理人に対し、不在者の財産の保存に必要な処分を命ずる審判をすることができる。
6　法定管理人が第四項に定める権限を越える事務を処理する必要があるときは、家庭裁判所は、法定管理人、利害関係人又は検察官の請求により、その事務の処理に必要な行為をするために新たな権限を法定管理人に付与する審判をすることができる。
7　第一項又は第二項の審判の後、次に掲げる事由が生じたときは、家庭裁判所は、不在者であった者、法定管理人、利害関係人又は検察官の請求により、法定管理人による不在者の財産の管理を終了させる審判をしなければならない。
　一　不在者であった者が住所地に戻ったときその他自ら財産を管理することができるようになったとき。
　二　不在者が受任管理人を置いたとき。
　三　不在者につき、その死亡が明らかになったとき又は第六条（失踪宣告の審判による死亡の擬制）第一項又は第二項の規定による失踪宣告の審判がなされたとき。

本条1項：民法25条（不在者の財産の管理）1項前段、後段移修
　　2項：民法26条（管理人の改任）移修
　　3項：新設
　　4項：民法28条（管理人の権限）前段移修
　　5項：民法27条（管理人の職務）3項移修

第3章　事務管理等

6項：民法 28 条（管理人の権限）前段移修
7項柱書：新設
　　1号：新設
　　2号：民法 25 条（不在者の財産の管理）2項移修
　　3号：新設

（受任管理人及び法定管理人による財産管理）
第七百二条の四　受任管理人及び法定管理人は、善良な管理者の注意をもって、不在者の財産を管理しなければならない。
2　第六百四十六条（受任者による受取物の引渡し等）、第六百四十七条（受任者の金銭の消費についての責任）及び第六百五十条（受任者による費用等の償還請求等）の規定は、受任管理人及び法定管理人について準用する。
3　前二項の規定は、不在者と受任管理人との間の委任契約に別段の定めがあるときには適用しない。ただし、第七百二条の二（受任管理人と家庭裁判所の関与）第二項の審判により付与された新たな権限に基づく事務の処理については、この限りではない。

本条1項：新設（家事事件手続法 146 条（管理人の改任等）6項参照）
　　2項：新設（家事事件手続法 146 条（管理人の改任等）6項参照）
　　3項：新設

（受任管理人及び法定管理人の財産目録の作成）
第七百二条の五　第七百二条の二（受任管理人と家庭裁判所の関与）第二項の規定により利害関係人又は検察官の請求がなされた場合において、家庭裁判所は、必要があると認めるときは、受任管理人に対し、その管理すべき財産の目録の作成を命ずる審判をすることができる。
2　法定管理人は、管理すべき財産の目録を作成しなければならない。
3　前二項に規定する財産の目録の作成のために必要な費用は、不在者の財産の中から支払うものとする。

本条1項：民法 27 条（管理人の職務）2項移修
　　2項：民法 27 条（管理人の職務）1項前段移修
　　3項：民法 27 条（管理人の職務）1項後段移修

第三編　債権

> **（受任管理人及び法定管理人の担保提供及び報酬）**
> 第七百二条の六　第七百二条の二（受任管理人と家庭裁判所の関与）第二項の規定により利害関係人又は検察官の請求がなされた場合において、家庭裁判所は、必要があると認めるときは、受任管理人に対し、財産の管理及び返還について相当の担保を立てさせることができる。
> 2　家庭裁判所は、法定管理人に対し、財産の管理及び返還について相当の担保を立てさせることができる。
> 3　家庭裁判所は、第七百二条の二（受任管理人と家庭裁判所の関与）第二項の審判により新たな権限を付与された受任管理人又は法定管理人に対し、不在者との関係その他の事情を考慮し、不在者の財産の中から、相当な報酬を与える審判をすることができる。

本条1項：民法29条（管理人の担保提供及び報酬）1項移修
　　2項：民法29条（管理人の担保提供及び報酬）1項移修
　　3項：民法29条（管理人の担保提供及び報酬）2項移修

[Ⅱ]　改正理由

1　はじめに

（1）　本節の基本構造

本民法改正案は、現行民法の総則編に規定されていた「不在者の財産管理」を債権編に移動し、「第三章　事務管理等」に「第二節　法定財産管理」の標題のもとに規定した。

まず、冒頭条文の［新］702条の2は、不在者が選任した「受任管理人」について規定し、そのうえで、家庭裁判所が必要な場合に委任契約で定められていない新権限を付与することができる旨を規定した。これは、【前注】で述べた私的自治にもとづく、受任管理人による財産管理体制に対する家庭裁判所による後見的・補充的な関与を認めたものである。

次の［新］702条の3は、家庭裁判所による法定管理人の選任と、その法定管理人の代理権の範囲を規定した。

この最初の2か条により、「法定財産管理」には、2種のもの——①委任契約による私的な財産管理に家庭裁判所による後見的・補充的な公的財産管理が加わったものと、②家庭裁判所による全面的な公的財産管理——があることを条文

第 3 章　事務管理等

上明示した。
　そして、この二つの条文を受け、［新］702 条の 4 は、受任管理人および法定管理人が不在者の財産管理を行うさいの権利・義務を規定している。そのうえで、［新］702 条の 5 が受任管理人および法定管理人の財産目録の作成、［新］702 条の 6 が受任管理人および法定管理人の担保提供と報酬について規定している。

（2）「不在者」の財産管理の内容──「必要な処分」の具体化

　個別の改正条文案の説明に入る前に、不在者の財産管理をめぐる現行法下での家庭裁判所実務について述べておくこととしよう。
　まず、不在者制度の冒頭規定である現行民法 25 条は、単に、不在者に対して、「家庭裁判所は、利害関係人又は検察官の請求により、その財産の管理について必要な処分を命ずることができる」と規定しているにとどまる。この規定からは、またこの後の規定をみても、家庭裁判所が行う「必要な処分」がいかなるものなのか、明確ではない。
　この「必要な処分」の内容につき、事務局が家庭裁判所関係者にヒアリング調査をしたところ、実際には、ほとんどが「財産の管理人」の選任であり、他に、現行民法 27 条 3 項の「不在者の財産の保存に必要と認める処分」、また、民法 28 条の「103 条に規定する権限を越える行為」の許可である、とのことであった。
　なお、上記のもの以外に、"裁判所が管理処分として行う財産の封印等の審判"が行われることもあると聞くが、家庭裁判所実務の現場では、これはきわめて例外のようであり、不在者の問題を取り扱っている部門では、「封印」を経験したことがない者も少なくない、とのことであった。
　以上のような実務状況をかんがみ、現行民法の不在者の財産管理制度を本民法改正案の「法定財産管理」として規定するにあたっては、家庭裁判所の行う「処分」の内容を具体化するために、「必要な処分」としてもっとも多く行われるであろう「『法定管理人』を置く審判」等の具体的な事例を示すこととした。ただ、条文の内容を具体化したために、実例としては少ないにせよ、現行民法上可能であるとされる「封印」等が不可能になってもいけないので、「その他必要な処分をするための審判」も可能である旨を規定することとした（その具体的な内容については、2（3）に譲る）。

2　受任管理人と家庭裁判所の関与

（1）はじめに

　［新］702 条の 2 第 1 項は、委任契約による財産管理について規定したもので

ある。【前注】で述べたように、この規定自体は、事務管理とは関係せず、本来は契約法の「委任契約」の一部となるべき規定であるが、本節における中核的な概念となる「不在者」だけでなく「受任管理人」についての定義[473]をも明らかにする必要があるため、ここに規定したものである。

したがって、同条2項のみが、家庭裁判所による公的財産管理と関係する規定となる。これは、委任契約による「受任管理人による財産管理」の継続を前提としつつ、家庭裁判所によっていかなる関与がありうるかについて規定したものである。

（2） 後見的・補充的な公的財産管理開始の要件

受任管理人は、不在者本人の指示監督のもとに行動するのが本来の形態である。したがって、家庭裁判所の後見的・補充的な関与がなされるためには［新］702条の2第2項に規定されている二つの要件をみたす必要がある。

第1の要件は、家庭裁判所の後見的・補充的な公的財産管理が開始される必要性という実体的要件である。この点について同項は、①「不在者の生死が明らかでなくなった場合その他不在者が受任管理人に指示を与えることが困難となった場合」であって、②委任契約所定の受任管理人の「権限を変更する必要があるとき」の2点を規定している。

第2は手続的要件であり、「受任管理人、利害関係人又は検察官の請求」があることである。

（3） 家庭裁判所が行う3種の審判

（2）に述べた要件が充足された場合には、家庭裁判所は、［新］702条の2第2項にもとづき、「不在者の財産の適切な管理を行うために」、次の3種の審判を行うことができる。

第1に、委任契約により授権されている権限のみによっては「不在者の財産の適切な管理」がじゅうぶんできない場合に、家庭裁判所は、「受任管理人の権限に新たな権限を付加する審判」を行うことができる。

第2に、不在者の生死不明等の「不在者が受任管理人に指示を与えることが困

---

[473] 「不在者」については、［新］702条の2で、「従来の住所又は居所を去った者」との定義を規定しているが、それより前の総則編の［新］6条1項でも、これと同様の文言をすでに用いている。そのため、本来であれば、最初に同じ文言を用いる［新］6条1項において定義するべきようにも思われるが、立法技術的には、このように離れた規定に同一文言がある場合に、「不在者」の文言が多出する場所に定義規定をおくことも可能なので、本民法改正案では、［新］6条1項ではなく［新］702条の2に定義をおくこととした。

第3章　事務管理等

難となった場合」、すなわち、不在者の監督を欠く状況のもとで、既存の委任契約によって付与されていた代理権を受任代理人が行使し続けることが不適切なときには、家庭裁判所は、受任代理人の既存の「権限を制限する審判」を行うことができる。

　第3に、以上に述べた代理権の拡張または制限をめぐる問題以外にも、家庭裁判所は不在者の財産の適切な管理を行うために、「必要な処分をするための審判をすることができる」。これは、代理権限の増減以外の適切な措置をとる必要がある場合に、それを可能にするための規定である。前述した「封印」等はその一例であり、不在者が生死不明、あるいは指示を与えられなくなった等の場合に、不在者がおいた受任管理人が管理する財産の範囲を限定し、管理人による自由な処分を制限するために、一定の範囲の財産を「封印」する必要があることもありうるであろう。

　具体例として、不在者と受任管理人との間の委任契約では、管理不動産の売却権限が与えられていないにもかかわらず、不在者が生死不明になった段階で、なんらかの理由により不動産の売却が必要となり、受任管理人が家庭裁判所から売却権限を付与された場合を考えてみよう。そのさい、家庭裁判所が、不動産が現金化され流動財産になることにともなう財産保全の必要性を認めた場合に、「その他必要な処分をするための審判をする」ことによって、売却代金の預金口座に対する封印をすることが可能となる。また、不在者の生死不明等の「不在者が受任管理人に指示を与えることが困難となった場合」に、これまで受任管理人の管理下にあった預金口座につき、受任管理人の代理権を制限したうえで封印をすることも考えうるであろう。

　以上に述べたように、[新] 702条の2第2項のもとでは、家庭裁判所は、受任代理人についての①権限付加の審判、②権限制限の審判、さらに③その他の必要な処分をするための審判、という3種の審判を行うことができる。

（4）　現行民法との対比

　以上に述べた規範内容のうち、現行民法に規定されているのは、受任管理人に対する新権限の付与のみである（28条後段）。

　しかし、これでは不十分であると考え、[新] 702条の2第2項では、受任管理人の既存権限の制限の審判、および代理権限の変更以外の「その他必要な処分をするための審判」についての規定を新設することとした。

3　法定管理人の選任とその権限

（1）　法定管理人の選任

　［新］702条の3は、「法定管理人の選任とその権限」と題されている。

　まず、実体的要件について述べると、家庭裁判所が法定管理人を選任できるのは、3つの場合が想定されている。すなわち、①受任管理人不存在の場合、②既存の受任管理人を解任し、法定管理人に代置する場合、③家庭裁判所が選任した法定管理人の権限が消滅した場合である。

　①の場合については、同条1項に規定されており、「不在者が受任管理人を置かなかったとき」と「本人の指示を得ることができない場合において受任管理人の権限が消滅したとき」という要件が規定されている。

　②の場合については、同条2項に規定されており、本人が選任した受任管理人の行動が適切ではない場合その他において、不在者が生死不明等により適切な措置をとることが困難となったときに、家庭裁判所は利害関係人または検察官の請求により、受任管理人を解任したうえ、あらたな法定管理人を置く審判をすることができるとされている。

　③の場合の実体的要件については、とくに説明を要しないであろう。

　上記の実体的要件が充足された場合に、手続的要件として、利害関係人または検察官の請求があれば、家庭裁判所は法定管理人を選任することができる。なお、［新］702条の2の手続的要件の請求権者には「受任管理人」があげられていたが、［新］702条の3では「受任管理人」はとくにあげられていない。それは、同条1項の「不在者が受任管理人を置かなかったとき」には、受任管理人が請求権者となる余地がなく、また、「受任管理人の権限が消滅したとき」、またはまもなく消滅しそうになったときには、受任管理人であった者ないし受任管理人は、「利害関係人」として請求しうるであろう。また、同条2項の受任管理人の解任請求は —— もちろん、受任管理人が自分自身で解任請求することが禁じられているわけではないが —— あまりないと考えてよいであろう。以上のように、［新］702条の3第1項、2項においては、受任管理人による請求が通常考えにくいので、条文に規定することはしなかった。

　また、［新］702条の3第3項においては、利害関係人または検察官の請求があった場合に加えて、職権での選任がありうることが規定されている。

（2）　法定管理人の代理権の範囲

　［新］702条の3第4項から6項までは、法定管理人の代理権の範囲を規定し

ている。

　まず、[新] 702条の3第4項は、法定管理人の代理権の範囲が、原則として保存行為、および代理の目的である物または権利の性質を変えない範囲での利用または改良を目的とする法律行為に限定される旨を規定した（現行民法103条に対応する [新] 52条2項参照）。この制度は、本人である不在者の意思にもとづかない、その者の財産への介入となる。そのため、管財人の権限はきわめて限定的なものとされるべきなので、代理権の範囲を保存行為等に限定したものである。

　もちろん、それだけではじゅうぶんな財産管理ができないことが少なくないので、[新] 702条の3第5項および6項は、家庭裁判所が法定管理人の代理権の範囲を拡張できることを規定している。具体的には、同条5項は、不在者の財産の「保存に必要な」範囲で、家庭裁判所は、──誰からの請求をも前提とすることなく──職権で[474]、「必要な処分を命ずる審判をすることができる」旨を規定している。これに対し、同条6項は、不在者の財産の「保存」にかかわりなく、法定管理人に対し、不在者の財産の管理の事務処理のために必要な新権限の付与を認めているが、それには「法定管理人、利害関係人又は検察官の請求」という手続的要件が前提とされている。

　なお、ここで法定管理人が行う職務内容は、代理行為のほか、事実行為──後述する財産目録の作成はその一例である──を行うことあるので、[新] 702条の3第6項では、「法律行為」ではなく、単に「行為」の文言を用いている。

　最後に、[新] 702条の3第7項は、法定管理人による不在者の財産管理を終了させる審判についての規定である。終了事由は、①不在者の帰還、その他自ら財産管理が可能になったこと、②不在者が受任管理人をおいたこと、③不在者が死亡し、または失踪宣告の審判がなされたこと、の3点である。

（3）　現行民法との対比

　本民法改正案では、現行民法ではいくつかの規定にまたがって──かつ、受任管理人についての規定か、法定管理人についての規定かを区別することなく、混在したかたちで──存在している規定を整序した。

　具体的には、[新] 702条の3第1項は、現行民法25条1項の前段と後段を統合したものである。同条2項は、現行民法26条を承継したが、上記1（2）で説明したとおり、現行民法の"管理人の解任"のみならず、「その他必要な処分」

474　現行民法のもとでも、27条2項は「利害関係人又は検察官の請求」を要件としているのに対し、同条3項はこれを要件としていない。同条3項を承継した [新] 702条の3第5項も、この枠組を踏襲したものである。

ができる旨も付加した（封印等が必要な場合に対処するためである）。次の同条3項は、新設規定である。

また、［新］702条の3第4項は現行民法28条前段を承継したものである。そして、同条5項は現行民法27条3項を、同条6項は現行民法28条前段を承継している。これに対し、同条7項は、1号および3号は新設規定であり、2号は現行民法25条2項を承継している。

4　受任管理人と法定管理人による財産管理

（1）　法定管理人による財産管理

　［新］702条の4の規定の順序とは逆になるが、ここでは、最初に法定管理人について述べることとする。法定管理人の職務内容として重要なのは、①法定管理人がどのように不在者の財産を管理するか、②そのためにどのような法定代理権を与えるか、そして、③不在者の財産の散逸を防止するために、財産目録の作成をすることである。

　①について述べると、【前注】に述べたように、現行民法には「不在者の財産の管理」制度の中核となる事項については規定がなく、手続法である家事事件手続法146条6項に、「民法第六百四十四条、第六百四十六条、第六百四十七条及び第六百五十条の規定は、家庭裁判所が選任した管理人について準用する」と規定されているだけである。そのため、現行民法の「第一章　総則」の条文をみただけで、第4節のなかの「不在者の財産の管理」という法制度を理解することは不可能に近い。

　そこで、本民法改正案では、これを民法の条文に規定することとし、［新］702条の4第1項で、善管注意義務の規定を定め、同条2項で、それ以外の現行民法646条（受任者による受取物の引渡し等）、647条（受任者の金銭の消費についての責任）および650条（受任者による費用等の償還請求等）の規定を準用することとした。

　なお、②は［新］702条の3第4項、5項および6項に、③は［新］702条の5に規定されているが、この内容は、現行民法でも27条および28条に規定されている。

（2）　受任管理人による財産管理

　次に、受任管理人について述べると、家庭裁判所によって受任管理人に新権限が付与された場合にも、本人と受任管理人との間で締結された委任契約はいまだ存続しているので、両者の関係は当然のことながら委任契約によって律せられる。

第3章　事務管理等

したがって、受任者の善管注意義務（民法644条）も、受任者による受取物の引渡し等（646条）も、受任者の金銭の消費についての責任（647条）も、受任者の費用償還請求権等（650条）も、特約によって排除されないかぎり、適用されることになる。

一方、不在者の意思にもとづかず、家庭裁判所によって受任管理人にあらたに付加された権限については、当然に委任契約の条文が適用されることにはならない。そこで、［新］702条の2第2項にもとづき、家庭裁判所によって受任管理人にあらたに付加された権限についても、民法の委任契約の規定が適用されることを［新］702条の4第3項に規定した。

ただ規定の体裁としては、［新］702条の4第1項と2項に受任管理人および法定管理人に共通する内容を一般的なかたちで規定したうえで、3項で、当事者間の委任契約が民法の任意規定を排除している場合についての手当てをおくという形式を採用している[475]。

このように、「第二節　法定財産管理」についても委任契約の規定を準用していることから、第1節の「事務管理」と同様、法定財産管理の制度も準委任的 —— よりひろくいえば、準契約的[476] —— な性格を有していることがわかるであろう。

5　財産目録の作成義務

［新］702条の5（受任管理人及び法定管理人の財産目録の作成）の規範内容は、現行民法27条を基本的に承継したものである。

条文の内容を具体的に紹介すると、規定の順序とは逆になるが、［新］702条の5第2項は、法定管理人の財産目録の作成義務を規定している。これは、不在者の財産状況を確定することによって、将来の財産の散逸を防止し、かつ法定管理人の適正な職務行使を確保するための規定である。

他方、［新］702条の5第1項は、不在者の生死が不明となった後または本人

475　［新］702条の2第2項は、受任管理人にかんして、新権限の付与、既存権限の制限、代理権と関係しない「封印」等の「その他必要な処分」のための3種の審判について規定しているが、このうち、民法の委任契約の条文の適用が必要となるのは「新権限の付与」の場合のみなので、［新］702条の4第3項ただし書の文言がそれに限定されていることに留意されたい。

476　なお、ときに用いられることがある「準契約」という概念が、不当利得には適合的ではないものの、「事務管理」には、——"茫漠とした申込み"と"茫漠とした承諾"によって成立し、かつ委任契約に準じた規律内容があるので——適合的であることにつき、加藤雅信『新民法大系Ⅴ　事務管理・不当利得・不法行為　第2版』（有斐閣、平成17年）6頁以下参照。

671

が受任管理人に指示を与えることが困難となった場合、「利害関係人又は検察官の請求」がなされたときは、家庭裁判所の裁量によって受任管理人に財産目録作成義務が課されることがあることを規定している（この場合、家庭裁判所が［新］702条の2第2項にもとづく審判をすることなく、財産目録の作成を命ずる審判をすることができる）。この審判をするか否かが家庭裁判所の裁量に委ねられている理由は、不在者の生死不明ないし不在者が指示を与えることが困難であっても、不在者が受任管理人を信頼して選任した状況が継続していると考えてよい場合には家庭裁判所の関与は不要であり、財産目録作成を義務的なものとする必要はないと思われるからである。なお、かりに本条の規定がなくても、［新］702条の2第2項の「その他必要な処分をするための審判」を根拠に財産目録の作成義務を課すことは可能であろうが、［新］702条の5第1項はそれを定型化し、規定したものである。

さらに、規定の順序について一言すれば、現行民法は、管理人の職務についての最初の規定となる27条でこの財産目録の作成を規定し、次の28条で管理人の権限を規定している。しかし、本民法改正案では、職務内容の体系の明確化という観点から規定の順序を入れ替え、受任管理人や法定管理人の一般的な職務内容を先に規定し、その後に財産目録作成義務を規定することとした。

現行民法との関連を述べれば、［新］702条の5第1項は現行民法27条2項を承継し、［新］702条の5第2項は現行民法27条1項前段を承継している。さらに、［新］702条の5第3項は、現行民法27条1項後段を承継したものである。

6　受任管理人と法定管理人の担保提供と報酬

（1）　はじめに

［新］702条の6は、管理人一般につき、家庭裁判所の裁量による担保提供および報酬付与を定めている。これは、現行民法29条の規範内容を —— 部分的に変容しつつ —— 承継したものである。

（2）　担保提供義務

［新］702条の6第1項、2項が規定する受任管理人および法定管理人の担保提供義務は、家庭裁判所が裁量的に認めるものである。

両者の違いは、手続的な要件にある。［新］702条の6第1項が規定する受任管理人の担保提供義務は、「利害関係人又は検察官の請求」を前提として認められる。これに対し、同条2項が規定する法定代理人の担保提供義務については、家庭裁判所が職権で認めることができる。

第3章　事務管理等

　現行民法29条1項は、受任管理人と法定管理人を区別することなく、家庭裁判所が、裁量的にではあるが、職権で担保提供義務を課すことを認めている。このような一般的な規定のしかたにもかかわらず、従来、学説上、「本条は委任管理人には適用されないとも解しうるが（従来の多数説）、本人の生死不明の場合において、担保提供の必要が生じたときは、利害関係人の申告をまって、本条、家審規34条、同35条により担保の供与を命ずることができるとの説が有力である」とされてきた[477]。［新］702条の6第1項、2項は、このような近時の学説の考え方を条文のうえにも反映させたものである。

　［新］702条の6第3項は、報酬にかんする規定である。受任管理人については、［新］702条の2第2項にもとづき新権限付与の審判がなされた場合にのみ、裁量的にではあるが、報酬付与の審判をすることができる[478]。これは、受任管理人の報酬の内容については、基本的には不在者となった者と受任管理人との間の委任契約に委ね、家庭裁判所の関与を最小限にとどめようとするものである。

　また、法定管理人に報酬を与える審判も、裁量的にではあるが、認められている。法定管理人に対する報酬は一般に認められてもよいように思われるが、「不在者との関係その他の事情を考慮」すると、無報酬のほうが適切な場合もありえなくはないので、家庭裁判所の裁量に委ねた。

477　前掲注46）引用『新版注釈民法（1）』461頁（田山輝明執筆部分）。なお、学説状況については、この引用文に続き、具体的な学説が引用されているので、そこを参照されたい。
478　注釈民法は、委任管理人の報酬について学説を引用しつつ次のようにいう。「報酬の有無については、委任契約の内容による。定めなきときは、委任契約の原則（無償）に従い無報酬である。ただし、有償を事実上の原則とする職業に就いている者に財産管理を委任した場合には、原則として有償と解すべきである。このように、本人と委任管理人の関係には、もっぱら委任契約と任意代理人に関する規定が適用されると解すべきである」（前掲注46）引用『新版注釈民法（1）』462頁〔田山輝明執筆部分〕）。
　このような学説の内容をそのまま本民法改正案に反映させるのであれば、［新］702条の6第2項は、法定管理人にのみ適用される規定としてもよさそうである。ただ、家庭裁判所が［新］702条の2第2項にもとづき受任管理人に新権限を付与した場合には、委任契約における当初の約定とは異なった報酬付与が適当となる可能性がありうることも否定できないので、本文に紹介したような規定をおいたものである。

第三編　債権

第3章　「法令の通則に関する法律」の制定の提案

【前注】

1　「法令の通則に関する法律」を制定する目的

「法令の通則に関する法律」を制定する目的は、649頁以下にも簡単に述べたように、基本的には次の3点である。すなわち、①明治憲法下で「公式令」が果たしていた機能のうちの「法令」公布にかんする一般規定の部分を現代に承継すること、②「法の適用に関する通則法」を国際私法についての法律に純化し、そこに異物として存在していた「法に関する通則的な規定」を「法令の通則に関する法律」に吸収すること、③現行民法に規定されている概念のうち、私法を超えて多くの法令に共通する概念を「法令の通則に関する法律」に規定し、民法を私法の基本法に純化することである。

①明治憲法下の「公式令」の──部分的な──後身、②「法の適用に関する通則法」の一部、③「民法」の一部を合体した「新法」と聞くと、無関係なものの三題噺のようで、いったい何のことかと訝られる向きもあろうかと思われる。そこで、この3点につき、2以下でそれぞれ述べることとしよう。

2　「法令」の公布と施行

（1）　憲法の規定

法令の制定については、憲法に多くの規定がある。法律については、国会が唯一の立法機関であり（憲法41条）、法律案の成立は国会の可決による（憲法59条）。また、政令については、内閣が制定する（憲法73条6号）。これらの法律と政令（以下、「法令」[479]という）には主任の国務大臣の署名と内閣総理大臣の連署が必要とされ（憲法74条）、その公布は、内閣の助言と承認による天皇の国事行為の1つであると規定されている（憲法7条1号）[480]。

以上の憲法に規定されている内容については、新法をもって規定する必要はないであろう。

---

[479] ここでの叙述を離れ、本書全体の叙述をも含めていえば、本書で「法令」というときには、文脈によって、法律、政令に加えて府省令を含めていることもある。

[480] このような諸手続の規範的意義にかんしては、田中祥貴「法律成立の時期」憲法判例百選Ⅱ 第5版（別冊ジュリスト187号）（平成19年）464頁以下参照。

第 3 章 「法令の通則に関する法律」の制定の提案

（2） 法の欠缺状況

ただ、憲法は、「法律、政令……を公布する」ことを規定しているが、公布の形式については何も規定していない[481]。

明治憲法下では、公式令に、「法律ハ上諭ヲ附シテ之ヲ公布ス」と規定されており（6条）、勅令についても同趣旨の規定がおかれていた（7条）。そのうえで、それらの条文には、このような文言の後に手続きについての規定がおかれていた。すなわち、公式令は、「……公文ヲ公布スルハ官報ヲ以テス」と規定していたのである（12条）。

しかし、現行法制下では、法律上も法令の「公布」の形式はどこにも規定されていない。これは、次に述べるような問題があると思われる[482]。

（3） 判例法とその問題

① 昭和32年判例とその問題

現在では、昭和32年の判例（以下、「昭和32年判例」という）が、公式令廃止後の法令公布の方法について判示している[483]ことが、官報による法令の公布の実質的な根拠となっている。この判例は、「公式令廃止後の実際の取扱としては、法令の公布は従前通り官報によってなされて来ている」と認定したうえで、「特に国家がこれに代わる他の適当な方法をもつて法令の公布を行うものであることが明らかな場合でない限りは、法令の公布は従前通り、官報をもつてせられるものと解するのが相当」であると判示した。

この判例で問題となった事件では、法令の制定と時を前後して行われた、新法令上の犯罪とされた争議行為に対する処罰が問題となった。具体的には、法令の成立および内容が、官報による広報以前に、全国の新聞紙に掲載、報道されており、ＮＨＫのニュースでも報道されていたため、新法令の公布があったと解する

---

[481] 国によっては、憲法で官報による法律の公布を規定している例もある。たとえば、オーストリア憲法49条1項は、次のように規定している。「連邦法律は、連邦首相により、連邦官報に公布されるものとする。別段の定めが明示されていない限り連邦法律は、公布の日の経過により施行され、全連邦の領域で効力を有する」（国立国会図書館デジタルコレクション・各国憲法集（3）オーストリア憲法〔http://dl.ndl.go.jp/view/download/digidepo_3487776_po_201101c.pdf?contentNo=1〕）。

[482] なお、フランス、ドイツ等の大陸法諸国では、法令の公布により国民に対する拘束力が発生すると考えられているが、英米法系の国では、一部を除き、法律の公布という制度は採用されていない（佐藤・注464）引用「法律の公布について」自治研究26巻10号8頁以下）。また、八木欣之介「政令の公布」行政判例百選Ⅰ　第4版〔別冊ジュリスト150号〕〔平成11年〕109頁参照）。

[483] 最大判昭和32年12月28日刑集11巻14号3161頁。

第三編　債権

ことができるのではないかが問題とされた。多数意見は、報道等によって官報による広報以前に法令の内容を一般国民が知りうる状況にあったとしても、「いまだ法令の公布があつたとすることはできない」として、無罪との結論を導いた（なお、この判決には、何人かの裁判官の反対意見が付せられている）[484]。

この判例の当該事件の解決にかんする結論、そして、さきに紹介した同判例の抽象論に問題があるとは考えない。しかし、判決理由の多数意見の論理は、それが適用される事案によっては、かなり問題があるものであった。この判例の事案を離れ、旧法令上の犯罪とされていた行為が新法令によって犯罪とされなくなった事案に、この判決の論理を適用してみよう。ここでは、国民が報道をつうじて旧法令の刑を廃止した新法令の内容を知り、その新法令に従った適法な行動をとったとしても、その後に官報による新法令の広報がなされると、旧法令にそくして処罰されることになる。これでは、あたかも「国民をだまし討ちにするにも似た結果」[485]を導く可能性がひらかれることにもなりかねない。

つまり、昭和32年判例が当該事案の解決において破綻を免れたのは、その事案では新法令が犯罪類型と刑罰を新設したからである。これがもし、逆に新法令が犯罪類型と刑罰を廃止した事案であれば、昭和32年判例の論理は国民に不意打ちをくらわす結果を導くものとして機能するのである。

このように、昭和32年判例は、目の前に現れた事案にのみ通用する便宜的な論理を用いて当該事案を解決したものであった。新法令による刑の新設、廃止を問わず、マスメディア等による新法令の広報が社会的には実質的な"公布"として機能したとしても、これを官報による形式的な新法令の公布に劣後させるためには、法律が、あらかじめ官報による広報が法令の「公布」であることを定めて

---

[484] 昭和32年判例の事案は、次のようなものであった。公務員の争議行為を禁止し処罰する政令が閣議決定された翌日に、被告人らは争議行為の指令を発した。その政令は、その指令を発した日付の官報により広報されたものの、現実にその官報の印刷が完了し、発送手続が終わったのは、その指令を発した2日後であった。しかしながら、この政令は社会的注目を集めていたので、NHKのニュースは、指令を発した当日に、その指令の全文とそれが即日施行される旨を放送した。検察官は、その放送終了の時点で国民は政令の内容を知りうる状況にあったので、その日に公布がなされたものと解すべきであると主張したが、最高裁判所は、この主張を認めず、官報の日付の日には、当該官報は印刷も完了しておらず、発送の着手もなかったので、当該政令の公布前であるとして、被告人らを無罪とした。ただ、反対意見を述べた斉藤悠輔裁判官、池田克裁判官は、被告人らがした職場離脱の指令自体は官報が発送される前であっても、現実の職場離脱行為は官報発送後であるとして、検察官の上告を排斥することに反対した。

[485] 引用文は、この判例ではなく、次に紹介する最大判昭和33年10月15日刑集12巻14号3313頁における藤田八郎裁判官の補足意見。

第 3 章　「法令の通則に関する法律」の制定の提案

いることが必要なのである。
②　昭和 33 年判例とその問題
　この昭和 32 年判例の翌年の昭和 33 年には、官報による法令の公布の時期をいかに考えるかについての判例がでた（以下、「昭和 33 年判例」という）[486]。
　昭和 33 年判例で問題となった事案では、覚醒剤取締法の法改正で法定刑が加重されたところ、それが記載された官報が広島市で配布される以前の時期に同市で違反行為を行った者に、新法を適用することができるか否かが争われた。多数意見は、その時点に官報の東京販売所と印刷局官報課では閲覧、購読が可能となっていたことを理由に、新法による処罰を認めた。
　これには、池田克裁判官、河村大助裁判官の反対意見があり、「地方人民に対してはその地方に官報が到達しなければ公布の目的は達せられない」として、「原判決が被告人の犯行に対し、改正法律を適用したのは誤りである」とした。なお、この反対意見は、法の地域による「異時施行」を認めるべきであると主張している。
　昭和 33 年判例は、被告人に現実に科された量刑が旧法下でも認められた範囲にとどまるものであったので、結果として大きな破綻は免れている。しかしながら、この多数意見の論理は、一般論としてはかなり問題である。少数意見が指摘するように、国民が官報をみることができない状況のもとで、法令の「公布」があったとしてその法令にもとづく処罰を認めることは、「公布」という制度の自殺となりかねない。法令の「公布」の目的は、「由らしむべし、知らしむべからず」の精神と対極の状況を確保することにあるはずであるが、この判決では、広島在住の被告人とされた者は、「由らしむべし、知らしむべからず」の状況下におかれたことになる。
　他方で、昭和 33 年判例の少数意見が認める、法の地域による「異時施行」が適切であるとも思われない。地域を異にする当事者間で法律関係が問題となるような場合に、抵触法の問題が発生するからである[487]。

---

[486]　最大判昭和 33 年 10 月 15 日刑集 12 巻 14 号 3313 頁。
[487]　異時施行主義は、法の現実的周知の可能性を確保しようとする考え方である。具体例として、ナポレオン法典 1 条が、皇帝が所在していた県からの距離にそくして日数を積算したのが有名である。わが国でも、明治 5 年の太政官布告 17 号は、特別に規定されていない場合には、距離に応じて施行日が異なり、各府県庁到達日数が規定されていた。具体的には、埼玉県は即日、京都府は 4 日、高知県は 8 日、鹿児島県は 12 日が到達日とされていた（佐藤・注 464）引用「法律の公布について」自治研究 26 巻 10 号 4 頁以下）。

（４）　立法的解決の必要性

　以上のような２つの判例の内容とその問題とを考えると、公式令が廃止されても、昭和32年の「判決が出たために、いわゆる公式法というようなものの制定もそれほど急ぐ必要がなくなり、現在に至っている」[488]といって、安穏としているわけにはいかないように思われる。むしろ、上述したとおり、２つの内容の判例を精査すれば、「公式令に代わるべき法律を制定せず、単純にこれを廃止したことは不合理」[489]であったことが自然と浮き彫りになったように思われる。

　実は、このような立法の必要性は、はやくから指摘されていた。戦後、法制意見長官等の現在の法制局長官に相当する地位にあった佐藤達夫は、そのポストを退いた直後に ── それは、公式令が廃止された８年後であった ── 、「私設法制局」が公にする「立法批評」と名をうった場において、「"公式法"制定の注文」という論稿を公にし、次のように述べた。「日本国憲法成立以来かれこれ10年になろうとしているが、この憲法に伴う立法でまだ残されているものが少くとも２つはある。その１つは憲法改正の国民投票に関する立法であり、他の１つはもとの《公式令》にかわるべき立法である」。「それはもはや"公式法"ではなくて、《法令通則》であり、筆者のいう《法律に関する法律》ということになるであろう。いつかはこういう法律が作られることを希望する」[490]。また、佐藤は、公式令が廃止された直後から、「法律の附則において『公布の日から施行する。』とされている場合、その『公布の日』とはいつか、それは、これを登載した官報の日付の日であるのか、あるいはその官報が現実に発行された日であるのか」[491]等の問題があることも指摘していた。

　その後の学説も、"官報による法律（ないし法令）の公布"が法律によって規定される必要があるという感覚を維持し続けたようである。おそらくはこのような感覚を背負ってのことであろう、田中二郎は、昭和32年判例が「公式令廃止後も法令の公布は官報によるとの不文律が存在しているとまでは云いえない」と判示しているにもかかわらず、論拠にこの判例を引用しつつ、「法令の公布は官報をもってすることが慣習法として認められている」とし、法律と同一の効力を有する慣習法の成立を認めているものと考えている[492]。これに対し、杉村敏正は、

---

[488] 林修三『行政法の話』（第一法規、昭和47年）30頁以下。なお、同書は、昭和33年判例についても、この「大法廷判決の考え方は、妥当性を有する」と評価している（前掲書32頁）。
[489] 田上穣治「法令の公布」行政判例百選　新版（別冊ジュリスト28号）（昭和45年）66頁。
[490] 以上、佐藤・注465）引用「"公式法"制定の注文」ジュリスト75号34頁以下。
[491] 佐藤・注465）引用「公文方式法案の中絶」レファレンス72号12頁。

第3章 「法令の通則に関する法律」の制定の提案

前文に紹介した昭和32年判例の文言を引用しつつ、同判例を「法令の公布は官報登載の方法のみによるという慣習法の成立を否定」したものと評価している[493]。この判例の判示内容からして、慣習法であることの根拠としてこの判例を引用することにはかなり無理があると思われるので、杉村の評価が正当であろう。また、この判例を慣習法成立の根拠にできるか否かという議論とは無関係に、この昭和32年判例「から50年以上も官報による公布が継続している今日では、慣習法の成立を認めることも可能であろう」[494]という評価もある。

しかし、万人が認める確実な形態として存在しているのは —— かなり問題を含む —— 判例法でしかなく、一部の学説だけが慣習法であると評価しても、問題の解決にはならないであろう。立法的な解決が必要なゆえんである。

（5）「法令の通則に関する法律」の提案

この法律は、さきの佐藤達夫の言葉を借りれば、「法律に関する法律」としての性格を有するものである。ウィーン条約法条約という表現も用いられていることを考えれば、上記の佐藤の「法律に関する法律」という命名も考えられないわけではないが、ここでは「法令の通則に関する法律」の名称を用いることとした。「法の適用に関する通則法」の第2章は、「法律に関する通則」とされているが、法律のみならず政令、省令も規律対象となるので、「法令の通則に関する法律」という名称を付すこととしたものである。

3 「法の適用に関する通則法」と、国際私法の純化

平成18(2006)年に公布され、翌平成19(2007)年から施行されている「法の適用に関する通則法」は、明治31(1898)年に公布、施行された「法例」を承継した法である。

この「法例」という名称は、古代中国（晋の時代）に、「律の適用等に関する通則」として用いられたのが最初のようであるが、「わが国においては、明治13年刑法の総則の中で初めて法例の語を用い、その後、明治23年法律97号をもって一般の法律の適用に関する通則を規定するに及んで、これをまた法例と称したのである。」[495]（なお、この引用文にある明治23年の「法例」は、旧民法と運命をともにして、結局施行されることなく終わった。この旧法例には、「法律の公布、効力、解

---

492 田中二郎『新版行政法（上）全訂第2版』（弘文堂、1974年）64頁。
493 杉村敏正『全訂行政法講義：総論（上）』（有斐閣、1969年）28頁。
494 八木・注482）引用「政令の公布」行政法判例百選I　第4版109頁。
495 山田鐐一『国際私法』（筑摩書房、昭和57年）26頁。

釈等に関する数条」[496]がおかれていた〔ここでいわれている「解釈に関する」規定は、2条の法律の不遡及、15条の公序良俗にかんする規定、16条の身分または能力に関する法律を免れる合意の効力等であって、別段、後に紹介する「法の適用に関する通則法」に収録した諸規定の内容ではない〕。）。

　このようにみると、用語としての「法例」は、「法律の適用に関する通則」としての意味を有していたようであるが、明治23年の「法例」の後、明治31年に公布・施行された「法例」は、その1条に「法律の施行時期」、2条に「慣習法」の規定をおいたうえで、3条以下に国際私法的な規定をおいた。これをみると、1条は、「法例」＝「法律の適用に関する通則」にふさわしい内容であり、2条もそれに準じて考える余地があるが、3条以下は、きわめて特殊な国際的法抵触の場における「法の適用」についての規定であって、「通則」的性格に乏しいことがわかるであろう。つまり、古代中国以来、「通則」的性格を有していた「法例」という用語が、わが国の法律である明治23年の「法例」、そして明治31年の「法例」においては、「法律の適用に関する通則規定」＋（国際的法抵触の場における）「特殊な法の適用に関する規定」が合体した法律になったのである。

　そして、それを承継した現在の「法の適用に関する通則法」は、第1章「総則」（1条「趣旨」）、第2章「法律に関する通則」（2条「法律の施行期日」、3条「法律と同一の効力を有する慣習」）、第3章「準拠法に関する通則」（40か条から成る）との構成を採用し、前段に述べた合体的性格は変わっていない。

　このように「法例」が性格を異にする規範群を合体していることは、国際私法研究者も意識しているところである。具体的には、明治23年の「旧法例」については、「全文17ヵ条のうち法律の公布、効力、解釈等に関する数条を除き他は国際私法規定である」と述べられており、明治31年の「法例」については「全文31ヵ条のうちはじめの2ヵ条を除き国際私法規定である」[497]と説明されている。これらの叙述では、「法例」に国際私法と関係しない規定が存在することが述べられてはいるが、別の国際私法研究者は、「法例」を「わが国の国際私法の成文法源の根幹をなしている」として、「法例の規定は殆どが完全（双方的）抵触規定である」と述べ[498]、同法の冒頭に規定された規範を「殆ど」の外に位置づけることによって、実質的な言及を回避している。

　以上から窺えるような2つの規範群の異質性は、平成18年に「法例」が全面

496　山田鐐一『新版 国際私法』（有斐閣、平成15年）25頁。
497　山田・前注引用書25頁。
498　池原季雄『国際私法（総論）』（法律学全集59巻）（有斐閣、昭和48年）31頁以下。

第 3 章 「法令の通則に関する法律」の制定の提案

改正され、「法の適用に関する通則法」が制定されるさいにも意識されていたところであった。具体的には、法例の改正についての最初の法務大臣の諮問は、「国際私法に関する法例の規定の現代化」に限定されていた[499]。したがって、平成17年の9月に法制審議会総会で決定された「国際私法の現代化に関する要綱」も、「第1 自然人の能力に関する準拠法」から始まっていた。ところが、その要綱の「前注」には、「本要綱で新設・改正が提案されていない条文についても、現代語化(平仮名口語体化)を図るものとする」と記述されており[500]、法務大臣の諮問対象外であった条文が、新法のもとでは、それぞれ「法律の施行期日」、「法律と同一の効力を有する慣習」との標題を付され、「平仮名口語体化」されたのみならず、文言も現代的に改められた。このように後者が、木に竹を接いだような手続きによって改正されたこと自体、これらの条文の「国際私法」からの異質性を物語っている。

以上の状況と経緯を考えると、現行の「法の適用に関する通則法」の「第二章 法律に関する通則」と「第三章 準拠法に関する通則」の異質性を正面から認め、それぞれを別の法律としたほうが適切ではないかと思われる。

これには、いろいろな立法のあり方が考えられるところであるが、現在の「法の適用に関する通則法」の「第二章 法律に関する通則」を「法令の通則に関する法律」に移すことによって、「法の適用に関する通則法」を、―― 第1条の「趣旨」のほかは ――「第三章 準拠法に関する通則」のみとし、国際私法に純化させることが望ましい。そのさい、国際私法は、国家によって妥当する法域が異なることを前提とした「法の適用」を問題にするもので、「法の適用一般」を問題とするものではないので、「法の適用に関する通則法」という標題は適切ではない。そこで、さきにも述べたように、法名を「国際私法」に ―― あるいは、「渉外私法」その他適切なものに ―― 変更すべきであると考える[501]。

---

499 平成15年2月5日法務大臣諮問第61号。
500 以上、法務大臣諮問も含め、『法の適用に関する通則法関係資料と解説』(別冊ＮＢＬ110号)(商事法務、平成18年)2頁、67頁。
501 なお、このような法改正にともない、同法の「第一条 趣旨」の規定の内容を、国際私法ないし国際的抵触法にかんする法律であることをより明確に示すものに変更するとともに、現在の「第三章 準拠法に関する通則:第一節 人」を「第二章 人」にあらため、以下、現在の節構成を章構成に変更する等の改正が必要となることを付言しておきたい。

第三編　債権

4　現行民法の規定の一部の民法典からの削除
―― 「住所」、「公示による意思表示」、「期間の計算」 ――

　すでに述べたように、本民法改正案においては、民法典から現行民法の「住所」、「公示による意思表示」および「期間の計算」の規定を削除し、「法令の通則に関する法律」に規定することとした。

　われわれがこれらを民法ではなく、「法令の通則に関する法律」に規定しようと考えたのは、これらの規定が、「民法の通則」ないし「私法の通則」という性格を超えた、公法・私法を含む法一般につうじる規範という性格を有しているからである（なお、「住所」および「期間の計算」の規定が、私法の範囲を超えて適用されている具体的状況、および「公示による伝達」が必要なのは、私人による意思表示のみならず、行政庁の行為においても同様であることについては、それぞれの箇所の解説で述べる。）。

　法学が、私法、とりわけ市民法（ius civile）にその源流を求めることができる民法を中心に発展し、展開されてきたという歴史的経緯を考えると、民法典が法全体の中核であるという考え方自体はごく自然なものであるから、この種の規定を民法典におくという考え方もありうるところである。また、民法をプロイセン一般ラント法のように、法全体の総合法典として立法することを目的とするのであれば話は別となろう。しかし、現代における法の体系的分化を前提とすると、民法典は私法の中核であるという考え方もありうるところであり、本民法改正案は後者の考え方を前提として構成することとした。

　そこで、私法のみならず、多くの法律にかんして問題となる「住所」、「公示」、「期間の計算」を「法令の通則に関する法律」に規定するとした[502]。

502　【「住所」、「期間の計算」、「公示による意思表示」の規定についての議論の経緯】
　（ⅰ）はじめに
　　これらの規定については、基本的に、①本民法改正案からの削除提案、②それらの規定の「法の適用に関する通則法」への移動提案、③移動にさいして、条文の内容を全面改正する提案、④それらの規定を「法令の通則に関する法律」という新法に規定するという提案の4段階をへた。各法制度ごとにそれらの経緯を述べることとする。

　（ⅱ）住所
　　住所の規定についての過去の裁判例数は、民法23条の「居所」については1件、民法24条の「仮住所」についてもわずか3件と少数である（LEX/DBインターネット平成26年11月1日現在。なお、他の住所の条文の裁判例数については、加藤雅信『新民法大系Ⅰ　民法総則　第2版』〔有斐閣、平成17年〕431頁以下参照）。ただ、裁判例数は少なくても、「居所」も民法25条の「不在者」の前提概念となっていること、また、「住所」は債務の履

第 3 章 「法令の通則に関する法律」の制定の提案

行地（民法 484 条）等における重要な概念となっていること、さらに、「仮住所」も民事訴訟法の送達との関係で意味を有していること等を考慮すべきであろう。このような状況のもとで、民法改正研究会での当初の事務局提案は、民法の住所の規定を維持するというものであった（於 2006 年 11 月 23 日全体会議）。

しかしながら、この提案とは別に、当初の段階から、①事務局は「住所」や「期間の計算」については民法以外に規定することも考えられるとの意見も示していた（於 2006 年 11 月 23 日全体会議）。②その後、山野目章夫が、それらについて規定する具体的な法律として「法の適用に関する通則法」がありうる旨の意見を述べた（於 2007 年 12 月 17 日物権法分科会）。この提言を受け、それらの規定を民法典から削除し、「法の適用に関する通則法」に移動することが、磯村保から提案され（於 2008 年 4 月 19 日総則分科会）、最終的に、それが受け入れられた。この方針が私法学会提出案となり、国民有志案までそれが維持された（③、④の段階については後述）。

(ⅲ) 期間の計算

現行民法の総則編は、基本的に、権利の主体・客体・変動というかたちで構成されている（本民法改正案では、この構成をより明確に打ち出している）。しかし、「第六章 期間の計算」（民法 138 条～143 条）は、技術的な規定であって、明らかにこの総則編の体系からはみだしている。これらの条文は、時効の前提としての期間計算が必要となるので、ここにおかれたものにすぎないと考えられる。

このような問題意識はあったものの、期間・時効にかんする当初の事務局提案は、「第六章 期間の計算」は現行民法の構成を維持するものであった（於 2007 年 2 月 18 日総則分科会）。しかし、その後、物権法分科会において、分科会のテーマ外の問題であったが、①この問題を議論の対象としたところ、②山野目章夫より、さきの住所についての提言をした同日の研究会において、期間の計算は、民訴その他の法律においても問題となることが多いので、「法の適用に関する通則法」に移してはどうか、との提案がなされた（於 2007 年 12 月 17 日物権法分科会）。

そこで、次の総則分科会において、民法総則から「期間の計算」にかんする規定を削除し、すべて「法の適用に関する通則法」に移動することが検討されたところ、この提案が承認され、「第六章 期間の計算」は、民法総則から削除することとなった（於 2007 年 12 月 22 日総則分科会）。この方針が私法学会提出案となり、国民有志案までそれが維持された（③、④の段階については後述）。

(ⅳ) 公示による意思表示

①「公示による意思表示」については、①早い段階で磯村保から現行民法 98 条の規定の削除が提案されたが、この点についての詳細な議論はなされていなかった（於 2006 年 11 月 30 日全体会議）。

そのため、私法学会提出案の段階では、現行民法の「住所」の節の削除、「期間の計算」の章の削除が決定されていたが、「公示による意思表示」については、私法学会提出案整備のための事務局会議において、民法 98 条第 1 項を私法学会提出案「第二款 意思表示」の冒頭規定の一部とし、②2 項以下を「法の適用に関する通則法」に移動することのみが提案された（この提案の承認は、私法学会提出後の全体会議でなされた〔於 2008 年 11 月 2 日全体会議〕）。

第三編　債権

(ⅴ) 条文内容の改正

　上記のように、国民有志案までは、①条文の民法典からの削除と、②「法の適用に関する通則法」への移動のみが考えられていたところ、③これらの法制度にかんしても、法改正にさいして内容を整備しておく必要があるとの考えのもとに、事務局がこの3つの法制度についての条文案を集中的に作成した（於2011年7月15日からの事務局合宿会議）。その後、民法改正研究会において、この条文案を基礎に、3つの法制度について詳細な検討がなされた。そして、2011年から2012年にかけ、磯村保と川崎政司による文言の修正提案がなされたものが、最終的に民法改正研究会で承認され、それが各改正条文案となった（於2012年8月5日全体会議）。

(ⅵ)「法令の通則に関する法律」の立法提案

　上記のように、これら3つの法制度についての改正条文案の内容がほぼ固まりつつあった段階で、「法の適用に関する通則法」の性格と、これら3つの法制度についての規定とが調和していないという疑問が磯村保から呈示された（於2014年6月15日全体会議）。その段階では、これら3つの法制度は、「法の適用に関する通則法」の「第二章　法律に関する通則」に付加するかたちで規定することが提案されていた。そこでの第2章の構成は、「第一節　法の効力等」に「法の適用に関する通則法」の2条、3条の題名を変更した「法律の施行」、「慣習法」の2か条をおいたうえで、それに続き、第2節から第4節までに、「住所」、「期間の計算」、「公示による意思表示」の3つの節がおかれていた。

　この磯村の疑問をうけ、④前段に述べた内容をすべて「法令の通則に関する法律」と題する新法に規定することを議論したところ、川崎政司が、現行の「法の適用に関する通則法」のなかで異質とされてきた「法律の施行」、「慣習法」の条文が同法外に規定されることは、これまでの問題も解消されることになるという賛成意見を述べるとともに、日本国憲法の施行にともない廃止された「公式令」に代わる"法令の通則法"と、一般的な法概念である「住所」、「期間の計算」、「公示による意思表示」の規定を合体した新法を起案するという方向性を示唆し、あらたな立法提案をすることが了承された（於2014年6月15日全体会議）。

　この方針のもとに、事務局が6章からなる「法令の通則に関する法律（案）」の原案を策定し、川崎政司のいくつかの修正提案を容れた次頁以下に紹介する条文案が全体会議で最終的に承認された（於2014年7月20日全体会議）。

第二章　法令の公布及び施行

[Ⅰ] 条文案

法令の通則に関する法律

第一章　総則

(趣旨)
第一条　この法律は、法令に関する通則並びに法令において一般的に用いられる用語の意義及び一般に必要とされる手続について定めるものとする。

本条：新設

第二章　法令の公布及び施行

(法令の公布)
第二条　法令の公布は、官報によって行う。
2　法令は、その法令が掲載された官報が発行された時に公布されたものとする。

本条1項：新設
　　2項：新設

(法令の施行)
第三条　法令は、公布の日の翌日から起算して十日（行政機関の休日（行政機関の休日に関する法律（昭和六十三年法律第九十一号）第一条第一項各号に掲げる日をいう。）の日数は、算入しない。）を経過した日から施行する。

本条：法の適用に関する通則法2条（法律の施行期日）移修

(法令の施行の例外)
第四条　前条の規定にかかわらず、法令で施行期日を定めたときは、当該法令の施行は、その定めるところによる。ただし、罰則を設け、又は義務を課し、若しくは国民の権利を制限する規定については、同条の期間を短縮

685

することはできない。

本条本文：法の適用に関する通則法2条（法律の施行期日）ただし書移修
　　ただし書：新設

第三章　慣習法

（慣習法）
第五条　公の秩序又は善良の風俗に反しない慣習は、法令の規定により認められたもの又は法令に規定されていない事項に関するものに限り、法律と同一の効力を有する。

本条：法の適用に関する通則法3条（法律と同一の効力を有する慣習）に同じ（ただし、標題変更）

第四章　住所

（住所）
第六条　住所とは、法令に特別の定めがある場合を除き、各人の生活の本拠をいうものとする。
2　次に掲げる居所は、住所とみなす。
　一　住所が知れない場合における居所
　二　日本人又は外国人のいずれであるかを問わず、日本に住所を有しない者の日本における居所（準拠法を定める法律に従いその者の住所地法の規定によるべき場合を除く。）
3　ある行為に関して合意によって選定された仮住所は、その行為に関しては、住所とみなす。

本条1項：民法22条（住所）移修
　　2項柱書：新設
　　　　1号：民法23条（居所）1項移修
　　　　2号：民法23条（居所）2項本文、ただし書移修
　　3項：民法24条（仮住所）移修

第五章　期間の計算

第五章　期間の計算

（期間の計算の通則）
第七条　期間の計算方法は、法令若しくは裁判上の命令に特別の定めがある場合、合意により別段の定めをした場合又は異なる慣習がある場合を除き、この章の規定に従う。

本条：民法138条（期間の計算の通則）移修

（時間による期間の計算）
第八条　時間によって期間を定めたときは、その期間は即時から起算し、その時間が経過した時をもって満了する。

本条：民法139条（期間の起算）移修

（日による期間の計算）
第九条　日によって期間を定めたときは、期間の初日は、算入しない。ただし、その期間が午前零時から始まるときは、この限りでない。
2　前項の場合において、期間はその末日の終了時をもって満了する。ただし、合意により別段の定めをした場合又は異なる慣習がある場合には、これと異なる時間をもって満了するものとすることができる。
3　前項の期間の末日が日曜日、国民の祝日に関する法律（昭和二十三年法律第百七十八号）に規定する休日その他の休日に当たるときは、その日に取引をしない慣習がある場合に限り、期間は、その翌日に満了する。

本条1項本文：民法140条（前条の標題（期間の起算）承継）本文移修
　　　ただし書：民法140条（前条の標題（期間の起算）の承継）ただし書移動
　2項本文：民法141条（期間の満了）移修
　　　ただし書：新設（商法520条（取引時間）参照）
　3項：民法142条（前条の標題（期間の満了）承継）移修

（暦による期間の計算）
第十条　週、月又は年によって期間を定めたときは、その期間は、暦に従っ

687

　　　　　第三編　債権

て計算する。
2　前項の場合において、週、月又は年の初めから期間を起算しないときは、その期間は、最後の週、月又は年においてその起算日に応当する日の前日に満了する。ただし、月又は年によって期間を定めた場合において、最後の月に応当する日がないときは、その月の末日に満了する。
3　前条の規定は、前二項の場合において準用する。

本条1項：民法143条（暦による期間の計算）1項移動
　　2項本文：民法143条（暦による期間の計算）2項本文移修
　　　ただし書：民法143条（暦による期間の計算）2項ただし書移動
　　3項：新設

第六章　公示による伝達

第一節　行政手続における公示送達

（行政処分その他の公示送達）
第十一条　行政庁の処分その他の行為に伴い相手方に行われるべき書類の送達は、当該行政庁が相手方を知ることができず、又はその所在を知ることができないときは、公示の方法によってすることができる。ただし、その行為の性質がこれを許さないものであるときは、この限りでない。
2　前項の公示は、送達すべき書類の名称、その送達を受けるべき者の氏名及び当該行政庁がその書類をいつでも送達を受けるべき者に交付する旨を記載して行なわなければならない。
3　第一項の公示は、当該行政庁の事務所の掲示場に掲示し、かつ、その旨を官報その他の公報又は新聞紙に少なくとも一回掲載して行う。ただし、その行為の性質その他の事情を考慮して相当と認められるときは、官報その他の公報又は新聞紙に掲載することを要しない。
4　行政庁が処分その他の行為をする場合において、相手方の所在を知ることができないときは、前項に規定する手続に代えて、その行為の性質その他の事情を考慮し、相手方の最後の住所地その他適切な地域の市役所、区役所、町村役場又はこれらに準ずる施設の掲示場に提示することができる。
5　行政庁が前項の規定による公示送達をした場合においては、最後に官報その他の公報又は新聞紙に掲載した日（第三項ただし書の場合においては、

第六章　公示による伝達

> 同項本文の規定による提示を始めた日）から二週間を経過した時に、相手方に書類の送付があったものとみなす。ただし、当該行政庁に相手方を知らないこと又はその所在を知らないことについて過失があったときは、その効力を生じない。

本条1項本文：新設
　　　　ただし書：新設
　　2項：新設
　　3項本文：新設
　　　　ただし書：新設
　　4項：新設
　　5項本文：新設
　　　　ただし書：新設

第二節　公示による意思表示

> **（公示による意思表示）**
> 第十二条　<u>相手方のある意思表示</u>は、表意者が相手方を知ることができず、又はその所在を知ることができないときは、公示の方法によってすることができる。
> 2　前項の公示は、公示送達に関する民事訴訟法（平成八年法律第百九号）の規定に従い、裁判所の掲示場に掲示し、かつ、その掲示があったことを官報に少なくとも一回掲載して行う。ただし、裁判所は、相当と認めるときは、官報への掲載に代えて、市役所、区役所、町村役場又はこれらに準ずる施設の掲示場に掲示すべきことを命ずることができる。
> 3　公示による意思表示は、最後に官報に掲載した日又はその掲載に代わる掲示を始めた日から二週間を経過した時に、相手方に到達したものとみなす。ただし、表意者が相手方を知らないこと又はその所在を知らないことについて過失があったときは、到達の効力を生じない。
> 4　公示に関する手続は、相手方を知ることができない場合には表意者の住所地の簡易裁判所の管轄に、相手方の所在を知ることができない場合には相手方の最後の住所地の簡易裁判所の管轄に属する。
> 5　裁判所は、表意者に、公示に関する費用を予納させなければならない。

第三編　債権

本条 1 項：民法 98 条（公示による意思表示）1 項移修
　　 2 項本文：民法 98 条（公示による意思表示）2 項本文移動
　　　　ただし書：民法 98 条（公示による意思表示）2 項ただし書移動
　　 3 項本文：民法 98 条（公示による意思表示）3 項本文移動
　　　　ただし書：民法 98 条（公示による意思表示）3 項ただし書移動
　　 4 項：民法 98 条（公示による意思表示）4 項移修
　　 5 項：民法 98 条（公示による意思表示）5 項移動

[Ⅱ] 改正理由

1　「第一章　総則」について

　第 1 条は、「趣旨」という標題が付されているとおり、「法令の通則に関する法律」制定の趣旨を規定したものである。
　第 1 条の最初にある「法令に関する通則」という文言は、第 2 章と第 3 章の内容——明治憲法下の「公式令」の一部の後身である「法令の公布」、および現在の「法の適用に関する通則法」を承継した内容——を指している。また、次の「法令において一般的に用いられる用語の意義及び一般に必要とされる手続」という文言が、第 4 章以下の内容——現行民法からこの法律に移設することになる「住所」、「期間の計算」の規定、また、現行民法に若干の規範内容を付加することになる「公示による伝達」の規定の内容——をさしている。

2　「第二章　法令の公布及び施行」について

（1）　法令の公布

　現在、昭和 32 年判例によって認められている「官報による法令の公布」を、法令の通則に関する法律 2 条に規定した。すでに述べたように、公布即施行とされる法律にあっても、公布の時期を法律によって明示することによって、新法により既存の刑罰が廃止された場合に、官報発行以前に別の手段でそれを知っていたとしてもその新法の効力は及ばず、既存の刑罰が適用されることを規定しておく必要があると考えるからである。

（2）　法令の公布時期

　法令公布を官報による広報を基準とするにしても、その公布の時点については、いくつかの説が存在していた。
　その主要なものとしては、①法令が掲載された官報の日付の午前 0 時、②官報

第六章　公示による伝達

の外部への発送手続の完了時点、③官報が最初の閲覧場所に到達した時点、④官報が最後に到達する地方への到達時点、⑤各地方の官報販売所で閲覧可能となる時点（異時施行主義）をあげることができる[503]。民法の考え方との対比でいえば、②が発信主義、④と⑤が到達主義的発想にもとづく考え方といえるであろう。

　ただ、これらの説の対立は、公布と施行の問題を分離せずに考えていたきらいもある。しかし、「公布」は、法令の「施行」により国民を拘束する前提として、法令の内容を国民に知らしめるための手続きであり、「施行」の前提概念ではあるものの、両者は別概念である。法令の国民に対する拘束力を考えると、到達主義的な発想が重要となるが、それは「法の施行」の次元の問題である。「公布」を「施行」から切り離し、法令の内容を公にする行為と考えるのであれば、むしろ発信主義的な発想のほうが自然であろう。

　そこで、法令の通則に関する法律2条では、「施行」から切り離した「公布」のみを規定し、法令の内容が記載された官報が発行された時を基準とすることにした。現在の官報発行の実務では、官報発行日の午前8時30分までに官報の発送がなされるので、その発送時点が基準となろう。

　ただ、官報の号外等では、上記の時間以外に官報の発送がなされることがあるようであるが、その場合は現実の発送の時点が「公布」となる。かりに、官報記載の日付と発送の日付が異なるようなことがあれば、発送の日付の発送時点にその法令が「公布」されたことになる（なお、現在の実務では、官報の発送と同時にインターネットのウェブサイトへの掲載がなされているが、（3）②に述べるように、今日の段階では活字媒体をインターネットよりも優先させるべきであると考えるので、ここではインターネットのウェブサイトへの掲載の日時を問題としていない）。

　なお、「公布」の日時は、法令の通則に関する法律3条が規定するように、公布時と施行時がずれているときにはそれほど重要ではない。しかしながら、現在でも、公布即施行という法令は一定数存在している（ただし、関係筋によれば、前述した昭和33年判例以後は、刑罰規定について公布即施行という取扱いをすることは避けられているとのことである）。法令の通則に関する法律のもとでも、「罰則を設け、又は義務を課し、若しくは国民の権利を制限する規定」（同法4条）以外にかんしては公布即施行という取扱いも認められるので、このような取扱いがなされる場合には、公布時点が重要となる。

　慎重に考えるのであれば、公布即施行という取扱いをするにあたっては、この

503　これらの説をどの論者が主張しているかについては、高見勝利「法例公布の時期」憲法判例百選Ⅱ　第2版（別冊ジュリスト96号）（昭和63年）417頁参照。

第三編　債権

「発行」時点は④として到達主義を貫徹すべきであろうが、法令の通則に関する法律4条によって国民に対して不利益を課す規定には公布即施行は認められず、かつ、法令には国民に利益を与えるものも存在するので、公布にかんしては②の発信主義を採用してよいと考える。

　なお、官報掲載時の午前0時を公布時と考える①の説は、昭和41年に公刊された論稿によれば「行政部内で従来広く行われてきた」とのことである。しかし、そこにも説かれているように、「この考え方は、公布と施行との間に相当の猶予期間がおかれる場合は実害はないが……官報がその日付より実際には遅れて発行されるとき……は、行政部の側からみた形式的画一主義乃至便宜主義の色彩が濃」い[504]。現実に国民に公表されてもいない段階で「公布」を認めることは、実体にそぐわないので、①の説は採用しなかった。

（3）　法令の施行時期
①　基本的な考え方

　法令が施行されれば、国民はその法令に拘束される。（2）に述べたように、これまで公布と施行の問題は渾然一体と論じられていた感もあるが、（2）に紹介した①から③までの説は、国民が知りえない法に拘束されることを認めることになる。昭和33年判例は③の立場をとってはいるが、法令の規範内容が国民に利益を与えるのみである場合はともかく、権利義務にかんする法令については認めてはならないものである。そこで、施行にかんしては、④の実質を確保しつつ、⑤の異時施行主義による国民生活の画一的な規律を害することを回避する立法が望ましい。

②　官報発送の実情と、最短の施行期間

　現在の官報による広報状況をみると、官報は、行政機関の休日——土日、国民の祝日、12月29日から1月3日まで——を除く毎日発行され、その日の午前8時30分までには各都道府県の官報販売所に発送され、各販売所は購読者に発送する。購読者が翌日配送を許容する場合には、その者には翌日配送となる（なお、東日本大震災のさいには、被災地の配送体制によって各購読者に翌日配送がされないこともあったが、少なくとも各都道府県の官報販売所には翌日官報が配送された）。したがって、翌日配送を考慮しても、発行日の2日後には、官報に記載された法令は了知可能な状況になる（なお、発行日には国立印刷局の掲示板や官報販売所の掲示板に掲示され、インターネットのウェブサイトでも閲覧することができるので、インター

504　作間忠雄「法令公布の時期」ジュリスト増刊・憲法の判例（基本判例解説シリーズ1）（昭和41年）177頁。

第六章　公示による伝達

ネットを利用すれば、発行日の午前8時30分までには、閲覧可能な状況が確保されている。ただ、今日の段階では、インターネットの非利用者の存在を無視することは、国民全体に対する法令の拘束力を認めるという観点からは望ましくないと考える。また、中央官庁のウェブサイトの改ざん事例がこれまであったことも考慮し、「官報」という活字媒体による広報を優先すべきであろう[505]。

現在のような官報の発送状況を考え、東日本大震災のときでさえ各県の官報販売所への配送が確保されていたことを考慮すると、最短の期間であれば、官報発行日の2日後を法令の施行期日とすることも可能であろう。ただ、より慎重を期したうえで最短の施行期間とするならば、1日の余裕をおき、次のように規定することも考えられないではない。

「法令は、公布の日の三日後から施行する。ただし、公布の日の翌日から三日後までの間に行政機関の休日があるときは、その休日を除いた三日後から施行する」（なお、この規定は、初日不算入として、公布の日を入れていないことをお断りしておきたい）。

③　立法実務の状況

上記のような短期間での施行を法制化することは可能であろうが、現実の立法の状況をみると、必ずしも短期間にするという要請が非常に強いとまでは思われない。

もちろん、法律の附則に「公布の日から施行する」とされるものが一定数存在するのは、法の適用に関する通則法2条が——官報による公布に触れることなく——「公布の日から起算して20日を経過した日から施行する」としていることが、やや長すぎるきらいがあることの反映でもあると思われる。しかし、公布即施行という立法が一定数存在するからといって、法令の公布には国民が法令の内容を了知できる状況を確保するという目的があることを考えると、公布即施行を施行の原則とすることが適切であるとは思われない。

では、どの程度の施行期間を置くことが適切か。もちろん、それは法令の内容にそくして異なるであろう。国民にじゅうぶんな周知期間をとる必要があるものも少なくないし、また、法律の制定にともない、政省令の整備に日時を要するものもありうるであろう。したがって、法令の性格にそくして、施行期間を柔軟に定めることができる法制を確保することも必要である。

---

[505] 本文に「今日の段階では」と限定をつけたのは、将来、インターネットがさらに普及し、かつ、ウェブサイト改ざんに対する防御態勢が強化されれば、インターネットによる了知可能性を前提として、「公布即施行」という法制に変じることも可能であると考えたからである。

第三編　債権

　ただ、そのように施行期間を柔軟に定めうることを前提とした場合に、原則規定としての施行期間はどのように考えるべきであろうか。前述のような官報の発送状況をみると、現在の法の適用に関する通則法2条本文の「法律は、公布の日から起算して二十日を経過した日から施行する」という規定は、現在の官報の配布状況を反映していないと考える[506]。上記の規定は、法例1条を承継したものであるが、法例が制定された頃より官報配布体制が整備された現在、この20日という期間は、短縮されてもよいであろう。

　前段に述べたことを前提としつつ、新憲法下での立法にさいし、法の適用に関する通則法2条の20日を半減し、10日以下の施行期間を定めた立法例がどの程度存在するかを調査してみた。その結果は、短期間で施行された例は少なく、以下の【表7】のとおりである（なお、10日以下の施行期間で、日数が2,3,4,6,8,9の例は存在していない）[507]。

【表7　施行期間が10日以下の法律の数】

施行期間10日	36件
施行期間7日	7件
施行期間5日	5件

④　「公布から10日」の施行期間

　このような現実の立法の状況を考慮し、法令の通則に関する法律3条では、10日の施行期間を原則とすることとした。なお、法の適用に関する通則法2条が

506　ただ、前述したように、公式令の廃止の段階で、日本政府は「公文方式法案」を制定することを試みたが、連合軍総司令部の強い反対により、それは制定されることなく終わった。その結果、昭和22(1947)年5月3日の新憲法施行の2日前の5月1日に、次のような暫定措置を定める次官会議了解が成立した。「政令、総理庁令及び省令には必ず施行時期を定めること（公式令第11条の規定に相当する根拠規定がないから）」。「法令その他公文の公布は、従前の通り官報を以てすること」（大石・注464）引用「法令の公布」憲法の争点（新版）256頁）。その後、基本的に法律には施行時期を定める附則が付けられており、法の適用に関する通則法2条が適用される例はほとんどないので、現在の実務に不都合を与えているわけではない。

507　【表7】は、第一法規のD1-Law.comを用い、日本国憲法が施行された昭和22年の第1回国会から平成26年の第186回国会までに公布された法律のうち、施行期間が10日以下のものをとりあげたものである。ただ、1つの改正法が複数の既存の法を改正することが少なくないが、第一法規のD1-Law.comではそれが複数の法改正として表示されるため、本表に示した数値の1.5倍前後の法律数となるので、それを補正した。補正前の数値は、施行期間10日が42件、施行期間7日が6件、5日が5件である。そのうち、該当施行期日が各号列記のかたちとなっているもの等につきさらに補正した数値を本文の表に示している。

「公布の日から起算して二十日を経過した日から施行する」としているのは、初日不算入の原則を排除していることの反映である。また、多くの法律が、その附則に「この法律は、公布の日から起算してＮ日を経過した日から施行する」と規定するのも、初日不算入の原則を排除するものである。このような立法実務を考えると、法令の通則に関する法律３条でも初日不算入の原則を排除することも考えられないではない。ただ、ここに提案する法令の通則に関する法律では、後の９条で初日不参入の原則を規定しているので、同じ法律において特段の理由がないのにその原則を排除するのも不自然であると考え、初日不算入の原則をとりいれ、また、これを法文上明らかにすることとし、法令の通則に関する法律３条本文では「公布の日の翌日から起算して十日……を経過した日から施行する」と規定した。

⑤　行政機関の休日の考慮

　法令の通則に関する法律３条は、④に述べたような規定をおいたうえで、この10日の期間の算定から行政機関の休日を除くこととした。

　もっとも、10日という施行期間は、とくに短期の期間というわけではないので、その期間内に土日や国民の祝日等があっても、別段実質的な問題が発生するとは考えない。ただ、前述したように、行政機関の休日には、12月29日から１月３日までが含まれている。したがって、この期間の前後が土日となる場合には、９日間連続して行政機関の休日となるので、この法律と関係する行政機関、民間団体、国民が対応しきれないような事態もありえないではない。このような事態はそれほど頻度が高いとは思われないが、慎重を期して、休日除外を明記したものである。

（４）　法令の施行の例外

　すでに述べたように、比較的最近の法律においても、「この法律は、公布の日から施行する。」として即日施行を定めているものも少なくない。この場合を含め、法令の通則に関する法律３条の10日という期間は法令で長くすることも短くすることもできるとしなければ、立法実務が硬直的なものになりかねない。そこで、同法４条本文で前条の10日間という期間が変更可能であることを規定した。

　ただ、法令の公布と施行について立法するにあたっては、国民の権利義務にかんする法令、ことに「刑罰法規を含む法令について公布即日施行という立法をすることは極めて不当であつて、かかる立法の形式は極力避けるべきである」[508]ことに留意する必要があるであろう。そこで、国家行政組織法12条３項を参考に

して、法令の通則に関する法律4条ただし書で、「罰則を設け、又は義務を課し、若しくは国民の権利を制限する規定」については、同法3条の10日という期間を短縮できないと規定した。

（5） 遡及効の禁止

施行されることなく終わった明治23年の旧法例は、その1条が法律の公布と施行についての規定であり（ただし、「施行」という用語は用いられていない）、2条が法の不遡及について次のように規定していた。「第2条 法律ハ既往ニ遡ル効力ヲ有セス」。

これと同様、法令の通則に関する法律4条の後に、法の不遡及の原則についての規定をおくことも考えられる。しかし、法の不遡及の原則がもっとも強く要請される刑罰については、憲法39条前段にすでに規定されており、刑法6条、刑事訴訟法337条2号、383条2号に関連する規定が存在している。

ただ、国民に一方的に利益を与える法令等については、法の不遡及を原則とする必要はないであろう。他方、国民に不利益を与える法令については、法の不遡及が原則とされるべきである。そこで、一般的に法令の不遡及原則を規定し、ただし書で、国民に利益を与える法令についての例外規定をおくことも考えられる。しかし、「国民の不利益」にもさまざまなものがあるので、このような規定をおくと、立法裁量を損ねるおそれも顧慮する必要があるであろう。

裁判でも、公務員の給与増減が、人事院勧告によって4月に遡って実施されるが、減額勧告の場合は不利益遡及にあたるのではないかということが争われた例がある。東京高裁は、法制度全体を検討しつつ、その合理性を肯定し、「12月期の期末手当において、同年4月からこの改定実施の日の前日までの間の給与について所要の調整措置を講」じ、「調査時点である4月期からの1年間で均衡を採るように措置をするかどうかは、最終的には立法政策の選択に委ねられるべきである」と判示し、公務員の給与増減の遡及的実施につき、立法裁量を認めた[509]。

法令の不遡及原則を規定することによって、このような立法裁量を阻害する途を開くことがないよう、「法令の通則に関する法律」には法の不遡及に関する規定をおかず、刑罰についての憲法39条の規定にとどめることとした。

3 「第三章 慣習法」について

第3章に規定した「第五条 慣習法」は、標題を変更しただけで、現行の「法

---

[508] 最大判昭和33年10月15日刑集12巻14号3313頁における入江俊郎裁判官の補足意見。
[509] 東京高判平成17年9月29日判時1920号146頁。

第六章　公示による伝達

の適用に関する通則法」の「第三条　法律と同一の効力を有する慣習」の文言をそのまま承継している。

　周知のように、法の適用に関する通則法3条の規定は、かつての「法例二条 慣習法」を現代語化したものであって、規範内容に変更は加えられていない。この規定と、「民法九十二条　任意規定と異なる慣習」との関係をいかに考えるかについては、かねてより議論が重ねられてきたところであり、学説上混乱があった。このような状況があるのであれば、法改正を機会にその混乱を取り除く試みをするべきか否かを検討する必要がある。

　その混乱を典型的に示す古典的な学説は、法例2条（現在の法の適用に関する通則法3条）を「慣習法についての規定」、民法92条を「事実たる慣習」の規定と解したうえで、事実たる慣習は任意規定より優先するが、慣習法は任意規定に劣後すると解してきた。その結果、「もしも通説のいうように、事実たる慣習と慣習法とが範疇を同じうする概念」であるならば、法的確信に支えられた慣習（＝「慣習法」）が法的確信に支えられていない慣習（＝「事実たる慣習」）に劣後するという「奇異なる『注目すべき現象』を認めることになる」[510]結果となった。

　ここに引用した末弘論稿が述べるように、かつての学説の一部がこのように混乱した理解を示したことは事実であるが、法律の文言をみても、法の適用に関する通則法3条にいう慣習と民法92条にいう慣習とは「範疇を同じうする概念」ではありえない。法の適用に関する通則法3条にいう「慣習」は、「法令に規定されていない事項に関するものに限」られるので、任意規定に規定されている事項にかんする慣習は法の適用に関する通則法3条には含まれない。それに対し、民法92条は、「公の秩序に関しない規定」（＝任意規定）に規定されている事項につき、それと異なる慣習についての規定である。したがって、ある慣習が、法の適用に関する通則法3条にいう慣習であると同時に、民法92条にいう慣習であることはありえないことになる。そして、現行民法92条の規定については、本民法改正案においては、［新］41条で「任意規定と異なる慣習がある場合において、法律行為の当事者が慣習の適用を排除する意思を表示しないときは、その慣習による意思を有するものと推定する」と規定し直し、当事者の意思表示の内容となることを推定することを明らかにした。要するに、本民法改正案では、現行民法92条に対応する［新］41条は、意思表示が任意規定に優先するという一般枠組を反映したものとなっている。また、そこに規定された任意規定にも規定されていない事項にかんする慣習が、法令の通則に関する法律5条の「慣習法」と

510　末弘厳太郎『民法雑記帳　上巻』（日本評論社、昭和28年）58頁以下。

オーバーラップすることもありえない法的枠組となっているのである（この点は、現行法制においても同様であるが、その点を見落としている学説が少なくなかっただけである）。

このように、かつての学説の一部にみられた混乱した状況は、本民法改正案では［新］41条の規定等によって回避されているので、法令の通則に関する法律5条の規定が法の適用に関する通則法3条の文言と同一であっても、さしつかえないこととなる。

4　「第四章　住所」について

（1）「住所」の規定の適用事例と、その普遍的・技術的性格

現行民法の「住所」は、その後に規定されている不在者・失踪についての前提となり、また、「弁済の場所」（民法484条）等でも問題となる。しかし、民法以外でも国籍法における帰化の要件、訴訟法上の裁判管轄、公職選挙法等、多くの法律において問題となる。このように、住所の規定は、内容的には民法特有の問題を規律するものとはいえず、公法・私法をつうじた法一般について問題となる技術的な規定である。

この点をめぐっては、「『住所』というのは、法の技術的概念であり」、多くの法に関係し、裁判管轄決定等について争われることはあっても、「民法固有の『住所』概念について争われたということは、裁判の実際においては……極めて稀なのではないか」、「民法典においてかかる規定が存在していること……は、甚だ無意味なことと考える」という批判も存在している。その背景としては、サヴィニーが裁判管轄や国際私法と関係する住所を私法体系のなかに位置づけたさいには、請求権概念が未確立で、実体法と手続法との分化が確立しておらず、国際私法は比較的近時にいたるまで私法体系中に存在していたという状況があった。また、19世紀の「パンデクテン法学の総論的部分は他の諸法にも適用さるべき一般法学的意義を有していた」ので、私法体系中の住所も、一般法学的な「未分化のものとして存在」し、「他の法域特に行政法の領域においても民法の『住所』にその基準を求めるという現状」が生まれた、といわれている[511]。

（2）　民法起草過程での議論

（1）に述べたような背景があるにもかかわらず、現行民法典がなぜ「住所」かんする規定を総則編においたのかについて、次に民法起草過程における議論を

---

[511] 以上、本段の叙述と引用は、川島武宜「民法体系における『住所』規定の地位」民法解釈学の諸問題（弘文堂、昭和24年）228頁以下、241頁以下による。

検討してみよう。

　民法典制定にさいし、起草者も、法典調査会において、「住所」については、「民法よりも最も他の法律行政法に関係する方が多い、夫故に民法から丸で抜くと云う説ならば一理あります」と述べてはいたが、「民法の内で何処に入れようかと云う事ならば総則の外に仕方は無いと思います」として[512]、民法典に規定する途を最終的には決断した。この発言にみられるように、「住所」を民法典に規定するか否かという問題は、民法起草過程においても実は微妙な問題とされていた。

（3）「住所」の規定のありかた

　「住所」の規定の適用事例、また民法起草過程における議論を考えると、「住所」にかんする規定は、民法典におくよりは、公法・私法をつうじた多くの法律に関係するものとして、民法以外の法律全体を見通す法律に規定するのが適切であろう。そこで、規範内容の性格に着眼し、「住所」についての規定は「法令の通則に関する法律」におくこととした。

　ただ、現行民法22条から24条に規定されている「住所」の条文は、技術的な定義規定にすぎないにもかかわらず「住所」、「居所」、「仮住所」としてそれぞれ1か条をなしており、規定のあり方として多少冗漫な感を免れない。そこで、法の通則に関する法律6条では、1項で「住所」、2項で「居所」、3項で「仮住所」を規定し、すべてを1か条に統合した。

　このように規定の形式は変更されているが、規範内容それ自体は、現行民法の規定するところと同一である。

5　「第五章　期間の計算」について

（1）「期間の計算」の規定と、その普遍的・技術的性格

　現行民法の「期間の計算」の規定は、時効の前提として機能するために、時効の章の前に規定されている。そして、民法において、時効以外にも「期間の計算」が問題となることは多いが、それ以上に、民法以外においても「期間の計算」は、公職選挙法、また、行政事件訴訟法等の多くの行政法規で問題となる。そのうえ、民事訴訟法95条、刑事訴訟法55条等では、独自の「期間の計算」の規定がおかれている（ただし、民事訴訟法95条1項は、「期間の計算については、民法の期間に関する規定に従う」と規定している）。

---

[512] 富井政章発言・『法典調査会民法総会議事速記録　第壱巻』62丁表（デジタルライブラリー版・コマ番号66／291）、注2）引用『法典調査会民法総会議事速記録』34頁。

第三編　債権

このようにみると、「期間の計算」の規定は、内容的には、民法特有の問題を規律するものとはいえず、公法・私法を通じた法一般について問題となる技術的な規定である。

（２）　現行民法起草過程での議論

（１）で述べたことを念頭におきながら、「期間の計算」についての民法制定過程での議論をみると、提案者の梅謙次郎は、法典調査会において次の趣旨の意見を述べている。

旧民法には、時効の箇所に期間の規定が１か所あるだけで、そのほかには規定がなく、また、商法、民事訴訟法、刑法、刑事訴訟法等にも部分的に期間計算の規定があるだけで、一般的な規定はないので、民法に期間の１章を設けた[513]。ただ、そのさい、梅自身が、「此箇条はなくしても実は宜いかとも思うたのでありますが」と述べていることにも留意されたい[514]（期間の計算については、法典調査会の後の議論において時効との関連が若干論じられてはいるものの[515]、梅の提案理由においては、とくに時効との関係につき言及はなされておらず、本文に紹介した説明からは、民法の総則という性格以上に、多くの法律で問題とされているという点が重視されている）。

（３）　「期間の計算」の規定のありかた

このように、「期間の計算」が多くの法律において問題になることは、民法起草者の梅の冒頭説明でも説明されていることをも考えると、「期間の計算」にかんする規定は、民法典におくよりは、公法・私法を通じた多くの法律に関係するものとして、民法以外の法律全体にかかわる「法令の通則に関する法律」に規定するほうが適切であると思われる。

しかし、現行民法の「期間の計算」にかんする規定を単に「法令の通則に関する法律」に移動するだけではじゅうぶんではないであろう。

現行民法では、「期間の計算」の章に、冒頭規定としての「期間の計算の通則」

---

[513]　梅謙次郎「第五章　期間」冒頭説明・『法典調査会民法議事速記録　第四巻』デジタルライブラリー版・コマ番号61／229以下（学振版には丁付なし）、注268）引用『法典調査会民法議事速記録１』360頁。

[514]　梅謙次郎139条（現行民法138条）冒頭説明・『法典調査会民法議事速記録　第四巻』デジタルライブラリー版・コマ番号63／229以下（学振版には丁付なし）、注268）引用『法典調査会民法議事速記録１』361頁。

[515]　前注引用『法典調査会民法議事速記録　第四巻』デジタルライブラリー版・コマ番号71／229以下（学振版には丁付なし）、前注引用『法典調査会民法議事速記録１』365頁における長谷川喬発言、梅謙次郎発言等参照。

第六章　公示による伝達

と題して138条が、「期間の起算」と題して139条と140条が、「期間の満了」と題して141条と142条が、「暦による期間の計算」と題して143条がおかれている。

　これらの6か条は、講学上、「自然的計算方法」として即時を起算点とする139条と、起算点に端数となった初日を加えない「初日不算入」方式をとる日・週・月・年を単位とする計算方法があり、月・年をもって期間を定めたときは、日に換算することなく、暦にしたがって計算する、と解されている[516]。

　このように、期間の計算には、①時間による期間計算、②日による計算、③暦による期間の計算の3通りがあり、②と③に初日不算入の考え方が適用されることとなる。

　上記の規範内容を簡明に示すために、「法の通則に関する法律」に「期間の計算」の節を規定するにあたっては、冒頭に「期間の計算の通則」の規定をおいたうえで、その次に「時間による期間の計算」、「日による期間の計算」、「暦による期間の計算」を規定し、現行民法の6か条を4か条にまとめることとした。

　法令の通則に関する法律7条の「期間の計算の通則」の規定は、現行民法138条、8条「時間による期間の計算」は現行民法139条（期間の起算）、ひとつ飛ばして10条「暦による期間の計算」は現行民法143条を承継しているが、その間にある9条の「日による期間の計算」の規定は、「初日不参入」を規定した現行民法140条、141条、142条を統合したものとなっている。さらに、現行民法141条は、「期間は、その末日の終了をもって満了する」としているところ、9条2項では、それにただし書を付し、「ただし、合意により別段の定めをした場合又は異なる慣習がある場合には、これと異なる時間をもって満了するものとすることができる」と規定した。この点につき、商法520条は、「法令又は慣習により商人の取引時間の定めがあるときは、その取引時間内に限り、債務の履行をし、又はその履行の請求をすることができる」と規定しているが、これをより一般的なかたちで規定したのが上記のただし書である。

　なお、法令の通則に関する法律9条の「日による期間の計算」の条文には、3項にわたり詳細な規定がおかれているが、これらは、つづく10条「暦による期間の計算」ですべて準用されている。

　以上のような規定をおくことにより、現行民法の「期間の計算」の条文群は、かなり簡明なかたちで体系化され規定されたと考えている。

516　我妻・注25)『民法講義Ⅰ　総則』427頁以下。

第三編　債権

6　「第六章　公示による伝達」について

（１）　はじめに──「公示」の必要性の普遍的性格と、訴訟法の公示送達制度

　現行民法 98 条は、その 2 項で「公示送達に関する民事訴訟法……の規定に従い」と規定しているところからもわかるように、民事訴訟法の公示送達制度をその基本に据えている。

　このように、民事訴訟法 110 条以下の公示送達についての規定が公示による伝達の原型となりうるように思われる。他方、刑事訴訟法 54 条は、「書類の送達については、裁判所の規則に特別の定のある場合を除いては、民事訴訟に関する法令の規定（公示送達に関する規定を除く。）を準用する」と規定し、公示送達を認めていない。これは、刑事手続の分野における人権保護の重要性を考えれば当然の規定というべきであろう。

　さらに、非訟事件手続法「第四編　公示催告事件」（同法 99 条から 118 条まで）は、「法令にその届出をしないときは当該権利につき失権の効力を生ずる旨の定めがある場合」についての公示催告事件についての手続きを規定している。この非訟事件手続法に従って、新株予約権証券の喪失（会社法 291 条 1 項）、社債券の喪失（会社法 699 条 1 項）、有価証券喪失の場合の権利行使方法（商法 518 条）、証券的債権の失権（民法施行法 57 条）等の手続きが行われる。

　これらの訴訟法に規定された「公示送達」は、それぞれ自己完結的な内容となっているので、とくにこのあらたな法律でとりあげる必要はないであろう。

　ただ、「公示による伝達」は、訴訟手続および上記の非訟事件手続のみならず、行政手続においても必要をされる。しかし、行政法規の分野では、個別の規定は存在しているものの、全体をカバーしうる一般規定が存在していないため、一部に法の欠缺状態もみられる。そこで、新法では、行政法の問題と民法の問題とをとりあげることとした。

（２）　行政手続における「公示による伝達」

①　行政法規における「公示による伝達」の個別規定

　（1）に述べたように、行政処分の通知等、行政法の分野においても「公示による伝達」に対する需要が大きいにもかかわらず、それはきわめて個別的に一部の法律に規定されているにとどまっている。

　具体的にいえば、行政不服審査法 51 条 2 項、3 項、国税通則法 14 条、地方税法 20 条の 2、独占禁止法 70 条の 8、特許法 191 条、道路交通法 51 条の 4 第 7

第六章　公示による伝達

項等には、公示送達についての規定がおかれており、また、「書類の送付に代わる公告」（土地区画整理法133条1項）、単純な「公告」（関税法134条2項）を規定している法律も存在している。また、それらの規定が他の法律に準用されている等の例も若干存在する（たとえば、介護保険法143条は地方税法20条の2を準用している。また、健康保険法183条、厚生年金保険法89条、労働保険徴収法30条等は、保険料の徴収を「国税徴収の例によ」るものとしているので、これらの制度においては国税通則法14条の公示送達を使うことができることになる）。

ただ、これらはすべて個別の問題に対処する規定であって、多種多様な行政庁の行為に対応する一般的な公示送達の根拠規定は存在していない。そこで、諸官庁は、根拠規定が存在しないのに公示送達の必要がある場合には、一例をあげれば、「命令書の送達／命令書は、民事訴訟法第1編第5章第4節の規定を類推適用し、次に留意の上被処分者に確実に送達されたいこと」[517]等、通知あるいは通達のなかで民事訴訟法の公示送達の規定を類推適用することによって対処する等、いわば小手先の手段によって対処しているのが実情である。

②　行政手続における「公示による伝達」の一般的規定の必要性

本来は、行政手続法に公示による伝達についての規定がおかれてしかるべきであったと思われるが、現在のところそのような規定はおかれていない。そうであるならば、「法令の通則に関する法律」の第6章に、行政的な公示通達が必要な場合をもカバーしうる規定をおくのが適切ではないかと思われる。行政庁の行為のうちでも、確認、通知、受理等については、それぞれの規範の内容にそくしてではあるが、「公示による伝達」が必要な状況が一般的にあるように思われるからである。

ひるがえって現行民法の「公示による意思表示」の規定を考えても、平成13年にドイツ民法を参考にしながら追加されたものであって[518]、民法制定当時からおかれていた規定ではないので、多少、遅まきながらの感があるものの、行政法の分野での法整備を考えてもよいように思われる。①に紹介したような、通知や

---

[517] ここにあげた例は、大臣が地方公共団体に対して地方自治法245条の4第1項にもとづいて行う「技術的な助言」として、環境省大臣官房廃棄物・リサイクル対策部産業廃棄物課長から各都道府県・各政令市産業廃棄物行政主管部（局）長宛てに発せられた「行政処分の指針について（通知）」（平成25年3月29日・環廃産発第1303299号）24頁である。

[518] 立法過程については、小林一俊「意思表示の公示に関する適用法規――明白な立法府見解に関連して」亜細亜法学36巻1号（平成13年）287頁以下参照（同『意思表示了知・到達の研究』〔日本評論社、平成15年〕162頁以下所収）。

通達等の不透明な行政手続によって、事実上公示送達が行われているような現状は改められる必要があると思われるからである。そこで、法令の通則に関する法律11条1項から5項に、行政手続に一般的に適用される公示送達の具体的な手続きを規定した。

③　公示送達が認められない場合 ── 11条5項について

ただ、(1)に述べたように、人権尊重の必要性が大きい刑事訴訟法の分野では、公示送達が認められていない。そうであるならば、行政手続の分野においても、刑事手続ほどではないにせよ、人権侵害性が強い行政処分等もありうることを考えると、行政法全体を貫くような単一の公示送達の根拠規定をおいてよいか否かについては慎重に考える必要があると思われる。そこで、行政手続において、行政庁が自らの行為の相手方を知ることができず、またはその所在を知ることができないときについて、公示送達についての一般的な規定を11条に定めるとともに、行政庁の行う処分が不利益処分（行政手続法2条4号）であるとき、その他行政庁の行為の性質が公示送達を許さないときには、公示による送達が認められないという規定をおくこととした（11条1項ただし書）。

最初に述べたように、行政法規のなかにはすでに公示送達の条文を定めているものも存在する。それらのものは、この法律の11条の特別規定となるので、特別法は一般法に優先するという枠組のもとに、とくに改正する必要はない。また、国税通則法、地方税法、保険料の徴収手続に関する各種社会保険法等は「不利益処分」を定めた法律なので、そもそもこの法律の11条が適用される余地はない。

ただ、最初に引用した多くの行政法規のなかには、必ずしも公示送達の条文が整備されているとはいいがたいものも少なくないので、それらについては、この法が制定される機会に、この法に依拠するにせよそうでないにせよ、再度の整備を考えたほうがよいものも存在するであろう。

④　具体的な公示送達の手続き

具体的な公示送達の手続きについては、11条の条文を読めば明らかと思われるが、若干の点について述べておくこととしたい。

「行政処分その他行政庁の行為」が、相手方の所在不明の場合に行われることは多いであろうが、相手方自身を知ることができないまま行われることがあるのか、という疑問があるかもしれない（11条1項関係）。しかし、被疑者不詳のまま捜査段階で検察官ないし警察官が領置した物を還付するような場合（刑事訴訟法221条、222条1項による123条の準用）、相手方を知ることができない等の状況

第六章　公示による伝達

はありうると思われる。

　また、手続きとしては、当該行政庁が行政処分その他の行為の相手方の所在を知ることができないときには、その行政庁の事務所の掲示場に公示を掲示するのが原則である（11条3項）。しかし、相手方の最後の住所地等の地方公共団体の掲示場に公示を掲示することによって、相手方に連絡をとってくれる者その他がいることもありうるであろう。その点を考慮し、最後の住所地の市町村役場の掲示場に公示を掲示する手続きも付加した（11条4項）。この場合、依頼を受ける市町村等は、他の行政庁のために掲示手続を行うことになる。この点については、依頼を受ける側に違和感がありうるかもしれないので、地方公共団体の担当者の感触をうるために、電話によるヒアリング調査を一部の地方公共団体について行ったことを付言しておきたい。

　また、現行民法98条2項は、公示による意思表示がなされた場合に、「その掲示があったこと」を官報に掲載する旨を規定しており、法令の通則に関する法律12条2項もそれを踏襲している。民事については、それで問題はないであろう。しかし、行政手続における公示送達は、地方公共団体が行うこともある。そこで、11条3項では、行政不服審査法51条3項にならって「官報その他の広報又は新聞紙」に掲載するものとした。

　なお、現在、所有者不明の土地が広がりつつあることが懸念されており、30年後には、静岡県4つ分の広さに対応する全国で300万ヘクタール以上がそのようになるという試算もある[519]。このような問題も、「公示による所有者等の確認」手続を定めた法制度によって一定程度解決する途もあると考える。この法律案の提案にさいし、そのような法制度の提案も併記することを試みたが、条数が45条と大部なものとなったので、この法律案の提案とは切り離して考えることにした[520]。

（3）　現行民法の「公示による意思表示」の規定の技術的性格

　「公示による意思表示」を定めた現行民法98条2項以降の規定は、実体規範ではなく、公示の手続きに関する規定としての色彩が強い。

　基本的には、民法は、その全体が実体規範から成り立っている。たとえば、実

---

[519]　読売新聞2014年7月25日朝刊1頁、東京財団『国土の不明化・死蔵化の危機〜失われる国土Ⅲ〜』（2014年3月）(http://www.tkfd.or.jp/files/doc/2013-06.pdf)。

[520]　加藤雅信「急増する所有者不明の土地と、国土の有効利用 ── 立法提案：『国土有効利用の促進に関する法律』」星野追悼・日本民法の新たな時代（有斐閣、平成27年刊行）297頁以下。

体規範として、不動産の物権変動の対抗要件たる「登記」について定めた民法177条は、そのための手続きを「不動産登記法」によるとする。それと同様、「遺失物の拾得」を定めた民法240条は、その手続きを「遺失物法」に譲るとする。さらに、民法494条以下は、「供託」について規定しているが、その手続きについては「供託法」が用意されている。そして、婚姻の届出を定めた民法739条も、その手続きについては「戸籍法」によるとする。このように、民法は、実体規範を規定し、その規範内容を実現するための手続き等については、特別法を用意するという基本方針をとっている。

以上のような規定のしかたを前提とすると、「公示による意思表示」を規定した現行民法98条の手続きにかんする規定は、民法の他の箇所での規定のしかたとバランスを失している。そこで、「公示による意思表示」のうちの手続的な部分は本民法改正案には規定しないこととし、「法令の通則に関する法律」に移動することとした。それがこの12条の規定であるが、規範内容は現行民法98条をそのまま継承している。

なお、本民法改正案の［新］42条1項3号に、法令の通則に関する法律12条を示すレファレンス規定をおき、民法と法令の通則に関する法律との連携がはかられている。

事 項 索 引

あ 行

新たな時効の進行 ……………………… 622
アルトラ・ヴァイリーズ ………… 355, 357
「イエ」制度 ……………………………… 238
イェーリング …………………………… 638
石坂音四郎 ……………………………… 231
異時施行主義 …………………………… 677
意思能力 ……… 196, 205, 282-293, 257, 258
　　――の有無の相関説 ………………… 284
　　――の欠如した者の相手方の催告権
　　　　……………………………… 291, 292
　　――の欠如した者の法律行為（意思表
　　　　示を含む）………………………… 293
　　――の欠如の効果（無効か取消しか）
　　　　……………………………… 286, 287
　　――を欠如した者の返還義務の範囲 … 553
意思の欠缺 ………………………… 401, 428
「意思の不存在」という文言の問題性 …… 475
意思表示 …………………………… 399-402
　　――と法律行為 …………………… 386
　　――の基礎理論 ………………… 428-431
　　――の効力発生時期 …………… 406-411
　　――の受領能力 …… 196, 258, 349, 350
　　――の体系論 ……………………… 401
　　――の取消しと、法律行為の取消し
　　　　……………………………… 290, 291
　　――の冒頭規定 ………………… 406-408
意思表示発信後の死亡、または行為能力
　の制限 ……………………………… 410
「移修」…………………………………… xv
一部請求と時効中断 ……………… 619, 620
一部無効 …………………………… 540, 541
一般社団法人・財団法人法 …………… 170
医的侵襲についての代理権 …… 314, 329-331

「移動」………………………………… xv
委任による代理 …………………… 456, 457
ＥＵ統合 …………………………… 165, 181
インスティトゥツィオーネン体系 … 166, 184
　　――と現行民法総則編の章構成 …… 229
隠匿行為 ………………………………… 414
引用条文の内容表示 ……………… 213, 214
ウィーン条約法条約 …………………… 679
ヴィントシャイト ………………… 168, 638
売主の瑕疵担保責任 …………………… 201
永小作権 ………………………………… 172
エールリッヒ …………………………… 355
エストッペル ……………………… 248, 249
越権行為による表見代理 ………… 518-522
援用は攻撃防御 ………………………… 581
王澤鑑 …………………………… ix, x, 175
オーストリア一般民法典 ……………… 262
オランダの民法改正 ……………… 183, 184

か 行

外観法理 …………………………… 415, 437-444
諾諾表示 ………………………………… 411
外国法人 …………………………… 366-370
　　――の登記義務 ………………… 368-370
　　――の認許 …………………………… 366
外国法人の権利能力 …… 267, 268, 366-368
　　――規定の削除 ………………… 267, 268
　　――をめぐる民法起草当時の立法政策
　　　　…………………………………… 267
解釈の基準（現行民法2条）…………… 237
会社法 …………………………………… 170
解除条件 …………………………… 566, 567
価格統制令違反 …………………… 540, 541
学説彙纂 ………………………………… 166
隔地者間・対話者間の区別の廃止 ……… 408

707

事 項 索 引

確定期限 …………………………… 577
確定効果説 …………………… 580,581
確定条件 ………………………572-575
学年別成年年齢 …………………… 322
瑕疵ある意思表示 ……………401,428
家事事件手続法と不在者 ………… 658
過失責任の無過失化 …………173,174
家族共同体の法主体性 …………… 180
家族の尊重 ………………………… 238
カタラ ……………………………… 182
「カナ等変更」 …………………………xv
仮差押え …………………………… 619
仮住所 ……………………………… 699
仮処分 ……………………………… 619
カリフォルニア民法 ……………… 263
韓国の民法改正 ………………175-177
韓国法務部 ……………………………ix
慣習 ……………………………390-392
慣習法 …………………………696-698
間接強制 ………………………639,640
漢の高祖 …………………………… 170
官報による法令の公布（判例法）…675-679
カンボジアの民法制定 …………… 180
官僚による民法改正 …………………v
ギールケ …………………………… 167
期間の計算 ……… 232,233,682,683,699-701
企業法務研究会 ………… vi,xii,216,217
期限 ……………………………575-578
――の利益とその放棄 ………577,578
既成条件 ………………………572-575
規範の簡明化 vs. 詳細化 ……170,171
規範の抽象化 vs. 具体化 ……170,171
基本原則（[新] 2条）…………236-246
基本権たる定期金債権の消滅時効 …605,606
客観的起算点 …………………603,607
牛馬の宿泊料の先取特権 ………… 172
境界紛争型の時効 ………………… 600
強行規定 ………………………387,388
強行法規の改正と任意法規の改正 …172-174
共通錯誤 …………………………… 416

強迫 ……………………………427,428
虚偽表示 ………………………413-415
――と第三者の保護 …………… 434
居所 ………………………………… 699
緊急避難 …………………………… 634
近時の立法の問題点 …………210-213
金銭的価値 ………………………… 375
禁反言 …………………………248,249
クリーンハンズの原則 ………148-250
経済界の意見の反映 ……………… 222
形成権 ……………………………… 642
継続審議 ……………………………… 7
契約改訂 ………………………251,252
契約自由の原則 …………………… 169
――と法律行為自由の原則 …393-395
契約の解釈にかんする規定 …396-398
契約の成立 ……………………208,211
原因において自由な行為 ……289,290
権限外の行為の表見代理→越権行為による表見代理をみよ ………… 510
現行ドイツ民法の総則編の章構成 … 230
元号法案 …………………………… 650
現行民法との連続性 …………………v
現行民法の条文の承継度（本民法改正案の総則編における）…………… 380
現行民法の法人の規定のアンバランスな状況 ……………………………… 351
原則規範の無規定主義の是正 …… 204
憲法（法令の制定について）…… 674
顕名主義 ………………………461,464,465
顕名なしの代理行為 …………464,465
権利失効の原則 …………………… 253
権利と請求権の関係 …………638,639
権利能力 ………………………262-268
――の「始期」と「終期」……262,263
――の終期 …………………196,254
権利能力制限説（法人の）……… 364
「権利能力なき社団・財団」と外国法人 ……………………………… 368
「権利能力」の規定の集約・整序 …… 254

708

権利能力平等の原則 …………………… 262	国民投票の投票権の付与の年齢 ……… 308
権利の客体 …………………… 373,376,377	国民にわかる民法 …………………… 162
権利の実現 …………………………… 634-642	国民の、国民による、国民のための民法
「権利の実現」の章の新設 ………… 231,232	改正 …………………………………… v
権利の主体 ……………………………… 254	国民目線の民法改正 …………………… vi
権利の承認 ………………… 622-626,628	国民有志案 ………………… vii,xiii,220-223
「権利の体系」の純化 ……………… 228-232	国民有志案修正案原案 ……………… xiii
権利濫用の禁止の原則 …………… 246-249	個人の尊厳 ……………………………… 237
権利利益説 ……………………………… 638	国家賠償法 …………………………… 165
行為基礎 ………………………………… 251	暦による期間の計算 …………………… 701
行為能力 …………………… 258,293-348	壊れていないものを修理するな ……… 161
―― の体系的位置 ………………… 293	婚姻による成年擬制 …………………… 317
行為能力制限説（法人の） …………… 364	
公益法人・営利法人二分論 …………… 362	さ 行
効果不帰属論（無権代理についての）…… 498	債権の消滅時効 …………………… 602-610
公共の福祉 ……………………… 240,241	「債権の目的」と「債権の内容」 ……… 377
後 見 ……………………………… 325-331	債権法改正検討委員会 ………………… vii
「後見・保佐・補助」の統一的条文構成	債権法改正法案 ………………………… v
…………………………………… 296,297	―― と民法改正案との条文の対比 …… viii
公式令 …………………… 649,650,674	債権法改正法案の国会上程 …………… vii
公示催告 ………………………………… 702	再交渉義務 ……………………………… 252
公示送達 ………………………………… 702	催 告 …………………… 614,615,617,618
公示による意思表示 ……… 409,232,233,	財産権の取得時効（所有権以外）……… 597
682,683,702-706	財産権の消滅時効 …………………… 600,601
交 渉 …………………… 614-618,626,627	「財産の管理人」の選任 ……………… 665
公序良俗 ……………………… 387-389	財産目録の作成 …………………… 671,672
合同行為 ………………………… 392-396	財の法改正準備草案（フランスの）…… 375
―― の無権代理 ……………… 506-508	裁判外紛争解決手続と保佐人の同意 …… 338
公 布 ……………………………… 690-696	裁判官、弁護士、司法書士からの意見の
―― の形式（法令の）………… 675-679	反映 ……………………………… 221,222
公文方式法案 …………………………… 650	裁判上の請求 ………………… 618-620
抗 弁 …………………………………… 619	サヴィニー …………………… 167,698
抗弁権の永久性 ……………… 562,631-633	詐 欺 ……………………………… 426,427
公法上の債権の消滅時効 ……………… 604	―― と第三者の保護 ……………… 436
公用文における漢字使用等について …… 381	錯 誤 ……………………………… 415-423
綱領規定 …………………………… 236-246	―― と第三者の保護 …………… 434,435
国際私法の純化 …………………… 679-681	―― の効果（無効か取消しか）…… 418,419
国際手形条約 …………………………… 175	錯誤者の損害賠償義務 ………… 419-422
国際動産売買国連条約 ………………… 175	錯誤者の損害賠償責任 ………… 430,431
国際取引の緊密化と法の統一 ………… 174	錯誤者の無過失損害賠償責任 ………… 420

事項索引

「削除」 …………………………………… xv
ザクセン民法 ………………………………… 167
差押え ………………………………… 619, 620
3 文構成の条文 ……………………………… 621
塩釜レール入事件 …………………………… 390
シカーネ（嫌がらせ）………………… 247, 634
時間による期間の計算 ……………………… 701
始　期 ………………………………… 576, 577
敷引特約 ……………………………………… 391
私権と「公共の福祉」……………………… 240
時　効 …………………………………… 579-633
　　――の援用と援用権者 ……………… 592-594
　　――の援用の制限 … 582, 584, 585, 614-628
　　――の援用の相対効 …………………… 594
　　――の完成にかんする法律行為の効力
　　　　 ……………………………… 584, 610-612
　　――の遡及効 …………………………… 591, 594
　　――の中断という概念の廃棄とその再
　　　　構成 …………… 582, 584, 585, 614-628
　　――の中断の相対効 …………………… 628
　　――の停止という概念の廃棄とその再
　　　　構成 ……………… 582, 584, 585, 612-614
時効援用権の放棄 ………………… 610-612
時効制度（本民法改正案）の特色 …… 579-582
時効制度の小規模改正案 ……… 583, 629, 630
時効制度の全体像（本民法改正案における）
　　　　 ……………………………………… 583
時効中断事由の規定のしかたの変則性
　　　　 ………………………… 205, 206, 620, 621
「時効の二重期間」論 ……………… 603, 607
自己契約 ……………………………… 465-468
事実たる慣習 ……………………………… 697
事情変更の原則 …………………… 250-252
自然的計算方法 …………………………… 701
自治産制度 ………………………………… 323
失火責任法 ………………………………… 165
失踪宣告 ……………… 196, 254, 259, 270-281
　　――における双方当事者の「善意」論
　　　　 ……………………………………… 277-279
　　――の審判 …………………………… 272

――の取消しにおける前婚の復活に
　　ついて ……………………………… 279, 280
――の取消しにおける身分関係規定の
　　新設 ……………………………… 279-281
――の取消しの審判 ………………… 272-280
実体法説 ……………………………… 580, 581
私的自治の原則 …………………………… 238
自動車損害賠償保障法 …………………… 165
支払督促 …………………………………… 618
支分権たる定期金債権 ………………… 605, 606
私法学会提出案 ………………… vi, xiii, 217, 218
司法書士からの意見の反映 …………… 221
私法総合法典 ……………………… 163-165
市民国家の原理 …………………………… 240
市民法研究会 ………………………… vi, xi, 216-217
事務管理の起源 ………………………… 648
氏名権 ……………………………………… 244
氏名変更権 ………………………………… 244
社会国家の原理 …………………………… 240
若年成年者撤回権 …………………… 320-322
終　期 ……………………………………… 576
就業規則 …………………………………… 251
集合物 ……………………………………… 375
住　所 ………………… 232, 233, 682, 683, 698, 699
　　――の削除 …………………………… 258
終身定期金 ………………………………… 606
「修正」 …………………………………… xv
主観的起算点 ………………………… 603, 607
趣旨（[新] 1 条）…………………… 236-240
取得時効 …………………………… 594-600
　　――の完成 …………………………… 595
受任管理人 ……………… 658-661, 665-667
　　――による財産管理 ……………… 670, 671
ジュネーブ統一手形法条約 …………… 175
主物・従物 ………………………… 381, 382
準契約 ……………………………………… 671
準成年 ………………………………… 323, 324
障害者権利条約 …………………… 305, 306
少額債権の特則 ………………………… 604, 605
「常況」の用語法の変更 ………………… 328

710

「承継人」（当事者の）と中断の効力 …… 628	真意留保 …………………………… 411-413
条　件 ………………………………… 562-575	——と第三者の保護 ………………… 434
——の付加の限界 …………………… 565,566	人格権 ………………………………… 240-246
条件成就 …………………………………… 567	——とカンボジア民法 ……………… 245
——に遡及効を与える合意 ………… 567,568	——とスイス民法 ………………… 241,243
——の妨害 …………………………… 569,570	——と中国民法の制定 ……………… 243
条件付権利の取扱い ………………… 568,569	——とフランス民法 ………………… 243
条件不成就の妨害 …………………… 569,570	——とベトナム民法 ………………… 243
商行為 ……………………………………… 399	人格権法（中国の） ……………………… 179
——の代理 ………………………… 465,487	信義誠実の原則 ……………………… 246-249
商事債権の消滅時効 ……………………… 604	人身被害の損害賠償 ……………………… 174
商事消滅時効 ……………………………… 209	「新設」 ……………………………………… xv
商事法定利率 ……………………………… 209	信託法 ……………………………………… 170
商　人 ……………………………………… 399	「審判」事項の明示 ……………………… 272
商人・消費者・事業者等の概念 …… 255,256	「審判」性の明示（法定財産管理制度にお
消費者契約法改正と若年成年者撤回権 … 321	ける） ………………………………… 660
消費者契約法上の無効・取消原因 ……… 401	審判保護制度 ……………………… 293,294,296
消費者団体の意見の反映 ………………… 222	審判保護制度相互の関係 …………… 345,346
消費者被害 ………………………………… 309	審判をしなければならない ………… 299-302
——の実態（若年層の） …………… 312	審判をすることができる …………… 299-302
消費者法 …………………………………… 165	審判をするものとする ……………… 299-302
条文群の体系化 …………………… 197,198	信頼利益の賠償 …………………… 421,422
条文の一覧性 ……………………… 199-204	心裡留保から真意留保へ ………… 411,412
条文の標題省略の廃止 …………………… 213	随意条件 …………………………… 573,574
商法・消費者法と関係 ……………… 207-210	スイス民法 ………………………………… 263
情報格差 …………………………………… 425	数量の不足又は物の一部滅失の場合にお
情報の不提供 ……………………… 423-426	ける売主の担保責任 ……………… 201
消滅時効 ……………………… 208,209,600-610	スタンダール ……………………………… 212
——の起算点 ………………………… 607	請求権 ……………………………… 638,639
——の起算点の複線化 ……………… 607	「請求」と「申立て」 …………………… 318
消滅時効期間の変更 ………………… 581,582	制限行為能力者
「省略主義」からの脱却 ………………… 205	——の相手方の催告権 …………… 347,348
除斥期間 …………………………… 630,631	——の相手方の保護 ……………… 346-348
初日不算入 ………………………………… 701	——の詐術 …………………………… 348
所有権絶対の原則 ………………………… 238	——の返還義務の範囲 ……………… 553
所有権の取得時効 ………………… 596,597	成熟度に応じた段階的保護制度 ……… 322
所有権の消滅時効 ………………………… 601	製造物責任法 ……………………………… 165
所有者不明の土地 ………………………… 705	静的安全 …………………………………… 441
自力救済の禁止 …………………… 231,639-642	正当な理由（越権行為による表見代理に
事理弁識能力 ……………………… 283,284	おける） …………………………… 518-520

事 項 索 引

正当防衛 …………………………… 634
成年擬制 …………………… 316-320, 324, 325
「成年後見」概念の廃棄 ……………… 293, 294
成年後見制度・終局区分別件数 ………… 301
成年後見制度改正と法定代理人の行為能力
　………………………………………… 469, 470
成年後見と医療行為 ………………………… 330
成年年齢 …………………………………… 309, 322
　──をめぐる世界と日本の状況 … 310-312
成年被後見人の自己決定権の範囲とノー
　マライゼーション ……………… 328, 329
成立要件主義（法人登記）、対抗要件主義
　（法人登記） …………………………… 365
責任能力 ……………………………………… 258
施　行 …………………………………… 692-696
絶対権（対世権）と相対権 ………………… 169
説明義務 ……………………………………… 246
説明義務違反 ………………………… 425, 426
「善意」と「悪意」の定義 ………………… 643
「善意」等の定義規定 ……………… 281, 282
選挙権年齢 …………………………………… 308
宣告は必然的か（制限行為能力の審判に
　ついて） ………………………… 299-302
全人代常務委員会 ……………………… ix, 178
全体主義 ……………………………………… 241
占有喪失による時効期間の進行の終了
　………………………………………… 597, 598
総合法典主義 ………………………………… 207
総　則
　──の役割 ………………………………… 374
　──をおくことによる"統一した解決"
　……………………………………………… 168
　──をおくことによる法典の圧縮 …… 168
　──をおくことの意義 ………………… 167, 168
総則編の構成 ………………………… 228-234
双方代理 ……………………………… 465-468
相隣関係 ……………………………………… 173
　古色蒼然とした──の規定 …………… 173
　民法起草者の考え方 …………………… 173
遡及効の禁止 ………………………………… 696

「訴訟行為をすること」についての保佐人
　の同意 …………………………………… 337
訴訟手続 ……………………………… 618-620
訴訟手続等を利用した行為による時効の
　援用の制限 ……………………… 618-622, 626
訴訟法説 ……………………………… 580, 581

た　行

第三者による履行 …………………… 636, 637, 640
第三者の詐欺 ………………………………… 427
第三者保護規定（無効・取消しがあった
　場合）の統合 ………………………… 431-437
第三者保護と第三者保護の範囲 … 525-527, 531, 532
胎児の権利能力 …………………… 265, 263-267
　──をめぐる解除条件説と停止条件説
　………………………………………………… 265
胎児の法定代理人 ………………… 265-267
代替的強制 ………………………… 639, 640
タイ土地法典 ………………………………… 601
代表権制限（法人の） ……………………… 364
「代表」と「代理」 ………………… 327, 302, 303
対物権と対人権 …………………… 168, 378
タイ民商法典 ……………………… 184, 263
代理権
　──消滅後の表見代理 …………… 520-522
　──の消滅 ………………………………… 486
　──の発生原因 ………………… 456-458
　──の範囲 ………………………………… 460
代理権授与行為 …………………………… 457
　──と現行民法 109 条 ………… 522-524
代理権授与表示による表見代理 … 522-532
代理権の濫用 ……………………… 461-463
　──と真意留保（心裡留保） ………… 413
代理人に係る事由の効力 ………… 474-478
代理人の行為能力 ………………… 468-473
代理の規定の体系化 ……………… 197, 198
代理の規定の分節化 ……………………… 447
台湾の民法改正 ……………………………… 175
他人物売買における売主の担保責任 …… 201

短期消滅時効の廃止	602-607	ドイモイ政策	179
団体主義の理想（我妻法学の）	241	「同意権」と「代理権」との並置	297, 298
単独行為・契約・合同行為	392-396	登記の対抗力と外観法理	439, 440
単独行為の無権代理	489, 504-510	登記簿取得時効	596, 597
担保責任の規定の一覧性	199-202	倒錯した文言の回避	205
担保提供義務（受任管理人および法定管理人の）	672, 673	動産・不動産	380, 381
地代家賃統制令違反	540	同時死亡の推定	196, 254, 259, 268, 269
中華民国民法	184	到達主義の原則	409
―― の改正	ix	動的安全	441
中間試案の補足説明	xvi	独創性と現実性	161
中間的な論点整理	xvi	特別失踪	270-272
中国の民法制定	177-179	取消し	537, 538, 546-562
中国法学会	177, 178	―― と追認にかんする規定の整備	553, 554
仲裁合意と保佐人の同意	338	―― の効果	549
中日韓リーガルフォーラム	177	―― の方法	553
調停の手続	618	「――」の用語の限定的使用	303-305
直接強制	639, 640	取消権	
追認（無権代理が行われた場合の）	496, 497	―― 者の明示	298, 402, 549-551
―― による取消権の消滅	554, 555	―― と代理権の並置	313
追認拒絶（無権代理が行われた場合の）	496, 497	―― の行使期間	559, 560
		―― の消滅事由	555-559
通則	235-253	―― の留保	558
「通謀」虚偽表示	415	取締規定違反の法律行為	388
定義規定導入	281, 282	取引きの迅速性	169

な 行

定義規定の必要性の有無	204
定期給付債権の消滅時効	605-607
定義用語一覧	56, 57, 214, 233, 643-646

ディゲスタ	166	内部的制限説（法人の）	364
停止条件	566, 567	ナチズム	241
停止条件説	580, 581	ナポレオン法典	166
適合性の原則	445	ナポレオン民法	212
テレ	183	二重効	437
天然果実・法定果実	382	二重譲渡と登記	599
転用物訴権	163	二段階構成説	560-562
転用利得返還請求権	163	2文構成の条文	621
ドイツの債務法改正	165, 181	『日本民法典改正案』の誕生	225
ドイツの失踪法	653	任意規定	387
ドイツ民法	263, 634	任意の履行	231, 636, 637, 640
―― と錯誤	418-422	認識	
		取消しの基礎としての取消権者の ――	

713

事項索引

　……………………………………429-431
有効・無効の分水嶺としての表意者と
　相手方の――　……………429-431
年　金　………………………………606
年度末時効の導入　………………608-610
脳　死　………………………………269
農地法　………………………………172
「能働代理」と「受働代理」の対置　……492
農用地上権　…………………………172
能力規定の純化　……………………196
ノーマライゼーションの拡張と差異化
　………………302,315,328,329,335,336

は　行

ハートカンプ　………………………184
破産手続参加　………………………618
発信主義　……………………………409
判決等で確定した権利の消滅時効　…605
判決理由中の判断　…………………619
阪神電鉄事件　………………………265
反　訴　………………………………619
パンデクテン体系　………166-170,183
万人に対する不作為請求権　……168,638
判例法の可視化　……………………163
　――の具体例　……………………163
東アジアにおける民法典の改正　…175-181
人（「第二章　権利の主体：第一節　人」）
　………………………………257,258
　――の属性　…………………255,256
　――の体系化　………………195-197
日による期間の計算　………………701
「否認」と「対抗」　…………………370
被保佐人についての日常生活にかんする
　行為の例外　……………………335,336
表記法の変更　…………………214,215
表形式の条文案　………………202,203
表見代理　…………………………510-536
　――（3種の）における要保護性の相違
　………………………………511-514
　――の規定と無権代理の規定の優劣　…501

　――の規定の再構成　…………488,489
　――の規定の順序　………511,514,515
表見代理規定の重畳適用　………533-535
開かれた民法改正　…………………219
封　印　……………………………665,667
不確定期限　…………………………577
不確定効果説　……………………580,581
複合的瑕疵による意思表示の取消し　444-447
複合的取消権　……………………444-447
　――と消費者契約法　……………446
複数の取消権者がいる場合の取消権の行
　使期間　………………………561,562
復代理　……………………………478-486
不在者　………………………………232
　――と家事事件手続法　…………658
　――の財産管理制度と事務管理　…653,654
　――の財産管理の内容　…………665
　――の財産の管理　……648,649,652-673
　――の財産の管理の3段階構造　…658-660
「――の財産の管理」の債権編・事務
　管理への移動　………………258,259
不実表示　………………………423-426
　――および情報の不提供と第三者の保護
　………………………………………436
付随義務　……………………………246
普通失踪　………………………270,271
物権・債権の対置　…………………167
物権的請求権　………………………205
物権法定主義による取引対象の画一化　…169
不動産の時効取得と登記　………599,600
不能条件　………………………572-575
不法行為特別法　……………………173
不法条件の規定の削除　…………573,574
プライバシー権　……………………244
フランスの民法改正　…………182,183
フランス民事法の基本　……………207
フランス民法　………………………263
プロイセン一般ラント法　…………170
ベトナムの民法制定　…………179,180
弁護士からの意見の反映　…………221

法学提要 …………………………… 166
法学入門 …………………………… 166
包括財産 …………………………… 375
報酬（受任管理人および法定管理人の）
　…………………………………… 673
法　人 ……………………………351-371
　──の権利能力 ………………… 362
　──の消滅 ……………………… 365
　──の設立 ……………………… 363
　──の組織 ……………………… 363
　──の代表権の発生 ………458-460
　──の能力 …………………363-365
　──の不法行為責任 …………… 357
　──の目的 ………………352,355-357
　──の「目的の範囲」による法人の権
　　利能力の制限 ………………… 356
　──の「目的の範囲」による法人の代
　　表者の代表権の制限 ………… 356
　現行民法の──の規定のアンバランス
　　な状況 ………………………… 351
法人成立の法律準拠主義 ………… 362
法人登記 ………………………365-367
法人法の基本法としての性格の回復
　………………………………352-354
法制審議会への法務大臣の諮問 ……… vii
法整備支援事業 ………………179,180
法曹提示案 ……………… vi,xiii,218-220
法体系の透視性 ………………164,165
法定管理人 ……………658-664,668-671
　──による財産管理 …………… 670
　──の選任 ……………………… 668
　──の代理権 ……………… 668,669
法定債権の改正 ………………172-174
法定財産管理 ………60,648,649,652-673
法定証拠説 ……………………… 580
法定代理人の代理権の範囲（未成年者や
　被後見人の）……………… 313,314
法定追認 ………………………555-559
法定利率 ………………………208,209
法典調査の方針 ………………… 166

法の適用に関する通則法 ………… 650
法律行為
　──相手方選択の自由 ………… 394
　──契約 ……………………396-398
　「──」と「行為」……… 303,334,335
　──の内容決定の自由 ………… 394
　──法律行為の方式の自由 … 394,395
　──の冒頭規定 ………………… 386
　──をするか否かの自由 ……… 394
「法律」と「法令」……… 368,389,390
　──の用法 ……………………… 362
法　例 ……………………… 650,679,680
法令における漢字使用等について … 380
法令の公布及び施行 …………690-696
法令の通則に関する法律 …… 64,649-651,
　　　　　　　　　　　　　　 674-706
保　佐 ……………………………331-340
保佐終了の審判等 ………………… 340
保佐人に対する原状回復のための代理権
　の付与 …………………………339,340
保佐人の代理権 ……………… 339,340
「保佐人の同意を要する行為」と条文配置
　の規則性 ……… 193,194,336-339,193-195
補　助 ……………………343,344,340-345
　──における代理権付与の審判 …343,344
　──における同意権付与の審判 …343,344
　──における同時審判 ………… 344
補助終了の審判等 ………………… 340
補助人の同意権と代理権 …… 344,345
穂積陳重 ………………………… 162
ポル・ポト ……………………… 180
ボワソナード民法 ……………… 166
本民法改正案 …………………… 583
翻訳出版（中国での）……………………… x

　　　　　　　　ま 行

未成年（者）……………………306-325
　──が「成年被後見人」に ……… 294,327
　──が単独でなしうる法律行為にかん
　　する規定の整備 ………… 314,315

事項索引

　　──の営業の許可 ………………314
　　──の自己決定権の尊 …………315
ミュラー＝フライエンフェルス ………461
民事特別法の出現 …………………164
民商二法の統一 ……………………184
民法・商法・消費者法と関係 ……207-210
民法改正案の法典の構成 …………186-193
民法改正学際シンポジウム ………ix,221
民法改正研究会 ………………vi,xi,216
民法改正国際シンポジウム ………217
民法改正国民シンポジウム ………224
民法改正日韓共同シンポジウム ………ix
民法改正の基本精神 ………………160-174
民法改正の基本方針 ………………160-174
民法改正フォーラム ………………ix,220
民法総則編の章構成 ………………230
　　民法制定の当初の基本方針 ………230
民法典改正案の基本枠組 …………186-215
民法典制定の3段階 …………………v
民法典の空洞化 ……………………164
民法典の口語化 ……………………172
民法の透視性 ………………………171
民法は私法の一般法である ………163
無記名債権 …………………………381
「無記名債権」と「無記名証券」…381
無記名証券 …………………………381
無権代理 ……………………………487-510
　　──が行われた場合 ……………496
　　──の規定の整序 ………448,488,489
無権代理行為の相手方の撤回権 ……497-499
無権代理人の責任 …………………499-504
無　効 ………………………………537-546
　　──な法律行為の追認 …………544-546
　　──な法律行為の転換 …………542-544
　　──の効果 ……………………539
無効・取消しの対第三者効 …………199
「無効・取消し」の理論 ……………428-431
無償行為と保佐人の同意 …………338
無体物 ………………………………374,375
名義貸与者の責任 …………………536,537

メンガー ……………………………167
申立て ………………………………318
物
　　──と有体物 …………………378
　　──の一部が他人に属する場合における売主の担保責任 …………201
　　──の規定が現行民法総則編におかれた経緯 ………………………372,373
　　──の支配可能性と非人格性 …378
　　──の使用利益 ………………383

や　行

約　款 ………………………………399
有権代理の規定の整序 ……447,448,455,456
ユスティニアヌス法典 ……………166
ユニドロワ原則と錯誤 ……………419
良い立法は現実的でなければならない …161
用語法の統一 ………………449,450,494
　　代理の節〔款〕における ………449
要素の錯誤 …………………………417,418
ヨーロッパ議会 ……………………182
ヨーロッパ契約法原則と錯誤 ……419
ヨーロッパにおける民法典の改正
　　………………………………181-183
ヨーロッパ民法典 …………………182
依らしむべし、知らしむ可らず ……162

ら　行

利益相反行為 ………………………465-468
履行の強制 …………………231,638-641
立法には自制が必要 ………………161
梁慧星 ………………………………179
両性の本質的平等 …………………236-238
ルーズリーフ的編纂 ………………184
レファレンス規定 …………………163-165
労働界の意見の反映 ………………222
ロシア連邦民法典 …………………179
ローマ法大全 ………………………166

わ行

ワイマール憲法 ……………………… 240, 241
和解手続 ………………………………… 618
わかりやすい民法典 …………………… v

〔民法改正研究会会員〕

青木則幸（早稲田大学）	秋山靖浩（早稲田大学）
荒木新五（学習院大学）	池田真朗（慶應義塾大学）
池田雅則（名古屋大学）	石田剛（一橋大学）
五十川直行（九州大学）	磯村保（早稲田大学）
伊藤栄寿（上智大学）	大塚直（早稲田大学）
大塚哲也（流通経済大学）	大原寛史（名古屋学院大学）
岡孝（学習院大学）	沖野眞已（東京大学）
加藤雅信（名古屋学院大学）	鹿野菜穂子（慶應義塾大学）
河上正二（東京大学）	川﨑政司（慶應義塾大学）
北居功（慶應義塾大学）	古積健三郎（中央大学）
水津太郎（慶應義塾大学）	田髙寛貴（慶應義塾大学）
谷江陽介（東海大学）	中野邦保（桐蔭横浜大学）
野澤正充（立教大学）	平林美紀（南山大学）
廣瀬久和（青山学院大学）	堀龍兒（早稲田大学）
松岡久和（京都大学）	宮下修一（静岡大学）
武川幸嗣（慶應義塾大学）	山野目章夫（早稲田大学）
横山美夏（京都大学）	渡辺達徳（東北大学）

*　なお、肩書きは 2015(平成 27)年 1 月現在のものである。

❖ 代表紹介 ❖

加藤 雅信（かとう・まさのぶ）
1969（昭和44）年 東京大学法学部卒業、法学博士
東京大学助手、名古屋大学助教授、教授、ハーバード大学・ロンドン大学客員研究員、コロンビア大学・ハワイ大学・ワシントン大学・北京大学客員教授、上智大学教授等を経て、
現在、名古屋学院大学教授、名古屋大学名誉教授、弁護士
〈主著〉
『新民法大系Ⅰ～Ⅴ』（有斐閣・初出2002年）
『財産法の体系と不当利得法の構造』（有斐閣・1986年）
『現代民法学と実務 上・中・下』（共編著、判例タイムズ社・2008年）
『迫りつつある債権法改正』（信山社・2015年）
『加藤雅信著作集（全25巻）』（信山社・2016年～）近刊、他多数
＊ ＊ ＊
民法改正研究会（代表・加藤雅信）『民法改正と世界の民法典』（信山社・2009年）

総合叢書
18

日本民法典改正案 Ⅰ 第一編 総則
── 立法提案・改正理由 ──

2016（平成28）年6月20日 第1版第1刷発行

著 者 民法改正研究会
（代表 加藤雅信）
発行者 今井 貴・稲葉文子
発行所 株式会社 信山社

〒113-0033 東京都文京区本郷6-2-9-102
Tel 03-3818-1019 Fax 03-3818-0344
henshu@shinzansha.co.jp
笠間才木支店編集部 〒309-1611 茨城県笠間市笠間515-3
Tel 0296-71-9081 Fax 0296-71-9082
笠間来栖支店編集部 〒309-1625 茨城県笠間市来栖2345-1
Tel 0296-71-0215 Fax 0296-72-5410
出版契約№ 2016-5468-6-01010 Printed in Japan

©民法改正研究会, 2016 印刷・製本／亜細亜印刷・渋谷文泉閣
ISBN978-4-7972-5468-6 C3332 ¥11,000E 分類324.000-a-0018
5468-0101 : p752 012-035-010 〈禁無断複写〉

JCOPY 〈(社)出版者著作権管理機構 委託出版物〉
本書の無断複写は著作権法上での例外を除き禁じられています。複写される場合は、そのつど事前に、(社)出版者著作権管理機構（電話03-3513-6969，FAX03-3513-6979、e-mail:info@jcopy.or.jp）の許諾を得てください。

- ◆ 迫りつつある債権法改正　加藤雅信 著
- ◆ 民法改正と世界の民法典　民法改正研究会（代表 加藤雅信）
- ◆ 21世紀の日韓民事法学――高翔龍先生日韓法学交流記念論文集
  加藤雅信・瀬川信久・能見善久・内田貴・大村敦志・尹大成・玄炳哲・李起勇 編
- ◆ 民法改正案の評価――債権関係法案の問題点と解決策　加賀山茂 著
- ◆ 民法（債権関係）改正法案の〔現・新〕条文対照表〈条文番号整理案付〉
  加賀山茂 著
- ◆ 法の国際化と民法　藤岡康宏 著
- ◆ 史料・明治担保物権法　平井一雄 編著
  ――プロジェから明治民法まで
- ◆ ドイツ借家法概説　藤井俊二 著
- ◆ 金融担保の法理　鳥谷部茂 著
- ◆ 韓国家族法――伝統と近代の相克　青木清 著
- ◆ 現代民法担保法　加賀山茂 著
- ◆ 相殺の担保的機能　深川裕佳 著
- ◆ 立法沿革研究の新段階――明治民法情報基盤の構築　佐野智也 著
- ◆ ある比較法学者の歩いた道 ―― 五十嵐清先生に聞く
  五十嵐清 著／山田卓生・山田八千子・小川浩三・内田貴 編

日本民法典資料集成Ⅰ　**民法典編纂の新方針**
広中俊雄 編著／大村敦志・中村哲也・岡孝

信山社